# 文艺研究

编 年

纪 事

**1978—2019**

金宁 主编

李香云 陈斐 编

文化藝術出版社

Culture and Art Publishing House

**图书在版编目（CIP）数据**

《文艺研究》编年纪事 1978—2019 / 金宁主编. —北京：
文化艺术出版社，2019.11

ISBN 978-7-5039-6790-0

Ⅰ.①文… Ⅱ.①金… Ⅲ.①文艺－期刊－大事记－
中国－现代 Ⅳ.①G239.29

中国版本图书馆CIP数据核字（2019）第208736号

《文艺研究》编年纪事 1978—2019

主　　编　金　宁
编　　者　李香云　陈　斐
图书统筹　王　红
责任编辑　董良敏
书籍设计　顾　紫
出版发行　文化艺术出版社
地　　址　北京市东城区东四八条52号　（100700）
网　　址　www.caaph.com
电子邮箱　s@caaph.com
电　　话　（010）84057666（总编室）　84057667（办公室）
　　　　　　　　84057696—84057699（发行部）
传　　真　（010）84057660（总编室）　84057670（办公室）
　　　　　　　　84057690（发行部）
经　　销　新华书店
印　　刷　北京雅昌艺术印刷有限公司
版　　次　2019年11月第1版
印　　次　2019年11月第1次印刷
印　　张　36
字　　数　700千字
开　　本　880毫米×1230毫米　1/16
书　　号　ISBN 978-7-5039-6790-0
定　　价　128.00元

# 编委会

# 温故开新

## ——写在《文艺研究》创刊四十周年之际

金 宁

《文艺研究》，在思想解放中诞生，在改革开放中成长，沐时代新风，得实践机遇，承创新引领，蒙学界厚爱，四十年，到今天。

习近平总书记指出："历史表明，社会大变革的时代，一定是哲学社会科学大发展的时代。"他接着告诉我们："这是一个需要理论而且一定能够产生理论的时代，这是一个需要思想而且一定能够产生思想的时代。"作为时代亲历者、见证者和参与者，作为文学艺术研究领域思想和理论最重要的展示平台之一，《文艺研究》何其幸焉。

《文艺研究》是文化和旅游部主管、中国艺术研究院主办的大型综合性文艺理论月刊，内容涵盖文学艺术及美学的相关研究与批评领域。不能说我们发表的所有文字都经得起历史检验，有些烙印着某一时期特定的思想、理论乃至学术深度与规范的局限；肯定可以说，我们集中的相关领域最优秀的研究成果，链接在学术进程中，新时期以来很多重要的文艺理论领域的讨论从我们这里发轫，成为继续深化的起点和热点，成为后续研究无法绕过的文献，也使刊物自身成为学术史的一部分。于学术，于刊物，需要回顾，值得反思。从中检索过往，以开新篇；对作者、对读者，也是温故的良机。

这套书，用意即在温故开新。我作为《文艺研究》工作时间最长的老编辑并担负领导责任，有必要在这里说说刊物的一些事，还有感受。

一

　　《文艺研究》创刊四十年，杂志社按说应该做点什么。去年，时任社长兼主编方宁、时任副主编陈剑澜和我一起议过此事。他们相继退休、离任，我感到压力。其间多种事情缠身，"刊庆"之事也便一直拖延下来。在和诸位同事会商后，我们初步定下大体格局：一场专题研讨会、一套书。再探问几位遇到的新老作者，都认为是好事一桩，我们受到鼓舞。但响动渐渐弄大后，坦率地说，已多少有违我们的初衷。

　　2019年春末夏初，在中国艺术研究院领导和相关职能部门的亲切关怀、鼎力支持下，杂志社正式启动相关谋划和筹备。然《文艺研究》每月出版一期，"悠悠万事，唯此为大"，生日其实可以不过，但正常出刊必须确保选题和编校质量，这一中心任务，容不得丝毫松懈。

　　成倍加重的工作量使我们疲惫异常，而最感到艰难甚至痛苦的事，还是"文选"之"选择"，这情形，想必局内、局外人应该都不难理解。四十年间，先是双月刊（1979—2004），后是月刊（2005— ），截至2018年年底共322期，一共多少篇文字，这套书中附有"论文目录"，细数起来很费时间。再者，《文艺研究》涉及理论领域广，要兼顾各学科门类，"选"要体现整体面貌，不可偏废。"大目录"出来后，我始终犹豫不决、左右为难。坚定的副主编张颖博士适时果断决策，定下若干基本原则，其一即按年龄设一条硬杠杠，文选是某种历史化行为，相对年轻一些的作者应该进入《文艺研究》下一阶段的历史总结中。大家觉得有道理，就这么做了。至此，要向年轻作者致歉，这是我们现今主力作者群，是当下学术界重要的生产力。《文艺研究》收获的良好口碑之一，就是致力发掘、培养年轻作者。反过来说，他们是《文艺研究》的支柱性力量，使刊物得以持续具有活力和锐气，面对知识更新、学术增长和观点交锋。

　　如此看来，文选中出现的作者就都是师长一辈的学者了。但即便如此，我们也为进一步选择用去不少时间讨论，亲密融洽的团队开始有了"纷争"。各编辑室主事者先以理服人，再以情动人，理由都有道理，道理五花八门，并拿出了长长的令人骄傲的文章目录。确实，稍一回望，名家云集、佳篇簇拥，选择何其艰难。而且，这还是在我们两个非常重要的栏目——"访谈与对话""书评"（"书与批评"）被整体拿掉的情况下。最终，严重"超载"的选目摆到了我的面前。一天下午，张颖和我认真坐下来"唱票"，然后再有几次反复，定下了目前这210篇。

　　实话实说，我们选择的理由只能是关起门来自圆其说，所有考量都未必可以再做细究。这里要向没有收入此次文选的文章的作者致歉,众多研究成果在《文艺研究》首发,是刊物欣喜的收获,我们也相互成就了各自的历史,虽未能再集中重现,但真正的评价已被学术共同体判定,铭刻在新时期学术史册上。

而在选择之艰难外,更有一份不易,那就是对过去文章的技术性修补。按我们现行的编辑标准,同时还有出版社方面的规范要求,我们以往发表的文章,不同程度上存在各种各样的问题。比如注释信息,特别是在早期,均发现不少缺项甚至错误;还有文字细节也有失察之处,有的甚而到了令我们"一惊一乍"的地步。故此次编选,我也视其为一次"体检"。出版社编辑高度负责,每每划出问题、打上问号,一批又一批待核查信息发过来,我们便要小心翼翼加以解决。这项非常辛苦的工作进行了很长时间,还怕替作者进行的加工和补充出现新的差错,也有文字由于种种原因无法核实,更因工期紧迫,某些内容没有再进一步细读,只能遗憾收尾。或可以推诿于早期标准不统一、技术手段落后、文献查找不易,上一辈学者也常有凭印象著述的习惯,但必须承认我们过去时有大意。我自觉这些问题与我等老同事难逃干系,所以在编辑会议上向现在的同事和出版社同人表达了歉意。"伯玉知非",当时的疏漏乃至过失当引以为戒,但现在要进行补救,工作量之大,难以想象。所幸"实迷途其未远,觉今是而昨非",此类情况在后来的刊物运行中得到了根本性的改变。

还要补充说明几点。首先,"访谈与对话"栏目的文章,有史料性,更有治学路径和方法上的启迪,也包括观点的面对面交流。该栏目至今收获不断,值得重视。我们在创刊三十年时编选过3本文选,总题为"阐释与创造:文艺研究书系",其中有一本《学者之镜》(方宁主编,人民出版社、西南师范大学出版社2009年版),选收了2002—2009年的这部分内容。其次,"书评"("书与批评")栏目内容涉及我们对"书评"的定位,即区别于"表扬与自我表扬"的推介类书评,强调要以建设性的态度直面问题,展开学术探讨和学理批评,也包括有理有据的反批评;思想必须敏锐,观点必须鲜明,以犀利的文风清理问题、开展对话,也针对批评自身存在的问题。这和我们从创刊起就一直倡导的学术争鸣一脉相承。上述"书系"中有一本《批评的力量》,就是那一阶段相关内容的体现。虽然就办刊方针和理念而言,我们继续提倡批评写作,但这次我们没有考虑直接争鸣性的文章,因为从公平角度讲,"对垒"双方理当"成对"出现,不能只选择一方,这势必会使篇幅更加难以容纳。最后,该"书系"中还有一本《理论的声音》,是上述时段的论文选编。自然,我们也尽量不去重复上面的内容。

# 二

中国艺术研究院韩子勇院长在谈到编写院史时多次讲，修史的意义就在于明白我们是怎么来的，要发展，首先要搞清楚自己的历史并加以总结。（大意）我们深以为然，这也是我们目前这项工作的出发点。

众所周知，《文艺研究》创刊四十年，是以 1979 年 5 月 15 日第 1 期（总第 1 期）出版为起点的。但大家或有不知，实际上，《文艺研究》还有一段"前史"。

1987 年我刚到编辑部工作时，听老同事们说：《文艺研究》曾经有过两期"试刊"。但语焉不详，也没拿出过实物，之后更没人再去提及。但此事一直存于我心。恰四十年刊庆，文学编辑室陈斐博士在前编辑部主任、副社长李香云历年认真记述的基础上，精心补充修订出我们的"编年纪事"，我审阅初稿时再次觉得，传说中的"试刊"不能就这样杳无踪迹，不了了之。于是，请副社长王伟博士对此搜索详考。几天后，两期纸张泛黄的《文艺研究》放在了我的办公桌上。

这两期上都写有"出版日期"：一本是 1976 年 4 月，封面有"1976·1"字样；一本是 1976 年 12 月，封面有"1976·2"字样。两本均注明为"内部刊物"。第 1 期"编辑者"是"文学艺术研究所《文艺研究》编辑组"，第 2 期"编辑者"是"文化部文学艺术研究所《文艺研究》编辑组"。刊物地址在"北京前海西街十七号"，老同事都熟悉，那里是恭王府，2002 年夏天之前，整个中国艺术研究院除音乐研究所外都在此地办公（文化艺术出版社也曾长期位居恭王府后花园）。这个地址，我们不少作者也都不陌生。

先看第 1 期。"编后记"明确，"《文艺研究》是我所学报性的刊物"（详见《〈文艺研究〉编年纪事》)，还有一篇署名"本刊编辑组"的文章：《坚持走"开门研究"的道路》。通览全本，无须详述，有鲜明的"大批判"色彩。值得考证的是印刷时间：4 月出版，但不会是在月底，因为一份关于当年 4 月初事件的官方文字是以活页形式插入的；也不会是在月初，因为该期唯一一篇真正的学术文章即《曹雪芹家世史料的新发现》，严谨的作者、红学家冯其庸在文后注明，论文"1976，4，10，改定"。

再看第 2 期。本期扩充了半个印张，由 136 页增至 144 页。封面刊名"文艺研究"由前一期的红色印刷字体，改为同样红色的毛笔手书（繁体字）。经文学编辑室李松睿博士确认，是鲁迅字迹。当期内容亦无须详述，同样有着鲜明的"大批判"色彩，矛头转向"四人帮"。

提到鲁迅，不妨让我先再往远了说。熟悉中国现代文学史料的人知道，鲁迅在1930年也曾编辑过《文艺研究》。遗憾的是，这份"文艺季刊"只出版了一期，而具体面世时间，有学者考证也在5月初（虽然杂志上写明"2月15日初版"）。引起我注意的是，在其扉页后专辟两页，载鲁迅执笔之《文艺研究》例言，共8条。第一条开宗明义："'文艺研究'专载关于研究文学，艺术的文字……延及文艺作品及作者的绍介和批评。"并且要求，"凡泛论空谈及启蒙之文，倘是陈言，俱不选入"；"'文艺研究'的倾向，在究明文艺与社会之关系，所以凡社会科学上的论文，倘其中有若干部分涉及文艺者，有时亦仍在绍介之列"；还计划刊登对"新出之关于文艺及社会科学书籍"的"批评"；此外，还有"在可能范围内，多载塑绘及雕刻之作"云云。

我丝毫也没有将这份刊物及鲁迅的相关工作一并视为我们"前史"的想法，只是惊讶其办刊意图与宗旨，竟与距它四十多年后我们所设定的编辑方针颇为贴近，更和再后四十年中我们的实践如出一辙。其间的精神承继和文脉延续，令人心生感慨，思绪绵绵。

话说回来，上述1976年的那两期"试刊"，的确属于我们的"前史"。《文艺研究》的上级主管部门曾致函当时的国家出版事业局，其中明确写道："我部（按：文化部）文学艺术研究所主办出版的《文艺研究》……原为学报性质的内部刊物……拟从今年开始扩大发行……公开出版。"

请注意，那两期"试刊"虽然是在一年之内（1976年年中和年末）编辑、印制的，但却恰恰处在了重要的历史分水岭的两边。上面的文字，鲜明的时代印记，表征了两个时期文艺领域的特殊面貌。从中更可以看出，史称"艰难的转折"已经开始。就现有材料看，1977年至1978年冬天以前，《文艺研究》编辑组"停止了工作。

毫无疑问，实体存在的这两期《文艺研究》，在中国期刊史上有其珍贵的见证、保留价值。但我必须要着重强调的是：它和后来被学界所认识的《文艺研究》完全不同。也正是在这个意义上，更应该说，《文艺研究》是改革开放的产物，是新时期文艺和学术春天的产物。它的真正诞生和成长，完全有赖新的历史时期"百花齐放，百家争鸣"局面的欣然降临，有赖国家高等教育和科研体系的恢复发展，有赖文学艺术家蓬蓬勃勃的创作实践，有赖学界中人孜孜矻矻的理论探索。

回顾历史，《文艺研究》与时代同行，伴随国家日益强盛的进程，受惠于这个开明的时代，也必定要感恩这个开明的时代，编辑部几代人勤勉工作，也正是为不辜负这时代的赋予。刊物的定位，决定了它应负的使命，有使命就要有担当。坚定正确的政治方向，展现最优秀的文艺研究学术成果，参与相关学科知识生产和在马克思主义指导下的中国特色学科体系、学术体系、话语体系建构，推动"以人民为中心"的文艺批评实践，就是我们担当的使命。

# 三

毕竟四十年，虽平稳，也艰难。作为面向全国人文学界的开放的学术平台，外界对《文艺研究》的描述和评价自然很多，"名刊"也好，"大刊"也罢，到底几斤几两，我们的读者、作者会有各自的评判。坦率地讲，我们自己对杂志上历年刊登过的文字也有理性的分析。有些看法，局外人或不好同我们讲，局内人或不便对外界说。当然，若将《文艺研究》整体视为一个有价值的学术文本加以认识，有几篇文章和围绕文章的我们的人与事，值得细说。

我不记得《文艺研究》在 1989 年创刊十周年时搞过"活动"。当年第 3 期（双月刊时是单月出刊，这一期出版日期是 5 月 21 日）一如平时：正常发稿，选题重要，看点不少，却唯独不见"庆贺"的内容。到第 4 期（7 月 21 日出版）才有了点隆重的味道。当期增加 3 个印张，由 176 页扩至 224 页。封面固定刊登美术作品的位置放了一方篆刻家王镛的篆刻："文艺研究创刊十周年纪念专刊"（封面作品一般服务内文选题，是我们长期坚持的传统）。但"专刊"或名不符实，仅有 5 篇与此相关：除署名"本刊编辑部"的《纪念创刊十周年寄语》外，还有冯牧《一个理论刊物应有的品格》、荒煤《对〈文艺研究〉的祝贺与希望》、张庚《怀念林元同志》和李希凡《贺〈文艺研究〉创刊十周年》。

"本刊编辑部"的文章，感谢作者，总结成绩（"尽可能地反映了我国文艺理论十年间发展的轨迹"），明确提出今后办刊要努力的三个方向——要重视加强基础理论研究；要批判继承文化遗产，"反对民族虚无主义的学术主张"，反对无批判吸收与无选择引进域外理论；要营造健康、和谐、融洽的学术氛围，坚持真理、修正错误。同时强调，"本刊将坚持科学精神，强化建设意识，把建设有中国民族特色的文艺科学（包括中国化的马克思主义文艺理论）作为中心课题"。冯牧的这一篇，在后来许多分析、评价我们的文章中常被引用。他是《文艺研究》的创始者之一，"编年纪事"中有相关记载。他文中提到的人、事，是早期刊史的珍贵记录；他对我们评价中肯，希望实在。陈荒煤是作者，也是关心我们的文艺界老领导，他表示祝贺，更阐发了对文艺现状的独到见解。张庚是《文艺研究》创刊主编，心系这份刊物。作为戏剧理论大家，其晚年力作也大多发表在这里。而他在这篇文章中，深情追忆的则是另一位为《文艺研究》立下汗马功劳并实际上倒在工作中的老人——林元。林元病重期间，我那时年轻，晚间便在医院陪护，为打发时间带上的一份清样，他醒来还想要过来看看。我和编辑部年轻人谈他的那本《碎布集》，他的说法是：一辈子为他人作嫁衣，自己剩下点碎布头。四十年间，多位我们的老同事故去（长期主持理论编辑室的张潇华副主编也是在工作岗位上去世的）。我们前行的每一站，都不能忘记前辈的功劳、苦劳。红学家李希凡是中国艺术研究院的老领导，时任常务副院长，他一直支持编辑部的工作，将《文艺研究》视为"全国艺术科学工作者共有的阵地"，勉励我们为树立良好学风、推进学术争鸣多有作为。事实上，历届中国艺术研究院的领导都关心《文艺研究》的健康发展，宏观明确方向，具体帮扶指导。作为"大院"中的小集体，我们有所依靠。

除上述 5 篇外，本期最后还有 3 篇，分别是对新时期十年文艺理论研究的回顾、对十年美学研究的反思，以及对这一时期美学论争的分析，均指向特定问题域，而非仅仅围绕一份刊物。

这一期分量最重的是中间的 22 篇，我按作者年龄排列，他们包括伍蠡甫、王季思、蔡仪、王朝闻、洪毅然、袁可嘉、黄翔鹏、邵大箴、叶廷芳、赵园、鲁枢元、周宪、王宁等诸位学者。从年逾杖朝的弥坚老者，到三十出头的年轻新锐，一期之内，集老中青三代，薪火相传的气象，也看出那时期学界特有的"场面"。重要的是他们的文章，从中更显现了我们一以贯之的面貌，那就是兼跨文学和艺术，重视基础理论建设，亦重视文艺前沿实践；提倡深入旧学义理，更提倡关注新知探索。对作者，我们强调"五湖四海"；对文章，我们讲究"兼容并包"。这八个字被时任主编王波云不断强调（我至今仍清晰记得他在编前会上一再讲述这"八字箴言"时的鲁西南口音）。他对此自觉践行，遇个人不能认同的观点，只要作者是学术的表达且论证理据兼备、圆熟自洽，他既尊重作者也尊重编辑，予以终审签字。我多次听吴方副主编感慨道："老王是个真明白人！"王波云有着敏锐的学术眼光，有对问题的成熟判断，作风民主、持重、老派。犹记得他指着一篇已签发的稿子说："看吧，肯定会有人发表不同看法的。"他重视学术争鸣，也参与奠定了《文艺研究》这方面的良好开局。有必要再强调的是，开展学术争鸣，是我们自创刊伊始就尽力加以维护的。

1999 年《文艺研究》创刊二十周年，我们举办了学术研讨活动。老领导贺敬之与时任文化部部长孙家正莅临祝贺；从钟敬文、张庚、季羡林、启功、郭汉城等学界耆老到青年学者约百人与会。两天半时间，会议分文艺学美学、艺术各专门理论、文学等多个议题展开分组讨论。看群贤毕至，谋刊物发展殚精竭虑的时任主编柏柳迎来了人生中倍感欣慰的时刻。当年第 3 期（5 月 15 日出版）上，柏柳深情撰写了题为"学术会通时代，平实方见精神"的文章，作为"创刊二十周年特刊编后感"；之后，他又在第 4 期（7 月 15 日出版）上撰写《总结经验　迎接挑战　不断进取》，表达了对刊物的理性认识和更清晰的前景预判。作为从年轻时代即见证文艺发展坎坷历程的过来人，他深悟理论探索之重要，也深知思想对实践之引领。整个 90 年代，在他主持《文艺研究》工作时，正是学界转型深化、所谓"学问家凸显"的时期，更是我们紧密团结学术生力军，日益拓展研究领域的时期。也是在这个时期，《文艺研究》在数量日益增长的学刊方阵中不断收获赞誉、嘉奖（十年内获得国家级奖励 4 次，包括首届国家期刊奖）。记得有一日，费孝通教授来院讲座，中间休息的时候，孙家正部长告诉柏柳，部里决定通报表彰《文艺研究》并颁发奖金 5 万元。我在旁边注意到，已是高龄的老主编双眼湿润，身体有些摇晃。那天中午，他独自在办公室饮下一杯镇江家乡的老酒，我能体会他的激动还有五味杂陈的心情，他的辛苦得到了认可。

仍然是历史机遇成就了《文艺研究》，但在这一过程中，柏柳功不可没。他和先后担任副主编的姚振仁、张潇华、袁振保、马肇元、廉静、方宁一起，塑造了《文艺研究》今天被学界所认知的模样。

如所周知，进入 21 世纪的十年，人文社科领域面临着全新的生态。一方面，高速增长的学科建设和跨学科融合，理论翻新、话语重构、范式转换，论文、论著数量与日俱增，各种评价标准乃至量化指标纷纷出台；另一方面，随着市场化的全面到来，教育产业飞速跃进，浮躁与焦虑开始显露，所谓"泡沫化"倾向出现，学术纯度下降，学术期刊也面临愈加严峻的生存困境，等等。2009 年，《文艺研究》迎来创刊三十周年，再开专题学术研讨会，时任文化部副部长、中国艺术研究院院长王文章到场热情致辞。会议规模虽略有缩小，却依旧有众多学界老友新朋到场。在这一年第 5 期，时任主编方宁发表题为"《文艺研究》与当代中国文艺学术史"的长篇论文，全面阐述杂志的历史、品格及与时代语境的互动关系。文章分四部分，分别以"冲突：历史境遇中的偶然与必然""《文艺研究》与当代学术思想的转型""裂变中的整合：选择与批判"和"《文艺研究》与学术市场化博弈"为题，正面回应了当时所遇到的各种问题。尽管十年后再看，一些提法因环境变化和刊物自身发展而与今天的实际存有差异，但仍是我们迄今较全面、深入的自我反思与总结，也是第一次从一份具体刊物的角度和立场出发，观照1979 年以来文艺学术史的三十年历程。方宁是《文艺研究》任职时间最长的主编，身体力行、率先垂范，以其学术眼光和办刊理念，为刊物的长足发展开拓新路并引领编辑实践。他提倡研究与批评并重，致力维护良好学风；同时对内部建设，从审稿到编校，制定规则和制度，使刊物在这十多年里保持了最佳质量。他承前启后确立的高标准，仍被我们严格视为圭臬。

《文艺研究》发展至今，坚持办刊宗旨，坚持正确舆论导向，贯彻"双百"方针，奉行学术平等原则。近年来，更以习近平总书记关于文化、文艺和社会科学研究的系列讲话为指导，在对文学艺术各门类现状与历史的研究中，注重分析与解决发展中出现的新情况、新问题。在稿件遴选、选题策划、栏目设置等方面，坚持政治标准与学术标准相统一，力争展现中国文艺研究的最高水平，参与建设文学艺术健康发展的良好氛围，为社会主义文艺事业做出了应有的贡献，在理论界享有盛誉，受到尊重。四十年来，《文艺研究》作为重要学术刊物的地位及学术凝聚力、影响力稳步提升，保持着一以贯之的纯正严谨学风和学术公器原则。同时，在维护良好形象的前提下，也谨慎地对自身发展进行了符合学术期刊规律的探索。

所有这些，与历任主编、副主编，特别是方宁的努力分不开。毫不过分地说，他为《文艺研究》奉献了最好年华的全部精力，牺牲"小我"，成就"大我"。他在任的这些年里，和长期担任杂志社领导职务的创刊元老李香云、多年担任副主编的陈剑澜一道，把大家凝聚成一个专业、敬业的集体，凝神聚力，尽心尽责。剑澜是《文艺研究》的功臣之一。作为学者，钻研精深、持论严谨；作为编辑，密切联系作者，掌握学术动态，尤其对文艺学美学理论栏目的建设与拓展发挥了巨大作用。毋庸讳言，我们这样的"大刊"自然摆脱不了各种关系交往，我个人印象深刻的是，剑澜和学者打交道自有一套聪明的办法，原则性极强，坚持审稿标准从不妥协，但奇怪的是他好像并不得罪人，举重若轻间就能化解矛盾和尴尬。后来他工作调动去了高校，也算成就个人的教书心愿，但对刊物是一大损失。作为知交，二十多年的工作伙伴，于公于私均有不舍，但我尊重他的选择。

# 四

我前面说过，四十年刊庆活动，动静"多少有违我们的初衷"，原因有三。其一，我们人手少，日常编辑工作相当繁重，手边的稿子和清样，接龙般从未间断；虽说活动延续了某种惯例，但实际上我们历来不想在每期刊物之外有什么大的举动，也缺少运作经验。其二，了解的人知道，《文艺研究》历来不够"热闹"，只把这里视为成果发表的平台，引人注目的是刊登的论文，一切体现在期期纸面上，我们的心思就在各个选题中。有些情况索性在这里多说几句。我们兼跨两大学科门类，按现行评价体系，我们或在"艺术学"，或在"文学"，位列"权威""核心""索引""A+"等，更是首批国家社科基金资助期刊（考核优秀），学术影响力位居国内相关专业领域前列。在国内具有重要影响力的三大报刊文摘《新华文摘》《中国社会科学文摘》《中国人民大学复印报刊资料》的年度统计中，《文艺研究》的转载率均名列前茅。在 2019 年由中国人民大学人文社会科学学术成果评价研究中心、中国人民大学书报资料中心发布的《复印报刊资料转载指数排名研究报告》中，《文艺研究》在艺术学学科期刊中，转载量、转载率及综合指数均位列第一（相关统计按学科门类分开，不是综合计算）。此外，还有"影响力指数""影响因子"和各类"计量指标"，在"艺术"类居首，"文学"类第二（据《中国学术期刊影响因子年报（人文社会科学）》·2018）。特别感恩方方面面对我们的高度认可，但老实说，至少我是真看不懂这些统计"数学题"，不明就里。居高惶恐，要保持觉得压力很大，且不知如何着手。我们唯有相信，只要敬重学问，爱惜作者，认真做事，大体不会有错。其三，了解的人还知道，我们的编辑也足够低调，虽不言"安穷乐志"，却也"无风尘之慕"。尽管大家多是学者和专门家，有各自的研究方向，著述频出，但都懂得先做编辑再插空立说，轻重、界限分明；与外界打交道更是简单，能省则省且慎之又慎，也是为决定选题、审读稿件讨得清静。

而我们的"初衷"，只是想编选眼下这套书，希望是梳理，也有留观的价值。或可"以选见史"，看这四十年"旧学"如何"加邃密"，"新知"怎样"转深沉"。

一至六卷是《文艺研究》四十年（1979—2018）"文选"。"选择"之事前面说过，不再多言。事实上，用我们目前最年长者、综合艺术编辑室戴阿宝博士（容明）的话说：哪篇都可上，哪篇都可下。话虽极端，也确属无奈使然。

当然，对这六卷，我还有接续前文、再做些补充的地方。回首四十年历史，《文艺研究》其实有个渐变的过程。早期因为现实需要，我们多少有些像文艺时评类的刊物，在思想文化界拨乱反正中发挥主流媒体的作用（前述方宁的文章对这一时期的刊物定位有详细分析）；也因应清理"旧案"，有资料整理类的内容；又得开放之初风气之先，大量思潮引入，有译介和评述性的文字。一方面，我们的作者中包括不少领导同志及众多著名作家、艺术家，前者以讲话论述方向，后者用随笔言说经验，并结合创作实践杂谈议论。这些文艺史上的大家、名家，他们宝贵的切身感悟，文字无论长篇抑或短论，都应该引起研究者重视，更可以成为相关学术写作的重要参考。但出于篇幅考虑，也因和我们后来的"基本面"有些出入，所以这类文章我们大多没有选入。另一方面，某些论文，特别是早期的部分篇章，若按现在的学术标准，显得不够"专业"，偏重介绍、荒于深入，材料引用也不甚讲究和规范。这些都可以理解，也符合当时学术生产恢复期的大致面貌。但其中所面对的真问题、提出的新观点，我们以为值得重新研读。如果说创刊后相当一段时期内，我们的不少文章具有"惊雷"般的效果，那也是在理论的春天到来时对以往文艺禁区和僵化思想的突破使然。大致是在 20 世纪 90 年代以后，我们具有了较为纯粹的"学院化"特点，更注重史论结合的学理探讨，这也和高校与科研机构的发展及当代文论向深度和广度推进相适应，互为表里。

还有关于文章的编排，我们也进行了讨论。最终选择以原发表年份、刊期为先后，正是因为定位在对四十年文学艺术理论的大致轮廓有一个顺时序的描画。如前所述，可以将《文艺研究》整体视为一个学术文本，我们力图从一个特定视角呈现一种多元格局，以期于梳理中发现一个共在的文论场域，在问题、方法及研究范式等方面的协同演进。之所以没有按传统学科加以分类，一是考虑就现今文献检索技术，以专题论域查找专业论文已经非常方便，二是某些文章因早期学科界限并不分明、后期也存在大量交叉融合的现象，分类的价值因此并不显著。

还有一卷，主题是"《文艺研究》与我的学术写作"，我们约请了部分作者撰写，他们大体上具备两个条件，一是在我们这里发文时间长，二是发文篇数较多。当然，前提是他们有时间、有意愿，谈谈我们、聊聊自己。其中有四位，是曾经在编辑部工作过的老同事。一位是萧立军，他是创刊时期的元老之一，几年后去了中国作家协会，曾任《中国作家》副主编，如今显赫的大作家不少是被他发现并扶上文坛的。我常说自己在杂志工作三十多年，却没和他一起共事过，可见他有多"老"。但我们一直是好朋友，他以丰富的办刊经验对我多有指点。一位是李洁非，我们也未曾共事，他在杂志工作时间同样不长，在我来的那一年他去了中国社会科学院文学研究所，是研究文学史的知名学者。一位是傅谨，我们和廉静副主编曾同在一个编辑室多年，交往中我获益不少。他后来也去了高校，是研究戏剧史及戏剧理论的名家。再一位是赵伯陶，我们共事时间更长，他退休后因工作需要又返聘几年。伯陶是典型的学者型编辑，学养丰厚，著述甚丰，更是我们信赖的"活字典"。编辑部同事常笑谈他两点，一是懂得太多，二是离职太晚。后一句的意思是说，他若能早点摆脱编辑事务，个人成果会更加丰富。

我断续用了半个多月时间，集中细细阅读了这一卷文字，且读且思，颇多感慨。

文章大致是随笔性质的写作，有理论反思的内容，也谈及这本刊物和自己学术成长之间的密切关联。许多如今重量级的学者，他们在《文艺研究》最早登场时，正当年轻。不少人起步阶段的论文即被我们选用，这对尚显稚嫩的刚入行者是鼓舞，由此坚定了对所选道路的信心——这关乎个人志业的选择；不少人将不同学术阶段的重要论文均放在我们这里发表，这对逐渐成熟的钻研者是促动，乃至由此铸就其理论步步递进、层层深入——这关乎学术生命的绵延。

由于学术发展的不平衡，在那些人多拥挤的"显学"之外尚存不少乏人关注的领域，还有某些"小学科"和一些"跨界交叉"研究在不同时期缺少呈现的园地。对这些，《文艺研究》给予了足够的支持；而对一些或引争议、或尚属初创的新领域的成果，《文艺研究》也给予了及时的接纳。回过头来看，我们会发现其中的意义，但在当时确实需要点勇气。一些文章中对我们的这种勇气表示了赞赏。

有些作者忆及和编辑的点滴交往，钩沉往事，不少论文正是在相互启发、不断互动交流乃至督促下写作完成，也在反复推敲修改的双向"折磨"中慢慢成就了彼此真挚的友情。这也帮助了我们的回忆，许多情景在亲历者读来，仿佛真切地再现。

令我们感佩的是，几位作者下功夫翻阅了我们多年（甚至全部）的杂志，从问题的角度加以分析和总结，这和那些自我梳理和反思的文章一样，都可以视为一种学术史写作。历史是一条长长的水脉，每一期杂志都可以是定期的取样。对作者来说，每一篇论文是一个研究阶段的小结；对刊物来说，每一期杂志是若干领域的一个切片。连缀起来，可以清晰展现学术在不同时期的气象及其进程。我一直以为，学术刊物可以被看作一种标本，是关于学术史的写作现场。

我最初提出的明确要求是，这些文章要"见人、见事、见刊物、见学科"，现在看来，读者的确是可以从中见到这些的。

再有一卷是《文艺研究》四十年的"编年纪事"。基础是我们历年记录的"大事记"，四十年来承担这项工作的就是李香云。她2019年年初才离开返聘岗位颐养天年，是我们这里工作年限最长者，也是杂志社的领导和管家，四十年如一日，勤勤恳恳、默默做事、踏实工作。她的这份记录，何止关乎一个刊物，实际上也是在为改革开放以来的文学艺术研究史存一份档案，功莫大焉。此卷若通读下来不难发现，新时期对文学艺术理论诸多重大问题的讨论和批评实践，我们几乎都有在场。在场就是参与，就是介入，或有距离，但绝非隔岸观火。这是一个学术期刊与作者共同构建的学术现场。需要说明的是，首先，我们对"大事记"中一些纯属内部事务的记录进行了选择性删节（本卷也有关于编辑部人员变动情况的记述，我们的作者可以从中找到许多熟悉的名字），充实了大量涉及刊物和编辑参与学术活动的事项；其次，因为种种可以理解的原因，有些事情的记载未必准确和全面，遗漏和错误或难避免，我们当然希望各方亲历者有更翔实的材料提供，使这一有价值的记忆文本可以再补充完善。

本卷由在《文艺研究》工作时间最长的老同事和正式入职不久、目前最年轻的编辑合作完成。我要强调这点，正是将其视为一种传承的象征，体现一种接续的力量，意味深长。

要特别说明的是，这套书以如此规模面世，也是当初没有预计到的。这得益于文化艺术出版社的大力支持、无私协助与编校人员极佳的专业素养，我们才有了如此操作的勇气。杨斌社长非常重视，以极高的学术站位，方方面面加以统筹规划，事无巨细和我交流探讨，并委派最得力的干将参与工作。双方通力协作，和谐共建。因为频繁的编校往来，我们的编辑几乎每天都和王红编审联络，通过她，我们对出版社的编辑水平、敏锐的判断力和工作效率倍加钦佩。在弥补文字旧痕、修正早期疏漏的过程中，我们强化政治意识，以对学术历史高度负责的态度，一起加班加点，全力投入。据我所知，他们手上还积压着不少有相当难度的专业书稿，却依然不惧诸多或大或小的麻烦，为我们这套书付出了包括假期在内的大量时间和精力。我代表文艺研究杂志社和编辑部，诚心感谢这家同样隶属中国艺术研究院的高水平的学术出版机构。

## 五

前面我说，检索过往，以开新篇。其间之因果，我们近来感受颇深。

如果说《文艺研究》在学术期刊中或为翘楚，也是慢慢累积的声望。我们日常阅读许多优秀的同行杂志和荟萃专业成果的文摘刊物，从中既有学术新见和信息的收获，更有办刊经验的启示。我们必须在不断学习中发现自身的短板，以全新的作为，寻找层楼更上的阶梯。同时，我们正处在新老交替的关键节点上，我个人也已预感到我们今后的工作方式会有某些变化，但无论如何，《文艺研究》仍然要以其既定的面貌和品格服务学界，服务中国文论建设，服务文学艺术事业发展的新局面。在众声喧哗中保持淡定，在日新月异中持守传统，不改初心，不忘来路，方得始终。

我在不同场合提到老一代学者潘光旦在其《学问与潮流》中的看法。他说，假如你观察"山涧里一派激流的水"，感叹"逝者如斯夫"，但更可以看到"涧内种种东西应付水流的办法，是很不一致的"。第一种如树叶、水草或落花，完全跟着水流走；第二种如石块、大树的老根，任水流湍急却故自纹丝不动；第三种是"涧床深处，有许多鱼，头部一律向着上流顶着，鱼身的方向恰恰和水流的方向相反，好像争着往上流游去"。第一种是随潮流而动，缺少定力和坚守；第二种虽扎实稳定却缺少与时俱进，守成有余而进取不足；第三种是因应潮流却保持着既定的方向与格局，有前行进取的锐气与活力。潘教授显然推崇后者。我想，至少从学术的立场上说，这也是我们理应具有的姿态。我无意在此评价学界生态，更无意点评学人面貌。实话实说，以我们平时审读的大量来稿所获得的认知，我们对当今学界、学人自然会有不一而足的评价。如同互为镜像，亦如同"我看人人看我"的自省，我更愿在建设的意义上强调《文艺研究》的定位与作为。一个时段或有一个时段的问题，一代人或只能解决一代人的问题。在此，我知道《文艺研究》不曾缺席，也将继续在场。

四十年的历史表明，《文艺研究》顺应了社会的发展，呼应了理论的进程，一直坚定正确的政治方向，恪守严谨的学术立场，强调鲜明的问题意识，保持锐利的批评锋芒，并致力引导、促进相关专业研究向更深层次推进。这是我们在温故中所深刻体认的，也是我们在开新中所要全力维护的，更是我们在伟大的新时代继续坚持努力的方向。

无疑，面对新的形势和要求，编辑队伍建设对我们来说是重中之重。近年来，杂志社曾持续减员，且新老断层。可喜的是，在院领导和院内各单位的大力支持下，情况有所转好，编辑人员数量从渐渐走低开始渐渐回升。从老同事戴阿宝研究员、陈诗红副编审，到刚从院文化发展战略研究中心调入我们理论编辑室的孙伊副研究员，从长期默默奉献的办公室老主任宋林静、保持刊物内文版面素朴和谐的林亚茹，到刚刚来主持办公室工作的李瑶，还有负责微信公众号运作的逾白，我看到了刊物可持续发展的前景。我视人才梯队建设是必须加速推进的工作，努力已初见成效，一个全新的年轻化的学者型编辑团队正在形成中。我感谢我的这些同事，珍惜和他们一起工作的时间！说句心里话，大家明白，点到即止：如今的学术才俊，要留在编辑岗位上，他们真的是要抵御太多、太大的诱惑！

在此还要特别强调的是，《文艺研究》的工作团队包括了长期为刊物学术把关的来自不同学科的外审专家们。他们从各自繁忙的教学和科研中抽出时间，认真细读送审论文，提供专业研判，更对不少具备潜力的写作详尽指出修改提高的路径，严格、严谨，从不敷衍，常见不少审读意见，字数多达三四千字。他们"双向匿名"，但绝对为我们所倚重，同样是我们重要的不可或缺的编辑力量。

为适应新的媒介传播趋势，我们近年来加强了微信公众号建设，大致以每周两篇的频率推送。就学术关注面而言，围观者数万且与日俱增，阅读者稳定在相当高的数量。作为"数字影响力百强"刊物，《文艺研究》的"朋友圈"也由此更加壮大。

我以这篇文字作为我们这套书的开场，并不是要对《文艺研究》四十年历程进行全面总结，但所表达的，又确实是在总结过程中我的真切感受及想要实实在在陈述的看法。想到中国社会科学院新闻传播研究所一位研究传媒的专家，化用《陋室铭》说了一句妙言：山不在高有仙则名，刊不在大有学则灵。学，即真问题。对《文艺研究》，诚如斯言，更当自勉。

最后，我想表达的是：衷心感谢所有的作者、读者；感谢所有对我们的肯定和认可，感谢所有我们直接听到的或更多"道听途说"得到的对我们的批评；《文艺研究》的四十年是大家共同的四十年，一同经历，所以值得一同回顾、一同反思，也一同开启新篇。就我个人而言，编辑生涯已在倒计时中，但《文艺研究》正在进行时，仍是青春好时光，仍将继续其学术建设的旅程。唯愿它理论之树常青。未来，我若有可能，再从旁注视这本刊物迈入五十年、六十年乃至更长，将是我最大的荣幸。

2019 年 9 月 19 日　初稿
2019 年 10 月 25 日　改定

# 1978 年

## ■ 冬

《文艺研究》筹办。1978 年春，贺敬之同志任文化部副部长，分管政策研究室、艺术局、教育司和文化部文学艺术研究所（中国艺术研究院前身）工作。同年秋，文化部文学艺术研究所更名为文化部文学艺术研究院，贺敬之兼任院长。部党组接受贺敬之建议，任命冯牧为政策研究室主任，兼任文学艺术研究院副院长。1978 年冬，中共十一届三中全会召开后，贺敬之提出由文化部主办一份大型文艺理论刊物，得到文化部党组批准。刊物在文化部文学艺术研究所内部学报性刊物《文艺研究》基础上筹办，公开发行。筹办工作由冯牧负责，林元、王波云、柏柳、沈季平、叶勤、孙吴等人参与。按，《文艺研究》原是文化部文学艺术研究所学报性刊物，由"文化部文学艺术研究所《文艺研究》编辑组"编辑，曾分别于 1976 年 4 月和 12 月出版两期，内部发行，主要发表该所各研究部门的研究成果，体现该所的方针任务。第 1 期"编后记"说："《文艺研究》是我所学报性的刊物。主要发表我所各研究部门的研究成果，体现我所的方针任务。它以阶级斗争为纲，遵循毛主席革命文艺路线，开展文艺理论研究工作，活跃文艺评论，用马克思主义占领文艺理论阵地。为便于和各兄弟单位互相交流经验，现作为内部刊物出版。文艺理论研究工作，必须坚持文艺为工农兵服务，为社会主义服务，为无产阶级政治服务的方向；坚持理论与实际相结合的革命学风，实行开门研究；要积极贯彻党的'百花齐放，百家争鸣''古为今用，洋为中用''推陈出新'的文艺方针；积极宣传马克思主义、列宁主义、毛泽东思想，运用文艺批评的武器，参加当前文艺战线上的两个阶级、两条路线的斗争，促进社会主义文艺的繁荣。《文艺研究》以发表研究我国文艺现状的评论文章为主，以研究文艺革命的经验、革命样板戏的成就的文章为重点；同时也发表研究外国文艺现状、特别是批判资产阶级与现代修正主义文艺的文章；为了批判地继承中外文艺遗产，发展我国社会主义文艺，本刊也发表研究中外文艺遗产的文章、论著以及有关资料。"

# 1979 年

■ **1月8日**

文化部印发 113 号文件，批准《文艺研究》创刊。

《文艺研究》由中华人民共和国文化部主管，文化部文学艺术研究院主办；季刊，每期 20 万字，144 页，定价 0.68 元；是介绍、评论、研究古今中外文学艺术的大型综合性理论刊物。出版单位：人民文学出版社；承印单位：北京新华印刷厂；国内销售：各地新华书店；国外发行：中国国际书店。

■ **5月15日**

《文艺研究》创刊号正式出版发行。刊名集自周恩来总理字迹，封面设计为林元、吴祖望。

创刊号发表评论员文章《坚持毛泽东文艺思想旗帜》，明确办刊宗旨：解放思想，实事求是，贯彻"双百"方针。同期发表苏一平《为〈文艺八条〉说几句话》和罗荪《文学是我们时代的镜子》，论述如何正确评价文学作品的问题。

## 坚持毛泽东文艺思想旗帜

本刊编辑部

站在新长征的起点，回顾延安的英雄岁月，在 1942 年，中国无产阶级的文艺事业，进入了一个新的历史里程。毛泽东同志《在延安文艺座谈会上的讲话》，运用历史唯物主义和辩证唯物主义的观点、方法，总结了无产阶级文艺发展的历史经验，特别是"五四"以来的文艺运动的经验，系统而深刻地阐明了文艺的本质、特点及其规律，辩证地解决了文艺和政治、文艺和群众、文艺和生活、作家的主观和客观关系、文化遗产的批判继承等一系列文艺上的根本问题，特别是指明了文艺为工农兵服务的方向问题。这就为无产阶级文艺开辟了广阔的道路。新中国建立后，在新的历史条件下，毛泽东同志又提出了"百花齐放，百家争鸣""推陈出新""古为今用""洋为中用"等一系列方针，全面地继承、捍卫和发展了马列主义文艺学说，形成了系统的毛泽东文艺思想体系，成为毛泽东思想科学体系不可分割的有机组成部分。在毛泽东文艺思想的指引下，出现了我国历史上前所未有的无产阶级的革命文艺。它的一个鲜明特征是：历史的创造者——工农兵成为作品歌颂的主题；文艺反映革命人民的愿望与利益，为工农兵服务，为广大的劳动人民服务，为无产阶级政治服务。实践已经证明，社会主义文艺具有强大的生命力。三十七年来，在文学、戏曲、美术、音乐、舞蹈、电影等领域里，我们都取得了辉煌的成就：产生了一批优秀的作品；培养了一支强大的无产阶级文艺队伍；还取得了丰富的宝贵经验。这是社会主义文艺继续发展的厚实基础。

但是，社会主义文艺还年轻，对它的规律我们还要以马列主义、毛泽东思想为指针，进一步地认识和掌握，我们的文艺工作在取得巨大成绩的同时，也不可避免地存在着这样那样的问题，会发生一些缺点和错误。这就要不断地认真总结经验。

马克思主义是战斗的科学，不是教条。如何对待毛泽东文艺思想，是我们同林彪、"四人帮"在文艺问题上斗争的焦点，也是当前社会主义文艺发展中十分重要的问题。由于长期来林彪、"四人帮"一伙利用文艺篡党夺权，制造现代迷信，肆意歪曲、篡改、割裂毛泽东文艺思想，在思想、理论上制造混乱，至今余毒尚存。有些人还处在僵化、半僵化的思想状态中。我们必须坚持实践是检验真理的唯一标准，进一步肃清流毒，破除迷信，解放思想，从唯心主义、形而上学的思想中解放出来。

毛泽东文艺思想是经过长期革命文艺实践证明了的科学真理。我们要认真学习它，运用它，并在不断发展的生活实践中，不断发展它。我们必须始终不渝地坚持毛泽东文艺思想的旗帜。

毛泽东同志倡导的"理论与实践统一"的原则，就是要我们善于学习与运用马克思主义的立场、观点、方法，"来具体地研究中国的现状和中国的历史，具体地分析中国革命问题和解决中国革命问题"（《改造我们的学习》）。现在我国已进入历史发展的新时期，党的工作重心已转移到四个现代化。在这新的历史进程中，毫无疑义，文艺工作的重点要转移到为"四化"服务。这是文艺工作面临的最大的实际。文艺必须紧密与这个实际相结合，必须以毛泽东文艺思想之矢，射中国社会主义文艺为"四化"服务之的，解决文艺创作中的矛盾和问题。

毛泽东同志《在延安文艺座谈会上的讲话》里，关于文艺家必须长期地深入到群众火热斗争生活中去的教导，今天就有其新的涵义。今天人民群众火热斗争生活的中心内容，就是为实现社会主义四个现代化而奋斗。文艺家应该全心全意地投身到这一火热的斗争里去，向群众学习，向社会学习，了解为"四化"而奋斗的各种人物，反映他们的愿望，熟悉他们的生活，使自己成为他们当中的一员，才有可能塑造出新的艺术典型，描绘出中国社会新的壮丽画卷。如果文艺脱离了现实生活，脱离了人民群众，创作也就成为无源之水，纵使是不乏技巧，也难免"江郎才尽"。"创作要上去，作家要下去"的呼吁，正是我们现在面临的一个迫切问题。

社会主义的文艺事业，是群众的事业。我们必须发扬民主，坚持"百花齐放，百家争鸣"的方针。这是促进我国社会主义科学进步、文化繁荣的方针。历史的经验已充分证明：什么时候认真贯彻了"双百"方针，文学艺术就得到发展、繁荣，否则文学艺术的发展就停滞，社会主义艺术园地就冷落、凋零。因此，我们必须坚定不移地实行"双百"方针，在理论研究和文艺创作上鼓励勇于探索、勇于创新的精神，支持艺术上不同形式和风格的自由发展，提倡文艺题材的多样化。

为了进一步解放文艺生产力，迅速改变无论在创作上、理论上都落后于客观实际的状况，繁荣社会主义文艺创作，使文艺更好地为社会主义四个现代化服务，我们应本着党的三中全会所指引的航向：继续解放思想，开动机器，实事求是，团结一致向前看。我们要完整地、准确地运用毛泽东文艺思想这一锐利武器，来探索新时期社会主义文艺规律；要勇于面对现实，研究新情况，回答新问题。我们坚信：只要沿着马列主义、毛泽东思想的轨道前进，我们一定能够"创造出许多为人民大众所热烈欢迎的作品"，为新的长征做出应有的贡献。

## 读者·作者·编者

亲爱的读者和作者：

在新长征的进军中，《文艺研究》创刊号和同志们见面了。

本刊的方针任务是：努力学习、宣传马列主义、毛泽东思想；坚定不移地认真贯彻"百花齐放，百家争鸣"以及"古为今用""洋为中用""推陈出新"的方针；深入批判林彪、"四人帮"的反革命修正主义文艺思想、理论、路线；开展文艺理论研究工作，探讨文艺规律；反映国内外的一些文艺研究成果和情况，促进社会主义文艺的繁荣、发展，使文艺更好地为新时期的总任务服务，为建设四个现代化的社会主义强国做出应有的贡献。

我们刊物在春天的百花园里，只是一株刚冒出土的幼芽，我们恳切地希望读者、作者来共同灌溉培育，使它成长，开花。

编者

# 稿 约

本刊欢迎下列来稿：

一、以马列主义、毛泽东文艺思想为指导，研究、评论和介绍古今中外文学艺术的学术理论文章；

二、批判林彪、"四人帮"的修正主义文艺思想、理论、路线的文章；

三、总结文艺工作经验，探讨文艺创作规律的文章；

四、关于文艺杂感、随笔、书简、书评和文艺研究动态及有研究价值的文艺资料等。

来稿请用稿纸书写清楚；引文要核对准确并注明出处。请勿一稿两投。来稿请写明真实姓名及通讯地址，发表时署名听便。五千字以内稿件一般不退稿，退稿不一定都提意见。如三个月未见本刊通知，作者可自行处理。来稿请寄本刊编辑部，勿寄私人，以免延误。

创刊号上首次公开发表周恩来《关于文化艺术工作两条腿走路的问题》（1959年5月3日）和《对在京的话剧、歌剧、儿童剧作家的讲话》（1962年2月17日）。

文学艺术研究院美术研究所和《文艺研究》约请在京部分美术界、曲艺界人士及报刊编辑和理论研究工作者举行相声、漫画座谈会，讨论讽刺艺术（漫画、相声）的特点及其艺术功能以及如何为新时期总任务服务等问题，华君武、王朝闻、陶钝、侯宝林、郭全宝等人出席，苏一平、郭汉城先后主持会议。创刊号发表本刊记者蓝蔚（柏柳）《让带刺的花盛开——相声、漫画座谈会侧记》和王朝闻《你还保他呀——讽刺艺术谈》。

## 让带刺的花盛开
### ——相声、漫画座谈会侧记
本刊记者 蓝蔚

相声和漫画是为群众喜闻乐见的群众性最广的讽刺艺术。幽默与讽刺是它的鲜明特征和艺术功能，也是它的生命。这朵带刺的鲜花，经受严霜苦雨，度过大地凝寒，在粉碎"四人帮"后又吐露清香，成为批判林彪、"四人帮"的锐利武器。面对亿万人民已经开始新的长征的大好形势，漫画、相声如何为新时期的总任务服务，怎样发挥战斗作用，这是人们十分关心的问题，也是讽刺艺术工作者和理论研究工作者所面临和要回答的课题。为此，文学艺术研究院美术研究所和本刊编辑部约请在京的部分美术界、曲艺界、报刊编辑和理论研究工作者举行了座谈会。出席座谈会的有华君武、王朝闻、陶钝、侯宝林、郭全宝、常宝华、丁聪、方成、江有生、王乐天、李滨声、丁午、王宇、郑青松、薛宝琨、孙玉奎、马克、许家路、毕克官、何韦、沈培、孙以增、缪印堂、闻山等。苏一平、郭汉城先后主持了会议。

这次座谈会开得比较生动，既在一起热烈交换意见，又有即席表演，还举行了学术报告会（约请文艺界、新闻界三百余人参加）。在学术报告会上，侯宝林、郭全宝同志先表演相声《姓名学》，漫画家们拿出复制放大的漫画《只顾掌舵，不顾看风》《老实干部得奖者——没有嘴的人》《打油词画》等，然后王朝闻同志作艺术分析，进行理论上的探讨。

出席这次座谈会的同志，不少人因从事自己的专业而遭到林彪、"四人帮""极左"路线摧残与迫害。同志们愤怒地批判林彪、"四人帮"的文化专制主义，从亲身感受出发，总结过去，展望未来，敞开思想，畅所欲言，有痛苦的经验，也有战斗的欢欣。大家深为"四化"的壮丽前景所鼓舞，决心打碎精神枷锁，团结起来向前看，坚持毛泽东思想的旗帜，勇敢前进，为实现"四化"扫除障碍。

**有刺的鲜花，更须民主的土壤**

座谈会一开始，大家就围绕着艺术民主问题进行了热烈的讨论。由于长期以来，毛主席革命文艺路线受到"左"的和右的干扰，尤其是林彪、"四人帮"疯狂推行"极左"路线，大搞文化专制主义，社会主义文艺园地一片凋零。作为讽刺艺术的相声、漫画，首当其冲，横遭祸殃。如一幅漫画，人物是戴干部帽，或是穿干部服的，就会有"攻击党的领导"的罪名；是穿工作服的，会有"丑化工农兵"的政治嫌疑。画反映部队生活题材的漫画，有人为了免遭"攻击、丑化"的棍子，只好军帽上不画帽徽，军服上不画红领章；可是不佩戴军徽，又说这是讽刺地方，破坏了军民关系。动辄得咎，真使人啼笑皆非。华君武同志那些堪称幽默的哲理性讽刺漫画，如《无效劳动》《不会摇船怪河弯》《公牛挤奶》等作品，在"文艺黑线专政论"的大棒下，不仅当作毒草批判，而且作为他执行"黑线"的"罪证"。相声的演员、作者和作品亦在劫难逃。

在"文艺黑线专政论"的棍棒下，讽刺艺术不许讽刺，那么搞歌颂又如何呢？1959年广州一位漫画业余作者，为了歌颂社会主义林业生产新气象，画了《森林交响曲》。这幅画在"文化大革命"中被打成黑画，成为作者进行反革命活动的

"罪证材料"，他被送到农场劳改了三年。在他的"定案书"上说，这幅画从"地图方位"上判断，人物画在右下角，是"站在台湾"；树叶由左向右飘动，是"吹西风"；远处三棵大树，是"国民党反攻大陆的三个箭头"；那个形象化的五线谱的空中吊索运输，是"国民党党歌"。因此，这幅画便成了"歌颂蒋介石反攻大陆"的"反革命交响曲"。这种凭主观臆断，穿凿附会，大搞测字法、倒看法的"政治游戏"，弄得人妖颠倒。有人朝为人民代表，夕成人民"罪人"。会场上，同志们笑谈这类"天方夜谭"式的奇遇，这谈笑声中却饱含着血和泪呵！何韦同志说："我从小就爱漫画、相声。走上工作岗位后，我看到前辈们的遭遇，感到太危险了。领导也把漫画当作炸弹，怕会被敌人利用，怕受株连。所以我也失去了信心。现在我又想画了，除了希望领导思想解放，也希望有充分的艺术民主，使作者能得到保护。"

在华国锋同志为首的党中央的领导下，拨乱反正，这些冤、错、假案，已得到昭雪和纠正。总结过去，为了未来。大家体会到：漫画和相声是同民主（政治的和艺术的）联系在一起的。讽刺艺术，带刺的鲜花，民主是她的肥沃土壤，民主越多，花越鲜艳。是啊！这历史的经验多么可贵！为了人民的艺术事业，园丁们付出了巨大而痛苦的代价！

**有垃圾，就要扫除**

华君武同志，风尘仆仆，刚下火车就赶到会场，老战友相聚，分外亲切，给座谈会增添了欢快。他问侯宝林："在四川，我听传说，侯宝林还有重要问题没有交代，'什么问题'？听说你侯宝林交代了。你说，'第二次世界大战是我发动的。'"这话引得大家不禁捧腹大笑。如果谁有兴趣，再看一看 1979 年 1 月 20 日出版的《讽刺与幽默》第一期上《相声演员侯宝林》肖像漫画，该是一种艺术享受。华君武同志接着说："到各地看看，形势是很好的，但实现'四化'还要有斗争。生活中，形而上学、唯心主义、长官意志还大量存在。否则'四人帮'就不会有那么大的市场，现在流毒还很深。讽刺艺术大有可为。"同志们举了不少例子，说明生活中就存在许多应予以讽刺的事情。

——听说有个乐队在排练节目，一位领导同志到现场作政治思想工作，在排练过程中，他静观了一番。排练休息时，他走过去，对打大镲（即铙钹）的同志严肃地说："你要注意工作态度哩！为了'四化'大家都出力干，你看人家拉小提琴的，连续不断，一个劲的拉，拉得汗流浃背。可你，半天才敲一下！"

——某工地突然发生坍方事故，工人压在土石下面，群众前来抢救，而领导者不让，说要等上级来人，先看现场，以证明他"没有责任"。

——某机关，突击搞卫生，食堂、厕所打扫清洁后，封起来不准再用，说要等检查团来检查后才能使用。大家只好在食堂外吃饭，到野地去大小便。

…………

以上这些例子，也许是真有其事，也许是艺术家们的即兴创作，但仔细考查起来，这些现象在我们的生活中确是大量存在的，有的恐怕比这更为严重。这些不正是讽刺的好题目吗？有人提出，现在的相声和漫画揭露的问题并不尖锐，多为"随地吐痰""乱扔瓜皮""抢挤电车"之类，难道我们社会生活中主要是这样一些问题吗？有些危害人民利益的东西，为什么在党报上可以公开批评，却不可以用艺术形式进行讽刺鞭挞呢？为什么不敢触及重大问题呢？同志们认为：题材的禁区必须突破，才能更好地发展、繁荣讽刺艺术。现实生活已向我们提出了许多题目：唯心主义、形式主义、官僚主义、思想僵化、长官意志、个人主义、歪风邪气、违法乱纪等等，概括起来一个总题目：应为"四化"扫除一切障碍。人民期待着讽刺艺术家们在这个总题目下作出更多的大好文章。

**讽刺艺术是属于人民的**

同志们用实践是检验真理的唯一标准来检验讽刺艺术。大家谈到相声《帽子工厂》《和尚》，漫画《起点不高》《白发三千丈》《霸王自供》以及"文化大革命"前的许多作品，如相声《关公战秦琼》《买猴儿》，漫画《科学分工？》《喧宾夺主》等，在社会生活中引起了强烈反响，发人深省，受到人民群众的欢迎。讽刺艺术是在笑声中揭示真理的，主要是通过揭露与抨击同人民意志和利益相矛盾的假、恶、丑，达到歌颂、肯定真、善、美的目的。这是由讽刺艺术的特点决定的。许多同志认为：讽刺与幽默是漫画的生命。陶钝同志说："如果没有讽刺与幽默，民间的东西就被拒之千里之外了，民间文艺也就没有生命了。"丁聪同志说："漫画是匕首，是为阶级斗争服务的。在抗美援朝，'三反''五反'运动中都发挥了战斗作用。只要在正确路线下，讽刺艺术一定会兴旺发达。"王乐天同志说："据我了解，毛主席就讲过：没有讽刺就没有相声。"革命导师马克思、恩格斯、列宁、斯大林、毛主席都十分重视讽刺的作用，并把它当作革命的锐利武器。恩格斯就曾创作漫画揭露与抨击普鲁士威廉四世的贪婪、虚伪。他曾写信将一位青年漫画家介绍给马克思。信中说：对于我们的事业"讽刺漫画家是用得着的"。（转引自《讽刺与幽默》第二期）列宁在《论我们报纸的性质》一文中说："最需要指责坏人坏事，号召向好人好事学习。"（《列宁选集》第三卷，第602页）斯大林在联共党的十七次代表大会上用讽刺批评了爱讲空话、废话的人。毛主席说："凡典型的官僚主义、命令主义和违法乱纪的事例，应在报纸上广为揭发……并借以教育干部和人民群众。"（《毛泽东选集》第五卷，第 73 页至第 74 页）我们的党章和宪法上都有规定，共产党员和人民群众都有权利和义务向官僚主义、违法乱纪、坏人坏事作斗争。毛主席在《改造我们的学习》一文中，从党性原则的高度，用"闭塞眼睛捉麻雀""瞎子摸鱼""钦差大臣满天飞"讽喻批评了"自以为是，老子天下第一"搞主观主义的人，还替这种人画像："墙上芦苇，头重脚轻根底浅；山间竹笋，嘴尖皮厚腹中空。"这说明，讽刺艺术不仅对于敌人是锐利的武器，也是人民内部批评与自我批评不可缺少的防腐剂。

同志们认为：每个民族都具有自己民族特色的文化，讽刺与幽默也具有民族的特点，它是一个国家文化水平、道德水平的一个重要的标志；敢于掌握它，运用它，发展它，是一个党，一个国家，一个民族自信心的表现。革命的阶级是绝不害怕讽刺的。彻底的唯物主义者是无所畏惧的。我们坚信我们的事业是正义的，尽管在前进的征途中会遇到艰难险阻，但对前途充满了必胜的信心。

在座谈会上，同志们也清醒地看到，在林彪、"四人帮"余毒尚须大力肃清的今天，我们的工作尚有许多阻力。王朝闻同志风趣地把讽刺艺术比喻为"寡妇门前是非多"。江有生同志说："问题是，有些人不能正确理解革命导师的话。毛主席说'讽刺不能乱用'，而到一些人那里就变成了'讽刺不能用'。心有余悸的同志就'不敢用'了。"所以，也难怪有些出于好心的人劝艺术家们还是当守节的"寡妇"好，"甘寂寞，少是非"。然而，革命战士岂能为了明哲保身而对无产阶级革命事业"甘寂寞"呵！很多同志被剥夺工作权利已"寂寞"十年了，有的同志已二十年了。今天在全国人民热气腾腾大搞"四化"的火红氛围里，怎按捺得住！侯宝林同志激动地说："我十二岁学艺，今年六十二岁，舞台生涯五十年。离开舞台心里是非常痛苦的，只有失去自由的人，才知道自由的可贵。活着就要为党工作，要学习周总理鞠躬尽瘁为人民。"他兴奋地回忆说："毛主席是我们的革命导师，也是相声的爱好者。他老人家听的相声很多，传统相声就听过一百多个。卓别麟誉满全球，可是他没有资格当英国的议员，而我这个穷要饭出身的艺人，人民却让我当了他们的'议员'，我个人有什么呀！……"他的同行常宝华说："相声，是为人民说话的，它的艺术效果——笑，是来自人民，反映了人民的愿望。"是的，人民需要相声、漫画，漫画、相声也需要人民支持，讽刺艺术是属于人民的。

座谈会还对讽刺艺术理论上的问题如个别与一般，歌颂与暴露的关系问题，艺术效果与分寸掌握问题，题材问题，真实性问题，内容与形式的统一等问题进行了认真的探讨，并对队伍培养和理论研究工作的问题，向有关方面提出了要求和建议。比如侯宝林提出，相声艺术在戏曲研究所里就应设一个小组研究。虽然在我们的面前，还有很多困难有待我们去克服解决，但大家有了一个共同的信念：在新的长征中，讽刺艺术一定大有可为。

不是花中偏爱刺，此花劲开百花艳。

祝在社会主义文艺的园地里，这朵带刺的鲜花尽情怒放！

创刊号发表郑季翘《必须用马克思主义认识论解释文艺创作》，"编者按"云："关于形象思维问题，长期来一直存在着不同看法。《毛主席给陈毅同志谈诗的一封信》发表之后，对形象思维问题的讨论更加热烈。现将郑季翘同志最近关于形象思维问题的看法发表，希望进一步展开争鸣，以期通过不同意见的讨论，有益于繁荣社会主义文艺的研究和创作。"

### ■ 5月20日

《人民日报》《光明日报》《解放军报》《北京日报》等报道周恩来《关于文艺工作的三次讲话》出版。其中，1959年和1962年的两次讲话是在《文艺研究》创刊号第一次公开发表。

### ■ 5月

《人民戏剧》报道《文艺研究》创刊。

### ■ 6月12日

《光明日报》报道《文艺研究》创刊。

### ■ 6月19日

《文汇报》报道《文艺研究》创刊。

### ■ 6月

北京人民艺术剧院重演老舍话剧《茶馆》，深受广大观众欢迎。《文艺研究》邀请北京人民艺术剧院导演、演员、舞美设计夏淳、于是之、郑榕、蓝天野、胡宗温、黄宗洛、英若诚、童超、王文冲等举行座谈。《文艺研究》本年第2期以"革命现实主义的胜利"为总题，发表老舍《答复有关〈茶馆〉的几个问题》（原刊《剧本》1958年第5期）、郭汉城《〈茶馆〉的时代与人物》、赵健《〈茶馆〉导表演艺术学习札记》和张庚等人《演〈茶馆〉谈〈茶馆〉——北京人民艺术剧院导演、演员、舞美设计座谈〈茶馆〉》。

### ■ 7月14—15日

《人民日报》《光明日报》《文艺报》《解放军报》《文汇报》《北京日报》《广州日报》等报道陈毅《在全国话剧、歌剧、儿童剧创作座谈会上的讲话》（1962年3月6日）在《文艺研究》本年第2期正式发表。

## 8 月 25 日

《文汇报》全文转载《文艺研究》创刊号发表的周恩来《对在京的话剧、歌剧、儿童剧作家的讲话》和本年第 2 期发表的陈毅《在全国话剧、歌剧、儿童剧创作座谈会上的讲话》。

## 9 月

《文艺研究》本年第 3 期发表朱光潜《关于人性、人道主义、人情味和共同美问题》，引起理论界注意并引发争鸣。

### 读者·作者·编者

毛泽东同志 1956 年同音乐工作者的谈话，不仅是对音乐工作者，对所有的文艺工作者，都具有深刻的教益。这个谈话，对于文艺的基本原理、基本规律，以及如何正确对待中外文化遗产，使中外文化有机结合，形成自己的民族形式和民族风格，创社会主义之新，标社会主义之异，作了精辟的阐述，引导我们沿着正确的方向前进。我们希望得到这方面的有实践体会的学习研究文章。

在建国三十周年的喜庆日子里，在第四次全国文代大会召开之际，在粉碎"四人帮"后三年来的大好文艺形势中，文艺工作有多少问题需要讨论、研究，有多少经验需要总结，有多少教训需要吸取啊！本期发表的《关于总结三十年文艺问题》《生活潮流与文学潮流》《题材杂议》等三篇文章所提出和回答的一些问题，都是当前文艺界所关心、讨论的。

粉碎"四人帮"后，被文化专制主义摧残的文艺园地，开始出现了百花齐放、百家争鸣的可喜前景。在这大好文艺形势感染下，朱光潜同志虽已年过八旬，亦积极参与争鸣，对人性、人道主义、人情味、共同美等问题，提出了看法。文艺理论工作者，应走在解放思想的前列。我们希望文艺战线上的战士，进一步响应三中全会的号召，继续解放思想，积极参加争鸣，为发展马克思主义文艺理论，繁荣社会主义文艺创作做出更多的贡献。

编者

（1979 年第 3 期）

## 11 月

《文艺研究》召开电影问题座谈会，夏衍、陈荒煤、丁峤、苏一平、李准、赵丹、黄宗江、张暖忻、严寄洲、汪洋、黄宗英、陈播、钟惦棐、柏柳等人在会上发言，《文艺研究》本年第 4 期发表他们的发言。

### 12 月 4—6 日

《文艺研究》与本院戏曲研究所在北京联合召开"戏曲推陈出新"问题座谈会，就中华人民共和国成立三十年来贯彻"百花齐放，推陈出新"方针所取得的成就、经验和存在的问题，进行广泛研讨。会议由张庚、郭汉城主持，两百余人出席。随后，《文艺研究》1980 年第 1 期发表刘厚生、王朝闻、郭汉城、吴雪、袁世海、钮骠等人的文章，从不同方面对这一问题提出了许多建设性意见。

### 12 月 24 日

《人民日报》报道本刊，题为"《文艺研究》——百家争鸣的园地"。

# 1980 年

## ■ 1 月

《人民戏剧》第 1 期报道,《文艺研究》与戏曲研究所联合召开"戏曲推陈出新"问题座谈会。

## ■ 2 月 20 日

贺敬之就《文艺研究》拟刊陈毅《在戏曲编导工作座谈会上的讲话》（1961 年 3 月 22 日于紫光阁）一事,致函请示胡耀邦,胡耀邦当日批复:"可以。"

耀邦同志:

送上陈毅同志 61 年关于文艺问题（主要讲戏剧）讲话的整理稿一份。讲得很精彩,对我们今天很有用。我们想在《文艺研究》上发表,可以配合您提出的今年要开的几个座谈会,特别是戏曲的座谈会。由于发稿不能迟于月底,请您尽快审阅退下,刊物在等着。（去年您审批的周总理、陈毅同志 62 年在紫光阁的讲话就是在《文艺研究》发表的。）

布礼。

贺敬之　2 月 20 日

## ■ 2 月 25 日

从本年第 1 期起,《文艺研究》改为双月刊,同时改为邮局订阅,新华书店零售。国内总发行改为中国邮政集团公司北京报刊发行局,邮发代号:2—25。国外总发行改为中国国际图书贸易集团有限公司,邮发代号:BM163。

### 《文艺研究》邮购启事

一、本刊 1980 年上半年,国内改为暂在专区级、市级邮局发行,同时仍由新华书店零售。凡县及县以下读者（以及在邮局订不上的）可直接向本刊邮购组邮订、邮购。

二、邮购本刊每本原订 0.80 元（包括邮费、包装费等）;现为减轻读者负担,一律按零售价 0.68 元；邮订半年（三期）2.04 元；邮订一年（六期）4.08 元。原按 0.80 元收款的，余款作为续订用，或退回。

三、为了满足读者需要，本刊 1979 年第一、二、三、四期装订合订本出售。精装本 4.40 元；平装本 3.50 元；不合订的每套 2.50 元，欢迎读者邮购。

四、刊款请汇寄北京前海西街十七号《文艺研究》邮购组，切勿将款放在信内投寄。

《文艺研究》编辑部<br>（1980 年第 1 期）

《文艺研究》本年第 1 期首次全文发表周恩来《关于昆曲〈十五贯〉的两次讲话》（1956 年 4 月 19 日，5 月 17 日）；同期亦发表敏泽、王若望等人关于文艺与政治关系的专题文章，受到理论界关注并引发争鸣。

## 编者的话

本期正式公开发表的周恩来同志《关于昆曲〈十五贯〉的两次讲话》，是贯彻"百花齐放，百家争鸣""推陈出新"方针的重要指示，不仅对当前文艺、对戏曲艺术的繁荣和发展有重大的指导意义，而且对恢复和发扬密切联系群众的党的优良传统作风，也很有现实意义。

戏曲的推陈出新，是戏曲艺术发展的根本方针，是当前戏剧界的一个有重大现实意义的问题。文化部文学艺术研究院戏曲研究所和本刊编辑部最近联合召开座谈会，就建国三十年来贯彻"百花齐放，推陈出新"方针所取得的成就、经验和存在的问题，进行了广泛的探讨。本期发表的十篇文章，作者们从不同的方面，对这一问题提出了许多建设性的意见。

文艺与政治的关系，是当前文艺界最关注的问题。对此，本期发表了三篇不同观点的文章。

人性、人道主义和共同美等问题，是当前在美学领域里引人注目的。本刊去年第三期提出讨论。本期发表了《关于文学中的人性、阶级性等问题的试探》。

《报告文学的时代特征及其必须严守真实的党性原则》一文，对认为报告文学可以基本真实"略有虚构"的观点有不同的意见。

此外，《美与刺》和《宋江是"反奸抗暴的英雄"吗》等也是争鸣文章。

关于文艺与政治的关系，人性、人道主义、共同美，现实主义创作方法，以及形象思维等问题，本刊将进一步展开讨论，欢迎广大读者、文艺理论研究工作者，以及有实践经验的作家、艺术家参加讨论争鸣。

"《文艺研究》——百家争鸣的园地。"这是过去一年里，广大读者对我刊的期望、评价和勉励；在新的一年中，在大有作为的 80 年代里，我们将努力发扬这个特色。

贯彻党的百家争鸣方针，不仅要有鲜明的观点，而且要有实践的勇气。论者要敢于"争"，编者要敢于"放"：目的是有助于社会主义文艺创作的繁荣和马克思主义文艺理论的建设。真理愈辩愈明。"鸣"是手段，"明"是目的，以"鸣"达"明"。在真理面前人人平等。只要文章言之有物，以理服人，我们就欢迎。我们希望不断地得到读者的督促，作者的支持，为新时期文艺的大发展，竭尽绵薄。

### 3月1日

《文汇报》《光明日报》等报道周恩来关于昆曲《十五贯》的两次讲话。

### 3月5日

《人民日报》报道，《文艺研究》本年第 1 期发表文章，对文艺与政治的关系、人性和人道主义、形象思维等问题展开讨论。

《人民日报》报道，《文艺研究》和戏曲研究所连续召开"戏曲推陈出新"问题座谈会。

### 3月12日

《光明日报》发表《论报告文学的特征》，就《文艺研究》本年第 1 期发表的黄钢《报告文学的时代特征及其必须严守真实的党性原则》展开评论。

### 3月14日

香港《大公报》发表《朱光潜谈人情味》，就《文艺研究》1979 年第 3 期发表的朱光潜《关于人性、人道主义、人情味和共同美问题》展开评论。朱光潜的文章本月亦被《新华月报》（文摘版）转载。

### 3月23日

《光明日报》报道，《文艺研究》发表文章就人性、人道主义等问题展开讨论。

### 3月27日

《北京日报》发表《文艺何必排辈份?!》，就《文艺研究》本年第 1 期发表的王若望《文艺与政治不是从属关系》展开争鸣。

### 4月

《文艺研究》本年第 2 期发表陈毅《在戏曲编导工作座谈会上的讲话》（1961

年 3 月 22 日于紫光阁）。

## 编　后

本期发表了陈毅同志 1961 年在戏曲编导工作座谈会上的重要讲话。

陈毅同志强调必须珍视我国数千年的文化、艺术传统，推陈出新，做好戏曲改革工作，为群众提供更多的剧目。他说："希望所有的剧种都给我们新的戏、新的演员、新的故事、新的唱腔、新的表演手法，光是那几张'旧唱片'老放，就没有人听了。"同时，陈毅同志要求在戏改中要保持每个剧种的特性，要用历史唯物主义观点，而不能以现代的尺度去要求古人，把古人写成"现代的政治家"。

陈毅同志还提出要改善领导作风。"要解放思想，解除顾虑，大家发动积极性，把戏剧事业搞得更好。"陈毅同志这篇重要讲话，包括的内容很多，不但对戏曲工作，而且对其他艺术部门都有现实的指导意义。

如何提高我们文艺作品的质量，让人民看到更多更好的作品，是大家都关心的。"四人帮""极左"路线歪曲马列主义美学原则，空喊政治，不要艺术。《真善美——文艺批评的标准》和《艺术美的来源》两文，前者提出文艺批评应以真、善、美为标准；后者认为文艺家应植根生活，但不仅仅是反映现实生活，还要能动地创造高于生活的艺术美。

《谈现实与理想》及《"讳疾忌医"与讲究"疗效"》两文，分别讨论了《在社会档案里》和《假如我是真的》两个剧本，研究如何把批评、讽刺我们社会生活中的缺点、错误的作品写得更好、取得更好的社会效果。这些文章都牵涉作品的真、善、美问题。

摄影艺术是一种深受群众欢迎的大众化的艺术形式，应当重视和进一步提高。本期发表的三篇关于摄影艺术的文章，提出了当前摄影艺术值得研究的一些问题。它们批判了"四人帮"糟蹋摄影艺术的左倾教条主义，论述了摄影艺术的某些特点、规律，提出必须按照美学原则去创作。同时，介绍了我国和国外一些摄影艺术家的作品和值得参考的创作经验。

本期还发表薛瑞生《"石兄（石头）说"质疑》，与戴不凡争鸣。戴不凡原拟撰文回应，不幸因病逝世。

## 编者附记

戴不凡同志曾于 1979 年《北方论丛》第 1 期发表《揭开〈红楼梦〉作者之谜》及在本刊去年第 1 期发表《秦可卿晚死考》两文，就有关《红楼梦》著作权问题提出商榷，引起了文艺界的注意。本期《"石兄（石头）说"质疑》一文，是同戴不凡同志争鸣的。戴不凡同志曾打算在五月份为本刊撰文，对各种不同意见作一总的答复。但在本期发稿期间，不幸于 1980 年 2 月 18 日因病逝世。为此，我们深感痛惜，并表示深切的悼念。

## ▉ 4 月 19—21 日

《文艺研究》《文艺报》《文学评论》编辑部，在京召开"关于马克思主义文艺理论继承和发展问题座谈会"，就如何评价马克思主义文艺理论遗产，如何理解马克思主义文艺理论的基本内容，如何继承与发展等问题，联系文艺创作中迫切需要解决的理论问题展开讨论，到会者六十余人，贺敬之、朱光潜、蔡仪、王子野、王瑶、林焕平、吴江、唐因、王朝闻、苏一平、郭汉城、李希凡、朱寨、郑季翘等发言，陈荒煤、冯牧、许觉民、孔罗荪等主持会议。《文艺研究》本年第 3 期发表座谈会综述。

## 学习和发展马克思主义文艺理论
### ——《文艺报》《文学评论》《文艺研究》联合召开马克思主义文艺理论问题座谈会综述
本刊记者

4 月 19 日、21 日，《文艺报》《文学评论》和本刊编辑部联合召开的马克思主义文艺理论问题座谈会，邀请了北京一些文艺研究单位、宣传出版单位、高等院校和部队文艺单位的同志，就当前文艺理论工作的状况，加强学习与研究马克思主义文艺理论的重要性，如何评价马克思主义文艺理论遗产，怎样继承与发展马克思主义文艺理论，以及建立中国民族化的马克思主义文艺科学等问题，交换了意见。出席会议的有：贺敬之、陈荒煤、冯牧、朱光潜、王子野、吴江、郑季翘、王朝闻、王瑶、蔡仪、陶白、陈冰夷、孔罗荪、苏一平、郭汉城、徐非光、朱寨、林焕平、李希凡、许觉民、唐因、林元等六十多位同志。会议开得活泼热烈，大家畅所欲言，各抒己见，认真地进行了讨论。大家一致认为，召开这样的会议非常及时，当前迫切需要加强马克思主义文艺理论的研究，认真切实地把继承与发展马克思主义文艺理论的工作开展起来，为建立中国民族化的马克思主义文艺科学而努力。

会议开始时，冯牧同志讲了召开这次会议的意义与目的。他说：全国第四次文代会期间，周扬同志就提出来，希望在文代会以后，在1980年，比较有计划地就文学艺术理论方面一些主要的问题进行较深入、系统的探讨和研究。不久前在关于剧本创作座谈会上，中央领导同志又一次重申了这个意思，希望加强马克思主义文艺理论的研究，并成立相应的组织，把马克思主义文艺理论的研究工作推进一步。

冯牧同志说：我们把这次会当作加强马克思主义文艺理论研究工作的一个新的开端。希望通过这次会，大家对一些重要的问题交换一下意见，并考虑究竟要做怎样的一些努力，才能真正建立和发展我们中国民族化的马克思主义文艺科学。

贺敬之同志在座谈会上就马克思主义文艺理论研究工作的任务等问题，发表了意见。他说：现在我们提出加强对马克思主义文艺理论的学习和研究，一个重要任务就是要用马克思主义文艺理论作为指针，来总结三十年的文艺工作；还要联系我们民族的古代的文艺理论遗产。总结过去的经验，来促进我们当前的、也可以说是整个新时期的文艺创作、文艺理论研究和整个的文艺工作，促进我们社会主义文艺事业的发展。并且在这个发展中间也发展马克思主义文艺理论和毛泽东文艺思想。周扬同志提过，要建立我们中国民族化的马克思主义文艺的科学。这是我们这个座谈会所要开始讨论的一个任务，也是我们整个文艺工作的一个很重要的任务。

贺敬之同志指出：当前首先是学习问题。这个问题应该强调。因为就实际状况讲，就我们广大的文艺工作队伍来讲，学习的任务还是很大的。过去我们的基础就不够好，中间又受到了很多的干扰，林彪、"四人帮"进行了很大的歪曲。粉碎"四人帮"以后，特别去年以来，解放思想的主流是很好的。但是，在一些文艺工作者中间，对于马列主义文艺理论和毛泽东文艺思想的学习不够重视。有些青年同志在这方面知道很少，有的人甚至一无所知。所以不仅是一般的学习问题，对于有的人，还有一个启蒙工作。当然，马列主义文艺理论、毛泽东文艺思想是要发展的，不然就没有生命了。但是首先是学习。我们要学习、研究、继承与发展。

贺敬之同志在谈到坚持马列主义文艺理论和毛泽东文艺思想的问题时指出：整个地讲，主流是很好的。特别是三中全会以来，文艺理论在拨乱反正方面，在宣传马克思主义的一些基本观点上起了很大的作用。但是也有支流。贺敬之同志指出，在文艺理论问题上，我们要允许讨论，但不能提倡、鼓励违背基本原则的东西。文艺上的一些问题跟整个马克思主义的一些基本原则，能不能等同，能不能一刀切？恐怕也不能。

贺敬之同志特别强调：我们研究马、恩、列、斯的文艺理论要和研究毛泽东文艺思想结合起来。关于毛泽东文艺思想的基本评价，拿《在延安文艺座谈会上的讲话》来讲，对中国革命文艺发生了很大的影响与作用，对我们今天仍然有重大的指导意义。应该承认毛泽东同志把马列主义理论跟中国革命的文艺实践相结合，是有发展的。当然不是说他把整个工作都做完了。

贺敬之同志还指出：目前在理论跟实际的结合上做得还是不够的。他建议大家进一步研究当前创作中、文艺理论中、实际工作中的问题，比如文艺跟政治的关系问题、文艺规律问题，真理标准和群众评价、文艺鉴赏问题，以及美学上的问题（如社会主义讽刺喜剧这个问题，长期没有解决，悲剧问题也不是彻底解决了；还有创作方法问题等）。他说，联系实际，还要联系整个社会的思想、社会的思潮，仅仅就文艺谈文艺，不大能说得清楚。

最后，贺敬之同志希望大家考虑一下马克思主义文艺理论研究的机构问题，队伍组织的问题，怎样发挥老一辈的作用和培养新生力量的问题，以及出版马、恩、列、斯文艺理论著作，编写一部大众化的马克思主义文艺理论书，出版专门刊物的问题，还有马克思主义文艺理论研究的中外交流问题，等等。希望大家对这些问题认真地加以讨论和研究。

**历史的回顾与现状的分析**

在座谈中，一些同志对我国几十年革命发展过程中文艺理论学习与研究的状况作了回顾，尤其对三年多来文艺的发展与当前的形势作了分析与估价。

唐因同志认为：我们文艺理论三十年来做了不少工作。解放初期，通过文艺理论工作，通过思想批判，马克思主义文艺理论逐步取得了优势，这成绩不能低估。但我们的文艺理论也有个"先天不足、后天失调"的现象。"先天不足"，就是说从"五四"起，由于当时条件的限制，对马克思主义文艺理论研究得不够。"后天失调"，就是说在十七年中，在很多问题上碰到左倾思潮的干扰，受到庸俗社会学的影响。那时的文艺理论往往成为政治斗争、阶级斗争的工具，许多文艺批评成为政治判决，说不上什么科学性。马克思主义文艺理论的基本思想往往受到歪曲、割裂、片面化和绝对化。

许多同志的发言都谈到应珍惜和发展今天文艺理论战线上的大好形势。

朱寨同志说，对三年来文艺理论工作的总形势，应有比较全面的估价。他认为：三年来文艺的形势是大好的，创作方面成绩是显著的，有新的突破，非常活跃，盛况胜过十七年。文艺理论方面同样活跃，应做这样的估计。"文化大革命"前十七年文艺理论情况，一则基本上是政治运动代替了文艺运动，或者说由文艺运动开始到政治运动结束。二是批判多于讨论。再看看三中全会以后，文艺理论方面提出的问题，其数量远远超过十七年。有些问题在十七年也是提不出来的，如文艺与政治关系，阶级斗争工具论，"两结合"的创作方法，等等，那时你提出来就会遭到政治上的批判。他说：现在文艺理论研究方面提出了一些重大的理论性问题，这种理论学术上的探讨，甚至涉及马列主义文艺理论的问题。这种现象好不好呢？即使中间发表了一些分歧的意见，我认为也是好的。毛泽东同志说马列主义只能在斗争中发展。今天提出这些问题，正好是为马列主义提供一个发展的机会。我们应该充分估计当前活跃的形势，继续使这个形势进一步发展。

在充分肯定三年多来文艺理论工作取得很大成绩的同时，同志们也指出了存在着的一些问题。

朱寨同志说：文艺理论方面，"拨乱"多，"反正"少。还有，有些同志不是"继往开来"，而是有点"批往开来"，有否定一切的味道。如对《在延安文艺座谈会上的讲话》怀疑、反问多于探讨和发挥。

侯敏泽同志说：粉碎"四人帮"也是现代迷信时代的结束，带来了文艺创作和文艺批评的空前繁荣和活跃，主流是好的。但这三年中也出现新的不正常情况，就是说某种程度上对马克思主义的轻视。有的人对《讲话》和《党的组织和党的文学》不是采取实事求是的态度。这个情况是不正常的。《讲话》有些提法可以研究，但是它的历史功绩是不能抹煞的，它的基本原理是不能抹煞的。《党的组织和党的文学》同样如此。

大家感到文艺理论工作落后于文艺创作。唐因同志讲：有人说文艺创作向文艺理论提出了挑战。确实是提出了严重的挑战。我们在普及马克思主义文艺理论方面，在用马克思主义理论之矢射创作之的方面，做得都很不够。在理论探讨上，即兴多于研究，感想多于理论。现在理论工作的条件很好，突破了许多长期存在的不应有的束缚，使理论工作走上一条健康的、宽广的道路。这是好的，但我们的工作要赶上去。

王昊同志对当前文艺界的形势与问题，谈了自己的看法。他说：当前，主流是好的，但不等于可以忽视支流；多数是好的，但不等于可以忽视少数不好的。文艺创作、文艺理论和文艺评论，空前繁荣，十分活跃。但也存在着"左"的或右的干扰，并不因为"双百"方针的贯彻执行，文艺创作的繁荣，两条战线斗争就不存在了。要在斗争中发展马克思主义文艺理论。他认为"兴无灭资"仍然是文艺战线长期的艰巨的任务。此外，他说现在有的同志有这样的看法：我国当前的基本矛盾是封建、特权与广大人民群众的矛盾；认为中国民主革命的任务没有完成；中国社会主义革命是早产，不成熟；或者说一九四九年全国大陆解放并未根本推翻封建制度，必须以"五四"运动提出的德先生（民主）和赛先生（科学）作为今天的起点，从头开始。有人提出了"反封建、反特权"的口号，也有人孤立地提出反官僚主义是社会主义文学的重要使命。他说，我们党从来是反对特权、反对官僚主义的，我们决不能混淆界限，误认为党的领导和社会主义制度是特权和官僚主义产生的根源，模糊了基本矛盾，也进而模糊了斗争方向。

**加强学习是当前迫切的任务**

同志们一致认为，我们要继承与发展马克思主义文艺理论。但怎样才能做到继承与发展呢？大家认为首先是学习。

对学习与发展的关系，杨柄同志说：首先要领会。发展以领会为前提，领会的前提是知道。知道—领会—发展，循序渐进。他认为，现在文艺界学习马克思主义文艺理论的空气不太浓厚，书出得少，专门的刊物一家也没有。直至不久以前"红"学有三个刊物，而"马"学一个也没有。我们应把学习马克思主义文艺理论的空气搞浓一点。

朱光潜教授接着说：我们的文艺还要走马克思主义的道路，从马克思主义的辩证唯物主义、历史唯物主义出发才行。我非常拥护那个主张，就是先要学习、了解，然后才谈得上发展。朱光潜同志着重谈了翻译、研究工作中存在的问题。首先，从研究力量的方面来看，高等学校外语系科确实有责任研究外国文艺理论，但过去外语系科长期放弃这个责任，只讲语言不讲文学，讲点文学还受批判。马克思主义文艺理论课以前只是由中文系开。他指出，教马克思主义文艺理论的人，研究西方文学的不太多，特别是语言方面，大半没过关，对马克思主义著作了解到什么程度，是存在问题的。

其次是翻译质量问题。由于对马、恩著作错误的翻译，往往使人产生错误的理解。他举例说，一个是在马克思的《关于费尔巴哈的提纲》中，把一个地方译成"费尔巴哈把理论的活动看成真正人的活动"，这就跟另一条中写的"费尔巴哈不满意抽象思维，而诉诸感情直观"，两句话自相矛盾。原来是把"theory"一般都译成了"理论"，这个字实际上指"人的认识"。认识固然也包括理论（理性活动），但以感性活动为基础。他说这个错误非常流行而不被人注意，这不是小事，把马克思的认识来源于实践的基本原则弄模糊了。再有一个例子，就是在《经济学—哲学手稿》中把"认识感官"译成了"理论家"，结果把眼耳等就看成"理论家"。还有在翻译中把审美属性、美学属性、美的属性三者等同起来。他说，过去革命前辈都是在艰难的情况下做工作，条件很差，所以有些不正确的地方应该原谅。但现在，我们不能满足于这种状况了。他建议马、恩著作的翻译机构应该放在社会科学院，同其他社会科学通通气。编选、翻译都应该和研究工作结合起来，疑难问题大家讨论，公开出来，以便集思广益，重新编个好选本，避免过去摘语录填入鸽子笼那种支离破碎、所谓"立竿见影"的办法。这种方式好一点。他还建议：文艺界学习马列主义应该找个好的译文本。

朱光潜同志说：我们还应当了解现在世界范围的马克思主义的研究情况。现在世界上，马克思主义吃香了，许多东西都与马克思主义挂钩了，如存在主义、荒诞派等等，都说来自马克思主义。有人说《经济学—哲学手稿》已过时了。也有人认为它是马克思主义思想的高峰，在这之后，马克思思想走下坡路，因为后来去搞阶级斗争去了。我们要了解国际上的情况。研究马克思主义的叫做马克思主义学，有这么一门学问。我们要研究。关起门来，这危险，要睁开眼睛看看世界。而我们文艺理论工作者做得不够。要懂得马克思主义，也要懂得反对马克思主义的理论的一些看法，要看看它们的问题在什么地方。我们不但要继承马克思主义，还要捍卫。希望这项工作要做好。

谈到学习马克思主义文艺理论，王子野同志认为，还得从基本功做起，要从马克思主义文艺理论的基本原则学起。对如何学习与掌握马克思主义文艺理论，他说：学习马克思主义的文艺理论，当然应以马克思、恩格斯的原著为主要的依据，这是第一手材料，是最根本的。马克思主义的哲学、经济学已有许多完整的系统的著作，但是文艺这一行，马克思、恩格斯都还没有来得及写出系统的象艺术概论那样的著作，虽然基本观点都有了。我们学习就碰到很多困难。因此，我们应该向早期的马克思主义者学习。有三个人特别值得提一提，一个是拉法格，一个是梅林，一个是普列汉诺夫。这三个人对马克思主义文艺理论的研究、阐述都作出了贡献。《拉法格论文学》十多年前已出过中文版，最近将再版发行。他用马克思主义的观点，用阶级分析方法来分析法国文学，有很大成绩，但机械论的缺点比较明显。瞿秋白当时就批评了他的机械论。梅林也是用阶级观点来分析德国文学的，也很有成绩。他的代表作是关于莱辛的文章，恩格斯非常赞赏。这篇文章是只有真正懂得马克思主义的人才能写得出来。他不是把唯物史观作条条去套德国文学，而是具体分析问题，分析得很好。当然梅林也有错误，受了康德的影响。

特别是普列汉诺夫的著作，内容丰富，经过它来理解马克思主义，对我们很有好处。他的遗产是很宝贵的。应该象列宁那样正确地评价普列汉诺夫，要重视他的著作。左联时期的鲁迅翻译了普列汉诺夫的《艺术论》，他通过普列汉诺夫这个桥梁认识了马克思主义的文艺理论。对于普列汉诺夫的著作我们应下功夫学一学。因为马克思、恩格斯的东西经过普列汉诺夫整理，有些观点比较系统了，也有所发挥。当然他的著作也不是没有缺点和错误的。

程代熙同志就他所接触到的材料，对马列主义在中国以及在西方的研究、出版的情况作了一个粗略的统计。他说：从 1902 年到 1978 年，德语、英语、法语系统的西方国家，近 80 年里，仅据我自己所掌握的材料统计，约出了 186 种马列主义文艺理论或与马列主义文艺理论有关的著作。从时间上看，可以给我们一些启发：从 1902 年到 1950 年，共出了 23 种。1951 年到 1960 年，出了 33 种。这十年就超过了以前五十年。1961 年到 1970 年这十年是 72 种，又比前十年增加了一倍多。1991 年到 1978 年出了 58 种。从 60 年代到 70 年代，约二十年中，出了 130 种。这就提出了一个问题：为什么西方在最近二十年中那么热衷于有关马克思、恩格斯的著作出版呢？他们的态度，大致有 3 种。一种是研究马列是为了否定马列。1950 年胡果在他的书里说马克思主义是宗教。这样的著作不少。第二种是现代的西方流派，特别是存在主义、荒诞派，他们认为他们的理论基础之一，就是马克思主义的异化论。第三种态度是把马克思主义文艺理论作为一种学术著作和学术理论加以研究的。

程代熙同志说：我们的情况比起来确实较差。最初是周扬同志编的一本，叫《马克思主义与文艺》。后来我们出了《马恩列斯论文艺》。这个版本起了很大的作用。把马、恩、列、斯一些文艺著作编成一本书，这还是我们国家首创的。另外，苏联出过两卷本《马克思恩格斯论文艺》（中译本分为四册），我们介绍过来了。《列宁论文学与艺术》（两册本）及《列宁论文学》的普及本也介绍过来了。苏联在反斯大林前出了一本《斯大林与文化》，我们也出了一本《斯大林论文学与艺术》。以后就没有出什么了。

他说：我们还没有写出一本系统的研究马克思主义文艺理论的专著来。我们需要一些专门家坐下来写这样的书，这样有材料、有论点、持之有故的书。现在社会上有两种看法，一种认为马克思主义文艺理论没有体系，一种认为有。这两种意见都可以讨论。卢卡契讲过一个看法，说马克思主义文艺理论有一个体系，但不能认为你编选了一个马、恩的本子就代表了马、恩的体系，马、恩文艺理论体系就在马、恩的著作里面。对卢卡契的东西我们也要介绍一些。我们对国际上研究了些什么，掌握的材料很少，要做研究工作是很可怜的。他还说，我同意要发展马克思主义首先要掌握马克思主义的意见，了解都不了解，也就说不上发展。另外，注意在研究中一定要联系实际，不能引了马克思的几句话，就拿出来作结论。

在座谈会中大家认为，研究马克思主义应采取实事求是的态度，要理论联系实际。蔡仪同志说：打倒"四人帮"以来文艺界解放思想取得很大成绩，但确实也出现了一些问题，有的问题也许超出解放思想的界限。有没有界限？我想我们这个国家是有一定的界限的，不是无边的。现在提出加强马克思主义文艺理论的学习、研究以及继承和发展，是很有必要的。

蔡仪同志说，不很好地学习、研究就不能够真正做到继承，特别是做到真正的发展。当前学习、研究这方面的空气不浓，或者说不够，或者说很不够。他指出：从世界范围上看，同样说学马克思主义，但可能各学各的马克思主义，完全不同，甚至于相反。所以不单是一般的研究和学习，还要提出一个很重要的原则，不然对于真假马克思主义没法区别。如对《经济学—哲学手稿》提出的异化问题，资产阶级学者，修正主义者，不单是从经济学、哲学，而且从人类学、美学、社会学方面，大量地引用马克思在手稿中说的异化理论，观点确实是各种各样的，朱先生刚才讲的，我也看到过，他们所讲的马克思主义，不是我们所讲的马克思主义。所以学习、研究马克思主义，还有个基本态度问题，也就是实事求是，否则就会走向马克思主义的反面。

王朝闻同志说：要系统地完整地学习马克思主义、毛泽东思想，很重要，很必要。这个学习应该两条腿走路：一方面系统地完整地学习马列主义、毛泽东思想经典著作本身，另一方面结合我们的客观实际、文艺现象、文艺所反映的客观实际、包括文艺欣赏者的需要等等一系列问题来学习马列主义、毛泽东思想。只有这样，才能够避免经验主义和教条主义。只有这样，才能考察我们掌握的马列主义是否符合经典著作本身。只有这样，一方面解决当前存在的理论问题，一方面丰富了、端正了自己对于马列主义本身的理解。

杨柄同志以文艺作品中塑造人物性格和环境关系的问题为例，扼要说明恩格斯在这个问题上思想发展的过程：1846年底—1847年初，在批判"真正的社会主义"文学流派时提出事实跟必要的环境的联系，到1859年批评拉萨尔的历史剧时提出描写人物与社会背景的联系，到1885年在肯定敏娜·考茨基小说时提出的人物刻画与历史背景的联系，最后在1888年在论及哈克奈斯的小说时提出了一个完整的定义，把典型环境和典型人物的联系这个定义肯定了下来。他说，马克思、恩格斯的文艺理论和他们整个理论一样，一直是随着实践发展着的。发展马克思主义文艺论理的原则是理论与实际相结合。

阎纲同志说：鉴于多次痛切的教训，我恳挚吁请马克思主义理论研究工作，能够和三年来的文艺实际结合得更紧密一些。三年来，我们在同"四人帮"所搞的阴谋文艺作斗争中，忠实地继承了马克思主义文艺理论的战斗传统。我们在扫荡形形色色的冒牌马克思主义时，着重揭露了《纪要》的欺骗性和"文艺黑线专政"论、

"文艺黑线"论的反革命的虚伪性。我们还在几个相当重要的文艺问题上，检验出两个"凡是"的非真理性。此外，我们在认识文艺的规律性，解决暴露与歌颂的关系，处理文艺与政治的关系等方面，为马克思主义文艺理论的发展提供了新鲜的经验。在这些理论研究方面，我们不应自惭形秽，而是差强人意。三年来，文艺创作的发展也是空前的，建国以来的文艺作品，很少象今天这样扣人心弦。文艺创作获得了巨大的成绩，亟需我们从理论的高度给予科学的总结。总之，这三年是一个很不寻常的时期，这个时期可以叫做文艺的新的解放运动。这个解放运动，可以用两个东西做为标志，一个是以清除现代迷信为标志，另一个是以恢复和深化革命的现实主义为标志。这都是划时代的。我们理论研究工作者只有从实际出发，面向今天的理论现状和创作现状，才能使自己的工作放出光芒。

侯敏泽同志说：要继承与发展马克思主义文艺理论，一个是要研究我们文艺现状，根据文艺现状提出新的问题；再一个要研究人类几千年积累下来古今中外的文学理论遗产。我们中国，几千年来积累了非常丰富、非常宝贵的经验。如果说今天我们在创作上遇到的问题，古人都说到了，那是不合实际情况的。但是，如果讲我们在创作中遇到的一些问题，其中不少一部分古人研究过，讨论过，争论过，有过成功的范例，也有过失败的教训，这是符合实际的。这些是发展的基础。

刘梦溪同志说：学习有两种办法。一种是要弄懂，要知道，要读书。还有一种就是结合实际来学。这后一种学习方法比前一种方法更重要。现在提出了许多新的问题，有的是马克思主义经典作家没有遇到过的。比如，在一些资本主义国家出现了一些新的流派，对这些流派怎么看？再如马克思讲的艺术生产和社会物质基础一般发展的不平衡规律，在社会主义时期怎么理解？还有阶级分析方法怎么运用？文艺规律到底是什么？还有欣赏趣味问题等等，都不那么简单。更不要说电影、电视这些后起的艺术形式了。这些问题能不能在马、恩、列、斯著作中找到现成答案呢？找不到的，也不可能有。但马克思主义世界观和方法论，辩证唯物主义和历史唯物主义，对我们一切工作都有指导的意义。我们社会科学落后最重要的一条原因，是用教条主义对待马克思主义。一些著作只是通过分析一些情况和现象，来证实马、恩、列、斯和毛泽东同志早已说过的东西，早已提出的现成理论，没有真正前进。如毛泽东同志在延安讲的我们文艺要歌颂光明，写光明为主。毛泽东同志当时这么提，是马克思主义一条基本原理，还是针对一种现象的一种概括呢？不能认为是一种原理。而我们恰恰把毛泽东同志当时针对错误倾向的批驳，变成了社会主义文学的基本原则。我们在文学上的争论，常常在写什么上发生争论，题材有无禁区，反复研究写什么，这个问题研究一百年也不能出理论。相反，研究怎么写可以出理论，出创作论。可我们三十年来，大部分时间消耗在题材问题上，到现在问题还没有解决，动不动就说题材有禁区，这是不科学的。

顾骧同志认为：在文艺理论方面，围绕文艺与政治的关系、文艺与生活的关系、文艺与人性、人道主义问题展开讨论，这是对的，是抓住了文艺理论的症结。可是，长期以来，妨碍所有这些问题正确解决的是缺少科学的老实的学风，无论是把文艺的功能仅仅归结为"阶级斗争的工具"；把文艺和政治的关系形而上学地限定为当前政治宣传中心任务服务；或是在题材问题上只能写工农兵；把典型特征说成只是表现一定社会力量的本质；文艺作品一写亲子、男女之爱就是资产阶级"人性论"；对古代和外国的文艺遗产不分进步还是反动，统统扣上封、资、修的帽子加以否定；以及实际上否认学术领域里可以有百家争鸣，对世界观不是贴上资产阶级一家，就是贴上无产阶级一家的标签，不承认有第三家，凡此种种，把历史唯物主义作为套语，把阶级斗争作为标签，都是受庸俗社会学影响，学风不正的表现。他认为既要实事求是地搞清楚庸俗社会学的错误，又必须防止可能发生的对马克思主义文艺基本理论的任何怀疑与背离。批判庸俗社会学不是不要阶级观点，不能丢掉阶级分析方法。

陶白同志说：近几年来有两方面的问题很值得我们注意。一方面是有一部分同志，特别是一部分青年人，对理论工作，对理论性的文章不大感兴趣。这是一种倾向。一方面就是搞理论工作的同志，也感觉到理论工作不好搞，难搞。甚至于听到有这么一种说法，仿佛现在发生理论、信仰危机。"危机论"是错误的。我倒认为他们在思考，标志着盲从的、迷信的时代已经过去。陶白同志对加强文艺理论研究工作提出了三点意见。首先是"理论的彻底性"问题。他说我们有一些文章缺乏彻底性，就是说，不能够抓住事物的根本，也就是没有抓住事物发展的必然性，所以，也就不大能说服群众。原因有两个。一是客观的，历史的原因造成的。"五四"以来前后三十年两个阶段中，有一些重大的历史问题，我们还未完全弄清楚。比如路线斗争问题，到底有几次？而每一次路线斗争，又是如何影响到文艺创作和文艺理论的研究工作，直至影响到作者以及作品的评价问题的？这就是文艺与政治的关系问题。这已经不是理论问题了。历史问题搞不清楚，要求理论具有彻底性，是有一定困难的。另一方面的原因是主观的，也就是我们理论工作者的马克思主义理论修养问题。如对马克思主义文艺理论继承与发展的问题，没有高度的理论修养是不容易解决这个问题的。此外还要有勇气，要付出代价。他认为，要以马克思主义为指导，来总结三十年来的文艺，才有可能使文艺理论研究工作有所前进，有所发展，才有可能进一步研究文艺所固有的特殊的规律性。

其次，陶白同志谈到"理论的艰巨性"，要求有广博的知识。最后，他还谈到要有良好的文风和文采的问题。

### 关于马克思主义文艺理论遗产的估价问题

关于如何估价马克思主义文艺理论遗产问题，目前有不同的看法。争论的焦点集中在：马克思主义文艺理论是否有一个体系？

一些同志认为马克思主义文艺理论是成体系的。

侯敏泽同志说：马克思主义文艺理论是人类文艺理论批评史上最伟大的变革和最伟大的历史功绩。马克思主义文艺理论是有体系的。马列主义关于文学艺术不仅直接地有许多精辟的、创造性的论述，而且它的整个理论给我们提供了完整的世界观和方法论这一科学的体系。不能因在马列主义著作中对有些具体文艺问题没有涉及，就说没有体系。过去有人讲过，马克思和恩格斯哲学并没有什么体系，因为他们没有什么专门的哲学著作。列宁曾经尖锐地加以嘲笑过，并指出马、恩不仅有哲学体系，而且有很完整的体系，这体现在他的很多的著作中。关于文艺问题虽然有些没有涉及，但直接涉及文艺理论方面的问题也是很多的。他说，我们把两三千年来的文学理论发展历史拿来比一比，就可看到马克思主义文艺理论体系的划时代的意义。

林焕平同志说，马克思主义文艺理论有一个发展过程。他阐述了马克思主义经典作家关于文艺的政治性和阶级性，关于现实主义，关于文学艺术遗产的继承等三个问题。首先，他说明了从马克思、恩格斯提出的倾向性、阶级性，到列宁提出的文学的党性原则的发展过程；接着，他阐述了马克思主义文艺理论中关于现实主义思想发展的各个阶段：现实主义——社会主义现实主义——革命现实主义和革命浪漫主义相结合。他认为我们过去对马、恩提出的现实主义论研究得不够，从而难以克服文艺的公式化、概念化的毛病。他还认为社会主义现实主义同革命现实主义和革命浪漫主义相结合，这二者实质上没有什么两样。关于文艺遗产问题，他联系我国的实际，着重介绍了列宁所说的专家是一份宝贵的遗产，没有这份遗产，就不能建设社会主义的思想。归到一点，他说，我认为马克思主义文艺理论是有一个严整的体系的。

陆梅林同志认为，研究马克思主义文艺理论，要搞清楚：一、它有没有一个科学的体系；二、它的性质是什么。解决这两个问题，具有方法论的意义。他指出，应该说，马克思主义文艺理论是有一个科学体系的。解决问题的方法，仍然是理论联系实际这个老方法，而不是去寻找革命导师们根本没有写过的什么大纲之类的东西。要认真去研究马克思、恩格斯文艺思想，看看这里头都有哪些主要内容，解决了哪些实质问题，是怎样解决的，内在联系是什么，精神实质是什么。最后总和起来，看看是不是一个完整的东西。只有这样做了以后，才可得出应有的结论。

他说：如果我们按照马克思的逻辑方法，把马克思、恩格斯的直接或间接有关的论述汇集起来，经过研究和整理，分析和综合，从抽象上升到具体，他们的文艺言论，就不再是零碎的、片断的了，而是一个有其内在联系的整体。这个整体便会清晰地呈现在我们面前，得到一个总的明确的认识。马、恩文艺思想有其科学的理论基础和方法论，有其理论来源，有其形成发展史，有其主要组成部分和基本特征。他们的文艺理论是由唯物辩证观、唯物史观这个总的原则贯串起来的，因而它的内在联系和逻辑是和客体自身的联系和逻辑相一致的，科学地解决了文艺上的一些基本问题，揭示了研究文学艺术的方向和方法。我们说马、恩文艺思想有一个完整的科学体系，正是在这个意义上说的。他说，肯定马、恩文艺思想有一定的科学体系，具有重要的原则意义。唯有如此，我们才会对这方面的研究工作给予足够的重视，提到基本理论建设的高度来安排我们的工作。

钱中文同志认为：要是把马克思主义经典作家的文艺思想理解为文学概论的话，那么马克思主义确实没有这样的文艺理论体系。但是，我们不能把马克思主义经典作家的文艺观点，代替我们搞的文学概论的体系。过去是这样搞的，把两者等同了起来。现在分开来了，又反过来说它没有体系。我认为，把他们的基本观点排一排，是有一定的系统的，是有一定的体系的，虽然有的问题没有讲到。

刘梦溪同志进一步阐述了他发表在今年《文学评论》第一期上文章的观点，认为马克思、恩格斯、列宁、斯大林以及毛泽东同志的著作当中，并没有建立起马克思主义文艺学的完整的理论体系。他说，这里有几个概念。首先，马克思主义文艺学和文艺理论并不是完全同等概念。两者有一致性，但又有区别。马克思主义文艺学是一门有特定对象的科学，它是社会科学的一个门类，而马克思主义文艺理论，它的范围则要宽泛一些。还有，对体系如何理解。有人说马克思主义著作中的文艺学的理论体系是观点体系，这种说法比较费解。光有观点，甚至系统的观点，仍然不能算是建立了一门学科的完整的理论体系。体系的建立不在于文艺理论观点的多少，主要看它对所研究的对象是否从内部规律上作出了全面的系统的理论概括。有的理论很有系统，甚至有一定的体系性，但它的体系不完整。马克思主义文艺学，以文艺作为自己的对象，就需要概括文学艺术本身的规律。不是一般地概括，不是简单地提出理论观点，还需要论证和发挥。这里，要区分文艺本身的规律和文艺发展的规律。他举出了一系列问题，如如何使文艺保持它的真实性的问题，关于艺术形象的构成和典型创造问题，形象思维问题，文学作品的社会功能及发挥的独特方式问题，情感在创作和欣赏中的地位和作用问题，文艺的道德力量和真、善、美统一问题，以及文艺形式的创造和形式美问题，等等，说这一系列重大问题，马克思主义经典著作中都找不到系统的理论上的说明。而且对艺术门类的各方面问题涉及的很少。如果对文艺内部的联系，和它许多内在的规律没有从理论上给予系统的说明，能说是已经有了马克思主义文艺学的完整的理论体系吗？这样讲是否贬低了马克思主义经典作家的功绩了呢？没有。马克思主义学说本身就是一个完整的体系，是一种严整而完备的世界观，它主要有三个来源和三个组成部分。要求马、恩、列、斯把社会科学每一个具体学科都建立起完整的理论体系，是不切实际的，是一种苛求。普列汉诺夫就说过马克思、恩格斯没有建立起文艺学的完整理论体系，他要建立一个。他也建立了一点。

顾骧同志说：有的同志提出马克思主义没有完整的文艺理论体系的观点，是难以令人苟同的，因为它不符合事实。马克思主义文艺理论是整个马克思主义理论体系的一个组成部分，马克思主义哲学，特别是经济基础与上层建筑的理论，辩证唯物主义的认识论，给马克思主义文艺理论奠定了基础。马克思主义文艺理论是文艺发展的历史与文艺创作丰富经验的总结，是对人类优秀文艺理论遗产的革命性的改造。它对文艺的本质、文艺的特征等复杂的文艺现象作了最科学的解释；它对文艺与社会生活的关系，文艺的社会作用，文艺的发生和发展的规律，文艺的内容与形式，文艺的典型化原则，文艺的创作方法以及文艺批评等一系列问题，作了全面系统的说明。马克思主义文艺理论具有一个完整的科学体系。毫不夸张地说，马克思主义文艺理论在文艺理论发展史上，开创了一个新时代。科学的马克思主义文艺理论体系是由马克思、恩格斯建立的，是由列宁尔后又由毛泽东同志发展了的。还应该指出的，对于这个理论体系，拉法格、梅林、普列汉诺夫、斯大林、高尔基、卢那察尔斯基、瞿秋白、鲁迅、周恩来等同志的努力也应该予以重视。对于这样一个经过一百多年努力经营构筑的理论宝库，我们没有任何理由轻估它。他认为我们需要编写一本马列主义文艺理论发展史。

在关于马克思主义文艺理论遗产估价中，有一个重要的问题，就是对毛泽东同志《在延安文艺座谈会上的讲话》的估价问题。在座谈会的发言中，许多同志认为《讲话》的总精神、伟大的历史意义是不能低估的。它的基本观点是正确与深刻的。无疑是一部内容丰富、十分重要的文艺理论著作。同时，大家也认为需要加以发展，其中的一些个别观点、论断需要加以探讨。

## 当前争论的几个理论问题

### 一、关于文艺与政治关系的问题

王子野同志认为：阶级观点还是要讲的。没有阶级观点还叫什么马克思主义？这是起码的。文学艺术和政治分不开。普列汉诺夫讲，我们就是要讲功利主义，艺术不能不讲功利主义。没有超阶级的艺术，为艺术而艺术是不存在的。当然，问题也是很复杂的，不能绝对化、简单化。

郑季翘同志说，辩证唯物主义我们必须坚持，这是我们的世界观。指导革命如此，指导文艺也是如此。他首先谈了两个和尚的问题，即刘勰和皎然的问题，这两个人是和尚，他们的言论可为我们借鉴，但在总体上他们是唯心主义者，列宁说："唯心主义就是僧侣主义。"他认为文艺还是要为政治服务的。列宁说政治是经济的最集中的表现。历史上没有不为政治服务的文艺。我们无产阶级不过把这点说清楚了，说得明白一点。唐因同志说：文艺与政治关系问题大家说得很多，各人有各人的想法，我也有。我觉得什么叫"政治"，概念还没有搞清楚，我说的"政治"是这个意思，你说的是那个意思；"政治"有各种不同的解释，可以理解为一时一地的政策，也可以扩大点，说成是当前政治斗争的问题，再扩大点讲，如说今天"四化"是最大的政治，把政治理解为一个时期的革命的总任务。似乎很难说清楚。有这样的提法，说不要提文艺为政治服务，但文艺离不开政治。这两句话，前一个"政治"和后一个"政治"含义不完全一样。后面一个是指革命斗争的总目标，总任务，而前面一个是指具体的政策，指狭义的政治。文艺和政治关系包括几个方面的问题，需要联系实践中正反两方面的经验，进行探讨。

有的同志认为"文艺为政治服务"口号不提为好。

朱寨同志说：当前理论上一个重大的突破，就是提出关于文艺与政治关系的问题，以及两个标准问题。我拥护文艺为人民服务为社会主义服务的提法。它不是谁凭空想出来的，而是根据历史的发展和接受了历史教训才提出来的。我们创作题材的狭隘、概念化和概念化必然带来的公式化，根子在文艺为政治服务的片面强调和错误理解上。虽然也说政治包含更根本更广泛的内容，实际上，为政治服务就是为当前的政治服务，必然引导到为中心服务。由于文艺为政治服务这个口号往往带来不可避免的误解，今天不提这口号，并不是反对这个口号，更不是反对文艺与政治有关系，为人民服务、为社会主义服务本身就包括了为无产阶级政治服务。

关于政治标准第一，艺术标准第二的问题，朱寨同志认为当时是有针对性的，这个提法是正确的。对任何文艺，各个阶级都是首先从政治利益上和阶级利益上来判断好坏的，这是客观事实。但如果指导文艺创作、文艺批评，只着眼于此，那就必然把政治与艺术分割开来，文艺批评就成了政治思想批评，而没有艺术批评，或两者机械相加。

纪怀民同志说："政治标准第一，艺术标准第二"，实际上是"文艺从属于政治"逻辑发展的必然结果。评价一部艺术品，确有两个标准。但在文艺批评过程中，不能把两者截然分开，不能用政治尺子量一下，用艺术尺子再量一下。如果这样做，就是二元论。我认为，在文艺批评中，艺术的批评不都是政治的；但是政治的批评却必须都是艺术的。凡是好的文艺批评应该是政治性和艺术性统一的。他还建议恢复办文学研究班，训练马列主义文艺理论的专门人才。

有的同志认为要把原则与作为口号这两者分别开来。原则是对的，口号可以不提。

钱中文同志说：文艺从属于政治，这是历史唯物主义原则。现在争论中，有时候好象是作为一个口号来争论的，是作为一个创作口号来争论的，有时又作为历史唯物主义原理来看。如果作为历史唯物主义原理来看，我是同意的。但不能用原理来代替创作的口号。现在有的同志提文艺不能服务于政治，但文艺又不能脱离政治。这实际上还是从属于政治，只是换了一个说法。从实践看，不为政治服务也不行。但作为创作口号来讲，我同意文艺为人民服务、为社会主义服务的提法，这样比较确切些。

侯敏泽同志说：关于文艺为政治服务的问题，历史上给我们提供了很多经验。有人说，历史上没有讲过文艺为政治服务，这口号是《讲话》以后提出来的。这不符合历史事实。中国历史上，从清朝追溯到古代，有很多论述文艺为政治服务的思想。目前为了更好发展和繁荣文艺创作，不提这一口号，以更确切的口号代替它，自然是可以的，但要讲清楚。

## 二、关于人性论的问题

郑季翘同志说：人性论过去就有。18 世纪的启蒙学家，19 世纪的空想社会主义者，都是从人的天性出发解释问题，所以什么问题也解释不通，解释不了。费尔巴哈是个唯物主义者，他把宗教的本质归结到人的本质，人创造了神。这是对的。但他本人是个人性论者。马克思批判费尔巴哈，说人的本质是一切社会关系的总和。这个问题非常重要。普列汉诺夫说，马克思说明了这个问题，就好比过去把地球中心说改成太阳中心说一样，这是一个很大的变革。

钱中文同志说：人性是存在的，但承认人性，是不是就是人性论呢？人性问题我们可以分析研究，我们分析研究人性的观点和理论，是不是就是人性论呢？我们能不能用阶级论来研究人性呢？其次，如果说阶级论就是人性论，那么列宁说"社会主义学说正是在它抛弃关于合乎人类天性的社会条件的议论，而着手唯物地分析现代社会关系并说明现今剥削制度的必然性的时候盛行起来的"，这一论断你能忽略过去吗？再次，如果人性论可以等于阶级论，那么马克思为什么要创造阶级斗争学说？马克思提倡阶级论时，人性论就有了。这里是继承呢，是吸收呢，还是抛弃呢？

陆梅林同志认为，马克思主义文艺理论是无产阶级的具有高度党性的文艺科学。他不同意这样一种看法，即认为马克思的无产阶级革命的结论是从人性论出发得出来的。马克思在《经济学—哲学手稿》中，想从考察私有制的全部发展过程中得出科学的答案，从而谈到了人性的问题。他说，文艺复兴时期的人文主义者，18世纪启蒙运动者，19世纪空想社会主义者，他们基本上是持唯心主义的人性观点的，哪一个能从人性论得出无产阶级革命的结论呢？马克思只是研究了资本主义这个特殊社会形态的经济发展的规律，才得出这个结论的。陆梅林同志说，他赞成文艺作品把人的感情世界和内心活动写得更深刻一些，更饱满一些，更生动一些，不如此不足以感动人，教育人。但不赞成用人性论来指导我们的文艺创作和理论研究。这是一个原则问题。

三、关于形象思维问题

郑季翘同志重申了他的观点：没有抽象，就不能思维。语言、概念本身就是抽象的东西。形象本身不能思维。创造性的想象，也是在思想指导下的想象。如果把思想、概念抛掉了，就很难想象。

他说：别林斯基是俄国的文艺批评家，他的言论，我们可以借鉴，但他是一个黑格尔主义者，是以客观唯心主义为基础的，例如他对非洲黑人的看法，正符合帝国主义的看法。郑季翘同志还说："灵感"，这也是个唯心主义、神秘主义的用语，我们可用"触类旁通"来代替有些同志所说的"灵感"现象。

陆梅林同志说：我们不能把自己的基本观点建立在一两个词上，那样就很危险。反对形象思维论的同志根据对思维的狭义理解，认为，思维只能是理性的。马克思、恩格斯、列宁常常说思维和存在的关系。这里讲的思维就是广义的，大体上可作意识、认识来理解。如果根据狭义的理解，把思维的涵义绝对化，那就不对了。关于形象思维，是指创作过程来说的，而不是指除了人的一般认识规律外，还有一个什么形象思维的认识规律和阶段。而在形象思维中，也不是只有纯感性认识，其中也包含了很大的理性认识的成分。

朱寨同志说：从毛主席谈诗的信发表以后，肯定了文艺创作要形象思维，文艺界重新展开形象思维和逻辑思维的讨论，这对创作是一个很好的转机，引导大家更好地探讨艺术创作上的规律。但认为文艺特征仅仅是形象思维，这还不够。形象只是文艺的最一般特征，还不是文艺的根本特征。普列汉诺夫的一种意见是正确的：问题不在形象，如果用形象演绎概念，同样是概念化的。文艺的根本特征是典型化；对于大量的、广泛的文艺创作来说，是创造典型性格，也就是通过个别反映一般，通过个性与共性的统一来反映现实。当然，有同志说，抒情诗，山水画怎么看？它是不创造人物，但它表达的也是一种典型的感情，典型的事物。典型化是文艺创作的最根本的特征。因此我认为，恩格斯讲的关于现实主义的那段话是一条根本原则。而且恩格斯关于典型的说法，就是革命的现实主义，或者叫做社会主义现实主义的原则。社会主义现实主义从哪儿开始呢？一般说法，认为作品上，是从《母亲》开始。理论上，是从苏联在什么时候提出来的开始。我认为，有了马克思主义，革命的现实主义，或社会主义现实主义就有了。恩格斯说"我所理解的现实主义"，也就是说，是马克思主义所理解的，绝不是对批判的现实主义的概括。因此，他所说的就是指革命的现实主义。恩格斯论述的，至今仍然是关于革命的现实主义的科学定义。

座谈中大家讨论了许多问题，都是本着百家争鸣的精神的。许多同志也都说到"双百"方针问题。如杨柄同志说：担任各个部门的领导同志应当允许大家提出自己的不同意见。不能不允许别人说话。我接触到一些地方文艺界的同志，他们对某些文艺刊物有些不满意的意见，就是因不搞百家争鸣。

郑季翘同志说：百家争鸣，一定要有发表阵地。只要有道理，就要让人家发表，为什么怕人家发表文章呢？就要给大家有发表文章的阵地。没有阵地，怎么能够百家争鸣？

## 建立中国民族化的马克思主义文艺科学

陶白同志强调我国所固有的包括古代近代的文艺理论和文艺创作遗产的继承问题。他说：如果不研究中国所固有的文学理论遗产，那就很难使我国文艺理论有民族特点，也很难丰富、充实文艺理论宝库。要把马克思主义文艺理论同中国的文艺理论遗产结合起来，才能真正使我们文艺理论富有民族特点，有中国气派和中国作风。这是当前文艺理论工作很重要的任务。我们的文艺理论应有一个根植在我们祖国生活土壤上的深厚基础。当然这应该以马克思主义作指导。我们也并不排斥向外国学习。

刘梦溪同志说，关于建立一种具有我们民族特点的马克思主义文艺学，这个问题可能有不同的意见。但一种理论，要想叫它说服本国人民，能够掌握群众，离开民族特点和民族形式，这种作用是发挥不了的。理论原则没有国界，但表达方式要具有民族特点。他说，对于中国的马克思主义文艺学的建立，重要的一点是对中国自己的民族文艺理论遗产要给予高度的重视，要吸收。不一定都要搬用外国的东西。他说，他是赞成"两结合"的创作方法的。它是中国自己的东西，有中国的特点。我们要建立、发展我们的文艺学，要有民族形式、民族特点，把民族的经验充分总结进去，而且概括出理论来，这将是我们对世界、对人类文化的一种贡献。

王朝闻同志说：我们发展马克思主义的艺术科学，应该具备中国作风和中国气派。这不仅是我们国家的需要，也有国际的意义。如果我们的研究成果不能体现中国作风和气派，中国的实际特点，中国现在存在的问题和历史上文论、乐论、画论、曲论、诗论中那许多经验，我们的研究成果就不够实际。当然，对中国古代文论、画论等进行研究，包括政治与艺术的关系，主观与客观的关系，反映与被反映的关系，情感与理智的关系等等一系列问题，不能教条主义地对待，也不能说越老越好，或者说古人说的都对。他还说：向外国借鉴是必要的，但在实践上有些理解是错误的。比如对外国搞接吻、裸体、你追我赶等等，不是去正确理解外国人在文艺创作上面发明了什么，体现了什么，不是去研究那些可以为我们所利用所吸取的、带有普遍规律性的知识，而是套用现成的艺术创作的成果。这不是正确意义的借鉴，而是脱离反映对象的具体性、特殊性的生搬，结果往往不切合中国人的生活习惯。

他还强调说：我们学习马列主义必须结合实际，这种结合的体现形态必须要有中国味道，更不应排斥中国几千年来的理论成果。比如，毛泽东同志的军事理论，一方面固然是来自长期参加和领导革命战争的实践，把革命实践提高到理论，另一方面也由于吸收了孙膑等古代军事理论家的精辟见解。军事见解与我们的文艺理论创作有没有共通性呢？中国文论当中有好些东西就与中国军事思想有共通性。如川剧演员说的表演中欲进先退，就切合相反相成的辩证法。当然中国古代有些东西有糟粕，有封建的、唯心主义的糟粕。但不可否认也有辩证的、唯物主义的精华。比方在主观与客观的关系方面，就有许多相当辩证、相当好的议论，这儿就不多说了。

继承与发展马克思主义文艺理论问题，是当前社会主义文艺发展中大家十分关心的课题。本次座谈会，只是探讨这个课题的开端，是一次集体学习与研究。大家摆了情况，提出了问题，活跃了思想。这些意见还只是初步的，有待继续深入讨论。要发展真理，必须坚持百家争鸣。让我们怀着高度的时代责任感，在先辈开创的马克思主义真理的道路上，群策群力，为建设中国民族化的马克思主义文艺理论科学而奋发努力吧!

■ **6月13日**

文化部任命张庚为《文艺研究》主编（兼），郭汉城为《文艺研究》副主编（兼），林元为业务办公室主任兼《文艺研究》副主编，柏柳为业务办公室副主任。沈季平为编辑部主任，叶勤、孙吴为副主任。

■ **6月**

《文艺报》报道，《文艺研究》《文艺报》《文学评论》联合召开"关于马克思主义文艺理论继承与发展问题"座谈会。

■ **7月3—4日**

《人民日报》《光明日报》《解放军报》《北京日报》《文汇报》等报道刘少奇《关于作家的修养等问题》（1956年3月5日），此文在《文艺研究》本年第3期发表。

## 编　后

刘少奇同志1956年同周扬、刘白羽同志就作家的修养等问题所作的重要谈话，现在正式公开发表。这个谈话，以自身的光辉照亮了事情的本来面目，推倒了"四人帮"强加在它身上的一切诬蔑不实之词，把颠倒了的是非再颠倒过来。

这个谈话，对我们正确处理党和文艺的关系，发现与培养人才，提高文艺工作者的修养，重视编辑工作，加强文艺队伍建设等，至今仍具有重要的现实指导意义。

《文艺报》《文学评论》及本刊联合召开的马克思主义文艺理论座谈会的综述文章，报道了在京的文艺理论工作者对加强学习、研究、继承、发展马克思主义文艺理论问题的一些意见，目的是希望引起广大文艺理论工作者的普遍重视，参与讨论，集思广益，共同为继承与发展马克思主义文艺理论，建立中国民族化的马克思主义文艺理论科学做出贡献。本刊欢迎关于这方面问题的来稿。

钱谷融同志《〈论"文学是人学"〉一文的自我批判提纲》，写于1957年。二十三年后的今天，他加了一段前言愿意在本刊发表出来，供学术探讨，我们是欢迎的。这篇文章和本刊先前发表的朱光潜、黄药眠两位同志及本期计永佑、顾骧等同志的文章，在对一些问题的看法上，有同有异，孰为真理，希望文艺理论工作者本着百家争鸣、以"鸣"达"明"的精神，进一步展开深入的研究。

《红学三十年》一文，通过建国三十年来《红楼梦》研究的历史，对1954年开展的批判俞平伯《红楼梦研究》的运动，对新中国成立至"文化大革命"前夕《红楼梦》研究取得的成果，对"四人帮"横行时期掀起的"红学热"，以及对索隐派旧红学和胡适派新红学，作了一系列的评述，并从学术思潮发展的角度提出了一些自己的见解，还对新时期的《红楼梦》研究如何突破等问题做了探讨。

"五四"文学革命以来，诗歌也进行了革命，许多诗人不断地对诗歌形式进行探索和实验，已经取得了显著成绩和有益经验。但问题未解决。杨柄同志的《汉语诗歌形式民族化问题探索》一文，就汉语音律美——平仄律，及汉语诗句构成规律，从理论上进行了探索，以期建立一种为人民群众喜闻乐见的民族化的汉语诗歌形式。我们欢迎对这个问题展开讨论。

### ■ 8月20日

《光明日报》载文，介绍《文艺研究》本年第3期发表的本刊记者《学习和发展马克思主义文艺理论——〈文艺报〉〈文学评论〉〈文艺研究〉联合召开马克思主义文艺理论问题座谈会综述》。

### ■ 8月25日

《文艺研究》从本年第4期起改由文化艺术出版社出版。

### ■ 8月

《文艺研究》与本院美术研究所邀请40余位雕塑家和美术理论研究工作者举行座谈或笔谈，讨论发展、提高雕塑艺术的问题，王朝闻主持。本年第4期发表总题为"要重视发展雕塑艺术"的一组文章，作者包括刘开渠、李玉兰、郑可、傅天仇、温廷宽和陈少丰、郑于鹤、钱绍武、张松鹤。"编者按"云："雕塑是一种与广大人民群众关系极为密切的艺术形式。不管是室内小型雕塑，还是大型室外雕塑，无论是在西方，或在东方，自古以来它就为历代统治者所重视和提倡。帝王与宗教，都曾竭力利用雕塑艺术，宣扬王权与神权的威严；资产阶级也利用这一艺术形式宣传'自由''博爱'，为他们的阶级利益服务。俄国无产阶级掌握政权后，列宁对雕塑艺术极为重视，十月革命后半年，即亲自签署颁布了《纪念碑宣传法令》。而我们中华人民共和国成立三十多年了，对雕塑艺术至今没有给予足够的重视，有不少问题需要解决。我国古代曾有无数不知姓名的大雕塑家，为我们留下了难以计数的艺术杰作。如果我们能好好继承、发扬这份艺术遗产，我们的雕塑艺术，是大有可为的。有鉴于此，本刊编辑部和文学艺术研究院美术研究所，特邀请部分雕塑家和美术理论研究工作者座谈及笔谈，讨论发展、提高雕塑艺术的问题。雕塑家们根据自己的切身体会，对雕塑艺术的发展提出了许多非常宝贵的意见。大家认为，雕塑长期不被重视，工作条件太差，清规戒律太多，这是发展雕塑艺术的主要障碍；而对于雕塑工作者本身来说，也有不少问题，比如克服雕塑作品公式化、概念化的问题等，都亟待解决。大家认为必须提高雕塑工作者的思想、艺术修养，抛弃形式主义的条条框框，努力创新；同时，必须认真学习、继承和发扬我国古代雕塑艺术的优秀传统，借鉴国外好的经验，扩大创作的路子，采用多种材料和形式，为社会主义四化服务，为广大人民群众提供丰富多样的雕塑艺术作品。雕塑家们特别强调，社会主义社会具有发展雕塑艺术的有利条件，人民群众十分喜爱和需要雕塑，仅是在广场、园林、大建筑物或者街道上建立起英雄和先进人物的美好雕像，就可以对广大人民群众，特别是对青少年，产生巨大的精神影响。希望有关领导部门重视雕塑艺术对群众的教育作用，为雕塑的繁荣发展创造有利条件。这次座谈会，是三十年来雕塑家们少有的一次学术讨论会，发言涉及雕塑艺术各个方面的问题，许多意见都非常重要，但由于篇幅关系，我们只能发表一部分文章，感到十分遗憾。参加座谈会和笔谈的，还有潘鹤、程允贤、曾竹韶、盛扬、董祖贻、苏晖、王克庆、江有生、刘小岑、司徒兆光、曹春生、叶如璋、李桢祥、谭树桐等四十余人。座谈会是由王朝闻同志主持的。"

## ■ 10 月 12 日

《光明日报》报道《文艺研究》与美术研究所召开雕塑艺术座谈会。

## 《文艺研究》取消地区发行限制启事

　　《文艺研究》是贯彻"百家争鸣"方针、研究中外古今文艺的大型综合性文艺理论刊物。它研究的对象极广，包括文学、戏剧、音乐、舞蹈、美术、电影、曲艺、摄影以至书法等艺术。自创刊以来，受到文艺界和广大读者欢迎。但过去因纸张关系，限制在地、市级邮局以上发行，不能满足全国各地读者的需要。根据广大读者要求，现决定：自 1981 年起，取消地区发行限制，全国各地邮局皆可订购。从 1980 年第四季度起，开始征求 1981 年订户。如需订购，请及时到当地邮局办理手续。

　　本刊文章，多有作为资料的保存价值。欢迎各文化机关、文艺团体、大专院校、文化馆、图书馆、资料室以及文艺研究工作者和爱好文艺的读者订阅。

## ■ 10月14—20日

《文艺研究》与本院电影研究所、中国电影资料馆联合召开电影美学讨论会，电影理论家、电影编导和美学工作者钟惦棐、罗艺军、郑雪来、罗慧生等人出席。与会者从我国电影创作实际出发，就电影特性、电影创作的现实主义问题、电影民族化问题以及电影创作过程中的规律等问题进行了讨论。《文艺研究》本年第6期发表评论员文章《努力提高电影艺术质量》和本刊记者《电影美学问题的探讨——电影美学讨论会综述》。

### 努力提高电影艺术质量
本刊评论员

目前我国正处在一个新旧交替、除旧布新的时期。电影同其他姊妹艺术一样，面临着如何认识我们时代、表现我们时代、适应我们时代需要的课题。

粉碎"四人帮"四年来，在党的正确路线指引下，社会主义中国实行了历史性转变。我们的电影也出现了可喜的转机，涌现出一批有一定质量的好影片。但我们的电影还远远不能适应时代的需要。实现四个现代化，是全党的中心、时代的要求，反映了全国各族人民的利益和心愿，也为我们的文艺提供了丰富的创作源泉，应该为我们的电影所重视。具有远见卓识的电影艺术家，应当深入到现实生活的激流中去，认识时代，汲取战斗的诗情，启迪创作的灵感。在四化建设的激流勇进的中华儿女身上，最充分地体现着我们时代的精神。把这种精神反映在银幕上，是电影艺术家的一项光荣而豪迈的使命。

电影必须坚持现实主义，不能回避现实。艺术地再现生活的真实，才能反映我们的时代。在我们的现实生活中，总的来说，美好的和正在向美好转化的事物，是普遍的和主导的；人与人之间新的关系、新的思想、新的风格、新生活的美，必将越来越多地展现在我们的面前。但是，我们的现实生活，也存在着一些决不能忽视的丑恶的事物，起着阻滞我们社会前进的作用。我们应站在人民的立场上，清醒地、敏锐地注视生活中各种矛盾及其发展，勇于歌颂真善美，敢于暴露假恶丑。我们的电影要真实地、深刻地、大胆地为人民塑像，为历史塑像，为社会主义祖国和我们的时代塑像。不论是回顾往事，是把握现在，还是展望未来；不论是歌颂光明，还是暴露阴暗；不论是礼赞英雄，还是鞭挞丑类；不论是写正剧、喜剧，还是悲剧；不论采取什么风格和流派，都应该坚持历史唯物主义，体现人民群众创造历史、推动历史前进的革命精神和崇高的精神世界。

我们的生活——现实的和历史的，都是丰富多彩的。电影艺术具有表现生活多样性、丰富性的巨大潜力，我们应该以独创精神，拍摄出各种题材，各种风格，各种样式的影片来，向人民提供具有艺术魅力的最新最美的精神食粮。电影是群众性最广、时代性很强的艺术，尤其是对青年一代有着广泛的影响。我们的电影艺术家，应象鲁迅说的那样，使电影艺术成为今天国民精神的火光，照亮人们的心田，抚慰创伤，鼓舞斗志，振作精神。当前，我们必须努力提高电影艺术质量。这是电影能否适应时代的保证。我们应该以马克思主义为指导，继续解放思想，加强电影美学的研究，汲取我国艺术传统的精华，借鉴世界艺术的长处，大胆革新，创造具有民族风格的电影艺术；与此同时，我们必须改善党的领导，改革体制，坚定不移地贯彻"双百"方针，提供一切必要条件，放手让电影艺术家大胆进行创造性的艺术实践。这样，在社会主义银幕上，一定会放射出我们时代的光辉。

## 电影美学问题的探讨 —— 电影美学讨论会综述

本刊记者

本刊编辑部会同文化部文学艺术研究院电影艺术研究所、中国电影资料馆，邀请了部分电影艺术家、美学家和电影理论工作者，于 10 月 14 日至 21 日召开了电影美学讨论会。出席会议的有：王朝闻、钟惦棐、郭汉城、林杉、程季华、黄宗江、鲁勒、林元、李泽厚、徐庄、罗艺军、郑雪来、邵牧君、蔡继渭、黄健中、柏柳、王心语、朱狄、张潇华、张奉奎、何振淦、周啸邦、张瑶均、周传基、谢飞、寇鸿烈等同志。会议就电影艺术的特性，当前电影创作中的美学问题，对我国美学思想和外国电影美学思想的继承、借鉴与电影的创新问题，以及我国电影美学建设等问题，交换了看法，进行了探讨，展开了争论。现将会议中着重讨论的几个问题予以综合报道，以期引起文艺界特别是电影界同志对我国电影美学理论建设的关注，促进我国电影艺术水平的提高，使我国电影更好地为人民、为社会主义服务。

### 提高电影质量必须重视电影美学的研究

王朝闻同志说，大家对这个会都很感兴趣。这是因为我们的电影有好几十年的历史了，自建国以来也有三十余年了，但很少开这样的会。从电影美学上来研究电影问题，这对发展我国电影事业，更好为四化服务，是很重要的。

他指出，社会实践大都有一定的理论作指导，没有理论指导的实践是盲目的实践；从实践中提炼理论，理论又反过来指导实践。不是正确的理论在作指导，就是错误的理论在作指导。如，"长官意志"，也有理论，但不是马列主义的理论。各种流派的论争，就有一定的理论上的问题。如果轻视以至主张不要理论，这本身也就是一种理论。我们所需要的，是从整个事业的角度来讲理论和实践的关系的理论。在共同目标之下，艺术家跟批评家、研究工作者之间的关系，是相互依赖的关系。我们要求掌握正确的理论，能够指导实践的理论，有说服力的理论，马克思主义的理论。从电影本身来说，对于电影艺术究竟是什么东西，它区别于其他艺术的本质的东西是什么，要研究；要从观众对电影的审美需要着眼，着重研究电影的特性问题，电影艺术和其他艺术的联系和区别问题。

他说，电影美学的研究，一方面要作历史的、系统的研究，另一方面也要解剖麻雀，找一二部片子，从美学的角度去解剖它。要从电影创作的实际出发，从具体上升到抽象，形成理论的认识，建立我们中国的社会主义的电影美学，反过来有效地指导电影艺术的实践。从概念框框出发，搞教条主义的方法，不可能促进电影美学研究的深入和发展。钟惦棐同志说，经过了三十年，总算把讨论电影美学的会开起来了。赵丹同志的绝笔文章，对我们今天的讨论很有关系。电影管得太具体的原因很多，有志于官而无志于学，恐怕是个重要原因。三十年来，我们没有健全的电影研究机构，连个完备的资料目录都没有。这些年来，我们基本上是在政治的正确和错误二者之间打交道。正确的东西不一定是电影。认真地考虑过每年二百亿人次的观众对电影的意见和要求么？电影的观众学，不是在电影拍完之后才存在的。在选择题材，进入拍摄之前，就有观众学。董希文在50年代初就画了"春到西藏"，而电影在70年代末，还没有跳出领主与农奴的圈圈。

他指出，要提高电影文化的水平，要掌握电影的特殊规律。在研究电影表演中，要研究运动、节奏等问题。总之，要把电影艺术作为一门科学来研究，而在研究中又要着重研究中国自己的东西，要针对我们的现实、实际情况。这不等于说对电影美学史，以及世界电影美学现状等不必作系统的研究。不，不但要研究，而且要做得更好些。使我们有所借鉴。

黄宗江同志说，赵丹同志于10月10日凌晨安静地逝世了。他在10月3日说过：艺术家搞艺术，应该给人以美，以真，以幸福。他首先说的是美。这也可作为对我们电影美学会议的一个赠言吧。我觉得，开这个会很好，因为电影的确要开这样一个会，是时候了。

罗艺军同志说，我们在文艺方面不按艺术规律办事，其中重要的一点，就是对电影理论上一些根本性的问题，没有作过认真的科学性的研究和讨论。虽然我国在世界上拥有最多观众人次，但是，电影美学的研究却很落后，因此，当前讨论这个问题很有意义。近年来电影创作中已经提出了一些根本性的问题，创作人员在实践中对一些美学上的问题进行了探索，并企望理论上的引导。把电影美学研究提到日程上来，会对创作起推动作用。

邵牧君同志说，外国电影美学研究，大致有这样几个方面：一是研究电影的本质，二是研究电影的表现手段，三是研究电影同其他艺术的关系。电影与小说的关系这些年来特别受注意。电影美学已成为一门引人注目的学科。

国外电影美学研究也有个发展过程。大体上分两个阶段。最先是从 20 年代至 30 年代，从不承认电影是一门艺术到力图把电影同其他艺术联系起来。后来，蒙太奇的理论的建立使得电影特性的研究大大地进了一步。而现在西方占优势的理论是纪录派的理论，强调电影的自然、逼真的本性。于是生活流、意识流的影片出现了。

国外电影美学中还有一个重要的分支，即电影心理学，研究放映电影的环境，银幕幻觉的作用，观众在看电影时的心理状态，心理上接受能力等。

王心语同志说，电影与观众的关系要研究。观众是电影美学存在的一个条件。影迷是大量的。电影靠什么吸引观众，打动观众？仅仅靠新的技巧、手法是远远不够的。靠这个"恋"那个"爱"打动观众？靠刺激性的东西打动观众？七恋八爱，观众已经厌烦。强度的感官刺激只能引起短暂的兴奋。这些都不能持久。电影要靠艺术魅力，靠电影的美。让人经久不忘的、常常思考的影片才富于持久的魅力。思考对观众是精神上的折磨，但也是一种愉快的享受。

他说，观众在审美要求上是不一致的。有阶级的区别，有民族的审美区别等。电影怎样适应观众呢？今天社会主义的银幕要给观众看什么样的电影呢？要从美学上加以研究。适应观众不是目的，适应是为了征服。要给观众以思想上的启示，以新的思想，美的陶冶，社会主义的道德，从精神上影响观众，教育观众，这是主要的。有的影片内容上脱离生活，生编硬造，缺乏真情实感，以为编得越离奇，越荒诞，就越吸引观众，这是不行的。对电影语言，电影形式美要研究，要重视。但当前主要问题是在于电影内容上不真实、粉饰现实，看了让人反感；在思想上缺乏深刻性，流于浅薄；构思上太直太露，看了索然乏味。要把电影质量提高一步，就必须走现实主义道路，力求内容与形式的统一。

黄健中同志说，观众应作为研究电影美学的起点。电影为观众服务，你得了解观众。常听有些人责备某某影片"看不懂"。审查影片时，也常有这一条。你不按正统的做法去拍，人家就说"看不懂"。其实，我国电影的现状是，观众看得太懂了，懂得已经不想看了。我主张一部影片让观众看懂百分之七十就够了，其余留给人家去思考。时代不同了，观众的要求也不同了，要满足观众的追求和愿望，要研究观众美学。

## 关于电影与现实主义

钟惦棐同志认为："不搞现实主义，电影就要灭亡。"他说，中国电影当前最迫切最值得注意的问题是现实主义。不举这个旗，不把这个问题当作头等重要的问题，你的电影语言表现什么呢？那只能表现无物之物，或者玩弄镜头。讲现实主义就充满了斗争。从《武训传》《清宫秘史》等以后，电影只有压力，没有斗争。表面看好象是一场斗争，但实际只是一方在斗，另一方不能争。

他说，文艺应该反映真实的生活，要允许写"伦敦东头"。剧本座谈会之后，现实斗争的题材，立即退避三舍。兴起的是"恋"，是"爱"，是不着边际的"友谊"，是大打出手，是凶杀破案。不取消横加干涉，电影的现实主义就是纸上谈兵。对于中国的封建主义思想、习俗，封建官僚制度的影响，社会的黑暗势力，最能够加以迎头痛击的是电影。不调动电影的力量，鸣鼓而攻之，我们能够顺利地实现四化吗？

钟惦棐同志说，我的"灭亡"说，可能有点危言耸听。可是，从中国电影三十年的系列看，由于在现实主义问题上节节后退，也就注定了我们的编剧、导演、演员的成就。我们培养了多少有威望的电影艺术家呢？虚假的政治概念能培养出伟大的艺术家来吗？这是一个非常严肃的问题，是整整一代人的经验教训。电影要面向现实，面向人生。要敢写，敢拍，敢演，不怕出坏片子。否则中国电影就没有希望。只要不是胡来，都应该支持。而胡来也不是很容易的，因为我们毕竟有三十年的经验。

王朝闻同志说，电影艺术怎么体现现实主义，是很值得研究的问题。电影形象必须引起美的感受，但美感和形象的现实性应该是统一的。如果选演员只从长相漂亮出发，布景一律搞得很豪华，没有必要的地方唱起歌来，这是不是艺术质量的提高，能不能叫做现实主义的美呢？

他说，即便是批判现实主义，也不要一棒子打死，它至少要比把浪漫主义庸俗化的方法值得肯定。难道典型地揭示了现实的消极面，就不能给人以积极的教育意义？美与真、善的界限不可混淆，但没有真实感的形象，既引不起美感，也难于产生善的影响。总要求电影的结尾能包治百病，电影哪有这么大的本领？任何事物都有它的特长和局限性，不适当的要求只能削弱以至毁灭电影的特殊功能。

谢飞同志说，我国电影最大的问题是不真实。所谓革命现实主义在许多创作中，既不是亚里士多德的"按照本来的样子描写"，更不是恩格斯的"再现典型环境中的典型人物"，而是对现实的肢解、拔高，以至歪曲。只要现实中"革命"的一面，合自己口味的一面；还要理想化，按概念拔高、虚构，这必然导致编造生活和歪曲现实。《玉色蝴蝶》故事本身就不真实。在《大渡河》这样直接写重大历史事件的影片中，虚构沈队长借船牺牲的重要情节是不能允许的。就连比较优秀的影片《归心似箭》，也存在主要人物魏德胜概念化的毛病。现实中什么叫做美？艺术怎样反映生活才是美？肢解、拔高生活算不算美？这个问题我们一直没有搞清楚、搞懂。

罗艺军同志说，电影是最逼真地反映现实生活的。因此，不真实，尤其细节上的不真实，特别令人难以容忍。由于技术的发展，电影能越来越逼真地反映生活。"四人帮"瞒和骗的文艺在我们电影中留下的后遗症非常严重，情节虚假，表演装腔作势，布景取景求大、求新、求洋。有的影片中，人物在荒山野林坚持斗争，没有吃的，但演员个个却很丰满，一看就假。

徐庄同志说，不管有多少流派，多少风格，但主导的是要遵循现实主义道路走下去。文艺的现实主义问题根本上是文艺与生活的关系问题。文艺不面对现实，它就要走向没落。电影要很好地抓现实题材，现在这方面的剧本有所减少。创作上除了有缺乏生活的问题，也还存在不尊重生活，任意编造情节，迎合某些观众的现象，应引起我们的重视。在执行"双百"方针中，有的有抵触，有的摇摆，粗暴干涉也屡屡发生。这个问题不解决，繁荣创作就是空口说白话。而对剧作者来说，也须提倡不要总是看风行事，要有艺术家的社会责任感。电影要坚持鲁迅所说的"为人生"。我们是有功利主义的，不能不讲社会效果。当然，把它当作棍子，那是另一回事。文艺建设是一个积累和演变的过程。可以有从量变到质变的飞跃，但不可能在一个早上出现一大批伟大的杰作。为了发展，有时也为了补课，电影可以搞一些试验性的东西。我们要充分调动各方面的积极性，把电影搞活，这是当前最重要的问题。

周啸邦同志说，今年电影不如去年，绕着现实走，不敢触及政治生活中重大问题和人民群众关心的问题。从北影厂来看，象《女贼》《高楼在他们手中》《厨房交响曲》《人到中年》《残雪》《法庭内外》等都没能拍，并不是电影厂的创作人员不愿搞现实主义。社会效果应该提，但应在作品跟观众见面之后再看社会效果。现在往往片子没有拍就给否定了，其效果从何说起？

朱狄同志说，"现实主义"这个词究竟始于何人何时，目前有三种看法。一说始于席勒，一说始于法国画家库尔贝，一说始于法国小说家向弗洛里。我赞成库尔贝说的现实主义。它原是一个艺术流派（当时主要是绘画的一个流派）的概念。后来许多人把它当作一种创作方法来提倡。1915年陈独秀在《欧洲文艺史谭》

一文中把"Realism"译成"写实主义",也作为欧洲文艺的一个流派与"古典主义""浪漫主义""自然主义"同时介绍到了我国。

他说,作为一种创作方法,古希腊的摹仿论就是最早的现实主义理论,主张文艺摹仿现实。但18世纪法国有个美学家,叫巴托(Batteux),把亚里士多德的摹仿论解释成为对现实中美的事物的摹仿,大大地缩小了艺术反映客观现实的范围。一字之差,影响极大。我们有的同志所主张的现实主义,实际内涵近似于西方的古典主义。有的作品写实了一点,就被斥为"自然主义"。所以,问题的实质是究竟什么才是现实主义?我认为只要讲恩格斯所主张的那种现实主义也就行了。我不主张提什么"社会主义批判现实主义"或"批判现实主义"。文艺有歌颂的职能,也有暴露的职能,花鸟画、歌舞剧主要是歌颂,小说、戏剧、电影难免要涉及社会问题,不能一涉及社会问题就说是在搞批判现实主义。

我们今天的现实本身就是革命的,何必一定要在现实主义前面再加上"革命"二字呢?我赞成什么限制词都不要加最好。我并不认为提"革命现实主义"的同志都是想把现实主义限制一下,有很多同志愿望很好,总想把我们主张的现实主义和过去的现实主义加以区别,但有时常常事与愿违,有的人会拿它作为一个框子去套作品。我们不怕"革命",怕的是变成框子。

朱狄同志说,我觉得可以提倡各种风格和流派,无论是爱森斯坦也罢,意识流、生活流也罢,民族形式、民族传统也罢,都可以搞一点试试看嘛。这样搞它十年,就大有希望。当然,除了高层建筑之外,电影是最昂贵的艺术了。所以眼前只能搞些小规模的、力所能及的试验。为了更好贯彻"双百"方针,应该允许一部分确有创见的人去搞些试验,我相信其中总有一些会经得住时间的考验,证明某些试验是有价值的。

李泽厚同志说,从电影的多样化的可能性出发,我不认为只要一个主义就行了。我认为现实主义、浪漫主义、表现主义、印象主义,通通都可以。作为一种形式,一种手法,它都可以表现很好的内容。马雅可夫斯基的诗是表现主义的,有什么不好呢?我们看过的一些影片,内容没有什么重要价值,包括《去年在马里昂巴德》《广岛之恋》《老姑娘》,但里边有真正是艺术的东西。

他说,现实主义的来历本就是批判现实主义,现在,在现实主义前面加上了种种形容词限制词,特别是搞假浪漫主义,最使人讨厌。

周啸邦同志说,现在有些同志又提社会主义现实主义,这是苏联的口号,当时他们就有废黜百家的味道,把其他的都否定了。提社会主义现实主义不利于繁荣我们的创作,不利于百花齐放。实际上创作方法不只现实主义一种,还有其他的创作方法。现实主义是个很好的创作方法，它最根本的原则是，作家艺术家忠于现实，尊重现实。

黄宗江同志说，没有现实主义就没有艺术。因为我们都是从现实里面提炼出东西来的。不要给现实主义加限制词，越限制越麻烦。加"革命"等等，就成了政治的标记了。我们要追求真，真是第一位的。"真"的问题，经过"文化大革命"，更使我们感到可贵。还有"人道"的可贵，也是经过这么多年才认识到的。我立志于革命的人道主义。最高的人道主义就是共产主义。

邵牧君同志说，电影不搞现实主义就要灭亡，我相信这一条。我拥护现实主义，不欣赏非现实主义的东西，反现实主义的东西。在我们这样的国家，要人们对十分抽象的、光怪陆离的东西感兴趣，是比较困难的。

但是，什么叫现实主义呢？长期以来，我们对现实主义的理解，跟18世纪法国官方的古典主义却很相象。官方的古典主义强调艺术家服务的天职，唯理论的思想基础，理性化的自然等等。如果电影搞这样的现实主义，那也还是要灭亡的。

邵牧君同志认为，我们过早地否定了批判现实主义，以为社会主义社会里，艺术的批判任务就此结束了。经过三十年的实践，证明不是这么回事。历史上批判现实主义作家并不都是资本主义的敌人。为什么往往把用文艺来批判社会中黑暗现象的艺术家当作敌人呢？

他说，提什么样的现实主义还应该讨论。笼统讲，可以不加限制词。但要具体阐述现实主义的内涵时，你不可能避免这个限制词。加"革命"二字还是有道理的。

郑雪来同志说，可以搞一点非现实主义的东西，主要还是要搞现实主义。讲现实主义，当然应揭示现实中比较尖锐的矛盾，比较重大的问题，目的是引起变革，是为了明天，不能不考虑明天。

他说，不管你对现实主义加不加帽子，但确实存在着各种性质和深度的现实主义。文艺复兴时期的现实主义，19世纪的批判现实主义，20世纪的社会主义现实主义或革命现实主义，都是性质不同的现实主义。美国影片《猎鹿人》和我国影片《天云山传奇》都是现实主义，但在美学思想上有质的区别。我主张以马克思主义为指导的现实主义。现实主义还有一个深度问题，因为反映生活有个深度问题。影片《枫》是现实主义的，但反映生活是肤浅的，并没有揭示出造成这个悲剧的根本原因，只是对作者自己的观念作了一些图解。我们应该讲马克思主义美学观，应该讲阶级观点，不能认为这已不合时宜了。既要反对思想僵化，也要反对自由化。对外国的东西，要有分析。意识流的影片，表达人一瞬间的想法等，其表现手法，可以借鉴。但从哲学、美学思想角度来看，应该否定。意识流和生活流的观念都可以追溯到柏格森的直觉主义。有的意识流的影片就搞不可知论。

钟惦棐同志说，我把电影的现实主义提到关乎电影命运的高度，是因为电影总的面貌是要反映活生生的现实，有效地推动时代前进。我们的电影，总体说来，不能勇敢地面对现实，因为它经常受到各种特殊的干扰。

张潇华同志说，既讲主义，就要对各种主义、各种思潮、各种流派作科学的、确切的分析。这种分析，不能只从方法、手法、手段等方面着眼，而应从整体上，从基本精神、基本内容以及方法、手段的构成要素等方面，加以评价，指出其赖以产生的基础，分析其精华与糟粕。同样，说电影搞现实主义，这个主义也要分析。首先，我认为应搞我们的、今天的现实主义，往常曾称为社会主义现实主义或称革命现实主义。现在好些同志不赞成这么提。其实该怎么提还不是最重要的。重要的是，须看到这种现实主义，从美学思想上说，从其时代的、历史的规定性上说，比以往的现实主义都要高。它体现着今天我们对生活的审美态度和审美理想。这种现实主义需要我们在总结经验教训的基础上加以探讨，加以科学的规定。不能因曾有过或可能还将会产生种种的歪曲，而回避美学研究上的责任。否则，我们很难说在理论上和创作上有真正的自由。主张搞这样的现实主义，不是说它是十全十美的，也不是要排斥其他人搞其他的主义，不能象过去那样搞主义"专政"。其次，电影搞现实主义，应继承已有的美学思想的成果。如"典型"说就不应轻率加以否定。事实上，"典型"，它是标示人类美学思想发展的一个阶梯。艺术典型，它表明了某一历史时期人们一定的审美水平。艺术典型，它标志某一个时代、一个时期、一个民族或一个作家所创造的艺术形象的高度。当然，不能因追求不朽性的典型艺术形象，而否定其他不具备典型意义的艺术形象的存在。再者，我们要认真地研究我国电影美学思想的传统，在我们创新的工作中予以批判地继承。忽视或否定这一工作的必要性，在因循守旧和全盘否定二者之间跳来跳去，好走极端，都将导致艺术规律的把握上的偏差并因而遭受惩罚。总之，应从我们今天的现实基础出发，从人类美学思想已经达到的高度出发，从世界电影艺术的成就以及我国电影美学思想中可加发扬的传统出发，来讲我们的现实主义，来建设我们的电影美学。

### 关于什么是电影与电影的特性

钟惦棐同志提出一个问题：我们有没有电影？他说，这主要指电影与戏剧以及文学的关系而言。如《吉鸿昌》影片，虽然得最佳奖，但不是电影，那是舞台戏剧的电影化。《归心似箭》影片是以小说的构思代替电影的构思。有的影片拍的场面，用的是戏曲的假定性，没有按电影的方法去描写，去叙述。在表演与化装方面，电影要求自然，不做作。而我们有的影片，表演和化装的舞台习气很重。还有电影与文学的关系，不能说电影的最高任务是体现文学的价值。电影艺术家们要有文学上的修养，但电影有别于文学、戏剧等姐妹艺术。不同的艺术形式，都有独自的规律，有不同质的规定性，电影是电影，小说是小说。只有运用电影的构思或电影的思维、电影的手法，才能得到电影。否则，它的特定作用就不能很好地发挥。有人说，民族风格是进入世界电影的必要条件。我的意见是，在谈风格之前，它首先应该是电影。不然，还有什么风格可谈呢？

钟惦棐同志在分析了现在与过去的一些影片后指出，由于在一部故事片中，叙述的事情太多，超过了一部影片通常的容量，因此，有些影片为了讲清故事，一开头就拍得草率匆忙，引不起人们对主人公命运的关切与同情。有的影片原是喜剧色彩，使人却看得紧张吃力。这可见我们在驾驭电影形式方面也还有些值得研究的问题。

邵牧君同志说，认为《归心似箭》不是电影，因为它不是电影的结构，这值得研究。电影应当而且必须兼收文学、戏剧的手法，不能说因此而拍的电影就不是电影。电影美学概括起来讲，主要是研究电影特性。要把电影作为独立的艺术，把它的独特性研究透彻。另外还要研究电影与其他艺术的相互影响、渗透的问题。他说，电影无论在剧作结构，表现手段，表演艺术上，都得吸收其他艺术的东西。如果把电影的范围搞得太狭窄，会影响电影从戏剧、文学、音乐、绘画等方面吸收养料。现在各门艺术之间互相渗透得非常厉害，我们不宜于太强调电影的独特性。当然，现在我们电影的舞台化的影响很重，注意分一分舞台和银幕的界限还是必要的。

张瑶均同志说，电影是一种综合的艺术。它是唯一的真实可见的自由表现四维空间的艺术。它能够高度地、有机地把其他艺术综合进去。电影美学要研究电影艺术对现实的审美关系。电影发展成为真正的电影，是从视点的解放开始的。由于视点的解放，电影成为蒙太奇的艺术。蒙太奇是电影美学的基石。电影艺术兼备了时间艺术和空间艺术的特点。它是在时间中延展空间的艺术，也是在空间中显现的时间艺术。它把时间艺术的表情性和空间艺术的造型性交织起来。戏剧也是兼具时空的艺术，但有许多局限性。电影把其他艺术的艺术表现力和审美感受的可能性、审美效果综合了进来，但又把各种艺术的表现形式和美学特征逐渐剥离出去，使自己成为独立的艺术，有着自己的美学特征。强调这些，就是因为有的影片不是或者不完全是电影艺术作品，不是按电影的美学特征去拍电影，不是电影的美。

张瑶均同志认为，电影有四个美学特征。第一是直观的真实；第二是连续的运动；第三是再造的时空；第四是诗流注其中。可以比喻为直观的真实是电影的躯体，连续的运动是电影的生命，再造的时空是电影的存在，诗流注其中是电影的内涵。四者相互交错依存，相互制约渗透。

谢飞同志说，电影是一种独特的独立的艺术形式。它有自己的独特的工具，独特的手段，有自己的艺术形式。电影美学的主要任务是要研究电影这一艺术形式反映客观现实时有什么特性。我以为，电影突出的特性有两条：逼真性和综合性。

黄宗江同志结合自己几十年的艺术道路，详谈了电影与其他艺术尤其与戏剧的关系。他说，戏剧这个"拐棍"，是甩不掉的，"离婚"也不必要，电影跟其他艺术是离不了的。有人喜欢追求一种"纯电影"，可电影本身是"纯粹的杂种"，种越杂越聪明，那干脆再多生几个孩子，各种式样的，有戏剧性强点的，有诗性强点的，有散文性强点的，岂不好乎！他说我现在愿意强调它的综合性。

徐庄同志说，电影美学要研究的，一是电影本身的特性，二是中外传统美学对电影的孕育，三是其他艺术的美学原则在电影上的运用，四是电影和观众的审美关系。电影是按照人的视觉和听觉感官摄取客观事物的规律和人的意识活动的规律，真实地、能动地再现生活的一门艺术。各门艺术发展到电影是一个飞跃，是对艺术表现力的一个大的解放。电影的独特性和综合性都要谈。电影如果没有自己的独立的语言，就不能作为一种独立的艺术形式存在。但它同时还要借用其他艺术的规律，如戏剧的冲突与悬念等等。

蔡继渭同志说，电影艺术中，有时各种因素不平衡。有的影片电影化不够，只由于沾了文学的光，沾了戏剧的光，结果，相对说来，还算是一部好电影。但是电影毕竟不同于文学和戏剧，它跟姐妹艺术共同的东西都不能作为电影的特点。电影对时空有比较强的、自由的表现力，能比较全面地反映我们的生活。电影的特点也是随着电影的发展而发展的。现在发展到要拍思维活动。电影艺术家一步一步地把电影特点挖掘了出来。

蔡继渭同志指出，电影把绘画、戏剧的东西拿了过来，但又变成自己的东西，变成电影化了的东西，已经不再是原来那些特点了。就拿"戏"来说，电影中的"戏"和戏剧中的"戏"就不一样。再说绘画，早期电影里绘画性特别强，现在就不那样了。电影的画面已不多是绘画性的画面了。生活是运动的，电影的发展也就势必打破绘画的一些框框。有些东西，在绘画上是不行的，但可以在电影里存在。电影甚至用不成形的光影颜色渲染感情，表现情趣，让人去想象。并不是说不要绘画的规律，而是要把它融化成电影的规律。对音乐也是如此。现在我们对影片中的音乐不太满意，因为有的歌曲游离于影片内容之外，没有成为影片的有机组成部分，不成为电影里的音乐。

何振淦同志说，从 20 年代以来，人们都在探讨电影是什么，电影的特性是什么的问题。今天人们在探讨电影如何与现代生活结合得更紧，更能反映现实生活。随着科学的发展，对电影特性的理解也在发展。从历史上看，第一阶段，是电影从一个普通生活的再现发展提高到一门艺术。第二阶段，是电影艺术结合自己的特性，更好、更深刻、更自由、更全面地反映人，反映生活和表现人的思想感情。生活流、意识流的影片出现，说明电影的表现领域在扩大，电影也更趋向于表现现实了。

周传基同志说，电影是科技的产物，不能忽视科学的发展继续对电影艺术产生的影响。有些在电影艺术理论上争论不休的问题，如果把科技发展考虑在内，也就能得到解决。技术和艺术在电影中是紧密交织的。技术的发展能引起电影艺术的变化。如电声学的发展，使今天电影的视、听因素的表现可能性达到了平衡。我们的电影，从视觉来说，已经注意逼真性的问题，但听觉上却是假定性太大，很不讲究自然音响，念台词带舞台腔，滥用音乐，动辄则唱，似乎电影是一门以音乐为基础的艺术。这不符合电影的特性。不能靠电影来推销歌曲，靠歌曲来推销电影。需要引起对音响的重视，要大声疾呼：视觉，听觉，不能抛掉听觉！

李泽厚同志说，世界本来是多样的，没有多样就不成为世界。美也是多样的，没有多样就不成为美；美总是要求多样，变化，有新鲜感。人的趣味也是多样的。电影的多样性问题更突出。我们可以从电影审美特点的角度来研究电影与其他艺术的关系。电影同其他艺术相比，在反映生活的多样性上具有更大的潜力。电影在艺术表现多样性上的可能非常之大。我们要探讨开辟电影在各个方面多样化的可能性，形成各种风格，各种流派。

郑雪来同志说，电影美学作为一门学科，有其研究对象和方法论问题。研究对象和研究课题应该分开。研究的课题很多，如电影与观众，民族风格，借鉴与创新的关系等等。而研究对象主要是两个，一是电影的特性（即电影与其他艺术的关系，以及它的特殊性），一是电影作为一种艺术与现实的关系（即一般美学原理在电影中的运用）。归结起来，电影美学的研究对象应该是如何运用电影的手段来艺术地认识和反映现实。如果把电影美学仅仅归纳为"电影特性学"，是不足以体现它的基本内容的。电影在其发展过程中与文学、戏剧、绘画等都有千丝万缕的联系，并从这些艺术门类中吸收了相应的表现手段和手法。电影思维当然有它自己的特点，但说电影必须与文学、戏剧等分家，是否有点绝对化？而且要做到绝对分离也很困难。我同意多样化的提法。从世界各国电影创作实践来看，风格、样式的多样化也已成为客观存在的事实。

柏柳同志说，电影是一种独立的艺术形式。它的独特性主要表现在反映生活的方式与手段上。它最鲜明的特征是体现在银幕形象的塑造上，即运用电影语言和电影结构塑造出银幕形象。但它同其他姐妹艺术一样，都必须遵守艺术创作的共同规律，即通过典型化塑造艺术典型。所以离开艺术共同规律谈电影特性是谈不清楚的。当前我国电影主要问题是虚假，一个很重要的原因是电影创作脱离了典型化这一基本规律，用概念化的图解代替艺术典型化，对生活认识与反映得肤浅；自然也缺少审美感。如电影剧本《在社会档案里》和影片《枫》就存在这方面的缺陷。当前，电影美学一个课题，就是怎样辩证地解决艺术共性和电影特性的关系。电影可以是戏剧式、散文式、史诗式的，但都应是典型化的。可以说，电影创新越是符合艺术规律，电影特殊手段越有大显身手的可能，电影的特性也表现得越鲜明。

张潇华同志说，电影本性的问题是电影美学的基点。电影以银幕化和生活化的艺术形式来反映生活。这是电影的基本特征。电影所以能以如此的方式来反映现实世界，主要是基于它具有时空形式上的无限自由性。但是，电影在生活化和逼真性上不是也不应是无限度的，因它毕竟是艺术。我们要研究电影的这些独特性。而从电影综合了其他艺术一些形式上的因素，综合了其他艺术的一些审美法则，并予以电影化来看，它可以说是综合艺术。因此，仅仅从某一或某些结构形式，叙述方式等方面来划分电影与非电影，那是不易谈清楚的。我们要研究电影艺术美学特征的丰富性，不要把电影看得那样神秘，搞得那样孤立，不必因要"电影化"的电影而排除其他多种多样的电影。着眼点实是应放在研究电影特性的发展上，研究随着人们审美趣味和对艺术形式美学特点掌握的发展而发展丰富的电影特性。

钟惦棐同志说，不能否认电影是综合艺术。但说电影的特性就是综合性，这并没有说明电影。电影应吸收其他姐妹艺术的特长，这是不成问题的，而且是永远的。但实践要求我们强调电影的独特性，强调电影的构思，电影的表现方法。电影要用电影思维——蒙太奇思维。要形成"电影意识"，通过镜头表达电影艺术家对现实的感受。为什么非要把这一过程作为体现"文学价值"呢？电影有自己反映生活的独特方式，表现手段。不承认这点，电影就永远是其他艺术——特别是戏剧的附庸。

朱狄同志说，艺术的概念是在发展的，所以不久之前《英国美学杂志》还在讨论艺术是什么这个古老的问题。电影也是如此。究竟什么叫做电影？它的概念也是发展变化的，而且每个人的看法也不会相同。所以只能说：我认为电影的特性应该是什么，我作为一个导演、编剧、批评家，我所理解的电影的特性应该是什么。各人讲各人的理解就行了。

## 关于电影的民族风格与借鉴

钟惦棐同志说，电影是强调真实好还是强调民族形式好？我倾向于强调真实。前些时候，有些刊物上讨论民族形式的问题，我想了想，没有一点不是包括在"真实地反映生活"这个命题中的。我以为，真实地反映中国人民的现实生活，就必然是民族的。电影与其他艺术形式不同，过分强调民族化有副作用。说内容愈反动的作品而又愈带艺术性，就愈应该排斥，这句话在过去、现在和将来，都是站不住脚的。它必然要引导我们闭关自守，搞罐头文化，罐头电影！

黄健中同志说，民族化的问题，有一个前提，就是内容起了变化，为内容服务的形式也必然要起变化。所以民族形式绝对不是一成不变的。不能把有头有尾，层次分明作为民族形式。民族形式，一是有时代性。即使运用过去的形式，也要有适应新时代的新创造，才有生命力。郭沫若同志说过，民族形式有惰性、落后性、保守性。我们往往忽视了这一弱点。"民族形式"常常成为棍子，束缚我们思想。对于民族形式，我们要在继承传统的基础上进行"叛逆"，否则就不能推陈出新。二是外来性。不要轻易地排斥外来的东西。电影本来就是外来的东西。在禁锢了十年之后，我们在吸收外来的东西时，难免会出毛病。要允许有个吸收、消化的过程。如吃牛肉，开始有点消化不良并不可怕，要告诉人如何吃，不是不叫吃，更不能这么去吓唬人说吃了会变成牛。我们不能沿着保险系数最大的一条老路去走艺术的道路，这种保险系数会造成电影导演的惰性。

李泽厚同志说，民族性是要服从于时代性的。中国历史上最不讲民族性时，恰恰是民族文化最发展的时候，如唐代就吸收了很多外来的东西。中华民族最大的民族精神就是能够随着时代而前进。这是真正的东西。不能把那些固定的僵化的格式，说那一定就是民族形式。过分强调民族性，排斥外来的东西，经常是民族趋于要保守的时候。民族发展时，外来的东西拿来就用，不害怕，也没有什么可怕的，因为可以溶化它。中华民族的特点恰恰是能够吸收、溶化大量的外来的东西。

何振淦同志说，追求一个国家的电影的民族风格，容易把艺术局限起来。我们可以说某一个艺术家的风格，如徐悲鸿的风格，等等，但不能说它们就是中国的风格。不要把民间传统、民族习惯说成是民族风格。说用"雁南飞"表明某种意境是中国风格，那么苏联的"雁南飞"是从哪儿来的？别的国家也常用"雁南飞"表明某种意境。我认为，民族化就是用中国的形式表达中国的真实生活。只要能真实地表现人民的生活，那民族风格就能最确切地表现出来。目前影片不吸引人，主要因为它不真实。所以在形式上即使放进再多的民族的东西也不行。

黄宗江同志说，关于民族风格问题，既然讲百花齐放，百家争鸣，我们又是多民族的国家，那么就宜"放"、宜"鸣"、宜"百"、宜"多"。既别忘了艺术不能没有个性，也别忘了这世界总归是要大同起来的。

蔡继渭同志说，我们在接受外来东西时，应胆子大些，不要顾虑太多。电影为四化服务，也来个"现代化"嘛。要反映四化建设中人民的精神面貌、矛盾斗争，同时不断地革新技巧、表现手法，提高艺术质量。要看到，我们曾有两千年的封建历史。在政治上都还有封建的东西，艺术上就没有吗？

罗艺军同志说，今天我们提倡民族化，正是为了更好地吸收外来的东西，而不是排斥外来的东西。我们的电影艺术要在世界电影中独树一帜，必须具有民族风格。民族化的关键是要体现中国的美学传统。民族化的决定因素是它的内容，但电影形式本身也有个民族化的问题。当然，在电影这种外来的而又逼真地表现生活的艺术形式中解决起来是比较困难的，但也不是不能够的。我们的一些老导演就有过追求，有过成功的尝试，也有过不成功的教训。如借鉴古典诗歌，不能简单地把诗词意境直接地移到电影里面来，那非搞糟不可。这在我们过去的电影创作中就有过例子。我们的动画片比故事片在继承民族美学传统上，在民族化问题上，解决得比较好，这对我们是有启示的。

罗艺军同志说，在美学传统上，西方是重写实，中国是重写意。中国美学在解决主观与客观、虚与实的关系方面，解决得比较好。中国艺术一方面强调对客观现实的摹写，另一方面也强调表达作者的主观的思想感情。在绘画里，不仅强调形似，更强调神似，强调神形兼备，追求情景交融。西方传统的绘画比较写实，而一些现代流派则根本离开了形似，离开了具体的形象，只是追求一种主观精神上的东西，走到了另外一个极端。在戏剧上，中国戏曲虚拟性强，程式化，跟西方话剧相比，形成鲜明的特点。还有，电影也不仅仅是逼真地反映生活就够了，也要以实带虚。我们现在很多影片一览无余，恰恰表明我们对民族的传统继承得太少了，没有看头，没有意境，没有留下想象的余地。这些都说明，今天学习民族美学传统很有必要。

罗艺军同志认为，学习传统恰恰不是反对借鉴外来的东西，而是要更大量地借鉴。中国电影的发展前途是：面对中国的现实，一手伸向国外，对外来东西加以民族化；一手伸向传统，对传统的东西加以电影化。

徐庄同志说，民族化要不要提倡呢？提倡还是有好处的。我们今天提倡它，不是因为有什么民族的危机，而是作为一个目标，一个艺术发展的道路，一个现实的存在而提出来的。它既是艺术形式问题，也是内容问题。一个民族有其长期形成的物质生活条件、文化、习俗和心理状态，这些不可能不反映在艺术中。当然，民族化不是要求每个影片都去表现民族固有的一成不变的东西。民族化也不要成为一种框框，一根棍子。在这个问题上，我们既反对僵化，也反对吸收外来东西上的教条主义，我们应当开拓出自己的电影道路。

为了发展我们的电影美学，我们要研究中国传统美学原则在电影中的运用。如画论中讲的"在于似与不似之间"等，如何运用于电影；文论中的"意境""气""风"等，在电影中是否可以运用，都要研究。说西方讲写实，中国讲写意，那么中国电影如何写意？它怎么能与电影的特性结合起来？我看矛盾很大。

**关于电影语言的特性等问题**

黄健中同志说，不能把电影语言跟表现手段、表现手法和技巧划等号。电影语言是电影思维的直接现实，它包括电影的"语汇"。我们的电影除了词汇陈旧、枯燥、贫乏外，还经常词不达意。如把梦幻搞得过实了，在银幕上把人的幻觉跟活生生的现实完全等同了起来。

他说，时代的不同，思想的不同，内容的不同，必然引起电影语言的不同。内容变化了，形式可以不变，这不很滑稽吗？一个作家的词汇越丰富，对他表现社会现实就越有利。电影语言越丰富越好。作家总是以积累词汇开始的，总是先吸收别人创造的词汇。要承认这一点。当然要有自己的创造，不应仅仅重复人家已搞过的东西。电影语言不能一成不变，不发展就要死亡。

李泽厚同志说，现代艺术很大的特点，就是要求把人们的主观心理复杂性表现出来。这必然引起形式上的变化。不能简单地说它是形式主义。它是时代的需要，要求新的形式。

何振淦同志说，电影语言是指什么？我认为是形式和内容的混合体。现代派电影中，很难分清楚哪个是形式，哪个是内容。假如把电影语言单纯理解为表现手段、表现技巧的话，那实际上就是把电影永远局限在对客观现象的再现的范畴，而不是更好地表达生活的本质。

他还说，电影语言在发展，表现的内容和手段都在发展，我们要看到今天电影的发展趋势。一些外国电影艺术家把电影看成想象的艺术，而不再是幻想的艺术。电影不是一般的演出，看完了就算了。而是含有一种哲理给你很深的印象，让你老想。我们的电影在表现的内容和形式上赶不上时代的发展。我们不能再满足于40年代强调故事性强的影片的那样水平了。

蔡继渭同志说，如果说电影语言已成为形式和内容都结合在一起的东西了，那我们还有没有研究表现手法、工具、技巧的问题呢？如果形式与内容是一个东西，不可分，那怎样研究电影语言？我觉得形式与内容应该分开才能说清楚。

郑雪来同志说，电影形式与电影语言不能等同。电影美学还研究结构和风格问题。电影的特性不仅仅是指电影语言、技巧、表现手段，这里还包括一些结构的原则。《今夜星光灿烂》影片还是不错的，但在结构与风格上不是统一的。结构、风格不统一，本来构思很好的东西，就被歪曲了，减弱了感染力。

王心语同志说，演员在舞台上可以和观众直接交流，在银幕上则不行。他只能以自己的影像与观众见面。演员的形象，从银幕的特性上看，是以影像的形式出现的，而且是以运动的形式出现的。这种形体影像应列入形式的范畴，加以研究。在探讨电影的形式美时，联系画面上演员影像的运动形式，可以更深入地认识电影的特性，研究演员表演与银幕特性的关系，丰富电影语言的运用。

李泽厚同志在论述电影要多样化时说，艺术不只是认识，不能仅仅用认识论来解释艺术。一部影片，生怕观众不认识，尽讲大道理，变成说教的艺术。电影中恰恰是有很多东西很难用语言说得清楚，也不是用言语所能表达的，小到一个细节，一个表情，一个动作，大到一个主题，均如此。有的生活流影片，看了后很难说揭示了什么道理。那种影片不一定要讲个什么故事，也不一定有什么情节，只是给你一种味道，使你感受到某种情调，这就是艺术。我们把艺术解释为认识，总要讲出个所以然来；可是有些东西就是不可能讲出个所以然来。你看它好，至于为什么好，不一定讲得出来，你可以体会，它不一定那么明确。为什么一定要那么明确呢？

李泽厚同志还认为，艺术有情感逻辑，它不一定是故事逻辑。电影看起来是客观性很大的艺术，其实是最主观的艺术。爱森斯坦的《战舰波将金号》中有名的敖得萨阶梯的场面等等，作者的感情非常强烈地支配着电影，是感情的逻辑感染人，它并没有讲多少故事。

李泽厚同志讲到创作有非自觉性时说，电影可能特殊一点。但作为艺术普遍规律来讲，也不必对主题一定要求有非常明确的自觉性不可。我主张作家想怎么写就怎么写，爱写什么就写什么。我相信鲁迅的话，从血管里流出来的总是血。

他还说，有些复杂的思想感情，用具象表现不出来，通过一些比较抽象的形象反而可以把它表现出来。要把那极为错综复杂，包含着种种痛苦、忧伤等的思想情感表达出来，有时只能采取抽象的方法，如现代派的抽象画以及星星画展中的一些作品。这种艺术是时代的产物，不能简单说它是形式主义。

柏柳同志认为，电影美学理论研究应建立在马克思主义的辩证唯物主义的能动的反映论基础上。说艺术不只是具有认识作用，还有审美作用，这是对的。但我们不能因艺术有审美作用，而否认艺术的认识作用。不应贬低、轻视或排斥艺术创作中认识的作用。艺术创作本身就是对社会生活的认识与评价。艺术的认识价值是最根本的。许多被列入世界文学宝库的艺术典型，其艺术魅力为什么是不朽的，就是因它们具有巨大的认识价值。他说，银幕上呈现的一个动作，一个细节，一个表情，一种隐喻等等，创作者不能不知其所以然。不仅应该知其所以然，而且最好都能有巧妙的艺术构思。不管是什么样风格流派的电影，只要为了让人观赏，不但制作者有他的创作意图，反映他对社会生活或对自然的认识，而且也向观赏者证明他的认识。这种在艺术中的"反映"和"证明"，不是说教，不是思想的图解，而是通过有血有肉充满感情的艺术形象本身。

他说，我们的电影艺术质量不高的主要原因，不是深刻的思想内容和丰富的情感找不到好的表现形式，而更多的情况是思想内容的贫乏和感情虚假。有的同志说，经过"文化大革命"后，由于心灵的痛苦、忧伤、愤慨而造成的复杂的思想情感，用具象表现不出来，而要通过比较抽象的东西，才能把它表现出来。我认为这不是艺术的出路。艺术的特性是通过具体的、可感的形象反映生活。电影主要特征是逼真地反映生活（思想、感情）。因此，银幕上如果出现含义不清的动作、细节、表情等等，都是与电影的这种特性不符合的。电影银幕形象应尽可能简明、生动、准确，最好富有哲理性。艺术上的含蓄与含混、晦涩是不能混淆的，它们是不相容的。

柏柳同志说，从人类总的实践来看，是为了认识世界，改造世界。在美学发展史上，进步的革命的美学思想，是同历史的进步紧密相连的。先驱者们在美学思想上作出的贡献，是他们对社会实践重大问题的关心与探索的成果。我们的电影美学理论研究要适应时代的需要，要以马克思主义作指导，从中国历史和现实生活出发，力争在探索与回答当前电影创作新问题中，为提高我国电影艺术水平作出贡献。

## ■ 10 月 28 日
《光明日报》报道《文艺研究》等单位召开电影美学讨论会。

## ■ 10 月
《文艺研究》本年第 5 期发布启事，决定自 1981 年起，取消地区发行限制，全国各地邮局皆可订购。

## ■ 11 月下旬
全国大型文学期刊座谈会在江苏省镇江市举行，《文艺研究》派人参加，并于1981 年第 1 期做了报道。

# 全国大型文学期刊会
## 讨论提高大型文学期刊质量和加强文艺理论研究等问题

〔本刊讯〕全国大型文学期刊座谈会，于 1980 年 11 月下旬在江苏省镇江市举行。出席的有：《新苑》《春风》《长城》《当代》《啄木鸟》《十月》《柳泉》《边塞》《天山》《绿原》《清明》《收获》《钟山》《长江》《芙蓉》《百花洲》《山茶》《红岩》《榕树》《随笔》《花城》，以及即将问世的《莽原》《江南》《东方》《小说界》《创作》等二十六家大型文学期刊的负责人。《文艺报》《文艺研究》《中国文学》的同志也参加了会议。

会议认为，全国第四次文代会以后，总的说来文艺形势是好的。在党的三中全会精神的鼓舞下，大型文学期刊应运而生，由一年前的十几种，发展到目前的二十多种。根据已经出刊的二十种大型文学期刊的统计，每一期发行总额约 330 余万册，1.2 亿字，对丰富人民群众的文化生活，提高人民的道德情操，激励人民建设四化，起了很好的作用。大型文学期刊在繁荣文学创作，活跃文艺理论，培养新人等方面作了大量的工作，取得了一定的成绩；尤其是近年来，中篇小说的崛起，大型文学期刊在这方面做出了独特的贡献。

大家认为，各地文学创作的发展是不平衡的。目前文学创作的题材还不够广泛，相当一些作品开掘不深，不够真实。在艺术形式上、风格上也不够多样化。要进一步提高文学创作水平，必须坚决贯彻"双百"方针，提倡发展各种文学流派、风格和多种表现手法，鼓励作者大胆探索，不断创新，促成一个真正的百花齐放的局面。

会议认为，当前文艺理论远远落后于文学创作。文艺评论中，往往单纯强调政治思想是否正确，很少从艺术上去作分析、研究。为了改变这种状况，亟需对文艺理论这门科学进行认真研究。会议认为，各大型文学期刊要拿出一定篇幅来，加强对当前文学作品的评论和对文艺规律的探讨。

大家认为，提高大型文学期刊的质量，按照"双百"方针把刊物办出个性来、办出特色来，使之更好地为人民服务，为社会主义服务，要从多方面去努力。其中扩大刊物编辑部的自主权是个关键。另一方面，目前多数大型文学期刊编辑人员较少，工作量大，并且由于编辑人员的职称未定，同其他部门的知识分子相比，政治待遇和物质待遇都低，对办好刊物也极为不利。要尽快解决编辑人员的待遇问题，同时，采取切实措施，充实编辑人员，提高编辑的理论、业务水平。

# 1981 年

## 1月9日

《文艺研究》邀请全国高等院校美学进修班的同志，座谈从美学角度加强文艺批评的问题，并于本年第 2 期做了摘要报道。

## 从美学角度加强文艺批评的讨论

〔本刊讯〕1 月 9 日，本刊编辑部邀请全国高等院校美学进修班的一些同志，座谈从美学角度加强文艺批评的问题，现摘要报道。

**关于美学批评问题**

一种意见认为，要提高文艺批评的质量，就必须把文艺批评和美学批评进一步结合起来。事实说明，只有这样的批评，才能对一定时代的文艺发展产生巨大的推动作用。许多著名的文艺批评家，在考察、研究、评论具体的文艺作品时，总是从美学的高度给予回答。象钟嵘的《诗品》，莱辛的《拉奥孔》《汉堡剧评》，别林斯基的《论俄国的中篇小说和果戈里的中篇小说》，车尔尼雪夫斯基的《俄国文学果戈里时期概观》等等，都是把文艺批评与美学研究结合起来的典范。例如，莱辛的《拉奥孔》，就结合具体作品，从题材、媒介和作品的心理效果几个方面对诗与画的不同特点作了精辟的分析，不仅可以使人对文艺作品的社会意义获得更深广的了解，得到艺术享受，而且丰富和发展了美学理论。所以，歌德高度称赞《拉奥孔》对文艺创作、文艺欣赏起了解放思想的作用。

另一种意见认为，从美学角度还是从社会学、伦理学角度进行批评是一回事，而正确批评与错误批评又是一回事。从美学角度出发未必就是好批评，正如从社会学角度出发未必就注定不好一样。当然，随着创作实践的发展，文艺批评应该注意从美学的角度，深入地进行规律性的探讨。

**关于文艺批评的美学出发点问题**

有的同志认为，文艺批评是对文艺作品美不美的批评，本质上是一种审美判断，一种审美活动。它是以欣赏为基础的，应以审美实践所获得的美感经验为依据，而不是以业已形成的思想观点为依据，所以文艺批评应是欣赏的深化发展，是高级的欣赏。因此，文艺批评的出发点不应是政治斗争，而是审美。文艺批评直接反映了审美观的斗争，同时也比较直接地或者曲折地反映了思想斗争和政治斗争。我们的文艺批评负有用无产阶级世界观进行审美教育的任务。

有的同志认为，现在有些文艺批评的文章，不能引起人的兴趣，一个重要原因，就是脱离了阅读和欣赏文艺作品过程中审美感受的实际。常常有这样的情况：艺术形象的审美感受，有时超出作者的主观意图，甚至与作者的主观意图完全相反。文艺批评若不从这审美感受的实际出发，就很难作出正确的审美判断，成为科学的文艺批评。所以，首要前提是，批评家必须动员自己的整个心理功能（感觉、情感、想象和理智等）去感受、了解文艺作品，体验其中的美，捕捉美的印象，进而作出审美判断。这种批评，应引导读者去发现美、欣赏美、品评美，理解其内蕴，从中得到充分的美的享受。

有的同志认为，文艺批评要从审美出发是对的，但那种把思想性和艺术性、内容和形式割裂开来的批评却是片面的。应从分析艺术形象入手，指出作品的思想倾向、艺术特色、作家个性，引导与启发读者和观众进行正确的审美判断。

### 关于文艺批评的标准问题

有的同志说，把真善美的高度统一作为文艺批评的标准，比以形式与内容的统一为标准，或政治标准与艺术标准的提法要全面些、科学些。"政治"这个概念可以用来概括作者的思想倾向，却不能用来概括文艺作品的全部客观内容。

有的同志说，艺术标准本身就包含有对内容的批评标准，不能仅仅理解为形式的标准；作品的艺术性，不单纯是一个形式问题，作品的内容也不等于政治。文艺批评的标准就是艺术标准，艺术标准也就是艺术美的标准。我们应该把无产阶级的真、善、美的统一观作为文艺批评的标准。

有的同志说，文艺批评应注意文艺的美学特征：一是客观生活的美和作家主观审美意识的辩证统一，一是思想内容与艺术形式的辩证统一。因此，文艺批评要兼及真实性和倾向性的两个方面，不能将其割裂，偏于一隅。

有的同志认为，文艺批评还应注意到美的对立面——丑，文艺批评要研究艺术如何表现生活中的丑及丑的审美意义，要在美丑的对比中把握艺术形象。要在艺术作品中揭示丑的本质，艺术家应有高尚的美学理想，正确的审美观念。艺术的丑应含有形式美的因素，要给人以审美愉悦，而不是追求感官刺激。

### 审美观念的发展应进行探索

有的同志说，有没有保守的审美观和进步的审美观的区别？有。在文艺批评中要区别哪些是保守的审美观，哪些是进步的审美观。要看到，我们许多审美观念是保守的。比如，文艺的民族性强调过分了，就会变成保守的。同时也应注意美的不同风格，如含蓄与奔放是美的两种风格，不是进步与保守的问题，若只要过去时代的美学观点，就显得保守。

有的同志认为，"意识流小说""朦胧诗"在我国出现，它反映了美的创造和审美的某种需要，只要政治上不是反动的，思想上不是堕落的，朦胧的审美也可以考虑让它们在生活和艺术中存在。

有的同志说，文艺批评家要善于总结自己时代的艺术创作新的经验，勇于探索和回答时代提出的新的美学问题，如文学艺术如何塑造社会主义时代新人的问题。近几年来，在小说、戏剧、电影中，创造出一些有一定思想深度的、具有艺术感染力的、真实的新人形象。比如，陆文婷就是社会主义新人形象。我们的文艺批评，要对这些新人形象的塑造，进行美学上的深入探讨，研究新人形象的典型性，研究艺术家审美理想、审美感受，在新人形象塑造中的作用，研究各种新人形象的不同的审美特色（如悲剧性的，喜剧性的，悲喜剧性的）等问题。如果我们的文艺批评，能自觉地致力于探讨创作和欣赏中提出的各种复杂问题，不仅会大大提高文艺批评的理论水平，而且还将丰富美学的内容，有助于马克思主义美学的发展。

## 1 月

北京人民艺术剧院《茶馆》剧组于 1980 年秋先后赴西德、法国、瑞士访问演出。这是我国话剧团体第一次出国演出，获得很大成功。载誉归来后，《文艺研究》再次邀请该剧导演、部分演员和舞台工作者夏淳、于是之、郑榕、胡宗温、蓝天野、英若诚、童超、黄宗洛、童弟、王文冲、冯钦等进行座谈，探讨艺术的民族风格和现实主义的生命力。老舍先生的夫人胡絜青同志也应邀参加座谈会。《文艺研究》本年第 1 期选载座谈会上的部分发言及相关文章。

## 编　后

在新的一年开始的时候，回顾过去，瞻望未来，我们深深地感到社会主义文艺在四化建设中的重要性。社会主义制度是人类有史以来最先进的社会制度，它不仅会有高度的物质文明，还会有高度的精神文明。因此社会主义文艺应该为培养社会主义新人和激发广大人民群众的社会主义积极性，以及提高整个社会的思想、文化、道德水平做出应有的贡献。为了这个崇高、艰巨的任务，我们的文艺必须坚持为人民服务、为社会主义服务的方向，继续解放思想，坚定不移地贯彻执行百花齐放、百家争鸣的方针，不断地提高创作的思想水平和艺术质量。

文艺是社会生活的反映。它帮助人们认识生活和改造生活。作家如何深入生活、正确地认识生活和反映生活，是当前提高创作质量的一个重要问题。本期发表的丁玲、高晓声、刘心武、马烽、苏叔阳等同志的文章，通过总结自己的创作实践，从不同角度探讨了创作与生活的关系，提出了不少值得讨论的问题。我们希望作家、艺术家和文艺理论工作者，积极参加讨论。

北京人民艺术剧院《茶馆》剧组，去秋先后赴西德、法国、瑞士访问演出。这是我国话剧团体第一次出国。演出获得很大成功。本刊邀请了该剧导演、部分演员和舞台工作者夏淳、于是之、郑榕、胡宗温、蓝天野、英若诚、童超、黄宗洛、童弟、王文冲、冯钦等同志举行座谈。老舍先生的夫人胡絜青同志也应邀参加了座谈会。本期选载了座谈会上的部分发言，并发表随同剧组赴欧担任同声翻译的西德国专家乌韦·克劳特撰写的《联系演员和观众的纽带》以及国外评论文章的选段。胡絜青同志的《〈茶馆〉载誉归来后给我们提出的问题》，文短意长，值得注意。

本期与这组文章同时发表的还有刘厚生同志的《话剧何以繁荣》。这些文章，都是探讨如何发展和繁荣我国话剧事业的。

四年来，我国文学创作有很大发展和繁荣。但如何正确认识这些文学作品及其所反映的中国现实，则是一个问题。本期发表咸方同志的《中国文学和中国现实》和转载香港李怡先生的《文艺新作中所反映的中国现实》两文，就有截然不同的看法。我们认为运用马克思主义文艺观点对这一问题进行研究、讨论，不仅有助于正确认识这个问题，而且对文艺如何正确反映我们的社会生活也是有益的。

## 4月

中国文学艺术界联合会名誉主席、中国作家协会主席、作家茅盾逝世。《文艺研究》本年第2期发表茅盾的四篇文章并加按语，以寄哀思。

### 深切悼念伟大的革命作家茅盾同志

中国文学艺术界联合会名誉主席、中国作家协会主席、中国伟大的革命作家茅盾同志，不幸逝世了。

茅盾同志是以鲁迅为代表的中国现代文学巨匠之一。他为中国人民的解放和社会主义建设事业奋斗一生，在中国现代文学运动中作出了卓越贡献。他的大量作品已成为我国文学艺苑中的宝贵财富。他的逝世是我国革命文艺事业的重大损失，我们感到十分悲痛。

现在，我们把茅盾同志三篇未曾发表的以及一篇只在国外发表过的文章：《坚持我国文学现实主义的传统》《一幅简图——中国文学的过去和现在》《读〈老坚决外传〉等三篇作品的笔记》和《关于人物描写的问题》刊登出来，并表示我们对茅盾同志的深切悼念。

《文艺研究》编辑部

## 8 月

《文艺研究》与中国作家协会山西分会在太原联合举行"新时期农村题材创作问题"讨论会，马烽、西戎、郑义、韩石山、李锐、董大中、蔡润田等 30 余位作家、理论工作者参加，就文艺创作如何反映新时期农村生活的变化、如何塑造社会主义新人等议题展开讨论。本刊闻山与会。随后，《文艺研究》本年第 5 期发表部分与会者的发言。"编者按"云："在党的三中全会的正确方针鼓舞下，我国农村正在发生新的巨大变化，出现了令人振奋的形势。文艺创作如何反映新时期农村生活的这一变化，如何塑造社会主义新人，是当前农村题材创作面临的新课题。最近，中国作家协会山西分会和本刊在太原联合举行座谈会，对这个问题进行了一些探索。出席会议的作家有：马烽、西戎、郑笃、李国涛、刘德怀、韩文洲、杨茂林等；青年作家有：成一、郑义、张石山、韩石山、崔巍、草章、王西兰、张旺模、李锐、王子硕、胡帆、田澍中、何力力等；理论工作者有：董大中、蔡润田、曲润海、陈志铭、陈其安等。孙谦、李束为、胡正同志作了书面发言。本刊编辑部闻山同志参加了会议。会议由西戎同志主持。在座谈会中，大家联系农村现实生活，学习与研究了当前党在农村的方针政策，总结与交流了在农村题材创作中的经验与教训。许多同志认为：党的三中全会以来，农村工作方针政策，受到了亿万农民的热烈欢迎，有力地推动了农村经济的迅速发展，在现实生活中已经发生了积极的重大的作用。而我们在农村题材的创作中虽然也取得了可喜的成绩，但远远不能满足广大读者的需求。我们的作家、艺术家必须振奋精神，赶上生活前进步伐，投身到生活激流中去，汲取营养，精心创作，力争尽快为广大读者，特别是八亿农民提供更多更好的精神食粮。一些同志还强调指出，要想深刻地反映当前农村的变化，深刻地认识农村现实和矛盾，只能深入到生活里去观察、体验；不是简单地图解政策，而是要下功夫认识人，熟悉人，努力刻画出多种多样的生动形象，尤其是先进人物的生动形象。在座谈中，大家对写农村题材的著名作家赵树理热情为农民写作的精神和他的创作方法、民族风格、写作技巧，以至语言艺术等给予了很高的评价，表示要学习赵树理同志为农民写作的责任心，总结赵树理同志的创作经验，发展以赵树理为代表的革命现实主义的'山药蛋派'的创作风格，为新时期农村题材创作做出贡献。现将与会同志的部分发言摘编如下。"

## ■ 8月5日

《人民日报》载文，介绍《文艺研究》本年第3期发表的周扬《进一步革新和发展戏曲艺术》。

## 编　后

建国以来，在党的领导下，遵循马克思主义关于批判地继承文化遗产的理论，我国传统戏曲艺术的推陈出新，取得了很大成绩，积累了丰富的宝贵经验。本期发表周扬同志的《进一步革新和发展戏曲艺术》一文，回顾了戏曲改革的历程，总结了经验，对新时期如何进一步贯彻"百花齐放，推陈出新"方针中几个主要问题，作了深刻的阐述。文章着重指出建国以来，在戏曲改革工作中，既有过粗暴倾向，也有过保守倾向，而且一种倾向往往是作为另一种倾向的否定而出现的。然而三十多年来戏曲改革的历史告诉我们，要特别注意防止和克服粗暴的现象。既反对保守，又反对粗暴，是三十多年来戏曲改革的重要经验，也是今后必须十分重视的问题。文章还指出，必须不断提高整个戏曲队伍的科学文化水平，使戏曲真正成为一门有完整体系又是丰富多彩的艺术。对丰富和革新戏曲剧目、革新戏曲舞台艺术以及戏曲剧团体制的改革等问题，文章也提出了重要的意见。这是一篇指导当前戏曲工作的重要文章。

本刊近两年来曾就人性、人道主义问题发表过一些文章。本期发表的《马克思主义与人道主义》一文，针对近年来报刊讨论这个问题的某些文章的观点，提出了自己的看法。对于这个问题本刊将进一步展开争鸣，希望文艺工作者结合文艺创作实际参加讨论。文艺批评是关系到文艺事业兴衰成败的一个重大问题，尤其是当前如何开展正常的马克思主义文艺批评，是人们十分关心的现实问题。本期发表了有关这问题的文章，以期引起文艺工作者的进一步重视和研究。

这期还发表了一组研究蒋子龙创作的文章。我们欢迎对新人、新作进行深入分析研究的论文；并希望作家、艺术家给我们撰写谈创作体会的文章。

### ■ 8 月 19 日

《人民日报》转载《文艺研究》本年第 4 期发表的周建人《还是生在中国好——纪念鲁迅诞辰一百周年》。

### ■ 9 月 15 日

《光明日报》载文，介绍《文艺研究》本年第 2 期发表的陈孝英《幽默理论探索》。

### ■ 9 月

《文艺研究》在京召开"探讨和总结现代题材戏曲创作理论"座谈会，马彦祥、阿甲、赵寻、刘厚生、马少波、郑亦秋、刘吉典、汪曾祺、张真、杨毓民等 20 余人出席。《文艺研究》本年第 6 期发表评论员文章《让戏曲现代戏大放异彩》和吴雪、张庚、刘厚生、阿甲、马少波、杨兰春、新凤霞等人的一组相关文章。

## 让戏曲现代戏大放异彩

本刊评论员

近来，戏曲现代戏问题引起了各方面的重视。9 月间，本刊邀请戏曲界在京的部分同志，就如何进一步发展戏曲现代戏的问题，进行了座谈。会上着重总结和探讨了戏曲现代戏创作的艺术规律，以及当前戏曲工作中的一些问题。这些问题都是当前发展和提高现代戏创作、演出中亟待解决的。

粉碎"四人帮"后，戏曲舞台结束了文化专制主义桎梏下剧目贫乏、单调的困境，呈现出活跃和繁荣的景象，戏曲工作取得了显著成绩，对于满足人民群众的文化生活需要，起了不小的作用。但是，戏曲舞台上现代戏远不能满足人们的要求，在京剧舞台上尤其显得突出，这是一个新的不容忽视的问题。不能不看到这样一些现象：在全国很有影响的京剧演出团体，最近几年，很少演现代戏，而把主要力量放到传统剧目上去，有的甚至热衷于"老戏老演"，把建国后经过整理改编的传统剧目中已经去掉的一些糟粕，又搬上了舞台，在社会上产生了不好的影响；有的剧团，在"文化大革命"前本来是以演现代戏为主，并且很有成绩，很有经验，很有影响，在全国受到好评的，最近几年也热心于上演传统戏，不怎么演现代戏了；一些以演现代戏著称的演员，有的放弃了现代戏的艺术实践；一些擅长写戏曲现代戏的编剧，也改行去写小说和电影了。如此等等，并非个别现象。对于上述情况，群众很有意见，许多有事业精神的戏曲工作者也深为不安。时代、人民和现实都尖锐地提出：必须重视和大力推动戏曲现代戏的创作和演出。

　　首先，要提高和加深对现代戏重要性的认识，使领导和群众普遍地重视起来。文艺工作是整个革命事业的一部分。这是社会主义文艺的党性原则，戏曲工作无疑应该遵循这个原则。当前，我们的国家已跨入一个崭新的历史时期，举国上下都在为实现四个现代化而努力奋斗。戏曲艺术必须重视表现这个伟大时代，才能更好地为人民服务、为社会主义服务，为培养社会主义新人和建设高度的社会主义精神文明，作出应有的贡献。当然，我们不应忽视和低估优秀的传统剧目的思想意义和人民的需要。但是，它毕竟不能取代现实题材剧目的教育作用。戏曲现代戏反映的当代人民群众的生活和斗争，特别是优秀现代戏中所塑造的社会主义新人的光辉形象，集中表达了人民群众的思想、感情和理想，通过他们的斗争和胜利，反映了历史的进程和时代的风貌。塑造社会主义新人形象，是从事艺术创作的一切有志之士义不容辞的神圣使命。目前有些同志虽然在理论上也承认这是重要的，但由于主客观都存在一些问题，对这一任务有畏难情绪；或者认为戏曲艺术历史悠久，剧目繁多，满足于传统剧目的演出，不愿花大气力去搞现代戏。毫无疑问，对于一切优秀的传统艺术，我们都必须继承、珍视。但必须看到，随着历史的发展和观众思想感情、审美趣味的变化，新的时代、新的任务、新的观众，必不可免地要向戏曲艺术提出新的要求。历史经验告诉我们，任何一种艺术，如果不是随着时代和人民一起前进，不断发展，就必然会被历史淘汰。因此，传统艺术，总是一方面要继承与借鉴，一方面要突破与创新，在继承和创新中发展。这是一切艺术的发展规律，戏曲艺术也不例外。大力发展与提高戏曲现代戏，是戏曲艺术本身发展的需要，它将使历史悠久的戏曲艺术更好地焕发青春。

　　但是，我们也知道，戏曲艺术表现现实生活，并不是轻而易举的事情。只有热情是不够的，还必须熟悉和掌握它的艺术规律。我国的戏曲艺术在长期的发展过程中，形成了自己特有的艺术形式，很受群众欢迎，特别是在广大农村。但是，由于戏曲艺术形成于封建时代，它的唱、念、做、打等一切表演手段，基本上是用以表现封建时代的人物和他们的生活的，今天要用来表现现代题材，就难免发生形式与内容不统一、不和谐的现象。如何解决好这些矛盾，是当前戏曲工作的重要课题。经验告诉我们，对这个问题既不能因循守旧，也不能粗暴简单。因循守旧，不敢突破与创新，就无法适应表现新的内容的需要；粗暴简单，不重视现代戏的戏曲化，破坏了它特有的艺术魅力，就不能满足群众艺术欣赏的要求，因此也就不能吸引观众。这就要求从编剧到导演、演员、音乐设计以及舞台美术工作者，不仅要了解、熟悉戏曲艺术的特点，而且还要能掌握、运用它的艺术规律。这就必须加强戏曲理论的研究。目前，这一工作远远落后于艺术实践。这对更好地继承和发展戏曲艺术都是不利的。

当前，最重要的是加强领导。演出一出好的现代戏是要具备一些条件的。戏曲现代戏历史较短，经验还不成熟，也没有太多的保留剧目，演出经常碰到内容与形式统一、和谐的问题，因此，搞现代戏所用的人力、物力和时间，都比搞传统戏和新编历史剧多得多。还要看到，由于"四人帮"的破坏，现在要在群众中恢复现代戏的声誉，更加需要下大气力。有的同志提出，为了积极地推动现代戏的发展，应该有第一流的编导、演员和有创造性的戏曲音乐舞台美术工作者通力合作，积极参加创作和演出。这就要求各级文化领导部门大力支持。目前有些地方的领导部门对这一工作重视不够，一般号召多，深入细致领导少，缺乏切实可行的积极措施。体制上也存在着某些需要改革的问题。社会主义的文艺决不能商品化，不能片面地追求票房价值，不能只向"钱"看，也不能规定过高的经济指标。文化领导部门和财政部门在制定文化工作的经济政策时，应该考虑到有利于现代戏的发展；又比如，现在现代戏少，同剧本创作不繁荣有直接关系，但是剧本创作不繁荣主要是领导重视不够。戏曲创作队伍在全国本来不大，现代戏的创作力量更为薄弱，创作人员的工作条件很差，领导上对他们思想上物质上的帮助都不够，深入生活和从事创作都遇到很多困难。对于这些实际困难和问题，都必须通过深入细致的调查研究，逐步加以解决。建国以后，我们的戏曲改革工作所以取得那样大的成绩，是与党和国家的重视分不开的，周恩来总理生前对戏曲改革和现代戏创作的重视和关怀，给广大戏曲工作者留下了永远难忘的记忆与怀念。让我们满怀热情地关心戏曲现代戏的发展与繁荣，让现代戏这朵鲜花在我国社会主义文艺百花园里，大放异彩。

## 10 月 6 日

《光明日报》发表《文艺如何正确地反映历史》，介绍《文艺研究》本年第 4 期发表的李一氓《读〈辽史〉——兼论〈四郎探母〉》。《文艺研究》本年第 6 期发表关于该文的两封读者来信。

### 《读〈辽史〉——兼论〈四郎探母〉》是一篇好文章

编辑同志：

看了贵刊 1981 年第 4 期李一氓的《读〈辽史〉——兼论〈四郎探母〉》，很高兴，我认为这是一篇好文章。

《辽史》是我国历史史书"廿四（五）史"之一，是一部传统的实录记载辽国

（亦称契丹，辽国国号曾屡次变换，公元916年初建政权时称契丹，947年改称辽，982年又改称契丹，1066年又改称辽）发展、生存的历史，是一部很有价值的史书。然而，由于历史上形成的某种偏见，很少有人研究和阅读辽史，尤其是汉族更没有多少学者专门研究辽历史。我虽然通读过"廿四史"，但对辽、金、元史很少认真去读，只是走马观花而已。读李一氓的文章，很感亲切。

首先，该文作了概述，对读过辽史的人是一次复习，对没有读过的是一次介绍，这样有助于对辽的历史有一个概括性的了解。之所以说这概括好，是因为由于历史的原因和大汉族主义的错误观点，有些人对辽国很反感，认为辽是"敌国"，而文章的介绍有利于改变人们的某些习惯思想。

其次，该文分析研究了辽的历史，纵、横两方面都很通俗，从辽的疆域、经济、文学、语言、文艺、佛教、工艺、民族形成以及宋辽之间的战争与和平等，充分说明辽是我们中华民族的一部分，宋、辽之间的战争，双方都应负责任，辽对中华民族各个方面都有卓越的贡献，批评了地方民族主义和大汉族主义。

再次，从戏曲与历史的角度分析了长期以来有争论的《四郎探母》，笔者也认为：以历史事件为题材的传统戏曲剧目，许多故事倒也曲折动人，但"戏者戏也"，有时虽以正史为借托，但很多是虚构的，一般的情况下，传统剧目是古代作家按照自己的认识创造的作品，作家的世界观体现在整个情节结构和人物形象之中。作者指出："爱国主义是一个有广泛意义的伦理概念。不少文艺作家一提爱国主义总是把矛头指向中国除汉族以外的其他民族，一打契丹人，一打匈奴人，一打……就是爱国主义了，忠君并不等于爱国。"对《四郎探母》作了戏曲和历史的客观的分析，使一些搞传统戏曲工作的人耳目一新，浑身轻松得多了。

同时，该文对一些似是而非的问题作了比较公允、客观的答复，认为不管怎么说，军事手段亦是早期民族融合（兼并）的一种起进步作用的手段，符合历史发展的进程。笔者深有同感。

总之，此文是一篇很好的文章，实在值得一读，感谢作者编者把这么好的作品献给读者。

王东明　1981年10月26日于西安陕西省剧目工作室资料室

## 《读〈辽史〉——兼论〈四郎探母〉》一文值得商榷

《文艺研究》编辑部：

阅1981年10月6日《光明日报》载贵刊第4期刊登的李一氓《读〈辽

史〉——兼论〈四郎探母〉》一文的摘要，我认为该文的观点很值得商榷。"不能再去根据汉、唐、宋、明的历史条件，来处理当时的民族关系，即便是文艺性质的关系"，这实际是主张在文艺创作中可以根据当前政治需要来任意"改造"历史（加工是可以的），从而抹煞历史上的民族斗争的正义和非正义的性质区别，把历史描绘成一笔糊涂账。汉族侵犯外族固然不好，应该反对，但对生产方式落后而又以掠夺为目的向汉族地区进行侵略的外族（指其统治者），又为什么不可反对呢（这种侵略会给生产和文化都较先进的汉族地区造成极大破坏）？在反侵略中涌现出来的民族英雄（如文天祥）又为什么不能歌颂呢？至于说这样做会影响今天的民族关系，那更是不对。今天创作抗日题材的文艺作品都不会影响我们和日本友好，为什么对民族关系作不违反历史的反映，就不相信我们少数民族同志，能用阶级观点去历史地看待和理解这个问题了呢？

王冰彦　1981 年 10 月 9 日于烟台师专

## 10 月 18 日

《光明日报》载文，以"探讨发展戏曲现代戏问题"为题，报道《文艺研究》组织召开的"探讨和总结现代题材戏曲创作理论"座谈会。

## 11 月 29 日

《文汇报》载文，介绍《文艺研究》本年第 5 期发表的侯宝林《谈相声的社会效果》。

## 编　后

邓小平同志关于思想战线问题的谈话和胡耀邦同志在全国思想战线问题座谈会上的讲话强调指出：要加强党对思想战线的领导，改变涣散软弱状态；要认真开展批评和自我批评，克服资产阶级自由化倾向。这对我们文艺战线改进工作，非常及时，十分重要。我们必须认真贯彻执行，开展文艺批评，积极地进行两条战线的斗争。当前要提高文艺批评的科学性和战斗性，对那种脱离党的领导，脱离社会主义轨道，搞资产阶级自由化的倾向，进行严肃的正确的批评和必要的适当的斗争，巩固与发展三中全会以来文艺战线所取得的成果。本刊将本着这一精神进一步改进自己的工作。

本期发表的陈云同志关于当前评弹工作的意见很重要。陈云同志指出，评弹艺术要走正路，要出人，出书；要反对和抵制歪风邪气，努力促进评弹艺术健康发展。这些意见不但对评弹艺术，而且对当前整个文艺界克服涣散软弱状态，切实改进工作，都有重大的指导意义。

为人民服务、为社会主义服务，是社会主义文艺的坚定方向。文艺为人民服务，首先要为工农兵服务。当前农村形势很好，为了探讨在新时期作家如何深入农村生活，提高农村题材创作的质量，为广大人民，特别是八亿农民服务，本刊于七月间与中国作家协会山西分会共同召开了座谈会。会上许多作家发表了自己的意见。对这些问题，希望引起进一步的关心和讨论。

《关于"文学是一面镜子"的论辩》和《对文学中人与现实关系问题的一点意见》，是两篇讨论文章。为了坚定地贯彻"双百"方针，经常地开展文艺批评，以提高文艺理论研究的水平，我们希望有更多争鸣的来稿。

（1981 年第 5 期）

### ■ 12 月 7 日

《文汇报》载文，介绍《文艺研究》本年第 5 期发表的王南《关于"文学是一面镜子"的论辩》，该文对刘宾雁的有关论述提出异议。

### ■ 12 月 25 日

《文艺研究》本年第 6 期发表崔永生《八亿农民急需精神食粮——丹东农村调查散记》。"编者按"云："当前，我国广大农村，在党的三中全会方针指引和鼓舞下，正在发生着巨大、深刻的变化，形势喜人。农村经济的迅速发展和繁荣，农民对精神食粮必然提出要求，我们的农村文化工作必须有相应的发展。丹东农村文化工作调查所反映的问题，即是一例。我们的文艺是社会主义文艺，要坚持为人民服务、为社会主义服务的方向。而广大工农兵群众，是我国人民的大多数，是实现四个现代化的雄伟大军，文艺必须满腔热情地为他们服务。我们借此呼吁文艺的各个部门和广大文艺工作者，要重视和关心八亿农民的文化生活，创作出更多更好的精神食粮，来满足广大农村日益增长的文化需要。"

# 1982 年

## ■ 2 月 25 日

《文艺研究》本年第 1 期发表本刊记者撰写的文化部在京召开全国故事片电影创作会议（1981 年 12 月 18—27 日）综述。

## ■ 3 月 28 日

《文汇报》载文介绍《文艺研究》本年第 1 期发表的张骏祥《谈谈电影质量、电影文学、电影评论问题》。

## ■ 4 月 12 日

《光明日报》载文介绍《文艺研究》本年第 1 期发表的彭立勋《从西方美学和文艺思潮看"自我表现"说》。

《光明日报》载文介绍《文艺研究》1981 年第 3 期发表的陆梅林《马克思主义与人道主义》，该文就马克思主义与人道主义的关系，同汝信等人展开争鸣。

## ■ 4 月 18 日

《文汇报》就《文艺研究》1981 年第 1 期发表的刘心武《我掘一口深井》展开争鸣。《文艺研究》本年第 1 期亦择要发表章韦、龙化龙、李默然、钱谷融等人的争鸣文章。"编者按"云："关于生活与创作的关系，是一个十分重要的问题。最近几年，在文艺界存在着不同见解和认识。为了进行探讨，这两三年来，本刊连续发表过一些作家的有关文章，从不同角度阐述了自己的经验、体会和意见。为了促进深入讨论，繁荣社会主义文艺，现将来稿中对于本刊 1981 年第 1 期刘心武同志《我掘一口深井》一文的不同意见，摘要发表。"

## ■ 4 月 25 日

《文艺研究》本年第 2 期发表评论员文章《写在"讲话"发表四十周年之际》，纪念毛泽东同志《在延安文艺座谈会上的讲话》发表四十周年。

# 写在"讲话"发表四十周年之际

本刊编辑部

毛泽东同志《在延安文艺座谈会上的讲话》发表四十年了。长期以来，《讲话》中阐述的文艺工作的基本原则和观点指引我国革命文艺的成长与发展。粉碎"四人帮"后，我们的社会主义文艺，在党的三中全会正确路线鼓舞下，广大文艺工作者，总结了建国以来正反两个方面的经验，坚持马列主义、毛泽东思想文艺理论的基本原则，在拨乱反正中举步迈进，在艰苦困难中展翼起飞，取得了喜人的成绩，为在新的历史时期进一步繁荣社会主义文艺开辟了广阔天地。

马列主义、毛泽东思想的文艺理论，是我们文艺工作的指导思想。《讲话》阐述的基本原则和观点，是马列主义文艺理论在中国的运用和发展。《讲话》的基本精神、原则、观点，在昨天起过重大作用，在今天和明天还将继续起重大作用。科学的光芒是永远不灭的。对《讲话》采取否定的态度，或者忽视文艺发展的情况而采取教条主义的态度，都是错误的。正如任何事物都在发展变化一样，马列主义、毛泽东思想的文艺理论也必然要发展，只有不断地发展，才能更加枝繁花荣，才能更加充实丰富。

党的领导，是发展社会主义文艺的保证。坚持党对文艺的领导，就必须坚持党的文艺为人民服务、为社会主义服务的方向，坚持党的百花齐放、百家争鸣的方针。文艺为什么人服务，是一个根本问题。我们的文艺是为广大人民群众服务的，要始终不渝地面向广大群众；我们的作家是人民群众的代言人，要和新时代的群众相结合，要树立对人民高度的负责精神，要努力站在无产阶级和人民的立场上，创造更多更好的艺术作品，去团结人民，教育人民，惊醒人民和鼓舞人民，为建设我国社会主义现代化而奋斗。"百花齐放，百家争鸣"，是促进艺术繁荣和科学发展的方针。多年来的实践证明：什么时候认真贯彻这个方针，社会主义的文艺事业就繁荣。三年来，我们的文艺之所以欣欣向荣，正是与在三中全会的实事求是、解放思想精神指引下，正确贯彻"双百"方针分不开的。"双百"方针是无产阶级坚定不移的阶级政策，我们必须毫不动摇地坚持下去。

文学艺术是人类社会生活的反映，生活是文学艺术的唯一源泉。这是毛泽东文艺思想的一个基本原理。当前要繁荣社会主义文艺，作家艺术家就要积极深入到广大人民的现实生活中去。

批评与自我批评是使我们事业前进的法宝。开展文艺评论是促进文艺健康发展的重要手段。文艺评论应贯彻"百家争鸣"精神；提倡批评与自我批评，也要允许反批评，实行"三不主义"。

团结才有力量。我们的文艺事业要兴旺发达，必须反对一切不利于文艺界团结的不正之风，加强与巩固文艺界的团结。让我们在马克思主义的基础上进一步团结起来，为努力提高创作质量和艺术水平，促进社会主义文艺的发展与繁荣而奋斗！

## ■ 5月16日

《文汇报》就《文艺研究》本年第2期发表的叶浅予《古今人物画杂谈》展开争鸣。

## ■ 5月26—28日

《文艺研究》与《电视文艺》编辑部联合召开电视剧座谈会。文化部部长朱穆之、广播电视部部长吴冷西出席，并作了重要讲话。参加会议的还有金山、赵寻、苏一平、吴祖光、侯宝林、李准、李连庆、汪岁寒、孟伟哉、童道明、蔡骧、王云缦、钟惦棐等40余人。会议围绕如何繁荣电视剧创作、提高电视剧质量、开展电视剧评论、电视剧民族化和电视剧艺术特征等问题进行讨论。《文艺研究》本年第4期报道会议，并摘发朱穆之、吴冷西、金山、钟惦棐、李准、黄维均、蔡骧等人的发言稿。

### 《文艺研究》和《电视文艺》编辑部联合召开电视剧座谈会

〔本刊讯〕为了促进电视剧的发展，5月26日至28日，本刊编辑部同《电视文艺》编辑部联合召开了电视剧座谈会。在北京的部分电视剧工作者、电影评论、研究工作者、作家和艺术家四十余人应邀参加了座谈。会议围绕着如何繁荣电视剧创作、提高电视剧质量、开展电视剧评论、电视剧民族化和电视剧艺术特征等问题进行了广泛讨论。文化部部长朱穆之同志、中央广播电视部部长吴冷西同志参加了会议，并作了重要讲话。参加会议的还有金山、赵寻、苏一平、吴祖光、侯宝林、李准、李连庆、戈扬、冯白鲁、汪岁寒、汪小为、洪民生、王浩、孟伟哉、蓝天野、童道明、斐玉章、张书义、蔡骧、张勇手、王云缦、盛毅、黄永涛、张昭华、王明玉、曾晓凌、颜海平、田庄庄等同志。钟惦棐同志作了书面发言。

## ■ 5月

《文摘报》第31期发表《"树"与"土地"》，介绍《文艺研究》本年第2期发表的赵寻、舒强、王愿坚等人谈"深入生活"的专题文章。

文艺研究党支部召开支部大会，同意汪巩同志加入中国共产党。

## ■ 6月1日

戏剧家、《文艺研究》编辑汪巩在北京病逝，享年66岁。《文艺研究》本年第4期发表杜宣《亡友灵前的默念》。"编者按"云："戏剧家汪巩同志自《文艺研究》创刊以来即和我们一块学习、工作。1982年6月1日因病不幸逝世，我们深感悲痛。现发表杜宣同志的《亡友灵前的默念》一文，并寄托我们的哀思。本刊编辑部。"

### 亡友灵前的默念

杜宣

得悉汪巩同志逝世噩耗后，我一直感到悲痛。三月初，我到北京，准备去英国，住在中纪委招待所，他曾来看我，谈了一个下午。那天他精神很好。临别时，他要我由英回京时，到他家去吃一餐便饭，再谈谈心。但回来时，我因停的时间短，住得又较远，所以未能践约。想不到，这次见面，竟成永诀。

我和汪巩同志是1940年在桂林相识的。原来他在香港一家出版社任编辑。生活比较稳定。因抗战的烽火燃遍了祖国大地，怀着满腔热血的汪巩，毅然放弃安定的生活，只身来到桂林，参加欧阳予倩同志主持的广西艺术馆，很快就和我们一些搞救亡演剧活动的同志熟悉起来了。1941年我们筹备成立新中国剧社，打出了鲜明的政治旗帜：坚持抗战民主，反对投降倒退。当时剧社处境相当艰辛，经济上也比较拮据，但由于我们内部实行了政治民主、经济民主和生活民主，全体同志团结一致，使剧社一天天发达兴旺了起来。汪巩看到这些情况后，又毅然离去了生活比较稳定的艺术馆，来到新中国剧社，并先后担任过副理事长、理事长等职，和我们一道过着半饥半饱的战斗生活。

汪巩十分关心国际和国内的局势，经常向剧社青年同志讲解时事，先后写了《希特勒摇篮曲》《怒吼吧，桂林》《万元大票》等十多个活报剧，风行一时，在国统区有一定影响。

1943年我奉命由桂林撤退，调到其他地方，这以后长期脱离文艺工作，从此，风烟战鼓，地北天南，我们相聚的机会就少了。

全国解放后，50年代初期我在北京学习，住在西单舍饭寺十八号，和他住处近在咫尺，常常晚上到他那里谈心。他谈到我们这一代人能够看到一个崭新的中国诞生，能够看到近年来民族耻辱的洗雪；想到我们在这伟大的革命洪流中，多少还能尽那么一点点力量，感到莫大的幸福。他当时正在筹办《大众电影》，对新中国的电影事业充满了理想。这以后虽然我们断断续续地不时会面相聚，但由于各人从事的工作不同，交谈的内容多半是昔日战友们散处各地的一些际遇。

在"文化大革命"中，我对外界情况十分隔膜，当然和汪巩也是音讯中断。1975 年 12 月，我刚刚被宣布"解放"，在工宣队率领、革命群众监督下到昔阳去"学习大寨""宣传大寨"。我们住进大寨大队的第二天的黎明，我独自一人在寒霜侵肌曙色迷蒙中散步。走到百货商店门口，隐约看到一个人影站在台阶上睇视着我。在那个年代，我已过惯了没有任何人身保障的生活，我只有靠提高警惕来保护自己。所以我一看到一个人影在注意我时，就放开脚步走开去。忽然我听见一个清脆的女声，叫着我的名字。我停步回头一看，站在台阶上那个人向我走过来了，我看到是一个用大羊毛围巾包了头、穿着厚大衣的女同志，围巾上结了一层霜花，再近一看，原来是汪巩的夫人姚群同志。我真是惊喜交加。她从手皮包中拿出汪巩同志写给我的一封短简和许之乔同志怀念我的一首七绝。我们边走边看信和诗，我的泪水夺眶而出。姚群告诉我，他们从偶然的机会，知道我来大寨，汪巩立即去告诉了之乔和在京的老友，因为他们曾听说过我已死去的消息，现在知道我还健在，所以十分高兴，趁姚群来大寨参观，要她一定要找到我。我们一边走，一边听着姚群谈着在京友人的情况。知道有些同志确已被折磨而死，我们能够幸存下来，怎能不互相关切呢。真是"涸泽之鱼，相濡以沫"。

1977 年我出访罗马尼亚，过京时住在民族饭店，汪巩来看我，这是"文化大革命"后我们第一次相见，我看到他显著地衰老了。"文革"前他还是中年，现在却已是白发苍苍、步履维艰的老年人了。我们没有多谈我们自己那十年生活的疾苦，谈的多是过去参加新中国剧社一些同志的不幸遭遇，当时他们的问题大都还没有解决。这次谈到夜深，已经没有公共车辆了。我留他住下，他怕家里担心，坚决走着回家。我送他到路口，看着他的背影逐渐在黑暗中消失。

汪巩同志走的道路，是我们这一代知识分子典型的道路。他是他所属阶级的叛臣逆子。当他认识到中国共产党的道路是中国唯一的正确道路后，几十年来，无论刮起什么妖风，掀起什么黑浪，他一直是义无反顾地坚定地跟共产党走。

汪巩同志对自己的名位，看得十分淡泊。他从不向党伸手。生活俭朴，但他很关心同志，常常为一些同志不幸遭遇，四处奔走。他是有创作才能的，但解放后，他写得太少，我们见面时，常常问他这个问题。三月间，我在北京看到他时，又和他谈到这事。他表示打算离休后认真地写出一两部作品来。没想到两个多月后，他竟与世长辞了。

佛家追求不生不灭的境界，道家讲长生不老，那都是空想。有生必有死，这是自然规律。但汪巩只66岁，没想到他竟会溘然而去。他的确死得早了一点。如果能再假以十年岁月，让他能写出一两部作品来，我想我们和他本人也都会感到无憾的了。

谨以此文，作为在亡友灵前的默念吧！

1982年6月15日

## ■ 6月3日

《人民日报》报道《文艺研究》和《电视文艺》编辑部召开的电视剧问题座谈会，题为"增加电视剧数量，提高电视剧质量"；同日，《光明日报》也对该会进行报道，题为"电视剧应结合我国实际走民族化道路"。

## ■ 8月10日

《光明日报》载文，介绍《文艺研究》本年第3期发表的方成《谈幽默和讽刺》。

## ■ 12月20日

《文艺研究》向中宣部出版局、文艺局并转贺敬之同志、邮电部负责同志呈送关于《文艺研究》发行问题的请示报告，要求邮电部扩大《文艺研究》的发行渠道，北京新华书店总店增加《文艺研究》的零售量。

## ■ 12月25日

中宣部副部长贺敬之批示："《文艺研究》是办得较好的一家文艺理论刊物，赞成协助他们扩大发行，增加零售数，按实际发行数收取费用。可否，请文敏生同志阅批。"

《文艺研究》本年第6期发表周扬《学习和贯彻十二大精神》。

## 编　后

当前广大文艺工作者正在认真学习与贯彻党的十二大文件精神。周扬同志的《学习和贯彻十二大精神》一文，无疑对于大家的学习是有帮助的。周扬同志的文章结合文艺战线的现状，就恢复与发扬批评与自我批评优良传统、知识分子在建设精神文明中的作用、坚持"双百"方针及新老干部交接班等问题，谈了自己的学习心得，言简意赅，意味深长，对我们开创文艺新局面很有启发。

如何建设具有中国特点的民族化的社会主义文艺，是当前文艺工作者十分关心的问题。本期发表的唐弢同志的《西方影响与民族风格》一文，对中国现代文学民族化发展的历程，作了回顾，对读者会有所启迪。《艺术创作的主观与客观》以及有关卡夫卡的两篇文章，都从不同角度涉及如何认识与评价现代主义艺术的问题。我们认为，本着"洋为中用"的精神，对现代主义艺术进行深入探讨，对建设我国民族化的社会主义文艺是有益的。

为了建设具有中国特点的马克思主义文艺科学，对文艺评论的理论研究是十分重要的。本期发表的《王朝闻艺术论初探》一文，是华中师院中文系研究生陈宏在同志毕业论文的一部分。他在这方面作了一件有意义的工作。本刊今后将继续发表当代有关文艺理论家、文艺批评家、美学家的研究文章，希望得到大家的支持。

## 12 月 29 日

邮电部部长文敏生批转邮政局局长刘天瑞、王开元："请你们接谈，并予解决。"

# 1983 年

## ■ 1月

邮电部邮政总局、新华书店总店联合发出关于扩大《文艺研究》发行、增加零售数量的通知，要求各店、局将《文艺研究》列为重点发行刊物，自 1983 年第 1 期起增加零售份数，并以各种方式重点宣传订阅。

## 启 事

为了满足读者的要求，本刊自 1983 年第 1 期起，在全国大中城市的新华书店零售。需要零购者，请到新华书店购买；需要订阅者，请于 2、5、8、11 月份到全国县以上邮局订阅；亦可向文化艺术出版社（北京前海西街十七号）邮购部购买。

《文艺研究》编辑部　文化艺术出版社

（1983 年第 1 期）

## ■ 4月14日

《光明日报》载文，介绍《文艺研究》本年第 2 期发表的蓝蔚（柏柳）《文艺界也要充分认识知识分子是工人阶级一部分这个科学论断》。5 月 6 日，《文摘报》亦发表《正确认识文艺界的知识分子》，对此文予以介绍。

## ■ 4月19日

《光明日报》载文介绍《文艺研究》本年第 1 期以"创造新时代更美的电影"为总题发表的陈荒煤的三封信。原刊"编者按"云："1980 年 10 月在本刊曾召开过电影美学讨论会（见本刊该年第 6 期《电影美学问题的探讨——电影美学讨论会综述》）。两年多来，随着我国社会主义电影事业的发展，电影美学越来越为人们所重视。为了提高电影艺术质量，我们觉得应联系我国电影创作的实际，对电影美学问题进一步开展讨论。这个想法，得到了陈荒煤等同志的热情支持。这里发表的陈荒煤、袁文殊、黄宗江、邵牧君等同志关于电影美学的通信，提出了许多重要问题。我们认为：在《创造新时代更美的电影》这个总题目下，就如何发挥电影艺术特性，更好地反映现实，塑造社会主义新人和各种各样的人物；如何理解电影特性

（包括如何理解电影为一门综合艺术），电影特性与文学艺术一般规律的辩证关系；电影艺术的创新与时代精神等问题，作深入的探讨，是很必要的。我们欢迎电影理论工作者、艺术家和广大读者就这些问题各抒己见。"

## ■ 5月20日

《文摘报》载文介绍《文艺研究》本年第 2 期发表的林默涵《坚持真理　修正错误》。

## 编　后

在欢度元宵佳节的爆竹声里，我们编完了这一期；当它同广大读者和作者见面时，已经是春满大地了。1983 年各条战线将大兴改革、提高工作质量之风，我们希望得到作者与读者更大的支持，努力不断地提高《文艺研究》的质量。

文艺是复杂的精神生产。在这个领域里，创作上各种流派风格的自由竞赛，学术上不同观点和见解的自由讨论，是符合文艺发展规律的。因此，我们过去和今后都欢迎读者、作者对本刊所发表的文章提出不同意见，开展讨论，进行争鸣。我们坚信真理愈辩愈明。只有通过争鸣之途，才能活跃学术空气，进一步提高我们的理论水平，使我们的社会主义文艺事业在春风吹拂下，欣欣向荣。

（1983 年第 2 期）

## ■ 5月30日

《光明日报》载文介绍《文艺研究》本年第 2 期发表的薛殿杰《舞台是表演场所》。

## ■ 6月24日

《文摘报》载文介绍《文艺研究》本年第 3 期发表的李一氓《论程砚秋》,《剧坛》第 6 期亦载文介绍此文。

## ■ 10月25日

《文艺研究》本年第 5 期发表华君武《〈文艺漫画〉序》。

## 《文艺漫画》序

华君武

《文艺研究》历来重视发表漫画，偏重于文艺方面的题材，颇有特色，现在选择几年来的作品出版，名曰《文艺漫画》也是很切题的。当然漫画也不能这样分类，否则，就会出现经济漫画、企业漫画、交通运输漫画等等。

漫画是文艺之一种，如果它只批评别的，不批自己，不扫文坛之恶习是说不通的。何况今日之文艺儒林，成绩不容抹煞，好人也居多数，但一只老鼠坏了一锅汤的事也无庸讳言，打扫灵魂深处之污垢，以便作一个名符其实的灵魂工程师。漫画自也有它一份责任，所以我也十分赞成文艺漫画。

现在出名人家，写自传的渐渐多起来了，这当然也是需要的。有的灵魂工程师自己写传，有的请别人立传，好象个个工程师的灵魂都洁白无瑕，前世都是天使变来的，有的画家之自诩天才，还扯到七世祖身上去了。其实写自传的，真正写出自己成长中的变化、犯过什么过失，倒是对世人有益，所以遇到先贤传中某些天生的先贤，倒是可以用讽刺的扫帚刷他几下，而这种先贤，男女老中青里都是有的。

我画过一张小猫屁股也摸不得的漫画，其实小猫屁股摸不得，其源也出于老虎，文艺方面老虎小猫均有，文艺漫画就是要摸它几下。

漫画家有没有可以自我讽刺的地方，当然也有，我曾说过漫画家并非圣贤，也有旧思想，旧作风，虽然讽刺了别人，有时也有自己的影子，读者不必以为画漫画的也属于先哲一类。

可以讽刺别人，也可以讽刺自己，你来我往，开展一种同志式的讽刺，我想对于我们文艺界是有好处的，因此乐于为这本《文艺漫画》写一段不象序言的序言，也希望今后《文艺研究》更着力于漫画之提高、讽刺之深刻。

1983 年 8 月 23 日

### ■ 10 月 28 日

《文摘报》载文介绍《文艺研究》本年第 4 期发表的陆梅林《关于人道主义的考察片段》。

### ■ 10 月

陕西省社会科学院《学术动态》第 10 期专刊介绍《文艺研究》1981 年第 2 期发表的陈孝英《试论幽默的情境和功能》。《光明日报》"文艺争鸣"专栏和《西安晚报》也分别作摘要介绍，《人大复印报刊资料·文艺理论》全文转载，《解放军报》《光明日报》将其作为"学习参考材料"全文印发。该文还获 1981 年陕西省社会科学学术研究优秀成果奖。

### ■ 12 月 25 日

《文艺研究》本年第 6 期发布启事，称从明年起改为逢单月 21 日出刊。

# 本刊启事

　　《文艺研究》系双月刊。原是逢双月 25 日出版，现从 1984 年第 1 期起，改为逢单月 21 日出版。

# 1984 年

## ■ 3月14日

本年，《文艺研究》创刊进入第五年，杂志工作纪要云："《文艺研究》是在党的十一届三中全会后（1979 年 5 月）创刊的一本综合性文艺理论刊物。五年来共出版了 31 期，发表了 600 万字文章和大量的美术作品及漫画，在国内外文艺界、学术界产生了一定的影响。回顾五年的办刊历程，有如下体会：第一，坚持实事求是的思想路线，注意两种倾向。第二，发表了老一辈无产阶级革命家有关文艺问题的一系列重要讲话，对文艺的健康发展起了很大的指导作用。第三，强调学习、研究、坚持、发展马克思主义文艺理论。第四，强调解放思想，坚持'双百'方针。第五，重视文艺研究中的探索和求新精神。第六，本着'洋为中用'的方针，有分析、有批判地介绍外国文艺。第七，既要有学术性、理论性，又要有战斗性。第八，既要有重点，又要注意多样化。第九，形式要严肃大方、活泼多彩。第十，搞'五湖四海'，注意培养中青年作者。五年来，《文艺研究》已从创办期进入发展期，时代对它有着更多的期待。"

## ■ 5月14日

《光明日报》报道贺敬之与《文艺研究》同志座谈，提出当前文艺工作的重点是要提高质量。

## ■ 5月17日

《文学报》报道贺敬之肯定《文艺研究》杂志办刊方向。

## ■ 5月21日

《文艺研究》本年第 3 期发表读者杨柄来信，对办刊提出建议。

### 读者来信

杨　柄

《文艺研究》编辑部：

《文艺研究》1984 年第 1 期发表的林河同志《试论楚辞与南方民族的民歌》是一篇不多见的好文章。它的好处在于：脚踏实地，实事求是，深入群众进行调查研究，用存在解释意识。路数对头，充分的根据支持着自己的论断，所以读之信服。纵然少数地方值得商榷，但不妨碍全文之立论。我们的文艺研究和美学研究面临着方法论这一大问题。其重要问题之一，便是从概念和定义出发，不从实际情况出发；到中外古人的书本中去讨生活，置实际地存在于中国大地上的美的事物于不顾。研究中国美学的，不研究长城美在哪里，不研究封建社会农民战争美在哪里，说来说去，跳不出孔孟老庄王国维的书本。用西方古典美学中崇高美、壮大美这一类概念来套中国的事物。连举例子都是黑格尔和普列汉诺夫书本上的。如此等等。象这样"研究"来，"研究"去，开不了生面，出现不了突破性进展。希望《文艺研究》今后多登一些从实际情况出发、用存在解释意识的文章，少登或不登从西方美学概念出发、用意识解释意识的文章。

杨柄

1984 年 2 月 15 日

## ■ 5月24日

《光明日报》报道《文艺研究》办刊特色，肯定其路子正、质量好。

## ■ 8月13日

《人民日报》发表阿加文章，从《文艺研究》杂志难买说起。

## ■ 11月1日

《文艺研究》王波云、柏柳、袁振保等访问我国著名科学家钱学森，就现代科学的发展对人的思维特别是形象思维及文学艺术的影响等问题，请钱学森发表意见。随后，《文艺研究》1985 年第 1 期发表座谈纪要。

### 钱学森同志与本刊编辑部座谈科学、思维与文艺问题

1984 年 11 月 1 日上午，本刊编辑部负责人和有关人员访问了我国著名科学家钱学森同志，就现代科学的发展对人的思维，特别是形象思维，以及文学艺术的影响等问题，请钱学森同志发表意见。钱学森同志精神奕奕，兴趣盎然，畅谈了许多重要的见解。他也风趣地说，他对我国文艺界的情况不了解，所讲的第一，可能完全脱离中国的实际；第二，也可能对某些同志有冒犯之嫌，但这是无心的，并非有意。

**研究形象思维是科学发展的要求**

科学技术的发展，对思维、对文艺都必然会有影响。所以文艺界的同志要关心

科学技术。现在新技术革命总联系到电子计算机，电子计算机发展到现在，看起来很高明了，但是一碰到形象思维，就不行。人认字、听话本事大得很，娃娃生下不久就能听，能认，几岁小孩就具有形象思维的能力。可计算机，要它认字、听话却笨极了。如前一阵子邮局要用计算机来认数码，就不行。因为那个机器，认阿拉伯数字 0、1、2、3、4、5、6、7、8、9，这十个字，就是人规规矩矩写的，也只能认出百分之六十，剩下百分之四十还得找人去读，还得一个个来。这样，仍然不能减省人的多少劳力。外国有为盲人服务的图书代读机。印刷体的字电子计算机可以扫描，用机器翻译成语言，盲人可以听。但是必须是印刷体，手写根本不行。所以电子计算机发展，也碰到困难，实际上是个形象思维的困难。电子计算机要模拟人的智能，搞人工智能，就要解决这个问题。要使电子计算机不仅会算，而且会办事。这是一件非常重要的事，一定要干。现在大家都在研究，都很努力，但是还没有结果。相信攻来攻去，总有一天会攻出来的。但这还是形象思维最简单的东西，最初级的东西，至于涉及文学艺术，那就更高级了。这初级的形象思维我们要研究出个眉目来，再考虑文学艺术更高级的形象思维。工作虽困难，但是有希望，不能说没希望。

**希望有马克思列宁主义普遍真理与中国社会主义实践相结合的美学和文艺理论**

你们《文艺研究》今年第 3 期上发表了朱穆之同志的《要学点马克思主义的哲学》的文章，我赞成他的意见，但文艺工作者还应该学习马克思主义的文艺理论，党内的文艺工作者不学习马克思主义文艺理论怎么行呢！文艺界的情况我不清楚，不敢说三道四。但社会科学界好象存在着两个极端。一种人是盲目崇拜西方，什么《第三次浪潮》呀，《大趋势》呀，好象托夫勒、奈斯比特他们比马克思还高明。我以为他们讲的那些现象值得我们认真研究，但他们讲的东西最多是一个素材，他们的结论我们不能照搬。奈斯比特的《大趋势》讲了一些资本主义世界的情况，写了些技术问题，但他只是把报纸上一些东西搜集起来而已，作为我们研究的素材是可以的，但不能照他的结论去做。他的基本立场和观点，同我们是不一样的。还有一种人思想僵化，死守经典著作不动。马克思、恩格斯、列宁、毛泽东没有讲过的东西，都不许讲，比如在哲学书中有一些"系统科学""系统工程""信息"一类的词，就认为这就不能叫马克思主义哲学了，应把"马克思主义"五个字去掉，他们不看本质的东西，只是死抠字眼。他们敢谈的都是马克思、恩格斯、列宁著作里有的东西，现在我们要解决的很多问题，经典著作里没有的都不许研究，怎么行呵？一是迷信外国的洋货，一是死抱着经典，这是我了解到的社会科学界里的两种情况，不知对不对？

美学是文学艺术的基本原则，是文学艺术到马克思主义哲学的桥梁。我们中国文艺工作者应该研究美学，不研究美学，就没有文艺的哲学理论，怎么来改革？

马克思主义者主张理论联系实际，理论和实践的统一。我们应该有中国自己的马克思主义的美学和文艺理论。十二届三中全会，小平同志讲了一句话，很启发人，他说：我们这个《决定》是马克思主义的普遍原理跟中国实际相结合的政治经济学。这讲得很好。我们不能靠《资本论》那个本本来吃饭，马克思没有看到我们现在的中国，建设具有中国特色的社会主义，要靠我们自己的实践。当然不是说《资本论》的原理可以背离了，原理是真理，背离了不行，问题是要结合我们的实际。现在我们处在 80 年代，有新技术革命，要看到 2000 年，还要看到未来的 21 世纪。我们不仅要有马克思列宁主义普遍真理与中国社会主义建设实践相结合的政治经济学，我们还希望有马克思列宁主义普遍真理与中国社会主义实践相结合的美学和文艺理论。

### 美学、文艺与整个知识体系、客观世界的关系

什么叫美？这问题恐怕比形象思维更复杂。但它不是神秘的。是一定能搞清楚的。美涉及很大的范围，它不仅与社会认识密切联系，而且也同社会实践存在着千丝万缕的关系。我曾经说过，美学是思维科学的应用。后来我想这话不尽妥当。因为思维科学只研究思维的方式，思维形式，思维的形式规律，它不涉及内容。譬如抽象思维，逻辑推理，它有规律，但是推理的对象是几何，还是社会学，这无关。思维科学研究思维形式的普遍规律，美学当然也涉及思维，但是思维科学同美学的内容无关。美学有自己的研究对象。它的范围远远超出思维科学。

我在《关于思维科学》一文中，把人的学问、知识分成八大部类。这八个部门各自通过概括总结，最后都汇总到马克思主义哲学，而马克思主义哲学也是通过这样的桥梁（各个部门的"概括总结"，也可视作部门哲学）来指导影响各个部门的发展。

这八个部门是：一、自然科学。自然科学到马克思主义哲学的桥梁是自然辩证法。二、社会科学。社会科学到马克思主义哲学的桥梁是历史唯物主义。三、数学科学。从前把数学归在自然科学里，但是现在自然科学、社会科学都用数学，所以再归到自然科学里不合适了。数学科学是研究质变、量变这些关系的。数学科学到马克思主义哲学的桥梁是数学学或数学哲学。四、系统科学。从系统的观点来看待客观世界。客观世界是系统的，各式各样的系统有它们共同的规律。系统科学到马克思主义哲学的桥梁是系统论。五、思维科学。思维科学到马克思主义哲学的桥梁是认识论。当然这个认识论的范围比老的认识论的范围还要扩展。

六、人体科学。它是研究人的。人是最复杂的系统。研究来，研究去，人对自己最不了解……人体科学到马克思主义哲学的桥梁是人天观。这同中医的看法一致，就是把人同环境看作一个整体。这不是董仲舒所说的"人天感应"。

七、文学艺术。文学艺术到马克思主义哲学的桥梁是美学。

最后，就是军事科学。军事科学到马克思主义哲学的桥梁就是军事哲学。

整个知识的体系，就是这么一个结构。八个部门，每个部门到人的知识的最高概括，人的智慧的最高体现——马克思主义哲学，有八个桥梁。那么这八个部门是不是各自研究客观世界的一部分？我说不是。它们都是研究整个客观世界的，区别只是角度不一样，或者叫立足点、着重点不一样。文学艺术作为一个部门，但是它也是对人与客观世界的关系的整体性的认识。你不能说，文艺就许描述这个，不许描述那个，整个客观世界都可以做它的描写对象。

我上面讲的整个知识体系的结构大大超出传统的知识分类法，是经典著作中没有的，是不是"离经叛道"呵？离经的罪名可能逃不了了，因为"书"上没有呀；但我自以为不是叛道，是根据马克思主义的普遍原理而阐释与发展的。对不对？

**形象思维、抽象思维、灵感思维，是普遍的思维形式**

我讲过有三种形式的思维，这就是形象思维、抽象思维、灵感思维。具体人的思维，不可能限于哪一种。解决一个问题，做一项工作或某个思维过程，至少是两种思维并用。两种，就是抽象思维和形象思维。所谓三种，就加上灵感。有一点请文艺界同志理解，科学技术不都是抽象思维，都是推理呀？都是所谓"科学的很"的推理呀？不是那么一回事。要那么样，科学根本没有办法发展。这个爱因斯坦讲得很清楚，他说，科学发展不能尽靠推理，还有直感。那直感就是形象思维。科学技术界从前认为搞科研就是抽象思维，这事实上不可能。举一个很简单的例子。譬如人的手艺就不能只靠抽象思维。一个有经验的钳工老师傅，拿起一块不平的铜片，当当几下，就敲平了。如让我去敲，越敲越不平。什么道理，那就很难用抽象的道理把它说清。他可以给你讲，注意这，注意那，但总是形象的。我看这就是形象思维。娃娃先有形象思维，而不是抽象思维。人从小就会形象思维，说话、识字，就是形象思维。如果要推理，高小学生都不大行，到初中才能搞复杂一点的推理。对小孩子没法讲道理，他就会模仿。模仿就是形象，不是推理。从这个意义上来说，形象思维是普遍的。思维科学作为基础科学就要研究抽象思维、形象思维、灵感思维这三种思维的形式及其规律。关于抽象思维，现在形式逻辑搞清楚了，至于说辩证逻辑还是不清楚。有许多辩证逻辑的书，它总有经典著作中辩证法的那几条，而具体怎么用，就没有了。

看来，现在突破口是形象思维。形象思维搞清楚了，灵感思维的内涵、规律，也就差不多了。因为灵感实际上是潜思维。它无非是潜在意识的表现。人的大脑复杂极了，我在这里与同志们交谈，用的那一部分叫显思维，或叫显意识，这我可以直接控制，有意识地控制。那个潜意识，控制不了，没有办法控制。但是它同时在工作，就是不知道它怎样工作，它工作的状态怎样。我想大家在工作中也会有体会，苦思冥索不得其门，找不到道路，然而不知怎么回事，它突然来了，这就叫灵感。我们在科学工作中也有这样的情况，常常一个问题，醒着的时候总是想不起来，不想时，或夜里做梦，却忽然来了。这说明潜意识在工作。你自己不知道，可是它在试验。试验行了，它就通知显意识，这就成了你的灵感。

潜意识是怎么工作的？采取什么方式？原则上讲恐怕也不外是抽象思维和形象思维。可是无法反省，反省不了。心理学研究表明，人所谓的自我不是一个，而是多个自我。这多个自我协调工作，就是正常的人，如果不协调工作，就变成精神病者，叫精神分裂症。一个人的思维也就是这样，潜意识、显意识，相互协调进行工作。对于潜意识的思维方式，现在只能讲到这样的程度。如果再要追下去，就要涉及大脑的功能机理，大脑神经元的功能。那样，彻底是彻底了，但是目前只有等着，现在什么事都不要做了。因为人的大脑神经元的作用太复杂了。最近二十年，脑科学有很大发展，但是直到现在光是视觉还不知道是怎么回事。如果要从神经元追索，大脑皮层是什么东西等等，要那样彻底，只有等待。可是不必等待，人总有实践，实践是可以总结的。不要一次就追到根子下边去，而且现在也做不到。如果你一定要追，那么我就不要搞思维科学了，我去搞脑科学去了，脑科学搞清楚了，再搞思维科学。而事实上没有这个必要。所以，我觉得还是从总结经验入手。什么是显意识、潜意识？什么是多个自我？人有那么多实践，那么多事实，总可以解决些问题嘛！

至于说抽象思维、形象思维哪一种是更基本的？这恐怕不能绝对化。就我自己搞科学技术的经验来看，两种都有。在文艺创作中，很强调灵感，还有只能意会，不可言传的这种情景，其实在科学工作中，许多时候也是这样。但科学不同于文艺之处，就是最后还要推理、证明。

在文艺工作者中，对抽象思维、形象思维有争论。恐怕有的同志强调这一面，有的同志强调那一面。而从整个文艺创作过程来看，我认为两种思维都要并用。在文艺创作中，特别是演员，很强调进入角色，其实演员进入角色，只是把角色的那个自我变成显意识中的自我而已，就是说自觉地运用潜意识。高明的演员都能做到这一点。他能成功地表演这种情绪，表演那种情绪，这实际上只是一种方法，只需培养、训练就可做到。

## 关于文艺的多样化和群众化

我很想同文艺界人士交朋友，但是现在隔行如隔山，科学工作者同文艺工作者很少交往。学问知识需要"杂交"，知识结构也得跟上时代的发展，不断地改革。这件事我呼吁了多年了，但收效甚微。这次《文艺研究》编辑部同志来相谈，我衷心感激。

文艺创作要反映生活，要有一个多样化问题。不了解各行各业的情况，就不可能做到丰富多彩，生动活泼。文艺创作不能清一色，即使个人的作品也要有不同风格。一个美术工作者，画画不能总是那个色调，这样你就需要多看看各种风格、各种流派的画，不能只看一种。文艺创作，不能只是一种或几种形式，那样就会脱离群众。文学艺术不论哪个部门——音乐、美术、戏剧或电影，都有不同层次，不能一刀切。人们生活实践不一样，喜好也就不一样。还有个欣赏水平问题，因此更不能清一色，不能要求都喜好那一种。既要有"阳春白雪"，也要有"下里巴人"。我认为各种文艺部门的作品都是分为几个层次的，从人民群众创作的象民歌那样的作品起，到最高层次讲哲理的作品。我在美国待过二十年，看到有一些音乐、戏剧就是为高级知识分子服务的，别人不去，就是学校里那些教授、研究生去，卖票不多，但它可以存在。当然也有广大群众喜欢的东西，但是这些在资本主义世界是自发的。我们是社会主义国家，必须有计划，必须首先考虑到广大群众喜欢的东西。为人民服务，为最大多数人民群众服务的那个部门，首先要抓好。但也不能只抓这个部门。只抓这个部门就会没有发展，就不能提高了。因此，其他部门也都要容许存在，给予必要的支持。

文艺创作中也存在中啊，洋啊这么个问题。人们的社会实践不一样，就有不同看法，这也是自然的事。但原则上讲，中、洋都要。拿中、西医来说，也存在中医同西医"打架"的问题。过去西医要把中医吃掉，这是不行的。所以我要为中医呼吁，中医有几千年实践，实践就是知识。中、西医不能是谁吃掉谁，而是要在中、西医的基础上创造21世纪的新医学。文学艺术也一样，无论中国的或外国的，都要考虑群众能否接受，对教育群众是否有利，创造出中国新时代的文艺。

## 提出两个文明的建设是对马克思主义的发展

根据以上观点，朦胧诗也好，比较文学也好，模糊思维也好，系统论、控制论怎样运用到文艺中去也好，所有这一些都是技术性的问题。最重要的是方针政策问题。比如说，十二大提出的两个文明的建设，就是在社会主义物质文明建设的同时，也要有社会主义精神文明的建设。这是非常重要的方针，是马克思主义的发展。现在大前提已经有了，精神文明建设方面，我们今后具体该怎么办？这说到底，无非也就是总结经验，总结人类历史的经验，总结国内、国外经验，当然也包括失败的教训。有了这样的总结，再讲具体的都好办了。文学艺术的问题，比经济问题还要复杂，规律也还要复杂，这就要大家去研究。要解放思想，把马克思主义列宁主义的普遍真理同中国的实际结合起来，这样，自然就可以从其中找出方案、办法来。听说中国社会科学院文学研究所等一些研究单位和文艺理论刊物对研究方法问题，展开了讨论，各抒己见。什么才是好的方法？我以为中央已经为我们作出榜样，就是上面讲的：解放思想，把马克思列宁主义的普遍真理同中国的实际结合起来。

最后给你们通个消息，关于思维科学开了一个会，山西又开了一个会，报上一登，大家就干起来了。干得如何，当然还要拭目以待，不过山西省社会科学院很支持，省里已经批准成立了一个思维科学研究所。两个月前才建立。他们还想办一个刊物《思维科学》。其他如黑龙江省委党校也都准备搞。这是一个攻关项目，我们欢迎文艺界有志之士来参加，和我们一道来攻关。

（根据录音整理，标题是本刊编辑部所加）

### ■ 11 月中旬

《文艺研究》在北京召开"当前文艺创作中美学思想问题"讨论会，主要议题包括"社会主义文艺的审美理想""当前文艺创作的美学特点""当前审美趣味及主要倾向"，来自全国的中青年美学研究者与文艺批评工作者 30 余人参加。

### ■ 12 月 29 日

中国艺术研究院任命王波云为《文艺研究》编辑部副主编（正处级）。

### ■ 12 月

《文艺研究》与《戏剧艺术》联合在上海邀请京、沪等地的部分剧作家、导演、戏剧理论工作者就"话剧形式的创新与多样化问题"进行座谈。

# 1985 年

## ■ 1月21日

从本年第 1 期开始,《文艺研究》刊价调至 0.82 元。封面改由曹辛之设计。开辟 "研究之窗" 专栏,目的是传递信息,活跃思想。

## 编 后

《文艺研究》在党的十一届三中全会后创刊至今,已经五年多了。它在广大读者和作者的关怀与支持下,为建设有中国特色的马克思主义文艺理论、推动我国文艺理论研究工作的发展、活跃学术空气,做了一些有益的工作,但与时代和读者对我们的要求相比,还有很大差距。当我们踏入新的一年的时候,一个伟大的改革浪潮已迎面扑来。为了跟上时代的步伐,在新的一年中,我们将在刊物原来方针、风格的基础上努力提高质量,并将注重研究新情况,探讨新问题,以及有分析有批判地研究和借鉴国外文学艺术的新理论和新经验,为开创文艺研究工作新局面而努力。

本期发表的钱学森同志谈科学、思维与文艺问题一文,从新科技革命的高度,着重强调了思维科学的研究,特别是建立形象思维学对开发、利用人类的智力,发展科学技术具有重大意义;并指出抽象思维、形象思维、灵感思维是人的三种思维形式,科学研究和艺术创作,都普遍应用。钱学森同志还对美学、文艺与整个知识体系同客观世界的关系发表看法;并指出两个文明的建设是对马克思主义的发展。钱学森同志的谈话对我们文艺研究工作有重要启示。

《当前文艺创作与道德问题》一文,对以道德问题为内容的文艺作品的得失及其理论上的原因进行了探讨。我们希望文艺理论工作者,重视在创作中日益涌现出来的这方面的问题的研究。

《艺术审美完整性之我见》《言之不足则歌之舞之》《本色表演是电影表演的最佳选择?》等文,是各抒己见的的争鸣文章。我们坚信在学术理论问题上,只有通过 "百家争鸣",才能使学术研究、理论探讨不断地向前推进和提高。

《马克思主义美学史上的一场重要论战》,评述了半个世纪前发生在布莱希特、卢卡契等人之间的一场大论战，值得一读。

本期新开辟了"研究之窗"专栏，目的是传递信息，活跃思想。我们将努力通过这个窗口，把国内外有关文艺研究方面的最新信息，传递给读者和文艺研究工作者。我们欢迎这方面的来稿，希望读者、作者帮助我们办好"研究之窗"。

（1985 年第 1 期）

## ■ 3月21日

《文艺研究》本年第 2 期发表评论员文章《评论也要自由》。同期，以"创作要自由，戏剧要创新"为总题刊发一组与 1984 年 12 月举行的"话剧形式的创新与多样化问题"座谈会相关的文章。作者包括陈颙、汪焰、薛殿杰、叶涛、胡伟民、朱颖辉、陈世雄、张应湘、滕守尧。"编者按"云："一九八四年岁末，本刊与《戏剧艺术》编辑部于上海邀请京沪等地的部分剧作家、导演、戏剧理论工作者就'话剧形式的创新与多样化问题'进行了热烈的讨论。大家各抒己见，畅所欲言，交流了信息，也探讨了戏剧创新中遇到的理论问题。"

### 评论也要自由
本刊评论员

新时期的社会主义文艺出现了空前的繁荣与发展，是在党的十一届三中全会精神指引下，实现指导思想上的拨乱反正，思想解放的成果。思想解放运动，不仅解放了艺术生产力，活跃了创作，为文艺创作的发展提供了必要的社会环境，而且也推动了文艺评论，为马克思主义文艺理论建设带来了新的生机。

当前，在经济体制改革全面展开的大好形势下，为了进一步开创我国社会主义文学艺术的新局面，胡启立同志受中共中央书记处的委托，在中国作家协会第四次会员代表大会上的祝词中，进一步明确指出："创作必须是自由的。"作家"有选择题材、主题和艺术表现方法的充分自由，有抒发自己的感情、激情和表达自己的思想的充分自由"。"同创作应当是自由的一样，评论也应当是自由的。评论自由是创作自由的一个组成部分。没有科学的、说理的、高水平的评论，社会主义文学的发展是不可能的。"评论自由与创作自由是相辅相成、相互促进的。在新的历史时期，我们的文艺评论工作虽然取得了新的进展，但是，由于长期受"左"倾错误思想的影响，前进的步伐缓慢，与文艺创作发展的客观需要相比，显得比较不足，对推进社会主义文艺的真正自由和健康发展还应有更高的要求。

创作与评论的自由，意味着"百花齐放，百家争鸣"方针的真正实行。艺术中的是非问题，应当通过平等的自由讨论、学术探讨和艺术实践去解决，而不应当采取简单粗暴的行政干涉。我们必须以马克思主义为武器，坚持实事求是原则，进一步解放思想，才能卓有成效地贯彻"双百"方针，使文艺评论和理论研究工作更加兴旺发达，文艺事业更加繁荣昌盛。

## ■ 3月

"文学方法论革新研讨会"在厦门召开，本刊李洁非与会。

## ■ 4月29—30日

《文艺研究》与《戏曲研究》联合召开"戏曲发展讨论会"，在京戏曲专家、学者、理论工作者和创作人员30多人参加会议，就戏剧改革遇到的新问题进行探讨。随后，《文艺研究》本年第4期以"探索戏曲发展规律加快戏曲改革步伐"为总题，择要发表郭汉城、刘厚生、沈尧、曲六乙、齐致翔、黄在敏、吴乾浩等部分与会者的意见。"编者按"云："1985年4月29日、30日，本刊与《戏曲研究》编辑部联合召开'戏曲发展讨论会'。参加会议的有在京的戏曲专家、学者、理论工作者和创作人员30多人。戏曲艺术如何跟上时代的步伐是社会关切的问题。与会者对当前戏曲改革中遇到的新问题进行了争鸣探讨，现将部分意见发表于后，以期能对戏曲创新有所裨益。"

## ■ 5月3日

《文艺研究》邀集在京研究自然辩证法、文艺学和哲学、社会科学其他学科的10余位学者举行座谈，《文艺研究》本年第4期发表座谈纪要。

### 关于文艺研究的"三维对话"

刘青峰、邱仁宗等

5月3日，本刊邀集在京的十余位理论工作者，就有关拓展文艺研究思维空间的若干问题举行座谈。其中有从事自然辩证法研究的同志，有研究哲学和社会科学其他学科的同志，也有专门从事文艺学研究的同志，形成了一次关于文艺研究的"三维对话"。这是一次初步尝试，问题的探讨还有待于深入，不同观点也有待于展开讨论。这对提高文艺理论的研究水平可能是会有益的。特摘要发表如下：

**培养科学精神，改变包括文艺在内的整个中国社会科学研究的落后面貌**

刘青峰（中国科学院《自然辩证法通讯》杂志社）：现在提倡自然科学与社会

科学的结合，提倡运用新方法，呼声很高。但这还不够。我以为，要提高一个层次，即要强调科学精神，强调文艺批评家科学素养的训练。

1980 年，我曾写过一则短小的笔谈《科学·文学·形式》（靳凡：《文艺报》1980 年第 9 期）。那时，主要是感觉到科学技术的汹涌潮流，不但迫使文学艺术要深刻地反映这一潮流对社会生活及人们思维方式的强劲的改变，而且它也对文学艺术的传统表现形式提出了挑战。我们的文艺创作，特别是文艺理论，对这一潮流作出什么样的反应呢？

近年来，我和金观涛等同志在中国封建社会历史、中外科学技术发展史、科学技术与经济发展等课题研究中，也努力探讨自然科学与社会科学方法的结合。在研究中，我们体会到，在研究具体问题时，不能停留在追求新方法的运用上，必须结合学科特点，进行必要的创新。而要做到创新，最重要的是要理解什么是科学精神、什么是科学规范。由于科学技术日益表现出改造自然及社会的巨大威力，人们对"什么是科学"进行着深刻的反思。科学哲学、科学社会学、科学技术史就是在人类这种反思中出现的热门学科。需要特别指出的是，越来越多的研究者注意到科学与文化背景的关系。这些问题，比具体学科方法更深入也更重要。如果一个研究者不注意在科学精神、科学素养上不断提高自己，那么，他在运用新方法时就很可能出现生搬硬套、为方法而方法的毛病。

事实上，大胆运用新方法、从新的角度来探讨社会科学，包括文艺现象，最需要的就是科学精神，以及从宏观文化背景上理解研究对象的意义。只有这样，在研究中才不会拘泥于新方法的概念和技巧，而能深入体会其精神和方法的妙处，并结合所论对象作出必要的创新。

现在，在文艺评论和研究领域中，提倡自然科学与社会科学的结合、提倡运用新方法，呼声很高。但这样还不够。我以为，要提高一个层次，即要强调科学精神、强调文艺评论家科学素养的训练。要发扬科学精神，就要提倡科学的自由的学术讨论和学术批评。不要把正常的点名、相互批评和讨论看成不正常的。也许，这是以前那种只有某某机构圈点批判名单后才敢点名的做法，留给人们的恐惧心理。科学从来不怕批评，而是在合理怀疑主义精神下不断经受各种检验。

重要的不是具体方法和技巧，而是科学精神。最后，用我喜爱的作家圣埃克絮佩里的话作结语："每一个进步教我们更远离一点我们养成的习惯。"再补充一点体会：这种与习惯远离的进步，不仅是痛苦的，而且是十分艰难的。

邱仁宗（中国社会科学院哲学所）：我们的哲学、社会科学、文艺学要改变落后面貌，必须提倡两种东西：（a）批判精神；（b）多元的自由理论竞争。

过去流行一种看法，只承认我们的自然科学与技术落后于西方，而社会科学却比人家先进。事实上情况不是这样。我们社会科学研究水平之低，要比自然科学更加落后于西方学术界。现在一开放，我们这些搞社会科学的，发现与世界的研究水平差距很大，有些基本的资料工作、社会调查工作都没有做。现在国外有些研究方法论的，已经运用了计算机技术，我们听不大懂。我们的伦理学还是讲经典的道德问题，人的行为如何符合道德，国外伦理学则研究价值论，研究各种价值的矛盾冲突和解决，并且和决策结合起来了。我们的社会科学研究很少能在决策中起作用，更多的是论证，先给你一个政策，然后叫你去论证。这样就很难与实际真正联系起来。文学界虽然也有一些好的作品，但从总体看是落后于群众和时代的。

研究科学方法论，可以给予我们两点启发。

第一是批判的精神，这对于科学是根本的东西。如果没有批判精神，科学就会变成宗教，变成伪科学。人类社会早期，巫术占统治地位，科学、文艺都是从巫术中独立出来的，这个独立的过程，就是对巫术进行各种批判的过程。马克思主义其实就是批判哲学。这是科学的精神，现代的精神。苏联过去曾在生物学方面树立了米丘林学说，在医学上树立了巴甫洛夫学说，对它们不允许批判，谁批判谁就是异端，结果是李森科等人的伪科学占了统治。我们参加一些国际学术会议，学术报告之后，主要就是提问题，作批判，这对人的思维很有帮助。国内的学术会议常常是报告完了，没有反应，这样，就不利于知识的发展。文学评论中这种批判精神也很不够，说好话可以，说缺点就受不了。我们应该坚持科学的这种传统。

第二是方法的多元化。在巫术占统治的时期，自然界和社会的许多现象都只能以所谓"万物有灵论"来解释，是迷信的、单一的。进行科学的批判，不能在一元的指导思想下等待事实的批判，需要提出新理论甚至相反的理论来补充真理，使之趋向完备，爱因斯坦相对论对牛顿理论就起到这种作用。人的思维方式、行为方式是很难统一的。特别是创造性这个东西，不能用某些规范去逼迫它，使之就范。那样就恰恰扼杀了创造性。国外的有些科学创造在发明阶段可以胡思乱想，而在检验阶段则很严格。创造必须是自由的，有了自由才会有科学的评价和选择，才会有好的东西出来，也才能真正否定坏的东西。

黎鸣（中国社会科学院社会学研究所）：文学思维必须与哲学思维联系起来。而哲学就是指导我们进行信息选择的学问，文学要创新就要进行新的综合的信息选择。在这方面，首要的是破除僵化的思维观念的桎梏。

我认为哲学也应是指导我们进行信息选择的学问。按照达尔文的进化论，生物的进化靠自然选择，后来一些生物学家发现，高级动物的进化更多的不是靠自然选择，而是靠行为选择。我认为人的初期进化也是行为选择。自从人类构造自己的社会时起，则是通过信息选择来构成历史文明的进步与人本身的进化。我们要创新，创新就是进行信息的新的综合选择。有句名言："太阳底下无新鲜事物。"这句话既对，又不对。讲它对，是说作为构成世界的最基本的东西，多少亿年以来的确就是那样。说它不对，则是说这个世界的一部分是在进化，从无生物到有生物到高级动物到人类，是从无序走向有序的。在这个意义上说存在着创造，创造是对信息的综合选择。我们应该思考创造性的问题。比如中国在近代科学领域中落后，并不是说中国人不行，而是长期的封建社会禁锢了他们进行信息选择的智力。文艺与科学一样，也是一种创造，创造就是对信息的新的综合性选择。鲁迅先生的《阿Q正传》成为传世之作，也是由于他具有一种信息选择的责任感与自由感，他笔下的形象仿佛灌注了殷润的心血。他首先打破了孔孟之道的哲学思想束缚，因此才有自由创造的可能。为了进行充分的、优质的信息选择，我们的研究观念应该走向多元化。

要把文学与哲学结合起来，文学的思考就不能停止在一些"本本""条条"上。拿"创作自由"来说，当然不会有绝对的自由，但如果只是在矛盾之间争论自由多少、纪律多少，就什么也讲不清楚。如果从系统论、控制论来看，就可以了解，自由乃是社会系统自我保护的一种机制，是保证社会作为生态系统能不断进化的机制，它的价值主要在于能保护人的创造。

无论在科学上还是在文学上，我们中华民族都要进行自己的创造。创造作为信息的新的综合选择，必须反对陈旧的、与发展着的生活相割裂的教条束缚。

### 用现代科学的认识论成果，对文艺概念、文艺观念、文艺思维方式作出反思、批判和变革

沈小峰（北京师范大学哲学系）：当前自然科学对若干范畴的研究如对称与不对称，有序和无序，抽象和形象，模糊与精确等问题，自然科学均有突出进展，这些进展形成的认识论成果对文艺研究可能是有借鉴意义的。

把自然科学的概念、方法移植到文艺研究上来，这是一个方面。但还有一些是各学科共同使用的概念、范畴，本来就是自然科学与社会科学、文学很好的结合点，比如对称和不对称、有序和无序、抽象与形象、模糊与精确，在这些方面自然科学研究有突出的进展，反过来可能对文艺也有启发作用。

如对称是古希腊就注意到的美学范畴，认为对称是美。但是现代自然科学对对称的研究结果却逐渐认为，对称是最原始的和最初级的形态。宇宙学研究表明，在宇宙大爆炸的最初时刻，宇宙是完全对称的，一片混沌，是基本粒子的海洋，夸克的海洋，无论怎样颠倒，对称的元素都是无穷多个。而世界的发展是一个从对称

到不对称、从无序到有序的发展过程。随着温度的降低、对称性事物和对称性结构减少，于是出现多样化的世界。与之相关的粒子物理学最新成果，即 W± 粒子与 Z° 粒子的发现证明了弱电统一（弱作用与电磁作用）。电磁作用的粒子是光子，是没有质量的，而弱作用的粒子是 W± 粒子与 Z° 粒子，原来也是没有质量的，经过物质演化到现在，却发现它们有很大的质量，这就出现了一种对称破缺，两种作用分开了。耗散结构理论与哈肯的协同学讲的从无序到有序的过程也都是对称破缺的过程。生物学研究生物与非生物的界限，也告诉人们区别在于生物的氨基酸分子的旋元性是非对称的。

对称是美的，但是非对称是否是一种更高的美？颐和园的长廊设计如果是完全对称的，就缺少变化。贝聿铭设计的香山饭店，建筑是对称的，但其中设置了赵无极的抽象画和非对称的冰裂纹地毯，这也有一定的美学道理。耗散结构的研究，已经由研究从无序到有序进到研究从有序到混沌，已经通过模拟找到变化的规律，认识到混沌实际是很多有序的迭加，可以用电子计算机模拟来一一找出。所以抽象画、冰裂纹地毯也许并不是完全无序，恐怕是有序的某种组合使你感到无序中有新的质的变化，这也许会引起一种新的感受。

司马云杰（中国社会科学院社会学所）：文艺观念落后，在于我们的"参考系"已变得陈旧——我们现行的文学理论体系受西方 18—19 世纪思想影响，建国后则基本按照苏联的框架凝固了下来……

文艺理论体系一旦形成就成为专业参考系，从社会学来说，参考系意味着一定环境下的对观念的界定和评价标准。从事编辑、研究工作的人都在遵从某种参考系，虽然我们也在学习，但是不能不承认，这种参考系已经显得陈旧、落后了。

怎样更新？发展着的文艺现象，作为信息载体，需要从不同的角度、不同的观点去作出解释。拿"文艺是社会生活的反映"这个命题来说，为什么同样的生活对作家来说会有不同反映？其实，在作品和社会现实之间存在着很多中间变量。作家所处的特殊社区的环境、习俗、特殊的观念、社区的发展趋势以及流行的文化概念和生活方式，都会给作家提供独一无二的创作方法，这样写出的作品才是特殊的而非一般的反映。作为一种文化形态的艺术创造，是通过了多层次的变量产生出来的。这里有作家作为社会主体的人，与自然环境关系的层次：有社会生产体制的层次，有社会组织、制度的层次，也有价值观念（包括风俗习惯、伦理道德）的层次。各个层次的变量起作用，人正是在这样的环境下与所有的事物整体构成群落，脱离了这些就说不清楚。所以，文学的理论建设应该吸收其他学科的成果。西方文艺研究有两个趋向，一个是接受文化人类学的东西，一个是接受社会心理学的东西。这应该能给我们以启发。从新的角度来解释，就可能起到更深刻、更丰富的理解。比如社会学的文化研究，不仅包括精神文化，也包括物质性文化以及制度性文化。我们说典型、个性，离不开人的社会文化的赋予，正因为文化环境的不同而产生千差万别，这个角度就比仅仅从艺术与生活的关系来考虑，要深刻得多。

俞建章（《红旗》杂志社）：我想结合皮亚杰发生认识论中有关符号学的内容，对现存的文艺研究及其思维方式谈些看法。

摹仿，是我们文学理论中使用频率很高的概念。所谓摹仿，就是在创作中用线条、色彩、语言、动作等再现客观事物。这个理论起源于亚里士多德《诗学》。强调摹仿，实际上确立了一种衡量作品艺术价值的尺度，即视其与客体是否接近、相象。一幅画，"象"便有价值，不象则没有价值。这有一定道理，但缺陷在于抹煞了主体的作用。皮亚杰也用"摹仿"概念，但这种"摹仿"是一种主体发生的概念。亚里士多德说，摹仿是人的天性，还说，人最初的知识来自摹仿。这都很深刻，但与皮亚杰比，摹仿的一个实质性内容，亚氏没发现。

据比较心理学的研究，摹仿行为并非人类才有。然而，动物的摹仿是单纯的仿效（copy）动作，亦即重复。而人类的摹仿则是推理性摹仿。其根本差别是刺激物是否在场。有人观察，一个恒河猴在吃土豆之前，先到湖里把它洗净，这个行动引起了其他猴子的摹仿。这便是刺激物在眼前时的摹仿。而人就不需要这样，皮亚杰称人的摹仿为延迟性摹仿。它发生在人类最初的思维阶段，即表象思维阶段。当儿童用一个动作表达"假装睡觉"这个意思时，这个动作就成为一个符号。所谓符号，最简洁的定义，是用一个东西代替另一个东西，这代替物就是符号。语言是符号，但符号不光是语言。儿童的象征性游戏，也是符号，是动作符号。皮亚杰对符号的论述很少，却揭示了两个极重要的问题：

一、语言与思维的发生孰先孰后，皮亚杰实际上解决了这个问题。语言作为一种符号行为，对于人类来说是发生得很晚的。在语言以前，符号行为便已发生，这就是类似于游戏的动作符号。

二、皮亚杰通过对儿童游戏的分析，提出思维的本源要到符号功能中去找，在幼儿开始做最初的象征性游戏时，思维就开始了。一切思维都要凭借符号进行。

皮亚杰实际上把思维符号分成两大类：语言符号与非语言符号，非语言符号早于语言符号。这个分析可以启发我们对艺术发展史的研究。从现存资料看，人类最早的艺术可能是舞蹈，即动作符号思维，然后发展到形象思维（绘画、雕塑）；再往后才是以语言符号为载体的竞争思维（诗、叙事文学）。

在形象思维和意象思维之间，还有一个神话思维的过渡阶段。以前我们对神话很不重视，把它等同于童话，至多视为浪漫的幻想。马克思和恩格斯对神话是相当看重的，从中获得了不少古代社会的材料。直到维柯才提出"神话思维"的概念，把它当成初期人类重要的思维方式来考察。神话发生在概念思维之前，此时人类抽象概括能力很低，便借神话作为概念的象征。如在古希腊神话中，阿喀琉斯作为"勇敢"的象征，尤里西斯象征精明，维柯称他们为"想象的共相"。随着抽象思维能力的发展，这种"想象的共相"演变为概念，而关于这个概念产生的故事，则作为原型流传下来，成为文学艺术的一部分。在国外，关于概念形成的研究成为语言学的一部分；关于原型演变的研究则是文学和心理学的一部分。这两门学科交叉便是符号学，它们的发端都与神话关系密切。

**文学即人学，而对人进行研究又不仅仅是文学的任务；自然科学和社会科学在这方面的成果，或许可以丰富、深化文学对人的理解与表现**

闵家胤（中国社会科学院情报所）：我曾把近几年报刊上发表的涉及人性、人道主义问题的争论文章找来浏览了一下，我发现，如果建立一个系统模型来分析人，许多问题就好说一些，也可避免或解决许多相持不下的争议。

我以为，人的问题不应成为禁区，而应成为科学、哲学、文学研究的重点。我觉得东西方文化的一大差别是人的地位不同。这在绘画里表现得便很明显。西方美术史上的名作，百分之八九十都以人的形象占据画面的主要空间；而中国古画，对自然的崇拜超过对人的崇拜，占据画面空间的主要是山水、树木、鸟兽，即使有人，也是如豆如蚁，当然更谈不上对人的肉体美和内心世界的表现了。

而从系统论来看，人的地位极高，是宇宙中系统发展进化的最高产物，最复杂、最精巧，功能最多，质的多样性也最充分。过去对人的研究，用还原论的方法，线性因果分析，把人的某一方面抽象出来，结果，失去了人的整体性。因此，要把握人的整体，必得建立一个多层次的等级系统模型，它大致可以有开放系统→生物体→动物→人类→社会组织成员→独特的个体这样六个层次。

根据这个系统模型，我们可以依次探讨人有哪些本质属性。

第一，从开放系统来分析，人的第一个本质属性是自私性，这是在开放系统的物理学定义里决定了的。一个开放系统，就是要把作为它环境的外层系统和相邻的同等级系统的物质能量作为一种负熵流，作为一种组织化的东西吸收进来，增加它自己的有序性、组织性，把作为熵的一类废料排出去，这样开放系统才有了向上的发展。如果根据这个层次来讨论人，则人的第一个本质属性就是自私性。而这一层次上的这种自私性是进步的，绝对必要的，没有它，根本就没有生物和人类整个的发展。

第二，作为生物体，一个单细胞里面有 DNA 作为遗传编码，能够进行自我复制，自我扩张，自我延续。遗传基因决定生物个性系统的结构和行为，起一种程序指令作用。只有遗传基因是不死的，是它在控制生命，个体生命仅是它找的某种形式而已。在此过程中，不同的遗传基因相互竞争，看谁制造出来的生物个体和群体更能适应不断变化着的环境，更能够维持自身的稳定和生存机会。可见一切生物个体都不过是基因自己制造的生存机器和运载工具，自然选择的单位既非生物个体亦非群体，而是基因。遗传基因是秉性自私的分子，但我们所谈的开放系统和遗传基因的自私性，不是一种主观行为，而是客观效果。如果一个生物的行为，它使自己获得了食物、生存空间和配偶，从而增加了自己生存和传递后代的机会，那么这就是自私行为，反之，是利他行为。只有在某些偶然情况下，生物行为才是利他的。

第三，动物相对于生物来说就是高级生命了，有了有性繁殖，亲子之爱和群居现象，有了信号语言和较简单的神经系统，甚至有了主体性和感受性。但动物仍无抗拒遗传基因的能力，仍只有自私性。说个有趣的例子，杜鹃总把蛋产在别的鸟窝里，而杜鹃雏鸟出壳时还有一种很奇特的动作——拱，往往就把别的鸟蛋拱下去了；母鸟喂食时，小杜鹃的嘴张得特大，能多争到喂食机会。可见动物的自私性已经进入其遗传信息编码。动物还懂得作伪，在其表现出的利他行为中掩盖着它长远的自私目的。这使我想起人之初性善性恶的问题。我认为人之初，性本"私"，"私"乃万恶之源，由恶又导致作伪，因为作伪才显得"丑"——这是按照我们的系统模型推导出来的。

第四，人这个层次。从系统质的理论来看，可以推导出人有其类的属性即共性。苏联库兹明等的研究成果，认为客体有三个层次的质。第一个层次是最基本和最稳定的，是物质基质的质；第二个层次是结构、功能的质，有怎样的结构，便有怎样的功能；第三个层次是系统质，易变动，较表浅，指人作为一个特殊系统的元件，有该系统赋予的质。用这个理论看，人和动物首先在结构上不同，动物没有两只手。更重要的是，人有一个高级神经系统，能贮存信息，直接进行信息变换，生产语言信息指令，因为人有另外一套信息编码结构，因而能够反抗遗传基因决定的人的那些本质属性，如自私行为。所以人经常会发生理性、良心与本能、欲望的矛盾。所以我把人定义为"有智能的社会生物"，就是说人有一只非常发达的大脑，能在那里搜集信息，进行转录、加工、推导，能在那里实行突变（动物的突变只能在一个地方开始即遗传基因那里，而人在大脑里开始突变），产生灵感，发展出科学。这都是人的能力。人还有社会性，人的社会性除了体现在国民性、民族性、阶级性方面外，还拥有作为人的共同的社会文化、意识这样的信息编码结构；有理性，有共同的行为准则，道德，法律；另外，更主要的是有共同的情感。人有社会性，决定了人能够并且需要交往和交流。人的善和良心，正是从协作、合作、交流开始的。由此，人才超出了动物，超出了他的生物遗传性，出现了高尚行为，利他行为。不承认人的共性，就是不承认人与动物的区别，不承认人类社会这样一个系统。

第五，人又是各种社会系统的基本元件，这些系统都将赋予人一些系统质。民族性、国民性、阶级性、党性和各种团体性都属于系统质。这种质是非稳定、非本质的，是人后天形成的一种社会属性，没有进入遗传信息编码，可改变。"老子英雄儿好汉"却把这种质说成是可以遗传的，这是反科学的。相反，阶级性这些质始终处于变化之中。按系统论，从一个系统到另一个系统，质必然会发生改变。鲁迅曾说人"一阔脸就变"，就是这个道理。解放后我们搞阶级改造，溥仪这个皇帝也可以改造，为什么？换了环境，换了系统，逐渐换了头脑中的信息编码结构，他的质就跟着变。

第六，前五个层次上，我们看到的都是抽象的人，不是具体的人。实际上，在人体这个复杂系统里，前五个层次都是潜在的，隐蔽的。每个人都是一个独特的个体。文学写阶级、集团的"典型"，写得不好，往往就概念化。我主张文学描写独特的个性，在个性中体现出人前五个层次的属性，比如《复活》写人性与兽性的矛盾。《牛虻》与人性和阶级性的矛盾。我们过去文学的缺点就是把阶级性强调为唯一属性，不承认人的其他属性。我希望今后文学对人的认识更深刻，更全面一些。

林方（中国科学院心理学研究所）：我认为文学研究与心理学之所以常常"联姻"，主要是因为它们重视研究人。通过心理学中不同研究派别的比较，可以给文学研究以什么启发呢？

心理学理论具有较强的科学特点。但是我们看到，近代和当代心理学研究又与文学有着较为密切的联系，象詹姆斯的"意识流"、弗洛伊德的"心理分析"、容格的"性格内倾与外倾"、萨特与加缪的"存在主义"观点等都表现出某种心理学与文学合流的现象。当代西方的行为主义心理学、人本主义心理学也都具有较强的文学、哲学背景，这是因为：心理学与文学都是重视研究人的。

心理学是怎样研究人的呢？这是否可以对文学研究有些借鉴？

第一，关于研究对象。近代心理学思潮中有两个趋向：一个是强调意动（情感、意志）的研究，另一个是强调认知。譬如冯特从感觉、表象、情感三元素入手，认为经过创造性的综合就成为意志及其反应、行为，从而达到了意志论的结论。这是构造派。接着是机能派，强调心理对环境的适应的机能，这就开始注意对环境的认知，它一方面认为对价值的认识需要思考和周密的研究，另一方面目的和手段（意动）也应以认知的结果为转移。行为主义心理学也是比较偏重于认知的，不过更注意外部因素，通过动物来研究人，如操作行为主义的代表人物斯金纳主张人的偶然性动作在先，通过进一步强化、发展，通过存在、环境的刺激、反应来观察人的心理活动，人本主义心理学又回到强调意动，因为它说求知、审美、创造本身就是人的动机，就能给人带来最大的愉快。现代的认知心理学则把信息输入看作心理活动的开始，然后根据经验对输入的信息给予评价，因此，情感是受认知支配的。

第二，关于研究角度也有两种趋向，一种是强调内部的观察研究，一种是强调外部行为的研究，撇开心理分析。在 50 年代之后产生的人本心理学、认知心理学对那种操作式的外部研究又开始感到不满，认为用来解释人的复杂心理活动，特别是道德意识、价值观念，是远远不够的。譬如人本心理学更强调人格因素的主导作用，认知心理学更强调人的认知因素对外界的反应起决定作用。

第三，在研究方法方面有元素分析与整体分析的不同。作为科学的心理学，开始总是强调元素分析，发展到后来就开始强调整体、综合。例如人本心理学将意动视为不同的层次，由低级到高级，由生理到心理，由生物性因素到社会性因素再到人的创造性因素。如何进行科学的整体分析呢？首先可以对人的整体有个模糊的描述、了解，之后再进一步研究各个部分的相互作用关系，最后达到比较精确完善的整体分析。认知心理学强调认知的整体过程，从信息输入到记忆贮库再到输出结论，来趋向目的。

从心理学发展来看，从外到内这一点可以给文学研究以一定的借鉴。如果不从外部的表现和支离破碎的心理活动，发展到内在的研究，不研究理想、目标的制约的心理活动，就会缺乏深度。所以无论文艺创作和研究都要有一个从内到外，又从外到内的过程，才能达到一定的深度。

关于元素分析和整体分析，当代的科学研究对两者都不否定，而是力图将其结合起来，并有深化和发展。在对人进行整体分析时，文学还应当重视社会发展的因素，应该对人有一个"个人、现实社会、社会发展"的三维分析。

**几年来，先后发生过两股冲击力量：一是自然科学对文学的冲击，二是文学对"旧我"的冲击。在这些冲击下，有新生和转机，也出现了新的困顿**

陈骏涛（《文学评论》编辑部）：我作为一个从事文学评论和研究工作的人，希望兄弟学科的同志能够解答我们的一些新疑难……

最近，我们社会科学院文学研究所分别与其他单位合作开了两次会，一次是三月在厦门开的"全国文学评论方法论讨论会";一次是四月在扬州开的"文艺学与方法论讨论会"。在会上,提了一些问题,都与自然科学或者社会科学其他学科有关。

这几年文学评论有所发展。刘再复同志把这些发展概括为"四个趋向"(从一到多;从封闭到开放;从微观研究到宏观考察;从外部规律到内部规律)和"七个表现"(即文艺美学、文艺心理学、比较文学、西方文艺批评流派引进与介绍、"三论"、自然科学和社会科学与文艺研究联姻、宏观研究与综合考察等七种主要新方法的兴起)。最近,他又补充提出了两个趋向:从静态到动态,从客体到主体。

有开拓、发展,必然也带来一些问题。我想把厦门会议上讨论到的一些问题介绍一下。会前,我们估计大家意见会比较一致,因为大家都要创新,这是没问题的。但是,分歧之大却出乎意料。争论之一是如何评价传统方法。所谓传统方法,即社会—历史方法。有的同志认为传统方法的主要弱点是线性的单向因果关系的思维方式。有人不同意这个说法,认为这并非传统方法自身的弱点,而是过去使之庸俗化的结果。相反,传统方法也讲辩证法,讲两点论,讲发展和动态,讲整体,并非只有系统论才讲有机整体意识。还认为马克思主义本身就包含有丰富的系统思想,只是在表述方式上与系统论不同而已。会上争论比较激烈的是自然科学与文学研究联姻的问题。这个说法是厦门大学林兴宅同志提出的。他认为,未来世界的文明基地是诗和数学的统一,最好的数学是诗,最好的诗是数学。他举例说,1980年联合国教科文组织对世界学术论文作过统计,其中六分之五的论文都是定量化、数学化的,这代表了整个世界科学的发展趋势,因此我国文学研究也必然走这个道路。与这一说法相对立的意见认为:文学活动主要是审美活动,研究作品也要通过审美这个中介,没有这个中介,就不是文学和文学评论。还有一种意见,认为文艺学作为一门科学,可以定量化、数学化,而文艺评论接触的是活生生的作品和作家,是鉴赏,那就很难定量化、数学化。总之,在自然科学与文学联姻问题上,分歧很大。

会上还对近年来一些运用了新方法的研究成果作了具体的讨论,比如在谈到某些引用系统方法的论文时,有同志认为这些文章只是换了一副系统论的外壳,内瓤还是旧的,没有提供真正新的东西。产生这些分歧的原因可能有两种。首先,一些同志自己的知识结构、思维方式还是陈旧的,因而对新方法不理解,不接受。其次,研究者对新方法尚未吃透,一知半解,处于朦胧状态,因而运用新方法时显得生硬,或者仅仅引入了一些概念,而研究本身却没有增加新的信息。

这样的状况并非文学界才有,争议是普遍存在的。但有两点我以为无须争议:一、必须进一步开拓思维空间;二、提倡方法多元化。

谢冕（北京大学中文系）：封闭打破之后，我们感到一种新的冲击所引起的痛苦，但这比惰性的自足要好得多。旧观念的变革，开放的、自由的、多元的文艺生态的建立，需要与我们自身的惰性进行不懈的战斗。

科学研究的目的，在于探究世界的奥秘并揭示其运行发展的规律。科学方法论的倡导的根基，在于促进思维科学化。最重要和最基本的价值在于培养善于科学思维的大脑，质言之，在于思维的革命。人们已经注意到方法论的发展与自然科学的发展几乎是同步的，它们紧密而不可分。科学方法的提出体现了人类在认识论上的提高与发展，科学研究方法的更新只能产生在认识的革命性发展之上。因此，我们面对自然科学研究方法的更新所带来的冲击，紧紧地要加以把握的是我们对对象的认识与把握的深化。例如，一个宏观的对文艺历史和现状的考察就是十分必要的。

现今社会正在经受着变革浪潮的冲击，整个人类文化面临着多种的选择。约翰·奈斯比特说："对于今天的艺术——所有的艺术来说，如果说有什么特点的话，那就是有多种多样的选择。这里没有占统治地位的艺术流派，没有非此即彼的艺术风格……"（《大趋势》）

对比我们这里的情况，极端的艺术教条导演下的文化专制的噩梦，还是不久以前的过去。而以单一和一律为基本标志的艺术模式，依然是最有实力的一种观念形态。观念的统一造成了研究方法的僵硬；研究方法陈旧的根源在于文学观念自身的陈旧。这就是令我们长期忍受着文化惰性的折磨的根本性原因。这一切，要是在一个与世隔绝的封闭社会里，我们自然仍会享受着自足的惬意而不会承受折磨的痛苦。我们的痛苦产生在封闭打破之后。我们发现了我们的思维方式与多样、变化的世界之间，产生了多么大的不和谐。人作为有智能的社会动物，它所拥有的目标的多元性和方法的多元性，天然地排斥走向单一的认识世界的模式，以及对于世界处理方法统一化和规格化。所谓创造，就是在科学认识论指导下的对于纷繁信息的最优选择与综合。要是只存在一种选择，那就根本谈不上创造。

自然科学的发展为人类的认识打开了新的空间。一旦社会科学与自然科学的间隔缩小，我们认识文艺的固有观念便将产生极大的动摇。我们业已面临着种种观念的挑战。

从中国文艺的现实出发，方法的走向多元，必须建立在文学观念产生变革的基础之上。文学观念的变革必然要接受人们科学地掌握世界所取得的新的成果的滋润。为此，有意识地引进科学认识论的新成果，以改变文艺现有的知识结构就显得非常必要。除此而外，我们需要认真地反思文艺的现实，反思我国文学艺术近数十年来的发展轨迹及其经验。我们需要对造成窒息的文艺历史的现实进行批判性的思考，以开放意识代替封闭意识，以创造性思维来代替教条式的僵化思维，从总体上改变现有的艺术思维方式，促进新的思维结构的出现。

高建（中国科协科学普及出版社）：现代科学的发展不仅改变着物质世界图景，而且将给人类对世界的一些根本看法带来巨大变革。自然科学奔向文艺研究势在必然，目前已经出现了"文坛争说系统论"的新态势。但我有时也会想起当年恩格斯所讽刺的……文学艺术作为人类精神活动的方式之一，它的内容与形式，必然要受到人们社会实践的深刻规定。如果说，今天科学技术已经在世界范围内对物质生产、精神生活、人际关系、人地关系、思维方式、心理结构等方面的变化产生了深刻的影响，那末，文学艺术的创作实践及其理论无疑都要随之发生强烈的变更。从近代文学艺术的发展进程来看，自然科学的许多理论学说和思想方法，都曾经对文学艺术（以及其他人文科学）发生过相当大的影响。本世纪40年代以来，随着系统论、控制论、信息论的诞生、发展及广泛运用，文学艺术的理论研究也终于获得了一种与传统思想与方法迥异的工具。诚然，自然科学与人文科学有着各自的畛域，它们的研究对象、研究方法各不相同。但是更应该看到，不仅自然科学与人文科学都是同一人类的精神活动的结果，它们的许多方面毕竟都不能不具有人类思维的本质特征，不能不遵循人类思维的一般规律，不能不诉诸人类共同的普遍的思维形式（形象思维、抽象思维、灵感思维），因而它们之间并不存在着不可逾越的鸿沟（现代科学的发展趋势，即是各门学科的相互渗透、交叉、综合及整体化）。

对未知领域的探索，是人类精神活动的一种本质特征。而这种探索又往往只能从原有的基点出发，借助于一些现成的思想工具（概念、理论和方法）。如果一旦在学科现有的概念、理论和方法，尚不足以解决问题，那末努力从其他学科借用一些工具来作新的探索，则不仅是必要的，而且也是必然的和可能的。以文学艺术的真实性问题为例。西方近几十年来，文学也好，美术也好，都强调主观感受、情绪、意念等，如何理解这一文学艺术现象？如何把握人类精神活动的这一形式？显然，仅仅依凭原有的概念、理论和方法是远远不够的了。在这里适当地借鉴一下心理学的一些研究成果等，或许就能为我们打开一条新的思路。象欧几里德几何与非欧几何对物理世界的不同刻画，可能都是真实的，这一点对于我们今天如何重新认识、把握文学艺术的真实性问题，是否可以有所启发呢？

文学艺术的理论研究如何借鉴自然科学的概念、理论和方法，我没有实践经验，也没有作过认真的思考，讲不出什么意见。但我记得恩格斯当年曾经讽刺那些追求时髦的人，因为哲学一时"吃香"了，就连妇女化妆用品的商业广告也要冠以"用最新哲学成果试制成功"之类的辞句。中国理论界过去有一哄而起的恶习，也有辨风向、看行情的弊端。如今"满城争说系统论"，是好事，但也要防止为赶时髦而生搬硬套。

**用系统论来指导研究工作，这是近年来文艺研究中的一个显著迹象，如何估价？如何搭起一座认识的"新桥"？**

魏宏森（清华大学社会科学系）：从古代的系统思想，经过马克思的辩证唯物主义，到现代"三论"，可以找出一条系统观的人类思想史线索。系统观指导系统论，系统论中包括指导自然科学、社会科学（包括文学）研究的一般方法论，应广泛加以运用，我认为这是顺理成章的。

我的主题，是探讨一下系统论引入文艺研究的可能性。

作为一般的原来意义上的"三论"（系统论、控制论、信息论），我始终认为它们是科学而不是哲学，尽管也会有哲学思想在内。比如，贝塔朗菲的一般系统论，包括数学的系统技术和系统哲学两个方面，有哲学意义但不等于就是哲学。特别是信息论和控制论，它们主要是科学，但现在国内把它们当成一种哲学来谈论，当成马克思主义的现代哲学形态来谈论，这一点我不赞同。但可以用辩证唯物主义为指导，把"三论"的基本概念、思想引申到哲学高度，改造成哲学范畴，这个工作可以做，也应该做。我认为，系统、信息、反馈这些科学概念，不能直接拿来生搬硬套到其他研究中去，而应象列宁讲的，科学的概念要上升为哲学范畴，作进一步的引申；同时，我认为，还可以把"三论"作为一种科学方法上升为一般的学术研究方法，而不只局限于自然科学。

我们今天研究"三论"，已经不同于维纳、申农的研究。在80年代，我们的研究水平应该超过40年代的水平，应该有一个更高的角度，按照钱学森的说法，即把系统科学的台阶同马克思主义哲学的台阶搭在一起，进行综合，把"三论"综合成一种新理论。钱老的提法是把它综合成新的系统论。这个系统论与贝特朗菲的系统论不同，已把后者的内容分解了，把这种系统论当作马克思主义与系统科学联系的桥梁。我同意这个观点。现在有人把系统论同马克思主义对立起来，用"三论"代替马克思主义。这不对。研究"三论"并不意味着取消马克思主义，而是在某种意义上对辩证唯物主义的深化和具体化。"三论"的许多东西本身就属于辩证思维。

我认为既然文学的研究对象是系统的，就可以去研究它的元素、要素及有机整体的关系。现在西方很多学者认为，系统论是对笛卡尔分析方法的否定和批判。近代科学受笛卡尔思想影响那么深，文艺学就没有吗？我看我们文艺的主导理论还是体现了笛卡尔的分析主义。系统论着重研究结构，关系，整体，研究信息反馈，提供了一种新的思维方式。文艺上也完全适用。但我想强调，系统科学的概念未经哲学的引申，不好简单地照搬在文艺研究中。系统论有一个主要观点，认为部分的组合将形成新的整体，这个新整体就会有新的功能，用苏联人的概括，叫作出现新的质，这就是"系统质"的概念。我注意到，林兴宅同志引用了这个概念，这很好，但应深入理解它。"系统质"不是哪几个关系的简单凑合，而所出现的新质，是从原来那些单独要素中找不到的。所以，运用系统科学的概念和方法，一定要对这些概念和方法有一个哲学的分析。

金开诚（北京大学中文系）：在方法论方面，目前新说竞起，运用新方法也有深浅的不同，我不想一一论列，只想简单说说我对系统范畴方法的一些粗浅看法。

系统范畴的方法（即系统论、信息论、控制论），虽然也是方法，但却不能与其他方法并列，而应视为一种超乎各种方法之上的、具有统率与指导意义的方法，所以不妨称之为"超方法"。过去，只有唯物辩证法据有这种地位。现在，唯物辩证法的地位并没有改变，但在唯物辩证法与各种具体方法之间，应该增加一个层次，就是系统方法。唯物辩证法具有最一般、最普遍的指导意义，而在每一个具体的、有限的认识过程和创造过程中，唯物辩证法就要具体化为系统方法，以便把这个认识过程或创造过程变为一个"控制系统"，才有利于最为有效地取得预期的效果，达到预定的目的。

应该说，系统范畴方法论的一些基本观念，如目的观念，结构、系列、程序的观念，信息观念，优化与最佳方案的观念，模式与模拟的观念，以及反馈的观念等，都不仅仅是对自然科学工作者和工程技术人员有用，而是任何现代人从事任何工作都必须具有的，研究人文科学当然也不例外。但是，系统论又不能替代完成任何一项工作所需要的真知实学真本事；它乃是一套方法，其作用在于使需要运用的真知实学真本事能够最为充分而有效地发挥作用。

系统论在文艺研究中的作用，主要有以下几项：

一是使研究对象序列化（当然有各个层次的序列）。序列化的好处是克服过去研究工作中的片面性和不完整性；也使各个课题的研究有机联系、互相促进，使研究的整体效果大大超过各个课题研究效果的总和。

二是使研究过程信息化。信息化既意味着广泛运用各种信息（方法、理论、知识、资料等等），也意味着对各种信息严加选择，精密处理；使信息真正为文艺研究所用，而不是把文艺研究变为没有自己的目标和特色的大杂烩。

三是使研究方法最优化。也就是准确使用一种或多种方法、一种或多种知识，分别解决各个具体课题，并且形成有典型意义的模式，再在推广中实现模拟和发展。在这过程中，特别要注意的是：除了有几种方法和知识（信息）可以系统用于文艺研究之外，对于大多数方法和知识（信息）来说，只能择其有用的因素而用之，以解决一些特定的课题。文艺研究决不能削足适履，放弃了自己所应有的目标与特色，而去迁就某种理论与方法的完整性。为了做到这一点，就必须加强系统论的"超方法"指导作用。试看在一项系统工程中，往往需要用多种学科的理论和知识来解决各个问题，该用物理学解决的问题就无法用化学、生物学来解决。系统工程只是准确地使用各种学科，而决不会使自己迁就于某一个学科。文艺研究的道理也是一样的。但现在文艺研究中已出现削足适履的现象，这在技术工程中是不可想象的，因为技术工程的成果是物质化的，要造登月飞船，那就要完成登月的目标，并且实现安全回收，容不得半点差错，没有似是而非的余地；相反，文艺研究的成果则是意识化的，暂时还没有科学的验收标准，因此在一段时间内就有可能故弄玄虚，似是而非，但终究是经不起考验的。

四是使研究成果实现反馈。这是过去文艺研究中最薄弱的环节，无论研究的结果多么脱离实际，不起作用与没人理睬，仍然还是照老样子"研究"下去。在系统方法的指导下就要重视反馈信息，并真正据以改进研究工作，结合序列与方法的改进，实现良性循环。

我认为在运用各种方法时，要注意以下各点。

（1）联系与反联系。运用任何一种新方法研究文艺，都是学科、方法或知识之间的一种新的联系，新的联系会产生新的意义与成果，这是创造学上的法则。但是，成功的联系必须以反联系为前提。比如用系统论于文艺研究，若是整套生搬它在技术工程中的运用方式，必如方枘圆凿，格格不入。文艺心理学、文艺社会学也决不是心理学、社会学与文学艺术的简单拼凑。比较文艺学若只是简单地比比异同，也得不出什么有意义的结论。诸如此类的运用，都要对联系的各方进行精密的反联系，分别提取其真正有用的因素或成分，才能"化合"而成一种新的学术成果。目前在新方法的运用中，已经出现了反联系不够精深的倾向，于是联系也不免生硬。注意信息不妨狼吞虎咽，而运用信息则必须细嚼慢咽——就是通过精密的反联系实现精密的联系，这才是创造学法则的完整表述。

（2）要引进也要创造。现在似乎已有一种牢固的观念，即一切新方法、新理论都只有从国外引进，而引进之后就必能解决问题。这是在"洋""新""有用"三者之间划上等号，恐怕不一定是事实。由于历史造成的原因，目前引进一些国外的新方法、新理论确是必要的，今后也应注意新的信息。但在引进的同时却要致力于创新。而在中国的传统文化中，同时也确有许多大可探究的奥秘，其中也不乏方法论的表现（或者说是因素、萌芽）。例如中国传统美学与艺术论中即有许多"不可翻译的概念"，这些概念又是古人用独特的方法概括出来的；因此既可以从理论上研究，也可以从方法上研究。由于这种理论和方法与传统的创作经验、欣赏经验血肉相连，所以深入研究也可能较为有效地解决中国文艺创作、文艺研究中的实际问题。当然，创造之道决非一端，这不过是举例而言。我对国外的理论和方法所知甚少，也不大会用；倒是对外国学者用以想事的方法颇有兴趣，他们何以总能花样翻新？哪怕热闹一阵终于过时冷落，却又总在文艺创作、文艺研究中留下若干痕迹？

（3）重在实际效用。系统论最讲目的性。现在有些文艺研究却似乎目的性不明，看了以后令人心里嘀咕："就算你说的都对，那又怎么样呢？"研究性文章总要从理论与实际的结合上解决问题，讲点实际效益。假如把文章写成时装表演中的有些服装那样，根本不能穿了它去挤公共汽车，把该办的事都耽误了，岂不是很大的浪费？

（4）要开展社会调查，以至于做点实验。迄今所见的文艺研究文章，都是通过感受、联想、想象和推理写出来的。在研究工作中，这些基本的能力当然一定要用，但仅靠这些来写文章却又不够。比如文中说某某作品"必然产生深刻影响"，这判断实际只是想当然耳。又比如说某某作品"给人以巨大的思想教益和艺术享受"，但实际上只是论文作者本人感到如此，别人情况如何却不知道究竟。所以仅靠推理不能得出真正科学的结论，还不免出现种种套语；必须结合社会调查，取得实况反映和一定的数据，才能使研究结果有点科学性和群众性，不至于既脱离创作者，又脱离欣赏者。

刘烜（北京大学中文系）：引进系统科学的观察方法，拓展了我们的研究视野，思维空间；同时迫使我们调整知识结构。这样，通过新方法的"桥梁"可以得出新的结论。

就我所见到，系统科学方法的引进有几个特点值得注意：

一个是从整体原则看文学，促进文学观念的革新。系统理论对马克思主义的辩证唯物主义是有发展的。譬如物质概念，可以用系统的客观存在来说明它的存在方式，同时又是与其他系统发生着联系的，这对原来的物质概念就有发展。过去，文学理论研究的对象只是作品，按照系统理论就应该研究作品、作者、读者，还要考虑一定社会环境的联系。这样，视野就广阔了。

第二，改变单纯从线性因果联系的考察问题办法。我们现在通常讲文学，是讲内容和形式，象切西瓜一样，但是讲到艺术风格时就不好讲了。文学体裁按诗、散文、小说、戏剧等来分类，但是有时小说中也含有诗的因素，戏剧的因素，这就需要综合的研究。系统理论还重视学科之间的渗透，这样就可以开拓新的研究领域。

学科的发展，也必然要与心理学、人体学、思维科学等学科发生交叉，否则问题就认识不清楚。譬如"文学是什么"的问题，过去只是从创作的内容考虑，实际上，人反映世界的方式是多种多样的，而且谈到反映，必须要考虑人的主体因素。我们在传统上比较忽视对思维的研究。但是，在我国古代重视形象思维的感受、形象思维的过程特点和艺术风格的分类，这是一个长处，值得继续挖掘。

第三，应该改善文艺理论研究者的知识结构。任何理论性的阐释及其结论，总是因阐释者的知识结构不同而不同。文艺理论要实现有所突破，应该有与之相适应的知识结构，要扩大到其他学科的领域。否则，引进新的方法也只是搭积木式的搬用。千万不要用材料来论证方法，而是要用新的方法来解决问题，获得新的成果。

## 8月2日

林元等编委向文化部部长朱穆之汇报工作。朱穆之认为，《文艺研究》办得严肃、认真，没有去赶浪头，站得稳，起点高。他指出，文化部对全国文化工作指导不够，没有起到领导作用，提倡什么，反对什么，不够鲜明，其中原因主要是理论研究不够，今后应该加强理论研究，《文艺研究》应该发挥更大的作用。

## 8月6—13日

《文艺研究》和黑龙江省艺术研究所在哈尔滨市联合召开"戏剧理论讨论会"。随后，《文艺研究》本年第6期发表阿甲（书面）、陈白尘、陈颙、杜清源等人根据会议发言整理的文字。"编者按"云："本刊编辑部和黑龙江省艺术研究所于8月6日至13日在哈尔滨市联合召开了'戏剧理论讨论会'。著名戏剧理论家张庚和著名剧作家陈白尘等参加了会议，并做了重要发言。著名戏剧艺术家阿甲向会议发了贺信。与会代表结合戏剧艺术的现状，围绕戏剧艺术的创新和改革，站在理论与美学的高度上进行了探讨。对其中一些发言，本刊将选择陆续发表。"

## 10月14—20日

中国艺术研究院外国文艺研究所与华中师范大学在武汉联合召开文艺学方法论学术讨论会，来自15个省、市、自治区的文艺理论工作者140余人参加会议。本刊柏柳与会并发言。

## 12月23日

《文艺研究》稿酬确定为每千字18元。

## 12月

《文艺研究》编辑部向国务院学位委员会申请文学（艺术）、编辑学硕士学位授予权，指导教师为林元、柏柳、姚振仁、张潇华。

# 1986 年

■ **1月14日**

《文艺研究》稿酬调至每千字 20 元。

■ **1月21日**

从本年第 1 期起,《文艺研究》刊价调至 1.10 元。

■ **3月18日**

钱学森给林元、王波云回信,同意来《文艺研究》编辑部座谈。

林元、王波云同志:

我在 2 月 24 日复过您们 1 月 29 日的信,说我没有什么东西可以到编辑部去讲。现在读了您们寄来的《文艺研究》1985 年刊物和今年第 1 期后,有所启发,想还是可以讲讲"美(文艺理论)和社会主义文艺学"。这个题目您那里可感兴趣? 文艺理论在括号内,因我并不在行,我是讲讲什么是美和社会主义文艺学来为研究文艺理论提供点线索。

如您愿意听,可安排在四月份。具体日期定了后,请于十天前打 663·xxxx 电话与涂元季同志联系。

此致

敬礼!

钱学森

1986 年 3 月 18 日

■ **4月18日**

钱学森在《文艺研究》编辑部座谈,其发言随后以"美学、社会主义文艺学和社会主义文化建设"为题,发表在《文艺研究》本年第 4 期。

# 美学、社会主义文艺学和社会主义文化建设

钱学森

美学、文艺理论、文艺学和文化建设，这四者，再加上人类知识最高概括的马克思主义哲学，从建设社会主义精神文明的意义上说，可以构成系统，它们各自属于或抽象领域，或具体领域，或理论性强，或更接近实践，或范围宽些，或范围窄些。从科学体系的层次来看，美学属哲学层次，文艺理论、文艺学属基础科学或应用科学层次，而文化建设属直接改造客观世界的技术层次。从我们国家和人民的奋斗目标来看，它们都是很重要的科学研究和建设事业的方面，都将为社会主义精神文明建设做出巨大贡献。因此，我们要予以重视，加以深入研究。抱着这样的心情，过去我曾在这些方面讲过一些意见，现在想借此机会，再谈一些看法。当然我对文艺理论没有研究，在这里只能暂缺，请行家们来补上吧。

## 一、我们的眼光要看到21世纪

眼界不同，对问题的认识以及得出的结论也会不同。因此，我首先要讲讲我国历史的过去与未来，作为我们探讨美学、文艺学和文化建设的出发点。

最近开了六届全国政协四次会议。在会上，政协委员们都认为我国现在形势的确非常好。我们国家蒸蒸日上，我们改革的成就引起了全世界的注目，我们的前景是光辉无量的。许多西方人也看到了世界发展的大趋势，看到了中国、亚洲、东方了不起的势头。我们为这个大好形势感到高兴，同时要看到还存在很多问题。更重要的是要从历史唯物主义的角度来认识社会历史的发展。

讲历史、人类历史可追溯到很远很远。人类从蒙昧时代慢慢进入野蛮时代并向文明时代过渡，一个里程碑是一万年以前所谓新石器时代。这时开始有了农业、畜牧业。我称之为第一次产业革命。因为这时人类谋生方式起了大的变化，从打猎、收集树上地上能吃的东西，变为自己来种地、养牲口，自己控制生活的来源，开始了能控制自己命运的历程。随着生产的发展，人类历史从原始公社进入到奴隶社会。大约在三四千年以前，出现了商品生产和商品交换。我称之为第二次产业革命。这时社会生产、社会经济、社会组织等方面又一次发生质的变化。有了商品交换，生产者就不光是为自己的消费而生产了。到了封建社会，商品生产就有了更大的发展。

中国历史进入封建社会以后，一个突出的特点就是封建时期延续非常长。最近有的历史学家把中国的封建社会划分为两个时期——唐朝以前和唐朝以后。唐朝以后我们的封建制度进入到租佃制的时期。这一发展，就使中国的封建制度非常稳

固，中央集权有了更牢固的基础。这与欧洲的封建制国家不同，它们多是分散的小王国。由于中国的封建制度非常强大、非常牢固，所以资本主义在中国很难萌生。16、17世纪西欧的资本主义就发展起来了，到了18世纪后半期出现了工业革命。我把它叫做第三次产业革命。这个时候，中国正是明朝后期，出现了资本主义的萌芽，但是这个萌芽在明末就被压下去了。新生的资本主义因素在中国没有成长起来。

在明末以后，知识分子感到封建的一套难以搞下去了，但又看不到出路，感到没有希望。于是出现了感伤文学。文学名著《儒林外史》第五十五回《添四客述往思来，弹一曲高山流水》中的一首词，最后的几句是非常消极的："从今后，伴药炉经卷，自礼空王。"意即人世没有意思，干脆炼丹去，逃避社会现实。到了清朝，越往后发展，越暴露出封建制度的腐朽性。知识分子中出现了叛逆的情绪，产生了一些批判揭露性的东西。可是，皇帝老爷一出来镇压，就把好些知识分子赶到考据学、古书堆里去了。

1840年，鸦片战争后，中国渐渐沦为半封建半殖民地社会。民族存亡到了紧急的关头，一些仁人志士在1898年发动了戊戌政变，但失败了。1911年辛亥革命成功了，但是不彻底，不能真正解决中国的问题。1919年爆发了五四运动，求救于德先生、赛先生——民主与科学，但是政治方面还是不清楚。过了两年，直到1921年中国共产党成立了，才真正找到了方向。可见，从明末时看到问题到真正找到出路，即从1630年到中国共产党成立，花了将近300年的时间。接着又经过了28年到1949年，取得了新民主主义革命的伟大胜利，成立了中华人民共和国。共和国成立后才真正开始迟于西方200年的产业革命。在这之前，我国虽有一定的工业力量，但不属于第三次产业革命的范畴，因为说不上有大工业。真正大工业的建立还是建国以后的事情。这就是中国近代史的曲折过程。

那么，是不是我们成立了中华人民共和国又搞了一段建设，我们就已经认识到如何来建设社会主义了呢？还没有。我记得60年代初毛泽东同志曾接见一位英国贵宾，那位贵宾总问："你已经搞了这么多年社会主义，应该知道如何建设社会主义。"毛泽东同志回答说："还不能说已经知道如何建设社会主义了。"我觉得这是实事求是的。后来搞乱了，不对了，搞错了。党的十一届三中全会后，又经过三年的实践特别是农村政策，到了1982年9月，党的十二大才总结了建党以来成功的经验与失败的教训，真正找到了建设有中国特色的社会主义的道路。我们党是1921年成立的，花了61年的时间，才走上了通向未来的正确道路。找这条路是多么不容易啊！我们党已确定了到2000年的国家发展的宏伟目标。我们有信心达到这个目标。外国人也说：中国人翻两番的目标不但能够达到而且可能超过。如果能这样发展下去，到建国一百周年时，我国就要接近或达到当时世界的先进水平。对于这个前景我们脑子里应该想一想。我们不要老是看到周围疙疙瘩瘩的事不少，看不到这个大局。否则，你就会抓不准历史的脉搏。

我之所以要讲我国历史的发展，中国曾经是从明末时期的毫无希望、没有出路、痛苦极了的状态下，经过曲折的道路，到十二大才真正摸清了我们建设社会主义的道路，而这个道路又经过这几年的实践证明是正确的。讲要看到 21 世纪，我们建国一百周年时的光辉前景；是因为这与我们要讨论的美学、文艺学和文化建设有密切的关系。这就是说，我们千万不能用老眼光来看问题，既不能用过去的眼光，也不能用短浅的眼光来看人民最近、将来的文化需要以及长远的文化建设。什么是我们人民现在以及未来需要的东西，是我们应认真研究的问题。我们搞文化建设，搞文学艺术，搞美学、文艺理论，不看到 21 世纪，没有这个眼光，就会迷失方向。

**二、什么叫美**

为什么要从这个根本问题开始？道理很简单，是为了要找到科学的理论，就要从美学这门哲学开始来看看我们的文化建设和文艺学的一些重要问题。

我们的社会主义建设要有科学的理论指导才靠得住。这个理论就是马克思列宁主义、毛泽东思想。什么叫科学？科学不是凭空想出来的，是经过实践证明的理论，是从客观的事实，历史的经验教训总结出来的东西。马克思主义哲学、马克思列宁主义、毛泽东思想是从实践总结出来的理论。党的十一届三中全会大大发展了这种理论。我认为，没有什么比这更高明的理论。

关于文化问题，马克思列宁主义、毛泽东思想有很多精辟的论述，许多基本的原则至今仍有着指导的意义。我们的许多同志就是根据马列主义、毛泽东思想来认识、思考我们的文化和文艺问题的。比如，对于文化和文艺，首先要明确我国文化的性质。这次政协会议当中，姚雪垠同志有个发言很好，他讲了三条："第一，我们所发展的是以马克思主义为指导、社会主义性质的革命文化，这一点不能有丝毫的含混。我们既反对封建糟粕的重新泛起，也反对资本主义腐朽文化的侵蚀，同时还防止'极左'教条的重新抬头。第二，我们的社会主义文化应植根于深厚的民族土壤，既是革命化的，也是民族化的，我们反对复古的倾向，而重视继承和发展民族文化的精华。反对民族文化的虚无主义，也反对盲目地学习西洋。第三，我们的文化是面向大众的。文学艺术应表现为大众所关心的题材，采取为大众能接受的文学艺术形式，培养大众健康的鉴赏趣味。反对以赚钱为目的，将低级的、庸俗的、粗制滥造的所谓文艺作品迎合群众中的落后的趣味，美其名曰为人民服务。"我认为第一条是明确我们总的要求。我们是建设社会主义的文化，当然应如此。第二条，既然我们搞的是中国的社会主义，就是要有中国特色的社会主义的文化。我们的文化、文艺不能离开中国这块土地，完全移植外国的是不行的。何况我们中国几千年绵延不断的文化是世界上少有或没有的。我们中国从不间断的悠久的文化，有自己的特色，这是值得骄傲的。当然，对传统的文化也要分析，不能全盘肯定，但也不能全盘否定。过去说是封建地主阶级的文化，就要大批，就要反对，这就简单化了。有些传统文化从前是为封建地主阶级、帝王将相服务的，可以从某种意义上转为为劳动人民服务。为什么他们从前享受的东西我们现在不能享受？现在许多人民喜爱的风景园林、名胜古迹，在过去不都是为封建地主阶级服务的吗？问题在于对过去遗留下来、传下来的东西，我们要加以甄别，看看哪些是属于我们还要继承和发扬光大的。第三条"是为人民大众的"，这也是理所当然的。因为我们是社会主义国家，我们的文艺、文化是为人民服务的，面向的是全体人民而不是哪一部分。这个思想早在四十多年前毛泽东同志《在延安文艺座谈会上的讲话》中就已经讲了："我们的文艺是为劳动大众的。"邓小平同志 1979 年 10 月 30 日在《中国文学艺术工作者第四次代表大会上的祝词》中也说道："我们的文艺是属于全体人民的。"而且还说："我国历史悠久，地域辽阔，人口众多，不同民族、不同职业、不同年龄、不同经历和不同教育程度的人们，有多样的生活习俗、文化传统和艺术爱好。"这就指明我们的文艺要为不同的对象服务。

人民的各部分对文化、文艺的兴趣、爱好是不同的。这就和美学的基本问题挂起钩来了。因为一些重要的问题，要追溯到美的理论。我不是美学家，也不是哲学家，但对美学有浓厚的兴趣。最近看了今年第三期《文艺研究》发表的三篇文章：邹士方、王德胜的《朱光潜晚近美学思想评述》，涂途的《蔡仪美学思想的新发展——读〈新美学〉改写本》和梅宝树的《再谈李泽厚的美学思想》。这些美学家对美、美学有各自不同的看法，应该允许百家争鸣。若是要问我，什么叫美？我以为，美是主观实践与客观实际交互作用后的主客观的统一。这就要联系到人、人的意识或精神与物质的关系问题。我认为，马克思主义哲学已经科学地回答了这个问题。我们搞准了精神与物质的辩证关系，就不会错。

西方一些学者，不是偏向唯心论，就是陷入机械唯物论。机械唯物论不承认人、人的意识、主观的作用。这方面，西方的行为主义的心理学是最突出的例子。行为主义心理学就是机械唯物论。现在公开地打出唯心论的旗帜已不行了，就常常主张二元论：有物质也有精神。在西方，持此观点的科学哲学家很多。英国鼎鼎大名的所谓科学哲学家波布尔爵士直言不讳地说他就是二元论者。

我们是辩证唯物论者，认为物质是第一性的，精神是第二性的。我们承认物质是第一性的东西，但没有忘了还有精神的东西，没有忽视精神的反作用。从这一基础出发，美是主观实践与客观实际相互作用后主客观的统一。我们的创造达到了这点就叫美。从这个观点也可以解释，为什么美的爱好、艺术的爱好会不一样，这是因为主观的实践不一样，人和人的实践不一样，包括不同民族、不同职业、不同年龄、不同经历、不同教育程度、不同生活习俗、不同文化传统……不说知识分子与体力劳动者的实践不一样，就是每个知识分子的实践也不见得都一样。你认为美的东西他不一定认为美。人们的艺术爱好、艺术感受是千差万别的，这是我们在建设社会主义文化时，要认真加以考虑的。我们不能象唯心主义那样，采取我认为什么美你就得合乎我的标准这种态度。以少数人认为是美的作为标准要大家来接受，不顾及多数人的审美要求，这是不对的。我们的文艺是为全体人民的，人民又是各式各样的，因此，我们的文艺也是要多种多样的。

当然，要真正把美这个问题搞清楚，归根到底，就与思维科学有关。而思维科学与模糊数学有关。我最近与北师大数学系汪培庄教授交谈，学了一点。这是因为美离不开形象思维，而形象思维是活的，不能"死心眼儿"，活就是模糊，模糊了才能活。但据汪教授讲，模糊科学的研究，目前仅仅是开始。因此，要用模糊科学解决思维科学问题，现在为时尚早。而思维科学要真正发展了，才能用它来解决美学的问题。这儿有好几个层次的问题，不能性急。现在有一些同志把问题看得过于简单，好象系统论（控制论、信息论）、模糊数学、形象思维、思维科学、美学，一、二、三、四，一下子就能搞成，没有那样容易啊！

美学的研究非常重要，因为它是文艺的哲学概括，文艺的哲学。这个问题不解决，不搞清楚，我们就不能正确看待我们社会主义的文艺及其发展。从美学的角度，我们看到人们对美的要求、感受并不一样；而且人们的美感又是随时代的发展而发展的，不仅要看现实的情况，而且应看到 21 世纪。这样来考虑如何推动我们的文艺和文化工作。从现实来看，我们受着历史遗留下来的种种影响，我们国家从全体人民来讲，刚刚摆脱了贫困，正在往小康水平发展；从未来看，我们还要争取到建国一百周年时，进入生活水平很高的高度发达的社会主义社会。而时间只有64 年，这就不能再走大弯了，一定要先把问题弄清楚才好。

要完成这个光荣而艰巨的任务，需要各条战线的人们共同努力。因此我觉得：第一，美学的研究是非常重要的理论基础，这不光是学术问题，是关系到我们国家社会主义建设的问题；第二，因为人民的美感是各式各样的，我们要下功夫了解人民的现状，要做调查研究，千万不要主观想象人民的爱好。而且人们的爱好总是在变化的。比如北京的音乐厅是专门演严肃音乐的，现在很受青年的欢迎，而仅仅两三年前却因为年轻人不太接受它，演出不怎么叫座。现在情况变了，音乐厅的票就很难买到。再比如现在的工人、农民、知识分子和建国初期的工人、农民、知识分子也不一样了。从前农民将财神爷供着，现在农民把知识分子当做"财神爷"。新华通讯社的冯东书说（《中国农民与中国未来》，《农村发展探索》1986年第1期）："勤劳憨厚、逆来顺受的中国农民，并不代表先进的生产力，但是今天却在全国的历史性社会大改革中充当了开路先锋，以致改变着中国的面貌。这是过去所没有想到的。"事物在变化，我们就要认真地做调查研究。这里也提出了一个任务，就是要研究马克思主义的社会学。我们搞文化、搞文艺要真正了解我们的对象究竟是什么样的人。总之，我认为要根据这两条来制订如何使文化建设达到世界瞩目的水平。

### 三、社会主义文艺学

《简明社会科学词典》（上海辞书出版社1982年版）说："文艺学是系统地研究文艺的各种现象，从而阐明其基本规律及基本原理的科学。是社会科学的一个部门。它是近代才较为完整地形成的，在发展过程中逐渐分为三个独立的部分：文艺理论、文艺史和文艺批评。"

我在这里说的社会主义文艺学是一门应用社会科学，不是基础社会科学，不是辞典上所述文艺学的三部分内容，而是讲在社会主义社会中，特别是看到21世纪的社会主义中国，文学艺术活动在社会中的结构和体系。这个想法我在1982年的一篇文章《我看文艺学》（《艺术世界》1982年第5期）和后来又在《研究社会主义精神财富创造事业的学问——文化学》（《中国社会科学》1982年第6期）一文中提到它。我这个"创新"引起了一些同志的质问，但我现在还不想改，因为我认为我们的社会主义需要建立这样一门社会科学。至于"经典意义"的内容，可以归入"文艺理论"的科学门类中去。

我讲的这门文艺学考虑到人们文艺活动的各个方面。我们要把古今中外的好东西统统吸收进来，以适应我们将要大大丰富起来的生活的需要。但是有一条，必须是有利于社会主义建设的，必须是有利于中国的社会主义精神文明的建设，而不是其他。根据这个认识，我们来研究、建立这门学问——社会主义文艺学。

对于文艺学的问题，我想讲两点意见。第一点是关于文艺的层次。对美的感受，人和人不一样，因此，文学艺术不能单调、划一，要有层次。其实这一思想毛泽东同志早在延安文艺座谈会上讲过。他指出，有人民大众接受的普及型的文学艺术，也还有提高型的。并举例说乐曲中群众能接受的叫"下里巴人"，高级的叫"阳春白雪"。毛泽东同志还说，不能光有"下里巴人"没有"阳春白雪"，也不能只有"阳春白雪"没有"下里巴人"，普及与提高都得有。也就是说，大家都能接受的你要有，但你也要想到怎样使大家的审美趣味慢慢能提到更高一级的水平。

对于文艺的创作和文艺的欣赏，分层次这一点要强调。到底大概要分几个层次？"下里巴人"，"阳春白雪"，是否就这两个层次？我作为业余爱好者觉得不止两个层次，还有一个最高层次，即表达哲理性的世界观的层次。属于这一层次的文艺作品的美感在于它与你的世界观合拍，你就感到好、感到美。这在文学艺术中有不少的例子。如唐代大诗人李白在生命最后一年写的一首长诗《下途归石门旧居》中，总结了他的一生，说他如何看当时的世界，其中有"如今了然识所在"。这就表达了他的人生观、世界观。"向暮春风杨柳丝"这句话寄托了他的感情，实际上也表达了他的哲理。再说宋朝女诗人李清照的《夏日绝句》："生当作人杰，死亦为鬼雄。至今思项羽，不肯过江东。"这四句就是李清照的人生观、宇宙观。音乐的哲理性更明显。勃拉姆斯的四首庄严歌曲就富有哲理性。贝多芬的第九交响乐宣扬的是他的理想——世界大同，这也完全是哲理性的。可见，文艺有一个最高的层次即哲理性的层次。文艺分几个层次这个问题要研究。只有一个层次是不行的。可是，我们现在有些管文艺的，只重视一个层次，这就不利于文艺的发展。要是文艺没有人民大众所能接受的东西那是错误。但是文艺还一定要有高层次的东西，而且高层次的东西要予以支持。因为高层次的东西常常销售率、卖座率不高，不能"自负盈亏"。

第二个意见是关于文艺学的结构问题。文艺学从横向来看，到底分几个部门？我以前说分六大部门，现在看来不够，要多加几个部门：1. 小说、杂文。2. 诗词、歌赋。3. 建筑。4. 园林。过去把园林放在建筑里面，使得这门中国独特的传统艺术得不到发展。园林还可分为盆景、窗景、庭院、小园林、风景区、国家公园等。5. 美术。包括绘画、造型艺术。工艺美术是否可归入还可研究。6. 音乐。7. 技术美术。这是一门新兴的学科，即工业设计与艺术相结合。8. 综合艺术。包括戏剧、歌剧、电影、电视剧等。9. 烹饪。法国文化部在前年表示要建立第三文化，他们不但把工艺美术放到文化中，也要把烹饪放到文化中。我国的烹饪艺术更丰富，除了常说的菜饭点心外，还有别具一格的素餐，以及养生的药膳。烹饪也是生活美的需要，要与处境所融合。晋人句："寒夜客来茶当酒。"所以，应列入文艺学中，成为一个门类。张庚同志说能不能再加上缝纫？我看可以，就叫服饰，也可扩为服饰美容，可成为第十个门类。服饰确实是个很重要的方面。我们现在有人在研究这个问题，国家应当建立一个服饰博物馆。可见，分类也是不断在发展的，将来还要列出更多的部门。

总之，一是纵向的层次问题，一是横向的部门问题，这就是社会主义文艺学需要进一步研究的。要建立社会主义文艺学这门马克思主义的社会科学。中国艺术研究院应当研究这门学问。当然，考虑问题时，要吸收古今中外历史所有好的东西。吸收外国的东西要慎重，当然不是不积极；对于有害于社会主义精神文明的，我们不能吸收。现在常听到有人说，中国中原文化历史上就借鉴和吸收了外来文化。唐达成同志说（见《文艺报》1986 年 3 月 22 日 1 版），我国盛唐时期就有吸收外来文化的大气魄。这是事实。但我们考虑文化交流问题，也不能脱离时代。古代那个时候问题比较简单，没有社会制度根本对立的问题。现在不同了，国际文化交往的问题比往日复杂了。因此，我认为社会主义文艺学需要研究。因为这是百年大计，得有个章程，不然会搞乱的。要建立社会主义文艺学这门马克思主义的社会科学。

**四、社会主义文化建设事业**

什么叫文化？什么叫文明？以前学者们议论纷纷（见《中国文化研究》第一辑，复旦大学出版社 1984 年版），其实不空论词义，讲具体点，就可以搞清楚。例如什么叫社会主义文化建设？胡耀邦同志在党的十二大报告中专门有一段论述，他说："社会主义精神文明的建设大体可分为文化建设与思想建设两个方面。两个方面又是相互渗透和相互促进的。文化建设指的是教育、科学、文学艺术、新闻出版、广播电视、卫生体育、图书馆、博物馆等各项文化事业的发展和人民群众知识水平的提高。它既是建设物质文明的重要条件，也是提高人民群众思想觉悟和道德水平的重要条件。文化建设也应包括健康、愉快、生动活泼、丰富多彩的群众性的娱乐活动，使人民在紧张劳动后的休息中得到有高尚趣味的精神上的享受。"这段话指明了社会主义文化建设的重要性以及它所包括的范围。既然文化建设是社会主义精神文明建设的重要组成部分，它又包括上述那么大的范围，我认为，我们要创立一门新的社会科学即社会主义文化学，作为指导我们社会主义文化建设的学问。1982 年，我曾提出过这一意见（见前引《中国社会科学》文）。现在更显得迫切了，这个问题确实应提到议事日程上来。当然国外也早就开始研究他们国家的文化学（见何新《关于文化学研究的通信》，《学习与探索》1986 年第 1 期），但那不是社会主义文化学。

现在建设社会主义的物质文明抓得较紧，方针政策也较明确，相比之下，如何建设社会主义精神文明、文化建设，就不那么清楚了。我想目前主要的问题还是个"散"的问题。现在，教育有国家教育委员会，科技有国家科委，广播电视电影有国家广播电视电影部，体育有国家体委，而社会主义文艺学所包括的十来个部门则由谁来统管呢？其中的建筑艺术在国家城乡环境建设保护部。文化建设中还有一个很重要的工作即科学普及。现在这项工作却放在中国科协。科协是群众性组织。自己没有多少钱，怎么管？我看很困难。有人告诉我，建国初期科普是由国家文化部管。我说那好，就再送到文化部去。可现在送不进去，人家不理了。国家文化部现在只管一些艺术门类、文物、出版等方面。正如有的同志说的，现在文化部管的是"小文化"。总而言之，实际上目前的文化建设是分兵把口，没有统一的管理。所以，如何建设我们社会主义的文化，确实是个大问题，首先遇到的是：没有一个总的主管部门。

我们的文化建设也没有一个总体规划。在我们的计划中，往往是文化建设被分成了互相独立的好几部分，如科技是一大部分，教育是一大部分，卫生体育是一部分；而在社会主义精神文明建设部分中又有作为一小部分的"文化事业"项目。总之，文化建设切成了好多块，散放在整个计划的各个方面。这样搞不好。

还有一个现在不明确的问题，好象一说文化，不要多少钱就能办，哪有那样的啊！在整个预算中，文化建设方面，有的有明确的规定，如现在重视教育，规定在"七五"期间国家财政要给 1166 亿元，而对其他文化部门，比如，管"小文化"的文化部要给多少钱呢？在公布的《"七五"计划摘要》中就没有说明，这不也是一个大问题吗？又如，科学普及是要有很多钱的，就说建立科技馆、博物馆等都得花不少钱。而中国科协没有钱怎么管？现在科协做这工作也很努力，但无非是求爷爷告奶奶到处求，求到一点就干一点，求不到就干不成事。

我们说社会主义精神文明建设包括两大方面，一是社会主义文化建设，再就是社会主义思想建设。现在我认为这三者的关系是：社会主义文化建设的内容是社会主义精神文明的客观表现；而社会主义思想建设的内容是马克思主义的世界观和科学理论，共产主义的理想、信念和道德，也就是社会主义精神文明的主观表现。三者是一个整体，不应分开处理。所以应该看到，社会主义精神文明的建设是一个系统工程，应当从总体上加以考虑。文化建设包括那么广的范围，也应该作为一个系统工程来对待。在资本主义国家不会这么来考虑，我们作为社会主义国家，对文化建设这件事要进行认真的、科学的研究，要用系统工程的方法来研究。一定要有一个统帅的指挥的部门，统筹来考虑，然后大家分头去干。没有统一的考虑，不用系统工程的方法作出计划，那将来可能会造成损失。对于文化建设，现在大家都很积极，比如各大城市都在讨论文化发展的战略，都可讲出一大套，但却没有总体的科学指导思想。也就是说，对基础的学问即社会主义文化学有没有研究？没有。在制订文化建设发展战略时，没有科学理论的指导，就在那里干起来了，这似乎不行。因此，我认为，我们应该重视美学、文艺学、社会主义文化学的研究，应该认真地组织力量去搞，使我国社会主义的文化建设从理论到实践都能提高到一个新水平。

一是美学的研究，二是我在这里没有讲的文艺理论的研究，三是社会主义文艺学的研究，再一个是社会主义文化学更大范围的研究。这些研究要形成一个体系，都是为了我们能顺利地走向21世纪。我们面临的任务的确是伟大而光荣的。我们必须好好学习，真正懂得马克思列宁主义的原理，并结合当今中国和世界的实际情况，运用现代科学技术，敢于创新，才能再过64年迎来我们国家更加光辉灿烂的前景。让我们努力吧！

### ■ 5月20—27日

《文艺研究》与广东省珠海市委宣传部在珠海市联合召开戏剧美学讨论会，张庚、王朝闻、王季思、李准、钟惦棐等来自全国各地的60多名文艺理论家、美学家、戏剧家与会，澳门知名人士李戚俊、黄德鸿、邹子淮、周树利、张兆全参加会议。《文艺研究》本年第5期发表部分与会者的文章。"编者按"云："本刊编辑部和广东省珠海市委宣传部于5月20日至27日在珠海市联合召开了戏剧美学讨论会。与会代表紧密联系当前戏曲艺术实践，围绕戏曲艺术审美特征及其发展规律进行了广泛讨论和争鸣。这里发表的六篇文章是会议上的发言和提交的论文。"

### ■ 5月21日

《澳门日报》报道"全国戏剧美学研讨会假珠海市府揭幕"。

### ■ 5月22、28日

《澳门日报》连续刊登消息，报道会议情况。

### ■ 8月1—10日

《文艺研究》与黑龙江戏剧研究所在哈尔滨联合召开研讨会，讨论从美学角度提高戏曲与话剧质量问题，60余位中青年戏曲理论工作者与会。

### ■ 10月中旬

《文艺研究》与长沙水利电力师范学院在长沙联合召开"社会主义文艺审美理想"学术讨论会，本刊副主编王波云主持会议，张潇华、谭宁佑与会。随后，《文艺研究》1987年第1期发表会议综述。

# 文艺美学的一个核心问题

## —— 社会主义文艺审美理想讨论会综述

魏善浩

1986 年 10 月中旬在长沙,《文艺研究》编辑部与长沙水利电力师范学院联合召开了"社会主义文艺审美理想"学术讨论会。来自全国各地的 50 多位文艺理论工作者,就社会主义文艺审美理想的内涵、规定性及其马克思主义美学基础,审美理想的一致性与文艺创作的多样性,审美理想与文艺批评等问题进行了讨论,展开学术争鸣。现将与会者的主要学术观点综述如下:

### 一、重要课题

与会同志认为:这些年来,对文艺规律的研究有很大的进展。在美学研究、文艺理论研究、文艺评论中,人们还经常提到了"审美理想"。可是,正是这个"审美理想"问题,缺少深入的研究。其实,审美理想问题是文艺理论、文艺美学的一个基本问题。可以说,社会主义文艺审美理想则是当今社会主义文艺理论、文艺美学一个核心的问题。研究这个问题,不仅具有开拓性的理论意义,而且具有很实际的现实意义,有助于文艺创作与社会主义精神文明建设。

有的同志说:以前对社会主义文艺性质的研究取得了一些收获,但由于重在社会学上的研究,而忽视美学意义上的研究,因此,受到很大的限制。现在,"社会主义文艺"概念本身就存在着争议。然而,不能因为社会主义文艺的性质一时没有搞清楚,就不去研究社会主义文艺理论,包括社会主义文艺审美理想。的确,社会主义文艺审美理想的研究难度很大。这还因为关于审美理想的研究的历史遗产不多,即使以往时代文艺的审美理想搞清楚的也很少。正因此,抓住审美理想问题来研究,还可以更深入地研究文艺史、文艺理论史、美学思想史,从中总结出一些规律来。

### 二、前提与方法

有些同志认为:为了对社会主义文艺审美理想有个明确的科学的规定,首先要把"社会主义文艺"和"社会主义时代的文艺"这两个概念区别开来。社会主义社会本身是复杂的,如我国目前就有多种经济成分并存。改革、开放的国情决定了社会主义时期的文艺可以是多种多样的。当然,主流应该是社会主义性质的文艺。这一点是讨论社会主义文艺审美理想的前提。

有的同志认为,"社会主义文艺"的提法是文艺社会学的提法,是从文艺社会学的角度来划分的。是否可以从美学角度对文艺进行划分?如黑格尔的象征艺术、古典艺术、浪漫艺术的划分那样。

有的同志认为：社会主义文艺审美理想是个新的课题，可以用各种方法来研究。但是不能搞先验的演绎，而要实事求是。强调用动态性描述的方法来研究审美理想和社会主义文艺的审美理想。审美理想有共时性（差异性）也有历时性（继承性）。要回答什么是社会主义文艺审美理想的问题，先要回答古今中外文艺的审美理想是什么，对其发展作历史性的具体描述。这种描述，可以从审美理想的感性形态（文艺实践）出发，也可以从审美理想的理论形态（美学思想）出发，当然亦可把两者结合起来。

有的同志则强调了理论性规定的方法。对社会主义文艺审美理想的内涵和外延，要作出理论规范。社会主义文艺审美理想，和社会主义的政治理想、社会理想、道德理想密切相关，可以从社会主义、共产主义运动的规律深入到社会主义文艺的规律；但两者又不能等同，文艺审美理想毕竟是个美学问题，故亦要从一般文艺的审美规律深入到社会主义文艺的审美规律。

有的同志主张把以上两种途径结合起来，称为"历史的真实和逻辑的真实相统一"的方法。

有的同志根据将艺术划分为"古代艺术、近代艺术、现代艺术"的观点，认为中国古代美学是超稳定的类型。中国近代美学在明代萌芽，但没有突破古代美学的樊篱，后来被古代美学所同化。中国古代美学对马克思主义美学也具有同化作用，如我们对现实主义的理解就是古代的，以个性为核心的"典型说"变成了"类型说"；以批判现实为主的现实主义变成了理想主义。只有告别古代，才能走向现代，现代艺术就是社会主义艺术。我国现在处于古代、近代、现代艺术同时并存的局面。摆脱古代，必须借助于近代，但对近代的弊病我们又看得很清楚，所以文艺界出现痛苦、矛盾的现象。

还有的同志进行中外比较，提出"现代主义崛起，审美理想沉落"的观点，并从美学思潮与文艺创作实际两方面作了分析。认为，前途是光明的，但眼下看不清前途之光明必然导致审美理想的沉落，而没有在现实的基地上找到前途必然光明的依据又必使审美理想凌虚架空。

**三、内涵和特征**

社会主义文艺的审美理想应该怎么界说？会议对这个问题争论得最为热烈。归纳起来，大致提出了如下几种不同意见：

1. 社会主义文艺的审美理想就是以社会主义意识为思想倾向，以审美意识（包括民族审美意识）为中介，对于现实界和精神界的艺术把握的完美具象化的自由创造。其中"现实界"主要指人类社会生活，也包括自然现象；"精神界"包括人的思想世界和情感世界，有意识、情感、心理三种结构。审美意识包括审美感受，和在此基础上形成的审美经验、审美趣味，以及在前者基础上形成的审美观念、审美标准。

2. 总的来说，文艺都要探索和表现人的创造性。社会主义文艺在这一点上和过去的文艺是一致的，但社会主义文艺探索和表现的是人的自觉的创造性，即在马克思主义指导下自觉进行的各种社会实践。无论就作家的创作，还是就社会主义文艺所塑造的人物（正面、英雄、理想人物）的行动而言，都是自觉的。所以，社会主义文艺审美理想的特质，是对人的自觉创造性的探索与表现。

3. 社会主义文艺审美理想是社会主义意识和共产主义思想对艺术评价标准和艺术创造尺度的感性形式的理性渗透，或者说，是对社会主义理想、共产主义理想的感性形式的描绘和对艺术形象的理性把握。与社会主义生产实践相适应的社会主义文艺审美理想，高于任何时代的文艺审美理想。其内涵十分丰富和复杂。从本质上说，它是审美个体对社会主义物质文明建设和精神文明建设中所反映的审美关系进行情感评价、理智选择和想象中的改造，而得出的新的审美关系及其审美形象的系统的主观构想，并以此推动、指导和规范自己的文艺创作或文艺审美评价，以便对社会主义现实生活、对社会主义劳动者的心灵、业绩和他们的美好明天进行真实的揭示和理想化的塑造。或者对这种揭示和塑造进行正确的审美评价，使自己的社会主义的文艺审美理想物化成为社会主义的精神产品。总之，社会主义文艺审美理想是审美个体在进行社会主义文艺创作和文艺审美评价时，塑造指向未来（为实现四化和实现共产主义奋斗）的体现新的审美关系的审美形象，以及对社会主义的文艺创作进行审美评价的标准。其特征是真实性和幻想性、现实性和超现实性、个体性和社会性、人民性和人道性、情感性和理智性、精神享受性和实践创造性的最完美的富有个性的统一。

4. 所谓审美理想，就是一种能充分肯定和体现人的本质力量的生活观念和人的观念的形象形式。从其心理实质来说，也可以说是一种指向人的本质力量、全面展开的未来生活远景的创造性想象。很显然，社会主义审美理想是人的本质力量——人类总体的社会历史实践——高度发展、自由展开、全面展开、充分展开的必然结果和感性显现。如果说社会主义审美理想是人们对自己本质真正全面占有的一种形象的理性呼唤，那么社会主义文艺审美理想则是这种形象的理性呼唤在艺术上的最自由自觉的和谐表现。社会主义文艺审美理想，从艺术美的理想整体特征来看，是古代艺术和谐美的理想与近代艺术崇高美的理想在社会主义新的现实条件下的辩证统一；从理想人物的塑造观念来看，是古代类型化、抽象化、理想化的观念与近代个性化、具体化、现实化的观念在社会主义新的现实条件下的有机综合和辩证统一；从创作方法的更高要求来看，是现实主义与浪漫主义以及其他某些创作方法、现实因素与理想因素以及其他某些创作因素在社会主义新的现实条件下，在马克思主义世界观指导下的有机综合和辩证统一；从其本质来说，是人的本质的真正占有和充分实现这种马克思主义人的主体论的基本观念在艺术上的感性显现。

5. 根据人性三次大发展（第一次冲破自然力束缚，第二次冲破宗法制、神性束缚，第三次冲破私有制束缚）的观点，社会主义文艺应该是再现或表现人性的第三次大发展阶段（即冲破私有制对人性的束缚这个历史阶段）的文艺。这是社会主义文艺区别于资本主义文艺、封建社会文艺、原始社会文艺的根本标志。因为后者再现和表现的是人性发展第一阶段（冲破自然力对人性的束缚）和第二阶段（冲破宗法制、神性对人性的束缚）的内容。社会主义文艺的美学理想也应该吸收前两个阶段文艺的一切精华，创造出能够领先世界艺术潮流的尽可能多的艺术形式，再现和表现社会主义革命和建设时期这个人类历史进程中现实生活的艰难曲折（美、丑、滑稽、崇高、悲剧等的错综交织），给人民以美的享受，通过促进人的情感、理性的完善而推动社会向共产主义发展。

6. 有的同志认为，马克思提出的"更加莎士比亚化"的号召，实际上体现了马、恩在总结、概括历史上进步的、优秀的文艺审美理想的基础上，对无产阶级文艺审美理想的要求。"莎士比亚化"是和"席勒式"相对立而提出的。"席勒式"在艺术上的主要缺陷是"把个人变成时代精神的单纯的传声筒"，就是说，席勒的创作虽然有时代精神，但艺术上比莎士比亚低，仍然不能作为艺术的典范或审美理想。这说明马克思对文艺的思想和艺术这两方面都有所考虑。而且马克思明确指出，"莎士比亚化"的思想性和艺术性完美结合的文艺作品，"只有在将来才能达到"，明显说明是对无产阶级文艺的美学要求。关于"莎士比亚化"的具体内容，恩格斯说过"较大的思想深度和意识到的历史内容，同莎士比亚剧作的情节的生动性和丰富性的完美的融合……正是戏剧的未来"。这完全可以理解为马克思所预期的"莎士比亚化"的"未来"。马、恩的以上论述，可作为我们思考和规定社会主义文艺审美理想的理论基础。

### 四、层次和形态

一种意见认为：人们对于"什么是美"的理解和认识，是建立在一定的社会政治理想及道德信念的基础上的，因而社会政治理想和道德信念常常成为审美理想内容的基础。由于社会政治理想和道德理想是有层次的，这就决定了文艺审美理想也具有层次性。艺术既要再现并积极地形成那种带有当代特征的关于至善至美的生活和人的观念，也要表现并形成关于次善次美的生活和人的观念，后者在现实生活中是更为大量的。因此，社会主义文艺的审美理想，依据奋斗目标的远近和作家艺术家社会理想和道德理想的差异，可分为共产主义审美理想、社会主义人道主义审美理想和爱国主义审美理想三个层次。应该承认，审美价值的高低，同文艺作品所包含的社会思想容量有很大的关系。在社会主义时代，那些以崇高的共产主义审美理想作指导，既包含了巨大的社会思想容量，又具有高度艺术性的真善美统一的文艺作品，一般说来具有较高的审美价值。当然，审美理想毕竟不同于社会政治理想，而且不能把作家艺术家审美理想层次的高低作为判定其作品审美价值高低的唯一依据，有时还不能作为主要依据。应该对具体的作品进行具体的分析，从思想和艺术、内容与形式的统一中把握其审美价值。

另一种意见认为：我们以往许多文艺作品都是以反映社会主义社会美作为文艺的审美理想的，但是，由于反映社会美的形式太单调、太抽象，使得在社会生活中本来很美的社会现象，一进入文艺作品，就成了不近人情、冷酷干瘪的形象。社会主义社会的社会美表现在很多方面，有表现在本质方面的，也有表现在非本质方面的；有表现为这一部分人的，也有表现为那一部分人的；有表现一个短时间的，也有表现整个历史时期的；有的表现为初层次的美，也有的表现为高层次的美。社会主义文艺既然是社会主义整个社会生活的反映，它就应该从多方面、多层次上去反映社会美。只要它是美的，不论母子爱、夫妻爱、同志爱，还是人类共同的爱，都应该反映；就是被许多人所忌讳的"性爱"，只要是健康的，符合社会主义道德原则的也应该反映。当然，社会主义文艺在注意普遍反映社会美的同时，不应该忘记它自身最崇高的任务，成为"时代的旗帜"，应该集中一切艺术手段和艺术形式去反映社会主义社会的高层次的美。《中共中央关于社会主义精神文明建设指导方针的决议》从两个层次上对马克思主义的社会理想作了具体阐述，认为可分为目前的社会理想和长远的社会理想。因此，社会主义文艺的审美理想可以分为共同道德美、社会主义理想美、共产主义理想美这三个层次。

还有一种意见认为：文艺审美理想应和社会道德政治理想有所区别，可分为这么三个层次：人类的自由制约特性在艺术中的完美实现为最高层次；在艺术中表现一般的人性美为中间层次；健康的悦耳悦目的娱乐享受为最低层次。

联系到通俗文学的问题，有的同志认为通俗文学属低层次，但也是社会主义文艺的一个方面。要把优秀的通俗文学和庸俗的通俗文学区别开来。有的认为通俗文学和严肃文学是可以互相转化的；通俗文学有生命力，它的流行是对以前忽视文学的享乐、娱乐功能的一个反动。还有人则认为通俗文学败坏读者或观众的审美趣味，导致全民族审美趣味大倒退。

如果说，关于社会主义文艺审美理想的层次性更多地是揭示它与政治、社会、道德理想相联系的一面，那么，关于社会主义文艺审美理想的多样性，则主要是探讨它在审美方面的特殊规律。有的同志提出文艺审美理想的三种基本形式：客观再现型，主观表现型，两者结合型。从文艺的意境创造的历史形态，可以见出社会主义文艺审美理想的新风貌。

与会者还分析了文艺审美理想的多种多样的特性，如形象性、情感性、愉悦性、功利性、创造性、真实性、人的主体性，等等。还有同志详细论述了艺术批评对于文艺审美理想的调节机制问题。

综上所述，与会同志都以自觉的"大文化意识"，从社会学、人本学、美学、艺术形式等多种角度探讨了社会主义文艺审美理想及有关问题，提出了不少有益的意见和观点。虽然很多方面意见还不一致，有些方面还未涉及或深入，但大家都同意这种评价：这个会开了个好头。

## 10月

柏柳参加中国艺术科学工作者代表团，任该团秘书长，赴莫斯科、列宁格勒、乌克兰基辅三地的高校、艺术研究机构考察、访问。

## 12月1日

中国艺术研究院任命林元为《文艺研究》名誉主编，柏柳、姚振仁、张潇华为副主编（正处级）。

## 12月31日

文化部任命王波云为《文艺研究》主编（副局级）。

## 12月

《文艺研究》党支部召开支部大会，同意杨志一同志加入中国共产党。

# 1987 年

《文艺研究》本年第 1 期发表钱学森《社会主义精神文明建设与文艺工作——在〈文艺研究〉编辑部举办的报告会上的讲话》。同期还刊发王元化《关于文艺学问题的一封信》，与钱学森商榷。

## 社会主义精神文明建设与文艺工作
### —— 在《文艺研究》编辑部举办的报告会上的讲话
#### 钱学森

党的十二届六中全会通过的《中共中央关于社会主义精神文明建设指导方针的决议》，全面总结了半个世纪以来的历史经验，明确了我国社会主义精神文明建设的总的指导方针。《决议》是科学社会主义的一个重要文献，是对马克思主义的重要发展。学习《决议》使我深受教育和鼓舞，很想就此谈谈我对我国文艺工作的认识。下面就讲这个问题，并向同志们请教。

一

《决议》的思想发展过程① 始于党的十一届三中全会。到了 1979 年，叶剑英同志在庆祝中华人民共和国成立三十周年大会上的讲话，第一次明确提出："我们要在建设高度物质文明的同时，提高全民族的教育科学文化水平和健康水平，树立崇高的革命理想和革命道德风尚，发展高尚的丰富多彩的文化生活，建设高度的社会主义精神文明。"后来，邓小平同志的讲话和党的有关文件又多次阐明和发挥了这个观点。1982 年，胡耀邦同志在党的十二大报告中，大约用四千字的篇幅更全面地阐述了社会主义物质文明建设和社会主义精神文明建设辩证统一的关系，明确了社会主义精神文明建设的两大方面：文化建设和思想道德建设。我认为，这是对马克思主义的一个重要发展。

六中全会的《决议》联系我国实际，对社会主义精神文明建设的总方针作了规定。我以为，我们应特别注意以下几点：

坚持四项基本原则，即坚持社会主义道路，坚持无产阶级专政，坚持党的领导，坚持马克思主义毛泽东思想。这是我们立国之本，不能动摇。

国家的具体政策是对内搞活对外开放，这也是坚定不移的。

在强调社会主义物质文明建设的同时，还要强调社会主义精神文明的建设。两者是不可分的，是辩证统一的。社会主义精神文明要建立在社会主义物质文明的基础上，不能脱离物质文明这个基础。但精神文明反过来又能促进物质文明，这个反作用很重要。

要批判地继承人类历史上一切优良的道德传统（包括资产阶级的；"自由、民主、博爱"，其好的一面还要发扬），并要同各种腐朽的思想道德作斗争。

通过社会主义物质文明和精神文明的建设，将把我国建设成为高度民主的社会主义现代化国家。具体地说，分三步走：到2000年要使我国经济达到小康水平；到建党一百周年（2021年）要达到中等发达国家的水平；到建国一百周年（2049年）要接近世界发达国家的水平。我理解，实现这一目标实际上就是社会主义的胜利，不就向全世界表示了社会主义制度的优越性了吗？

因此，我们要为实现这一共同理想而团结奋斗。要积极行动起来，搞好社会主义精神文明建设。社会主义精神文明建设是国家的大战略，是如何发展我们国家的大问题。现在中央的精神很清楚，但我们大家理解领会如何？这大概还要用一段时间。《决议》指出："本决议着重解决新形势下进一步明确精神文明建设指导方针的问题，各部门、各地方、各单位的党组织应当把中央的指导方针同自己的实际情况结合起来，作出具体实施的规划和安排。中央将在这方面加强指导。"文化工作包括文艺工作也要作出具体实施的规划和安排。

二

现在大家都在学习《决议》，学习的方面很多，任务很重。比如说，如何理解精神文明？精神文明的建设是否也有客观规律？为了加深理解精神文明的客观规律，是否应研究历史？考虑一下历史各阶段什么时期精神文明搞得好，什么时期搞得不好，为什么？我们中国有几千年连续不断的文明发展，但也有起伏。为什么有时好有时差？要找出规律。我们不仅要总结自己这半个世纪的经验，还要研究更远一些的历史经验。

长期以来，我们对"文化"和"文明"在概念上分不清楚。这可能也受外国的影响。因为法语中表示"文明""文化"的词是"civilisation"（我们多译为"文明"），而德语的"Kultur"也是表示"文化""精神文明"（我们多译为"文化"），"文化""文明"二者绞在一起。后来在我们出版的许多书中，有些作者就区分不清楚。而胡耀邦同志讲清了：文化是文明的一个重要组成部分。这样，社会主义精神文明分成两部分，一是文化，一是思想道德。我认为，社会主义文化是社会主义精神文明的客观表现；社会主义思想道德是社会主义精神文明的主观表现。② 精神文明、文化、思想道德等概念都应有一个明确的、科学的、马克思主义的定义。社会主义精神文明的建设，及其所包括的文化建设和思想道德建设等，这些都是新的概念，是中国共产党提出的概念，是对马克思主义的发展。我们要建立一门学科，对以上的问题加以研究，找出规律，以便遵循。这是时代向我们提出的任务。

社会主义的文化建设是国家的一项大事业，搞这么大的事业必须有科学的理论指导。我在 1982 年 ③ 曾提出要建立文化学，即研究我们社会主义国家如何建设文化的一门学问。文化学的研究是一个很重要的大课题。

三

文艺是文化的一部分。现在整个文化建设的指导方针清楚了，也可以说，文艺工作今后的任务也清楚了。依我看，这就好象 44 年前延安文艺座谈会上毛泽东同志的讲话，明确了当时文艺工作的任务一样，现在，在新的历史时期中，文艺工作的方针任务也明确了，就是说，应该统一到《决议》上来。方针明确了，目下的问题是文艺工作怎么干？我想谈一点这方面的意见，请同志们批评指正。

社会主义的文艺工作有两个基本问题，一是面向人民群众，面向全体人民的问题；二是普及与提高的辩证关系问题。这两个问题我以前已讲过④，这里就不重述了。我着重从宏观角度讲讲国家应如何管理文艺工作的问题。

首先，文艺工作包括些什么？为此，先要弄清文艺本身有多少门类。我认为，划分文艺的门类要有现代的观点，要扩展文艺的范围。今年，我曾讲过属于文艺的有十个方面。⑤ 现在，再加一个。这十一个方面是：小说杂文，诗词歌赋，建筑，园林（包括盆景、窗景、庭院、小园林、风景区、国家公园等），美术（包括绘画、造型艺术、工艺美术），音乐，技术美术（这是一门新的学科，即工业设计与艺术相结合），烹饪，服饰，书法（这是我新加的），综合艺术（戏剧、电影等）。这样划分十一个部分妥当不妥当，可以考虑，可以有另外的划分，但我认为它们都应属于文艺范围。我觉得，在将要进入 21 世纪的社会主义中国，看文学艺术应有广阔的眼光，不要用固定的、古老的眼光来看问题，认为是文人韵士搞的才算文艺，其他是生活琐事，不登大雅之堂的！我认为看问题思想要放开些，要实事求是。烹饪、服饰、技术美术都应算艺术。将来或许还会出现新的文艺形式。因此，文艺学也应不断有新的形式。科学技术在不断进步，生产力在不断发展，文学艺术也会在科学技术现代化的带动下出现新的形式（如现在就有上方和四周同时放映的"环视电影"）。这叫做科学技术现代化带动文学艺术的现代化。⑥ 这就是文艺和科学技术的关系。实际上，有些艺术门类是文艺和科技交叉的产物。比如上面讲的建筑、园林、技术美术等就是这样。它们是文学艺术，但又有属于技术的部分。有关建筑艺术、园林艺术的团体也应设在中国文联，但现在却都在中国科协。请文艺工作者把从事以上这些方面工作的同志看作自己人；第五次文代会是否可请这些同志参加？希望文艺界把门开大些，这是有利于我国文艺工作的发展的。

## 四

文艺的范围明确了，那么我们国家对文学艺术到底该如何管理？从延安文艺座谈会直到几年前大约四十年时间，我们管理文艺是靠"汇报演出"式的办法：文艺作品的评价是领导说了算。科学技术就不是，也不能这样，科技要靠实际结果定案，比如卫星上了天，完成了预定的任务，才算给该项科技定了案。领导说了算的做法实际上是封建主义的，皇帝老子说了算的办法。其实，如果这样，当领导的恐怕也很难，他说一句话就要定案，那这话如何说就得好好思考了。这种做法是不行的。从理论上看，不符合马克思主义，因为马克思主义讲实事求是。另外，从实际上看，效果也不好。从前领导说了算，他如说某某作品不好，接着而来的是又打棍子又扣帽子，搞得文艺工作者特别难当。

今年 7 月 31 日，万里同志在国家科委召开的《全国软科学研究工作座谈会》上讲话 ⑦，着重讲了国家决策的民主化与科学化的问题。民主与科学，这不就是从前讲的"德先生"和"赛先生"嘛！那是差不多 68 年前五四运动的口号呀！万里同志讲话给我启发极大。日本的藤山纯一先生说："鲁迅生前向我们提出的问题尚未解决，阅读和研究鲁迅作品，因此比以往更为重要了。" ⑧ 是什么问题尚未解决？是以前我们提倡"德先生"和"赛先生"所要解决的问题，即反对封建主义！

《决议》也讲得很清楚，它指出，要使各项决策建立在更加民主和科学的基础之上。因此，文艺管理工作也要反对封建主义。要坚决抛弃那种领导说了算的管理文艺的办法。那种管理办法是落后的、不科学的办法。

在这个问题上，物质文明的建设与精神文明的建设有相似之处。如物质文明建设中的经济体制我们要改革，改革什么呢？我们从前都是指令性的计划，不切合实际的指令也要执行。微观管得很死，结果不符合客观实际。现在经济工作明确了，微观要放活。文艺工作也是一样，微观应放活。文艺作品的好坏自有公论，领导不要定案（国家领导不要对哪一个文艺作品下结论），要请大家议论，要有很好的民主风气。

但是，我们不能只停留在微观放活这一方面。国家放手不管也不行，那不是坚持四项基本原则。国家要在宏观方面，在总的方面，如同经济工作一样，对文艺工作加以引导和调节。经济工作是"微观放活，宏观控制、调节"。我认为文艺工作应是"微观放活，宏观引导、调节"。对具体作品等不要下结论，作死规定，但总的方面要引导、调节。

## 五

关键是如何引导、调节。对此，我想可以有以下几个方面：

第一，必须有科学的文艺学。要大力开展作为考察文学艺术这一社会活动规律的文艺学的研究，以及综合学科即文化学的研究。社会主义文艺学是要寻找文学艺术的社会活动的规律，研究文艺的规律。研究科学技术规律的学问我叫它科学学，包括科学技术体系学、科学的能力学（科学技术的工作力量如何形成的）以及科学政治学（即科学技术与政治和经济的关系）。文艺也应有相应的三个方面，即文艺的体系学、文艺能力学、文艺政治学（文艺和社会发展的关系，特别要研究文艺的社会效益）。

现在，文艺事业一到国家的计划部门就头痛，觉得文艺花钱不见影子，他们没看到文艺花的钱是一本万利。文学艺术对建设社会主义起什么作用，要作定量研究，光一般说说不行。科技工作的成效可以调查，看看一块钱花到科技工作上有多少利，如有的调查结果是，一块钱有十元利。文艺搞好了，提高人们的思想意识水平，到底有多少利？我认为，文艺如果搞好了，效果好得很，不是一本十数利、数十利，而是千利、万利！这就是政治文艺学，也有同志称之为"精神经济学"[9]。这些问题都涉及行为科学。[10]文艺学也应该加以研究。总之，要从国家的宏观管理方面加强文艺学的研究。

第二，文学艺术的理论建设也是非常重要的。我想，我们的革命导师当时革命工作的事情多得很，没工夫研究这些问题——文学艺术的理论，包括马克思主义的美学（马克思主义美学即文学艺术活动上升到哲学的过渡桥梁，或说是文艺的马克思主义的哲学基础[11]）。现在，为了建设社会主义文艺，为了文艺的宏观管理，我们应当加强对马克思主义文艺理论和美学的研究。

目前我国文艺理论工作者好象在讨论问题时常常把原则、观念同方法混在一起，本来是原则、观念问题却说是方法问题。这也许另有苦衷。但我认为文艺理论工作者要分清这两种不同性质的问题：理论的精髓是原则、观念，而怎么表达这个原则、观念，比如用汉语还是用英语？用普通话说，还是用上海话说？那才是方法。所以，分析文艺工作如果用历史唯心主义，不用历史唯物主义，那就不是什么方法问题，而是原则、观念问题了。

第三，文艺工作者要了解并掌握文艺的科学理论，用以指导自己的创作。也就是说要学习马克思主义哲学、美学、文艺理论、文艺学，要有丰富的社会知识，包括关于我们今天世界的知识，诸如历史、地理、经济、科技知识等。认为文艺人可以不要任何规律而自由创作，只要写作技巧就可当作家，这种看法不对。最近，有的作家认为，资本主义是不可逾越的。[12] 为什么会这样看呢？我想，问题恐怕是他对马克思主义的基本原理、对于历史唯物主义、对于世界历史等的知识不足。这说明，文艺工作者要具有做文艺工作的理论知识。

科技人员要做联系实际、改造客观世界的工作，并要有创造性。但他的创造性不能随心所欲，不能违反对象的基本规律即自然的客观规律，而是必须服从客观规律。工程技术工作在 19 世纪以前是不讲理论的，如瓦特发明了蒸汽机，但他没有理论；到 19 世纪中叶就不行了，那时成立了高等工科院校，要当工程师首先要学基础课，学物质客观世界的规律，如数学、物理、化学等。在这方面，文艺已经落后了，要赶快赶上去。文艺的创作一定要在科学的文艺理论的基础上来进行。如果这个做到了，就不会盲目引进资本主义文艺的某些东西。所以文艺工作者一定要有大学以上水平，要有相当长的时间（至少两年）学习基础理论。[13]

第四，人民——文艺作品的接受者的文化水平也要提高。这道理很简单，有文化的人才有鉴别力，这里不多说了。

第五，文艺工作的宏观管理要用系统工程的方法。系统工程的方法有三条：1.要有信息。2.有了信息如何用，如何从信息得出答案，这是调节文艺工作的模型定量化。3.手段。一是法律手段，一是经济手段。

所谓信息体系即要用现代的手段，收集信息，储存信息，检索国内外信息。信息并不神秘，用电子记录、磁带、磁盘、光盘、电子检索系统收集起来即可。我们要建立这个信息系统，使国内外情况及时收集并反映出来。现在这些技术我们国家都已掌握，存在的问题是信息的渠道问题。有了信息，要将信息纳入一个调节的模型，上电子计算机，最后这个模型算出来，看看问题出在哪里。然后要有手段，如法律的、经济的手段。支持哪个，不支持哪个，加强哪个，都要有手段。比如，经济手段方面，文艺事业的事业费要有足够的数量，而且要巧妙地使用，以影响文艺的发展。国家要通过诸种手段来引导、调节文艺工作。这就迫切需要建立文艺工作宏观管理的系统工程。我认为，如果决定要干这件事，我们国家是有条件的，打破部门界限，组织起来，调集人来做就行了。为此，管理文艺是要花钱的。既然精神文明建设与物质文明建设同等重要，就得给精神文明建设包括文艺工作必要的费用。

第六，加强文艺事业的组织管理。这是系统工程性质的技术性的工作或叫软科学的工作。它不那么"文艺"，是实干的事。文艺事业的组织管理者不必是典型的文艺人。外国许多管理剧团的经理不是专学文艺的。因此文艺事业的组织管理者，须要有一定的文艺知识，并对文艺有一定兴趣；但他有他的专业即行政组织管理，他的专门化方向是文艺事业。我认为，高等院校里应该有组织管理文艺事业的专业，也可以称作文艺系统工程专业。

第七，具体的文艺事业的单位是微观层次，要放活，不应该靠或全靠指令性的计划来办事。国家对它们主要是靠间接的手段，如经济手段、法律手段，以及正确方针的宣传手段来引导和调节。同经济工作一样，国家对它有所要求，至于单位中具体工作由单位负责人来处理。

1986 年 10 月 28 日

（据录音整理，已经本人审阅）

## 注　释

① 参见刘武生《社会主义精神文明的提出和发展》，《红旗》1986 年第 19 期。

②④⑤⑪　参见钱学森《美学、社会主义文艺学和社会主义文化建设》，《文艺研究》1986 年第 4 期。

③ 参见钱学森《研究社会主义精神财富创造事业的学问——文化学》，《中国社会科学》1982 年第 6 期。

⑥ 参见钱学森《科学技术现代化一定要带动文学艺术现代化》，《科学文艺》1980 年第 2 期。

⑦ 万里：《决策民主化和科学化是政治体制改革的一个重要课题》，《人民日报》1986 年 8 月 15 日。

⑧ 藤山纯一：《用绘画表现鲁迅笔下的世界》，《人民画报》1988 年第 9 期。

⑨ 李向民：《人类应当建立一门崭新的学科——精神经济学》，《江苏商专学刊》1986 年第 3 期。

⑩ 参见钱学森《谈行为科学的体系》，《哲学研究》1985 年第 8 期。过去认为行为科学是资本主义的，现在不这样看了，但对它的研究还差得很远。人在社会里的行为是跟社会相互作用的。影响或制约人们行为的方法无非两个，一是诱导或叫作思想工作；二是诱导不行，对犯法者就予以法律制裁。简言之，就是诱导和法制。至于做思想政治工作，要研究人的心理，现在就有社会心理学这门新的学科。在中国，封建的影响非常厉害，而且是潜移默化的。新的、民主的、科学的东西，人们在接受，但旧的、落后的东西也还有很大的影响，这都是行为科学所要研究的。

⑫ 参见秦晓鹰《资本主义是不可逾越的吗？——与张贤亮同志的一个观点商榷》，《文艺报》1986 年 10 月 4 日。

⑬ 有趣的是，这一段讲到文艺人的话，在《中国文化报》1988 年 11 月 5 日第 1 版报道时，却被漏掉。不知这是转载他报时删节掉的，还是原报道就缺的。

# 关于文艺学问题的一封信

王元化

林元同志：

手书奉悉，附寄的钱学森同志给您的信①亦已拜读。最近因忙乱，未能及时作复，歉甚！您建议我撰文商榷，我很感谢您的关注。

钱文②发表，很引起文艺界的注目。他提出九种理论作为马克思主义和九门学科之间的桥梁，使我很受教益和启发。我曾在最近发表的拙文③中提及。顺便说一下，这篇拙文是今年四月我在屯溪召开的《文心雕龙》二届年会上的讲话记录，交我阅改时，限时限刻，以至有些误记，一时疏忽，未及订正。在此之前《文学报》《报刊文摘》发表了记者关于这次讲话的报导，大概转述失真，也有不少讹误。例如，说我说方法上可以"离经"，观念上不可"叛道"，即是一例。离经不叛道的说法很好，我确实援引过钱文这一说法，但我不赞成附加上去的限制。方法怎么可以和观念截然分开？马克思主义要汲取新方法，也要更新观念，纵使某些基本观点，也要发展。这一点，早出的《徽州社会科学》（今年第2期）发表的访问记中也说到了。后来我在拙文中订正了《文学报》等报导的失误。我对这问题的看法和钱文不大一样。我不同意在任何情况下方法都不能改变基本观点的说法。自然科学中的情况，我不清楚。但在文艺创作中，方法有时是会改变观念的。现成的例子，就是恩格斯说的巴尔扎克的现实主义战胜了他的保守的世界观。

至于钱文说，人的思想总是落后于社会发展，这一点我也不同意。大约在50年代后期哲学界讨论过桌子和桌子观念问题，已涉及认识中的主观能动性。其实不仅桌子和桌子观念是这样，社会主义学说就先于社会主义社会。《资本论》说得好，"劳动过程结束时得到的结果，已经在劳动过程开始时，存在于劳动者的观念中，所以已经观念地存在了"。实践的观点是反对机械的反映论的，从而也是反对唯一决定论的。但是我们往往忽视认识主体的能动性，从而重复过去洛克把认识主体当作一张白纸的观点。我看到过去编纂的一部哲学小辞典，其中对韩非反对"前识"的主张大为赞美，但同时也就站在机械反映论的立场上取消了认识主体的能动性。

此外，我认为钱文把普列汉诺夫的文艺理论当作马克思主义文艺理论的开山祖和基本观点也不太妥当。普列汉诺夫确实作出不小贡献，但他不能代替马恩的地位，尽管马恩不象普列汉诺夫那样写出艺术论之类的专著。普列汉诺夫在论述托尔斯泰艺术论时，给艺术所作的定义，不能视为马克思主义文艺理论的基本观点。因为断言艺术不仅是感情交往的手段，而且是思想交往的手段，并不见得比托尔斯泰的定义更准确。托尔斯泰并不是认为艺术不表现思想内容，他的意思其实是说在艺术中思想内容是通过感性形态而表现的。这样，艺术才不是诉诸思考，而发挥入人速、感人深的潜移默化的作用。问题的实质在于艺术作品中所表现的思想感情和在其他精神产品（如科学论文）中所表现的思想感情有什么不同。普列汉诺夫没有探究它们之间的不同特性，从而比古希腊人用"情志"（pthos）来揭示艺术作品所表现的思想感情的观点反而后退了。普列汉诺夫还认为艺术作品中，具有"社会等价物"，这就导致了拉普派后来据此所提出的分别为社会价值与艺术价值的二元论艺术观。我认为这和马恩的艺术观是有根本分歧的。我并不是说，在一切观点上都必须严格遵循马恩的主张，而不能发展或超越。但后人发展前人的观点，必须提出比前人更丰富一些、更完整一些、更准确一些的看法，而不能重复前人的错误，或比前人的观点反而后退。从马恩的艺术观点中，我们是看不到后面这种情况的。但是普列汉诺夫却有时经不起这种推敲。

现在我手边只有钱学森同志今年发表在《文艺研究》第一期上的文章，另一篇一时未找到。我觉得文艺学似不应包括生活美学的内容（如服饰烹调园林之类），上次我对史中兴同志只提了这点看法。我除了从钱文深获教益外，只有一些拉杂感想，没有多少意见可提，所以也写不出商榷文章。由于您的鼓励，谨以上面不成熟意见，供您参考。倘钱学森同志要知道我的意见，您可以将此信转他，请他批评指正。他是我国著名的科学家，为祖国作出了巨大贡献。现在我国的社会科学与自然科学的关系日趋密切，衷心希望他关心文艺问题，并多多发表意见。这对文艺界将会很有裨益。

匆匆不尽——

祝好

王元化

1986 年国庆节

**编者注：**

① 钱学森同志今年 4 月 18 日在本刊编辑部做了题为《美学、社会主义文艺学和社会主义文化建设》的学术报告（载本刊 1986 年第 4 期）。6 月 12 日上海《文汇报》摘发了半版。同日该报副总编辑史中兴同志来信说："钱文刊出后，编辑部内外反映甚佳。我打电话问王元化同志的意见，他对文章甚感兴趣，并提出（你刊）应从系统工程角度请钱再写一篇，这是他最拿手的。对文中阐述的文艺结构、分类，王则持不同意见，认为可进一步讨论。我则感到钱文对文艺层次的论述，言简意赅，极富现实意义，对改善党对文艺工作的领

导，提供了有益的启发。"编者将意见反馈给钱学森同志，并要求从系统工程角度再写一篇。6月30日钱学森同志来信说："王元化同志的建议，我一时还难以完成。因正如史中兴同志讲的，文艺的结构及分类尚在探讨中，而这是个基础，基础不定，怎往上兴建系统工程？所以我觉得等待中国艺术研究院的同志，请他们明确中国社会主义文学艺术的结构分类。我在文中所提的只一家言而已。"编者即去函（并附钱学森同志信）给王元化同志，感谢他对《文艺研究》的关心和支持。为了推动学术讨论，并请他对钱文中一些意见撰文商榷。

② 指钱学森同志发表在《文艺研究》1986年第1期上的《关于马克思主义哲学和文艺学美学方法论的几个问题》一文。

③ 指1988年8月25日《人民日报》转载作者的《关于目前文学研究中的两个问题》一文。

# 编　后

1987年第1期《文艺研究》，现在同读者见面了。在新的一期里，我们发表了几篇学术争鸣和学术探索的文章。

著名文艺理论家王元化同志的《关于文艺学问题的一封信》，是同著名科学家钱学森同志商榷的。最近几年，钱学森同志提倡自然科学和社会科学之间学科交叉，以极大的革命热情关心着我国社会主义精神文明建设，文学艺术的发展。他发表的许多文章，对于发展和建设具有我国特色的马克思主义文艺学，提出了重要意见，引起了广大读者和专家学者的重视。钱学森同志多次提出希望听取文艺界专家们的意见，王元化同志的信，就是很好的学术对话；信中提出的一些重要问题，值得理论界重视。

党的十一届三中全会以来，我国新时期文学得到了蓬勃发展，是建国以来富有开拓性的时期，取得了显著成就。当然，也提出一些值得研究的问题。因此深入地总结和研究新时期文学经验，对于指导当前的文学运动很有现实意义。夏衍、冯至、王蒙、冯牧、荒煤等著名作家、评论家的文章，表示了对我国当前文艺运动的热情和关心，对我们开展理论研究工作是很有教益的。

审美理想是文艺理论、文艺美学的一个基本问题，社会主义文艺审美理想则是当今社会主义文艺理论、文艺美学的一个核心问题。研究这个问题，对于社会主义文艺实践具有现实意义。这一期发表的几篇文章，可以说是一次探索，我们非常欢迎有更多的探讨这个问题的文章寄来。

《鲁迅心态研究》一文企图从一个新的角度研究鲁迅，对于这类具有探索性的文章，可以展开争鸣。

最近几年，本刊几乎每期都发表新时期培养的博士、硕士研究生的文章。他们思路开阔，思想敏锐，勇于探索，很有活力，是文艺理论队伍中的一股虎虎有生气的力量。本期又发表了几篇他们新近的学习心得。今后本刊要拿出更多的篇幅发表他们的研究成果。

## ■ 4 月 5 日

本刊副主编姚振仁被评为中华人民共和国人事部中青年有突出贡献专家。

## ■ 7 月 16 日

《文艺研究》邀请钱中文、敏泽、刘宁、李准、杜书瀛、严昭柱、李心峰、陈晋等学者就"在改革开放中建设有中国特色的马克思主义文艺学"进行座谈，副主编张潇华主持，林元、柏柳、姚振仁、吴方、李香云出席。随后，《文艺研究》本年第 5 期发表座谈纪要。

## 在改革开放中建设有中国特色的马克思主义文艺学

本刊记者

7 月 16 日，《文艺研究》编辑部邀请钱中文、敏泽、刘宁、李准、杜书瀛、严昭柱、李心峰、陈晋等同志，就"在改革、开放中建设有中国特色的马克思主义文艺学"问题进行了座谈。本刊副主编张潇华同志主持了会议。

建立具有中国特色的马克思主义文艺学，是个大课题。这些年来，《文艺研究》也曾不断发表过有关这个问题的文章，比如钱学森同志从 1984 年起就多次在本刊谈到这个问题。新时期以来文艺创作和理论研究的实践表明，这个问题非加以回答不可。现在需要进一步加深认识，采取具体的步骤，拿出更新的、科学的研究成果。到会同志认为，《文艺研究》在当前形势下再次组织对这个问题的讨论，强调建设性，是很及时、很必要的。这也是目前许多文艺理论工作者所关心的，也在着手解答的问题。

### 一、重在建设

与会同志认为，十一届三中全会以来，在党的实事求是的思想路线指引下，经过拨乱反正，发扬了马克思主义的科学精神和创造活力，使我国的社会主义文艺创作进入了繁荣期。同时，各种新说、新论不断涌现，也这样那样地促进了文艺理论的发展和变革。但是，由于我们各方面的理论准备不充分，文艺理论研究工作还不能适应时代发展的要求，还不能高水平地回答文艺实践中提出的许多新的课题。有的同志指出，要改变这种状况，一个主要的工作，就是加强文艺学的建设。文艺学可以有各种各样的，而最主要的是要建设符合我国社会主义文艺实际的马克思主义文艺学。当然，这种建设的任务是艰巨的。但它是历史赋予我们文艺理论工作者的一项重要使命。

在文艺学建设如何跟上社会发展步伐的问题上，与会同志认为，要以改革开放的精神进行这项工作。要全面贯彻党的十一届三中全会以来的路线，既要坚持四项基本原则，又要实行改革、开放；既要批判地继承中国的文化遗产，又要批判地吸收外国的优秀文化；既要结合现实，又要看到 2000 年，看到 21 世纪。对于种种的文艺思潮，不应简单地对待，或一概收纳，或只是批判，而是要拿出新的道理，即要深刻地、科学地、精辟地回答现实文艺运动发展中提出的新问题。总之，重在建设，在文艺理论上作出新的建树。

与会同志，从文学艺术的本质、特征、创作等方面所存在的理论问题，阐述建设有中国特色的马克思主义文艺学的必要性。有的同志指出，关于文艺的本质特征问题，过去我们说，文艺是社会生活的反映，这是对的；但只有这么一句话，又直接地运用于文艺批评，就太简单了。因为它是在文艺与现实的关系上对文艺本质的哲学概括，它所包含的丰富的理论内容，它与具体文艺作品之间具体复杂的联系，还是有待展开的。又如，文艺是一种特殊的社会意识形态，是上层建筑中、社会结构中一个积极能动的构成部分。我们如从宏观的社会结构上，或者从物质文明与精神文明的关系，或者从整个文化的历史发展，或者从社会的系统工程学的观点，对文艺的本质、特征加以动态的把握，全方位的考察，就能提出许多有价值的见解，更好地概括复杂的文艺现象。

对文学的创作过程的认识论问题也要重新作出分析。过去我们讲认识的过程是从感性到理性，这种哲学分析是不错的。但是照搬到文学创作过程，又太简单了。文学创作中的认识有它的特殊性和复杂性，所谓灵感、创作冲动，人们说的直觉、潜意识、无意识等等复杂的现象，过去我们就说不清楚。事实上，在文学创作中，作家的美的观念、美的理想起着主导的作用，其艺术的认识，艺术的想象是在一种积极能动的状态下进行的。我们完全应该实事求是地去考察创作过程中丰富的中介环节，它们的关系，运动的趋向，吸收思维科学、现代心理学的成果，对复杂的创作过程作出科学的理论概括。

还有文学艺术中诸因素的关系，作家与作品、内容与形式、主观性与客观性、个性与社会性、时代性与永久性，以及文学艺术的社会作用等方面的问题，也是这样。大家指出，凡此种种问题，都需要进行重新研究，在马克思主义的指导下得出比较科学的新结论。只有这样，才不致停留于空泛的争论，才是感应时代的文艺观念的变革，才能有真正创新的文艺观念。

## 二、总结经验

与会同志认为，建设有中国特色的马克思主义文艺学，就是要以马克思主义的基本观点和方法，去科学地总结人类在几千年文明发展中所积累起来的丰富的文艺创作和文艺理论实践经验，形成有中国独特色彩的马克思主义的文艺学体系。有的同志说，所谓"马克思主义的"就是要坚持马克思主义的基本的原理、科学态度和精神。要把马克思主义的文论与我们所要建设的马克思主义文艺学作为两个范畴来对待。当然，在这方面，我们要彻底肃清长期以来"左"的思想影响。也要批评轻视以至否定马克思主义基本原则的倾向。

有的同志指出，我们要以马克思主义的美学原理为基础，不要一提到发展，就把过去的统统否定，这不是实事求是的科学态度。比如，文艺是社会生活的反映，是上层建筑的一种特殊的社会意识形态，就应该坚持，以此作为我们建设的基础、起点。如果连这个也否定了，而代之以文艺是自我表现、人生梦幻、被压抑的潜意识的流露等等，那么，以这些为基础所建设的文艺学，恐怕很难说是马克思主义文艺学。当然，对这些见解，也不是说它们毫无道理，但是作为文学艺术本质的最高概括，作为文艺学的起点，就其科学性而言，是无法与马克思主义文艺学已有的理论成果相比拟的。

大家认为，建设有中国特色的马克思主义文艺学，必须科学地分析，批判地吸收古今中外文学艺术理论中许多宝贵的遗产。

有的同志强调，要立足于当代中国的社会主义的文艺实践。我国社会主义的文艺实践，有了几十年的历史，有成功的经验，也有惨痛的教训，这些都需要进行科学的总结。特别是要总结近年来，在开放、改革的历史条件下，社会主义文学艺术和文学艺术理论实践中的经验和教训。这是最实际的出发点。

有的同志详细说明，要批判地继承中国几千年文学艺术理论发展中的合理内核。还是老话：去其糟粕，取其精华。在对待文化遗产的态度上，既不可以国粹主义的态度对待它，妄自尊大，也不可以妄自菲薄。对部分青年人中盛行一时的"打倒传统"的口号，从其要求变革、创新方面说是好的，但是不科学的、形而上学的。"五四"时期反对封建传统的精神，应该为我们继承和发扬光大，却绝不可以重复当年形而上学的旧辙。一个伟大民族几千年的文明创造，经过历史的风风雨雨，从未被打倒过，包括"文化大革命"中"四人帮"运用国家机器长期地"横扫"它，最后被否定的只是他们自己。批判地继承，发展这份遗产，使之发扬光大更多地为世人所了解和接受，是我们民族对人类应尽的责任和义务。

譬如说，钱锺书先生的《管锥编》《七缀集》《谈艺录》，从中国古籍中钩稽出不少带有规律性的理论，联类西方古今的美学和文艺学，如亚里士多德的《诗学》，古印度的《奥义书》，一直到当代西方的各种批评方法和流派，从郭尔凯郭尔的哲学、什克洛夫斯基的形式主义批评，到结构主义、解构主义，以至接受美学；现代西方的各种人文学科，从各种心理学、实证主义到文化人类学等等，进行了科学的阐述，论述了它们之间的"相同""相通""可通骑驿"，貌异实同，及貌同实异等，给人以丰富而深刻的启示和教益。

又例如，模糊数学被介绍进来后，不少人觉得新颖，立即引进文学理论，认为美的本质在含糊。岂不知在我国明代就有人提出过："妙在含糊，方是作乎"（谢榛《四溟诗话》卷三），并说"作诗不宜逼真"等。意思无非是老子所说的"恍惚"美，或我们今人所说的朦胧美。当然，模糊或含糊只是美的一种形态，绝非一切美的形态。

再例如，近年各种现代派的艺术方法被介绍进来，强调艺术是自我精神的表现，或表现主义。中国古代自然不会有表现主义这个语汇，但宋元以来的文人画，"不求形似"，"聊以写胸中之逸气耳"，画竹信乎"涂抹"，"他人视以为麻为芦，仆亦不能强辩为竹"（倪瓒语），这一重主体心灵、精神的表现，而不重形之似与否的理论，与当代在西方流行，并且也被引进我国的表现主义有无相通之处？这样一种对待形、神关系的态度，后来受到了普遍的否定。今天我们把它引进大型的叙事文学，应该怎样看待，可否中外、古今联类思考，在马克思主义的主客观关系理论的基础上进行总结？

此外，中国古代的遗产中，如意象说、意境说、神思论等等，也完全可以批判地继承，成为我们文艺学的有机组成部分。再有，认识和情感、意志的关系，情感、意志在创作中的地位、作用，也应进行深入细致的研究和说明。

对西方和世界范围内的文艺理论的批判和借鉴，也是一个重要的方面。有的同志认为，马克思主义文艺学有体系，但是体系本身应该是发展的、开放的。建设马克思主义新的文艺学体系，有个指导思想和出发点问题。开放并不等于把别人的所有东西一股脑儿地、没有选择地收过来，开放是吸收进一些好的东西过来。同时也要注意，不应只要西方近几十年的，不要西方传统的，这不是一种科学的态度。

有的同志认为，还可从苏联的文艺理论发展中吸收有益的经验。五十年代以来，我们在文艺理论、文学方面所走的路与苏联所走的路大体相同，但三中全会以后我们发展较迅速。有些方面不但赶上了苏联甚至走在了它的前面。苏联的文艺理论发展趋势也是，一方面总结、反思过去文艺理论上存在的问题，另一方面尽量吸收现代科学发展中的新成果；既要防止产生全盘西化，又要在总结本国文化传统历史经验的基础上提出一套自己的文艺理论体系，这套体系应能回答当前科技革命条件下提出的新问题。值得吸取的经验是：第一，苏联学者认为，以马克思主义为基础提出自己的一个新的设想只是一个起点，还必须根据文艺发展的新经验和现代科学的新成就不断充实，补充修正其理论。不应当把传统的文艺学方法同所引进的其他学科的方法看成彼此对立的"保守的"和"现代的"方法，而应看作各具不同学科特长的互相补充的方法。各文艺学派应彼此尊重，努力自成一说。第二，使理论不脱离实际，克服了原来存在的文学中心、欧洲中心两个框框的弱点，作为理论不能脱离整个世界，特别是东方的丰富文艺经验和文化遗产。第三，他们很重视综合研究，组织社会科学家、自然科学家一起来讨论文艺科学问题，力求在统一的马克思主义方法论的基础上建立一个完整而灵活开放的文艺理论体系。

有的同志对马克思主义文艺学的建设（本质是文艺观念的建设），提出了要注意的问题。如：要分清不同文艺观念体系的核心内容与非核心内容，在认识论上要避免以偏概全；要注重创作实践和当代读者的审美趣味；及文艺学要分层次，不要和其他学科混在一起等。还有的同志提出，建设有中国特色的马克思主义文艺学，要搞五湖四海（包括理论队伍和学术观点），要团结各方面的人共同建设马克思主义文艺学。不要搞排他性。

### 三、构架设想

建设有中国特色的马克思主义文艺学，与会同志提出了一些设想。一种意见是以审美实践为构架的核心。认为审美是文艺最突出的特征，离开了它就不能称之为文艺，因此必须把审美提到特别突出的位置上。马克思主义的文艺学应当是审美的社会学；应当从其基本点出发，吸收各种流派的观点中合理的东西来完善它。要处理好马克思主义文艺理论同各种流派、学说的关系。

第二种意见是：建立马克思主义文艺学，即建立较完整的、充满生机的、符合马克思主义原则的、新的、合理的马克思主义文艺理论体系，除包括文艺本体论，文艺创作论等，还要包括文艺管理的文艺事业论或管理理论。这方面，过去有具体内容，但没有作为理论系统来讲，更多的是从政策上来讲的。文艺作为事业来管理在中国共产党掌握政权后才作为一个课题提出来。过去在制定文艺政策时老是出毛病，头痛医头，脚痛医脚，就是没有把它当成科学来对待。马克思主义文艺学建设是一个系统工程。整个理论的探索不仅有个从宏观到微观的问题，还有从微观到宏观的问题。文艺的发展和其他科学的发展分不开。从文艺事业宏观理论角度来讲，就须开辟马克思主义文艺管理学。这个文艺学还要包括社会主义文艺论。我们的文艺其主体是社会主义的，同时是多样化的，不一定要求每一个文艺工作者都是马克思主义者，只要不违法都可以进行创作实践。但是，有关社会主义文艺的理论，应成为马克思主义文艺学的极重要部分。

第三种意见认为，要建立马克思主义的文艺学，需要对它的基本理论构造进行设计。可以按不同的标准，分别列出不同的理论框架，八仙过海，各显其能，各自按自己的体系进行建设，逐渐走向更高的综合、更强的系统性。具体设计是：（1）按对象的一般与特殊的关系，把艺术学划分为一般艺术学和特殊艺术学（如美术学、文学学、音乐学、戏剧学等），在各特殊艺术学中，再划出个别艺术学（如文学学中就可划分出诗学、散文学、小说学、神话学、寓言学……）。（2）按理论的抽象程度划分，可把艺术学划分为元艺术学（或艺术学学）、艺术原理（或艺术哲学）、应用艺术学（包括艺术史和艺术批评）。（3）按艺术发生、创造过程来划分，可把艺术学划为两大块，一块探讨人类艺术发生、发展的规律，可分为艺术发生学、艺术发展论和艺术未来学；另一块探讨具体艺术作品的生产过程及各个环节，按艺术从社会到作家、到作品，到接受者、再到作家……的循环程序，划分为创作论、作品论、接受论（包括鉴赏论与批评论）。（4）艺术作品作为一种实在，是由各种不同的物质层次构成的客体。如按其物质构成的层次来划分，可把艺术学划分为艺术媒介学（探讨艺术的物质材料，属物理层次）、艺术生理学、艺术心理学、艺术社会学、艺术文化学，等等。

第四种意见，认为现在我们正处在文学观念改革的阶段，原来的观念都应该受到新的检验，哪怕是马克思主义原则的东西，也要经过思考，进一步去掌握它。面对纷繁的文学观念，在一段时间的惶惑之后，经过翻译、研究工作之后，增强了发展自己的东西的信心。对发展马克思主义文艺理论有用的，即使过去马克思主义文艺理论没有提过，我们也可以吸收过来。要吸收外国的经得起考验的，合乎艺术规律的那些原理学说和方法。象结构主义的有些东西，很繁琐，可以介绍，但不能把它们全部接受下来。还有的要坚决扬弃。象接受理论，接受美学，不能给它那么高的位置。建设我们自己的文艺学，首先还是要解决文学的本质问题。文学是审美的意识形态。过去的文学理论的缺点把文学的审美特征取消了，只谈文学是一种认识，是社会生活的反映，是意识形态。文学观念应是多层次、多系统的，因此也是多本质的。这里要解决文学基本观念问题的两个层次。（1）审美的哲学的方法。文学最根本的特征是审美的意识形态性。如果仅用哲学的方法，就把审美特征作为第二性理解了，只能引出简单反映的意识形态。用审美的哲学的方法来解决文学基本特征问题，并不是采取折衷主义。折衷主义只是一种简单的结合，而审美的意识形态性则是一种新的系统质。这个审美意识形态，不是审美＋意识形态，而是一个完整的结合体。（2）审美本体论。审美本体可分为狭义和广义。狭义的审美本体是解决作品是什么东西？要弄清作品表层立意跟深层结构的关系，目的在于解决作品内在的结构规律。形式主义、新批评和结构主义基本上是限于作品，用作品本体来解决整个文学问题，所以陷入形式主义。广义的审美本体包括三部分：作品、创作、接受。前二者是静态的，后者是动态的，这样就形成了文学一个完整的本质。接着就要进一步解决文学的发展的问题。一方面文学按照自己的规律发展，一方面它受非文学的或非审美文化的影响，如政治的，宗教的，等等。文学不从属于政治，但它确实受政治影响很大，文学不能脱离政治。另外，文学的发展同时也与审美意识、审美形态、审美文化有着密切关系。对于文学和人道主义的关系，要合乎规律地科学地去解释它。文学发展中的另一个大问题是世界文学与民族文学的关系。总之，在进行马克思主义文艺学理论的创作过程中，若是完全脱离了我们过去的文艺理论，这是虚无主义的表现。完全引进外国的东西不加鉴定，那就成了毫无见地的大杂烩。吸收和扬弃，用马克思主义的基本方法，这是我们永远要坚持的。

通过讨论，大家认为，建设有中国特色的马克思主义文艺学，这一工作刚刚开始。要完成这一任务，需要全国的文艺理论工作者团结起来，共同努力。我们相信，在坚持四项基本原则，坚持实事求是，解放思想，坚持百家争鸣，坚持搞五湖四海的基础上，在改革、开放、搞活的实践中，一定会使马克思主义文艺学的建设有个大的进展。

### 9月14—24日

本刊林元赴大连参加"大连之夏艺术节"活动。

### 9月5—26日

本刊金宁赴江苏南通参加艺术美学会议，并代表编辑部赴上海、杭州、南京拜会伍蠡甫、王元化、蒋孔阳、陈白尘、陈瘦竹、陈恭敏、余秋雨、钱仁康、桑桐、张廷琛、毛时安、赵鑫珊、陈振濂等作者，商谈稿件。

### 10月6—13日

本刊林元、柏柳、孟繁树赴广西桂林参加全国艺术研究期刊讨论会。回京后柏柳在全院期刊领导干部会上作专题汇报，中国艺术研究院常务副院长李希凡出席。

### 10月14日

本刊吴祖望、马肇元、孟繁树被评为副编审。

### ■ 11月4日

《文艺研究》与北京人民艺术剧院联合召开话剧《狗儿爷涅槃》学术讨论会。与会者有导演刁光覃、林兆华，编剧锦云，演员林连昆及评论家王宏韬、童道明、杜澄夫、王蕴明、吴乾浩、苏国荣、俞耀庭、林克欢、田本相、冯其庸、纪红、杜清源、叶廷芳、康洪兴、钱竞、王贵、曹继军等30余人。本刊王波云、柏柳、姚振仁、张潇华、孟繁树、李香云出席。随后，《文艺研究》1988年第1期以"开拓探索创新　繁荣戏剧创作"为总题，发表部分与会者的发言。"编者按"云："北京人民艺术剧院演出的话剧《狗儿爷涅槃》引起了社会反响。它作为开拓、探索、创新、繁荣话剧创作的一个实例，在学术上具有研究价值。为此，《文艺研究》编辑部和北京人民艺术剧院于1987年11月4日联合召开了学术讨论会。该剧的编剧、导演、主要演员及首都文艺理论工作者30余人参加了会议。这里发表的一组文章，是一部分与会者的发言稿。"

### ■ 11月12日

文化部部长王蒙接见《文艺研究》领导林元、王波云、柏柳、姚振仁、张潇华。林元、王波云等向王蒙汇报《文艺研究》工作，主要介绍了如下办刊方针：强调刊物的理论性和学术性，强调理论和学术上的严肃性和开拓精神，强调坚持"双百"方针，搞学派不搞帮派。王蒙表示赞成《文艺研究》的办刊方针，希望研究的艺术种类更宽些，如对音乐、舞蹈应给予更多的关注。

### ■ 11月18日

本刊沈季平、杨志一被评为编审。

### ■ 11月23日

《文艺研究》党支部召开会议，同意沈季平同志加入中国共产党。

# 1988 年

## ■ 1 月 21 日

从本年第 1 期起,《文艺研究》刊价调至 2.00 元,增加一个印张,扩至 176 页。

## ■ 4 月 2 日

中国共产党优秀党员、中国艺术研究院编审、《文艺研究》名誉主编林元于下午 4 时 50 分,在北京病逝,享年 72 岁。《文艺研究》本年第 3 期发布消息,并发表冯牧、王波云的纪念文章,以寄哀思。

### 本刊名誉主编、著名编辑家林元同志在京逝世

中国共产党优秀党员,中国艺术研究院编审、《文艺研究》名誉主编,中国作家协会会员,著名编辑家、作家林元同志,因病医治无效,不幸于 1988 年 4 月 2 日在北京逝世,终年 72 岁。

林元同志 1937 年上中学时创办《怒吼》杂志,宣传抗日救国。1938 至 1942 年在昆明西南联大读书期间,创办并主编《文聚》和《独立周报》;1947 年在广州中山大学任教兼办文学院院刊《文学》。这些报刊继承五四新文化传统,反映人民心声。1948 年任《观察》编辑、代理总编辑。1950 至 1960 年任《新观察》编辑、编委。1979 年创办《文艺研究》,任常务副主编,1986 年任名誉主编。林元同志在编辑工作上,一贯主张学术民主,争鸣自由,探求科学真理;支持学派,不搞宗派。他襟怀坦白,光明磊落,严于律己,宽以待人,廉洁奉公,艰苦朴素;对中青年干部的成长热忱关怀,深得同志们的尊敬与爱戴。

林元同志在编辑工作岗位上辛勤耕耘了半个世纪,作出了贡献。林元同志的一生是为革命事业奉献的一生。

# 悼林元　怀逝者

冯　牧

清明前夕，突然传来了林元同志不幸去世的消息，一种深切的痛惜之情使我的心中好象遭受了沉重的一击。我和林元同志的友谊交往算来已有 31 年的时间；那是从 1957 年底，我奉命去接办刚刚受到了近于摧残性打击的《新观察》时开始的。在被改组的《新观察》编辑部留任下来的几位主要编辑人员当中，林元同志是从一见面就给我留下很深印象的一个。在我在《新观察》工作的短短一年来时间中，我和他们相处得很融洽，合作得很好。那时，还不具备如象现在这样的思想解放的大气候，但我不论从林元身上或从另外一些同志身上，都可以感受到一种共有的真诚的愿望和感情，这就是：尽管我们谁都不可能抗拒或抵御当时正在席卷神州大地的"极左"思潮，但是，我们应当使我们的刊物办得尽可能为广大的读者所喜爱或所乐于接受。我真切地感觉到，在包括林元在内的几位当时的刊物骨干力量的心中，都具有这样一种可以说是心照不宣的心情。

在这期间，我发现了林元身上所具有的那种对于一个编辑来说是极为可贵的品质。我发现，这个当时还没有入党的老编辑，在工作中所表现出的炽烈的劳动热情、忘我的工作积极性以及接近于足智多谋的编辑工作才能，使我们当时濒于瘫痪的刊物，很快地便恢复了正常的工作运转。我应当坦率地说，在我刚刚被调到《新观察》来取代那位我所尊敬的，当时被不公正地戴上"右派"帽子的戈扬大姐时，我的心情是沉重的、不安的，也是毫无信心的；但是，很快我就感觉到，在我身边，有许多双友善的手在扶持我，帮助我（而不是在排斥我）。而其中，林元就是非常突出的一个。我时时为林元所表现出来的那种忘我无私、殚思竭虑的事业精神和工作热情所激励。也就是在这时，在讨论他要求入党的支部会上，我第一次了解到他的历史和生活道路，了解到他并不是以一个普通的"民主人士"和知识分子的身份来参加新中国的文化建设事业的。早在抗战初期，他就是一个追求光明、追求进步、追求人民解放事业的爱国者，一个积极参加民主运动和革命文学运动并且做出了贡献的有理想、有信念的进步文艺工作者。在解放战争时期，他曾经在当时风靡全国、对蒋管区的民主运动产生过巨大影响的《观察》杂志工作过很长时间，经过他的手发表过不少进步的革命的乃至是出于地下党员手笔的文章。在解放战争后期，他为此而被国民党政府逮捕入狱，一直到南京解放，解放军战士打开了当时关押爱国民主人士和共产党员的政治犯监狱，他才获得了自由，才获得了真正的解放。当时，作为党外进步人士的林元，在监狱中表现得非常坚强，如同一名革命战士一样地和敌人进行了坚贞不屈的斗争。这一切，我都是在五九年讨论林元入党的支部会上才了解到的。而这些事实，在当时的情况下，当然都是经过了反复的严格调查之后才得出的结论。他正是因此而理所当然地被接纳成为一个中国共产党员。由此才使我对于林元有了更为深切的了解，我才开始懂得为什么一个被人们视为"党外人士"的编辑会具有如此自觉的责任心和似乎是永不会枯竭的工作精力。在我的印象里，当时出版的每一期《新观察》当中都包含着他的富有创造性的建议、心血和劳动成果。他是一个提选题、出主意、结交作者和组织稿件的能手。他自己也能写很漂亮的散文和很有见解的评论，但他的绝大部分时间和精力都放在了编辑工作上，正如他自己所常对我说的，"我一辈子都是为别人作嫁衣裳的，我对于当好一个刊物的编辑，是乐此不疲的"。林元的一生，确实是一直在这样身体力行的。早在40年代初，他在西南联大时期就编辑出版过在当时颇具影响的进步文艺刊物如《文聚》等，在那上面发表过许多激扬爱国主义和民主主义精神的作品，许多作家（如闻一多、冯至、李广田等）都曾经给过他以支持和帮助。从此，他就以编辑工作作为向自己的神圣目标奋力前进的工作岗位，而且做出了认认真真和切切实实的工作业绩，一直到他年过古稀，由于年龄和健康的原因，才不得不心怀栈恋地离开了他在《文艺研究》编辑部的办公室。

因此，在我的思想里，林元是在我们当中的一位极其难能可贵的，把毕生精力和心血都奉献给文艺编辑工作而且做出了昭著成绩的好同志、好编辑。尽管他在有一段期间调到了文化外事部门，而暂时离开了编辑工作，但我相信这并非出于他自己的意愿。我永远把他看作一个在文学队伍中自觉自愿地把自己的生命数十年如一日地投身于编辑工作的老编辑和好编辑，一个值得尊重和钦敬的毕生"为他人作嫁衣裳"而任劳任怨和甘之若饴的人。

象这样的人，在我们的队伍中实在是太少了。

我和林元在《新观察》工作期间结下的友谊，并没有因为我们后来分处在不同的工作部门而中断。在"文化大革命"时期，我们曾经一起被关在一间地下室中，并且一起在湖北干校劳动过，在这段期间，我们得以互相倾诉过自己的心境和经历。他时时自然流露出来的相濡以沫的感情使我对他有了进一步的信赖。有一天，我突然发现他显著地消瘦了，银白色的头发也变得更加稀疏零乱；从他艰难迟缓的动作中我感到他正在竭力克制着自己的病痛。他告诉我，他得了糖尿病，这种病，在干校的条件下是一种灾难性的疾病。但他同时又说，他虽然时时感到痛苦，但他还是乐观的，他相信我们都能够顽强地生活下去，并且能够等待我们所盼望的那一天的到来。我相信他的说法，而且为他身上经常自然散发出来的乐观主义情绪所感染。至今，在我头脑中仍然不时闪现出他在干校参加劳动时的步履蹒跚的身影和他的虽然日见憔悴却永远坦诚而乐观的面容。

从1978年开始，我终于又获得了和林元在一道工作的机会。那时，我在文化部负责艺术研究院和政策研究室的工作。三中全会后，文化部决定筹备出版一个文艺评论和文艺研究的理论刊物，这就是创刊于1979年5月的《文艺研究》。我建议调林元来参与筹办这个刊物，我始终认为，在当时可供抉择的对象当中，林元是一个最为合适的人选。而后，他就把全部身心毫无保留地奉献给这个刊物，简直可以说是鞠躬尽瘁，死而后已。在开始的两三年中，林元还都不是这个刊物的正式主编，但我现在应当公正地说，从一开始，林元就是《文艺研究》这个后来声誉日隆的刊物的实际上的创办者和主持人。我和另外两位同事都曾列名为刊物的主编，林元是编辑部主任和副主编；但是，如果说这个刊物从一开始就制定了一个至今看来仍然是正确的方针，如果说这个刊物在八九年的时日里曾经克服了众多的难以设想的困难，在这漫长的风风雨雨的岁月里始终坚持着自己的方针和目标，而没有随风摇曳和动荡不定的话，那么，我可以毫不犹豫地断定说：能够做到这一点，林元同志在其中是起到了值得表彰和赞扬的重要促进作用的。从一开始，他就是以一种情投意合的积极精神和得心应手的工作活力，为这个刊物从诞生、发展、坚持、巩固到稳步发展而付出了一个年过花甲的老年人所可能投入的最大的精力和干劲。他曾在重新工作前一次因公出差中跌断了腿，但他却泰然处之，无论有多大困难，只要需要，他就如打仗一样，不失战机，立即挂着手杖为了办好刊物和组织高质量、多品种的稿件而到处辛勤奔走。因此，我虽然在刊物创办之始曾经忝列主编职务并且参与过一些工作，为刊物的方针和指导思想的确定提出过一些建议并且和林元同志以及编辑部的其他同志顺利地取得了共同的看法；但是，刊物的实际的主持人是林元而不是我。我时常怀着一种欣慰乃至感激的心情，回忆起我和林元之间关于坚定不移地执行"双百"方针同时又要使刊物具有自己的鲜明主张和性格的多次讨论；我高兴地看到：林元在主持刊物编辑工作的几年间，对于我们所共同确立的方针和编辑思想，一直是信守不渝的。后来，他在别的同志的帮助和支持下，使《文艺研究》不仅在正确贯彻"双百"方针上取得了令人瞩目的成效，而且在广开文路而又有所倡导方面，也逐步地形成了自己的性格。这一点，应当是有目共睹的，也是值得我们永远珍惜的。

林元同志在1987年终于离开了自己心爱的工作岗位，这是早在我意料之中的事；因为我看到近年来他是越来越衰弱了，他的外貌和举止比他的实际年龄要衰老得多；但是他的那种心无旁骛，把全部思想和精力都扑在编辑工作上的极端负责的精神和毅力却使我为之深深感动。

我预感到他的来日无多了，然而我无论如何也没有想他会那样早地便离开了我们，离开了他的亲人和战友，离开了他如此挚爱的革命事业。他一生自奉甚俭，自律甚严。他去世以后，我和一些老战友一起到他家里去看望他的夫人钱云同志和他的子女。走进他的俭朴的居处，使我有一种四壁萧然的感觉。当他的女儿林平把他去世前不久用断续无力的声音口授的遗嘱拿给我看的时候，我不禁潸然泪下了。他在生命的最后时刻所发出的，是使一切正直的革命者都会感到悲痛和震动的声音。他在遗嘱中说：

一、遗体献给国家医学科研事业，不留骨灰；

二、不举行遗体告别仪式及追悼会，以免劳民伤财；

三、我一生喜爱并收藏齐白石老人四幅画。白石老人的画是国宝，国宝应归国藏、国有。

四、我一生为他人作嫁衣裳五十年，剩下一点"碎布"，约三四十万字，请王致远同志编成《碎布集》，并作长篇编后记，请冯牧同志作序；

五、《碎布集》出版后所得稿费留给钱云晚年生活。

回顾一生，所作坦然。妻子儿女待我之好无以复加。希望林平多关心妈妈，听妈妈话。妈妈也要多关心林平。我飘然而去，云游四海而无所挂念。

又及：关于《文艺研究》，希望王波云同志在全体同志共同努力下抓好工作，继续前进。《文艺研究》十年来的办刊方针是，坚持四项基本原则，实事求是，不断解放思想，贯彻百家争鸣，搞五湖四海。这已得到了王蒙、李希凡等领导同志的肯定，对此非常感谢。

林元　1988 年 3 月 11 日

我捧着这份写在一张薄薄的信纸上的遗嘱，沉默良久，我的心在颤抖。这是一个一生为祖国文艺事业、也为他人的茁壮成长而劳顿奔忙的普通编辑工作者在临终时发自肺腑的声音。这张纸很轻，但在我手上却有千钧的份量。林元已经永远地去了，但在我眼前，却仿佛长久地屹立着一个高大的身影，在他身上，一颗忠诚、炽热、纯朴、热血沸腾的心，正在不停地跳动着。

逝者长已矣，但有些事情对于如象我这样的幸存者，心情却不能平静。林元是一位为我国的新文艺事业奋斗过将近半个世纪的文艺战士。他为此曾经在敌人的监狱中进行过勇敢的斗争。然而，我听说，他在全国解放前所进行的战斗和所做出的贡献，至今并没有被得到认可，因而，他在离开工作岗位以后所得到的待遇只能是"退休"，而不是"离休"，我作为林元的一个战友和故人，不能不为此而长久地悒悒于心。

1988 年 4 月 7 日急就

## 深深的怀念

王波云

林元同志于 4 月 2 日下午与我们长辞而去了。在他住院期间，我们多次看望过他，知道他的病情不好，并为之忧虑，但每次见他泰然而顽强地与病魔抗争，又总认为经过一段治疗是会好转的。没有想到他的病情后来急速恶化，竟这样快地飘然羽化了。因此对于他的去世，我们感到突然，沉痛的心情久久不能平静。

林元同志的晚年是伴随着《文艺研究》一起度过的。《文艺研究》是在党的十一届三中全会刚刚闭幕不久筹备创办的，当时年逾花甲的林元同志是主要筹谋者之一，以后并长期主持了这个刊物的编辑工作。从创刊开始，他就在编辑部反复指出：《文艺研究》是学术性、研究性的文艺理论刊物，是在党的领导下的文艺理论阵地，必须坚决贯彻党的三中全会的路线，必须坚持马克思主义的求实精神，不断解放思想，坚持百家争鸣方针，搞五湖四海，广泛团结文艺界同志，为建设具有中国特色的文艺科学而努力。为此，他把全部精力都奉献给了《文艺研究》。

《文艺研究》创办的头两年，困难较多。那时编辑部人手少，工作重，从编辑业务到出版发行等等，都需要林元同志过问和决策。为了工作，他大多吃住在办公室，日夜操劳。

中国艺术研究院设在什刹海旁边有名的恭王府，《文艺研究》编辑部就在这座王府大院最后边的所谓"九十九间半"的西半截，而楼上最西头的那间房子就是林元同志的办公室。文艺界的不少朋友到过这里，去过的许多同志一定注意到，在这间办公室里，除了一张从文化部团泊洼五七干校拉回来的写字台和一张旧木床之外，还会发现在一只铁柜子上摆放着油瓶、盐缸、挂面以及一只很大的白色搪瓷杯和一只"热得快"等。林元同志腿部有严重的骨折创伤，行动极不方便，而办公室离食堂又较远，他不想多麻烦别人帮助打饭，因此"热得快"等就成了必备之物，帮他日复一日地度过了往往是边谈工作的三餐。当我们清理林元同志的遗物时，见到这只破旧的白色搪瓷杯和发黄了的电热器时，怀念与敬佩之情油然而生，因为它们反映着一个共产党员对工作、对事业的责任心和崇高精神境界。

　　林元同志不仅右腿胯骨有创伤，而且长期患着糖尿病。医生多次嘱咐他一定要注意饮食和休息，但是他只要一工作起来，就忘掉了这一切。他在工作中表现出的那种昂奋的热情和克服一切困难的信心毅力，不了解情况的人，是很难相信他是患有多种疾病的老人。1983 年的盛夏，有一次林元同志亲自去约李一氓同志撰稿。从西北城到东南城，交通很不方便，他顶着烈日，倒了几次公共汽车，扶着手杖步行了半个多小时，才找到了李老的住处。这一趟回来之后，他的糖尿病立即加重了，出现了四个"＋"号，家属为之着急，编辑部的同志们为之担心。大家劝他以后不要再这样出去约稿，但他却把医生开的休假证明放在上衣口袋里，强忍着病痛，用浓重的广东口音普通话，兴奋地谈论着同李一氓同志会见的收获。林元同志对工作的热情，对事业的信心和革命的乐观主义精神，将永远地感动着、鼓舞着我们。

　　林元同志不仅热情、乐观，而且具有很强的开拓精神和进取精神。他虽然年已古稀，但对新时期文艺充满了热情和信心，十分关注文艺理论领域里的建设。当他了解到我国著名科学家钱学森同志非常关心我国社会主义文艺的发展，提倡自然科学与社会科学之间学科交流，当即带领几位同志，亲自采访钱老。钱学森同志关于发展我国马克思主义文艺学的重要文章在《文艺研究》发表之后，林元同志又亲自约请王元化、陈涌等同志撰写文章，进行更深入的探讨。1986 年秋天王元化同志来京参加全国作协理事扩大会议，林元同志知道后，立即在编辑部两位同志陪同下到京西宾馆拜访。林元同志与王元化同志虽有书信来往，但并未见过面。当王元化同志看到坐在他面前的林元同志竟是一位白发苍苍的古稀老人时，他表示惊异而又敬重。后来他很感触地说，要办好一个刊物，一定要有象林元同志的这种事业精神。我国著名戏剧理论家张庚同志也多次称赞过他对事业的献身精神。

　　岁月不饶人，疾病更是无情。最近两年，林元同志已意识到自己的身体健康情况不如以前，多次请求退居二线，后来组织上同意了他的要求。但是无论是编辑部的同志还是工作实际情况，都不能使他真正超脱开来。他对这个刊物的感情太深了，直至去年冬天住进医院，还时刻关心着《文艺研究》的工作。他曾向王蒙同志请求听取《文艺研究》的工作汇报。不久王蒙同志在出国访问前抽空安排见面，林元同志听到这消息，非常高兴。他在病床上认真做了汇报准备，而后瞒着医生和护士去了文化部。当王蒙同志知道林元同志是从医院而来时，表示歉意和感动。在王蒙同志接见之后，有一段时间他的精神很好，和我们一起研究根据王蒙同志的意见改进工作。当时，我们和他本人，都以为他能很快出医院的，他鼓舞我们一定要把刊物办得更好，我们也希望他出院后还能象以往那样关心《文艺研究》，但怎么也没想到，这竟是最后一次和他一起讨论《文艺研究》的工作。

林元同志为党为人民工作了几十年，党的三中全会以后，为了发展我国新时期的社会主义文艺，为了四化建设，充满着热情和信心，加倍地忘我工作，他一生对革命的贡献，党和人民会永远记住的。

从《文艺研究》创办以来，我同林元同志在一起朝夕相处，工作了九年，我和编辑部同志都深深体会到，林元同志作风民主，真挚坦率，对同志不仅以诚相见，而且处处关心。编辑部不管哪位同志如果有了困难，他总是伸出热情的双手，尽力帮助。他对于我们每个人的鼓励、关怀和帮助，我们每个人都会铭记在心。我们一定化悲痛为力量，努力去做好他生前希望我们做好的工作——办好《文艺研究》，以促进我国社会主义文艺的发展与繁荣。

林元同志，您安息吧！

## 4月8日

本刊王波云被评为编审。

## 5月9日

《文艺研究》召开"马克思主义文艺学"座谈会，董学文、严昭柱、钱竞、陈晋、王仲、张首映、陈飞龙、王德和、朱丰顺等人与会。本刊副主编张潇华主持，王波云、柏柳、李香云出席。会议主要围绕"当代文艺形态"的核心问题进行讨论，以区别马克思主义文艺学与非马克思主义文艺学的界限。

## 5月15日

上午10时，在八宝山举行林元遗体告别仪式。

## 5月21日

《文艺研究》第3期发布启事，不再办理退稿手续。

### 本刊启事

邮电部邮政总局〔1986年邮通字第3号〕通告，今后稿件必须按信函邮寄。因本刊经费有限，故自1987年6月1日起，一律不再办退稿手续。凡投寄本刊稿件，请自留底稿，三个月之内无回音，即可自行处理。现再告读者，望谅。

## 5月29日

上午9时，在院大会议室（葆光室）召开纪念林元座谈会。

### 7月18—25日

《文艺研究》与沈阳市文化局、《戏曲研究》《新剧本》在沈阳联合召开"第二届全国戏剧美学"研讨会，来自全国各地的 60 余位中青年戏剧理论工作者与会。与 1986 年珠海首届会议相比，此次会议显示了戏剧美学研究的深入，与会者围绕戏剧思维、戏剧现状与走向、通俗戏剧、戏曲审美特征等问题展开讨论，并就成立戏剧美学学会等事项交换了意见。本刊王波云、孟繁树出席。随后，《文艺研究》本年第 6 期以"跟现实生活步伐　探戏剧发展规律"为总题，发表李春熹、汪人元、吴乾浩、孟繁树的与会论文。"编者按"云："继 1986 年在珠海召开的首届全国戏剧美学研讨会之后，由《文艺研究》《戏曲研究》《新剧本》和沈阳市文化局艺术研究所联合主办，于 1988 年 7 月在沈阳召开了第二届全国戏剧美学研讨会。以中青年为主的戏剧理论工作者 60 余人，围绕着当代中国戏剧文化走向和创新问题进行了研讨。本刊从会议论文中选出四篇发表，以期有助于推进戏剧创作健康发展。"

### 8月15日

中国艺术研究院任命吴方为《文艺研究》编辑部副主编（正处级）。

### 8月22日

本刊汪易扬、袁振保、曹颖被评为副编审。

### 10月3—6日

《文艺研究》与北京舞蹈学院在北京联合召开"东方美学研讨会"，李希凡、王朝闻、常任侠、刘纲纪等 40 余人与会。本刊王波云、张潇华、李香云、廉静、金宁与会。会议就东方美学的历史背景与哲学依据，东方音乐、舞蹈、美术、戏剧各艺术门类的文化艺术现象进行讨论。《光明日报》对会议进行报道。随后，《文艺研究》1989 年第 1 期发表会议综述。

## 东方美学讨论会

廉　静

《文艺研究》编辑部和北京舞蹈学院于 1988 年 10 月 3 日—6 日在京联合召开了全国第一次东方美学讨论会。出席会议的有研究中国美学、日本美学、印度美学以及东方艺术、东方宗教和哲学的专家学者等 40 余人。大家就东方美学总体面貌、东方美学的历史背景与哲学根据，就东方舞蹈、美术、戏剧等各门类艺术的规律与特征，对东方美学进行了多学科的全方位的讨论。

有的同志对东方美学研究从宏观上发表了意见，认为：东方古老的农业文明对东方宗教、伦理及哲学思想产生过很大影响，研究东方美学就要研究东方的意识形态，把艺术哲学与宗教哲学、人生哲学联系起来研究。要从研究东方的艺术实践（含艺术成品、创作过程及效果）入手，在世界文化大背景中，将西方美学作为参照，分析东西方社会以及东西方哲学思想、美学思想的根本区别，在目前现代科学技术和现代社会发展的基础上寻找和确定东方美学所特有的位置。有的认为，东西方美学思想的比较，东方各国间美学思想的比较研究，对于东方美学学科的建构是必要的。既要充分肯定东方艺术美学辉煌的历史传统，也要给其注入现代的新的生命力。

东方美学考察的范围，有的学者认为地域是以欧洲及其派生的北美文化为参照系而讲的东方，即亚洲以及与亚洲接近的东方各国、各地区，以及文化中有东方美学和哲学思想存在的亚洲以外的地区。东方美学研究不应该完全以政治划分或地理划分来界定范围，也不必以国别限制，而应该以文化系统划分。

在会上，有些同志介绍了阿拉伯文化、伊斯兰文化及宗教；从事西藏艺术美学研究的专家就西藏文化、艺术美学及佛教的关系发表了很有价值的观点。

有的同志从介绍日本近现代哲学论起，认为：日本古代文化是吸收中国的，近代是吸收西方的，表面上的拿来主义，其实不是简单的模仿，它体现了日本民族自身的特点，即思想文化上兼收并蓄，科学技术上善于学习，哲学思想上追求本国文化和外来文化的融合，在吸收外来文化的基础上改造、创立自己民族的文化。对日本在东方美学研究方面取得的进展值得密切关注。

还有学者对印度美学的文化背景、印度美学理论及研究概况作了说明。认为印度文化是多民族多宗教的混合文化，印度古代本土的以生殖崇拜为核心的农耕文化与外来的以自然崇拜为核心的游牧文化交融，形成了与古代希腊文化、中国文化并列为世界三大体系之一的印度文化。在印度，宗教对艺术的影响是明显的，它用最具象最世俗的形式来表现最抽象最宗教的观念，把最极端的东西统一在一起，这种文化背景必然制约和影响印度美学思想。

蒙古族学者研究萨满教对北亚（包括蒙古人、通古斯人、女真人）文化艺术的影响引起了与会者的极大兴趣。

长期从事东方舞蹈实践与理论工作的专家提出世界舞蹈的八大体系，也可称为八个舞蹈文化圈（即中国舞蹈文化圈、印度舞蹈文化圈、印度·马来舞蹈文化圈、马来·波利尼西亚舞蹈文化圈、阿拉伯舞蹈文化圈、拉丁美洲混合舞蹈文化圈、非洲舞蹈文化圈、欧洲舞蹈文化圈），并作了东西方舞蹈艺术的比较，阐述了东西方舞蹈的异同：东方舞蹈上肢动作多于下肢动作，面部表情多于身体四肢表情，西方反之；东方舞蹈的戏剧性语汇多于技术性语汇，西方反之；东方舞蹈（主要指传统舞蹈）中的程式化语汇多于示意性语汇，西方反之；东方舞蹈以"收势为主"（或曰主静），西方多以"放势为主"（或曰主动）；东方舞蹈"亲近大地"（或曰立地），西方喜欢"趋向天空"（或曰向天）；东方舞蹈讲求"曲线美""对称美"，西方讲求"直线美""不对称美"；宗教信仰使东方舞蹈绵延千百年，资本主义制度使西方芭蕾在四百年中得以发展；傀儡戏的发展促进了东方戏曲舞蹈的进步，西方宽松的社会环境促进了新的舞种的诞生。

还有学者从中国周易八卦入手，研究其与哲学、考古学、文学、历史学、艺术学、宗教学、民俗学及人类学之间的关系。会议发言还涉及了目前争论激烈的气功，认为，20 世纪是人体科学的时代。在中国古典美学的研究中经络论、气化论是值得研究的课题。中国画的民族特点及功能，中国画中义与道的关系和它所包涵的人生哲理，民族精神以及在商品日趋发展的当今社会如何从价值观念的角度来认识中国绘画等，这些问题在讨论会上引起热烈的争论。这种多学科的从古到今，从中到外，从艺术追思想，从思想查艺术的讨论受到了与会者的一致赞同。

关于东方美学的研究方法，有的同志从具体的艺术实践出发，先考察艺术而后总结艺术思想；有的同志侧重于哲学的思辨的方法，对历史事实作出理论的更高层次的解释；可以用历史的考证的研究方法，从坟墓里挖掘；也可以把当代文化艺术形态作为起点。总之，不能只是进行历史的陈述，只研究载体，而不重视载体的内涵。值得指出的是有专家提出：研究者要有研究者主体的个性，才能使得研究百花齐放；马克思主义在东方美学研究中可以解决其他方法不能解决的问题，这里指的不是被人解释过的僵化的马克思主义，而是以马克思原著中的论述为依据，"要回到马克思"。

讨论会还议及了今后的研究工作。酝酿成立了东方美学研究中心。

与会者认为，东方美学研究将会给现代美学中不能解决的课题以深刻的启示。东方美学从严格意义上讲还处在学科的建设时期，这次会议的召开具有开创性的意义。

# 1989 年

## ■ 1月21日

有关东方美学研究的论文首次在《文艺研究》第1期发表，包括刘纲纪《东方美学的历史背景和哲学根基》、金克木《东方美学研究末议》、林同华《东方美学略述》、季羡林《关于神韵》。这组文章为20世纪90年代东方美学研究奠定了基础。

## ■ 7月21日

《文艺研究》本年第4期"《文艺研究》创刊十周年纪念专刊"出版，增加3个印张，扩至224页。该期发表评论员文章指出，今后还将一如既往，认真贯彻执行党的"百花齐放，百家争鸣"方针，奉行五湖四海、学术平等的原则，积极开展各个学派、学术观点的自由讨论，在学术争鸣中提倡取各家之长，补己之短，以求互补共进。同期还发表冯牧、荒煤、张庚、李希凡四人的祝贺、怀念文章。

### 纪念创刊十周年寄语

本刊编辑部

《文艺研究》1979年5月创刊，迄今已十个春秋。它同我国新时期文艺事业同岁，在中国文艺战线留下了自己的足印。十年辛苦不寻常。我们同学术界、文艺界的同志、朋友及广大读者一起，体会到在挣脱禁锢，探索文学艺术科学真理途程中的困厄和欢欣。当我们编完本期纪念创刊十周年"专辑"，回顾走过的路程时，感到尚可欣慰的是，本刊在一些方面尽可能地反映了我国文艺理论十年间发展的轨迹（包括本刊自身的弱点与不足），为推进我国文艺理论建设起了有益的作用。

《文艺研究》作为艺术科学领域的一个学术园地，得到了学术界、文艺界专家学者和有关文艺领导的关心、爱护与支持，对此我们表示衷心的感谢。我们要向老一辈的专家学者们致意！他们为了支持我们的工作，慷慨将自己辛勤耕耘，长期积累的科研成果交给《文艺研究》发表，更有承诺稿约后，不顾疲劳，甚至克服病痛，克期赐稿。他们的高尚品德，严谨的治学精神，令人钦敬！近几年，我国学术界涌现出一批富有创造精神的中青年学者，他们中的许多人以建设有中国民族特色的文艺学、美学为己任，在商品经济大潮冲击中，岿然不动，潜心治学，以很可贵的热情为《文艺研究》撰文，并常出现有创见的理论建树，为本刊增添了活力。我们向他们表示诚挚的谢意！他们是中国学术界的生力军，是我国文艺理论建设的希望，我们为此而由衷的高兴，这使我们有信心把《文艺研究》办得更好些。

改革开放十年，我国学术界、文艺界思想活跃，成果丰硕，取得了举世瞩目的进步，为我国文艺理论的繁荣发展创造了有利条件。我国文艺理论研究工作已越过了拨乱反正的历史阶段，随着时代的步伐前进，需要有更大的创建。新的历程为文艺研究工作送来新的机遇，也带来新的难处。本刊将坚持科学精神，强化建设意识，把建设有中国民族特色的文艺科学（包括中国化的马克思主义文艺理论）作为中心课题。为此，我们的编辑工作要在正确地把握好"一个中心"（社会主义四个现代化建设）"两个基本点"（坚持改革开放和坚持四项基本原则）的前提下，扎扎实实地做以下几方面的努力：

（一）重视与加强文艺理论的基础研究。揭示文学艺术发生发展的基本规律，是文艺理论工作十分重要的任务。基于过去长期以来，在文艺研究工作上，一方面思想上受左倾教条主义影响，使文艺理论成为政治路线和方针政策的解说，而失去理论研究自身的独立性，导致我国文艺研究工作的科学水平长时期在浅层次的表层徘徊不前；另一方面，在研究内容上，由于我国文学艺术各部门注重配合政治任务的功利性，而形成以单学科为主的格局，造成研究方法单一，理论思维狭窄，阻碍了文学艺术各部门之间及跨学科的交汇与综合性研究，致使我国文艺理论的科学水平很难从总体上提高。历史的经验已经证明，只有在马克思主义的思想原则指引下，重视与加强基础性的研究，把文艺理论建设建立在科学的基石上，才能使文艺研究工作不断跨上新台阶。

（二）文艺理论的基础研究是一个系统工程，要在批判继承中华民族优秀文化传统、艺术经验和文艺理论的基础上，认真而有效地吸收世界各国的优秀文化成果、艺术经验和理论。这是中国文艺科学之花得以开花结果的肥沃土壤。文艺研究本身作为科学活动具有国际性，科学真理是全人类的财富。因此，批判继承与开放吸收，当是相辅相成的。为了做好这方面的工作，本刊不赞成对中华民族文化传统采取全盘否定的轻率态度，反对民族虚无主义的学术主张。在对待外国文化和艺术经验的问题上，提高"引进"与"吸收"的质量是当务之急。目前，应切实克服和纠正脱离中国实际，无批判"吸收"，无选择"引进"，盲目崇洋，用"引进"替代自己创造的不良学风，反对"全盘西化"的学术主张。借鉴和吸收外国文化和艺术经验，应以建设中国的文艺科学为基础，以发展社会主义文艺事业为目的。本刊支持开拓性的文艺研究，为有科学精神的有创见的文章优先提供发表园地。

（三）文艺理论建设本身是一个从已知世界向未知世界不断循环往复的艰难的探索过程，在文艺研究中出现某些闪失或谬误是难免的，因此，为了寻求科学真理而修正错误（向真理逼近）是研究工作者的常事。坚持真理，修正错误是理论工作应有的品质。学术活动需要学术自由的条件，更需要安定团结的社会环境。近年来，由于反对资产阶级自由化受挫，干扰了学术界、文艺界的安定团结，也妨碍了文艺研究和理论批评的健康发展。本刊一如既往，认真贯彻实行党的"百花齐放，百家争鸣"的方针，奉行五湖四海、学术平等的原则，积极开展各种学派、学术观点的自由讨论，在学术争鸣中提倡取各家之长，补己之短，以求互补共进。我们愿为促进这种健康、和谐、融洽的学术风气竭诚服务。

转瞬十年，总结过去，我们在工作中有许多的不足与遗憾，追悔不及，好在今后将给我们以改进和奋发图强的机会。我们诚恳希望新老朋友和广大读者对改进我们的工作，不吝赐教，至为感激。我们要加强学习，不断提高自身的学识水平和思想素质，努力工作，以回报关心、支持、爱护《文艺研究》的同志们，朋友们。

让我们为振兴社会主义文艺事业，共同攀登文艺科学高峰，为社会主义精神文明建设作出应有的贡献。

## 一个理论刊物应有的品格

冯 牧

我认为，我作为《文艺研究》创刊的几个参与者和筹备者当中的一个，对于它在这风风雨雨的十年历程中所取得的成果和实绩，理应感到高兴和欣慰。我愿意对于它的十岁生日表示真诚的祝贺。虽然我作为这个文艺评论和研究刊物的创办者之一，很早就离开了它，但在这十年当中，我确实是经常怀着一种关切和期望之情来阅读这个刊物的每一期并且注视着它的动向的。十年来，我的印象和感受是：这是一个办得严肃认真、从始至今都在坚持自己鲜明而清醒的办刊方针，绝不因社会上出现的种种思潮的冲击而彷徨摇摆，始终以重视刊物的内容和质量为奋斗目标的刊物。

具有这类特色的文艺评论和研究刊物，在现今全国各地出版的几十种刊物当中，应当说并不是多见的。《文艺研究》的发行量并不大，但是有相当稳定的读者。它不大趋时务新，逢迎时尚，盲目地追求流行色，甚至为此而受到有些人的疵议。但是，在度过了艰难的十年之后，当我们看到一批又一批的竞相以使自己成为文艺时装模特为荣的论坛和读者，逐渐被广大的持有通常人见解的读者所厌倦所冷淡的时候,《文艺研究》却仍然是我行我素地朝着自己创刊伊始所确立的目标在缓步地稳定地行进,并且为颇多的有识之士所赞赏与肯定。能够做到这一点并不是很容易的。仅仅由于这一点,我就很想向编辑部的同志们表示我的敬意。

《文艺研究》是在十年前的 5 月创刊的。在创刊时,我还在文艺研究院工作,因此,我和编辑部的一些同志曾经多次讨论过办刊的方针。我们的共同意见是:第一,这个刊物是在党中央刚刚开过十一届三中全会,确立了党在新时期的马克思主义的思想路线,并在全国各条战线上进行拨乱反正的时刻创刊的。因此,我们必须用三中全会的思想作为我们的指针,必须把文艺上被颠倒的是非再颠倒过来,让被玷污了的社会主义文艺历史和文艺实践恢复其本来面貌,力求用马克思主义的世界观和艺术观来作为我们的思想武器,来尽可能广泛地探讨和总结我们的文艺现状与历史经验。第二,要做到这一点,我们就必须坚定不移地按照"双百"方针的本来意义(而非后来被粗暴篡改了的涵义)来坚持并贯彻执行这个肯定会有力地推动社会主义文艺健康发展的方针和政策。我们几乎都赞成,在我们的刊物上一定要努力创造一种各类不同的文艺和学术见解可以自由讨论的气氛和环境。第三,我们的刊物应当办成一个具有自己鲜明性格的论坛,除了文学领域应当成为我们关注的重要对象外,我们还应当把着重探讨各种门类的艺术现象,特别是在过去的年代里多少被忽略了的方面,作为我们的工作重点。我们既应当重视各种艺术门类的艺术规律和基本理论的探索(包括国外的新的艺术经验和思想材料的评介),也应当把这种研究与探索和我们变革时代中蓬勃涌现的文艺现象的考察密切地结合起来。这样,我们就应当具有一种开放宽厚的胸怀,把具有不同主张和特点的作家艺术家尽可能广泛地团结和吸引到我们的刊物周围来。

从那时到现在,我们的文艺事业走过了既是极其丰富斑斓、又是十分曲折复杂的道路。长期以来,我总有这样的期望,这就是:我们新时期的文艺创作和文艺理论的真实状况(包括对于过去年代文艺发展的回顾与表述),总应该在某些严肃认真的刊物当中得到比较完整的(至少是轮廓分明的)反映和体现,以有助于人们对于我国文艺历史经验做出日益深入和客观的剖析和总结。而要起到这种作用,就要求至少有一部分刊物能够自觉地清醒地把这样的任务承担起来或者部分地承担起来。这样的刊物不一定会拥有广泛的读者,然而却可能具有比较长久的阅读价值。而这样的阅读价值(也可以理解为保留价值)和这样的目标,我认为,只有当这些刊物的主持人,对于自己的职责始终富有一种强烈的责任感与使命感,对于自己的工作始终具有一种明确的思想追求——而这种追求又是同国家与人民的事业和理想紧密连结在一起,同时代共呼吸,同社会共命运的时候,才可能办得到。我无意否定和排斥某些一味以充当西方各色新老文艺和哲学思潮的庞杂无序的移植者和鼓吹者为唯一目标的刊物的存在权利；但是，一个刊物，如果对于普通人民的社会文化需求，对于祖国的历史命运，对于正在急剧变革的现实生活，表现了一种冷漠的轻蔑的乃至不屑一顾的态度，我想，即使它使自己具有使人炫目的绚丽色彩，也只能成为中国当代文艺发展历史长河中的一条微不足道的细流，即使不是一片泡沫的话。

我很高兴，我曾经参与创办的《文艺研究》，在十年的辛勤耕耘过程中，始终坚持了在创刊伊始时为自己所确立的方针。它从不曾给人一种在激荡的社会思潮中惶惑不定和随波逐流的感觉。它所展开的许多关于艺术理论和创作规律的讨论和争鸣，多是在一种正常的学术氛围中进行的。这些讨论，或则众议纷纭，或则热烈和谐，却大都具有我们所希望的那种平等待人、尊重真理的科学的实事求是的精神。有相当数量的包括了多种艺术门类的文章，是具有经得起时间检验的学术价值的；有些文章，由于历史条件的影响而带有难于避免的思想认识上的局限性，却仍然具有可以使人获得启发和教益的史料价值。那种只有短暂生命的带有明显"运动"色彩的文字，在《文艺研究》上刊登得并不多，这一点也是使人感到欣幸的。

这一切，主要当然要归功于编辑部全体同志在思想和工作上的团结一致以及他们长久以来一直表现得很突出的勤恳精神。我在这里不能不提到一年前去世的林元同志；在九年当中，林元同志为了办好《文艺研究》所表现出来的鞠躬尽瘁的献身精神，对这个刊物的稳定发展所产生的重要促进作用，是永远令人难忘的。

我记得，大约在七八年前，那时我已经离开了《文艺研究》，林元同志和我相约，曾有过一次倾心的长谈。这次长谈主要是集中在如何办好刊物问题上。我们在如何坚持刊物的方针以及如何使刊物具有自己的个性与品格这样一些问题上，几乎有着共同的或者相近的想法。我现在还大体上记得，当时我把这些看法归纳为以下几点，也就是说，要使《文艺研究》这样一个文艺评论和文艺研究性的刊物办得更有特色，更加踏实，就应当力求使自己具有这样一些品格：第一，要有坚定明确的思想追求；第二，要有严谨求实的科学精神；第三，要有独立思考的理论勇气；第四，要有真诚坦率的民主作风；第五，要有宽厚广阔的艺术襟怀。

我们还谈论到别的一些问题，比如怎样扩大和团结具有不同观点的评论家队伍问题。但是我们谈论得最多的是以上几个方面的问题。我记得，我们曾经讨论到当时的一些争论；林元提出，他听到一个传达讲话，告诫报刊界对于理论问题要采取谨慎态度。他问我对这一观点有何看法。我对他说：我对这种论点表示怀疑；如果要按照这种告诫行事，那就可能导致"事事唯上、事事唯书"的结果。我还说，在这个问题上虽然还有争论，但我还是服膺不久前胡耀邦在一次谈话中的讲法：马克思主义者的理论勇气是一种宝贵的品质。因此，我主张，我们的刊物应当具备这种品质；如果一个理论刊物丧失了发现新事物、提出新问题的勇气和锐气，我们就会走上故步自封、作茧自缚的道路，更不用说发展和坚持马克思主义了。

我很高兴，在这些问题上，我的观点同林元同志和编辑部同志们的观点常常是一致的，后来，我又时常感到，《文艺研究》的理论实践和工作实践，都表明这个刊物一直是在一种清醒的方针和思想的推动下，切实地稳步地前进，并且逐渐地形成了自己独具特色的品格。在全国数十种文艺理论刊物当中，我不能说《文艺研究》是办得特别出色的一个，然而，恐怕谁也不能否认，十年来，这个刊物以自己的稳定而鲜明的性格，在我国文艺评论和文艺研究领域中，做出了不应低估的切切实实的贡献。而且，我相信，今后它还将在自己选定的道路上，继续前进，获得更大的成果。

## 对《文艺研究》的祝贺与希望

荒　煤

祝贺《文艺研究》创刊十周年！在文艺理论研究方面，它作了有益的工作，在新的十年里，我寄希望于《文艺研究》把这方面的工作做得更好，作出新贡献。

新时期以来有关文艺问题的许多争论："伤痕文学""反思文学""歌德和缺德"及有关人性、人情、人道主义、异化问题、现实主义、文学本性……一直到如何建设社会主义精神文明，建设有中国特色的社会主义的文艺诸问题，都不能不涉及"文学是人学"这个根本观念。

不论对文学的任务、本性如何理解，是叫做表现生活、再现生活或是反映生活，也不论是否有人认为"典型"这个概念已经过时，但归根到底，文学创作终究是要创造个性鲜明生动感人的形象。

人是根本。离开了人，无法说明和表现历史、时代、社会和生活，也无法展示理想和真理；离开了人，无法表现错综复杂的人际关系——实质上是人际之间种种社会关系所形成的无处不在的各种矛盾，也就无法去表现真实的人情、人性、人道主义，也就不可能有所谓性格和个性。文艺作品失去了性格和个性，也就失去了人，失去了灵魂。

人是根本。文艺作品的感染力或称之为魅力，在于表现人的感情，表现人们在各种不同的历史时期和时代、在不同的社会条件下的遭遇和命运中的极其丰富复杂的感情，让读者或观众得到感染，激起同情、爱憎和思考。这就叫做以情动人。

人是根本。人类在不断地前进和发展，随着时代、科学文化的发达，人的思想道德、科学素质也需要不断地提高。凡是历史上伟大的优秀的哲学家、思想家、政治家、文艺家都不断地按照自己的理想树立自己所期望的完美的品德，来确定自己推崇的道德标准，鼓吹自己所希望的英雄、圣人，表现自己所追求的人的尊严和价值。当然，因为历史的、社会条件的各不相同，又都不可避免地带有历史的局限性。然而，推动历史前进的动力终究是人，尤其是走在时代前列的不断成长的一代一代的新人，因而，文学创作不能不呼唤新人、表现新人、歌颂新人！当代文艺创作不能不考虑培养一代社会主义新人的作用和任务。根本否认这一点，作家艺术家没有这种历史感、社会使命感，那么，建设有中国特色的社会主义的文艺这个伟大的历史任务怎么完成。

不用说，这不是要求重复过去的错误，要所有的文学艺术家都去创造高大全的完美的英雄形象。

凡是有利于青年一代在成长过程中不断提高思想道德、科学文化素质，有助于丰富各种知识、感情、理念以至对文学艺术欣赏的能力——总之，凡是有益于青年身心健康发展的作品，凡是有助于青年确立真正的人的尊严和价值观念的作品及应该怎样理解和成为一个有理想、有道德、有文化、有纪律的新人的作品，都是我们需要和欢迎的。这是为我国11亿人口的精神文明建设的最重要的一种投资。

人口的爆炸增加了我国改革开放、四化建设的难度，然而倘若青年一代失去精神的支柱，人的素质不断下降，那就会带来难以设想的灾难。

我作为一个文艺战线上已将退役的老兵，觉得近些年来谈文学的本性，艺术特征、艺术功能的多元化，谈探索与创新以至要重写文学史，都很好。特别是围绕着"文学是人学"这个命题展开许多热烈的争论，确有许多深刻的新的思考，对马克思文艺理论有所丰富和发展。

然而，对"文学是人学"这个观念，我认为还需要继续深入、全面的研究。我们过去展开讨论过的人性、人道主义的问题，对现实主义如何理解的问题，对时代精神，对文学的社会轰动效果，对作家的社会使命感，对所谓纯文学、严肃文学与通俗文学的划分等等，随着新的形势的发展，结合当前创作的实际都还需要再作进一步的研究。

即使都是赞成"文学是人学"这个观念，也不可能有完全一致的看法，例如我们现在提倡尊重人、关心人、爱护人，但是什么才是尊重、关心和爱护，怎样才是尊重、关心和爱护，看法就不一致；我们提倡人的尊严和价值，但对于什么是真正的人的尊严和价值观念，却又有不同的看法；我们提倡创造社会主义新人的形象，但什么样的人才能叫做社会主义新人，也有不同的看法。

有人主张"文学是人学"，主要是表现人的本性、本能、自然属性。认为，这才是真正的文学；有人把建国 17 年以来以至左联时期的作品统统称为"教化文学"，是提倡为政治服务的产品，否认其文学价值；还有人主张，作家要完全摆脱对政治的依附才能获得真正的创作自由。

列举以上若干论点，可见，"文学是人学"这个观念，还有许多实际问题需要研究。《文艺研究》过去在这方面作了许多工作。我希望还要坚持不懈地把这个"人学"当作一门学问，进行更深入的研究。

人，就人类的进步与发展来说，是没有止境的，因而，表现人的这门学问也是没有止境的。中国有 11 亿人口，2 亿多文盲、半文盲，却又肩负改革开放、四化建设的任务，不提高人的素质，不加强社会主义的精神文明建设，是无法承担这个伟大历史任务的。因此，研究研究我们中国的"人学"，更是一门不能穷尽的学问。

我认为，如果我国的文艺工作者不能真正认识和理解"文学是人学"的历史意义和现实意义，就不可能建立有中国特色的社会主义的文艺。我衷心地期望《文艺研究》在研究"人学"中发展新观念、开拓新视野、进入新境界！

1989 年 4 月 28 日

## 怀念林元同志

张　庚

我和林元同志认识时间不长，说不上是老朋友，甚至说不上是朋友，只是同事关系。是在"文化大革命"之后，我和他都在中国艺术研究院工作，他主编《文艺研究》，我常为这刊物写文章，这才认识起来。至于他过去是干什么的，我一点也不知道。照说，林元同志在出版界早已是有名气的人物，可我这个人对于文学出版界可以说是孤陋寡闻，所以对林元这位成绩卓著的老编辑竟不能早早认识。

《文艺研究》这个刊物，林元同志接手之前已经有了，但办得毫无特点，也不被人注意，是林元同志来了以后，才重新开头而办好了的。也可以毫不夸张地说，《文艺研究》这个刊物是林元同志来了以后才有了生命，才成其为一个有明显特点的刊物。

这个刊物由林元接手不多久，就受到文艺界、理论界的注意，它所发表的文章为人们所爱读，文艺理论家们都愿意来投稿。但是为了办好这个刊物，为了让这个刊物的生命延续下去,它的编者们,特别是林元同志费尽了心血。

这是一个比较专门而又比较高级的理论刊物,读者面是不广的,虽然最高曾出到 5 万册,但不久之后就跌落下来,成为一个赔本的刊物。可是它有一批忠实而爱护它的读者,大家都不愿意它夭折掉,这就支持了它一直办到今天。

林元同志编刊物是有丰富经验的,但他并没有编过这样纯理论的刊物。他十分认真,十分下功夫,把刊物办得虎虎有生气。在选题方面,他能够抓住那些为读者感兴趣而又新鲜的题目,组织一些有创造性、开拓性的文章,让人读后进入一个学术的新天地,受到很大的启发。我每次拿到新刊物,总是急于先睹为快;而读后总觉得有收获,没白读。这一点,看起来似乎平常,但林元同志领导的这个编辑部在选题组稿上是费尽了心思的。在十年以前,文艺理论界还处在一种理论教条的桎梏中,选题选文必须非常审慎,否则就会遭到各种议论;但另一方面,刊物的读者已经不满足于老一套的"八股"了,他们要看内容新颖而又充实的文章,为了在这夹缝中办好刊物,林元同志他们这个编辑部是渡过了许多难关的,凭着百折不挠,要把刊物办好的精神,他们坚持下来并取得了发展。

这个刊物还有一个难办之处:它是一个文艺理论的综合性刊物,包括文学、戏剧、美术等多方面,在选稿上要照顾各方。做到这一点还不难,他们每期大体都有一组专业性文章作为专辑,以满足文艺各门类的不同读者;难的是要使隔行的读者不觉得这种专辑是多余的。这一点他们也办到了。他们把这种专业性文章提到美学观点的高度,发挥了各种艺术的共性方面。这就不但不令人觉得多余,而且读来触类旁通,兴趣盎然,扩大了各专业文艺读者的眼界。但这样的文章不下功夫组织是不大会自己投来的。

再就是他们坚持了百家争鸣的精神,经常刊登意见不同的文章。有时候有人对名家或权威的文章有了不同的意见,投稿来进行讨论,刊物在经过斟酌之后,只要言之有物,还是把两方面的文章都予以发表。这种精神也赢得了读者的信任与好感。

就是在编排的形式上,林元同志也是很下功夫的。《文艺研究》在装帧、封面、目录编排、版面设计各方面都很用心思。只说一件小事:这个刊物的文章从没有因为多出一段来而要转到别的版面去的,所以读起来很醒目,版面也干净。这事看似琐碎,做起来却是要费些脑筋的。刊登文艺漫画也是由这个刊物兴起来的。我们读这本刊物时,往往读到理论较深,要多费思考之时,就可能在版面上发现一幅漫画,看了漫画而调剂一下脑筋,使读书的兴趣不致减退。这些为读者着想的地方,是很周到的。

林元同志是个老编辑，经验丰富，但更主要的是他把办好刊物当作自己为人民服务的终身事业，兢兢业业、一丝不苟地去工作。他年纪比较大，身体又不好，再加上工作条件也并不完善，有时为了组织一篇好稿子，凭着两条老腿一次两次地登门找作者也是常事。《文艺研究》上常常能够出现其他刊物上不容易看到的稿子，和他这样的辛勤劳动是分不开的。我们只知道刊物办得好，这些背地里的辛苦是少为人知的。

林元同志离开我们有一年之久了，回想起来，他那忙忙碌碌的神情仍然如在眼前。现当《文艺研究》创刊十年之际，写这短文，聊表怀念之意。

1989 年 5 月 4 日

## 贺《文艺研究》创刊十周年

李希凡

《文艺研究》创刊于 1979 年的第二季度，到今年 5 月，它整整度过了十周岁！

十年前，我作为一个普通的作者，从它的创刊号起，就收赠到这份刊物。要承认，撇开内容不讲，在我所收赠的刊物中，《文艺研究》的封面和版式设计，以及每期的插图，比较起其他刊物来，都算是精美雅致的，和它的"艺术"属性名实相副。

这本刊物名为《文艺研究》，当然也发表文学理论方面的探索文章，但主体还是以艺术与美学理论的研讨居多。1979 年，已是粉碎"四人帮"以后的第三年，社会主义文艺园地，在"文化大革命"动乱中被摧残得百花凋零，文艺界正在贯彻党的十一届三中全会的路线，大力进行拨乱反正。中国文艺进入了历史新时期，许多被"四人帮"搞乱了的问题，以至十七年"左"的路线对文艺的桎梏，经过漫长时期的压抑、惶惑、怀疑、思考，也包括回顾和反省，都是已恢复了生气的文坛进行热烈探讨和争辩的中心。

《文艺研究》就是在这样的历史环境中诞生的。它的《创刊词》明确提出："我们应本着党的三中全会所指引的航向，继续解放思想，开动机器，实事求是，团结一致向前看。""我们必须坚定不移地实行'双百'方针，在理论研究和文艺创作上鼓励勇于探索、勇于创新的精神，支持艺术上不同形式和风格的自由发展，提倡文艺题材的多样化。"应当说，十年来，《文艺研究》一直在兢兢业业地实践和丰富着这样的办刊宗旨。

在经过了三十年的斗争风雨的磨练之后，近十年来，我国的社会主义文艺，终于走上了蓬勃发展，日益繁荣的新时代，为了适应人民群众多层次的审美情趣的需要，各种文艺形式都大大拓展了自己的表现领域。与此相适应，艺术各学科的理论研究，也非常活跃。《文艺研究》，在艺术与美学方面，努力推进各学科的理论研究，对发展我国的艺术科学，起了积极的作用，同时也逐渐形成了自己刊物的特有的学术性、理论性的个性和风格。

近十年来我们的文学艺术虽然从复苏中得到了发展，在改革开放中，冲破了旧有的保守、封闭、僵化的思想模式，不只开拓了艺术视野，也使观念意识上有了种种除旧布新，但是，在"新观念"大量涌入的同时，也出现了轻率的、赶时髦、浅薄浮躁的空气，有的还迷失了社会主义文艺的本性。《文艺研究》适应文艺发展的新形势，曾有不少篇幅介绍了西方各种现代艺术流派的理论和艺术经验，但它坚持社会主义的文艺方向，以探讨社会主义审美理想为中心，倡导运用马克思主义研究中外优秀的文艺遗产和当代的创作，发表了不少材料翔实、逻辑严谨，有科学根据的新观念、新见解的学术论文，树立了实事求是的学风，在艺术界产生了良好的影响。

坚持百家争鸣，在学术上，在理论研究中，搞五湖四海，为繁荣和推动艺术事业和艺术科学的发展，广泛团结各艺术学科的专家学者，开展各种理论问题的探讨与争鸣，公正地对待各种不同意见，这应当是我们的理论刊物为扩大学术自由、保障学术民主要努力做到的。我以为，十年来《文艺研究》为创造这种和谐的学术环境是做了一定的工作的，特别是它的已过世的老主编林元同志，在这方面有突出的成绩。他经常亲自奔走于专家学者之门，亲自约稿，亲自催稿，以促成各种不同意见能够在刊物上与读者见面。

《文艺研究》，重视百家争鸣，也重视理论品格。《文艺研究》团结了各艺术学科的老中青的专家学者，经常发表他们富有见地的科研成果。刊物的宗旨是：经过不同意见的切磋和争鸣，经过正常的健康的讨论和竞赛，真理总是愈辩愈明的。倡导创新、鼓励探索，却并不是主张赶时髦，树旗帜，以一己之见为转移。《文艺研究》力避发表或纠缠于个人意气，或提出所谓"爆炸性"问题而论据不足的文章，以发扬扎扎实实搞科研的学风。因而，在近十年新时期文艺空前繁荣而又曲折多变的发展过程里，在商品意识对文艺的冲击下，在被人称为"各领风骚三五天"的新潮的喧闹中，《文艺研究》大体上还能做到，不为时尚所左右，而能为我们的艺术界维护既拓新思路又活泼和谐的学术空气聊尽绵薄。

十年来，《文艺研究》以坚持这样的办刊方针，赢得了一定的声誉，当然也还存在着这样那样的不足、缺陷和失误，有待于编辑部的继续努力。《文艺研究》虽系中国艺术研究院的院刊，但它面向全国，是全国艺术科学工作者共有的阵地，作为中国艺术研究院的行政负责人之一，在热烈地祝贺《文艺研究》诞生十周年之余，我也真诚地希望，《文艺研究》能在我国深入改革的今天，继续解放思想，进一步改进编辑工作，发挥优长，克服缺点，更广泛地团结文艺理论界的专家学者，为争取我国社会主义文艺事业的兴旺发达，为创造艺术各学科的理论与美学研究的良好学术环境，做出自己的贡献。

1989 年 4 月 23 日于北京

# 1990 年

■ **1 月 21 日**

从本年第 1 期起，《文艺研究》刊价调至 2.80 元。因办刊经费不足，取消中缝彩色插页，减少 1 个印张，缩为 160 页。不少作者和读者来信、来电表示惋惜。

■ **5 月 28 日**

文化部任命柏柳为《文艺研究》主编（副局级），免去王波云《文艺研究》主编职务。

■ **7 月 16 日**

中国艺术研究院任命姚振仁、张潇华为《文艺研究》副主编（正处级），免去吴方《文艺研究》副主编职务。吴方调至本院中国文化研究所工作。

■ **10 月 31 日**

本刊柏柳、姚振仁、叶勤、孙吴、张潇华被评为编审。

■ **11 月 17 日**

《文艺研究》召开"推进有中国特色的文艺理论建设"座谈会，董学文、蒲震元、严昭柱、邢煦寰、张首映等人与会。随后，《文艺研究》1991 年第 1 期发表部分与会学者的发言。"编者按"云："在马克思主义的指导下，建设具有中国特色的文艺理论，是新时期以来许多研究者所关注的重要的问题，也是本刊一直为之做出努力的研究课题。在过去十年多的时间里，本刊及其他报刊曾就社会主义文艺的基本特性、美学品格、审美理想等问题，进行了讨论，在建立具有中国特色的文艺理论研究方面取得了一定的进展。当今，我们已跨进本世纪的最后十年，文艺理论研究要进一步总结过去，展望未来，以新的姿态在这关键的十年里为我国社会主义文艺事业做出新的贡献。继续探讨具有中华民族独创性的、先进的、科学的当代文艺理论，仍然是一项迫切的任务。本刊于 1990 年 11 月 17 日召开'推进有中国特色的文艺理论建设'座谈会，以期把对此问题的思考引向深入。现将会上部分同志的意见摘要发表如下。"

# 1991 年

■ **9 月**

《文艺研究》学术委员会成立，柏柳、姚振仁、张潇华、马肇元任委员。

■ **10 月 29 日—11 月 3 日**

"全国新时期文艺论争学术讨论会"在重庆召开。这次会议由《文艺研究》《文艺理论与批评》《文学评论》等 16 家单位联合发起召开，来自全国各地的近百名学者在回顾、探讨、展望的热烈气氛中互相交流，各抒己见。本刊副主编张潇华与会。随后，《文艺研究》1992 年第 1 期发表会议综述。

## "全国新时期文艺论争学术讨论会"纪略

庄 之

1991 年 10 月 29 日至 11 月 3 日，"全国新时期文艺论争学术讨论会"在重庆召开。

来自全国各地近百名与会者在回顾、探讨、展望的热烈气氛中互相交流，各抒己见。

发言者表示，新时期以来文艺理论领域提出了一系列重大问题，存在着很大的甚至激烈的争论，现在重新加以思考，加以总结，或肯定成绩，或端正方向，或澄清是非，或继续辨析，对于在文艺的意识形态领域坚持社会主义方向，消除资产阶级自由化思潮的影响，建设有中国特色的马克思主义文艺理论，并积极推进社会主义的文艺创作，是十分必要的。

要清醒地认识文艺理论战线所面临的形势，这是一些同志在发言中所着重指出的：处在当今世界，对于我国来说，文学艺术是和平演变与反和平演变、渗透与反渗透、颠覆与反颠覆斗争的一个重要领域。马克思主义文艺观与反马克思主义文艺观的斗争将是长期的。认为要从这一高度来认识这几年文艺论争的实质；论争的焦点是在文艺理论上坚持马克思主义文艺学说的基本原理，还是反对和取消这些基本原理，而以西方现代哲学、美学思想作为指导思想。吁请文艺理论工作者要为文艺理论战线上筑起一道抵御和平演变的钢铁长城添砖加瓦、贡献力量。

发言的同志注意到新时期文艺论争的复杂性。认为既要重视论争中的方向性问题，也要看到大量存在的学术性问题；既不能淡化原则争论，也不能把不同的探索意见看作政治思想的冲突。对于学术问题，要认真贯彻"双百"方针，开展争鸣。有的同志认为，新时期文艺理论上的原则论争集中在三个方面：一是要不要确立马克思主义对文艺理论、文艺批评、文艺创作的指导地位；二是文艺能否脱离政治，有无为政治服务的功能；三是文艺是否以社会生活为本源。有的同志以"重写文学史"问题来展开自己的意见，指出"重写文学史"的错误倾向主要表现在：鼓吹"文学史研究多元化"和建立"文学史多元化格局"，对马列文艺思想的指导地位发难；抹煞文学的社会性，提倡文学纯审美论；对无产阶级文学采取怀疑、批判及彻底否定的态度。有的同志还剖析了"救亡压倒启蒙"论，指出这一论调歪曲了中国现代史乃至近代史，目的在于否定党领导的新民主主义革命，也就否定了"五四"以来的革命文学。有的同志认为，新时期文艺论争，是中国20世纪上半期文艺论争的延续，在所涉及的问题上几乎重复了上半期所有的错误观点。对于人道主义，有的同志说，70年代末到80年代末，我国掀起了一股人道主义思潮。人道主义作为伦理原则是可以的，但决不能从历史观、人生观上用人道主义来修改、取代马克思主义。有的同志则认为，社会主义也要讲人道主义，要讲更新过的，即适合中国国情的社会主义人道主义。发言者还在文艺的反映论、文艺的意识形态论、文艺的本体论、文艺的主体论等问题上进行辨析，坚持马克思主义的科学态度，努力把马克思主义文艺理论和批评的革命性和科学性结合起来。

许多同志在讨论中表达了对建设有中国特色的马克思主义文艺理论的强烈的要求与愿望。意识到完成这一任务的重要性、迫切性和艰巨性。在指导思想上，我们要坚持以马克思主义意识形态论和反映论，绝不能搞指导思想的多元化。有的同志说，必须坚持马克思主义文艺学和美学的三个基本观点：文艺意识形态论、反映论原理和艺术地掌握现实方式的理论。同时要结合文艺的复杂现象，研究艺术的特殊规律。要准确地、完整地、深入地论证马克思主义文艺理论和美学的基本原理，并加以丰富与发展。有的认为，要使马克思主义美学文艺学体系逻辑化，完善社会主义文艺理论结构。在具体问题上，有的认为能动的反映论是马克思主义文艺理论的基石；有的认为要以马克思主义的意识形态论作为文学本体论，作为逻辑起点；有的认为要批判伪科学、反科学的主体性，弘扬马克思主义科学形态的主体性。有的同志则论述了繁荣社会主义文艺所必需的突出主旋律和发展多样化的辩证关系。发言者还强调应加强对毛泽东文艺思想的研究：毛泽东文艺思想是马克思主义在中国文艺理论中的最高形态，要全面、准确、深入地对其精神实质、理论基础、基本原理进行阐述。

与会同志赞赏重庆出版社在会议召开之际出版了《新时期文艺论争辑要》（陆梅林、盛同主编）。这部《辑要》围绕着 13 个方面的问题（包括马克思主义文艺理论有没有科学体系、文艺是不是观念性的上层建筑、文艺和政治的关系、人道主义、文学主体论、重写文学史等），收集各方之说，并附有各题的述评，重点突出地对新时期文艺论争做出自己的总结。有的同志在发言中认为，这部《辑要》给人的启示有：开展文艺论争必须与对马克思主义的研究结合起来；要搞好基本理论问题的研究，不能只打防御战、遭遇战，更应打主动战、进攻战，以巩固和扩大马克思主义文艺理论阵地；要处理好政治和审美的关系。

与会同志还呼吁壮大马克思主义文艺理论研究队伍，更好地组织中青年文艺理论队伍，团结尽可能多的人，共同努力，繁荣社会主义文艺。

这次会议是由中国艺术研究院马克思主义文艺理论研究所，国家教委社会科学发展研究中心，《光明日报》文艺部、北京大学、中国人民大学、北京师范大学、武汉大学、华中师范大学、四川大学、重庆师范学院、西南师范大学各校中文系，《文艺研究》《文艺理论与批评》《文学评论》三家编辑部，湖北社会科学杂志社和东道主重庆出版社共 16 个单位联合发起召开的。

## ■ 11 月 2 日

中国艺术研究院任命李香云为《文艺研究》编辑部副主任（副处级）。

## ■ 11 月

《文艺研究》职称评审委员会成立，柏柳、姚振仁、张潇华、孟繁树、马肇元任委员。

本刊柏柳、姚振仁、张潇华、王波云、孙吴、沈季平出任文化部新闻出版系列高级职称评审委员会委员。

本刊柏柳任中国艺术研究院第二届、第三届高级职称评审委员会委员。

## ■ 12 月 15—24 日

中国艺术研究院、《文艺研究》、湖北省文联、湖南省文联等单位合办的首届中国楚文艺研讨会在武汉召开。与会者就楚文艺的原始状态及其在文艺上的地位和作用、现存状态及其与当代文艺的关系进行广泛交流与讨论。本刊姚振仁与会。随后，《文艺研究》1992 年第 2 期发表会议综述。

# 首届中国楚文艺研讨会综述

刘玉堂整理

由中国艺术研究院、《文艺研究》编辑部、湖北省文联、湖南省文联联合主办，湖北省文联承办的"首届中国楚文艺研讨会"，于1991年12月16日至23日在湖北省武汉市举行。来自北京、湖北、湖南、江苏、贵州等地的40多位专家、学者参加了会议。

因楚国和楚人而得名的楚文化，是周代的一种区域文化，它以其博大精深的内涵和奇瑰巧丽的外观为文化界人士所注目。其中，头角尤为峥嵘的是楚文学艺术，它有"层台累榭"的建筑，形至神随的绘画，精美得难以想象的纹饰，诡异得不可思议的雕刻，变化无方的书法，动心摇神的乐舞，色彩斑斓的风俗和"惊采绝艳"的辞赋。以其总体水平而论，楚艺术超过了先秦任何一种区域艺术，甚至同古希腊艺术相比，也难分轩轾。然而，囿于历代政治中心大都在黄河流域，中国文化研究中的黄河中心论，如同世界文化研究中的欧洲中心论一样，几乎到了约定俗成的地步。于是，楚亡以后，特别是魏晋以降，以楚为重要源头和代表的南方文化渐渐被众多古今学者所忽视。直到20世纪30年代之后，随着楚文化考古中的一系列重大发现，人们对楚文化的历史地位才开始刮目相看了，楚文艺研究也随着楚文化热的出现而展开。这次研讨会的召开，是楚文艺研究向纵深发展的标志。与会者本着"双百"方针和实事求是的精神，大胆探索，畅所欲言，认真地展开学术讨论和自由争鸣，就楚文艺的精义与特征，楚绘画、书法、雕刻、建筑、工艺、民俗、乐舞以及楚辞等诸方面展开了探讨，提出了许多有新意、有价值的观点和意见，现分述如下：

## 楚文艺的精义、特征及影响

楚文艺的精义与特征，是楚文艺研究中的薄弱环节。在本次会议上，关于这方面的研究取得了可喜的进展。

张正明认为，楚艺术的精义可用三个字——巫、道、骚来统摄。他分别从巫与道、骚，巫学与楚艺术，道学与楚艺术，骚学与楚艺术四个方面作了探讨。关于巫与道、骚，他指出，所谓巫学，当然不限于巫术、巫法、巫技、巫风，即不全是原始的宗教，其中也荟萃着早期的科学和早期的艺术。春秋晚期以后，楚文化进入鼎盛期，巫学开始分流：其因袭罔替者仍为巫学，其理性化者转为道学，其感性化者转为骚学。关于巫学与楚艺术，他认为，巫学本来就包含着诗歌、乐舞、美术，因而，在楚艺术的极盛期，大量的诗歌作品、乐舞作品、美术作品是巫学的艺术作品。对此，楚艺术的题材和功能已作了充分证明。关于道学与楚艺术，他认为，楚艺术中的道学，择要而言之，一是"法天"，二是"齐物"，三是"神遇"。在艺术创作中，"法天"是一种宇宙意识，其大无匹，其妙无比，这正是楚艺术所企求的最高境界。"齐物"的要旨，一是分合，二是转化。楚国的许多美术作品惯于用分解、变形、抽象的手法来处理物象。这样，于形固有失，于神则有得，而且给观者留有想象的余地。"神遇"，无论从表现或者从接受的角度去看，都要重神轻形，重意轻象，而这恰好是艺术的最高境界。关于骚学与楚艺术，他认为，楚艺术中惊采绝艳的表现形式，既不源于巫学，也不源于道学，它源于楚地的风光、楚国的风尚、楚人的风致，而由骚学总其大成。骚学在艺术上为巫学和道学所不可企及的，是委婉曲折而酣畅淋漓地抒发高洁绮丽的情思。由此，骚学使楚艺术达到了新的高度和深度。最后，他指出：楚艺术的特色和异彩，楚艺术的风韵和魅力，都源于巫、道、骚。楚艺术所饱含的浪漫主义精神，来自巫的怪想、道的妙理、骚的绮思，三者交融，以至迷离恍惚，汪洋恣肆，惊采绝艳，登上了上古东方艺术的峰巅。

王克陵从另一个角度阐述了楚文艺的精义与特征。他提出的"云·气是楚文艺形象与符号母题"的观点，引起与会者极大的兴趣。他从《楚辞》特尊云神、云龙是楚巫特别欣赏的通天工具、入云之崇台是楚越的宗教符号、云雨为天地的中介和万象的符号投影、云·气是老庄哲学与楚文艺形象的符号母题等五个方面入手，论证了自己的观点。他还进一步指出，秦汉一统，中原诸夏文化与南方楚文化相汇融，"礼"性的云龙与骚性的云气绸缪云雨，随着社会的前进，化生出新的"云龙文化"。但是，人们仍可从中国传统艺术的形式与内容中，看到楚文艺形象的云·气符号母题。

顾森则以楚文艺为基点，探讨了楚文化对汉代天界观的影响。他首先指出，天界、人界、地界是汉代对人的生存空间的看法。这种观念的产生有其深刻的社会背景，是从商人信鬼、周人信天的阴影下走出来，确定人的地位，使人觉醒的一个重大转变。这种转变开始于春秋战国，至汉代才最后完成。若从整个转变过程来考察，楚文化在其中起到了非常重要的作用。他进而认为，汉人的神仙思想、恋乡情结都可在楚文化中找到其渊薮。

宋梧刚从通俗文学的角度，探讨了楚文学对后世的影响。他认为，历代文艺巨子，南土从来不逊于北方。明清以降，就中国通俗文艺而言，更是"南胜于北"。即以楚文艺圈作家来看，冯梦龙、李渔的小说能那样引人入胜，发人深省，不能不从楚文学中去寻找民族情感与艺术精神的源头。

### 楚绘画与书法

长沙子弹库楚帛画出土后，研究者不可谓不多。然而，此画仍有许多疑点待释。刘信芳在前人研究的基础上，又提出了一些新的见解：一，子弹库楚帛画与屈原《九歌·河伯》内容相似，可以藉《九歌·河伯》以解楚帛画。二，楚帛画的用途，在于用竹竿撑挂以招魂，完毕随葬。三，帛画表现的内容，往往与墓主身份和经历有关。仅就子弹库帛画而言，是按照招水死之魂的宗教习俗设计的。他进而指出，从艺术表现手法来说，子弹库楚帛画是古拙而又含蓄的。画家表现画中主人公用的是写实手法，大致忠实于墓主（帛画模特儿）生前的年龄、身份、气质及经常穿戴的服饰。而对于龙、鱼、鸢共同构成画中主人公所处的环境，则采用了浪漫的表现手法；至于"水车"，则全靠抽象暗示。如果说画中主人公是现实的，那么画中勾勒的环境则是理想的，因而可以认为，子弹库楚帛画是融彼岸世界与此岸世界为一体的产物，而这正是由帛画的招魂性质所决定的。

陈建宪则运用比较研究的方法，将长沙陈家大山出土楚人物龙凤帛画同日本九州福冈竹原古坟出土壁画予以比较，认为二者无论是主题、构图，还是其内涵、观念，都极为相似，即都是以"引魂之舟"为母题。他进而联系到公元前三世纪稻作文化由中国南方传入日本九州，以及楚人与倭人均盛行干栏、席居、木屐、草屐和角抵与缠裈之俗等一系列文化现象，从而得出了这样的推测：在楚国被灭亡或即将灭亡之际，有一支楚遗族携带着稻作文化，沿长江口出海漂泊到了日本，将他们的文化带到了日本，同时也带去了"引魂之舟"的信仰以及其他风俗。

郭德维通过对楚绘画中人物形象的系统考察，提出了自己的看法：绘画中的人物形象有两种类型，一种是半神半人，一种是真正的人。前者的表现手法是虚幻的、怪异的，有的甚至是荒诞的；后者则重场面的描绘和环境的渲染，但总的倾向是写实的，楚画的艺术精品，多属此类。

马王堆汉墓旌幡（即有画面的"非衣"帛画）究竟属不属于楚艺术范畴？学术界多作否定回答。刘晓路则力排众议，作出了肯定的回答。他认为，人们熟知的"楚辞""楚歌""楚舞"，实际上只重地域色彩，并不限定时代范围。他分别从马王堆汉墓墓主人的楚人血统、所处的地理环境、马王堆旌幡浓郁的楚巫文化色彩、旌幡与楚辞和神话的契合与印证等诸方面入手，论证了马王堆旌幡的楚艺术性格。他还对马王堆一号汉墓旌幡上部形象中最关键的三个疑点——"九日""主神"和"飞人"，作出了新的诠释。他认为，解释"九日"这一问题应首先考虑到整个旌幡表现的是阴间的天、人、地世界，因此，上面的九日就是为阴间服务的九个被后羿射死的太阳。关于旌幡上部正中的主神——人首蛇身神像，从形象、职司和神性等几方面来看，既非伏羲，也非女娲，而应是烛龙。至于"飞人"，他说，如果把旌幡左上方的女子和新月理解为嫦娥奔月，那么，就无法解释马王堆三号墓旌幡上所绘"奔月者"为何是一位男子。他因而认为，两幅旌幡的月亮下画的都是各自的墓主人升天后的情景。它虽本身不是嫦娥奔月的故事，却是嫦娥奔月神话的人间化，是其理想的现实化。

颜新元则对把马王堆T形帛画的主题思想解释为"引魂升天"的传统观点提出了挑战。他通过大量的文献记载、考古发现和民俗材料相互印证，得出了如下结论：帛画T形取自于门的形制；T形帛画为墓主人所在地下"九泉"的镇宅"非衣"，作"龙门"是表示家门，体现了以平正压邪煞、避水神、保平安的主题思想。其所以取"龙门"之象镇守九泉阴宅，是因为从春秋战国以至东汉，楚人意识中的灵魂归宿不是上天而是下地。因此，原建立在T形帛画主题为"引魂升天"基础之上而对帛画所作的种种考释结论，都有重新认识的必要。

关于楚书法艺术，以前尚无人作系统研究。刘玉堂在首次对楚书法的发展与演化作了系统考察的基础上，提出了鸟书为楚人所创的观点。他列举了如下证据：现知时代最早的鸟篆见于江陵拍马山10号楚墓的郢君戈；除吴、越不能断定外，徐、陈、蔡、宋、中山等国的鸟篆铭文只能是受到了楚的刺激；春秋中期与晚期之际楚的文明程度高于吴、越；楚人对凤鸟的崇尚和钟爱超过其他任何一个民族。不仅如此，他还认为隶书也系楚人首创。其理由是，在时代为战国中期的江陵望山一号墓楚简中，已出现隶书的雏形，而已知秦国最早的隶书见于时代为战国晚期的云梦睡虎地秦简。此外，他还探讨了楚书法艺术的美学精神："惊雾流波"式的运动之美；"有无相生"式的空灵之美；"法天贵真"式的天然之美；"恢诡谲怪"式的怪异之美；"巇岑崎"式的险劲之美。

### 楚雕刻与建筑

中国古代墓葬中的"镇墓俑"和"镇墓兽"，是墓葬明器中神秘色彩很浓的随葬品，也是最能调动人们艺术视觉快感的器物之一。然而，对其确切的名称，至今仍众说纷纭。顾丞峰认为，与其在定名上争执不休，莫如通过图说，对其形制演变理出线索来，以求对其起源、演变规律，乃至名称有一个客观认识。为此，他指出，尽管镇墓俑兽的形制千变万化，但皆不出"人形"与"兽形"两大系统："人形"为镇墓俑类，"兽形"为镇墓兽类。究其实，"人形"也是由"兽形"演变来的。楚墓中的"虎座飞鸟""兽面食蛇"等镇墓俑兽，是东汉以降南方镇墓俑（即"人形"）的祖型，同中原地区以武士俑面目出现的镇墓俑迥异。而对后世镇墓兽（即"兽形"）形制有决定性影响的则是甘肃酒泉、武威等地出土的"独角兽"

类型。

彭德则认为，把楚墓出土的数以百计的头插鹿角的造像释为"引魂升天的龙"，是不恰当的。同样，其他八种称谓即"镇墓兽、山神、土伯、死神、灵魂的化身、看管灵魂者、冥府守护者、生命之神"等，都面临着一个难以回避的事实：头插鹿角的造像何以在秦将白起拔郢（公元前278年）后突然消失？因为按三代惯例，政治和军事上的征服者并不热衷于改变被征服地区的民俗。因此，他认为唯一合理的解释就是该器物是楚国的官方器物，其确切的名称应该是：兵主（战神）。他进一步论证说，兵主是中国古代的战神，楚人之所以如此推崇和敬重战神兵主，主要取决于楚人异常强烈的尚武观念和淫祀风习。兵主的原型是谁呢？彭德认为是蚩尤。其理由是，不只《史记·封禅书》有"三曰兵主，祠蚩尤"的记载，且楚墓出土兵主的造型同文献所记蚩尤的形象也基本相符。对于楚人何以崇拜蚩尤，他以为这是由楚人同曾作为南方军事集团首领之间的内在联系、蚩尤残部活动区域与楚人活动区域的对应关系、楚人对神灵的迷信、楚人对蚩尤这种人间厉鬼的敬畏，以及战争的需要等因素决定的。他还指出，蚩尤的造像并非楚国所专有，在漫长的岁月中，它如同一块面团，被各国各地掌握兵权的首领们根据各自的文化逻辑去塑捏，结果导致了种种不同的兵主形象和不同的文字记载。

楚出土文物中每一个动物雕刻造型，都是楚人某种特定的文化意识的表现。赵辉、征雁通过对楚墓出土文物中最具代表性的雕刻器物，如虎、彩绘漆鹿、彩绘木雕座屏、镇墓兽、虎座飞鸟、虎座凤架鼓、树根雕兽等的精细分析，得出如下结论：虎座立凤、虎座凤架鼓之凤立于虎背之上，并不意味着凤践踏虎以象征楚人对巴人的厌恶；彩绘木雕座屏中的蛇也并不是以凶物的面目出现。从这些单个动物在人们心目中的神秘意义来看，楚丝织品和漆器图案中同时出现龙、凤、虎的形象，也都不能说明彼此相斗，崇此贱彼。楚文物中由这些动物所组成的图案，以及取它们特征之某一部分所构成的怪兽，都是楚人原逻辑思维的产物，它们所表现的是楚人对于家国兴盛和超自然生命力的向往。

郭德维通过对楚墓出土木雕、铜塑人物造型的系统分析，提出了自己的看法：从艺术角度看，铜塑武士比木俑造型更生动，形象更逼真，更富于表现力和感染力，很可能是以真人为模特。而木俑则不一定以某一个具体的人为模特儿，只能视作木俑所代表的某一类人的艺术概括。

楚国的建筑艺术不仅在上古东方建筑领域独树一帜，且影响及于西方现代建筑。高介华通过将楚学的表率——老子哲学与美国现代派建筑大师莱特的建筑学说的对比，提出了"楚学是莱特学派的哲学基础"的见解。他的对比研究是从五个方面入手的：莱特"发乎自然"的建筑本体论与老子的"道法自然"；莱特"内孕外向"的建筑方法论与老子对表现个性的强调；莱特"从美国认识美国"的建筑"美国风"与老子"以国观国"的认识论和方法论；莱特设想的田园城市式的"英亩城"与老子的"小邦寡民"思想；莱特崇尚的"朴素"之美及其无极观与老子的"见素抱朴"和"复归于无极"。高介华进而指出，从莱特的思想、学说到建筑方案的设计与实施，都确乎浸透了老学。而从莱特敢于把自己的体系架立在楚学的哲学支柱——老子哲学这座古代东方文化的圣山上，正可看出楚国建筑艺术异常强盛的生命力。

张良皋认为，从地域文化的角度考虑，湖北黄陂盘龙城商代遗址可视为先楚建筑。因此，他企望能通过对盘龙城一号殿复原问题的再认识，为研究楚建筑理出若干端绪。为此，他提出了新的一号殿复原方案。张良皋还强调，土家吊脚楼是楚（包括先楚）建筑的活化石。土家族这个古老的民族，本是与楚结盟甚至融合的巴人后裔，文化深染楚风。由于清江流域和武陵山区的特殊地理条件，楚文化的某些部分得以"冷藏"下来，包括建筑这种惰性最为强固的艺术范畴。总之，土家建筑表现了南北文化的结合，而这种结合是通过楚人完成的。

## 楚工艺文化

在楚文化中，工艺文化占有突出的地位。李砚祖认为，在楚文化的诸要素中，有一半是工艺文化的内容，无论是巧夺天工的青铜工艺、精美绝伦的漆器工艺，还是锦绣飞彩的丝织工艺，都从不同的方面展示了楚文化的独特品格和无穷魅力。楚工艺文化的性格是在多元并蓄、兼容发展的文化氛围中形成的，它以商周工艺文化为主源、楚民族工艺文化为本源的基础上，兼容其他工艺文化的素养而发展成为一种具有巨大成就和新品格的工艺文化。楚工艺文化以其自身区域性工艺文化的特征为个性，以中国工艺文化的特质为共性，进而在一定意义上成为中国工艺文化的代表，也是世界工艺文化中的明珠。他还指出，从工艺文化的分析入手，研究楚民族的工艺行为和生活行为，以及深藏在各种行为之中的思考方法和文化因素，探讨工艺文化的诸模式，应当成为探索楚工艺文化的重要内容。

皮道坚对春秋楚铜器的造型风格进行了研究，他认为，以楚为中心的南方各国从春秋中期开始，创造出新的青铜器艺术风格，并逐渐形成了有鲜明地域特色的青铜器传统。其中以河南淅川下寺春秋中晚期楚墓青铜器群在造型及镂空装饰等方面的一些特点，最能代表楚艺术的风范和气质，反映了楚的青铜艺术在本时期所取得的成就。下寺风格的出现基于与北方中原文化以栾书缶、立鹤方壶等典型器物为代表的青铜艺术新风格同样的历史文化背景。它们是时代激流的产物，共同反映着春秋中期以后，随着社会制度的激烈变革，各国青铜艺术所发生的巨大变化——崇高、威严和神秘，不再是青铜艺术美的典范，人间现实生活的理想与追求开始成为它的旨归。然而下寺风格又是产生于显然不同于北方中原文化和西方秦文化的一种文化土壤，它是包括楚的历史文化传统、民族精神性格、自然地理环境等诸多因素在内的楚文化土壤，孕育了以其活泼、灵巧、繁富，区别于中原青铜器艺术之庄重、端丽、单纯；以其突出抽象形式美感的作风，区别于秦国青铜器艺术之严守法度倾向写实作风的下寺风格。他还指出，如果将春秋中期以后楚的青铜艺术与北方中原各国青铜艺术作一全面比较，我们还会发现，与北方的差别在于，几乎所有的南方器物都表现出郭沫若所谓"精进式"的意向，而北方各国的青铜器中，仍有不少郭氏所谓"堕落式"的表现，那是强大的旧传统的延续。南方艺术受商与西周以来的传统束缚较少，因而能更加大胆而无拘束地创造各种新的形式。

何浩在对楚山字纹镜流行时间、地域进行考察的基础上，对"楚国山字纹镜源于楚伐中山"的观点提出了质疑。他说，由于楚与中山地形悬绝，两国在政治、军事、经济以至文化上都未发生过什么直接的关系；晚于楚国山字纹镜流行时间的中山国山字形铜器，也不可能对楚镜的纹饰带来什么影响。作为地区性文化即南方楚文化构成部分的山字纹镜及其特殊纹饰的形成，看来还是应该从楚国特别是其南境青铜文化纹饰艺术的产生、演进、发展中寻求答案。

陈振裕对楚国竹器的装饰纹样、纹样的结构骨式和工艺，及其与其他装饰艺术的关系作了全面分析。他认为，春秋战国时期，楚国竹器的装饰纹样绝大多数是竹编织纹样，少数是漆绘花纹。就纹样题材内容来分，大致有动物纹样、自然景象和几何纹样等三种。其结构骨式主要有适合纹样和连续纹样两种构图方法。依装饰手法而论，主要是写实与夸张变形两种。他还指出，从目前已掌握的资料分析，楚国的竹器装饰艺术代表了我国当时竹器装饰艺术的最高水平。

彭浩通过对楚国织绣纹样的历史考察，对楚国织绣纹样的题材及其所包涵的古奥思想提出了一些新的见解。他认为，楚国提花丝织品纹样以各种几何纹样为主，以人物和动物为主题的写实纹样仅占少数；楚国织绣品的纹样除个别是仿自青铜器花纹的蟠螭纹外，大多以龙凤为主题，个别纹样还有虎。他还指出，楚国织绣品上大量出现的凤鸟纹，应是四方或四方风的化身，并不能将其与图腾崇拜联系起来；马山一号墓织绣品上的"三头鸟"，实际上是"一头鸟"，造成误解的原因是习惯了透视法的今人很难理解楚人所采用的平面展开构图法；原来称作"龙凤虎纹"或"凤斗龙虎图像"，实质上是一幅四方神灵图：龙与虎相对即表示东方与西方相对，凤鸟与虬相对即表示南方与北方相对，整个图像反映的是楚人对宇宙的看法。

后德俊从楚国漆器的胎体制作、漆的精制、髹饰技术三个方面入手，对楚国的漆艺术与漆工艺的关系作了全面探讨。他认为，楚国的漆艺术是楚艺术的一个重要组成部分，它是当时楚地劳动人民智慧的结晶。从制作技术的角度上看，它是建立在楚国多种漆工艺的基础之上的，可以说，楚国的漆工艺是漆艺术发生和发展的一个重要的基础条件，而楚国漆艺术的发展又为漆工艺的使用提供了更广阔的用武之地，客观上促进了楚国漆工艺的进步和创新。

王红星结合湖北荆门包山二号楚墓遣策的记载，对该墓漆器进行器类、造型、纹样以及制作工艺的分析，认为包山二号墓漆器群，实质上囊括了战国漆器最主要的工艺技法。这表明当时的楚国匠人在对漆和胎体材质性能有了深刻认识的基础上，在本行业实践和对其他行业经验观察的过程中总结、借鉴、发展，形成了一整套适合漆器制造的工艺技法，准确地把握了漆器的整体功能和发展方向。这种经验型制作工艺技法的积累和制造程序上的具体分工，为西汉漆器制造达到全盛时期打下了坚实的基础。

龙凤形象是构成春秋战国时期楚国装饰艺术的主旋律，是图案纹样的母题。院文清认为，楚龙凤纹饰的精神内涵，往往与之所装饰器服的器用功能相一致，同样，楚龙凤纹饰的造型也力求与器用功能相一致。由此，楚龙凤纹饰的精神内涵最主要有两点：一是表现为吉祥如意、祈祷安康的美好象征物；二是显露出某些超自然的力量，而这种力量又为人所借用或服务。

## 楚民俗风情

具有辉煌成就与深远影响的楚文化，在民众世代传承的故事活动领域中留有其踪迹。刘守华通过对《早发的神箭》——一个在原楚文化圈内广为流传的故事的文化形态的剖析，从民间文学的角度，探讨了楚地民间文学中所蕴藏的具有楚文化特征的内涵。他说，关于楚文化的特征，尚待学术界进一步探明，但崇巫和尚武已是学人的共识。《早发的神箭》就是这两种楚文化因子的融合。

韩致中认为，荆楚岁时民俗中有丰富的楚文化遗存，是珍贵的活化石，应大力开掘。他从荆楚岁时民俗的钟凤、崇火、尊日和崇拜茅、桃、芦苇等植物的现象中，以及请神问卜、禳灾驱疫的巫风中，揭示出其中包容的楚文化底蕴。

楚地特定的自然环境和社会背景，导致楚地傩文化圈中的鬼神崇拜及巫事活动较其他文化圈尤盛。这次会上，不少专家学者对楚巫与傩文化的关系进行了探讨，从而使傩文化的内涵得到进一步深化。张劲松通过对湘楚傩戏、傩文化的鬼神文化系统的分析后认为，基于自然压迫原因的对鬼害控制征服的愿望是傩仪产生的心理动因，这便是傩文化的生发之根；人对神的依赖感和受保护感形成了人、鬼、神三界关系的信仰，这便是傩文化的信仰系统；傩文化中的祭仪、法术、巫术和傩戏，是其处置鬼神以企图取得人与自然和谐的行为系统；傩文化中的艺术、科学、道德和民俗文化等，是其基于处置鬼神之因的包容和派生系统。他还认为，楚地的傩，文献记载最早的是《九歌》。《九歌》所请的自然鬼神已经人形化了。巫师在装扮表演请神过程中，不仅运用了"歌乐鼓舞"的综合艺术，多数篇章也有极简单的故事情节。因此，《九歌》较图腾驱鬼仪式在傩戏史上已经前进了一大步。从《九歌》到楚地现存的傩戏，窥视其两千多年来的衍化和发展历程，是研究楚与傩文化关系的重要内容。

唐恩将大量的文献记载同民俗资料相互参证，提出了"冲傩是古傩与楚巫结合的混血儿"的观点。他说，从文献记载和民俗材料可以看出楚巫没有尊神抑鬼、重男轻女等剥削阶级意识，却有救死扶伤、仁人爱物的人道主义精神，显示出不同于中原儒家文化的特色。楚巫文化的这种特色，改造了来自中原的傩巫术，使之成为与楚巫文化血肉相连的一个不可分割的部分，并发展成为今天仍然活跃在湖南、贵州等省的"冲傩""还愿傩"和"唱傩戏"。与此同时，中原古傩与楚巫结合后，除保留了戴面具或捧头像的外形，以及留下几个狰狞面具在巫师家中的法坛里之外，几乎完全被楚巫文化所消化了。然而，先秦楚国巫文化的特色却一脉相承，历数千年而不变，充分显示出楚巫文化的顽强生命力。

林河根据侗族傩戏《姜郎姜妹》所反映的原始性、人神恋爱、草野性等特征，论证了楚巫文化对西南地区的渗透。

肖园认为，楚地是觋的发源地。理由是甲骨文中不见"觋"字，周礼有司巫之官，下辖"男巫无数""女巫无数"，未见有"觋"的称谓。在先秦典籍中，仅《荀子·正论篇》和《王制篇》提到"巫""觋"及《国语·楚语》有"在男曰觋，在女曰巫"的记载。《国语》的记载，系楚昭王时大夫观射父之言，应是地道的楚语。荀子曾任楚兰陵令，在楚地生活历有年所，对楚地方言耳熟能详，荀子关于"巫""觋"的称谓当源于楚人。而《汉书·郊祀志》《说文解字》关于"巫""觋"的说法，几乎一字不易地沿袭《国语》，说明直到汉代，"觋"的称谓还未见在北方流传。自汉以降，男性从事巫术者多称方士、术士或道士、法师、乩童，至于源于楚地的"觋"字，就更罕有人用了。

巫瑞书以为，作为自成体系的楚文化在汉代已渐次融合于汉文化，但从文化形态结构来考察，楚文化中的"风俗习惯层次"及"思想与价值层次"，并未完全消失、泯灭，它们残存的因子黏附于南方各地尤其是荆湘一带的山川古迹、岁时节令、民性风情而继续流播。而荆湘地区的民间歌谣，则在楚巫遗风、道家风情和楚辞余韵等方面蕴含着浓郁的楚文化色彩。

刘子英则从地名学的角度探讨楚国历史文化与湖南地名传说之间的关系。他认为，湖南与楚国历史文化相关的传说地名寿命延长至今，或当今人们根据有关楚文化传说给新的地理实体命名以及为传讹了的地名恢复本来面貌，都足以说明楚文化已积淀于湖南人民的文化心理之中，与湖南人民的思想感情、道德观念、习俗信仰息息相关。因此，尽管原有的楚文化传说地名历尽沧桑，却青春永驻。

## 楚音乐与舞蹈

黄翔鹏以为，夏商巫文化的音乐型态，在史文化占统治地位的两周时，恐怕只在周、楚对立的条件下，才得以保存并发展于南方诸民族的社会生活之中，楚文化的特质也因而具有远与夏、商巫文化一脉相承的因缘。他认为，"九歌"作为夏代的记述，在春秋间大约也只有传闻的依据，后世根据《左传》再作文献学的考察，自然会疑窦丛生。他明确指出，对《左传·昭公二十五年》子太叔"为九歌，八风，七音，六律，以奉五声"一段话，历来注家多把其中的"九歌"解释为乐名，又把"八风"解释为"八方之风"，径与音、律、声这种音乐术语并列，这类解释可谓风马牛不相及。唯王念孙的解释可从。王氏说："古者八音谓之八风……八风与七音、九歌相次，则是八音矣。"黄翔鹏进而认为，《左传》于此所记的"七音，六律，五声"，也非七声音阶，六个阳律和宫、商、角、徵、羽五声这种不同层次的术语，而应指七声、六声、五声音阶，即汉以后称为七音、六音、五音的概念而言。由此，他强调指出："九歌""八风"也应作为九音之乐、八音之乐来作相同角度的理解。他还进一步揭示出夏代"九歌"的乐律涵义："九歌"就是用来歌唱九种职能（或其象征）的。这就叫做"六府三事"。所谓"六府"，亦即土（宫）、金（商）、木（角）、榖（和）、火（徵）、水（羽）代表"六律"的真义；所谓"三事"，就是正德、利用、厚生。这可以对证《国语·周语》伶州鸠论乐的著名文献而得到乐律逻辑的严密契合。他还认为，夏代的巫文化流传于楚地之后，留下了"九音之乐"或者径直称之为"九歌"的踪迹。他在剖析了荆楚巫乐文化的遗绪——贵州苗族民俗歌曲《夜歌》之后，提出了这样的猜测：屈原当初采用《九歌》总其篇名之际，也许就是采其"九音之乐"的涵义来命名音乐上来自巫乐体系的十一段歌曲的罢？

杨匡民将楚辞与今荆楚民歌的言体及音乐节奏进行了比较，从而提出了以下见解：楚辞的言体有两方面的特征，一是三字词组的结构形式；二是六言体、五言体即"三（兮）三"或"三（兮）二"的言体形式。今天体现在荆楚地区的一些古老歌种所遗留的有南方特色的节奏形态，恰与楚辞的言体节奏相符合。如鄂西南地区土家族"摆手舞"的鼓点节奏与"跳丧鼓"的主腔节奏，就可分别配唱楚辞的"三（分）二"节奏与"三（分）三"节奏。而"摆手舞"与"跳丧鼓"的流行地，就靠近屈原故里秭归县，这里正是为历来的出土文物和当地的遗音所证实的古代楚巴文化交会之区。

蒲亨强对楚苗音乐的特异终止式进行了探讨。他以为，至今在楚苗地域中流传的特异终止式，很可能是古代楚乐终止式的现代遗存。楚苗音乐中的异调、滑音、突煞这几种特异终止式，实质上都体现出一个共同的特点：用跳荡或与基调不同的旋法导入一个滑动的或时值短促的非调式主音而煞。其终止音游离于主音之外，构成新的调式调性变化。特异终止式的基本审美特征是趋向于动，"音断意犹续，此时无声胜有声"，展示了一种繁富的富有力度的动态美感，它生动地体现了楚人的音乐审美观念和艺术精神。

李幼平在对楚系乐器的种类、组合及其社会功能和发展历史进行探索时提出，楚系乐器组合的历程，明显地分为三个时期，即春秋晚期以前以金石类组合为主的时期，春秋战国之际金石类和非金石类两种组合并行的时期，战国早中期以非金石类组合为主的时期。其中第一时期是楚乐对华夏正声之继承性发展的直接表现。而两种组合并驾齐驱，则标志着楚乐开始了进而独创的鼎盛阶段。当非金石类组合上升为主要的乐器组合形式时，具有普遍意义的是以娱乐为主，或者说以楚地南方特有的娱神、娱人之浪漫主义文化特征为主的音乐文化形式，它无疑为西周僵化的礼乐制度注入了艺术的活力，使中国原始时期音乐文化于三代，尤其是西周时期予以理性规范而达到第一次高潮之后，拉开了向新高潮迈进的帷幕。

刘红对"武当韵"与楚文化的关系作了探讨。他说，从"舞"的角度看，"武当韵"部分科仪中的舞蹈，基本上就是古代楚巫舞的原始遗存。从"乐"的角度看，"武当韵"虽不是直接从楚巫乐发展演变而来的，但"武当韵"的创作者也是传播者，并没有忘记用他们的祖先与神灵交会中所使用过的而又能被神灵所接受的晦涩的音乐语言，来表达自己对神灵的仰慕、依恋、寄托之情。这种晦涩的音乐语言恰好与楚巫乐相通。特别是"楚歌"中的"乱"更完整、更原始地在"武当韵"中得到展现，而楚人祀神的乐器，仍被视为"神圣之器"而顽固地保存在"武当韵"之中。可见，"武当韵"与楚文化之间有着不可否认的渊源关系。

余兰生将不同时空的楚国音乐文化与美国音乐文化进行比较后认为，楚国音乐文化与美国音乐文化在文化背景、原材料、加工方式、演进方式、文化特质等诸方面均呈相似性。尤为耐人寻味的是，两千多年前的楚国音乐文化的特质所表现出的对情感的直抒、对个性与自由的追求、对现实的超脱、开放与多元的机制、摆脱对理性的束缚、乐观进取的精神，正是现代美国音乐文化的特质，同时也是现代中国人的特质。他还指出，不同时空的两种文化型态如此相似，本身就是一个值得深究的音乐人类学现象。

黄中骏则针对楚乐舞研究的现状发表了自己的看法：一，应该有开放的眼界和严谨的方法，把握楚艺术的实质和核心，瞄准研究的契合点。二，要有一定的时空观念，要考虑民族迁徙与文化对流、整合、融摄、变异的关系。三，开展比较研究是必要的，但比较的重点应当是"求异"，而不是"求同"。只有"求异"，才能更准确地理解各自的文化特质。

### 楚辞与神话

潘啸龙对屈辞的"狂放"和"奇艳"作了系统论述。他认为，屈原诗作中显示的"雅多自贤，颇有狂态"的特色，不仅与他的个性、情操有关，更在其深层形态上，反映了南方楚人所共有的情感炽烈、性格"剽轻"、狂放而又执着的民族性格。略加分辨，屈辞之狂放大抵有三种境界，即孤傲、愤激和迷幻。屈原如此注重诗作的表现辞采并显示出鲜明的"奇艳"特色，虽然与楚地的峭壁峻峰足以激发其奇思有关，但影响最大的，恐怕还是楚地的巫风。他指出，由屈辞开创，并在曹植、左思、鲍照、李白、辛弃疾等诗词中千古磅礴着的"狂放"之美，是一种足以与"乐而不淫，哀而不伤"的中和、温婉之美齐驱并驰的激烈、悲抗之美。中国古诗的瑰丽、艳奇之风确实兴起于屈辞，但这决不是屈原的罪过，而是他的莫大开创之功！

《楚辞》里有没有"龙船"和"方舟"？肖兵通过对大量的文献、民俗、考古资料的综合分析，作出了肯定回答。他并认为，研究《楚辞》文化要素以及与之有关的南方舟船、铜鼓、崖画、房画等的图纹及其来源和背景，最好要把握整个太平洋文化的特征和因子；而这种研究又会反过来推动太平洋文化整体和构成要素的比较人类学研究。在论及中国古代单体或双体"独木舟"式船只是否能够用以航海这个问题时，他说，虽然目前限于材料和研究范围难以最后做结论，但希望能有机会讨论这个不仅是美学的问题，因为这些潜藏着原始艺术特质的"文化因子"决不仅仅涉及《楚辞》的破译、古器的解说、图纹之释读和作品的欣赏，它还牵涉到泛太平洋文化及其因子的形式、传播、演化和来源的大问题。

张君对宋玉《高唐赋》中高唐神女的原型与类型进行了研究。他认为，高唐的原型是女性的颛顼。高唐神女既是楚人世奉的云梦之神，又是一个糅合了其他方国部族神祇形象的复合型神祇。那些与高唐神女原本就性质相类、形象相似的女神，在叠印了高唐神女的神性和形象后，事实上也就成了一种新的高唐神女类型。他还认为，云梦之观是楚人为女神所筑的祠宫，设于高丘或山上，通常又称作"朝云之馆"或"宫唐"。高唐神女崇拜是地母、社神、高禖、高姅、生殖、爱情、性交、云神、泽神、处女神等多种崇拜的集合，是楚国风俗的一个极为重要的、富有特色的组成内容。由于云梦和高唐之馆分别是楚"桑林"和高禖庙的所在地，所以楚人每年仲春都要在这里举行一些带有宗教性质的仪式与活动，这就是楚国隆重的高唐节——云梦之观。

刘城淮认为，作为战国文苑中的一株奇葩，屈赋是南北文化交融的结晶，又是南北文化交融的典型。这表现在许多方面，其中最主要的是南北神话、传说的交融。在屈赋中，既采用了大量的南方神话、传说的材料，又采用了大量的北方神话、传说的材料。这种交融南北神话、传说，有其重大的作用与意义：它增添了屈赋的异彩，加强了屈赋的思想性与艺术性；它反映了中华文化融合、中华民族统一的潮流，并促进了其融合的速度和统一的进程。

黄永林通过对楚辞与古江汉民歌的比较研究，认为古江汉民歌在创作基本素材、思想内容、艺术表现手法与形式、语言运用技巧等诸方面对楚辞的产生和发展起了不可忽视的作用与影响。

郭德维、黄凤春将《楚辞》研究与楚文物研究结合起来，把《楚辞》涉及的服饰佩饰以出土楚文物予以考索诠释，使过去正确的文献考释得到进一步的实物印证，订正了历代注释中的某些谬误，弥补了某些被以往注释家语焉不详或付之阙如的疑难问题，同时也提出了一些新的见解。

罗漫对传统的"楚辞"概念提出了质疑。他说，自宋人黄伯思在《新校楚辞序》中给"楚辞"所定的"书楚语、作楚声、纪楚地、名楚物"的概念一出，千百年来的研究者们皆无异辞。其实，黄氏完全没有找到"楚辞"被冠以"楚"的真正原因，更没有找到"楚辞"被称为"辞"的任何根据。他认为，"楚辞"之"楚"，是因为屈原、宋玉等人是"楚地作家"而获得的；"楚辞"之所以称"辞"或"词"，是因为屈原在其作品中曾多次自称其作品的部分内容为"辞"或"词"。为此，罗漫提出了新的"楚辞"概念："楚辞，战国末期以屈原作品为主的楚国文学样式的总称，因屈原多次自称其作品的部分内容为'辞'或'词'，故名'楚辞'，也作'楚词'。楚辞多用神话传说、历史故事、奇情幻境以及一定的地方风物、方言音调，抒发以屈原为主的楚地作家群在政治上的失意和对故土的挚爱。"

此外，与会者还就楚文艺研究的方法和范畴展开了讨论。姚振仁说，我们面对的楚艺术是一个博大精深的艺术王国，还有很多的密码等待我们去破译，还有许多领域有待去开发。他指出，这需要我们从历史学、考古学、文化学、民族学、民俗学、宗教学、美学、艺术学等诸多角度切入，从纵向和横向、宏观和微观的交叉比较中，进行多学科、多层面、全方位的研究，弄清楚艺术的源流和它产生、发展、式微以至衰落的规律，总结楚艺术的美学思想、艺术风格和表现手法，探寻楚艺术深层的文化内蕴，探求楚艺术与中原艺术的异同和交融以及楚艺术与泛太平洋文化艺术的关系，研究楚艺术在世界艺术史上的地位和作用等等，将成为我们今后一段时间内应予关注的重要课题。大家还呼吁尽快召开国际楚艺术研讨会、筹建楚艺术博物馆和成立楚文艺研究会，以推动楚艺术研究向深度和广度发展，为弘扬祖国优秀的文化艺术作出新的贡献。

## 12月18日

上午9时，由中宣部文艺局、中国文联、中国艺术研究院联合举办的优秀文艺评论报刊表彰大会在人民大会堂贵州厅举行。《文艺研究》等17家优秀文艺评论报刊受到表彰。本刊主编柏柳、编辑部副主任李香云与会。随后，《文艺研究》1992年第2期做了报道。

### 鼓励与鞭策 —— 十七家文艺评论报刊受表彰
本刊记者

由中宣部文艺局、中国文联、中国艺术研究院联合举办的优秀文艺评论报刊表彰大会1991年12月18日在人民大会堂隆重举行。这是建国以来首次文艺评论报刊的表彰活动。获得表彰的有17家文艺报刊：《人民日报》文艺评论版、《光明日报》文艺评论版、《求是》杂志文艺评论版、《解放军报》文艺评论版、《文艺报》文艺评论版、《中国文化报》文艺评论版、《中国教育报》文艺评论版、《文艺理论与批评》、《中流》杂志文艺评论版、《文学评论》、《文艺研究》、《中国戏剧》、《美术》评论版、《人民音乐》、《当代电影》评论版、《当代文坛》（四川）、《理论与创作》（湖南）。

与表彰活动相配合，还于12月16日至19日召开了文艺评论研讨会。与会者回顾了两年多来文艺战线、文艺评论方面的进展，分析了当前的形势，总结经验，正视问题，提出建议，以求改进和加强文艺评论工作，促进社会主义文艺事业进一步繁荣。研讨会期间，中宣部副部长、文化部代部长贺敬之同志到会看望大家，并作了重要讲话。

会议讨论中，发言同志对党的十三届四中全会以来文艺工作在各方面取得的显著成绩予以实事求是的肯定。认为，由于认真贯彻执行党中央的"一手抓整顿，一手抓繁荣”的方针，文艺战线发生了深刻的变化，形成了可喜的新局面。

与会同志指出，对全国性的主要文艺单位和主要文艺舆论阵地进行的整顿与充实，并对文艺领域的资产阶级自由化思潮开展的批评和斗争，使得文艺的舆论导向和创作形势发生了根本性的变化。前些年的一些重大斗争的是非问题得到了澄清，一些反对四项基本原则的作品以及鼓吹资产阶级自由化、否定马克思主义和毛泽东文艺思想指导地位的论调受到了批判，一些曾造成很坏影响的资产阶级文艺观、价值观等也受到了一定的批评。这既提高了人们对一些文艺基本问题的认识，也造就了一批文艺评论的新生力量，壮大了马克思主义文艺理论的队伍。马克思主义、毛泽东思想的指导意义受到了广大文艺工作者的重视。

与会者欣喜地看到，广大的文艺工作者经历了反对资产阶级自由化的教育与斗争，更提高了贯彻党的基本路线，党的文艺为人民服务、为社会主义服务的方针，“百花齐放、百家争鸣”的方针的自觉性，并以新的精神面貌投身于文艺工作，热情地为四化建设服务，为加强祖国各族人民的团结服务，为促进社会主义精神文明建设作出了新的贡献。马克思主义文艺评论的生产力、社会主义文艺的生产力都得到了很大的解放，出现了一批很有生气的社会主义的文艺评论阵地，出现了一大批鼓舞人心的电影、电视、戏剧、歌剧、文学等好作品。此外，文艺体制的改革进一步深化了，节日文艺、群众文艺蓬勃发展起来。这一切表明，文艺工作者贯彻“一手抓整顿，一手抓繁荣”的方针是努力认真的，并卓有成果。

与会同志以一分为二的态度来看待当前的文艺工作与文艺战线，既肯定了成绩，也正视存在的问题。

有的同志在发言中对文艺的整顿工作提出自己的看法，认为整顿工作（包括组织上和思想上）的发展不平衡，有取得明显成果的，有的则不明显，甚至还存在尚未触动过的方面或单位。并不是所有的文艺单位和文艺舆论阵地的领导权都已掌握在真正忠于马克思主义的人手中。有些文艺单位的领导者或采取回避态度，或采取观望态度，对反对资产阶级自由化的教育和斗争，态度不明朗，措施不得力。更为严重的是，有的文艺舆论阵地仍依然我行我素。这就影响了整顿工作的进展。有的同志认为，即使在已较认真地进行过整顿的单位，也还存在着组织不纯、思想不纯等问题，须要进一步努力解决。在文艺思想理论上，一些尚在发生影响的非马克思主义的文艺思潮和观点，还未得到深入的清理。

与会者在发言中注意到，除有些在倾向上有严重问题的作家作品未曾受到必要批评外，还新出现了一些仍在宣扬资产阶级哲学观、人生观、价值观的作品。极少数顽固坚持资产阶级自由化立场的人企图利用当前的国际形势出现的逆流，散布谣言，制造事端，以与国际反动势力相呼应。有的人还利用文艺形式发泄对党的十三届四中全会以来的方针政策和舆论导向的不满。

因此，与会同志认为，在1992年，要继续认真学习江泽民同志在1991年首都元宵节文艺座谈会上的讲话、"七一"讲话和党的十三届八中全会的精神。应继续认真贯彻党中央提出的"一手抓整顿，一手抓繁荣"的方针，以整顿为改革提供坚实可靠的政治基础，又以深化改革来巩固和加强整顿的成果。

与会同志指出，发展和繁荣社会主义文艺，始终是我们工作的中心环节。文艺工作者要不断增强文艺为经济建设这个中心服务的自觉性。也就是说，要通过创作洋溢着时代精神的优秀文艺作品，振奋起各民族人民的爱国主义、社会主义的热情，使人们有饱满的精神和坚定的信念投身于有中国特色的社会主义现代化的建设。要继续提倡文艺工作者深入到改革和四化建设的火热斗争生活中去，深入到广大人民群众中去，从而获得丰厚的创作素材和深切的生活体验，树立科学的世界观。要加强发现和培养文艺新人的工作。文艺报刊要为新人的脱颖而出提供条件，文艺评论要做好推荐文艺新人的工作。要继续坚持主旋律与多样化辩证统一的原则。

与会者对文艺评论工作予以高度的评价。指出，一篇优秀的有重大导向作用的评论文章的发表，其意义至少不亚于一部产生轰动效应的优秀作品。从某种意义上说，文艺评论也是重要的艺术生产力。因此，必须高度重视文艺评论工作。要从管理的角度、研究的角度、艺术生产力的角度以及其他角度深入探讨如何加强和改进文艺评论工作，争取全社会更多地关心和支持文艺评论工作。当前，要进一步发挥文艺批评的功能，包括政治批评功能，继续从文艺理论和创作实际两方面分清真善美与假恶丑，鼓励好作品，研究新出现的问题。要特别注意培养和造就年轻的文艺评论人才，不断提高文艺评论工作者的素质，不断壮大马克思主义文艺评论的队伍。

这次表彰活动是对文艺评论工作的一大鼓舞与鞭策。可以肯定，广大文艺报刊工作者一定会发扬成绩，克服缺点，再接再厉，全面贯彻执行党的基本路线，贯彻党的文艺方针、政策，更加亲密地团结起来，在加快改革开放的大潮中，为繁荣社会主义文艺做出更大的努力，去争取新的胜利。

## 12月19日

《人民日报》《光明日报》等报道《文艺研究》等优秀文艺评论报刊表彰大会在京举行。

## 12月23日

　　《文艺研究》召开"《诗经》学及中国古代文学研究方法论问题"讨论会,马肇元、方宁、韩兆琦、郭英德、李稚田、雒启坤、张岩等人与会,围绕确立古代文学研究新方法的可能性及意义,怎样形成历史传统、现代理论、人类学与文化学、经学与考古学、文献学与语言学之间的融合等问题展开讨论。

# 1992 年

■ **1月21日**

从本年第1期起,《文艺研究》刊价调至3.90元。

■ **1月23日**

《人民日报》报道中国楚文艺研讨会在武汉举行。

■ **2月11—15日**

由《文艺研究》、曲艺研究所联合主办的首届曲艺美学研讨会在京召开,40余位专家学者及曲艺专业人员与会,围绕曲艺的美学特征及理论建设问题进行讨论。本刊柏柳、廉静参会。随后,《文艺研究》本年第3期发表江山月、栾桂娟、许自强等部分与会者的论文。"编者按"云:"曲艺是中华民族优秀文化艺术的重要组成部分,新中国成立后,在党和政府的关怀下得到了新生与发展。但是,长期以来,曲艺的理论建设薄弱,很难适应曲艺的新发展。为了探讨曲艺发展规律,加强曲艺理论研究,推动曲艺繁荣发展,本刊与本院曲艺研究所于1992年2月11日至15日联合在京召开了'首届曲艺美学研讨会'。会议围绕曲艺的美学特征及其理论建设问题进行讨论。应邀赴会的专家学者及曲艺专业人员40余人,提交学术论文30篇。现将部分论文发表于此,以期集思广益,对曲艺理论研究有所推进。"

■ **3月**

《文艺研究》与八一电影制片厂编导摄创人员史超、李俊、翟俊杰、李平分、杨光远、蔡继渭、韦廉、景慕逵、张东、周政保、李洋等座谈革命历史巨片《大决战》,本刊柏柳、廉静、金宁等与会。随后,《文艺研究》本年第3期以"壮美的历史画卷 雄奇的艺术风采"为总题发表部分与会者的发言。"编者按"云:"革命战争历史巨片《大决战》以其恢宏的气度,雄奇的画面,艺术地再现了历史的真实,震惊了影坛。适逢《大决战》摄制组进行艺术总结,在八一电影制片厂的热情支持下,摄制组创作人员应邀与本刊编辑部进行座谈。这里发表的这组文章,是他们的创作体会,也是很可贵的研究资料。我们把它奉献给读者和文艺理论研究者,以期对繁荣中国社会主义电影艺术创作有所补益。"

■ **4月23日**

中国艺术研究院编审、《文艺研究》编辑部副主编、优秀编辑家张潇华在北京病逝，享年 53 岁。随后，《文艺研究》本年第 4 期发布消息，并发表柏柳、心峰的纪念文章。

## 本刊副主编、优秀编辑家张潇华同志在京逝世

中国艺术研究院编审、《文艺研究》副主编、优秀编辑家张潇华同志，因病医治无效，不幸于 1992 年 4 月 23 日 1 时 0 分在北京逝世，终年 53 岁。

张潇华同志 1938 年 11 月 21 日生，福建省福州市人。1962 年复旦大学哲学系毕业，1965 年北京大学哲学系研究生（历史唯物主义专业）毕业。1966 年春到中国作家协会《文艺报》工作；1977 年至 1979 年先后在《人民电影》《电影艺术》杂志任编辑。1979 年 10 月调入中国艺术研究院《文艺研究》编辑部工作至今，历任编委、理论编辑室主任兼电影编辑室主任、副主编，为《文艺研究》作出了卓越的贡献。

张潇华同志是我国优秀知识分子中的一员，他热爱中国共产党，热爱社会主义祖国，他把自己的命运自觉地同时代的需要、人民的需要结合在一起。特别是在党的十一届三中全会后，到《文艺研究》编辑部任职以来，他全身心地扑在编辑工作上，正确贯彻党的文艺方针政策，在文艺研究工作中坚持与发展马克思主义，对宣传马列主义、毛泽东思想有强烈的责任心和使命感，对建设有中国特色的马克思主义文艺学作出了贡献。

张潇华同志为人正直，坚持原则，严于律己，宽厚待人，襟怀坦白，生活俭朴，廉洁奉公。他在平凡的编辑工作岗位上，为社会主义文艺事业贡献了全部精力，他没有虚度年华，他的一生是为革命事业奉献的一生。

## 对一位优秀知识分子的感怀 —— 缅怀张潇华同志

柏 柳

张潇华不幸逝世的消息使中国艺术研究院内和院外与他相识的人们感到十分惊愕！他确乎走得太突然了。今年 1 月上旬，他出席了中国艺术研究院中青年优秀论文奖评委会，2 月中旬出席并参与主持了首届曲艺美学讨论会，2 月下旬，他作为《文艺研究》副主编（兼任理论编辑室和影视编辑室主任）处理完 1992 年第 2 期的第 3 校样后，出席编辑部编前会，共商 1992 年第 3 期发稿计划。3 月 2 日（星期一）他还提醒我，预定 4 月中旬召开的"毛泽东文艺思想学术讨论会"该着手准备

了。我答应他本周内讨论落实。可是，第二天他就病倒了，再也没有回到编辑部。他在卧病中仍时刻惦念着编辑部的工作，为了组稿，已定好，3月6日他要同廉静同志到八一电影制片厂参加《大决战》摄制组创作经验座谈会的，不能失约，他请我代为出席。他知道，3月10日一过就进入第3期发稿的高峰期了。他怕我着急，便提前派他夫人丁碧英同志到编辑部，把按计划要发的稿件从他的办公桌上找出来交给我，并给我捎来口信说，"过两天就可以到编辑部上班"。其实听他夫人说："这些日子他吃什么吐什么，连喝水也要吐出来。"怎能上班呢？我请他夫人代我向他安慰："希望他只管安心治病养病，不必急着上班，发稿的事有我们大家顶着哩，请他放心。如有可能，到月底待校样来了，请他看校样。"编发完第3期稿子后，他病情仍未见好转，3月27日上午，我带领编辑部同志到他家中探望他，并于当天下午由编辑部派员协助家属护送他到北大医学院附属医院急诊，四天后由急诊室临时病房转入内科病房救治。在张潇华住院期间，我和编辑部的同志经常到医院探望，盼望他能早日康复。可是，他的病情却日趋沉重起来。4月2日上午，我同姚振仁、李香云、廉静、金宁等同志又到医院探望，并向主治大夫探询病情，给我们的回答是：从他的脊髓中发现了非原生性的癌细胞，这意味着肿瘤已扩散转移。大家都惊呆了！真没想到，四年前的今天（1988年4月2日）《文艺研究》创办人之一的老主编、著名编辑家林元同志被肆虐的癌细胞夺去了宝贵的生命，难道如今又要夺走一位德才兼备正处在全盛期的优秀编辑家的性命吗？医生、家属、部院领导和同志们都不甘心会是这样的结果，但是，科学就是科学，科学是不会说谎的，也是无情的。医生也无能为力了，出于革命人道主义，只能通过输液将药物和营养送到他的血管里，以减轻他的痛苦和延缓他的生命了。我又几次去医院探视时，只能以一种如宗教徒一般虔诚的心情，期望能有奇迹在他身上发生："肿瘤逐渐消失了。"然而，这只能是自我安慰的主观愿望。令人叹息的是，为什么厄运偏会降临在一个善良的优秀知识分子的身上呢？！他并不认为自己已走到了生命的尽头，他忍着巨大的痛苦积极配合医生治疗，他想康复，因为有许多事要等待他去做，所以他没有留下遗言，即便在病危之际，他虽身受病痛折磨，却头脑清醒，如往常一样，关心天下大事，对社会主义事业一往深情，憧憬着祖国更加美好的明天。

张潇华同志是4月23日凌晨与世长辞的，他已经离开我们一个月零四天了。同志们齐心协力紧张地忙于治丧、编发第4期稿件，编辑部一直处在哀痛的氛围里，触景生情，似乎张潇华并没有离开大家。他那清瘦的身躯，净白而含着谦和微笑的面容，带有性格内向特点的言谈举止，时常浮现在我的脑际。他生前是同我和袁振保同志在一个办公室办公。近来，每当我上班跨进办公室门时，都会情不自禁地把目光投向张潇华生前的坐椅，仿佛他仍伏案孜孜不倦地审阅稿件或在给作者复信。我明明知道，这已不可能，但我仍执拗地又一次走到他的办公桌前，桌上堆放着许多稿件、信函、杂志和作者赠送给他的新出版的学术专著，显得有些凌乱。由于忙，我们还没来得及对它们清理。我俯身近看，桌子的左下方堆放着正在服用中的药，一袋干酵母片、一袋香砂养胃丸、一袋香砂枳术丸、一盒人参健脾丸。这些药都是治胃病的。桌子右边堆叠着正在审阅的稿件，我信手拿起一篇翻阅，这是一篇作者根据他的意见修改过的理论文章，他又用红笔正在做发稿前的技术处理。抬起头来，当我又看到书架上那只我熟悉的他经常用来煮方便面的大瓷碗，电热器"热得快"仍放在碗中，还有一包等待食用的方便面时，我手扶着他生前的坐椅，不禁潸然泪下了。眼前的这些极为普通的遗物，似乎在向我诉说并证明：服药是为了能进食，进食是为了有精力工作，这是对人生是为什么的一张无声的答卷。近二年来，我发现他的胃口总也不好，对吃饭兴味平淡，似乎把进食当着一项义务，好赖无所求，总是快节奏的完成，有时工作忙懒得去食堂，嚼几块饼干就交待了。我也在办公室用餐，饭后是我们编辑部一天中空气最活跃的时候，大家在一起神侃，张潇华常是主角。我们谈苏联，谈东欧，谈海湾战争，谈环境保护、宇宙飞船、生物工程，谈经济改革、一国两制，谈自由化，谈党的不正之风，谈股份制和三峡工程等等，天下大事无所不谈。他特别关心政治，具有非凡的政治敏锐性。他通过阅读"大参考"，在苏联"8·19事件"发生约半年前就预言"看情形社会主义苏联要完蛋"。我还惊奇的发现，他对有些事情的看法同党中央不谋而合，如去年冬天，他就不止一次地向我发牢骚批评形式主义，对社会生活中的一些徒托空言只求"轰动效应"的事情嗤之以鼻。我们之间也谈到过生与死的问题，他对死亡的看法比我开通得多。他说："有生就有死，人活着要有事可干，如果不能干事活着也就意思不大了。我能活到六十岁就不错了，如果能工作到六十五岁就满可以了。"是啊！活着就要干事，你本可以工作到21世纪，再过10年，到2002年你才63岁，尚不算老。可恨病魔剥夺了你的生命和工作的权利。我作为张潇华同志的同事，从对他的点滴思絮中看到了一位文艺工作者对社会主义文艺事业的无比热情和忘我的工作精神，我为《文艺研究》有这样一位好编辑而感到骄傲；同时，我作为领导也感到自责与内疚：对他工作上的要求太多，对他生活上的关心太少。由此，我也产生一种莫名的感慨。这几年来，我们编辑部人员不断减少，这除了老同志离退休和病故自然减员以及属于正常的工作调动外，在商品经济的冲击下，我们这个名微利寡的编辑职业，要生存发展显得越发的艰难了。编辑职业的崇高性竟也会成为它自身生存发展的羁绊？编辑部由于任务重，人手少，张潇华身为副主编，重担在肩，身先士卒，他经常上班比别人来得早，下班比别人走得晚，废寝忘食已习以为常，遇到发稿高峰期（单月 10 日至 20 日）更是处在超负荷运转的工作状态……他的英年早逝，给《文艺研究》带来了无可挽回的损失，也是党的文艺事业的损失。沉重的代价使我懂得了爱惜人才，保护人才是何等重要！这也使我更进一步认识到邓小平同志关于"尊重知识、尊重人才"教诲的深刻含义。

我是在《文艺研究》草创时期通过编发一篇理论文章认识张潇华同志的。那是 1979 年 7 月，《文艺研究》正在筹划编发第 3 期稿子，当期要发一组由郑季翘等名家参与的关于形象思维问题的争鸣文章，林元同志把张潇华同别人合写的《形象思维刍议》交给了我，我从文章对形象思维内在逻辑问题的精彩论证中，见到了他哲学思辨的功力。他不愧是我国马克思主义哲学家冯定的高足。也就在他当研究生时（1964 年），曾因对毛泽东思想发展"顶峰"论提出批评，而受到批判和审查，在学生时代就显示出他勇于探求真理，敢于坚持真理的可贵品格。1979 年 10 月他被调入《文艺研究》编辑部直到他病逝，近十三个年头。他同我和其他同志一起并肩战斗，共同为《文艺研究》这块社会主义的学术园地耕耘了十三年。我以为，这十三年是他人生道路上最重要也是最有光彩的时期。张潇华同志敬佩中国共产党全心全意为人民服务的宗旨，热爱社会主义祖国，特别是在党的十一届三中全会后，他更自觉地把自己的命运同时代的需要、人民的需要结合在一起。他到任后就兴奋地向林元同志立下宏愿，要为把《文艺研究》办成中国第一流的理论刊物而努力。这种远大志向，他也不止一次地向我吐露过。我曾想，他是不是"自高自大"？至少不够谦虚吧？然而，实践告诉我，不是他自大或不谦虚，而完全是为事业心、责任心所驱使的自我鞭策和奋斗目标。办刊十三年来，他始终以满腔的热情，全身心地投入到编辑工作。在工作中，他注重理论联系实际，正确理解与贯彻党的文艺方针政策。尤其让我钦佩的是，在文艺研究工作中，他执着地坚持与发展马克思主义，对宣传马列主义、毛泽东思想有强烈的责任心和使命感。这一点在主要由他负责的《文艺研究》每期的理论栏目第一组的文章中得到鲜明的体现。由他提出并组织落实的许多选题如毛泽东文艺思想开拓的具体性，东方美学的基本意义，社会主义文艺的美学品格和特征，以及关于文艺学中国特色的问题、宗教美学研究、形式美研究等，都是文艺理论研究中具有现实意义的课题，对建设有中国特色的马克思主义文艺学作出了贡献。

编辑工作是一种创造性的精神劳动。要做好编辑工作，不仅要具有相当的学识水平，而且要具有高尚的职业道德和无私的奉献精神。张潇华同志学有专长，科学文化知识广博，掌握俄、英、德、法四国外语。他理论思维开阔，治学态度严谨、求实，是难得的高级编辑人才。为了把《文艺研究》办成高水平的刊物，他仍勤奋好学，刻苦钻研，奋发进取。他对文艺理论中的许多问题有深入的研究，也多有灼见。他把全部精力用到编辑工作上，甘当攀登文艺科学高峰的铺路石，把自己的研究成果无私地奉献给别人。在他的努力下，通过《文艺研究》这个园地，吸引与团结了许多学识卓著的专家学者，发现、培养与扶持了一批学有成就的中青年学者。他深受中青年学者的尊敬与爱戴，一些人正是在他的热心帮助下发表了有创见的理论文章，脱颖而出，驰骋于文坛。张潇华逝世后，编辑部收到许多唁电、唁函，有几位中青年学者还寄钱来，要求为他们购买祭礼，置于张潇华灵位前，以表哀思。我本人也收到一些来信，他们表示要学习张潇华同志可贵的奉献精神，继续为办好《文艺研究》效力。张潇华同志为文艺理论队伍的建设作出了贡献。

张潇华同志热爱《文艺研究》，为崇高的事业心所激励，他对办好《文艺研究》有一种特殊的荣誉感，只要是为了提高刊物的质量，他便会义不容辞去办，殚精竭虑去实现。如为了赶上时代的步伐，编委会接受他的建议并决定由他组织实施，从1985年起开设了"研究之窗"栏目，每期用10个版面评介国内外文艺研究的新成果，新经验，学术上的新进展，以扩大文艺研究的信息量，为扩大我国读者和理论工作者的视野提供条件。这个栏目得到了学术界的好评。再如，办《文艺研究》这样综合性的大型理论刊物，对编辑部来说，是一个集体的创造性劳动。为了确保办刊方针和编辑计划的实现，各个部门要相互协作，有时根据需要，临时要对版面作适当调整，这就更需要部门之间密切配合。张潇华同志在这方面堪称楷模。他顾全大局，严于律己的精神给我留下深刻的印象。是的，他为了他所钟爱的《文艺研究》，坚守职志，以苦为乐，生活俭朴，廉洁奉公，不求物质上的富有，但求精神上的丰美。他用自己的行动把办好《文艺研究》同为建设有中国特色的社会主义社会具体而自然地融为一体，他为社会主义文艺事业贡献了全部精力，他没有虚度年华，虽死犹荣。他将长久地活在我们心里。

1992 年 5 月 27 日夜

## 无私奉献 忘我工作 —— 深切悼念张潇华同志

心 峰

3月底，一个令人深感震惊和痛惜的消息在中国艺术研究院迅速传开：一向深受人们尊敬的《文艺研究》副主编张潇华同志身患癌症，并且已经到了晚期……

这怎么可能呢？一个多月前，人们不是还经常看到他来编辑部上班，找人谈稿子，与别人商量如何组织学术讨论会……人们看到的他，仍和以往一样，身着灰色或蓝色中山装，虽然略显陈旧，却十分整洁利落，清秀朴素，透露出他的精干与朝气。他虽然 53 岁，却总给人 40 左右岁的印象。他外出开会与同行们登山时的快捷、他平时连续工作的干劲与耐力，在知情人中被传为美谈。在他的身上，谁能看到一丝一毫身患癌症并且已经到了晚期的迹象啊！

4 月 5 日，是个星期天，阴雨绵绵。我来到北大医院内科一病房看望他。他躺在病床上，已有二十多天没吃任何东西了，只能靠药物和输液来维持生命。这时，我所看到的他已骨瘦如柴，脸上没有一丝血色，近在咫尺的事物，他已无法分辨；听别人说话，要靠他的爱人贴在他耳边传递；对别人说话，更是十分费力……然而，他头脑却依然十分清醒，记挂着这，记挂着那，说大家都很忙，不要去看他，而且反复地说："我现在感觉好多了。"我知道，他这是在宽慰别人，不让别人为他担心。但我何尝不希望这是事实，何尝不希望会出现奇迹，让他病情转好，以至痊愈呢？我见他身体那样虚弱，说话那样吃力，实在不忍心再打扰他的休息，便很快告辞了，心里打算过些天再来看望他。24 日，正在我准备与其他同志一起再去看望他时，猝然传来了他已于昨日凌晨逝世的噩耗！一阵浓重的悲哀猛然袭上我的心头，压抑着我，使我透不过气来。我为一盏只知道燃烧自己、照亮他人的智慧的明灯的顿然熄灭而深深地哀痛。

5 月 6 日上午，又是一个阴雨霏霏、阴冷难忍的天气，我和人们一起来到北京友谊医院告别室，最后看他一眼，向他作最后的告别。我站在他的遗体前，深深地向他三鞠躬，以表达我对他这位为了有中国特色的马克思主义文艺理论建设事业无私奉献、忘我工作了一生的优秀编辑家、中青年学者的良师益友最深切的哀悼和敬意。我的眼睛潮湿了，声音嘶哑了，我看见，前来参加告别仪式的数百人，无论是满头华发的老年人，还是中年人，青年人，一个个眼睛都潮湿了，红肿了，说话带着哽咽；有的同志已泪流满面，有的同志已痛哭失声……是的，您才 53 岁呀！您实在不该走得这样早、这样快！

我失去了一位良师益友，哀思绵绵，不禁想起他在住院前最后一次同我的谈话。那是今年 2 月 10 日，星期一，是春节后第一次上班，我送一篇稿子给他审阅。他让我坐下后，又开始了他那不知疲倦的交谈。他问起了我的文章的内容，然后，他又谈起《文艺研究》今年的工作设想和计划，谈起编辑部即将召开的"曲艺美学研讨会"，谈起如何纪念《讲话》发表五十周年；他还计划今年要联系艺术创作实践，把文艺与意识形态的关系问题深入地讨论下去；为了繁荣创作，他告诉我编辑部还想就文学、戏剧、影视、美术等新时期以来的成就与问题分别举行座谈会和学术讨论会，等等。而他第二天就要去门头沟参加"曲艺美学研讨会"。据说，他自从开完这次学术讨论会回到家里不久，就病得无法上班了。2月10日的那次谈话，竟成了最后一次与他交谈！他那不知疲倦忘我工作的精神和情景怎能让人忘怀！

张潇华同志在他无私奉献、忘我工作的一生中，给予了中青年文艺理论研究者更多的扶持与帮助。他平时对于我——一个普普通通的青年文艺理论工作者热情关心、无私帮助的一幕幕感人情景，至今仍历历在目。

我不会忘记，《文艺研究》编辑部1986年10月在长沙召开"社会主义文艺审美理想学术讨论会"、1987年7月在京举行"在改革、开放中建设有中国特色的马克思主义文艺学"座谈会、1988年在京召开"东方美学讨论会"、1990年11月在京举行"推进有中国特色的文艺理论建设"座谈会时，他热情邀请我这个刚刚走进文艺理论研究领域的青年学子参加座谈、讨论，使我不仅能够直接听到与会的许多著名专家学者就种种文艺理论中的重要问题发表卓见宏论，而且也为我提供了一次次与著名专家学者和不少中青年学者对话、交流、向他们学习的机会，同时，还使自己能够利用这些场合就一些文艺理论问题发表一得之见。

我不会忘记，拙作《艺术学的构想》《比较艺术学的视界与功能》《艺术批评——艺术审美理想的调节机制》等文章得以在《文艺研究》上发表并为人大报刊复印资料《文艺理论》卷等转载，其中凝聚了张潇华同志多少心血和智慧。

我不会忘记，过去一次次他与我促膝长谈，我从他那里获得多少鞭策和激励，他知识面之广博，看问题之敏锐透彻，给了我很多有益的启示。他自己是完全有能力写作的，早在大学时代写的论文，便已显示出写作的才华。但是人们却很少听说他写文章发表。他把自己的学习心得，潜心研究的成果，都在与作者、友人们的交谈中作了交流，无私地奉献了出来，成为引起他人进一步思考的精神火花。

可是，有幸得到张潇华同志这种巨大而无私的帮助的中青年同志，又岂止我一个呢？我就时常听到许多中年同志、青年朋友谈起张潇华同志对他们的大力扶持与帮助、为他们论文的完善和发表所付出的心血与操劳。正因为如此，他得到了许多中青年文艺科学工作者真诚的爱戴和尊敬。

编辑工作是一种崇高的、奉献的复杂精神劳动。正如刘少奇同志所说："编辑工作是一种高级创作。因为他要看作家的作品，鉴别作品，因此这个工作本身就是创作，只不过他不写就是了。"（《关于作家的修养等问题》）张潇华同志就是在从事这种奉献的、高级的创作中，耗尽了全部心血和精力。他的奉献精神是不朽的。他将永远活在我们心中，激励我们为建设有中国特色的马克思主义文艺理论大厦不断奋进。

## 10 月 1 日

本刊柏柳、姚振仁获国务院颁发的政府特殊津贴。

## 10 月 24 日

《文艺研究》邀请在京的部分中青年理论工作者座谈"后现代主义"文化。随后,《文艺研究》1993 年第 1 期以"拓展理论思维　促进理论繁荣"为总题发表相关笔谈文章,作者包括王一川、张颐武、王岳川、陈晓明、王宁、王德胜、陶东风。"编者按"云:"'后现代主义'是西方现代资本主义社会的一种文化现象,随着我国改革开放的不断深化与扩大,市场经济的迅速发展,这种文化现象在我国文艺领域也已相继产生,并有扩展之势。这种'后现代主义'文化在我国具有怎样的特点,对社会主义文艺会有怎样的影响,我们应采取怎样的文化策略? 就这些问题,本刊于 10 月 24 日邀请在京的部分中青年理论工作者进行座谈,并形成这组笔谈,现予发表,以期对推进文艺理论研究有所裨益。"

## 10 月 28 日

《文艺研究》成为中国期刊协会会员。

## 11 月 23 日

中国艺术研究院任命袁振保为《文艺研究》编辑部副主编(正处级)。

# 1993 年

**■ 4 月 11 日**

《中国文化报》报道《文艺研究》主办的"后现代主义"文化讨论会。

**■ 6 月 30 日**

本刊袁振保被评为编审，李香云被评为副编审。

**■ 10 月 28—31 日**

《文艺研究》和汕头大学中文系在北京香山联合召开"'93 当代审美文化研讨会"，30 余位专家、学者参加。李希凡到会讲话。会议就 20 世纪 70 年代末期开始的当代审美文化建设和发展中的重大理论问题进行深入研讨。本刊柏柳、袁振保、马肇元、李香云、廉静与会。随后，《文艺研究》1994 年第 1 期以"加强现状研究 深化理论思维"为总题发表部分会议论文与相关笔谈，作者包括李希凡、夏之放、阎国忠、童庆炳、蒋培坤、聂振斌、滕守尧、王一川、张法、王德胜、罗筠筠、蓝蔚（柏柳）。"编者按"云："随着改革开放和社会主义市场经济的深化与发展，对当代审美文化的现状及发展趋向，已愈来愈引起人们的关注，也受到学术界的重视。这不仅是社会主义精神文明建设面临的一个新的亟待认真对待的问题，而且也是建设有中国特色社会主义文艺理论的重大课题之一。为此，本刊同汕头大学中文系'当代审美文化研究'课题组于 1993 年 10 月 28 日至 31 日在京联合举办了''93 当代审美文化研讨会'。从事美学、文艺学研究的 30 余位专家学者出席了会议，就中国当代审美文化的现状和社会主义审美文化的理论建设问题进行了探讨。为了抛砖引玉，本期除发表部分研讨会论文外，还发表一组笔谈，以期集思广益，把中国当代审美文化的理论研究向前推进一步。"

**■ 11 月 10 日**

《光明日报》报道"'93 当代审美文化研讨会"。

# 1994 年

■ **1 月 21 日**

从本年第 1 期起，《文艺研究》刊价调至 4.90 元。

■ **4 月 7 日**

《文艺研究》制定编辑人员岗位责任制条例，中国艺术研究院要求全院编辑人员均参照执行。

■ **5 月 16 日**

中国艺术研究院任命孙雨为《文艺研究》办公室主任（正科级）。

■ **5 月 18 日**

《光明日报》发表《宗白华佚文〈美学〉首次发现并发表》，介绍《文艺研究》本年第 2 期发表的宗白华《美学》（遗著，林同华整理）。

■ **7 月 25 日**

中国共产党优秀党员、中国艺术研究院编审、原《文艺研究》编辑部副主任、中国作家协会会员、优秀编辑家、作家孙吴在北京病逝，享年 68 岁。《文艺研究》本年第 5 期发布消息。

## 本刊编辑部副主任、优秀编辑家、作家孙吴同志在京逝世

中国共产党优秀党员、中国艺术研究院编审、原《文艺研究》编辑部副主任，中国作家协会会员，优秀编辑家、作家孙吴同志，因患癌症，医治无效，不幸于 1994 年 7 月 25 日（星期一）下午 5 时 45 分在京逝世，终年 68 岁。

孙吴同志 1943 年肄业于辅仁大学，1947 年毕业于中国大学中文系。在大学生时期就追求进步，与同学合作创办文艺刊物《锤炼》《青光》（均为铅印 16 开本）。1949 年 8 月参加中国人民解放军后，历任文化宣传科长、报刊编辑、创作组长，长期从事文化宣传、文艺创作和编辑工作。1978 年冬转业到文化部中国艺术研究院参加创办大型文艺理论刊物《文艺研究》，历任编辑部副主任、编委，对办好《文艺研究》作出过较大贡献，1988 年 7 月离休后仍关心编辑部的工作。

孙吴同志在学生时代就经常发表散文、诗歌，抒发抗日报国之志，参加革命

后，一直坚持业余创作，发表报告文学、小说、诗歌、散文和杂文数百篇，百余万字，有些作品获得奖励，成果颇丰。

孙吴同志坚持党的基本路线，正确贯彻党的文艺方针政策，勤奋好学，积极进取，是位优秀的革命文艺工作者。他襟怀坦白，廉洁奉公，艰苦朴素，严于律己，宽厚待人，团结同志，顾全大局，受到同志们的尊敬与爱戴。孙吴同志的一生是为革命文艺事业奋斗不息的一生，为党的文艺事业作出了贡献。

## ■ 9 月

本刊马肇元被评为编审。

## ■ 10 月

本刊金宁自本月起，受聘北京大学社会学人类学研究所、北京电影学院出版社，主持纪录片拍摄，时间暂定两年，《文艺研究》对其按外派人员管理。

## ■ 11 月 18 日

文化部批复，同意成立《文艺研究》杂志社。人员编制与单位建制不变，办刊宗旨不变。经营范围为编辑、出版、发行《文艺研究》。

## ■ 12 月 15 日

国家新闻出版署批准成立《文艺研究》杂志社。

# 1995 年

### 1 月 21 日

从本年第 1 期起，《文艺研究》刊价调至 6.00 元。

### 4 月 20 日

《文艺研究》和本院音乐研究所联合召开"文化转型期的音乐雅俗关系"学术研讨会，会议围绕当下"雅""俗"的构成与文化内涵、文化转型期"雅""俗"关系的变异与转化、"雅""俗"关系对音乐文化发展的推进等问题展开讨论。冯光钰、郭乃安、王宁一、田青、梁茂春、薛艺兵、杨晓鲁、曾田力、李西安、乔建中、周青青及本刊柏柳、廉静等与会。随后，《文艺研究》本年第 6 期以"探索雅俗关系　繁荣音乐艺术"为总题发表部分参会论文与发言。"编者按"云："随着社会主义市场经济的发展，我国人民的文化生活有了新的发展与变化，其中音乐生活中的雅俗关系令人注目、关心。雅乐与俗乐相互对立又相互渗透，一个具有民族特点的雅俗共存的格局已在形成过程中。为了推进音乐艺术的健康发展与繁荣，本刊与本院音乐研究所于 5 月 8 日联合召开了'音乐雅俗关系'学术讨论会，在京的音乐界、理论界的专家、教授、学者 30 多人出席了会议，有的还应约提交了专题论文。现编发部分论文和与会者的发言，以飨读者。"

### 6 月 15 日

中国艺术研究院人事处批复同意《文艺研究》编辑部成立四个编辑室：第一编辑室（文艺学、美学、古代文论），主任杜寒风；第二编辑室（绘画、雕塑、建筑、摄影、书法艺术理论），主任马肇元；第三编辑室（音乐、舞蹈、戏剧、曲艺、电影、电视艺术理论），主任廉静；第四编辑室（中外文学史、文学理论、文学评论，兼及"研究之窗"栏目），主任方宁。

### 7 月 13 日

中国艺术研究院任命马肇元为《文艺研究》副主编（正处级）。

### 9 月 1 日

本刊廉静、方宁被评为副编审。

### 9 月 27 日

《文艺研究》党支部召开支部大会，同意孙雨同志加入中国共产党。

# 1996 年

■ **1 月 21 日**

从本年第 1 期起,《文艺研究》刊价调至 7.00 元。

■ **4 月 24 日**

北京市西城区工商局批准成立《文艺研究》杂志社。

■ **4 月 29 日**

《文艺研究》党支部被院党委评为 1995 年度先进党支部。

■ **4 月 30 日**

领到《文艺研究》杂志社营业执照。

■ **8 月 26 日**

《文艺研究》与清华大学《中国学术期刊（光盘版）》签约，从 1996 年第 5 期起正式入编。

## 本刊启事

一、本刊是学术性期刊，已自 1996 年第 5 期起正式入编《中国学术期刊（光盘版）》（有关简介见第 149 页），为便于检索，最大限度地发挥学术信息功能，根据入编要求，自 1997 年第 1 期起，凡投寄本刊编辑部的每篇论文均需提供 300 字左右的"内容提要"及"作者简介"，并希望提供"关键词"和"分类号"（有困难的，暂免）。文章投寄本刊即被认为作者认可这一要求，并同意该文在发表后输入光盘版。

《中国学术期刊（光盘版）》免收作者版面费，并可由光盘版编辑部免费为作者提供引文率统计数据（详见《文艺研究》1996 年第 5 期第 149 页）。

二、鉴于本刊人力和经济原因，来稿不退，请作者自留底稿，四个月内接不到录用通知，可自行处理，在此期限内请勿一稿两投。

三、本刊 1997 年度征订工作即将开始，敬请读者到附近邮局及时订阅。本刊国内邮发代号：2—25；国外代号：BM163。为了满足社会的需要，本刊新近成立的文艺研究杂志社设有读者服务部，现已开办邮购（邮费另加 10%）和零售业务，欢迎惠顾。联系地址：北京前海西街 17 号，邮编：100009；电话：（010）66182597。

（1996 年第 6 期）

## 8月

在筹建中国文学人类学研究会预备会议上，《文艺研究》约请部分学者就"文学人类学在中国的发展及现状与问题"进行讨论。随后，《文艺研究》1997 年第 1 期以"探讨文学人类学　拓展研究新领域"为总题发表一组笔谈文章，作者包括傅道彬、叶舒宪、徐新建、刘毓庆、彭兆荣、萧兵。"编者按"云："1996 年 8 月，在参加筹建中国文学人类学研究会的预备会议上，《文艺研究》编辑部约请部分学者，就'文学人类学在中国的发展及现状与问题'进行了初步讨论。本期发表的这组笔谈，正是对上述议题的继续和延伸。在中国，'文学人类学'作为一种学科命名，虽然是近些年的事，但作为一种研究方法，却有着近百年的历史，并构成了'文学人类学'研究不可忽视的传统。这组笔谈，从学科与方法、田野作业与文本研究、民歌的'本文'与经典、朴学与人类学、人类学的学科边界、人类学与诗学融合等角度，进行了富有建设性的对话和思考。"

# 1997 年

## ■ 3 月

中国艺术研究院院长办公会议决定，《文艺研究》与文化艺术出版社脱钩，从本年第 3 期开始由《文艺研究》杂志社独立出版发行，办刊经费由院财政定额补贴，独立核算，自负盈亏。

### 文艺研究杂志社启事

根据上级决定，《文艺研究》自 1997 年第 3 期起已改由"文艺研究杂志社"自行出版。原发行渠道不变。国内总发行：北京市报刊发行局，读者可通过各地邮局订阅，邮发代号：2—25；国外读者可通过中国国际图书贸易总公司、中国国际书店订阅，国外代号：BM163。订阅有困难或漏订者亦可径向文艺研究杂志社邮购（另加挂号费 20%）。竭诚欢迎读者订阅。

（1997 年第 4 期）

## ■ 4 月 15 日

中国社会科学院少数民族文学研究所和文学研究所民间文学研究室在北京召开以"民族民俗文化与当代生活"为题的学术讨论会，来自北京师范大学、中央民族大学的 20 多位学者及本刊同仁与会。随后，《文艺研究》本年第 4 期发表会议综述。

### "民族民俗文化与当代生活"学术讨论会述评

一 苇

4 月 15 日，中国社会科学院少数民族文学研究所和文学研究所民间文学研究室在北京召开了以"民族民俗文化与当代生活"为题的学术讨论会，中国社会科学院、北京师范大学、中央民族大学，以及中国社会科学出版社、《文艺研究》和《民间文学论坛》杂志等民族、民间文学和民俗学界的二十多位专家、学者与会。

学者们就民族、民间文学和民俗文化研究中的一些基本概念，就民俗学当前正在发生的现代转型等一系列重大问题展开了热烈的讨论。

一

中国民俗学是五四新文化运动的产儿，是与 20 世纪同龄的学术门类。与当前其他学科的"世纪之交的回顾"一样，中国民俗学也在深刻地反思自己所走过的百年之路。反思在世纪之交，不仅是年代上的巧合，更重要的是：中国民俗学正在告别自己的古典时代而完成其向现代学术的转变。在这一转变过程中，民俗文化与民俗生活的研究者们发现：以往所惯常使用的一些仿佛是自明的民俗学基本概念（内涵及外延），今天的学者在使用时正在发生愈来愈多的分歧。如：什么是民俗？民俗之"民"是否即是下层（过去所说的"民间"）之"民"？民俗之"俗"是否只是传统风俗？概念上的辨析当然不是文字上的游戏，而是因为民俗学的研究对象本身发生了变化，因此在沿用经典民俗学的概念体系把握变化了的研究对象（社会现实）的时候，就需要对经典概念本身重新加以解释和界定。一方面，学者们希望民俗学理论上的抽象达到更准确、更明晰的程度；另一方面，学者们也试图通过使用与民间、日常性、生活化等相对应的概念如官方、专业性、理念化等从反方向把握民俗学的研究对象，以期为民俗学者划定一个相对宽泛的研究范围。但有些学者也主张，暂时悬置概念上的讨论，把主要力量放在对具体民俗事象的研究实践上，以达到学者之间的存异求同。

经典文化人类学、民族学和民俗学都以无文字社会为研究对象，但它们之间有习惯沿袭的分工默契：人类学和民族学研究当代的原始民族、原始社会的文化；而民俗学则研究文明民族、文明社会中的下层——民间文化，主要是农村、农民的文化。由于文明社会的民间文化（民俗）曾经被认为是原始文化的现代残存——遗留物，因此民俗学与人类学、民族学在研究方法上有近似之处；又由于人类学、民族学与民俗学的研究对象都是仅存在于人们的语言和行为中的无文字文本，因此都重视田野调查——作业（当然它们之间在研究对象和研究方法上的区别也是明显的）。但是随着世界范围内的现代化、城市化，无文字社会（包括农民社会）的生存空间愈来愈小，因此人类学、民族学、民俗学正在日益失去其传统的研究对象。

人类学、民族学与民俗学的学科危机几乎是同时发生的，与此同时，这些学科也都开始了它们的现代转换。如今人类学、民族学和民俗学都已将其视野扩大到现代民族和现代社会，这就使得这些学科逐渐发展成为一门当代学问。如果说在完成学科现代转换以前的民俗学只是这门学科的前史，那么在完成了其现代转换之后，民俗学才能说自己是一门真正意义上的社会科学学科。在中国民俗学的现代转换方面，"中国现代民间文学之父"钟敬文及其学生取得了引人瞩目的成果。钟敬文先生以九十岁高龄站在学科发展的最前沿，思考民俗学的现代转换，作出了较之早年参与创建中国民俗学更为重要的贡献。由于理论上的最新进展，当代中国的民俗学者们已经可以断然地指出：民俗学所说的"民"是生活于一个文化共同体中的全体居民；而"俗"已经是"全民"的所有模式化行为方式（参见高丙中的博士论文《民俗文化与民俗生活》）。对民俗的这种现代理解使中国理论民俗学在世界民俗学界处于领先的地位。

## 二

理论民俗学方面的新进展是引人注目的，当然也不否认这一进展也还刚刚开始。中国理论民俗学在概念的准确性、明晰性以及概念之间相互支持的程度（体系化）方面也都还有进一步提高的必要。但目前民俗研究中的一个最为重要，同时也是最为有趣的现象则是：一方面在理论上初步完成了学科的现代转换；而另一方面则是在个案研究中仍然贯彻传统的学术思想，即仍然把传统的民俗作为自己最主要的研究对象，而很少涉及那些现代民俗。这说明中国民俗学关注现代生活的理念还仅仅停留在理论层面，而没有进入到个案研究的实践层面。而民俗学的个案研究作为民俗学的研究主体，与理论研究携手构成了民俗学奋起的双翼。但是，如果中国民俗学迟迟不能对当代民俗文化与民俗生活有所回应，始终沉溺于传统民俗之中，中国民俗学就不能说最终完成了其现代转换。

与人类学、民族学的起源与殖民主义有不解之缘类似，民俗学的起源与民族主义、民主主义亦有不解之缘，即在起源上与某种特定的人文思潮相关联。这就是说，特定的人文关怀是这些学科缘起的酵素。如所周知，德国格林兄弟对民间童话的搜集、整理是企图从中发现德意志的民族精神，民族主义于是成为德国民俗学的起源背景。而中国"五四"时期的北京大学歌谣研究会则是企图从传统的民间歌谣中发现千百年来被儒家正统文化所压制的民主精神。德国和中国民俗学兴起的背景尽管有民族主义和民主主义的不同，但二者在学术思想上的浪漫主义精神则是息息相通的。浪漫主义的人文思潮将价值追求的取向定位于无文字社会的原始——民间文化，企图通过民俗文化重建其价值理想，这正是具有浪漫思想的民俗学者总是钟情于传统民俗的终极原因。浪漫主义是民俗学胎生的原始情结，浪漫主义曾经催生过民俗学；但是民俗学欲进一步长成现代学科，浪漫主义已经成为其成长道路上的羁绊。

自从胡塞尔提出现象学的还原，在哲学中掀起现象学革命之后，我们已经了然："回到事实本身"是对现代科学最起码的学术要求。社会学者可以兼为人文学者，这种双重身份是许多现代学者的理想职业——人格结构，但同时他们也意识到，必须注意区别学术研究中的科学态度和社会生活中的人文态度（价值关怀）。学者在学术研究中应采取一种价值中立的立场，尽可能地"悬置"主观的人文倾向，社会科学包括民俗学方能登堂入室，进入现代科学的殿堂。特别是在我们这个有着"文以载道"的上千年大传统和数十年小传统的社会，民俗学者走出浪漫主义情结有着更为切近的现实意义，在研究对象和研究方法两方面直接关系着民俗学的学科生命。目前仍然有许多学者以浪漫主义的态度和方法从事民俗研究，这是他们难以超越早年民俗学大师们的学理根源。

自从顾颉刚、闻一多以来，中国民俗学已经建立了自己的学术传统，这一学术传统是以不同学术流派的组合构成的。但无论哪一流派的学术大师，都在研究过程中尽可能地悬置主观的人文倾向，这是中国民俗学从一开始就具有的朦胧的现代意识，从而成为中国民俗学在其早年就达到或接近世界水平的基本保证，即使如顾颉刚抱有强烈的企图用民间文化救世的热情，他也清醒地知道，学术的功用正在于其"无用之大用"。从"五四"歌谣运动至今，中国的民俗学在经历了她的第一个百年华诞之际，正在迎来她的真正的"学术自觉"和"学术自为"，这无疑是中国民俗学的节日。

## ■ 4 月 28 日

文化部办公厅同意《文艺研究》杂志社刊登广告，要求按国家有关规定经营国内广告业务。

## ■ 5 月 21 日

《文艺研究》本年第 3 期发表一组关于"古代文学研究方法论"的笔谈文章，作者包括詹福瑞、王小盾、傅刚、周月亮、杨乃乔。"内容提要"云："中国古代文学的文化研究，不仅是研究方法的革新问题，而且是寻找切近中国古代文学性质的最佳研究思维问题，应该把中国古代文学置于中国古代文化的宏阔背景中加以考察；文学研究的方法问题在实践层面上，也可以归结为'技术'问题，文学研究越是深入，对'技术'的要求也就越趋强化，王国维所表现的，实际上也是重视'技术'的倾向；学术研究只能稳固地发展，而没有政治学意义上的革命，学术研究也并不总是在'首创'，其界定必须严格，利用不同视角所得到的新认识，并不就是'首创'；文学研究的要义在于养育人性，作为审美与意义的研究，应该从经学、史学的范式中独立出来；古代文学研究方法应该多元共生，传统方法与新方法应该整合起来，王国维的精彩就在于他不仅接受了东方，也接受了西方，既是学者，也是作为思想家的思者。"

## ◾ 5 月

《文艺研究》与八一电影制片厂联合召开电影《大转折》创作研讨会，对如何拍摄有中国特色的历史战争片以及电影叙事方式、视觉表现手段、史诗性与文献性等问题进行研讨。本刊柏柳、廉静、金宁出席。随后，《文艺研究》本年第 4 期以"拍《大转折》评《大转折》"为总题发表一组笔谈文章，作者包括韦廉、王宁、周政保、胡克、边国立、尹鸿、朱向前、张东、贾磊磊。"编者按"云："《大转折》是八一电影制片厂继《大决战》之后拍摄的又一部战争巨片，影片工笔画人物，泼墨写战争，具有雄浑悲怆的美学品格，在创作上有新突破。为研究重大历史战争题材影片的艺术规律，繁荣和发展电影创作，近日本刊与总政文化部影视局在八一电影制片厂联合召开了《大转折》创作研讨会，对如何拍摄中国特色的历史战争片，就电影叙事方式、视觉表现手段、史诗性与文献性诸问题进行了研讨。本期刊发这组笔谈，以期对电影创作弘扬主旋律，多出精品，有所启发。"

## ◾ 8 月 21 日

北京市工商行政管理局给《文艺研究》颁发广告经营许可证（京西工商广字第 0382 号）。

### 本刊启事

一、经文化部、北京市工商部局批准，本刊于 1998 年开办广告业务。广告经营许可证：京西工商广字第 0382 号。现诚征广告合作者，并欢迎社会各界前来商洽广告刊布事宜。联系地址：北京前海西街 17 号文艺研究杂志社广告经营部　邮编：100009　电话：（010）66182597、66183918　联系人：韦平

二、本刊 1998 年度征订即将开始，敬请读者到附近邮局及时订阅。

（1997 年第 6 期）

## ◾ 9 月

本刊宋林静被评为会计师。

## ◾ 10 月 6 日

《文艺研究》与中国青年艺术剧院召开"TSOU·伊底帕斯"学术座谈会。本刊马肇元、廉静出席。

# 1998 年

## ■ 1月21日

从本年第1期起，《文艺研究》刊价调至9.00元。新开辟"艺术广角"栏目，恢复彩色图版（四封与插页），经费自筹。

### 欢迎订阅一九九九年《文艺研究》
### 全国百种重点社科期刊　　全国中文社科核心期刊

《文艺研究》为中华人民共和国文化部主管、中国艺术研究院主办的大型综合性文艺理论研究刊物。

《文艺研究》创刊20年来，始终坚持贯彻"双百"方针，奉行"五湖四海"学术平等的原则，在对文学艺术各门类（文学、戏剧、音乐舞蹈、曲艺、电影电视、绘画、雕塑、书法、建筑、摄影、杂技等）的现状与历史的研究中，注重研究与解决我国文艺发展中出现的新情况新问题，是我国高品位的学术期刊，也是展示我国文艺研究新成果的一个窗口，在学术界享有盛誉。

《文艺研究》在发表学术研究论文的同时，配发美术作品和文艺漫画，文图并茂；并辟有"研究之窗"专栏，及时编发沟通国内外文艺研究领域的信息，是一本独具风格的学术刊物。

《文艺研究》双月刊，16开本，160页，单月21日出版，国内外公开发行。国内统一刊号：CN11—1672/J，国际标准刊号：ISSN0257—5876。每期定价11.00元，全年订费66.00元。全国各地邮局均可订阅，也可向本刊直接订阅。国内邮发代号：2—25，国外代号：BM163。本刊地址：北京前海西街17号，邮政编码：100009。

《文艺研究》面向现代化、面向世界、面向未来。欢迎订阅《文艺研究》。

（1998年第5期）

本期以"探讨文学规律　促进学术繁荣"为总题，发表宋剑华、杨春时、龙泉明、杨义、陈剑晖等的一组笔谈文章。"编者按"云:"对于 20 世纪中国文学'现代性'的质疑,引起了学界的反响。从本期刊发的这组笔谈中,可以看到不同观点的辩驳、商榷与讨论。针对宋剑华、杨春时先生提出以'近代性'命名'五四'以来的中国文学的意见,龙泉明、杨义、陈剑晖等学者或从'现代性'历史文化内涵的辨析、或对'五四'新文学的'现代性'特征的分析以及'现代性'作为发展中的理论思维的阐述,表达了不同的看法。本刊认为,在学术研究的范围内进行的这种质疑与辩驳,对于正确认识和把握文学发展的历史与未来,对于拓展研究视野,促进学术进步,繁荣文艺创作,都具有启迪的意义。"

### ■ 1 月 23 日

《文艺研究》入选国家新闻出版署评定的第一届"全国百种重点社科期刊"。《文艺研究》本年第 2 期发布消息。

## 鼓励鞭策　团结进取
#### ——本刊荣列全国15种学术理论类重点期刊榜

〔本刊讯〕1998 年新春佳节前夕,由中华人民共和国新闻出版署举办的全国百种重点社科期刊的入选评定工作,历时一年,业已完成,102 种期刊榜上有名。此次评选工作,得到各省、自治区、直辖市新闻出版局和中央有关单位响应和支持。全国有社科类期刊 3824 种,共收到推荐期刊 209 种,经多次讨论并由中共中央宣传部批准,确定 102 种期刊入选。其中学术理论类 15 种,名单如下:

《求是》(中共中央)、《党的文献》(中央文献研究室)、《党建研究》(中央组织部)、《中国社会科学》(中国社会科学院)、《经济研究》(中国社科院经济所)、《考古》(中国社科院考古所)、《文艺研究》(文化部中国艺术研究院)、《理论前沿》(中共中央党校)、《中国党政干部论坛》(中共中央党校)、《北京大学学报》(社科版)(北京大学)、《中国人民大学学报》(中国人民大学)、《学习与探索》(黑龙江省社会科学院)、《文史哲》(山东大学)、《敦煌研究》(甘肃敦煌研究院)、《西藏研究》(汉文)(西藏社会科学院)

本刊荣列全国百种重点社科期刊榜,是对我们的鼓励与鞭策,是本刊同仁团结进取的动力。

《文艺研究》编辑部

1998 年 1 月 23 日

### ■ 2 月 23 日

《文艺研究》党支部召开支部大会，同意方宁同志加入中国共产党。

### ■ 3 月 19 日

中国艺术研究院就《文艺研究》办刊经费问题作出决定：自 1998 年 1 月 1 日起，对《文艺研究》办刊经费实行定额补贴，数额为每年 16 万元，由院财务处统一拨付，不足部分自筹。

### ■ 4 月 7—8 日

"中国文化艺术发展战略学术研讨会"在京召开。此次会议由中国艺术研究院主办，《文艺研究》编辑部、中国人民大学"中国文化发展报告"课题组承办。张岱年、张庚、何祚麻、李学勤、曲润海、童庆炳、钱中文、陈来、金元浦、廖奔等 80 余位专家、学者参加会议。本刊柏柳、马肇元、李香云、廉静、方宁、杜寒风、陈剑澜、金宁、韦平与会。随后，《文艺研究》本年第 4 期以"探讨文化发展战略拓展理论研究思维"为总题，发表部分与会学者的发言和论文。"编者按"云："为了贯彻落实十五大精神，拓展文艺理论研究的新境界，促进社会主义文化艺术繁荣发展，中国艺术研究院主持召开的'中国文化艺术发展战略学术研讨会'于 1998 年 4 月 7 日至 8 日在北京举行，从事哲学、历史、文艺、政治、经济、教育、新闻出版、信息产业、科技和文化管理等方面研究工作的 80 余位专家学者出席了研讨会。与会者对会议议题兴致勃然，畅所欲言，各抒己见，学术气氛热烈。为了推进学术繁荣，本刊特将部分发言和论文予以发表，以飨读者。这次研讨会是由《文艺研究》编辑部和中国人民大学'中国文化发展报告'课题组承办的。"

### ■ 4 月 8—14 日

《光明日报》《北京日报》《中国艺术报》《中国文化报》《北京青年报》《文艺报》等报道，"中国文化艺术发展战略学术研讨会"在京召开。

### ■ 5 月 19 日

中国艺术研究院任命柏柳为《文艺研究》杂志社社长（兼）、法人代表；马肇元任副社长（兼）；廉静任副主编（正处级）；方宁任副主编（正处级）；李香云任副社长兼编辑部主任（正处级）。

### ■ 5 月 20 日

《中华读书报》载文介绍《文艺研究》本年第 2 期发表的康保成《中国戏神初考》。

### ■ 6 月

《文艺研究》与深圳点通数据有限公司签订合作出版《文艺研究》（1979 年 1

月—1999 年 2 月）光盘版协议。

### ■ 7 月 2 日

《中国文化报》载文，详细报道"文化艺术发展战略学术研讨会"，题为"跨世纪的课题：当代文化发展战略的思考"。

### ■ 7 月 24 日

国家新闻出版署音像管理司批复，同意《文艺研究》杂志社出版《文艺研究》（1979 年 1 月—1999 年 2 月）只读光盘。

### ■ 9 月 19 日

《文艺报》报道，《文艺研究》全文光盘版即将出版发行。《文艺研究》本年第 5 期亦就此发布启事。

## 《文艺研究》（1979.1—1999.2）光盘即将面世

由文艺研究杂志社与深圳市点通数据有限公司合作出版的《文艺研究》（1979.1—1999.2）光盘（全套一张）将于 1999 年 5 月出版。

此套光盘收入了《文艺研究》创刊 20 年 120 期的全部内容共 3000 余万字、6000 余幅图，集中反映了 20 余年来，我国文艺理论研究的基本状况，汇集了大量知名学者的研究成果。该光盘采用点通数据有限公司专门设计的软件，完好地保持了杂志原貌及图片的色彩，可全文检索。光盘每套定价 280 元。

订购地址：（略）

咨询电话：（略）

E-mail：（略）

### ■ 9 月 25 日

《文汇报》载文，详细报道"文化艺术发展战略学术研讨会"，题为"拓展文化研究的思维空间"。

### ■ 10 月 10 日

《人民日报》报道，《文艺研究》光盘即将出版发行。

### ■ 10 月 15 日

《光明日报》载文，详细报道"文化艺术发展战略学术研讨会"，题为"'全球化'与'中心论'不是文化发展的未来路标"。

## 10 月 24 日

《文艺研究》与首都师范大学中文系、首都师范大学美学研究所在京联合召开"百年中国美学反思"研讨会，来自全国高校、科研单位的美学及文艺理论工作者 40 余人出席。本刊柏柳、廉静、杜寒风、陈剑澜与会。随后，《文艺研究》1999 年第 1 期以"中国美学百年反思"为总题，发表周来祥、陆贵山、童庆炳、王德胜、傅谨等部分与会者的发言。"编者按"云："20 世纪是中国学术发展的重要历史时期。20 世纪的中国美学在努力建构美学的现代学科形态过程中，也逐步形成现代中国人文学术史上的一个重要理论景观。当我们站在新世纪中国学术文化建构的起点来反思美学的这段百年之旅，我们将不仅可能产生对于现代中国美学发展的清醒认识，而且也将获得有益于未来的重要思想资源。为此，由本刊与首都师范大学中文系、首都师范大学美学研究所联合召开的'百年中国美学反思'研讨会于 1998 年 10 月 24 日在京举行。从事美学及文艺理论研究工作的 40 余位专家学者出席了研讨会。本刊特将这次研讨会部分学者的发言作为专家笔谈予以发表，以飨读者。"

## 11 月 6 日

《文汇报》转载《文艺研究》本年第 4 期发表的廖奔《文化：社会发展的深层控力》。

## 年末

本刊编辑参加北京师范大学"中国影视美学研究"课题组举办的"中国影视美学与传统文化"学术研讨会。随后，《文艺研究》1999 年第 2 期发表会议综述。

### "中国影视美学与传统文化"学术研讨会综述
周 粟

21 世纪即将到来，中国影视同时面临巨大的挑战和新的机遇，如何发展中国影视事业，总结民族化的影视艺术发展规律与经验，是理论界必须面对的重要课题。相对于创作，中国电影电视艺术理论的研究还相当欠缺，实践先行、理论滞后的现象成为不容忽视的问题，理论始终未能成为实践的良好先导。特别就现有理论来看，绝大多数是西方影视理论的翻译和介绍，本土化的影视理论研究比较缺乏，尚未见到"中国影视美学研究"这一系统论题的正式提出。尽管影视艺术是属于国际的，影视理论中的本体论部分也有着通行的认知意义，但影视理论中的功能论部分却有着鲜明的民族色彩，因为影视艺术每一种功能的发生都离不开民族文化的土壤。一般而论，影视的语言是国际的，影视的语法却是民族的。中华民族在几千年的文明历史中，不断融会、改造外来的宗教和艺术形式，逐渐确立了自己独有的审美方式，这一美学传统已经深刻地体现在影视创作和观众评价中，亟待梳理成型，并进行专门学科建设。因此，北京师范大学建立了"中国影视美学研究"课题组，从中国文化的基本精神出发，对传统美学进行深入的分析考察，从中国美学的特殊角度观照中国影视乃至世界影视，总结建立中国本土的影视美学理论。1998 年末，课题组约请《中国社会科学》《文艺研究》《电影艺术》《中国电视》《新华文摘》等刊物的有关专家连续召开座谈会，围绕"中国影视美学与传统文化"命题进行深入探讨，取得了一些共识。

中国影视美学研究什么？这是首先探讨的热点。黄会林教授主持这一方面的包括国家、教育部、北京市立项的九五规划三项相关课题，她认为：本课题研究将把建立民族化的影视美学体系作为目标。研究重点放在中国传统文化心理与影视艺术形式的对接上，从中探讨民族审美心态，辨别传统文化在现代条件下的创造性转化及美学传承；结合近百年来的中国电影创作，对传统审美心态在影视叙事特点、叙事母题、大众传媒时代的电影流向等方面的表现特征进行梳理和总结；本着拓展影视表现形式的眼光，进一步开掘传统美学厚积深藏的巨大潜能。这项研究力图在发掘中国影视作品中的传统文化精神、以民族审美角度观照世界电影、引导 21 世纪更加自觉的影视创作等方面有所突破。

周星教授认为，中国影视美学的研究重点之一是，要观照中国传统文化的影响，民族文化心理的构成，及其与影视艺术形式的对接。因为从中国电影产生之始，民族文化的背景就渗透在银幕上，无论是《定军山》的戏剧内容还是观众的接受习惯，以及茶楼戏场的观赏方式，都是这块土地上黄皮肤子民特定的，从中探讨一以贯之的民族审美心态是自然的。我们在比较展开的电影创作期如 20 年代、30 年代的银幕上，更为鲜明地看到民族电影的表述方式，如《孤儿救祖记》《弃妇》《儿孙福》《神女》《都会的早晨》《姊妹花》《天伦》等。而 40 年代的《一江春水向东流》《小城之春》等则把中国电影的民族审美特点发展到比较成熟的程度。

王人殷编审认为，中国影视美学的研究有一定开拓意义，在学术环境不免浮躁的背景下进行冷静的大课题攻关，对于中国影视理论建设具有积极意义。她回顾了80 年代中期较大规模的电影"民族化"研究，强调必须把中国影视发展的大背景纳入视野，注意东西方文化整合中中国影视的民族美学特点。王宜文（博士生、讲师）对开阔视野观照中国影视美学研究也提出了相近的看法。

张同道副教授则从 20 世纪中国美学的三个系统迁移入手分析，提出 20 世纪中国美学的价值体系由内圣外王、天人合一转向参与社会改造自然的人生态度、社会态度，最高审美理想也由和谐转向崇高，矛盾成为现代美学的核心法则；思维体系由形象思维转向逻辑思维；美学理论的建立过程正是西方美学理论的移植过程，中国古典美学则在沉重挤压与围困中以融入的方式改造西方美学，形成一种奇特的含混组合，即中国现代美学以西方美学理论架构为主体，却又含纳中国古典美学理论。然而，中国古典美学并没有消亡，有些古典理论经过擦拭之后重新焕发活力，进入现代美学理论体系。因此，中国影视美学的发展历程也是 20 世纪中国美学的演进历程，可以从三个层面认识其特征：一、在作品的人文精神上突出对现实的介入意识，刻意表现矛盾，自觉承担参与社会、改造自然的责任。二、形态上呈现丰富多彩局面，随社会美学思潮变化而变化。三、在艺术方法上对中国古典艺术的借鉴与发扬。

于丹副教授认为，探讨中国影视美学与传统文化的关系可以成为研究的一个切入角度。她从民族生命哲学与中国影视母题选择的内在关联上作了分析。其一，强调天地自然与人类精神的共融共通是中国生命哲学的特征，因此，天地自然之于人永远是一个宽敞的胸怀和托身之地，影响到作为审美主体的中国人在电影母题选择方面的主观色彩。其二，重视生生不息的往复循环，一切如新。在文学和电影母题中鲜见悲怆淋漓的惨烈终结，反而总是以睿智化解了冲突，使结局呈现为段落式的消歇和新一轮再生的起点。以致影响到形式层面的表现，如《城南旧事》等的散文式电影结构，过程和细节得到充分的玩味与展示。其三，关注道德色彩和伦理评价也是特征之一。她认为从母题角度对中国影视美学的考察会有积极意义。

黄会林教授指出，中国的文化传统与影视艺术有着天然的联系。中国古代就有灯影、皮影、木偶戏等艺术样式，反映了人们对活动影像的追求愿望。中国古典戏剧、诗词、绘画等艺术作品，在处理时间和空间的技巧上，常常与蒙太奇镜头语言处理画面的方法神似；细加分析也常有运用特写、远景、中景等画面和画面组接的技巧，这为我们影视艺术创作和发展，提供了美学的启示。当然，在影视这一最现代化的艺术样式中，如何运用中国传统艺术的手法，还有待于深入探讨与试验。我们可以在影视创作中发现中国传统美学的许多命题和范畴的对应点，通过对影视作品的考察给以现代诠释。比如"情""理"这对范畴，如果我们从某一个角度对"情理论"的发展脉络进行梳理，便不难发现"情"与"理"的二元对立、力量消长，其实是发生在一个巨大的抒情文学传统之内。相比于拥有强大的叙事文学传统的西方文化，这一抒情传统实际上造就了"主情"的民族文化精神。从《诗经》和《楚辞》中埋设的最早的情感模式，经由魏晋六朝的率意创造，以及无数唐诗、宋词的斟酌推敲，中国审美意识中对"情"的把握，达到了极其细致精妙、极其复杂成熟的程度。及至元、明戏曲文学兴起，以汤显祖的"因情生梦，因梦成戏""事总为情，情生诗歌"的美学思想为代表，中国的叙事文学也显示出强大的抒情倾向。任凭世纪风云变幻，不足以动摇千年民族所形成的审美意识与情感方式，它们并将在今后继续有效地发挥作用。"中国影视与中国文化传统"命题，有着巨大的潜力；这一潜力的开掘，将对我们民族影视文化的健康发展具有重要的意义。

周星教授提出，研究的视野一定要扩大。影视从某种角度看是相当"现代"的，它们被称为"第七艺术"和"第八艺术"，和此前早已产生的其他艺术相比，是完全建立在现代生活和技术手段的基础上的，因此现代和外来的美学传统绝对影响甚至改变着一般传统的价值构成，辨别传统文化在现代条件下的创造性转化及美学传承；结合近百年以来的中国电影创作和几十年的电视创作，梳理传统审美心态在影视叙事特点、叙事母题、大众传媒时代的电影流向、电视的现代传播方式对观赏艺术的改变等方面都有深入研究的必要。中国影视美学决不仅仅是传统文化的影视化，而应当包括现代内涵表现在内的中国影视现实的审美化概括研究。简言之，中国影视美学是现实化的，而非保守、排外的。我们当然要本着拓展影视表现形式的眼光，进一步开掘传统美学厚积深藏的巨大潜能，但决不是画地为牢只重传统。另外，中国影视美学研究必不可少的内容是关注时代变迁对审美的阶段性影响。美学趣味和美感表现是民族在长期生存境地中形成和承传的，由于近代社会的剧烈变动，也由于影视是特别接近现实社会思潮的艺术，比起过去的古老艺术来，影视审美的重要转化是相当明显的。

一些课题研究者还对具体研究阐述了各自观点。董新宇（博士生）提出，对无声电影应采用"社会电影史"的研究思路，以区别于传统的"杰作论"和"作者论"，因为把电影看作民族文化的记录，可以更为深入地切入对中国电影和中国文化传统的认识。路春艳（硕士）在对中国和美国无声电影的比较研究中探讨了相关的美学问题。田卉群（硕士）从80—90年代中国大陆、港台电影的比较研究中，考察了导演们对中国文化美学传统的继承性问题，对类型和视听语言等方面的创作实例作出自己的分析，认为电影中纯正的中国文化面貌值得深入研究。

对中国电视的美学思考这一敏感问题，阎玉清（博士生）将其比喻为，这是中国美学的一次"上街"行动，并对此进行了富有新意的阐释。因为电视美学的建立将使千年中国美学走出象牙塔，它既具有极大的应用性和现实品格，同时也具有激活传统美学的意义。中国电视的进一步发展不仅要迎接高科技的挑战，而且要朝着增加艺术性的方向趋近，所以，从审美意义上指出电视必具的原则和电视所创造的人类社会新价值以及它所开掘的人的丰富性就成为电视美学的主题。张德祥副研究员则对在电视美学中发展文化批评，提出了中肯的意见。

# 1999 年

■ **1月21日**

从本年第1期起，《文艺研究》刊价调至11.00元。

■ **2月16日**

国家新闻出版署批复，同意《文艺研究》在本年第二季度出版一期增刊。

■ **2月23日**

《文艺研究》与北京大学艺术系、日本东京共立女子大学联合举办的"中日戏剧比较研讨会"在北京大学召开，来自北京师范大学、中央戏剧学院、中国戏剧家协会、《文艺报》等单位的专家、记者，与来自日本的戏剧专家进行研讨。本刊廉静、金宁与会。随后，《文艺研究》本年第5期发表会议综述。

## "中日戏剧比较研讨会"综述

纪　石

由北京大学艺术学系、日本东京共立女子大学、《文艺研究》编辑部联合举办的"中日戏剧比较研讨会"于1999年2月23日在北京大学召开。来自北京大学、北京师范大学、中央戏剧学院、中国艺术研究院、中国戏剧家协会的学者，以及《文艺研究》《中国文化报》《中国艺术报》《文艺报》等报刊的编辑记者，与来自日本的戏剧专家进行了研讨。

北京大学艺术学系彭吉象教授，在会上就中国戏曲与日本能乐美学特征之比较做了重点发言，从"表现性""综合性""程式性""虚拟性"等四个方面，分析了中国戏曲与日本能乐在美学特征上的惊人相似和深刻差异。他认为，同西方戏剧相比较，作为东方传统戏剧典型代表的中国戏曲与日本能乐，都十分重视和强调抒情性、写意性和表现性，都是"歌""舞""诗""剧"高度综合的艺术形式；而且在戏剧结构、演员表演、舞台音乐，乃至戏曲脸谱和能乐面具等诸多方面，都同样具有鲜明的"程式性"；与此同时，中国戏曲与日本能乐在舞台时空、舞台美术，以及表演手法等方面，也都同样具有"虚拟性"的特征。但是，中国戏曲与日本能乐由于民族文化与历史传统的不同，这两种不同的艺术形式在美学特征上也存在着深刻的差异。例如在"表现性"方面，中国戏曲更加关注此岸、现世，着重表现人世间的悲欢离合；而日本能乐特别是"梦幻能"，则更加关注彼岸、阴间，着重表现亡灵与人的对话，抒发对于生死之间与人生无常的感叹。其次，中国戏曲如果说是"以动求静"，主要是在情节事件组织而成的点线串珠式结构中，精心安排一些抒发人物内心的相对来说"静"的场面；日本能乐则是"以静求静"，几乎完全没有故事情节，观众必须用"心"去体味。当然，两者最根本的区别还在于两国文化传统与美学传统的区别。中国戏曲受儒家影响，追求"乐而不淫，哀而不伤"，节制有度的艺术表现；而能乐泰斗世阿弥提倡的"幽玄"美，使能乐更加具有"物哀""空寂"和"闲寂"等日本传统美学的特色。

日本东京共立女子大学文艺学部教授近藤瑞男，对中日两国戏剧中色彩的不同象征意义进行了比较，尤其是对于红色和黑色在日本能乐、歌舞伎中的象征含义进行了阐述。他说，红色在歌舞伎中往往成为激情的象征，具有特定的含义。而如果歌舞伎中，母亲这一角色身着红色服装，则往往表明这是一出悲剧。黑色在歌舞伎中更具有三层含义，它可以表示黑暗；也可以表示丑恶，如歌舞伎中的恶少往往身着黑色服装；黑色还可以表示"不存在"，例如歌舞伎中常有身着黑色服装的剧务，上台为演员整理服装或头发，观众应当对他们"视而不见"，因为他们的黑色服装已具有表示"不存在"的象征意义，具有"无"的境界。

北京师范大学中文系张哲俊博士探讨了能乐与中国古代戏曲之间的渊源关系，他认为能乐与宋元杂剧之间存在一定程度的影响关系。他从三个方面来论述，一是从能乐与宋元杂剧的产生时间来看，与宋杂剧相隔三百余年，因而日本能乐完全有接受影响的可能性；二是中国的僧人和日本的僧人都有观剧诗留传下来，因而虽然能乐可能没有与宋元杂剧直接接触，但是通过佛教产生了一定程度的影响关系，因为日本能乐与佛教具有极为密切的联系；三是日本能乐为假面剧，伴奏乐器为笛和鼓，而宋元杂剧中都有使用假面具的现象，元杂剧的主奏乐器也是笛和鼓。由此看来，能乐与宋元杂剧之间应当存在一定程度的影响关系。

中国艺术研究院孙崇涛研究员认为，中国戏曲与日本能乐作为东方戏剧，确实存在着许多共同之处或相似之处，如综合性、程式化、虚拟性，等等。但是，东方戏剧与西方戏剧的本质区别，更在于东方戏剧（包括戏曲与能乐）的灵魂是表演，而西方戏剧更重视文学剧本，因此，西方戏剧可以直接反映生活，而东方戏剧则需要经过角色行当来表现，间接地反映生活，这也是中国戏曲与日本能乐、歌舞伎具有多种角色行当的理由，非常值得我们认真加以研究，这也是中国观众对非常熟悉的戏曲剧目和日本观众对十分熟悉的能乐、歌舞伎剧目百看不厌的原因。中国艺术研究院苏国荣研究员则认为，中日两国传统文化相互交流、相互影响，其中有许多相似之处，例如两国传统文化都十分重视人与自然的关系，"天人合一"在中国传统哲学中占有重要地位，而日本能乐舞台上的"松壁"，以及舞台左侧的三棵小松树，实际上也是代表了日本传统文化中人与自然的亲和观念。

北师大艺术系黄会林教授认为，在中日戏剧交流史上，古代主要是中国影响日本，近代主要是日本影响中国，现代则主要是交流与合作。仅从话剧来看，早期中国话剧的倡导者和实践者，大都是留日学生或和日本有着种种联系的人，曾经直接或间接地受过日本艺术的熏陶或启发。尤其是 20 年代末开始的中国左翼戏剧运动，夏衍等人翻译介绍了许多剧本和戏剧理论，对中国话剧的成长与发展产生了深刻影响。中国艺术研究院傅谨博士也持同样看法，他尤其强调了中国近代戏剧改良运动所受到日本戏剧改良运动的影响。19 世纪末叶，西洋艺术伴着西方文化源源流入日本，当时出现的日本戏剧改良运动成为社会改良主义思潮的一个重要组成部分，它的历史意义在于大大提高了戏剧的社会地位，对以后日本戏剧的发展起到了重要作用，其中一些重要内容也随后反映到中国戏剧改良运动中来。中央戏剧学院麻国钧教授认为，中日文化交流源远流长，特别是中国稻米种植传入日本后，稻作文化也随之传入日本，他于 1992 年赴日考察民俗艺能时，发现这方面的影响和交流十分明显。但是，他又认为，对于中国戏曲和日本能乐、歌舞伎的比较，我们更应当从深层文化的角度来认识它们之间的异同，由于中日两国在自然环境、人文环境和观念形态上的许多相似之处，在两国文化艺术中自然会产生出某些相似之处，我们不必过分拘泥于影响研究的方法。

中国戏剧家协会廖奔研究员认为，在中日戏剧比较研究刚刚起步不久的情况下，召开这次会议非常有意义。他希望进一步探讨中日戏剧的异同及其发展规律。他认为，如果从深层来探讨，归根结底还在于两国民族文化传统与民族文化心理的异同。例如，日本民族文化中既有保守、不变的一面，同时又有善于接受外来文化的一面，是否因为日本位于亚洲大陆的边缘，既是大陆文化的终端，又是接收外来文化的开端？北京大学比较文学所严绍璗教授认为，改革开放以来中日戏剧比较研究大致可划分为三个阶段，第一阶段是 80 年代，当时中日文学比较中，戏剧比较几乎是一块空白；第二阶段是 90 年代前期，中日戏剧比较有了发展，但大多数研究仍处于描述阶段；第三阶段是 90 年代后期，开始出现中日戏剧比较研究的阶段性成果，诸如文化学、符号学、美学等新方法被引入研究之中，使这方面的研究工作得以向前推进和深入，这次会议就是其中的一项工作。当然，戏剧的比较研究十分困难，从根本上讲，还要进行文学发生学的研究，从神话、韵文、叙事文学的演变开始，相信在即将来临的 21 世纪，会将这方面的研究工作推向一个更高的阶段。

## 4月13—14日

首届美术学（论文）奖颁奖仪式在京举行，《文艺研究》所发论文获一等奖两篇，获二、三等奖各一篇。随后，《文艺研究》本年第 3 期对此作了报道。

### 首届美术学（论文）奖颁奖仪式在京举行
### 本刊所发论文获一等奖两篇，获二、三等奖各一篇

〔本刊讯〕为了鼓励美术研究，倡导优良学风，稳定研究队伍，扶植年轻人才，促进美术学研究的深化，中国艺术研究院美术研究所暨《美术观察》在征求各方面意见并经上级批准后，决定举办首届美术学（论文）奖评奖。1998 年初，《美术观察》向全国发出首届美术学（论文）奖评奖征稿通知，同年 11 月又发出补充通知，征集 1990 年 1 月至 1998 年 6 月发表在国内外专业报刊上的美术学论文，包括美术史、美术理论、美术评论的论文，至 1998 年年底，共收到全国各地 90 余位作者的论文 158 篇。

1999 年 3 月，美术研究所组织资深专家学者组成评审委员会，对论文进行了评审，共评出优秀论文 26 篇，其中一等奖 3 篇，二等奖 6 篇，三等奖 17 篇。《文艺研究》发表的论文获一等奖两篇，二、三等奖各一篇。齐凤阁的《二十世纪中国版画的语境转换》（1997 年第 6 期）与丁宁的《论艺术史的作品观念》（1996 年第 2期）获一等奖；梅墨生的《气结殷周雪》（1997 年第 1 期）获二等奖；尚辉的《跨越世纪的门槛》（1997 年第 6 期）获三等奖。

1999 年 4 月 13—14 日，颁奖仪式暨美术学理论研讨会在中国艺术研究院举行，所有获奖作者都被邀请出席。中国美术家协会、中国艺术研究院等有关方面领导为获奖作者颁奖。在京知名美术理论家及有关报刊负责人应邀与会并参加学术研讨。

第二届美术学奖将进行美术学著作的评奖，此项工作正在积极筹备中。

## 5月19日

《中华读书报》载文报道本刊办刊事迹，题为"《文艺研究》二十年关键词：学术本位与学术前沿"。

## 5月21日

钟敬文、启功、季羡林、钱学森、贺敬之、王蒙、张庚、王朝闻、郭汉城、曲

润海、冯其庸、吴冠中、阴法鲁、钱绍武、邵大箴等先生为《文艺研究》创刊 20 周年题词。

《文艺研究》本年第 3 期为"纪念《文艺研究》创刊 20 周年特刊",经北京市新闻出版局批准,本期增加 5 个印张,扩至 240 页。发表主编柏柳《学术会通时代平实方见精神——纪念〈文艺研究〉创刊 20 周年特刊编后感》。

## 学术会通时代　平实方见精神

——纪念《文艺研究》创刊 20 周年特刊编后感

柏　柳

　　《文艺研究》这本综合性文艺理论刊物是沐浴着十一届三中全会的春风破土而出的。她同新时期文化艺术事业同岁,风风雨雨二十个春秋,已经出版 120 期,并制成光盘正式面世,在社会主义发展的道路上留下了自己的足印。这已成为历史,功过是非当由人民和学术理论界的朋友评说。在人类快要跨进 21 世纪门槛的时候,为纪念《文艺研究》创刊 20 周年,现在总第 121 期(即 1999 年第 3 期)已经编审完毕,虽然每篇文章都已认真读过,但还是习惯成自然地要从总体面貌上再进行一次检查与评估,以便把纰漏消除在付梓前,这是《文艺研究》的编辑"老例",也是从创刊就延续下来的传统。在草创阶段,我们编辑部有一块很大的黑板,我和王波云同志的前任林元同志,在编审完每一期刊物后,让执行编辑将当期的目录用粉笔工整地写在大黑板上,把编委和责任编辑请到大黑板前,要求大家(对政治方向、办刊方针、学术质量及版式等)品头论足一番。大家各抒己见,肯定成绩,指出问题,以民主协商的办法解决问题,当即纠正。我是编委之一,在大黑板前的品评过程中,同大家一起分享着喜悦与甘苦,也增长了编辑知识与经验。林元同志这样做,不仅保证了刊物的质量,而且也培养了编辑部同仁的集体敬业精神。现在,林元同志已辞世,老同志都陆续离退休了,这集体敬业精神是《文艺研究》前辈留给我们后继者的一笔巨大的无形资产。岁月匆匆,一晃十多年过去了,这块大黑板仍挂在编辑部的墙上,虽然随着编辑工作手段的改进,编辑制度不断完善,编辑经验逐步丰富,我们已不再使用大黑板而只续用开编前编后会的方法来保证和提高刊物的质量了,但是,集体敬业精神这一《文艺研究》的优良传统得到了继承与发扬,这是我们奋发图强,能够战胜困难,克服矛盾,在新的征途上不断前进的力量源泉。

　　纪念特刊的第一校次的清样已来了(本刊共 4 个校次),这意味着《文艺研究》

步入了一个新的起点。这期"特刊"经新闻出版署批准，由原来的 10 个印张增加到 15 个印张，虽然增加了 50% 的篇幅，但仍远远不能满足需要。可以毫不掩饰地说，这是我 1990 年主持工作以来最为满意的一期，手捧这厚厚一摞电脑排印出来的文稿，其在学术上特有的真诚与厚重，引起我的深思。诚然，《文艺研究》的办刊宗旨是"为人民服务、为社会主义服务"，这是毫无疑义的。但是，作为一个学术刊物，它是怎样地实现这两个"服务"的呢？回答这个问题，就要追问何为《文艺研究》? 近几个月来，编辑部同仁都为《文艺研究》创刊 20 周年出特刊和筹备学术研讨会忙碌着。学术界的朋友、师长和领导出于对《文艺研究》的关怀与勉励，应约纷纷为刊庆题词。戏剧理论家郭汉城称赞《文艺研究》是"辛勤廿载，大树成荫!"学者、书法家启功引《诗经》佳句"如切如磋，如琢如磨"；作家王蒙美言"文艺研究的魅力在于发现"；画家吴冠中鞭策本刊"学庖丁，解文艺，刀下不留情!"他们勉励《文艺研究》注重学术质量。改革开放以来，涌现出一批学有专长，在学术研究上取得成就颇有影响的中青年学者，他们中许多人同《文艺研究》在学术上有着亲密的关系，有的在文章中称他们的成长"几乎离不开《文艺研究》的战略性扶持"；有的坦言："《文艺研究》是我学术研究起步的摇篮"；有的把《文艺研究》比作是自己"学术之车的第一推动力"；有的将在《文艺研究》发表第一篇学术论文视为"对于我的学术生命是一个重要事件"；有的在回顾自己的学术经历时说："我是在《文艺研究》深厚的学术思想的滋养下走向成熟的。"科学家钱学森同志十分关心我国的文艺理论建设，他致函编辑部说："《文艺研究》创刊 20 周年的确值得纪念。"并特地向本刊赠言。1998 年 1 月，本刊被新闻出版署评定为"全国百种重点社科期刊"、荣列全国 15 种学术理论类期刊榜。尽管这些对《文艺研究》的肯定、赞扬、鼓励也是鞭策，是真诚的，我们还是有必要通过这些鼓励与鞭策来追寻《文艺研究》的本质及其价值，才能回答一个学术期刊是怎样地实现了它的办刊宗旨的。实质上，《文艺研究》是中国社会主义的一个学术园地，一个使英雄有用武之地的舞台，一个展示学术研究成果的窗口，真正的主角是《文艺研究》的作者，他们是科学真理的探索者、发现者，为了振兴中华，繁荣学术，他们以拳拳之忱，把用心血创造的研究成果慷慨地交由《文艺研究》这个窗口向社会发布，接受实践的检验，《文艺研究》正是通过他们使自己的存在意义及其本质得以实现。再翻阅本期"特刊"，我不禁为之动容了。蒋孔阳先生收到纪念特刊的约稿信后，他虽卧病有时，自感精力不济，但为了践约，他在医院里通过口授，由他的学生整理成篇，克期将《美学中的感性与理性》一文寄到编辑部。三年前，我就知道张庚先生正进行《中国戏曲表演体系》的专题研究，我登门求稿，得知已有初稿，便指名要其"总论"部分给"特刊"发表。他思之再三，感到还有些问题没有解决，现在发表不行。先生治学严谨的精神使我感动，也深受教育。他虽然婉言谢绝了我的这个要求，但他不顾年迈体弱，克服困难，重新为"特刊"撰写了《艺术·生活·戏曲》一文。王朝闻先生年已九旬，视力大减，他的新作《重新发现——石道因缘》一文，是应编辑部要求，左手持放大镜，右手持笔，几经修改完成的。敏泽的《综合创造论与我国文化与美学文论的未来走向问题》、孙景琛的《乐舞文化和舞蹈史学》，是二位先生在大病后的康复期间，应约撰写的。罗宗强先生的《古文论研究杂识》是一篇关于古代文论现代转化问题的争鸣文章。论题关乎如何建设有中国特色文学理论，属于学术上的重镇。为践约，他不顾疾病缠身，以苦为乐，才有此文。诸位先生至爱学术的拼搏精神，坚韧的毅力，令人钦敬。

认真执行"双百"方针是办好《文艺研究》的保证。学术研究是一个探求科学真理的过程。科学真理是随着社会实践和生产实践不断发展的。美学、文艺学、艺术学理论也是随着时代不断丰富与发展的。每个潜心于探求科学真理的人，都在各自的研究领域作出贡献。由于他们的研究成果只是真理长河中的一个颗粒，而且，往往一个文学艺术现象，需要从多个方面来揭示其奥秘。因此，我们在学术上坚持百家争鸣，搞五湖四海，提倡学术民主和学术平等；尊重学术，尊重学人个人风格；搞学派，不搞宗派和门户之见。我感谢学术理论界的许多朋友都把《文艺研究》视为做学问的知己和良师益友，他们不仅乐意将自己的研究新成果交《文艺研究》审处，而且愿意将自己经过长期积累，下功夫最大的研究成果交由《文化研究》这个学术园地，参与学术争鸣，并通过争鸣达到"坚持真理，修正错误"，繁荣学术的目的。我认为，这是符合学术理论研究自身发展规律的。

学术研究是平凡而崇高的事业。学术研究有其自身的规律，"解放思想，实事求是"是它的灵魂。探求科学真理要有创新的勇气，但它同狂躁、急功近利追求热点，搞轰动效应无缘。学术研究的过程是平实的，需要冷寂、沉思，独立思考；其理论思维是在扎扎实实调查研究，详细占有第一手资料的基础上进行的。言之凿凿的研究成果才能有长久的价值。季羡林先生在《我的学术总结》中告诉我们他写《糖史》搜集资料的情况："如果想开辟一个新领域，创造一个新天地，就必须找新材料，偷懒是万万不容许的。……我曾经从 1993 年至 1994 年用了差不多两年的时间，除了礼拜天休息外，每天来回跋涉五六里路跑一趟北大图书馆，风雨无阻，寒暑不辍。我面对汪洋浩瀚的《四库全书》和插架盈楼的书山书海，枯坐在那里，夏天要忍受书库三十五六摄氏度的酷暑，挥汗如雨，耐心地看下去。有时碰到一条有用的资料，便欣喜如获至宝。但有时候也枯坐了半个上午，把白内障尚不严重的双眼累得个'一佛出世，二佛升天'，却找不到一条有用的材料……我的《糖史》就是在这样的情况下写成的。"冯其庸先生为了调查玄奘取经之路和丝绸之路，十多年来，已连续七次到新疆。《玄奘取经东归入境古道考实》就是这次到帕米尔高原明铁盖山口实地考察后写出来的。季、冯二位先生追求学术真谛的真诚，和朴实严谨的学风，为中青年学者树立了榜样。

是的，要取得学术研究上的每一个成果，都必须付出艰辛的劳动。面对这本成果丰硕的"特刊"，她使我看到了一种精神和风格，这就是"平实、厚重、真诚、坚毅"。她体现了中国人文学科学人们的精神风貌。应该说，"特刊"是《文艺研究》创刊20年已出版发行的120期的代表。"平实、厚重、真诚、坚毅"作为一种学术精神和风格，是专家学者们创造的，并在《文艺研究》上得以展现。请允许我代表编辑部向20年来为办好《文艺研究》做出过贡献的人们致敬意！"学术会通时代，平实方见精神！"让我们携起手来，用坚毅而平实的步伐，走进21世纪的大门，一往无前。

### ■ 5月27日

《中国文化报》载文，报道《文艺研究》所倡导的学术精神。

### ■ 5月28日

新华社发布中英文新闻通稿，报道"首都学者纪念《文艺研究》杂志创刊二十周年"。

### ■ 5月28—30日

"纪念《文艺研究》创刊二十周年暨世纪之交：中国文艺理论研讨会"在京召开，贺敬之、钟敬文、启功、季羡林、张庚、郭汉城、张炯、李希凡、曲润海、周来祥、敏泽、钱中文、童庆炳、罗艺军、邵大箴、阎国忠、苏国荣、陆贵山等80余位来自全国文艺理论界与高校的专家学者与会。文化部部长孙家正到会并和全体代表合影留念。本刊柏柳、马肇元、廉静、方宁、李香云、陈剑澜、赵伯陶、金宁、傅谨、戴阿宝、陈诗红与会。《文艺研究》本年第4期为"《文艺研究》创刊20周年纪念刊"，分"继往开来　再接再厉""世纪之交：中国文艺理论研讨会""学者漫谈：我与《文艺研究》"三大栏目，发表部分与会者的发言。

# 继往开来　再接再厉
## 总结本世纪　迎接新世纪

中国艺术研究院常务副院长　曲润海

各位领导、各位来宾、各位专家学者：

在《文艺研究》创刊 20 周年之际，我们聚集京城，举行"世纪之交：中国文艺理论研讨会"，我首先代表中国艺术研究院，对大家的到来，表示热烈的欢迎和由衷的感谢！

举行这次研讨会，是为了进一步贯彻落实党的十五大精神，高举邓小平理论的旗帜，通过对百年文艺理论研究经验的总结和对 21 世纪文艺理论研究的展望，开拓文艺理论工作的新境界，推动文艺事业的新繁荣，概括起来，就是总结本世纪，迎接新世纪。

《文艺研究》是由文化部主管，中国艺术研究院主办的大型综合性文艺理论研究刊物，是一个社会主义的艺术理论阵地。它坚持以马克思主义、毛泽东思想、邓小平理论为指导思想，贯彻"百花齐放、百家争鸣"的方针，理论与实际相结合，关注社会，关注现实，广泛联系"五湖四海"的学者、专家和文艺理论工作者，努力进取，艰苦奋斗，已经走过了二十个春秋，取得了可喜的成果。这是同党和国家领导人的支持分不开的，更凝结着许多在座的和不在座的前辈、专家、学者、朋友们的心血汗水。《文艺研究》的同志们感谢你们，中国艺术研究院感谢你们！

我们很快就要跨入 21 世纪。前面的道路已经铺好了吗？我想还没有。那么如何开辟与铺设呢？我们不妨先回过头来看看已经走过的路。我们走过的路是曲折的，起伏的，有宽有窄的，但终归是一条路。这条路是从伟大的辛亥革命起，经过伟大的"五四"运动，伟大的革命与建设，改革与开放，由无数先行者开辟出来的。因此，我们学习他们的精神，总结他们的经验，是当务之急。也只有承先启后的我们这一代，才好担当此任。现在有不少人说，我们这次世纪之交与 19 世纪到 20 世纪的那次世纪之交，有某种相像，果真如此，那我们现在举行的"世纪之交：中国文艺理论研讨会"就更加适时，更加有意义。它可以指明我们的方向，坚定我们的信心，给我们动力，教我们方法。我相信我们高举邓小平理论的伟大旗帜，一切从中国的实际出发，头脑冷静，勇于开拓，扎扎实实，稳稳当当，一定能够走出一条新路，达到新的境界。

祝研讨会圆满成功！谢谢！

# 我对《文艺研究》的敬意

北京师范大学教授　钟敬文

　　非常高兴参加这个会。本来我跟编辑同志讲，我很高兴来，来祝贺这个刊物刊庆二十周年，但不讲话，因为最近做了白内障手术，正在疗养期限间。但是今天看到这么多来自五湖四海的同志，所以也想应该说两句。

　　这个刊物开始的时候，我就接触到了，因为当时的主编林元同志是我在中山大学中文系的同事，他找我约稿，我也在那个时候写过一篇文章，以后就一直没有再写。不过，刊物我还是很注意，一直到最近，常常没有报酬地看这个刊物，也不好意思，但是心里很高兴，我们学术界有这么一个高品位的、高质量的文艺理论杂志，这在新中国以前是没有的。我记得1928年几位同仁也搞了一个《文艺研究》，也是纯理论研究，但是没出两三期就没了。这个刊物一办办了二十年，而且好像越办越见精神。这个杂志对古今中外的文艺现象、文艺理论、文艺作品都加以评论、介绍，并且是些品位很高的文章。我虽然没有每篇都看，但随便翻翻，也得益不少。总而言之，我对这个刊物是有敬意的，我来参加这个会，是来表示我的敬意。

　　我认为文艺研究、批评，当然都是应该的，但是文艺，不管文学，还是其他的艺术，它是一种艺术品，首先是要对它进行欣赏。搞文学评论的人，首先是文学鉴赏者，进去了才能出来，假如总在外面指指点点，即使指点得很对，我看也没多少血肉。新中国成立后不久，在《光明日报》的《文学遗产》中，有一个年轻的学者，后来成了一个很有名的文学家、美术家，他很勤奋，写了很多文章。作为编辑，我经常接触到他的稿子，文章理论上用的还是马列主义，基本上也对，但读起来没有作者的心情在那里，味道体会不出来，好像一个人没有血肉，只是一些骨头，我觉得很可惜，因为文学应该通过体味、欣赏，到评论，这是我的理解。在中国文学批评史中，中国的文学批评家、理论家，多数首先是作家，在欧洲大概也是这样。像中国的《文心雕龙》，虽然没有讲欣赏的文章，但每篇都有自己的体会，不光是从理论到理论的抽象思维的结果。至于《诗品》，它本身就是一种艺术品。当然现在形势不同了，所以今天搞文艺批评的人，也不一定都要创作文艺作品，而且是很好的作品，但总得能欣赏，能有一些创作经验，如果一点创作经验没有，我觉得总少了一点什么，作为文艺理论，至少在我看来是不够。因此，我觉得现在《文艺研究》的文章基本上是理论性的，是不是也可以登载一些欣赏性的文章？这样的文章也能在无形中影响作家、理论家。当然，这是我的一种看法，不一定对。不过，既然要讲话，总要说两句，说的话又不能是口水话，应该是我自己理解的话，不管对不对，对不起大家。

祝大会成功，大家身体健康！

（录音整理　陈诗红）

## "双百"方针的硕果

### ——祝贺《文艺研究》创刊20周年

北京大学教授　张岱年

《文艺研究》创刊二十年了，这二十年是中国进行改革开放的二十年，是中国经济发展的二十年，也是文化学术蓬勃发展的二十年。在这文化发展的二十年中，《文艺研究》做出了重要的贡献。

"百家争鸣、百花齐放"，是保证文化学术正常发展的方针。唯有贯彻"百家争鸣、百花齐放"的正确方针，文化学术才可能有正常的发展。学术思想有不同的观点，不可能所见皆同；文学艺术有不同的风格，不可能划一。相互尊重、相互补充是必要的。

改革开放二十年来，既坚持了社会主义的基本原则，又实行了"双百"方针，因而促进了文化学术的迅速发展。

中国的春秋战国时期也曾出现"百家争鸣"的盛况。《汉书·艺文志》对于先秦时期的百家争鸣，一方面提出了批评，一方面也承认其价值。《艺文志》说："战国从横，真伪分争，诸子之言，纷然淆乱。"这是对于诸子争鸣的批评。《艺文志》又说："诸子十家，其可观者九家而已……其言虽殊，辟犹水火，相灭亦相生也。仁之与义，敬之与和，相反而皆相成也。"既认为诸子之言"纷然淆乱"，又肯定其"相反相成"。近代西方学术思想丰富复杂，也表现了"纷然淆乱"；但同时也显示了"相反相成"的景况。唯有实行"百家争鸣、百花齐放"，才能达到学术思想的繁荣。

自然科学是没有国界的，没有民族性。不能说有英国的物理学、德国的物理学等，只有统一的物理学，其他科学莫不皆然。但是，哲学与人文科学是具有民族性的。同属西方的，英国哲学有英国哲学的传统，德国哲学有德国哲学的传统，法国、美国等亦然。虽然也互相影响，但各有特点。文学艺术更是具有民族性的，不同国家的文学艺术虽然可以相互比较，但各有特点。中国的文学艺术具有自己的特色，与西方的文学艺术东西辉映，各具异彩。我们说17世纪以来中国落后了，主要是说科学技术落后了，政治制度落后了，但是文学艺术，虽然发展程度有所不同，但不能说完全落后了。明清时代的山水画、人物画，不能说落后于西方的油画。中西绘画各具特色，可以比较，但是不能扬此抑彼。近代西方文艺高度发展，但中国的《红楼梦》《儒林外史》也达到很高的艺术水平。近二十年，改革开放以来，文艺作品出现了繁荣的景况。我希望到21世纪，中国的文学艺术更加发展，达到更高的水平。

## 博采众长　多听意见　更加完善

中国戏剧家协会名誉主席、《文艺研究》第一任主编　张　庚

我没有稿子，因为我的眼睛不行，写文章很困难。

我对《文艺研究》很有感情，二十年来，我与它的关系比较密切。它能办到今天，编辑部的同志下了很大功夫，出了很大力气，他们可以说是小心翼翼地在做工作，把工作做到现在，很有成绩。

这个刊物有它自己的特点，它是百花齐放、百家争鸣的。各种各样的关于艺术理论的文章都登，又可以看出，它有自己的一定看法，这很不容易。这个刊物现在一般学术界的同志比较重视，同时也肯替它写文章，这些证明它办得可以。我在这里不想多谈，就谈几点看法。

一点关于百家争鸣。这在理论界也还是一个问题，到底你是主张一种理论，还是百家争鸣，这中间是有矛盾的。矛盾怎么解决，从这个刊物来看，它并不是一搞马克思主义文艺，就把百家争鸣抛弃。我是共产党员，我当然就用马列主义、毛泽东思想来研究文艺，但是对于各种各样的文艺理论应不应当都排斥掉？不是，我们做研究工作，往往自己觉得自己是用马列主义、毛泽东思想做研究，但是这里面有许多不足，或者说很不够，甚至有错误。那么许多同志有各种各样的看法和观点，这些看法和观点也许有它的片面性，但是也有别人所没有的长处，这些方面值得我们虚心学习。真正地认识百家争鸣，并很好地从中学习，我觉得这是一个很重要的问题。学术研究不是一朝一夕完善的，如果我们能博采众长，多听意见，我们可能学习得更好，理论更加完善。

还有一点，研究学术写文章，象毛泽东同志所讲的，不是夸夸其谈，搞一些骇人听闻的东西，而是要平易近人，文章让人读起来可亲，容易懂，即使有错误，也敢提意见。如果我们摆起架子来，写了许多别人不懂的名词，自以为高深，这样的话，一般人就会远离我们，不相信我们，我们的文章等于落空。我对《文艺研究》也曾要求，文章应当平易近人，实事求是，不要故作高深，这一点《文艺研究》是

努力在做的。这些方面如果我们真的能够执行，时时刻刻注意这个问题，我们的刊物就能办得更好。

现在《文艺研究》办了二十年，同志们可以看到它的效果如何，成绩如何，在这里我不想多讲。我觉得《文艺研究》是努力做到把刊物办好的，我谢谢你们。

（录音整理　陈诗红）

## 适应新世纪　跨出新步伐

中国艺术研究院原副院长、研究员　郭汉城

有机会参加这个会我很高兴。《文艺研究》创刊二十周年是文艺理论界的一件大事。在这二十年里，《文艺研究》对文艺理论基本建设作出了很大贡献。二十周年又碰上世纪之交，《文艺研究》在过去成绩的基础上，今后怎样进一步适应新的世纪，跨出新的步伐，作出新的贡献，这很重要。开这样一个会是总结过去，又是展望未来，这是个很重要的会，在文艺发展史上也应该记上一笔。

我有几点想法：一个是整个世界趋向一体化，那么中国的文化和外国的文化要碰撞，要交流，有一个新的发展。在这样的时候，既要把眼光看得更远，同时又要有更强烈的主体意识，因为我们还是要搞有中国特色、有民族特点的文艺理论，所以我们要把脚跟牢牢站在自己民族的历史、自己民族的文化的丰沃而坚实的基础上，鉴别、吸收、融汇外国文艺理论，丰富、发展我们民族的文艺理论。否则的话，民族特色的社会主义文艺理论恐怕就会变成一句空话。

第二点是更要加强理论与实践的联系。当前在基本理论方面，在各门学科的理论研究方面，争论很多，分歧很大，所以加强理论研究一定要结合这种有冲突、有矛盾的实际，从研究这些冲突和矛盾来建立我们自己的理论。另外必须联系创作的实践，我们要创造时代的、有新的特点的文艺理论，最好的检验就是作品，当然实践还是在一个发展过程里面。因为在创作实践里面也有各种各样的做法，有正确的，也有错误的。比如戏曲方面、诗歌方面，到底什么样的作品才算具备了具有民族特色的、新时代的品格，大家都在各方面进行探索，拿一些好的东西来作典型，来表扬，来研究。

第三个是过去坚持了百家争鸣的方针，现在还要坚持。学术研究要能容纳各种各样的观点，包容量要大一些，要有更多的艺术民主，才能把道路走宽。我们应该在百家争鸣中，将马克思主义作为我们的指导思想，而不是用马克思主义去压倒人家，排斥人家。在百家争鸣中既要善于容纳，又要积极引导。马克思主义是人类先进的理论，必须以它作为指导。这一点，在今天世界形势发展下特别重要。有了这种武器，我们才有鉴别，吸收好的，抛弃坏的，才能创造有民族特点和社会主义特色的文艺理论。这是一个长远的过程，需要很多人付出辛勤劳动。《文艺研究》过去做得很好，贡献很大，那么今后希望作出更好、更大的成绩。

（录音整理　陈诗红）

## 祝贺与期望

中国作协副主席　张　炯

很高兴应邀参加《文艺研究》创刊二十周年纪念暨"世纪之交：中国文艺理论研讨会"。首先请允许我向会议、向《文艺研究》杂志社表示热烈的祝贺和崇高的敬意。

文艺理论的研究和探讨，对促进我国社会主义文学艺术的繁荣和健康发展，具有十分重要的意义。理论固然来自实践，但反过来又指导实践。在文学艺术的各门学科中，文艺理论是带有全局导向性影响的学科。新中国建立以来的五十年中，我国对文学艺术开展了广泛的研究，包括在文学艺术理论、文学艺术史和文学艺术批评三个相互联系又相互区别的领域所开展的研究，迄今各个领域都已取得丰富的成果。《文艺研究》的创办，对促进我国文学艺术各领域研究的开展和深入，对于提高我国文学研究的整体水平，都是功不可没的。《文艺研究》是个高层次的学术刊物，一向以吸引全国文学艺术研究方面的高水平成果来向读者推荐，形成自己鲜明的特点。而且由于涉及文艺理论、文艺史和文艺批评，涉及文学、戏剧、电影、音乐、美术、舞蹈、雕塑、建筑等各种艺术门类的研究，它也就成为这方面全国独一无二的一种大型学术刊物。作为读者，我从中得到许多的教益，了解到文艺研究方面许多最新的成果和深湛的见解，包括各个领域不同的争论，从而也启迪自己对有关问题的思考。

《文艺研究》创刊以来，高举马克思主义、毛泽东思想和邓小平理论的旗帜，认真贯彻执行了党的为人民、为社会主义服务的方向和"百花齐放，百家争鸣"，"古为今用，洋为中用"，"推陈出新"的文艺方针，在理论上拨乱反正、解放思想、实事求是的大潮中起到一个学术刊物应起的作用。它所取得的显著成绩，得到读者的充分肯定是很自然的。

我国各族人民在党的十五大精神的指引下，正团结一致，把建设有中国特色社会主义的伟大事业推向 21 世纪。学术界和文学艺术界在回顾 20 世纪艰难曲折的历程，总结百年来所取得的成绩，反思曾经有过的教训，也都把目光投向未来的新的征途。百年来，我国的文学艺术及其学术研究，在面向世界，吸取他国他民族的先进科学文化与各具特色的文学艺术方面，确实得益匪浅。我们在中西文化多次大规模的撞击中，渐次完成了整体学术文化从古典封闭态势向现代开放格局的转换，不但使文学艺术的观念、形态、思想内涵和表现风格都产生了划时代的崭新变革，而且也使文艺理论思维和研究方法在中西融会中也产生了质的变化。在现代自然科学、社会科学、人文科学的大视野中，我们确立了文学艺术研究的学术地位及其本质特性，在文艺创作、文艺欣赏和文艺发展等不同方面和层次，都更深入地揭示了有关的规律，并在文艺史研究方面产生了大量超越于前人的成果，开展了多视角多层面多方法的文艺批评。应当说，我们已经初步建立了有中国特色的现代的文学艺术及其学术体系。

面对未来，我们又面临严重的挑战。

自然，科学无国界，真正优秀的文学艺术也必将成为人类共同的精神遗产。但在未来的世界格局中，摒弃糟粕，博取众长，加速建立有中国特色的社会主义文学艺术及其学术体系，使我国的文学艺术及其学术能对人类做出我们独特的贡献。这无疑是我们必须面对的崇高的任务和使命。因而，我衷心祝愿《文艺研究》在未来岁月中将为繁荣我国的文学艺术及其学术做出新的贡献，也希望这次文艺理论研讨会在回顾以往，瞻望未来的深入探讨中，能对我国文学艺术研究和文学艺术繁荣提供有益的启示。

祝会议圆满成功！祝各位代表身体健康，万事如意！谢谢！

## 更努力　更奋进

中国艺术研究院原常务副院长、研究员　李希凡

不久以前，我们曾经举办了《红楼梦学刊》创刊 20 周年学术研讨会，《文艺研究》与《红楼梦学刊》同年同月（1979 年 5 月）创刊，它们是中国艺术研究院（那时为文艺研究院）最初创办的两家学术刊物。在粉碎"四人帮"以后已经活跃起来的学术界和读书界，都产生了一定的影响。《文艺研究》最初印数是多少，我不大清楚，只知道《红楼梦学刊》创刊的第一辑，第一次印刷就是八万册，随即还曾重印。我想《文艺研究》初印时的印数也不会太少。这反映了学术界的迫切需要，也反映了广大读者的渴求。

当时这两家刊物担任主编的都是老院长，但具体操办刊物，《文艺研究》则是

林元同志。一直到我们这一届接任院务工作后，林元同志也还作为常务副主编主持过一段工作，现已历经三届主编，从第二届王波云同志起，院长不再兼任主编，第三届是柏柳同志。

我自己在任十年，也曾分管过《文艺研究》。所谓分管，无非是协助解决一些财务和人事上的困难，并不干预他们的编辑业务，主编有独立定稿的权力。回顾历史，可以说，这三届主编都坚持了一以贯之的办刊方向，即使在所谓"新思潮""新观念"大量涌入的那几年，文艺界出现了被称为轻率的、赶时髦的、浅薄浮躁的空气，所谓"各领风骚三五天"的年月，《文艺研究》既不保守，也不立异，依然故我，重视百家争鸣，重视理论品格，坚持以探讨社会主义审美理想为中心，倡导运用马克思主义、毛泽东思想、邓小平理论研究中外文艺遗产、当代创作与艺术美学的新发展，在文艺界树立了良好的学术形象，在全国十大学术刊物中赢得了自己的一席之位。

自然，在经济大潮中，一个以研究文艺理论与美学为对象的刊物，能坚持住自己的学术品格，是很不容易的。而《文艺研究》一直不慕浮华，靠有限的那点经费艰苦办刊，并取得了文艺理论家和美学家的广泛支持。据我所知，《文艺研究》的稿费不高，至少在我主持艺研院工作的时期，经常是拖欠稿费经年，但文艺界的专家学者们很能体谅刊物的困难，并未因拖欠稿费或稿费太低而影响他们继续为刊物写稿。所以，《文艺研究》能在艺术理论与科研领域聊尽微力，那成绩正是由于文艺界专家学者们的热情支持才取得的。这是在纪念《文艺研究》创刊20周年之际不能忘却，而且要深致谢意的。

这次研讨会定名为"世纪之交：中国文艺理论研讨会"，中心议题是，对中国文艺理论研究的历史进行回顾和展望，以期为建没有中国特色的文艺理论探寻学术资源与经验，拓展文艺研究新境界。这确是当前文艺理论探讨中很有意义的议题，特别是在艺术科研中理论建设仍是弱项的今天，《文艺研究》理应作排头兵，为建设有中国特色的文艺理论和艺术美学提供研讨的园地，鼓励探索，倡导争鸣。因为迄今为止，在这方面的研讨，还没有受到理论界的真正重视，即使稍有创新的探索，在评奖活动中也经常受到排斥。当然，这类理论著述，难免有幼稚之处，给人留下话柄，但这也给探索者提出更高的要求，建设有中国特色的文艺理论，的确应当下扎实的苦功，努力从传统与现实的艺术的史论发展与创作实践中去开掘学术资源，并在比较研究中进行学科建设。这次研讨会只是一个开头，贵在坚持，经过有志于此的文艺理论家的通力合作，《文艺研究》一定能成为这一理论建设的永久基地。

我祝愿《文艺研究》更努力、更奋进，坚持自己的办刊方向，开展百家争鸣，继续发扬自己的理论品格，为 21 世纪繁荣我国社会主义文艺事业做出新的贡献。

## 祝贺与感谢

中国社会科学院研究员　敏　泽

　　《文艺研究》创刊二十周年了。刊物的创立是生逢其时、生逢其世的，它诞生于建国以来繁荣和发展学术事业的最好的历史时期，而它的编者们又是怀着高度的社会责任感和敬业精神来培育和浇注这一刊物的，踏踏实实，勤勤恳恳，二十年如一日，取得了引人瞩目的成就，受到了学术界广泛的好评。我作为《文艺研究》的老读者和老作者之一，向《文艺研究》及其编者们表示热烈的祝贺。

　　《文艺研究》创刊 20 年来，由拨乱反正发端，刊物在清理文艺界已往"左"的失误方面，在端正文艺思想、解放和发展文艺生产力方面，做了大量的、卓有成效的工作，产生了积极而重要的影响，这是过来的人们记忆犹新的事情。80 年代初期以后，刊物又花大力气组织当时学术界广泛关注的学术问题的讨论和争鸣，积极地推动了学术研究的发展和学术争鸣气氛的活跃，以后随着改革开放的不断深化和文学艺术方面在实践遇到的新的情况和问题，刊物更不断开拓新的学术视野，探索和讨论时代和历史所提出的种种新的问题，也产生了积极有益的影响。二十年来，它始终坚持正确地对待处理一系列有关办刊的关系问题：它坚持正确的办刊方向，而又始终坚持学术本位，立足于推进学术的争鸣和发展；它有所提倡，但又认真地贯彻双百方针，努力尊重并支持不同学派之间的正常争鸣和讨论，为学术争鸣的正常开展创造了良好的"生态"环境；它广泛地团结新、老作者，真正地而不是口头地搞五湖四海（不论是文学、戏曲、美术、音乐等方面都是如此），而不搞偏狭的门户之见；它努力地适应时代的要求，提倡艺术前沿问题的研究和创新，总体上拒绝浮躁，而提倡扎扎实实的学风，这一切就使它形成了独具特色的学术品位和风范，形成了鲜明而可贵的办刊传统。二十年来，在这个刊物上发表了一大批各个方面的很有学术水平的力作，使它名符其实地成了文学艺术研究方面最重要的阵地之一。让我们再一次对《文艺研究》的编者们所付出的辛勤劳动及其所取得的可喜成就表示由衷的感谢！

　　当然，这并非说刊物是十全十美的。这样的刊物在世界上是不存在的。《文艺研究》取得的成就是重大的，它的某些不足和刊物研究领域的广泛有着直接的关系。我们常说中国的传统文学是历史悠久而又范围广泛的，所谓诗、词、文、赋、曲，上下五千年。对文学艺术来说，这样广泛而悠久的研究对象，对于像《文艺研究》这样的刊物来说，只能说是半壁江山。除此之外，还有乐、舞、美、戏、书，更不要说当今的电影、电视了。这样宽泛的领域无疑极大地增加了编辑工作的难度，而《文艺研究》的编辑人手又是很少的，一人至少就要独当一个方面，工作中偶尔会有某些不足，是不可避免的，也不影响刊物的大局。我相信，在庆祝刊物创刊二十周年之际，通过总结经验，它必将越办越好，在推进我国文学艺术学术事业的发展上，必将发挥出越来越大的作用。

## 坚定的理论操守　开放的学术品格

北京大学教授　阎国忠

各位领导，各位同仁、学友：

从 1979 年到 1999 年，这二十年恰好是改革开放的二十年，我国经济获得了飞速发展，人民生活获得了巨大改善，同时，包括美学和文艺学在内的学术文化事业也日益走向了繁荣。《文艺研究》是与改革开放同步的，它忠实地记录了这二十年美学和文艺学研究方面所走过的路程，所取得的成就。

《文艺研究》创刊初期即发表了毛泽东的《同音乐工作者的谈话》，周恩来的《关于文化艺术工作两条腿走路的问题》，周恩来的《对在京的话剧、歌剧、儿童剧作家的讲话》，刘少奇的《对文艺工作的几点意见》；十五大之后，又刊发了数篇讨论邓小平文艺思想的文章，对马克思主义美学与文艺学及社会主义文艺有关问题的探讨始终都被放置在十分重要的地位上，而且这个马克思主义不是抽象的教条式的马克思主义，是与现实的文艺实践紧密结合着的、活生生地发展和完善着的马克思主义，是渗透在对文学、戏剧、美术、电影、建筑等文艺现象的阐释中的马克思主义，《文艺研究》的实践证明，马克思主义的真正力量存在于理论与具体实践的结合中，马克思主义作为普遍的真理只有在活生生的理论探讨及艺术创作的实践中才可以得到确证。

《文艺研究》在学术界的地位不仅是靠它坚持马克思主义的指导地位，更在于它坚持百花齐放、百家争鸣及学术平等的方针。因为马克思主义不是独断论，"唯我独马"不是真正的马克思主义。马克思主义的产生和发展都是在论争中实现的，同时，也只有通过论争才可能化作现实的力量，实现其自身的价值。我们看到，二十年来，几乎所有美学和文艺学方面重大的论争，包括共同美，人性论、人道主义，形象思维，艺术典型，文学艺术与政治的关系，艺术真实，方法论，文艺的社会意识形态性，审美文化及市场经济条件下的文艺问题等等，在《文艺研究》上都有反映。《文艺研究》在美学及文艺学方面确实成为了全国学术界的重要阵地，不仅推进了马克思主义的研究，也培育了许多各具特色和优势的学术派别、学术主张的生成。

翻开《文艺研究》，我们会看到它作为全国性学术性刊物的博大深厚的学术风貌。它有始终一贯的理论操守，又有开放性、兼容性的学术品格，它像一位孜孜不倦的学人，永远在思考着，探索着，创新着，力求把最真实、最合理的东西用最真诚朴实的语言坦白给所有人。它是一种象征，确切说，是一面镜子，记录了改革开放时代中国学术发展的历程。

作为一名美学与文艺学的工作者，我把《文艺研究》看作自己的学术园地，自己的精神家园。我在《文艺研究》上刊发的文章并不多，但从《文艺研究》获得的信息、启发、鼓励却很多。在美学经过一段辉煌日渐走向消歇的日子里，《文艺研究》几乎成了全国唯一的阵地。朱光潜的《关于人性、人道主义、人情味和共同美问题》、洪毅然的《形象、形式与形式美》，宗白华的《关于美学研究的几点意见》，蔡仪的《论人本主义、人道主义和"自然人化"说》，蒋孔阳的《浅论自然美——学习马克思〈1844 年经济学—哲学手稿〉的体会》，以及朱光潜的《略谈维科对美学界的影响》等等在美学和文艺学界产生重大影响的文章，都是在《文艺研究》上发表的。在进入 90 年代后，美学向现代的转型问题，以及相关的美学定位问题，对象问题，叙述模式问题，方法论问题都引起了《文艺研究》的关注。

《文艺研究》被评为"全国优秀文艺评论报刊"和"全国百种重点社科期刊"，这不是偶然的。在市场经济的冲击下，保持和维护一个学术刊物的学术品位是有相当困难的，但我们相信，在有关方面的支持下，学术会走向繁荣，《文艺研究》会越办越好。我们祝愿它在繁荣社会主义学术文化的事业中做出更大的贡献。

## 兄弟般的祝贺

《文学评论》主编、中国社会科学院文学所研究员　钱中文

《文艺研究》已经创刊 20 周年了，我谨代表《文学评论》编辑部和以我个人的名义，向《文艺研究》编辑部的同仁，致以兄弟般的祝贺和诚挚的敬意。

《文艺研究》创刊于改革、开放起始的大好时代，它与开放、改革同步，它得益于开放、改革，它是我们时代文艺发展的见证。20 年来，它虽然历经了时代的风风雨雨，但它在风雨中茁壮成长，如今已成长为一棵枝繁叶茂、临风摇曳的大树了。

　　《文艺研究》一开始就以自己的独特风貌，赢得文艺界的喜爱。我本人就是《文艺研究》的忠实读者。从 1979 年 5 月第 1 期起，我就从未间断地阅读《文艺研究》。由于《文艺研究》内容设计的独创性，包括了文艺研究的方方面面，如文学、戏剧、书法、绘画、电影、舞蹈等理论探讨，因此文艺界的各个行业的专家、学者都是它的读者。这种对文艺的综合研究的高级刊物，就我国目前来说，可说独此一家，别无分店。这是《文艺研究》可以值得自豪的。

　　《文艺研究》值得自豪之处，还在于它不断以大量高质量的论文，参与文艺理论的改革，推动文艺理论的创新，站在了我国学术界的前沿。《文艺研究》倡导发掘、继承祖国优秀文化遗产，兼容古今，吸收外国文艺思想中的长处，沟通中外。20 年来，在每个时期，《文艺研究》都会发表各方面的前瞻性的学术论文，刊出不同意见的研究成果，在国内学术界树立了良好的学术风范，从而在文艺界确立了自己的独特的学术个性，成为一本有着崇高威信的、名副其实的、贯彻百家争鸣的国家级的杂志。据我所知，全国有少数几个文艺研究的学术刊物，被一些高校视为最具学术权威性的刊物，《文艺研究》就是其中之一；不少青年学者以在《文艺研究》上发表论文为荣，据说还影响到不少人的学术职称的提升。

　　《文艺研究》是一本具有活力的杂志，这活力表现在对学术问题的开放性、探索性、说理性。不断推出新问题，坚持学理的探索，就会使得学理获得进展，学术常新，使得杂志永葆青春。《文艺研究》的封面设计，自成特色，采用的插页绘画，兼容各派，极有气派，刊用的漫画，有极强的艺术感染力，构成了《文艺研究》的一道赏心悦目的风景线。

　　《文艺研究》有着一支相当稳定的学术队伍，其中有学界耆宿，也有后起新锐不断出现。20 年里，《文艺研究》在培植新人方面，是没有框框的。80 年代，以文会友，我在《文艺研究》上认识了几位青年学人，他们的论文功力扎实，无一般青年人的浮躁学风。后来我与他们都成了朋友，至今与他们保持着良好的关系，这是我要感谢《文艺研究》的。

　　这次《文艺研究》20 周年纪念会，柏柳先生要我发个言，我不假思索地答应了。主要是我不仅是《文艺研究》的撰稿人之一，而且还有一种对《文艺研究》的亲切感。这就是我 1990 年大病之后，在家休养时，《文艺研究》编辑部派了廉静女士来探望过我。屋子里的冬日的阳光，使我感到温暖，廉静女士代表编辑部的问候，也使我感到温暖。这是朋友间的人情的温暖，常常使我铭记在心，有着一种古人说的"最难风雨故人来"的感受。我想这种事在今天已不多见了，所以就更觉得友谊、人情的珍贵。每每想起这件事情，我内心总是充满着一种友谊的亲近之情。

20世纪即将过去，新的世纪就将来临。前面既会有我们时代的焦虑与不安，也会有我们的希望。《文艺研究》将会继续高扬人文精神，为我们时代的新的精神文明的建设，做出更多的贡献。

让我们共同憧憬新世纪，共享新世纪！

## 向《文艺研究》学习、致敬！

《文艺理论与批评》主编　涂武生

我是《文艺研究》的忠实读者，也是刊物众多作者中的一个。可以说，20年来我是随着《文艺研究》从中年进入老年的。但是，今天我不仅仅只是以个人的名义，还要代表中国艺术研究院马克思主义文艺理论研究所以及《文艺理论与批评》杂志向《文艺研究》创刊20周年表示热烈祝贺！我来参加会议，就是要借这个难得的机会，向《文艺研究》老大哥更好地取经，向《文艺研究》编辑部全体同志表示崇高的敬意！

《文艺研究》值得我们学习的长处很多，我在这里只谈感受最深的几点：

一是它有显著的学术特色和品格，特别是有鲜明的艺术学科建设的特性。据我粗略地统计，20年来在《文艺研究》上发表的关于美学和文艺学方面的论文，便有近800篇之多。至于各个文艺门类如文学、戏剧、美术、电影、电视、音乐、舞蹈、曲艺等等方面的理论文章，总数估计已有数千篇和几千万字了。在这些文章中，既有论述和研究美学和文艺学一般理论的，也有阐释和探讨各门艺术学科独特品性的，其中不少有较高的学术水平，对我很有启迪，很有帮助，从中吸取了不少关于艺术美学方面的知识；同时，对美学和艺术学的学科建设，起到了极大的推动和促进作用。

二是它在坚持"二为"方向的前提下，执行"百花齐放、百家争鸣"的方针，倡导"五湖四海"、学术平等的原则，允许各家各派发表自己的观点和意见，并且开展讨论和争鸣。记得1986年的一期《文艺研究》上，就同时发表了介绍朱光潜、蔡仪和李泽厚三派美学思想的文章，而关于蔡仪美学思想的那篇论文，就是由我写的。稍后，《文艺研究》又邀请了我国著名科学家钱学森来编辑部，就"美学、社会主义文艺学和社会主义文化建设"问题作了一次讲座，谈了他的一些想法。他在讲话中就提到过这三篇文章，表示赞同和支持在美学各学派之间展开辩论和交锋。尽管我对有的学派的某些主张和论点并不赞成或表示怀疑，但我认为只要不违反四项基本原则，学术上的问题是应当而且也只有通过相互平等、坦诚、公开的争论，才能明辨是非、认识真理、修正错误、取长补短。

三是《文艺研究》作为一份学术刊物，办得生动活泼、丰富多彩、图文并茂、有声有色，这同样是值得我们认真学习的。《文艺研究》的每一期都配合论文发表了经过精心挑选的插图，有时还有彩色的插页。这些图片与文字相互对照，相映成趣，相得益彰。有时候，我正是在记起某些书法、绘画作品或某些戏剧、建筑摄影时，才联想到《文艺研究》刊登过相关内容的文章。《文艺研究》还刊载一些针砭文艺界存在的弊病、密切结合现实的漫画；它们形象生动，异常醒目，发人深省，引人深思，有的甚至起到了长篇大论批评文章所难以达到的特殊作用和效果。

当然，我们办的《文艺理论与批评》杂志也具有自己特殊的品格和个性，它与《文艺研究》有分工上的不同；否则，中国艺术研究院就没有必要同时办几种刊物。从总体上来说，《文艺理论与批评》与我国当前的现实生活和文艺界的实际联系得更紧密一些；它发表的一些文章在观点上更鲜明一些；它在风格上更泼辣尖锐一些。在我们的刊物上有一个栏目是"自由论坛"，其中发表的某些文章属于杂文性质，内容上与《文艺研究》上的漫画相似，只是艺术形式和文体不同。不过，《文艺研究》终究是我们的老大哥，要向他们学习的东西实在太多。在我们携手迈向新的世纪时，我再次恳切地希望老大哥多多扶助小弟弟，把我们院的刊物愈办愈好。

## 世纪之交的祝贺

中国艺术研究院影视研究所所长　章柏青

纪念《文艺研究》杂志创刊二十周年暨"世纪之交：中国文艺理论研讨会"今天在这里隆重开幕了！在此，我谨代表中国艺术研究院影视研究所和《都市影视》杂志社，对此次会议的召开表示热烈的祝贺！

作为一种学术性、专业性的期刊，《文艺研究》二十年来以其高水平的论文质量树立了它在文艺理论研究领域内的威望。同时，以其高品位的理论风格博得了老、中、青三代学者的由衷喜爱。由于《文艺研究》始终坚持将一般的艺术美学研究与具体的艺术门类研究相结合的办刊方针、始终坚持将艺术的理论探讨与艺术的实践总结相并重的原则，使它成为研究不同艺术门类和不同艺术领域的学者必读的学术期刊。它为我们认识当代中国艺术创作和艺术理论研究现状打开了一扇明净的学术之窗。我们是它的忠实读者，它是我们诚挚的朋友。

世纪之交的中华大地是一片充满着机遇与希望的沃土，同时又面临着雨雪风霜。站在这样一个纵横交错的历史起跑线上，我们的精神坐标指向何方，我们的心灵寓所建筑在何处，是我们每个从事文化艺术工作的人都要面对的时代选择。文化艺术历来展现的是每个民族的精神图像，是不同社会历史的真实风貌。此次会议的命名是"世纪之交：中国文艺理论研讨会"，我们确信，它将成为一次从文艺理论的层面上，审视世纪之交中国文化精神的盛会；它也将成为一次推进中国文艺理论研究走向新世纪的历史界碑！

在此，我还要向《文艺研究》编辑部的全体同志表示由衷的感谢！感谢他们这些年来为广大作者所做出的辛勤而又艰苦的劳动！

最后，祝贺此次大会圆满成功！

## 探求科学真理　繁荣文艺理论

文化部教科司副司长　童明康

各位专家、学者：

由文化部主管、中国艺术研究院主办的大型综合性文艺理论刊物《文艺研究》，已经走过 20 年不平凡的历程，经家正同志同意，我代表文化部向《文艺研究》创刊 20 周年表示热烈的祝贺！

20 年来，《文艺研究》在历任主编、副主编和编辑部全体同志的共同努力下，在学术上贯彻"双百"方针，在政治上和党中央保持一致，坚持以马克思主义为指导，坚持理论与实践相结合、现实性和科学性相统一的办刊思想，探求科学真理，倡导学术平等，团结老、中、青三代学人，发表不同学派、不同观点的学术文章，注重学术规范，为繁荣文艺理论，促进文化事业的发展作出了突出贡献，被中宣部评为全国优秀期刊，被新闻出版署评为全国重点社科期刊，并赢得了学术界、文艺界专家学者和作家、文艺家的广泛关注和好评。

中国是一个学术大国，有三千年的学术传统，现代学术从发端到今天，也走过了充满艰辛的百年路程。学术思想发达是一个民族文化繁荣的标志。我们正处在从 20 世纪向 21 世纪迈进的世纪之交，经过 20 世纪后 20 年的经济大发展，中国将在 21 世纪实现经济振兴。十五大报告指出，社会主义现代化应该有繁荣的经济，也应该有繁荣的文化。建设有中国特色的社会主义文化，是在国际局势发生深刻变革的大背景下进行的。科学技术迅猛发展，知识经济初露端倪，和平与发展是当今时代的主题。但是，世界并不太平，正在加速向多极化发展，综合国力的竞争比以往任何时候都要激烈。而 21 世纪的竞争又突出表现在文化与文明的竞争，这已成为各界的共识。所以在这世纪之交的时刻，总结我们三千年的学术传统，弘扬百年现代学术精神，不仅是学术理论发展的需要，也是时代发展的需要。建设有中国特色的社会主义文化这一伟大的事业，需要伟大理论的指导，也需要学术理论的发展与支持，这一点在当今显得更为重要。《文艺研究》创刊20周年，以研讨会的形式进行纪念，研讨会冠名以"世纪之交：中国文艺理论研讨会"，也表示出了上述的良好愿望，所以在祝贺《文艺研究》创刊20周年的同时，我们也衷心地预祝本次研讨会圆满成功！谢谢大家！

## 总结经验　迎接挑战　不断进取

《文艺研究》主编　柏　柳

各位代表，同志们，朋友们：

现在我宣布纪念《文艺研究》创刊20周年"世纪之交：中国文艺理论研讨会"开幕！

首先请允许我向诸位介绍出席本次会议的特邀嘉宾：文化部部长孙家正同志，中宣部原副部长、文化部代部长贺敬之同志，北京师范大学钟敬文教授，北京大学季美林教授，北京师范大学启功教授，中国戏曲家协会名誉主席、中国艺术研究院原常务副院长、《文艺研究》第一任主编张庚同志，中国艺术研究院原副院长郭汉城同志，中国艺术研究院原常务副院长李希凡同志，中国作家协会副主席张炯同志，文化部教科司副司长童明康同志，中国艺术研究院常务副院长曲润海同志，中国艺术研究院副院长薛若琳同志。此外，还有几位嘉宾，原定出席本次会议，因工作或身体健康原因未能到会，他们是钱学森同志、张岱年先生、王蒙同志、王朝闻先生、周汝昌先生、冯其庸先生，他们尽管未能到会，仍以书面或口头方式向大会致贺！

《文艺研究》创刊于1979年5月，是文化部主管、中国艺术研究院主办的综合性文艺理论刊物。《文艺研究》创刊20年来，一直受到文化部历届领导的高度重视，这里我尤其要提及的是老部长贺敬之同志对《文艺研究》的创办和发展给予了具体指导和有力扶持，孙家正部长到任后非常重视文艺理论研究工作，对本刊多次给予肯定与鼓励，并给予大力支持。我谨代表《文艺研究》编辑部对他们表示由衷的感谢！

今天我和我的同事感到荣幸的是，《文艺研究》的真正主人——《文艺研究》的作者：学术理论界的专家学者们同我们一起，以参加本次"世纪之交：中国文艺理论研讨会"的方式来纪念《文艺研究》创刊20周年。也正是你们，向我们提供的优秀学术研究成果，才使我们编辑出版了《文艺研究》纪念特刊（总第 121 期），这是给《文艺研究》创刊 20 周年最珍贵的礼物。我们把它献给今天到会的每位代表，也献给广大读者，献给党和人民。

《文艺研究》致力于文艺科学基础理论的研究，探索与揭示文艺发生发展的基本规律，在编辑选题中，注重分析和解决文艺发展中出现的新情况和新问题，以推进有中国特色的文艺理论建设，促进文艺事业繁荣。风雨春秋 20 载，她在我国社会主义文艺事业前进的道路上，作出了应有的贡献，留下了自己的脚印（也包括我们自身的不足、缺点、失误和历史局限）。我们编辑部同仁对 20 年走过的路进行了回顾和总结，深深体会到：作为一个文艺理论刊物，在 20 年的发展中，如何正确处理学术（文艺）与政治的关系是关乎她的兴衰存亡的问题。从十一届三中全会到十五大，我们是跟随"以经济建设为中心"这一时代前进的步伐，找准自己的位置的。十一届三中全会作出了把工作中心转移到实现四个现代化上来的决策，这必然要改变同生产力不适应的生产关系和上层建筑，改变一切不适应的管理方式和思想方式。这实际上是全局性的拨乱反正，理顺了政治与经济、政治与文艺（学术理论）的关系，纠正了过去"左"的"政治决定论"的错误倾向。用政治决定文艺的性质和功能是不科学的。政治和文艺（学术理论）是上层建筑，它们的性质都是由经济基础决定的，并且都是为经济基础服务的。邓小平同志在理论务虚会上说："社会主义现代化建设是我们当前最大的政治，因为它代表着人民的最大利益，最根本的利益。"这同列宁说的"政治是经济的集中表现"是一个意思，都强调经济基础对上层建筑的决定作用。政治和文艺只有同经济协调一致，才能发展生产力，推动历史前进。文艺的"二为"方向，是通过其自身的特殊规律，为不断满足人民日益增长的物质生活和精神生活的需要来实现的，这同文艺为经济基础服务是协调一致的，也是社会主义初级阶段经济基础决定的。文艺和学术理论有相对的独立性。过去在"左"的思想路线影响下，由于强调政治对文艺（学术理论）的决定作用，而产生对文艺规律和学术研究横加干涉的错误。为此，党对文艺政策做了调整，不再提"文艺为政治服务"的口号（这并不排斥文艺有为政治服务的功能），是符合马克思主义基本原理的。党的十五大提出了"建设有中国特色社会主义的经济、政治、文化的基本目标和基本政策，有机统一，不可分割，构成党在社会主义初级阶段的基本纲领"（江泽民同志在中国共产党第十五次全国代表大会上的报告），这是对马克思主义的新贡献。这为我们正确处理文艺（学术）与政治的关系提供了有力的理论武器。我们《文艺研究》就是沿着十一届三中全会开辟的航向，适应经济结构由社会主义初级阶段的计划经济到市场经济的不断变革，以"三个有利于"标准（看是否有利于发展社会主义的社会生产力，是否有利于增强社会主义国家的综合国力，是否有利于提高人民的生活水平）为指引，而平实稳健地、较好地调整自己的位置，正确处理文艺（学术理论）同政治的关系，不断前进的。《文艺研究》是我国社会主义的一个学术园地，同时也是一块理论阵地。我们的基本经验是：坚持以马克思主义为指导、理论与实践相结合、现实性与科学性相统一的办刊方针。在政治上同党中央保持一致，坚守"二为"方向。在学术上，认真贯彻"双百"方针。为了探求科学真理，悉心倡导学术民主与学术平等，搞"五湖四海"，对不同学派不同观点的学术研究，都给予充分尊重和支持，搞学派不搞宗派，调动一切积极因素，为建设有中国特色的社会主义文化而奋斗。

党的十五大已经吹响了向 21 世纪进军的号角，新世纪的潮涌已从天际滚滚而来，我们《文艺研究》将面临怎样的新的文化学术环境？在新的征途中，我们所处的准确位置应在哪里？这是在世纪之交我们要思考的问题。现在我们已经看到并体验到，由于科学技术进步日新月异，深刻地改变着并将继续改变着当代经济社会生活和世界面貌。经济全球化已破门而入，世界的变化很大也很快。我们的文艺理论研究工作必须有世界眼光和全球意识。科技迅猛发展和综合国力剧烈竞争，世界范围各种思想文化相互激荡。国际间文化的冲突不可避免。但是，随着全球互联网的开通，开辟了新的文化空间，为全球多种文化的融合、共存与共同发展创造了条件。我国在经济社会化、市场化、现代化的过程中，以市场为主阵地的世俗大众审美文化蓬勃发展，同人文精英文化（高雅艺术、学术理论）遭冷遇显露出尖锐而深刻的矛盾。到 21 世纪，随着社会主义市场经济体制的建立与完善，人民物质生活水平不断提高，对文化精神生活需求的质量也将不断提高，大众审美文化同人文精英文化的矛盾也将逐渐缓解。人文精英文化是精神文明建设的基础，学术理论的价值将会得到健康的市场经济的确认，随着物质文明的发展将有更大发展。这是文艺理论研究工作所处的新的文化学术环境。它使我们面对着严峻的挑战，同时也面对着前所未有的大好机遇。江泽民同志说："创新是一个民族进步的灵魂，是国家兴旺发达的不竭动力。"我们《文艺研究》必须要有创新精神，才能在新的时代环境中生存发展。我们的信念是：跟随时代步伐，坚持学术本位，是《文艺研究》的立身之本，"解放思想，实事求是"是她的灵魂，探求科学真理，不断创新是她的发展动力，尽心敬业，甘为人梯，是她的光荣职责。《文艺研究》定会在保持原有风格的基础上，使她的学术个性得到新的发展。

让我们携起手来，为迎接 21 世纪，开拓文艺理论研究新境界而努力。

谢谢大家！

# 学者漫谈：我与《文艺研究》

【编者按】 在《文艺研究》二十年的成长历程中，学术界的很多朋友都给予过我们宝贵的支持和鼓励。本期刊发的这组回忆散文，记载了不同时期学者与刊物之间良好合作、共同发展的轨迹，能够从中看到被浓缩了的《文艺研究》的历史与现实。我们愿意通过这个栏目，向学术界的广大朋友们表达我们衷心的敬意。

## 向前延伸的学术情缘

华中师范大学教授、博士生导师　邱紫华

还在我攻读文艺学硕士研究生时，就读到了创刊不久的《文艺研究》。当时，它在雨后春笋般的学术刊物中就颇引人注目。首先，它所登载的文章大都是国内有名的理论家和学者所作，在理论上的拨乱反正中，敢于批判"极左"观点，解剖那些错误观念深刻透彻，在思想解放中起着重要的推动作用。它对于在读研究生的我来说，无疑是在理论上值得信任的、对学习有极大帮助的理论刊物。其次，杂志的装帧、版式设计都较考究，富有形式美。第三，杂志内容广博而有理论品位。它不仅登载文学理论和美学研究的论文，而且发表有很高学术水准的研究各门类艺术的论文。因此，在我眼中，《文艺研究》以学术信息量大，富有理论品位而特别喜爱。在攻读硕士研究生期间，我就成为《文艺研究》的热心读者。尽管，在研究生期间，我比较勤奋，发表了七篇学术论文，但是，在《文艺研究》上发表文章，这是我不敢想的事。

1983 年，当我分配到华中师范学院中文系任教不久，《文艺研究》的编辑张潇华先生路过武汉，顺道来我校组稿。我系文艺理论教研室主任彭立勋先生热情地向张潇华先生推荐了我的硕士学位论文《论人物形象理论的发展》。这篇学位论文在毕业答辩时，得到了著名的美学家蒋孔阳、洪毅然、敏泽及其他专家的肯定和赞赏。张潇华先生同我见面后，当即决定晚一天返京，并叫我把已发表的论文都给他看。张先生约我第二天下午，在他乘火车前谈谈我的论文。他看了一整天，写出了一些具体的意见，在谈话中一一给我分析、指点。他不仅细谈了学位论文，而且从培养人材的角度给予我写作上的、学术上的指点。他当即表示，以两万五千字的空间发表我的学位论文，叫我把论文浓缩后尽快寄他。我的学位论文有七万八千字，其主干部分于 1984 年发表在《文艺研究》上。以后，在主编柏柳先生和副主编张潇华先生不断地培养和支持下，我陆续写的较有质量的论文都在该刊发表，成为《文艺研究》较稳定的投稿者。主编柏柳先生和副主编张潇华先生对稿件质量要求极严，不少稿件都被他们圈改过，有的稿件在提出一些尖锐的意见后退回修改。我非常重视主编和责编先生的修改意见和所改动过的文字，发现这些意见和修改过的地方的确改得清晰准确而简洁。他们严格认真的态度使我受益匪浅，不仅学到严谨的学风，而且学到许多敏锐的思想。我有一次进京，在编辑部同张潇华先生谈到黑格尔美学体系，当时，我正在写《思辨的美学与自由的艺术——黑格尔美学思想引论》一书，正在为如何把黑格尔的哲学体系和美学体系自然地联系起来，如何恰切地把其美学思想作为其哲学体系的环节来描述而苦恼。张先生说，应该先把握和说明黑格尔哲学的逻辑起点，说明其美学的逻辑起点。他热切地谈论他的见解，谈到理论界对黑格尔的误解和评价等。这些谈话给予我很大的启示，并惊讶他的哲学功底。在这次谈话中，我才知道他是"文革"前北大哲学系的研究生，是著名的哲学家冯定先生的学生。1988年秋，我进京参加全国美学会，那时《文艺研究》编辑部刚成功主办了我国第一次"东方美学学术研讨会"。当我知道这个情况时，感到很遗憾。张先生说："我只知道你一直在写黑格尔一书，没想到你有研究东方美学的打算。"然后，他就热烈地谈起研究东方美学的理论意义和实践意义。他的话，使我怦然心动，于是暗下决心，尽快结束正在进行中的《悲剧精神与民族意识》一书的写作，尽早起动东方美学的研究。1990年，我获得并承担了中国社会科学研究基金《东方美学研究》的项目。这一消息让张先生非常高兴，在他给我的信中谈到了他的意见和期望，并表示要发表我的东方美学研究成果。1993年4月，张先生因病去世，我为失去了一位益师良友而悲痛万分。那些日子，每当独坐书桌前，一想到张先生的情谊，我就潸然泪下。在柏柳主编支持下，《文艺研究》1993年第5期发表了一组我主持的"东方美学"的研究成果，以后又支持我发表了《秦俑是中国先秦审美文化的结晶——兼驳秦俑评价中的"欧洲中心论"》《印度〈奥义书〉中的美学思想》等文。

多年来，每次进京，我都要去《文艺研究》编辑部坐一坐，拜望编辑部的柏柳、袁振保老师和其他朋友。我深切感到，《文艺研究》杂志是我学术研究起步的摇篮，它对我的学术发展给予了全力的支持，它严谨的作风给予我深刻的影响。我庆幸在我刚刚踏上教学和科研道路时，就得到《文艺研究》杂志的培养和帮助，现在，我已是博士研究生导师，回首我成长的经历，心里充满了对《文艺研究》杂志的感激。

《文艺研究》迎来了二十岁的生日。这是理论界值得为之庆祝的事。在二十年不平凡的岁月中，《文艺研究》在建设具有中国特色的马克思主义文艺理论方面，在开拓文学和艺术研究新的领域方面，在引进和介绍外国成功的文学艺术理论方面，在理论人材的培养方面都取得了重大的成功。据我所知，全国许多重点大学的科研管理部门都把《文艺研究》定格为"国家级重点杂志"或"核心期刊"，把教师和科研人员在该刊上发表的成果视为"代表作"，不少学校还给予作者重奖。这充分地说明《文艺研究》在全国理论刊物中的重要地位。

我认为，经过二十年的发展，《文艺研究》拥有了自己刊物的稳定的特点。这就是具有稳定的高层次的理论品格；始终坚持理论探索，拥有博采众家之长的理论胸襟。

从 1979 年至今，中国的改革开放在文学和艺术理论方面首先表现为"拨乱反正"，消除"极左"思想对马克思主义的歪曲影响。以后，思想界变得非常活跃，各种思想潮流此起彼伏。《文艺研究》从创刊起，就坚决反对那种庸俗的、打着虚假旗帜的"马克思主义"理论；同时，对那些冲动的、浮夸的"趋时骛新"的理论也给予抵制。它强调理论的深刻性和严肃性，以博采众家之长的开阔胸襟，敢于发表那些有见解、有深入分析和研究的、观点明确而又言之有据的论文。在我的记忆中，几乎每逢思潮迭起的时期，《文艺研究》都积极地介入和参与，其所发表的文章都是坚实而有说服力的。《文艺研究》既没有追风之嫌，也不像有的刊物那样，如"墙上芦苇"摇摆不定而失去自己的理论品格。例如，有的刊物靠发表两极对立的观点，借"炒作"而产生影响；有的靠发表全盘否定某些著名人物的文章来引起轰动效应。二十年来，《文艺研究》一直坚定而沉默地在高层次的理论水准上运行。说它发表的论文篇篇都好，那明显是溢美的夸张。如果说，它发表的论文大都具有较高的学术价值和较深刻的理论思考，这应该说是符合实际的。二十年来，它所发表的理论文章，所关注的理论热点，同其他著名杂志一起，构成了新时期中国文学艺术理论发展的深刻而鲜明的轨迹，充分体现了中国学术思想的发展状况。

《文艺研究》的名称就昭示了杂志内容的广泛包容性。它包括了文学、美学和各门类艺术理论的研究内容。从 1984 年起，又增加了"研究之窗"，引进国外相关的学术理论和著作简介，也包括评介国内学者的著作。其窗口不大，而信息量大，信息快。刊物还坚持给予"漫画"一席之地。多年来，我形成了一个习惯：收到刊物后，先看目录，然后就找漫画看，常常忍俊不禁而觉得格外开心。这些漫画针砭文艺创作和理论研究上的时弊是非常尖刻的、富于睿智的。

《文艺研究》博采众家理论和各门类艺术理论，显示了宏大的包容性和知识的丰富性。80 年代初，社会上的美学热之后，美学从显学跌为"隐学"。一些美学的专门刊物因种种困难而停刊，美学文章很难发表。但是，《文艺研究》至今依然如故，对美学论文给予支持和关照。如果统计一下，很有可能它所发表的美学论文的数量，在国内刊物中名列前茅。再如，《文艺研究》所发表的研究西方现代艺术理论，研究原始艺术的论文，研究中国古典美学和古典文学的论文，研究中国现当代文学和艺术理论的论文数量都是可观的。《文艺研究》对各方面的理论问题都给予了关注和包容，它没有以舍弃某些方面的研究为代价，来建立自己的理论品格和特色。《文艺研究》正是拥有上述的理论品格和特色，所以，它才能够一直前进在当代中国文学和艺术理论研究的出版物的第一方阵之中。

## 山中一夜雨　树杪百重泉

北京广播学院教授　蒲震元

也许是 1981 年秋季，在《文艺研究》编辑部，也就是北京恭王府宝约楼二楼长廊西头那间较大的房子里，我见到了《文艺研究》的创办人之一、第一任主编林元同志。听人说他从湖北咸宁文化部干校回京后，一直忙于刊物的筹办，身体不怎么好。那天似乎有足疾，正拄着一根拐杖在房间里来回走动。当时新调入《文艺研究》不久的年轻编辑（实已中年）张潇华在场，见我走进，忙向他介绍说："这是蒲震元，他刚从大学分配到全国文联就下了四年半干校，现在在北京广播学院教书。我请他来谈稿子的事。"林元站定了。由于文化部干校后期曾有一段时间中国文联与中国作协合并为一个连队，林元同志虽和我不熟悉，但还是在一块劳动过的。他马上笑着跟我握手说："你好！谢谢你对《文艺研究》的支持。你的文章（指《文艺研究》1980 年第 5 期的《写川欲浪　图石疑云——浅探意境兼评几种流行的说法》）写得很好，我仔细看过了。"我不好意思地微笑着，一时不知如何措辞……也许，他的话带着浓重的广州腔，触动了我对岭南同窗尤其是广东籍老师的回忆？正踌躇，只听见他接着说："想不想到编辑部来工作？这是一份文艺理论研究方面的重要学术刊物。我们要下决心踏踏实实地办好它，就需要一批有文化水准、有奉献精神的编辑。依我看，好的编辑除了思想文化素质较高，还要有三能：能编、能写、能跑。"我心中一怔，暗自叫苦：晚了，怎么不早一些遇见林元？目下已经在广播学院开上了文学概论课，怎么好撂挑子再跳槽回文化部？但我当时还是被他的诚挚的事业心和工作魄力所震慑，便向他表示："我回去好好考虑一下……当然，如果广播学院不放我回来，我也一定会在教学之余，向《文艺研究》多提供自己的研究所得，多写文章。""那就请你多给我们写稿子。"他语重心长地说："要多写有水平的学术文章，只要对繁荣社会主义文化事业有利，不同的学术观点可以争鸣……"

光阴荏苒,将近五分之一世纪的时间过去了。《文艺研究》沐浴着改革开放的春风,迎来了自己的二十岁生日。有目共睹,在林元、王波云、柏柳等历任主编及其他副主编、编辑部成员的不懈努力下,今天的《文艺研究》,已经成为展示我国文艺研究新成果的重要学术窗口。1997 年底,《文艺研究》荣列全国 15 种学术理论类重点期刊榜,成为在学术界享有盛誉、独具风格的大型综合性文艺理论研究刊物。作为《文艺研究》的撰稿人和读者,我为它不断取得新成就而高兴。尤其是为它能自觉地以辩证唯物主义和历史唯物主义观点为指导,切实贯彻"双百"方针、奉行"五湖四海"学术平等的原则,密切结合我国的文艺创作与理论研究实际,长期坚持学术高品位、重视理论新开拓,资料丰富、刊风严谨、印刷精美(近几年尤显此特色)、日益赢得海内外读者喜爱等优点表示由衷的高兴。当然,除此之外,我还深为《文艺研究》编辑部一种一以贯之的工作精神所感动,那便是编辑部既重视出成果,又重视培养人才的强烈使命感和他们上下一体、严肃认真、热情诚挚又绝不徇私草率的工作精神。有时我甚至默默地认为,一种有益于社会的事业要得到真正发展繁荣,从事这一事业的人就必须有一种良好的作风,并勇于坚持真理、开拓进取,做到前赴后继,代有传人。具体到一个编辑部,又何尝不如此?上述使命感和诚挚认真的工作精神的有机统一,是不是算得上《文艺研究》编辑部的一种"刊风"呢?……二十年来,不知是由于一种必然还是偶然的原因,也许被《文艺研究》编辑部这种热情地关心作者的成长而又勇于坚持原则、坚持刊物的学术高品位的工作作风所吸引,我一直在履行着深藏心底的承诺:在教学之余,首先向《文艺研究》编辑部提供自己在文艺理论领域的"研究所得"。每当自己的一得之见被《文艺研究》所肯定或发表,我就激励自己:要谦虚谨慎,不断努力,与刊物的水平相适应,给人们提供新的、正确的、有价值的东西;要向编辑部的老、中、青同志学习,把最精粹的精神产品奉献给哺育自己成长的祖国。屈指一算,大概从 1980 年 起,1983 年、1987 年、1990 年、1991 年、1992 年、1994 年、1997 年、1998 年、1999 年,我都在《文艺研究》上发表过文章,百分之九十是学术理论文章,争取每篇都在理论上有新的进展。1994 年,在上述部分论文的基础上,我完成了拙著《中国艺术意境论》的写作。该书 1995 年 4 月由北京大学出版社列为该社"文艺美学丛书"出版。出于对《文艺研究》编辑部的感激之情,我在该书"后记"中曾写下过以下一段文字,其中重点记述了我对亡友、曾任《文艺研究》编辑部编辑和副主编的张潇华的深深缅怀:

《文艺研究》历任主编及责任编辑对此书前数论及附录中《析品》一文的初次以论文形式发表，付出了巨大的辛劳。尤其是亡友《文艺研究》原副主编张潇华先生，曾以其哲学思辨之专长，着实弥补了著者学力之不足。他虽然与著者有全国文联及文化部咸宁干校共事之谊，在处理稿件时却十分严格，对本书的前四论（第一次以论文形式发表时），分别提出过退稿、重写、修改等不同处理意见，绝不徇私草率，表现了一位正直的中年编辑家应有的高尚精神品格，且多次与笔者进行深入讨论，亲自下笔对论文进行修改。在北京恭王府宝约楼（《文艺研究》编辑部所在地）的长廊上，在编辑部的陋室中，无论夏日蒸腾，寒风刺骨，都曾有会心的长谈一直存留在著者深深的回忆之中。本书关于"意境理论本质上是一种东方品味理论，典型理论本质上是一种西方造象理论"的观点，实为张潇华先生提出，著者只作了发挥和论述而已，特在此郑重声明。张潇华先生虽英年早逝，但他为繁荣中国艺术理论研究事业忘我奋斗的精神与贡献，当与《文艺研究》取得的有关成果共存，并在众多撰稿人与读者心中凝成永久的纪念。

令人痛惜的是，林元、张潇华同志已分别于1988年、1992年辞世了。……"行至水穷处，坐看云起时"，我曾用王维《终南别业》诗中这一名联所表现的艺术境界来形容过我与《文艺研究》编辑部的交往和编辑部的前赴后继、代有传人。只不过这一比方仅仅记录在笔记本上，并未拿出去公开发表。今天看来，该不会引起什么误会吧。1992年以后，我在《文艺研究》上刊登的文章，主要是由主编柏柳同志、副主编袁振保同志和其他年轻编辑同志审阅的。他们各具个性，但又同样体现了上面说到的编辑部一以贯之的工作精神。多年来，我与柏柳同志曾有很多次接触。他是一位既坚持原则又善于开拓进取的主编。有的青年编辑对我说过：他有敏锐的学术眼光和宽以待人、包容百家、重视培养年轻干部的优点。在他与马肇元等副主编和今天的《文艺研究》杂志社全体成员的努力下，《文艺研究》无论从内容和办刊形式上看，确乎既发扬了传统风格，又上了一个新的台阶。然而，柏柳同志给我的更深的印象，却是他平易近人和富于启发性的工作方式。他与袁振保副主编都曾亲自审阅过我投寄的稿件，提出过非常中肯的修改意见。1994年，我写的一篇论气韵审美的长篇论文，便是在他们的批评帮助下，在退稿一年之后，内容与论述都有了新的进展，才得以通过发表的。还记得有一次，我把拙著《中国艺术意境论》带到《文艺研究》编辑部呈送给他和其他几位编辑，柏柳同志非常高兴。我当时没有在书上签名，而是把名字写在一张卡片上，夹在书中。在送书时，我打趣说："这样做，是为了日后方便卖废品。"柏柳马上风趣地批评说："怎么能这样说？你对意境问题研究了十几年，是这方面的专家嘛！我看赠书人的名字必须写在书上。我家里的书架有两格都是陈列别人的赠书的。你这本书我会一直放在书架上显眼的地方。"两年后，这本二十万字的小书获得了北京大学第二届 505 中国文化奖优秀著作奖和北京市第四届哲学社会科学优秀成果奖二等奖，我告诉了柏柳同志，他表示由衷的喜悦和祝贺。并说："我看，艺术意境理论还可以再继续研究"，"其他方面，你有什么新打算，希望跟《文艺研究》加强联系"。以后，每过一段时间，我就会向柏柳同志谈谈高等院校有关师生和学术界一些朋友对《文艺研究》的新评价和新意见。柏柳很谦虚，正面意见和批评意见都十分仔细地听。我隐约意识到：《文艺研究》编辑部正在努力加强和作者、读者的平等"对话"关系。这可能是这份大型学术刊物在改革开放中迈向新世纪的一种思想准备？

清代著名文艺批评家赵翼有诗句云："无边天作岸，有力浪攻山。"后来，林则徐把这两句诗生发和改写为："海到无边天作岸，山登绝顶我为峰"，表现了更为雄伟开阔的艺术境界。在《文艺研究》二十岁生日到来之际，我愿意借用上列诗句，尤其是后一联，作为对《文艺研究》杂志的真诚祝福。

## 回望当时携手处

中国艺术研究院研究员　郎绍君

大约 1982 年初，我把置放一年多的学位论文拿到《文艺研究》编辑部，请他们看看可否节选一部分。不久，负责艺术文稿的姚振仁对我说，同意删改发表。这就是刊于当年第 3 期的《早期文人写意三题》。因为这篇文章，我认识了老姚（大家都这样称呼他），与《文艺研究》结了缘。人生忽忽，转眼就是十七年！

十七年来，我在《文艺研究》发表 13 篇文章，约 20 万字——其中 8 篇收入文集《论现代中国美术》《重建中国精英艺术》和《现代中国画论集》，3 篇节选于《齐白石》等专著，2 篇将收入另一文集《论古代中国美术》。对这一成绩，自己也有点吃惊。

我本学绘画，后改美术史论；毕业留校，教史论课。"文革"后读研并留在中国艺术研究院做研究工作。80 年代前期，我如饥似渴地读文史哲杂书，努力变更自己的知识结构与思考方式。对于美术史研究，不想拘在史料一个方面，而试求材料与观点结合，吸融些新东西。《早期文人写意三题》乃系列论文之一的《苏轼与文人写意》的删节、缩写稿，这组论文大约有一本书的规模，是我对古代美术思想进行新阐释的首次尝试[①]，90 年代中期为研究生开"中国美术批评史"课，便是在这一基础上扩展起来的。

1980 年，我曾到敦煌莫高窟和榆林窟考察，写了很多记录加感想式的笔记。回来后，总有一种强烈的感受想表达，但对于走近这个既专门又广大的领域，又惴惴然缺乏信心。一次，老姚问我，敦煌之行有何感想，有没有写作计划。我们随便聊起来，我谈及对早期壁画印象最深，但一时又说不清是为什么的时候，他立刻表示有同感，并希望能就这个问题写篇东西。我知道，早期敦煌壁画的图像内容如本生故事、佛传故事和因缘故事等，敦煌学者已作过相当详尽考释。我所能做的，是在这些学者考古研究的基础上，从美术和美术史的角度，论析图像的精神内涵与艺术风格，并探讨它们产生的背景和条件。在写作中，我特别重视对早期敦煌壁画描写人间苦难的分析，重视它的"第二面貌"（时间和风化带来的变色变形与剥落等）与今人审美趣味的某种对应。这就是《文艺研究》1983 年第 1 期的《早期敦煌壁画的美学性格》。文章发表后，先是得到曾任职于敦煌研究所的潘絜兹先生的热情肯定。大约一年后，敦煌研究院院长段文杰先生来京开会，打电话约我去京丰宾馆见面，谈话中除对这篇文章表示肯定外，尤鼓励我继续作敦煌的题目。他说，敦煌考古很有成绩，但敦煌美术研究颇弱，希望我在这方面多用功，并表示研究院可以提供我考察的旅费和可能的资料条件。1987 年，我被邀参加敦煌艺术国际学术讨论会[2]。会后，敦煌研究院聘我作院外副研究员。但从那以后，因领导分派我担任的中国大百科全书美术卷近现代分支副主编、"八五"重点项目《中国美术史》现代分卷主编，任务太重，就放下了敦煌方面的研究，辜负了段文杰先生和敦煌研究院的期望。但这段文字缘份，是终生难忘的。

1983 年夏，我到贵阳参加一个全国性的民间美术讨论会，顺便在黔、湘两省作了些考察，深感丰富的民族民间美术应该大力收藏、整理，也迫切需要提高对它们的认知，从民族文化和艺术史的高度肯定它们的价值，透析它们的艺术品质。偶然与姚振仁聊起这些想法，他迅速作出了反应："这是个好题目！"并说："我们都觉得那些布老虎、小泥人很迷人，但它们的迷人处究竟在哪儿，又为什么会迷人，得说出个道道来。"这使我深受鼓励。当年秋，写出了《民间美术三题》——在《文艺研究》发表的第三篇文章。从那以后，民间美术成为我关注的对象，陆续写了关于陕西民间拴马桩石刻、天津泥人张彩塑、北京郑于鹤泥塑，以及艺术中的"乡土气息"、中国画如何从民间美术借鉴等一系列有关文章。[3]

有了这样的交往，我和编辑部逐渐熟起来，在院子里碰面，他们会常有"近来写什么"或"有什么新想法"一类的问话。看美展时，常碰见老姚，他对美术的兴致和用功，甚至胜过许多圈内朋友。但后来我才知道，他对音乐、电影、文学，同样有兴趣，同样用功。他全心全意做编辑工作、对每一篇稿约都认真参与、负责到底的态度，使我懂得了什么是献身于编辑事业的崇高精神。

对美术现状的关心，对 20 世纪美术特别是它的历史经验的思考，比古代画史、画论对我有更大的吸引力，这与《文艺研究》关注现实艺术问题的方针也恰好合拍。1985 年 1 月，在中国画革新重新成为焦点问题之际，我写了《走向现代的沉思》一文，从"历史经验""向多元发展""审美需求的新潮""现代感与传统风神的统一"四个方面探讨中国画的现代转化。对近百年历史经验、"多元"内涵的释说，把现代感与传统风格统一起来的看法，受到不少同行的支持。

1985 年，李可染举办大型回顾展之前，姚振仁找我说，刊物要发评论文章，但不要人云亦云，不要浮面的颂扬，而必须能讲出点新东西，从理论上作出些新的概括与分析。我很高兴接受这个任务，一是《走向现代的沉思》一文相对宏观，是对整个世纪中国画革新历史经验的回顾，下一步应当转向个案研究，而李可染恰是极具代表性的画家。二是赶上他的回顾展，有条件看画，而且能看到全貌。为了此文，我和老姚一起访问了李可染先生——这也是我首次拜识这位著名前辈艺术家。文章名为《黑入太阴意蕴深》（《文艺研究》1986 年第 3 期），不是从现代画史意义上谈李可染的绘画，而是横向的——从意象、境界、光色画法、笔墨特征、情感倾向五个方面讨论他的山水画。没有想到的是，这篇力图把读画感受与理性透析结合为一的文章，两年后被评为中国艺术研究院首次科研成果一等奖。

80 年代中期，以青年美术群体为先锋的"新潮美术"席卷各地，他们办展览、发宣言，创报刊，掀起了一场声势浩大的现代美术运动，其风势，感应到哲学、诗歌、小说、戏剧。如何看待这场运动，人们存在着尖锐的分歧。我不是直接参与运动的批评家，但我始终对它给予同情的关注，并努力对它的各种表现、它提出的各种问题寻求解释。与姚振仁碰到一起，也常谈起各自的想法，觉得有必要对它作出真实和理性的评述。经过两年的观察与思考，我于 1987 年夏写了《论新潮美术》。这篇 2 万余字的文章从"本体的思""心理幻境""历史意识""反传统""哲学意味""不和谐"六个方面讨论了新潮美术发生的社会思想根源、观念主张、精神特色和审美取向，并对它们的价值与局限作了初步评析。我不取煽情式的全力倡扬，更反对"上纲上线"的一概否定。

1988 年底，由中国美术报、陕西省文化厅和西安文化局发起，在陕西户县农民画馆召开了"现代民间绘画（农民画）学术讨论会"。文化部命名的全国 25 个画乡的农民画辅导员和与会的有关专家，讨论发端于大跃进年代、发达于改革开放后的中国农民画现象。会后，我根据在会上获得的感性材料和大量调查，写成《论中国农民画》一文，就农民画的性质、存在方式、价值意义、艺术特色、经验教训和发展前景作了探讨。这是对农民画现象进行系统学理分析的初次尝试。文章在《文艺研究》（1989年第3期）发表后，收到了数十封来自各地群艺馆美术干部热情洋溢的信，希望我到他们那里去讲课或为他们那里的农民画写文章。

从80年代后期到90年代，我的研究工作集中于20世纪中国画史以及相关的问题。一方面作个案研究，写了《齐白石》《齐白石年谱》《林风眠》《李可染》等专著，主编了《齐白石全集》；另一方面，就一些专门问题作综合性探索。这期间发在《文艺研究》上的6篇文章，《李可染的山水画》《创造新的审美结构——林风眠对艺术形式的探索》《齐白石艺术的风格与形式》《得心源者为上》属于前者，多为专著的个别章节；《20世纪的中国画研究》《笔墨论稿》属于后者，是专题论文。《20世纪的中国画研究》是一组文章，想述评一个世纪的中国画著作，但至今未完成。《笔墨论稿》原是为上海艺术双年展学术讨论会写的论文，专就中国画的基本语言方式——笔墨，它的定义、内涵、形态、风格、格调，它与相关形式、传统文化的关系等，作初步诠释。近百年来，画界围绕笔墨问题有过无数次的论争，但争论双方大都囿于革新、保守态度的争辩，对笔墨本身、笔墨的文化语境和历史过程，反而相当的忽视。此文是导论性质的概述，下一步将从绘画史和批评史的角度对笔墨进行历史考察。

为《文艺研究》写文章，我一向使出全力，不敢有一点懈怠。在我的心目中，像《文艺研究》这样既开放又有水准的文艺理论刊物，在全国并不多（80年代尤如此）。我荣幸地挤进它的作者群，不能不认真。当然，重读自己的文章，总有这样那样的不满足，但那是限于水平，并非不努力之故。我虽是学美术史的，但喜欢史、论的结合，总想融会艺术现象与综合思考、历史事实与经验理性、直观感受与学理分析；在文字上，追求表达的清晰、简洁、素朴、生动，绝不为文而害义，也尽力避免质而无文的粗糙。凡自己不明白、说不清的东西，坚决不说，拒绝"以其昏昏，使人昭昭"的海侃玄谈，远离"弯弯绕"和大而空。《文艺研究》所提倡和要求的文风，逼着我对自己的文字一再推敲修改，培养了我不厌其烦磨文章的习惯。

在我的印象中，《文艺研究》联系的艺术类作者，包括各艺术门类的老专家、中年实力派和才华横溢的新锐。作者们多不相熟，编辑虽有调换，但这种联系相对稳定。这种稳定的联系，不是小圈子，没有远近亲疏，大家以文会友，真诚相待，各自独立，彼此尊重。刊物生存困难，作者稿酬菲薄，但能彼此理解，共同坚持学术追求，既淡泊、又热诚。新时期以来，对学术的意识形态限制大大减弱，但春有寒潮，夏有风雨，相对客观和超脱的态度，也会受到这样那样的冲袭。在我和编辑的接触中，曾感受过他们的压力，他们的折中，他们的守卫，他们的两难。提倡马克思主义的思想和方法，又容纳百家言；渴求新知，但不赶时髦；重视民族艺术遗产，更强调对传统的现代诠释；欢迎大胆的创见，也要求细密的论理。这，也许可以看作《文艺研究》的刊物形象和性格。在我和一些研究者的文章被某类刊物所禁拒的近十年里，《文艺研究》始终坚持真正马克思主义的态度，坚持自己的择稿原则，对独立的学术研究给以真正的支持。

回望当时携手处，风云草木也入情。些小短文，难以表达对《文艺研究》创刊20 周年的感念。

**注释：**

---

① 这些文章的内容，包括苏轼的艺术功能论，苏轼对士人画与工匠画的区分，苏轼的诗画异同论，苏轼的形神论等。部分发表在《朵云》《中国文艺思想史论丛》等书刊。

② 我提供的论文题为《论唐风》，收入《首届敦煌艺术国际学术研讨会论文集》，《敦煌研究》1988 年第 2 期第 70—72 页刊发了摘要《唐风论纲》。

③ 这些文章，大都收入拙文集《重建中国精英艺术》，湖北美术出版社 1995 年版。

## 学术之车的"第一推动力"

西京大学常务副校长、研究员　陈孝英

我的一生中有许多值得纪念的"第一次"，但没有哪一次能和那个帮助我确定专业方向的"第一次"相提并论。多少年后，每当我在自己选定的学术道路上取得某种成功的时候，我总会情不自禁地回过头去缅怀那促使我的学术之车快速运转的神圣的"第一推动力"。

我指的是我在《文艺研究》1981 年第 2 期发表的第一篇论文——《试论幽默的情境和功能》。

1980 年秋，初涉幽默研究的我刚刚完成了自己的论文处女作——《试论幽默》，便以初生牛犊的勇气径寄《文艺研究》。两个月后，当我突然接到北京寄来的清样时，连自己都懵了：中国最大的一家文艺理论刊物，居然如此迅速地发表了一个名不见经传的作者的自发来稿！我不禁想起十五岁那年在《文艺报》上发表第一篇小说所引发的作家梦，想起十九岁那年在《新民晚报》上发表第一篇译作所勾起的翻译家梦，眼下，一个新的更加诱人的梦——文艺理论家之梦正在向我招手。它使我兴奋不已，夜不能寐。我怀着久违了的童心，在当天的台历上写下了一句"豪言壮语"："1980年冬与喜剧美学史前史的终结"，然后画上一个大大的惊叹号。兴奋之余，我记住了那泛黄的清样纸，也记住了两位主编的名字——林元、柏柳。

十八年过去了，我已从青年跨入壮年，并从《文艺研究》的一名新作者变成了它的一位老朋友。尽管我已在这份雍容大气的期刊上陆续发表了研究喜剧美学、中国文学、曲艺、影视、戏曲的多篇论文，但不管走到哪里——无论是《文学评论》的颁奖会还是中国视协、陕西视协的庆功会，无论是香港的论坛还是日本的讲坛，只要谈及自己的学术道路，我总是满怀深情地提起那撼动人心的"第一次"。

这个"第一次"其所以能撼动我的心，是因为它为我提供了一杆学术之秤。当时，对于刚刚从外语教学转向理论研究的我来说，"喜剧美学"这个我斗胆构想的新学科究竟能否成立，心中实在没有多少数。就在这个关键时刻，我十分看重的权威期刊发表了我的第一个研究成果，这无疑是一种验证，一种确认，甚至还可以说是一种声援。我从中看到的不仅仅是对这篇万字文稿的肯定，而且是对我的研究方向和研究能力的认定。"喜剧美学"的研究方向应该继续下去，我的理论研究之路应该坚持下去！时年三十八岁的我活像个大孩子似的一口气买了好多本杂志分送给亲朋好友，其欣喜与自豪之情决不亚于若干年后将自己新出版的学术专著签名馈赠给热情的读者。

如果说一篇文章的发表就完全决定了我一生的学术道路似乎有点夸张，但它至少以前所未有的力度坚定了我的学术选择，加速了我的研究进程，使我的学术研究从小心翼翼的投石问路迅速进入目标明确的系统探索。正是以这篇论文为基础，我几易其稿，将它扩展为自己的第一部专著——38万字的《幽默的奥秘》和第一部资料集——18万字的《幽默理论在当代世界》以及第一篇长篇文学评论——2万字的《论王蒙小说的幽默风格》。当它们此后获得中国社会科学院、中国图书节、中国少数民族图书节的奖励时，特别是当它们成为一门新兴学科——"喜剧美学"和几个全国性学术团体——中华喜剧美学研究会、中华梨园学研究会、中华曲艺学会——的理论基础时，我总怀着饮水思源的心情忆起1980年冬接到的那份泛黄的清样。

这篇论文的发表还为我树起了一面旗。素昧平生的老编辑，赤诚地提携一个默默无闻的外地作者，这显示了一种胸怀、一种高尚、一种自信。此后的很多年中，不论为文、改稿、编刊、做人，我眼前总站着一位隐形导师。在我创办《社会科学评论》《喜剧世界》和主编《艺术界》《延安文艺研究》《文化艺术报》等几份报刊的过程中，我之所以能以稿取人，以文会友，在我创立"喜剧美学"学术团体、组织学术攻关的过程中，我之所以能扶植青年、推出新人，和那位隐形导师希冀的目光显然是密不可分的。

从 1980 年冬开始，我便与《文艺研究》结下了不解之缘。我不仅自己为它写稿，还怂恿、督促和帮助我任所长的陕西省艺术研究所研究人员及学术界、新闻界朋友给它投稿。当我看到李四海、冷梦、常江虹、尹泓、张渝生等一批同道者第一次捧读我所熟悉的那种泛黄的清样，第一次享受理论研究成功之喜悦时，我欣慰地感到我与《文艺研究》之缘正在延续、生根、发芽、开花。《文艺研究》正在跨越时光，冲破商品大潮的狂涛，走向新的一代，走向新的世纪。我不禁又一次回眸瞻仰十八年前在我学术的晴空高高升起的那面旗帜。

一个人的一生会遇到不知多少个"第一次"，人们充其量只能记住其中的一小部分，这是因为只有这一小部分闪光的"第一次"能留给你某种不可重复的启示和激励。《文艺研究》的"第一次"给我留下的是一种眼光，是一种风度，是一种精神。清样可以泛黄，而精神却能够四季常青。

## 寻求多学科研究和国际对话

北京语言文化大学教授、博士生导师　王　宁

我和《文艺研究》已经有了十多年的合作关系，最初仅作为一名自发的投稿者，其后又不时地应编辑之约，对目前东西方学术理论和文艺研究领域内的重大课题提供一些新的信息或者撰写一篇论文。久而久之，我和《文艺研究》编辑部建立了密切的合作关系：我几乎隔上一段时间便向该刊提供一篇论文或译文，有时为"研究之窗"提供一些新的理论信息资料。我们的合作是那样的和谐和默契，因而在目前国内外众多的中英文寄赠刊物纷至沓来时，《文艺研究》竟成了我和我的一些海内外学术同仁每期必读的少数几种刊物之一。那么究竟是什么原因促使我这样重视和喜爱这个刊物的呢？在总结刊物所不断提高的学术质量和理论水平之前，我无法回避我个人与这个刊物及其众多编辑的学术联系和个人关系。

我最初结识的《文艺研究》编辑是几年前英年早逝的副主编张潇华先生，虽然他已离开我们好几年了，但最初见面时的情景依然历历在目。1985 年 10 月，我作为南京师范大学的一名青年英语教师有幸出席了在深圳举行的中国比较文学学会成立大会暨国际研讨会，当时我结识的三位中外学者后来均给了我治学以极大的帮助：杨周翰教授于第二年成了我在北京大学攻读博士学位时的导师；杜威·佛克马

教授成了我90年代初在荷兰乌德勒支大学从事博士后研究的导师和亲密的合作者；而张潇华先生则热情地鼓励我利用自己的外语优势，积极为《文艺研究》撰稿，力求准确及时地将西方文学艺术研究领域内的最新理论信息传达给国内学术界。他作为我难忘的写作师长，启发我首先为"研究之窗"撰写书评和理论信息，待到逐步熟悉刊物的编辑方针和理论导向后再撰写长篇论文。我按照他的鼓励和教诲很快撰写了两篇书评，一篇介绍的是英国的马克思主义理论家雷蒙德·威廉斯的重要著作《马克思主义与文学》，这本书现已被公认为我们研究英国的文化唯物主义和文化研究的必读书目；另一篇则评介了佛克马夫妇的《20世纪文学理论》，后来这本书中译本的问世对中国文学理论界产生了很好的借鉴作用和影响。虽然这两篇小小的书评在我的著述生涯中算不了什么，但张先生的具有前瞻性的学术眼光却令我十分佩服，而我和他的友谊也逐步建立起来了。我们配合得十分默契：我不断地向他提供信息和译文，但却很少把自己不太满意的论文寄给他发表；他也本着严谨的治学态度，很少约我撰写长篇论文，但当我们的交流和讨论达到一定深度时，他便抓住时机，几乎以命题作文的方式约我在限定的时间内交出一篇长文。我依然记得，1988年底，我开始翻译佛克马和伯顿斯主编的《走向后现代主义》一书，当我偶然向他提起此事时，有着很强的学术敏感性的张先生立即看到了后现代主义这个选题可能对学术理论界产生的影响，他先是约我谈了一个多小时，然后要我就这个论题写一篇15000多字的长文，这就是发表在纪念《文艺研究》创刊十周年的1989年第4期上的论文《现实主义、现代主义和后现代主义》，这篇论文发表后立即被国内外一些刊物或文集全文或摘要转载，并不断地为海内外研究这个课题的学者和批评家引用。

我的另一位长我几岁的编辑朋友是后来故去的副主编吴方先生，他的英年早逝也使我十分难过。他是一位中国文学批评家，而我在学术研究之余也撰写一些当代文学批评文字。但作为编辑的他，却准确地了解我的专业擅长。他仅发表过我一篇论文，而且还是一篇被上海的一家刊物以"缺乏具体实例，建议再作修改"而退回的论文。尤其这篇论文是我专为一本比较文学专题研究文集所撰写的，因此我当时已不打算在杂志上先发表了。当我和吴方谈论另一话题时，也只是偶然提到这篇文章，他在得知题目和大概观点后立即要我寄给他。于是我在去香港访问研究之前匆匆和他道别，并将稿子交给了他，三个月后我从香港回来，这篇文章已稍作删节刊发在1988年第5期上，这就是《比较文学：走向超学科研究》，这篇文章的转载率和引用率也令我吃惊。由此我更加佩服《文艺研究》编辑们的具有超前意识的学术眼光和对未来文艺思潮走向的准确把握。我和后来的编辑廉静、方宁和杜寒风也一直保持着密切的联系和合作关系，可以说，我始自 80 年代中期的学术生涯始终与《文艺研究》分不开：我目睹了刊物在 80 年代中期和 90 年代中期质量上的两度飞跃，也曾为刊物由于某种原因而导致的一段时期质量上的下降而感到惋惜。但无论如何，当我得知新闻出版署评选全国百种重点社科期刊时，我毫不犹豫地认定，《文艺研究》必在其中。确实，作为读者，当他喜欢某个刊物时，他就会不断地阅读它；作为作者，当他因为喜欢某个刊物而长期阅读时，他就会不断地把自己满意的作品投寄给它发表。我和《文艺研究》十多年来发展起来的就是这样一种关系。

当然，仅仅喜欢某个刊物，也许并不能说明这个刊物所具有的学术质量。在当今这个市场经济占主导地位的时代，一个学术理论刊物要想赢得众多的同行读者，就必须显示出自己的优势和别的刊物做不到的特色，《文艺研究》可以说就是这样一个有着高水平和广泛影响的刊物。在我访问过的亚洲、欧洲、北美洲和澳洲二十多个国家的五十多所大学的图书馆里，都可以读到这个刊物。那么究竟什么才是这个刊物的优势和特色呢？我在此仅从一名文学理论研究者和读者的角度作一粗略的概括。

首先，在国内众多刊物中，《文艺研究》具有理论的前沿性和思潮的导向性。这可以从下列实例中见出：当比较文学这门显学刚刚于 80 年代初在中国复兴时，刊物编辑就凭着敏锐的学术眼光发表了包括钱锺书、杨宪益和张隆溪等知名学者撰写的一组比较文学论文，对于推动这门学科在中国的复兴乃至发展起了开拓作用。在其后的关于后现代主义、后殖民主义和文化研究等具有国际前沿意义的理论讨论中，《文艺研究》都起到了某种导向的作用。

其次，《文艺研究》不是某一学派的传声筒，而是有着开阔的学术胸襟的多元性和包容性，即使在政治气候不利的情况下，刊物的编辑也能坚持学术自由的原则，刊发不同学术观点的争鸣文章，从而对活跃中国当代文艺理论研究的学术气氛起到了重要的作用。

再者，多学科交叉和整合研究也是这个刊物的一大特色。《文艺研究》所涉及的领域从一般的美学理论到文学艺术学的各个分支领域，从中国文艺到外国文艺，不仅跨越了国别的界限，同时也跨越了学科的界限，更是跨越了艺术门类的界限，从而体现了当今国际文学艺术学研究的大趋势。这一点正是国内同类刊物所难以办到的，因而，创刊二十年来，《文艺研究》一直能够保持自己的特色，并向着国际性大刊物和名刊物的目标前进。

最后，作为一家重视学术前沿课题的刊物，《文艺研究》并不忽视对传统文艺的重新思考，但它更注重用当代新理论对传统的文本进行新的阐释和建构。

值此《文艺研究》创刊二十周年之际，我殷切地希望它能反映中国文学艺术理论研究的最高水平，从而在国际学术理论界的讨论中发出中国学者的声音；此外，作为一家有资格跻身国际著名刊物行列的中国刊物，《文艺研究》应加强与国际同行的交流和联系，以便尽早地接近和达到学术质量、编辑规范和印刷装帧方面的国际水平。对此，我以热切的心情期待着。

### 《文艺研究》与我的学术道路

上海市委党校教授、哲学部主任　黄力之

二十年前，当我还是一名中文系的学生时，欣喜地看到了《文艺研究》的创刊号，从那名家云集的阵势便可看出，这是一份对中国未来的文艺研究有着不可低估的影响的刊物。此后，不论我的学习与工作如何流转迁徙不定，对《文艺研究》的关注与喜爱却是一如既往。我是它的忠实读者，也有幸成为它的关系密切的作者。因此，在刊物创办二十周年之际，我想说说刊物对自己的学术研究的影响和帮助。

首先，《文艺研究》本身的宗旨和风格对我的学术研究立场有着积极的影响。据我观察，《文艺研究》之所以在改革开放二十年的意识形态风云变幻之中，脚跟稳定，扎实推进，在于它事实上奉行了广纳百家、学术至上、基础理论与应用研究并重的方针。它既避免了浮躁与偏激，又尽量"惟陈言之务去"。在二十年中，《文艺研究》对审美文化领域内的一系列重大问题，如文艺与政治的关系、人性与人道主义、巴黎手稿研究、意识形态论、马克思主义文艺学的建设、东方美学、西方批评理论、本体论等等，都发出了自己的声音，刊发了一批有份量的文章，推进了对这些问题的研究。对此，学术界是交口称赞的。

自然，在具体的学术问题上，学者们的立场、背景是不相同的，看法也不可能"舆论一律"，其间难免有冲突与碰撞。《文艺研究》贯彻了真正的学术民主原则，不搞"用文唯亲"，不搞众口一词，不论学者的立场、背景、观点如何，只要言之有理，就提供篇幅发表。

我印象颇深的是，1994年在昆明的一次会上，柏柳主编告诉我，《文艺研究》是学术性刊物，只搞学派，不搞宗派，奉行学术平等的原则。有一篇美学研究的文章，所讨论的问题在学术理论界是有很大争议的，《文艺研究》决定发表。刊物这样做并不意味着完全赞同其学术观点，而是认为作为一家之言，只要持之有故，含有科学真理的颗粒便有发表的价值。

回想起来，我觉得，在中国特殊的国情条件下，《文艺研究》不搞一言堂，不搞口头民主，充分发挥所有学者的学术积极性，真诚地而不是表面地贯彻百家争鸣，既推动了学术的繁荣，也为现代学术格局的形成作出了贡献。可以说，《文艺研究》的做法，实际上支持了学者们的独立学术追求，使他们以学术的严肃性、科学性为准则，而不必去考虑学术以外的时尚与风向。

其次，《文艺研究》作为一份有影响的一流刊物，几乎每期都有名家的论文，足以维持刊物的运行。但是，《文艺研究》并不满足于此，而是以长远的历史眼光关注学术界新生力量的成长，尽可能地为他们创造发展的条件，使刊物既出研究成果又出人才，这也是对中国学术的一个重大贡献。二十年来，国内一批有影响的中青年学者的成长，几乎都离不开《文艺研究》的战略性扶持。我自己在这一点上体会颇深。

1991 年 10 月，在重庆召开了全国新时期文艺论争研讨会，《文艺研究》副主编张潇华（于 1992 年英年早逝，可惜）赴会。我与他有所交往，他在会议期间找我谈了一次。他说，无论如何，作为刊物，我们还是需要有份量的、深入研究的成果，马克思主义文艺学的科学性要有新的论证，不能停留在一种姿态上。他约请我为刊物写文章，还叮嘱说，不要写成急于发表的东西，要经得起时间的检验。这一席话，对我启迪很大，我既感到了一种信任，也感到了一种学术的责任意识。

后来，我把自己正在进行中的卢卡契研究之一部分《卢卡契对象化理论的美学人道主义阐释》寄给了《文艺研究》。可以说，这一部分是我的卢卡契研究专著中最有难度、也最有新意的部分。通过对卢卡契这一思想的肯定性研究，我必须解决抽象的人道主义历史观与美学人道主义之间的对立冲突，必须把卢卡契的研究当成今天发展马克思主义文艺美学的重要参照系。自然，这只是一家之言而已，但我是站在独立的学术立场上进行研究的，并不顾虑这会与谁的看法不同，又会与谁的看法接近，"该怎么说就怎么说"。

应该说，这篇文章还是经受了时间的检验的。文章正式刊发于《文艺研究》1994 年第 1 期，到 1995 年，在我的专著《信仰与超越：卢卡契文艺美学思想论稿》正式出版以后，《文艺研究》在"研究之窗"专栏中又发表了黑龙江大学张政文教授的有关评论，认为"该书对卢卡契文艺美学思想的研究为我们建设有中国特色的马克思主义文艺理论也提供了积极的借鉴意义"，"蕴含了对我国文艺界 1985 年以来的'西马热'的反拨"。后来，我的卢卡契研究专著获得第二届全国优秀外国文学图书奖三等奖（1995）、湖南省第三届社会科学成果奖二等奖（1995）（其时我在湖南工作），这与《文艺研究》的支持、关心是分不开的。

我还想说，《文艺研究》不是跟风向的刊物，但还是保持了学术敏感性，紧紧跟踪时代步伐，真正做到了理论与现实紧密结合。刊物的这一宗旨，也对学者们的理论研究产生了积极的影响。我记得 1993 年在北京的纪念毛泽东百年诞辰的一次会议上，柏柳主编说我的几篇关于后现代主义的文章写得不错，他希望我就当前文艺的现状、趋势中的大问题作进一步的思考，写成文章。后来，不负期望，我写出了《关于世纪末中国审美文化的理论思考》，《文艺研究》很快就刊发出来。文章发表后，社会反响较大，好几家报刊进行转载、摘要，还在不少文章中被引证。对我来说，这也是一篇保持学术独立性的文章，曾经有某机构想要我加以删改，以便收入一本"优秀论文集"，我拒绝了。我认为，历史（学术史）只可评价而不可篡改。现在，我已经把这篇论文作为附录收入我的新著《冲突与重建：当代审美文化意识形态史论》之中，立此存照。

在回顾这些往事时，我深深感谢《文艺研究》对自己的提携、扶持，我想这也是所有受到《文艺研究》关照的中青年学者的心声。我很高兴地看到，经过 20 年的建设，《文艺研究》已经以自己独特的风格立于众多刊物之林，它对中国学术研究、文艺发展的功绩将成为它迈入 21 世纪的动力。我衷心地希望，在《文艺研究》这面旗帜下，涌现出更多的堪称一流的学者，刊发出更多的对文艺研究产生举足轻重影响的理论作品。

## 《文艺研究》与我的学术定位

杭州大学出版社副编审　张节末

记得是 1989 年，其时我尚在华东师范大学哲学系从冯契先生学习中国美学史，曾经写过一篇题为《古典美学与人格》的论文，并在《文艺研究》发表。那对我的学术生命是一个重要的事件。

在华东师大的这几年中，对古典美学与人格之关系思考过不短的一段时间，也与冯先生就此问题作过几次长谈，这篇论文因此写得比较长，大约有二万五千字。又因为仰慕《文艺研究》在刊发美学论文方面的令名，就斗胆把文章寄了去。几个月后的一天中午，从宿舍下来去食堂吃饭，听有人在后面喊我。来人递来一个信封，我接过一看，署着文艺研究编辑部，从手感上判断，像是稿件，似曾相识的感觉就起来了：退稿。待我不经意地拆开信封，从中抽出的，居然是我的文章的校样，编辑附言寥寥数语，好像只是要求在某个时间寄回，也未有署名。校对过程中最叫我吃惊的是，二万五千字的长文已经被删去五分之二。题目没有改动，一些具体的论述过程没有了，文章显得极为简约，但是读上去却又似乎思路颇为畅达，节奏感加强了。尽管如果有机会出论文集我还是会把全文都收进去，但是我不得不承认，文章的编辑处理极其有水平，如果没有深厚的古典美学修养，那是很难删削得如此到位的。后来，文章于《文艺研究》1989 年第 3 期作为头篇刊出。因为它提出了一个比较大一些的美学史问题，就自然成为我美学上向哲学的理论思维水平提升的一个界碑。后来一直想与当初的责任编辑见见面。可惜待我知道他是副主编张滟华时，他竟然已经故去。做学问的人大都心中有数，编辑自己未必写学术论文，但是编辑的学术眼光却往往非常尖利，不免让人敬畏甚至有时"害怕"，而得到高水平的编辑的首肯则是跻身学术圈的条件之一。这是我总是不无遗憾地记念起那位编辑的原因。

师从冯契先生攻读美学以前，我曾经在别校中文系读中国文学批评史的研究生，虽然有所收益，但是钻研古代文论终究难以满足我的理论思辨欲求。古代文论研究十几年前的那一段热闹，成果出了不少，理论上也有较快的进步，然而推进到了某一界域，其触角却不免徘徊而再难深入。于是我决意返回到基本的哲学层面，希望能够解决一些基础理论的问题。所谓基础理论研究，当然只能定位于哲学美学。我提出这样一个也许值得商榷的看法：美学史研究的主要对象是人们的感性经验，尽管文艺经验很重要，但是它却不是感性经验中最基本的东西。其实中国古代的美学往往是如此，庄子就是一个例子。庄子反诗，但这并不妨碍庄子作为一位绝顶伟大的诗人。玄学也是这样，它在美学上的影响首要的不是体现于文艺创作，而是它生动活泼的哲学思维对审美经验的滋养以及人格的重铸，这就是为什么是《世说新语》而不是《文心雕龙》成为此一时期美学史研究的基础文本的原因。从《世说新语》我们读到了一个品格飘逸的群体，其中的每一个体都有个性，不可重复；从《文心雕龙》却读不到这些。再看，受到美学界、文论界着力关注的意境，如果从皎然、司空图、严羽或更后的诗歌理论去研讨，那是不会有真正的突破的。意境问题的真正解决，必须要返回到基本的哲学层面去，我说的"返回"，并不是建议研究者自己去随意地作什么哲学上的综合，而是须与另一个"返回"相配合，即在尊重原典的学术思想史意识下，给自己研究的问题作出严格的史的定位。例如，对意境的哲学综合可以上溯到《周易》或是玄学的言意之辨，但是，从哲学和学术史的角度判案，意境当然是禅宗的产物。单是意境之意，佛教也是分辨得极为细致，讲得极多，也极好，因此似乎没有必要追溯到先秦或魏晋。如果对佛教的意念观念尚不甚了了，就急着绕过它去，那就不免南辕北辙了。因此，把意境的研究定位于：一、返回到哲学美学层面，对禅宗的感性经验和觉悟个案进行认真的研究和阐发；二、返回到禅宗和佛教其他教派的原始文献，保证所作的哲学综合具有理论界域的明确性和清晰性，经得起学术史的考验。王国维说一代有一代之文学，楚骚、汉赋、六朝骈语、唐诗、宋词、元曲，各为一代之文学而不能相继。其实美学也是如此，美学史是依美学问题而分段展开的，各个时期往往形成自己的核心问题，先前的问题与后起的问题相异，其间经历着迁移、转换，迁移之中蕴含着转换，转换则是迁移的完成。迁移与转换的交替，或显或隐，波浪起伏，就构成美学史，而史的足迹是掩藏在原始文献当中的。这样，我的美学史研究自然就形成了两个互相结合着的要求，一个是基础研究，它的主要内容是哲学思辨，一个是言之有据，它的主要内容是材料考实。对史的构建而言，高屋建瓴的痛快是建立在基础研究的冷寂之上的，掉书袋式的材料堆积固然令人讨厌，然而理论的证据却总是从史料的爬梳中浮现而出。

一个人的学术定位之确立有种种因素，不过我总觉得，目前我之所以把自己定位于对中国美学史问题进行哲学美学的研究，这一篇论文的发表肯定是其中一个很重要的原因。我体会，美学史的整体构建是以以问题为核心的美学史的分段清理为条件的。在若干年内我大概不会改变这一研究取向。今后的某一天，这一学术定位或许会反过来，从美学史的展开提炼出哲学美学的问题，从而形成美学观念。当然，这要在美学史研究告一段落以后才有可能。从中国的学术史传统来看，从史入手可能要比从论入手更为稳妥、可靠。这样做虽然不免以龟兔赛跑中的乌龟自况，不过却可以保证不去写那些狂追热点、凿空乱道、自己也不知所云的文章，然后美其名曰：抢占学术制高点。

以后我又在《文艺研究》发表了几篇自己用力较勤的美学论文，如《美学史上群己之辩的一段演进——从言志说到缘情说》（1994 年第 5 期）、《先秦的情感观念》（1998 年第 4 期）。在此基础上听取了副主编廉静的意见，形成了写作专著《情感之维》的构想。并与《文艺研究》的好几位编辑交上了朋友。以我的浅见，一个做学问的人，最好有若干个刊物定为他发表学术论文的窗口，如此能保证学术界总是可以及时了解你的学术进展，而《文艺研究》确是这样一个好的窗口，对美学工作者而言尤其是这样。再说，不时地与编辑交流你近期所关注的学术问题，不光有助于形成好的论文题目，而且还能使你的整个学术研究变得视野开阔，充满信心。从某种角度来说，好的编辑甚至比学术同道更能使你得益，至少不存在文人相轻的毛病。

# 王府深处有文章

哈尔滨师范大学教授、博士生导师　傅道彬

　　《文艺研究》编辑部就在北京靠近什刹海的恭王府里。恭王府最早是和珅的私宅，后来成了恭亲王奕䜣的府第，据周汝昌先生考证这里便是赫赫有名的《红楼梦》大观园的原型。虽然这不是定论，但也足见其气派非凡。画栋雕梁，廊回路转，《文艺研究》便设在恭王府的宝约楼上，宝约楼是一座木制的二层楼，有九十九间房，有人说这里是恭王的库府，有人说这是仆人的宿舍。而在这里办公的编辑们，总戏称自己是"仆人"。只不过他们服务的对象已不再是王府的达官贵人，而是从事学术研究的读者、作者和学者了。

　　王府深处有文章，那些脍炙人口影响深远的好文章就是在这里编辑出来的。1991 年至 1993 年初的一段日子，我因工作的关系就住在《文艺研究》的隔壁，目睹了编辑部诸位同志的辛勤工作，亲身感受到他们默默奉献的精神。许多年过去了，编辑部同志们的身影常浮现在眼前，往事历历，难以忘怀。

　　平时的王府是宁静的，宁静得让人感受不到现代都市的繁华，仿佛置身于远离尘世的深山古寺。每天早晨早早来上班的是办公室的李香云、孙雨先生，然后便是主编柏柳先生来到。他永远骑一辆破旧的自行车，但上下班却像钟一样准确。他平时话语不多，有些严肃，编辑部的人有什么事找他，都大声喊"柏柳，快来！"哪怕是二十几岁的青年他也不介意。他的心是宁静的，并不在乎外面世界的变化，每天认真看他的稿子，对每篇文章都提出中肯的意见。有时他也有不高兴的时候，但十有八九那是事关刊物的质量，事关《文艺研究》的发展。正因为如此，我知道编辑部的同志对他的工作是从心底敬佩的。

　　由于年龄与性格的原因，我与方宁、廉静、金宁几位先生交往甚多。而方宁不宁，廉静不静，金宁一味地活蹦乱跳，他们身上永远有着年轻人的朝气与活力。方宁喜欢下象棋，下棋的时候一如编发稿件一样认真，每一步都考虑得周到细致，因此常常赢棋。廉静喜欢听交响乐，平时省吃俭用，但买起唱片来却常常一掷千金，日子久了，受了音乐的感染，总是笑吟吟的，像是一首快乐的乐章。至于金宁，兴趣太广泛，很难说他喜欢什么，只好说他不喜欢什么。有一次打开电视，正播放《一地鸡毛》的电视剧，剧中有一人物原本也是读书人，受不了清贫便上街卖鱼。那人叫喊正欢的时候，我觉得面熟，定睛一看，那扮演者不正是金宁吗？难怪他是戏剧编辑。马肇元先生似乎爱好不多，每天一到编辑部就看稿子、写批语、给作者回信，很少走出自己的房间。《文艺研究》之所以有许多高质量的文章发表，正因为有了这种工作精神。

在文字上与我打交道最多的算是方宁先生了，至今我还保存着他写给我的多封商讨文章的书信。《唐诗的钟声》《烛光灯影里的中国诗》《森林的象征及其文学的意蕴》等文章都是经过他编辑发表的。最初我注重的是语词与意象的研究，后来方宁、马肇元等先生鼓励我把这样的研究上升为一种更深刻的理论表述，由此开始了我对精神考古问题的思考。

20世纪的考古学是最富生机最具成果的学科，考古拓展了我们的历史。一把石斧，可以勾勒出高擎火把开天辟地的远古时代；一片残砖断瓦，令人遥想金碧辉煌巍峨入云的宏伟宫殿；凭吊一座废墟，宛若走进一座城市一个国家一个王朝；摩挲一件兵戈，犹如置身于古战场的大漠烽烟之中。物质文明留下了斑斑碎片，精神呢？精神有它的残留物吗？如果有，可以进行精神的考古吗？人类在大地上居住过生活过劳动过，同样人类也悲伤过哭泣过歌唱过高兴过，既然物质文明的历史有物为证，而如此生动的精神世界会变得无影无踪随风飘逝吗？

原型批评为文学的精神考古提供了理论证明。以荣格为代表的精神分析学派在人们的精神领域里找到了精神历史的积淀物——集体无意识。原始意象（primordial images），负载着集体无意识的深刻内容，它以象征的形式贮存着人类的文化历史。在原型批评的理论指导下，我力图寻找精神考古的历史遗迹。某些动物是靠气味、痕迹甚至是自己的粪便来辨识来路返归家园的，而人则是通过语词通过意象返顾旧乡重访生命之源的。每一个语词都是一段历史一个故事，语词与意象是文化的"精神文物"，它像半坡遗址，玉器编钟、秦砖汉瓦一样，成为探索我们民族历史和艺术的路标。

正因为如此，我选择了黄昏、月亮、钟声、灯烛、船、森林、雨、石头、门等"经典意象"进行分析，力图考察中国人的精神世界，重温我们民族熬过漫漫长夜的创业历史。这些文章在《文艺研究》发表后，《新华文摘》《光明日报》等予以转载或征引，东方出版社还以《晚唐钟声》的书名出版了该书，而这些是与《文艺研究》编辑部的支持分不开的，是蘸着恭王府的月光写就的。

写这篇短文时，仿佛又回到了住在恭王府的那段时光。当时金宁同志常住在办公室里，每至午夜，便有恳谈之乐。清夜久坐，月色高华，融人心腑。远处是繁华京都的阑珊灯火，近处是幽静王府的森森古柏，置身其中，不知今夕何夕，其乐何如！至今不觉已六七年了。

# 新时代之子

北京师范大学教授、博士生导师　王一川

《文艺研究》二十岁了。真好，二十岁的青春小伙！早上八九点钟的太阳！说来也巧，刚过"不惑之年"的我，目前生命中的整整一半恰是与它一同生长的。当它初降人世时，我正在四川大学中文系上本科二年级。从那时起，正初学美学的我，就以我二十岁青春之火热烈地拥抱它，恨不得每期都钻入它，有时甚至焦急地等待它。最初的十年，它成功地使我成为忠实的读者；而后来的十年又把我接纳为读者兼作者。我的第一篇论文就是由现在的副主编马肇元先生编发的。我把关于西方体验美学的博士论文共十多万字寄给了杂志，马先生很快就回了电话，约我去他家商谈删改之事。或许他早已搬过家了，但我至今还清楚地记得北京小西天塔楼他家的令我亲切和愉快的氛围。是的，二十年了，我从青年迈向中年的过程碰巧是与这个杂志从童年走向青年的过程交织在一起的，我在美学上艰难历险的脚步也是同它的生长节律合拍的。如今，我可以这样说：《文艺研究》已成为我的美学生命中不可分割的组成部分了。我虽然早已告别了我的二十岁，但我还是乐意向它的二十岁青春致以祝贺！

自 1979 年创刊至今，这个杂志经历了所有该经历的，也越过了所有该越过的。我想，说它是这二十载改革开放风雨历程的见证，谁也不会否认。但是，在我看来，它更值得珍视的，却远不只是这"见证"作用。人们总是把文艺理论和批评的发展归结为时代文化与历史潮流的驱动，例如，从政治变革和文化启蒙的需要解释本世纪初"小说界革命"和总结"五四"文学革命运动，这当然有道理。但是，人们往往容易忽略如下事实：如果没有《新小说》和《新青年》等运用现代大众传媒的新兴期刊的特殊作用，这些在现代影响深远的"文学革命"能够产生如此巨大的威力吗？或者甚至可以问，它们能够发动吗？试想，如果人们还只是沿用过去的人工抄写或手工印刷方式去宣传，而不会运用这些能成批复制高密度信息的和威力巨大的期刊，这些宣传的信息数量、力量和社会传播效果会有多大呢？可想而知的了。可以这样断言说，没有《新小说》或《新青年》就不可能有"小说界革命"或"五四"新文化运动。

同理，就近二十年来的文艺变革而言，新兴的杂志正在其中起了有力的和有效的作用，而《文艺研究》正是其中的突出代表之一。它没有过去历史留下的负担，这使得它步履轻盈，跨步高远，似乎就是为新的时代而生的。它是准确意义上的新时代之子。但是，也不是这个新时代的简单结果，而是其有力的创造者和组成部分之一。正是它，积极地参与并推动了二十年来历次文艺潮流的涌动。当"后现代主义"于90年代初登陆中国、而文艺界显得应对仓促时，《文艺研究》就以它特有的远见卓识，积极地筹划对这一新兴的西方思潮作冷静的理性评介。那是1992年底，柏柳主编和现任副主编廉静主持了在编辑部召开的后现代主义与中国当代文艺研讨会。虽然是寒冬腊月，但清茶一杯，暖意融融，首都地区的学者们就后现代展开了一场"众声喧哗"式争鸣，有的朋友主张后现代已在中国成为潮流，有的则反对，还有的如我则提出"泛现代"主张，等等。对这一西方学术新潮及其在中国的复杂表现形成不同意见，是十分正常的事。这些争鸣随即集中发表在1993年第1期上，在国内外都引起了热烈反响。在今天看来，那次研讨所出现的多种观点争鸣情形，大致全面地代表了后来国内学界有关后现代的种种不同看法，显示了《文艺研究》对待新思潮的既敏锐而又冷静、既先锋而又沉稳、既出新而又兼融并包的学术风范，是难能可贵的。近年学界则出现了一种新情况：后现代未退而现代方滋，"现代性"研究无论在国外还是国内都形成新的研究势头。对这一新变化，副主编方宁组织编发了中国学者关于现代性与中国文学研究的笔谈和论文，同样显示了这个杂志对待新思潮的一贯的敏锐而理性的姿态。

我感觉，如果用足球术语来比喻，这个杂志在国内文艺杂志中应处在"前卫"位置。相对于目前民间刊物的"前锋"和一些刊物的"后卫"位置，它主要据守事关全局的"中场"要地，时而向前参与前锋进攻，又时而退回后场协防，更多地从事全场的"穿针引线"式的组织调度，全力控制比赛节奏。我相信它早已明白这句足球名言：谁控制了中场谁就掌握了胜负。当然，"前卫"并不止一家担纲，但它应是最称职的"前卫"之一。

一个人在二十岁正当好年华，而一个杂志同样如此。我祝愿这个新时代之子能在新世纪新的"竞赛场"上永葆其青春风采！

## 润物细无声

中国艺术研究院研究员、博士生导师　苏国荣

说句不谦虚的话，我是《文艺研究》的老作者了。自1979年创刊之日起，就和她结下了不解之缘。随着岁月的增长，我和她一同成长了起来。说得准确一些，我是被她栽培出来的。

我于1964年大学中文系毕业后，分配在中国戏曲研究院（中国艺术研究院戏曲研究所的前身）。看起来好像一直在研究单位从事本专业的研究工作，其实毕业

后十多年来都是在"运动"中度过的。这是我一生中精力最为充沛的年代，可没有写过一篇像样的论文。不是因为我笨或懒，是由于这个年代根本不让你坐下来钻研业务。1978 年改革开放后，我才正式开始本专业的研究工作，告别了那荒诞而辛酸的年代。

在和煦的春风中，我院的学术刊物《文艺研究》诞生了。我像一粒快要干瘪了的种子，播到了这块湿润肥沃的园地内，很快破土成长起来。记得第一篇长篇论文是《黄天霸戏产生的时代原因及其思想倾向》，发表在《文艺研究》1980 年第 5 期。这篇文章是和郭汉老合作的。说是"合作"，不如说郭老在指导我怎样写论文更符合实际些。

翌年（1981），我在《文艺研究》发表了《中国古典悲剧的民族特征》。当时叶勤老师负责戏剧这一块。"文革"前她在《文艺报》工作，是一位很有水平的老编辑。她看到了我的文章很高兴，帮我提了几点修改意见。其中一点是针对我谈传统悲剧"哀而不伤"的"团圆之趣"谈得比较平直而提出的，建议我把列举的剧目按照性质分类阐述。我就按照她的意思分为"象征型""复仇型""解脱型""调和型"四类，分别给予不同的评价，立即觉得文章有了精气神。把改稿送去后，她满意地笑了笑说："行了。"此文发表后，在社会上引起了较好的反响。通过修改这篇文章，我不仅在叶勤老师那儿学到了如何进一步修改文章、深化论点的方法，更重要的是给了我信心。这是我研究戏曲美学的处女作，为我今后主攻戏曲美学并取得一些成绩，铺下了一块基石。自此以后，我一发而不可收拾，接连在《文艺研究》发表了《丑之艺术特征和审美形态》（1983）、《言之不足则歌之舞之——戏曲形式"崩溃"论辨析》（1985）、《戏曲的历时态系统——试谈戏曲的发展大势》（1986）、《中国戏曲美的品性》（1989）、《中华艺术的日神精神》（1997）等论文。其中《中国戏曲美的品性》一文，是为纪念《文艺研究》创刊十周年，王波云老师（当时的主编）向我约的稿子。几年前他已离休，可我与《文艺研究》最初接触时，他点拨我的情景还历历在目。时间过得真快，今年又逢《文艺研究》二十诞辰，主编柏柳先生和廉静女士也向我约稿，要我写篇艺术研究如何面向 21 世纪的论文。他们总忘不了我这个由《文艺研究》扶植起来的"老作者"，经常给我机会。可我当时正在赶写《中华艺术通史》的稿子，没有完成他们交给的任务，内心很觉负疚和遗憾！《文艺研究》编辑部几乎所有的人，如姚振仁、马肇元、孟繁树、吴方、方宁、李香云、金宁等先生和女士，都给过我帮助和指点。姚先生已经退休，吴方英年早逝。他们整日无声无息地埋头于案桌，甘为他人作嫁，为我的文章花去了很多心血。我是不会忘记他们的。

　　二十年来，我是《文艺研究》的忠实读者，大量的高水平文章给我很多的启迪和知识。这个刊物具有较高的学术水平，是大家公认的。很多文章都有精深的研究、独到的见解。由于刊物注重学术性，发表的文章一般都能给人以一种内容的厚实感和历史的稳定性。文章是经得起看的，现在再拿起十几年前的文章来翻翻，并不感到有时过境迁的感觉，仍然具有学术的人格力量。长期以来，《文艺研究》没有发表过一篇有政治错误的文章，连观点偏激的文章也少见。这得力于编者既能以马克思主义为指导，又不把学术刊物政治化，因而她具有鲜明的主体意识和个性特征。这一点很可贵。

　　《文艺研究》不仅办得厚实、稳健，而且开放、新颖。20世纪是综合学科、交叉学科大发展的时期。整个世界的学术发展道路，由最早的综合研究，到后来的分解研究，现在又在分解研究的基础上走向新的综合研究。《文艺研究》能适应这一世界性的学术发展潮流，在深化各艺术学科研究的基础上，注重各艺术学科相互关系、共同规律的整体研究；以及运用交叉学科、边缘学科的研究方法，如运用文化人类学、心理学、民俗学、宗教学、系统论、比较文学等学科来研究艺术，取得了一定的成就。1997年，编辑部还主持召开了由各大学教授、学者参加的文学人类学的专题讨论会。会后开辟了专栏，发表了一组很有见地的论文。这对推进国内文学人类学学科的建设和发展，起了推动作用。前几年在厦门还召开了文化战略研讨会，目前正在筹备召开对20世纪文艺理论研究的反思、总结的讨论会。这样的现状研究，不是对局部的、单一的具体对象的微观剖析，而是对世纪性的文化艺术现象进行整体把握、宏观俯视，以便为政府有关部门作出战略性的决策提供信息矢量和理论依据。他们还很注意把文化艺术的视野扩展到整个世界，注意中西艺术、东方艺术之间的比较研究，召开了中日戏剧比较等研讨会，发表了不少有关比较研究的论文。这对促进中外艺术的交流，吸收他国文化的长处，为发展我国的艺术理论和艺术创作起了良好的桥梁作用。

　　《文艺研究》是面向全国的学术刊物，她代表了我国艺术研究的发展水平，因而在国内外产生了良好的影响。假如她能把面向全国和立足本院更好地结合起来，作为院刊，在院内进一步起到学术研究的枢纽作用、导向作用，那就更好了。希望能在原有的基础上作进一步努力，把"文艺论坛"办好。为了把"论坛"办得经常化，富有凝聚力，除了请国内有造诣的学者作一些精深的学术报告外，也可请国外来我院访问的学者作学术讲座；或对国内外的最新研究成果进行广泛的信息交流；或对新的各种各样研究方法作些介绍；或对当前大家感兴趣的理论问题作专题辩论。总之，如能把"论坛"办得活一些，提供一些研究人员想知道、而在别的地方一时得不到的东西，定会吸引更多的人来参加。为了扩大"论坛"的社会影响，也可考虑对外开放，欢迎艺术院校和兄弟单位的有关人员来参加。

此外，我建议《文艺研究》能开辟国内外最新研究成果或新学科、新方法的专栏，以便促进国内学人研究方法、知识结构、艺术观念的更新。

《文艺研究》在二十周岁的青春年华，正以稳健开放的步伐迈向 21 世纪。愿她青春常驻！在新的世纪以更高的品位、更美的姿态，博得更多的人们喜爱！

## 《文艺研究》对我的艺术学研究的支持

中国艺术研究院研究员　李心峰

《文艺研究》作为新时期国内文艺理论界享有盛誉的重要学术刊物之一，她自创刊以来，一直倾力扶持中青年学者的学术研究，这已在文艺理论界传为佳话。与不少中青年文艺理论研究者的学术经历相似，我这十余年所走过的艺术学研究道路，也是在《文艺研究》的热心扶持和帮助下走过来的。

我的第一篇艺术学研究论文《艺术学的构想》便是由《文艺研究》于 1988 年第 1 期刊登出来的。它可以说是我从事艺术学研究的起点，也是我迄今已发表的数十篇艺术学研究论文中反响最为强烈的一篇。回想起这篇论文诞生的过程，我至今仍记忆犹新——它可以说是由《文艺研究》催生出来的一个新生儿，凝结着《文艺研究》编辑部同志的热情与心血。它实际上脱胎于我在《文艺研究》编辑部于 1987 年 7 月 16 日召开的一次座谈会上的发言。那是一个小型座谈会，邀请的专家学者总共不到十人，主题是"在改革开放中建设有中国特色的马克思主义文艺学"。所邀请的专家学者中有钱中文、敏泽等著名学者，有几位中年同志，还请了我和陈晋两位当时还不到 30 岁的年轻后学参加。能够参加这样一个具有重要意义的座谈会，与文艺理论界一些著名前辈专家学者一起就上述主题各抒己见，展开讨论，我感到莫大的荣幸。我在座谈会上的发言中，根据我国艺术理论学科建设的现实状况和实际需要，谈了要在我国大力开展艺术学研究的设想，并对建设有中国特色马克思主义艺术学的理论构架问题，发表了这样一个看法，即应该允许人们"八仙过海，各显其能"，每位艺术理论研究者都可以按照自己的思路，分别提出各自不同的理论构架和设想。与此同时，我也对艺术学的理论结构提出了四种可供参考的设想。我的这一发言，被《文艺研究》1987 年第 5 期刊登出来的有关此次座谈会的综述文章《在改革开放中建设有中国特色的马克思主义文艺学》作了较详细的介绍。会后，主持这次座谈会、当时尚健在的前副主编张滢华同志很赞赏我的看法，热情鼓励我将上述发言进一步条理化、系统化，将自己的问题意识更加明晰化并凸显出来，写出一篇有分量的论文。拙作《艺术学的构想》正是在《文艺研究》编辑同志的鼓励和支持下，才得以完成并发表出来。该文发表后所产生的反响之强烈，大大出乎我的预料。这也大大增强了我在艺术学研究道路上继续走下去的信心和决心。

自此之后，我就一直把艺术学的学科建设问题作为自己的中心任务来思考和探索。在我看来，在现代艺术学的学科体系中，除了艺术社会学和艺术心理学这两个基本的、传统的分支学科之外，必须特别关注如下四种艺术学分支学科的建构与探讨。一是艺术类型学；二是民族艺术学；三是艺术文化学；四是比较艺术学。它们同样是艺术学中基本的、重要的分支学科，是完成艺术学完整、清晰地描绘艺术世界系统图景这一理论目标的不可或缺的几个基本方面。之所以这样说，是因为，艺术类型学是为了揭示艺术世界内部无限复杂的类型现象之间的类型学联系；民族艺术学是为了揭示由全世界各个不同民族的艺术构成的整个人类艺术的民族学的系统联系；艺术文化学是为了把艺术作为一种特殊的精神生产、独特的精神文化创造形式，在精神文化这一艺术生产最切近的语境中系统地观照艺术与整个文化体系乃至与整个人类生存系统之间十分复杂的文化学互动关系。比较艺术学则是为了在艺术世界内部各分支系统相互之间以及艺术世界内部与外部相互之间建立起沟通的桥梁，尤其是要在上述三种艺术学分支学科所揭示的不同艺术类型之间、不同民族的艺术之间、艺术与其他文化创造形式之间建立起相互沟通的桥梁。对于这几个艺术学分支学科的思考和探讨，是我这些年来研究重点之所在。而我在这几个方面的探讨，也得到了《文艺研究》有力的支持和帮助。比如，关于比较艺术学的研究，早在1989年，《文艺研究》便在第5期发表了拙作《比较艺术学的视界与功能》。我在该文中讨论了比较艺术学四个方面的基本问题，一是它的研究对象和与其他学科如比较美学和比较文学的相互关系；二是比较艺术学的前史与它目前在国外的进展状况；三是比较艺术学在艺术学研究中的重要地位与独特功能；四是比较艺术学的广阔视野、主要研究类型和学科规定。该文是国内刊物中发表较早的一篇系统探讨比较艺术学基本原理的专论，在艺术理论界产生了一定的反响。1998年，《文艺研究》第2期又发表了我关于比较艺术学的笔谈《比较艺术学：现状与课题》。关于艺术类型学，《文艺研究》于1992年第5期发表了拙作《试论艺术的逻辑分类体系》，又于1997年第4期发表了拙作《文学：作为一种艺术》。前者是对传统的、二分法的、功能论的艺术逻辑分类体系予以扬弃改造，从艺术生产的视角提出了一种逻辑与历史相统一的、三分法的逻辑分类体系；后者是从完整的艺术世界的立场审视文学这种语言艺术在艺术世界中的地位的历史变迁和现实境遇，等等。

十余年来，我在艺术学研究中还有一个一以贯之的想法，就是认为在今天，要想让人们真正认识到研究艺术学、进行艺术学的学科建设的必要性、重要性和迫切性，就必须运用科学学的观点与方法，对艺术学的一系列带有元理论性质的基本理论问题，进行元理论的思考，真正富有说服力地回答艺术学研究中的种种疑惑和难点问题，诸如为何要进行艺术学的研究？艺术学在今日人文社会科学体系中地位如何？艺术学与美学、文艺学（文学学）、美术学等的关系如何？艺术学研究应选择、遵循怎样的基本道路与研究方法？怎样建构艺术学的理论框架？怎样建设艺术学的分支学科体系？等等。因此，在相当长的一段时间内，我一直在进行着艺术学的元理论思考，着手《元艺术学》专著的写作。让我深为感谢的是，我在这方面的探讨，也一直得到《文艺研究》的理解与支持。记得我第一次提出"元艺术学"的词语，便是在上述《文艺研究》于 1987 年召开的那次座谈会上，而我最初为"元艺术学"画出一个初步的轮廓，则是在上述《艺术学的构想》一文中。其实，拙作《艺术学的构想》也就是我对艺术学元理论思考的第一次较为系统的表述。《文艺研究》于 1996 年第 4 期发表的拙作《艺术史哲学初探》则是我对艺术学体系中两个基本的应用艺术学科即艺术史与艺术批评中的前者所做的较为集中的元理论思考（我对艺术批评的元理论思考的论文也已在其他刊物中发表）。而当拙著《元艺术学》出版之后，《文艺研究》又于 1998 年第 5 期刊登了秦弓先生为该书所写的书评。这种学术上的真诚支持对于一个以学术研究为第一生命的学者来说，无疑是最宝贵的。

一位学者或作者一生中也许会在许多刊物上发表论文或文章，但往往都会有一个或为数不会太多的少数几个刊物对他的支持与帮助最为巨大，也最令他感激和难忘。《文艺研究》对于我来说，就是这样一份刊物。每当想起《文艺研究》，我心中便会不由自主地漾起一股暖流，体味到一种得到理解的知遇之感，感受到一种因得到真诚的支持和无私的帮助而来自心灵深处的激情与力量。

愿《文艺研究》能够一如既往地对中青年文艺理论研究者给予大力扶持与帮助。这不只是对他们个人学术上的支持，也是对整个学术的有力支持，是对学术上的未来的极大支持。

## 《文艺研究》：我的良师益友

中央工艺美术学院教授　李砚祖

　　二十年前，我还是一个刚进大学不久的学生，虽然学的是美术，但对文艺理论很感兴趣，一次偶然的机会看到了创刊不久的《文艺研究》杂志，即为其色彩亮丽的封面设计和"文艺研究"四个刚健而飘逸、端庄而秀美又充满书卷气的题字所吸引，在匆匆阅读之后，杂志所刊文章的研究深度和广度使我感到一种震颤和力量，虽不能深刻领会所有的文字，但从阅读的舒畅中，体会到一种来自心灵深处的共鸣和艺术理论的美丽。可以说从 70 年代末期创刊之时起，《文艺研究》即以其独有的高度、深度和文艺研究的综合性而别树一帜，成为我们这些青年艺术学子难得的精神食粮和阅读范本。

　　1987 年研究生毕业后我留在南京艺术学院作教师。1988 年初，突然收到了《文艺研究》编辑部姚振仁先生的约稿信和随信寄来的最近一期《文艺研究》，振仁先生在写满两张纸的约稿信中首先谈了从他人处得来的对我的了解，希望我能为《文艺研究》写一篇关于广告方面的文章，并介绍了《文艺研究》的风格特点，对约稿提出了具体的要求，给我的撰稿时间约一个月。这也许是我第一次收到的最感重要的约稿信，它使我多年来对《文艺研究》的崇敬得以转化为另一种情境，当时我正在准备博士研究生的入学考试，时间虽然很紧，但我还是遵嘱按期完成了《广告文化与广告艺术》（刊 1988 年第 5 期）一文的写作。振仁先生在收到稿件后不久即给我回信，对文章给予肯定并作了一些修改。是年 6 月，我到北京参加考试，结束后即到编辑部拜访姚振仁先生，振仁先生长我二十岁，但他对于我这样的年轻作者却充满信任，亲切随和，不拿架子不居高临下。9 月，我来北京中央工艺美术学院读博士学位，从此亦开始了与编辑部诸位先生的交往。10 月，第 5 期《文艺研究》出刊后，振仁先生除寄送杂志外，还将从整本刊物拆开的我文章的那几页一并寄送，他说，只要拆开两本就能使每个作者得到一份可以用作剪贴保留的文本。这种从作者考虑、替作者着想的服务精神使我深受感动和教益。从 1988 年开始，我先后与编辑部负责美术方面的编辑姚振仁先生和马肇元先生一直有着密切的联系，我把他们作为良师，他们则视我为学友。虽然每次都是为写稿的事与他们见面，但我的收益却是多方面的，他们不仅在学问上对我有很多的鼓励和指导，亦乐于倾听我的想法。在组稿时他们有一个总体的安排，对每一篇文章亦有自己的设想，即便如此，他们还是乐于与我讨论，毫无保留地坦陈自己的见解，供我参考，使我获益匪浅。

　　有计划有选择地约稿和组稿是《文艺研究》编辑部的几位先生留给我的一个深刻的印象。可以看出，所有选题都是编辑部诸位先生深思熟虑的结果，他们站得高、视野开阔，对所确定选题应具备的研究深度、研究的价值和意义有透彻的把握，因此，所刊文章常常代表着这一领域最新和最深的研究成果，从而具有相当的学术地位，对各门艺术的研究起到了指导和促进作用。记得 1988 年初振仁先生约写广告一文时，中国的广告业已经过改革开放近十年的发展，处于一个更大发展的准备期，这时亟须从理论上对广告的实践进行研究、总结和探讨，但却没有人做这项工作，《文艺研究》以自己特有的敏锐和理论视角关注这一问题，当 1988 年第 5 期《文艺研究》关于广告的一组文章发表后，立即引起了广告界和社会的关注，东北某省愿意出资组织召开全国广告理论研讨会，后因 1989 年的风波而未果。会议虽然没有召开，但说明了《文艺研究》编辑部在选题上的前瞻性。

　　编辑部认真对待来稿，仔细修改润色而恰到好处，是我的另一深切感受。这十年来，我先后在《文艺研究》上刊发了十篇文章，每一篇都经过编辑先生的精心推敲和修改。不仅如此，姚振仁先生和马肇元先生亦十分宽容，我有时交稿迟到最后一刻，曾有过抄稿至夜 12 时然后送稿的经历，说实话，有的文章是"逼"出来的，真正是在编辑先生的"鞭策"下完成的。自己拖延了交稿时间，无疑给编辑先生带来了麻烦，因此心中也常生歉意。我也曾当过几年编辑，知道编辑工作是一种"为人作嫁衣"的事，而且全靠一种自觉和负责任的精神，即一种自觉的敬业精神，这种精神和对杂志高度负责的态度在《文艺研究》编辑部的诸位编辑身上体现得极为充分。以我有限的观察了解，从柏柳先生到姚振仁、马肇元、方宁、廉静等先生都是如此，非如此也就不会有《文艺研究》这本高质量、高水准、高品位的学术杂志的存在。

　　我作为《文艺研究》的一名作者，首先应该说是一个深受其教益的忠实读者。我是在《文艺研究》深厚的学术思想的滋养下走向成熟的；是在编辑先生的帮助指导下进入我所希冀的学术世界的。在与编辑部诸位先生的交往中，在对《文艺研究》的阅读中，我学而有获，不仅找到了自己的表达语言和叙述方式，更重要的是有了一个可以不断追求的崇高的起点和视界；从编辑先生的身上我看到了一种可贵的敬业精神和品质，感受到一种人格的和学术的力量。

　　每一篇文章的写作过程都是一次学习的过程、思考的过程、与编辑先生交往的过程，在这一过程中，不知不觉走过了十多年，我亦从一名研究生成了大学教授。现在我在课堂上亦开始推荐学生特别是研究生和史论专业的学生阅读《文艺研究》，从剖析自己所发表的文章起，谈构思和得失，使学生有更直接的教益。通过《文艺研究》上所刊发的文章亦使同学们增加了对我的了解，尤其是对我所表述观点的接受和理解，这亦使我感到欣慰。

《文艺研究》是我读得最认真、最信任的杂志之一，亦是我投稿的首选刊物。在其创刊二十周年的时候，承蒙主编柏柳先生的厚爱，让我谈了以上的一些杂感，是为心声，亦不顾及其他。在此我愿与所有的读者和作者一道，祝愿《文艺研究》生命之树常青！

## 回眸与期望

中国艺术研究院编审　闻　山

《文艺研究》建刊已经二十年。建刊初期面临着两大任务：一是清除"四人帮"造成的"极左"谬论，努力恢复马克思主义文艺理论的科学性；一是扶植已被摧残得十分凄惨的文艺园地，重植新苗，力图恢复几乎已被消灭的某些文艺品种的生命（例如讽刺文艺中的漫画和相声），并促使诗、小说、戏剧等能够健康成长。

在创刊初期，我是《文艺研究》编辑部主任，我们曾夜以继日地工作。因为新的写作队伍还未组成，几乎整个文艺领域都是重新做起。

没有漫画，没有相声。雕塑只有毛主席像。山水画、抒情歌曲、美好的少数民族歌舞等等，几乎都销声匿迹了。于是，《文艺研究》和各个文艺领域的作者、艺术家、理论家共同召开了讽刺文艺座谈会、建筑雕塑座谈会等会议。杂技、魔术也进入了刊物研究讨论的范围。多年不见的漫画成为每期刊物必不可少的内容。摄影、书法艺术、戏曲、电影等等成为理论探讨的重要对象。文学、诗歌占有不小的分量。

我们十分注意当前出现的文艺佳作。当《茶馆》和《丝路花雨》这样深受广大观众欢迎的作品演出之后，我们和艺术家们开了多次座谈会。这些作品雅俗共赏的民族风格，吸收西方话剧、舞剧的形式再创作充满中华民族生活内涵的宝贵经验，由艺术家和理论工作者共同探讨、总结，便有了丰富的可供借鉴的理论结晶。这是从实践中形成的理论，不是从概念到概念的空谈，所以也是艺术家和创作者所重视的。

我们从这些备受中国观众欢迎、在国外也赢得了巨大声誉的作品的讨论中，也提高了自己的认识——这证明，越是包涵了优秀的民族传统风格、生动地表现了中国人民生活的作品，越能受到外国观众的理解和推崇。《丝路花雨》精湛的艺术表演，以及服饰、舞台美术设计的丰富、美丽的色彩、形象，都是国外看不到的。这样的美就是世界性的。这证明，中国人不能不借鉴国外优秀的艺术创造经验和成果，但也不能抄袭，必须在继承自己民族优秀传统的基础上吸收、扬弃，创造出独特的艺术作品。

我们介绍了拉美的"魔幻现实主义"给读者；约请专家写评介西方现代派的文章；用相当多的篇幅和图片评论毕加索。

文学艺术的功能被作为一个重要的问题提出来。……不但文艺应为伟大的人民革命事业服务，经济、哲学、宗教等上层建筑各部门都应为革命服务。那是中华民族存亡、人民生死的大问题。背离革命就一切都完了。现在我们在和平环境中（其实也不是天下太平了）讨论问题，认识到和政治没啥关系的山水画、爱情诗，有趣的漫画、相声等等，都应该存在，而且应该大大提高艺术水平，给人以美育。"百花齐放"的范围是很广阔的。不能只是写"英雄人物"，"中间人物"也是可以而且必须写的。

回顾过去，从"五四"时代全部否定中国古代传统文学艺术的思想，到上述种种偏激的言论，都说明人的认识是受时代限制的。再聪明伟大的人物也超越不了时代的局限。马克思主义哲学"存在决定意识"这一句极简单的话确实是真理。

但是，人毕竟是比其他动物都聪明的先进族类，理应从历代前人的经验中得到教训——尽可能地观察事物全面些；尽可能透过表面现象看本质；尽可能地用辩证唯物论的思想方法去掌握客观规律，以免重蹈覆辙。

我们的文艺理论研究工作者，应该站在人民的立场，做许许多多使"人民文艺"兴旺发展的工作。我们需要更多地了解广大人民群众的生活现状，与他们同苦乐、共呼吸，从人民的需要来思考问题；同时更深入地结合创作实践，了解作家、艺术家的实际情况和存在的问题。生活是常新的，中国文学艺术在其发展过程中是充满矛盾和变化的，我们的文艺理论研究工作抓住生活的脉搏和创作实践中的主要矛盾，我们的工作就会更加充实、有效，更为作家、艺术家及广大读者欢迎，更能推动人民文艺事业向前发展。

## ■ 6月1日

《新闻出版报》载文，报道"纪念《文艺研究》创刊二十周年暨世纪之交：中国文艺理论研讨会"，题为"会文坛灵秀，扬学术新风"。

## ■ 6月2日

《中华读书报》报道"纪念《文艺研究》创刊二十周年暨世纪之交：中国文艺理论研讨会"召开。

### ■ 6月4日

《中国艺术报》报道"纪念《文艺研究》创刊二十周年暨世纪之交：中国文艺理论研讨会"召开。

### ■ 6月5日

《人民日报》报道"纪念《文艺研究》创刊二十周年暨世纪之交：中国文艺理论研讨会"召开。

### ■ 6月10日

《中国文化报》载文，报道《文艺研究》办刊历程，题为"世纪之交的回顾与展望"。

### ■ 6月10日

《文艺报》报道"纪念《文艺研究》创刊二十周年暨世纪之交：中国文艺理论研讨会"。

### ■ 6月24日

《人民日报·海外版》报道纪念《文艺研究》创刊二十周年纪念活动。

### ■ 6月25—29日

中国艺术研究院、《文艺研究》与北京语言文化大学联合举办"易卜生与现代性：易卜生与中国"国际学术研讨会，中国艺术研究院常务副院长曲润海与会并讲话，本刊主编柏柳、副主编廉静、编辑金宁与会。

### ■ 7月5日

《新闻出版报》载文，报道《文艺研究》办刊事迹，题为"使命·坚守·突破——《文艺研究》二十年回眸"。

### ■ 7月22日

《光明日报》载文，以整版篇幅报道"纪念《文艺研究》创刊二十周年暨世纪之交：中国文艺理论研讨会"，题为"世纪之交：中国文艺理论研讨会的回顾与展望"。

### ■ 9月4日

《文艺报》以整版篇幅介绍《文艺研究》本年第3期发表的季羡林《我的学术总结》。

### ■ 9月12日

《文艺研究》与中山大学联合召开"世纪之交：中国古代戏曲与古代文化"国际学术研讨会，来自中国、日本、韩国等国家和地区的近百名学者与会。本刊廉静、傅谨与会。随后，《文艺研究》2000年第1期发表谭帆、戚世隽、姚小鸥等部分与会学者的论文。

## ■ 9月21日

为保证刊物质量，《文艺研究》本年第 5 期发布启事，对来稿做出具体规定。

### 本刊重要启事

本刊自 1979 年创刊以来，一直得到国内外广大作者的大力支持，本刊深表感谢。为了保证刊物质量，诚恳要求作者同我们一起共同努力把好质量关。为此，本刊对来稿作如下规定：

（一）本刊重申只发表未经任何形式（包括正式出版的报纸、杂志、音像制品、电子出版物等）正式发表过的文章。

（二）本刊处理来稿的时间周期为四个月，自本刊收到稿件之日起四个月内如未收到采用通知，稿件可自行处理。在本刊规定的稿件处理时间周期内，请勿一稿两投。

（三）在本刊规定的稿件处理时间周期内，如果您的稿件已由其他形式的正式出版物出版，请迅速通知本刊，以免重复发表，造成不良影响。

（四）凡来稿一律不退，希望作者自留底稿，并请勿在来稿中附带退稿邮资。

（五）来稿一律寄本刊编辑部（邮编：100009　地址：北京前海西街 17 号），请勿寄给私人，以免延误对稿件的正常处理。

（六）本刊已于 1996 年正式加入中国学术期刊光盘版。根据新闻出版署有关该"技术规范"的要求，本刊希望作者在投稿本刊时，提供以下有关内容：一、姓名、出生年、籍贯；二、详细通信地址（包括邮政编码）；三、学位、职称和职务；四、文章的内容提要（100—300 字）、关键词（3—8 个）；五、文章标题、关键词和内容提要的英语译文。考虑到此项要求对一些作者有难度，作者本人可在稿件被通知录用后提供，也可声明本人无法提供，由编辑部帮助提供，但翻译费用须自付，由编辑部在稿费中扣除。

以上事宜希望海内外广大作者给予充分理解，并望继续给本刊以关注和支持。

《文艺研究》编辑部

## ■ 11月3—5日

《文艺研究》与暨南大学、华南师范大学、中华美学学会青年美学研究会共同主办的"文艺美学在中国"学术研讨会在广州召开，刘纲纪、胡经之、童庆炳、饶芃子等 60 余位学者与会。会议就文艺美学的学科定位、中国文艺美学研究的历史和趋势、文艺美学与中国古代文学史、文学批评史和美学史研究的关系等议题展开讨论。本刊主编柏柳、副主编方宁、理论室主任陈剑澜与会。随后,《文艺研究》2000 年第 1 期发表胡经之、柯汉琳、张海明、张毅、蒋述卓、张节末、刘纲纪、袁济喜、潘立勇等部分与会学者的发言。"编者按"云:"本刊与暨南大学、华南师范大学、中华美学学会青年美学研究会共同主办的'文艺美学在中国'学术研讨会于 1999 年 11 月 3 日至 5 日在广州召开。与会学者就文艺美学的学科定位,中国文艺美学研究的历史和趋势,文艺美学与中国古代文学史、文学批评史及美学史研究的关系等议题展开论辩,不同学术观点的碰撞激烈而富有成果,真实反映了文艺美学研究领域的现状。下面我们将部分学者的发言整理发表,以期对我国文艺理论的繁荣与发展产生积极的推动作用。"

## 12 月 11—12 日

《文艺研究》与北京广播学院语文部、首都师范大学中文系、河南大学中文系在京召开"出土文献与中国文学"学术研讨会,就出土文献与中国文学艺术的关系、影响、学术方略、研究方法及发展战略等问题进行研讨。随后,《文艺研究》2000 年第 3 期发表李学勤、曹道衡、董乃斌、赵敏俐、廖名春、方铭、姚小鸥、华锋等部分与会学者的一组笔谈文章。"编者按"云:"近年来考古事业发展,出土文献层出,新材料新成果增多,为更进一步推动学术创新,本刊编辑部与北京广播学院语文部、首都师范大学中文系、河南大学中文系于 1999 年 12 月 11 日—12 日在北京召开了'出土文献与中国文学'学术研讨会,这是国内首次由文史界专家学者共同就出土文献与中国文学艺术的关系、影响、学术方略、研究方法及发展战略诸问题进行研讨。本刊认为,在当前,提倡学术领域创新精神和实事求是精神具有现实意义。现发表这组笔谈以飨读者,以期引起关注。"

## 12 月 22 日

《文艺研究》荣列第二届"百种全国重点社科期刊"名录,荣获新闻出版署和科技部组织评选的首届"国家期刊奖"。《文艺研究》2000 年第 1 期发布消息。

### 首届"国家期刊奖"和第二届"百种全国重点社科期刊"名单揭晓
### 本刊荣列"两榜" 蝉联两届"百刊"

〔本刊讯〕新闻出版署已于年前评出第二届"百种全国重点社科期刊"108 种。本届百种全国重点期刊是由各地、各部门推荐,新闻出版署邀请有关专家进行评审，历时近一年，才予评定的。本刊继荣列第一届（1998—1999）"百刊工程"入选名单之后，此次又蝉联第二届。

又讯，由新闻出版署和科技部组织的首届"国家期刊奖"评奖委员会同时评出获奖期刊社科类 49 种，科技类 64 种，在登报公布半月，接受社会各界监督之后，也已正式确认。本刊已接获正式通知，荣获首届"国家期刊奖"。

本刊荣列"两榜"，蝉联两届"百刊"，是对我们的鼓励与鞭策。我们当戒骄戒躁，继续努力，以争取更好的成绩。我们同时也要感谢广大作者和读者多年来给我们的大力支持。值此新的一年、百年、千年来临之际，《文艺研究》全体同仁向广大作者和读者致以新年的祝贺，表示我们衷心的感谢。

## ■ 12 月

《学术研究》载文，报道"文艺美学在中国"学术研讨会，题为"文艺美学的反思"。

# 2000 年

## ■ 1月6—8日

《文艺研究》与海南大学文学院在海口市联合主办"现代性与文艺理论"学术研讨会，来自全国高校、科研机构、出版社、杂志社的40余位专家学者参会。会议围绕现代性问题的缘起、西方现代性理论的主要类型、审美现代性及20世纪中国文艺理论的现代性问题等议题展开讨论。本刊柏柳、方宁、陈剑澜、金宁出席。随后，《文艺研究》本年第2期发表赵一凡、张志扬、章国锋、金元浦、周宪、陶东风、余虹、程正民等部分与会者的发言。"编者按"云："为深入总结我国现代文艺理论的发展历程，强化文艺理论研究中的'问题意识'，《文艺研究》与海南大学于2000年1月6日至8日在海南省共同举办了'现代性与文艺理论研讨会'。会议围绕现代性问题的缘起、西方现代性理论的主要类型、审美现代性以及20世纪中国文艺理论的现代性问题等展开激烈讨论。在此，我们将部分与会学者的发言整理发表，希望对建设有中国独特视角和问题的文艺理论有所启发。"

## ■ 1月21日

从本年第1期起，《文艺研究》刊价调至12.80元。

本期新增"海外专稿"栏目，"编者按"云："本期新开设的'海外专稿'栏目，刊发海外学者为本刊撰写的学术研究文章（包括访谈、对话等），以期为中外文化学术交流、促进中国学术繁荣有所裨益。"

本期发布启事，优惠发行《文艺研究》（1979.1—1999.2）光盘。

### 迎接新千年纪
### 《文艺研究》（1979.1—1999.2）光盘优惠发行

由文艺研究杂志社与深圳市点通数据有限公司合作出版的《文艺研究》（1979.1—1999.2）光盘（全套一张）已于1999年5月出版。此套光盘收入了《文艺研究》创刊20年120期的全部内容，集中反映了20年来我国文艺理论研究的基本状况，汇集了大量知名学者的研究成果。该光盘采用点通数据有限公司专门设计的软件，完好地保持了杂志的原貌及图片的色彩，可全文检索。为迎接新世纪和新的千年纪的到来，现决定在 1999 年 11 月 21 日到 2000 年 2 月底期间以每套 120 元的特别优惠价发行。存货无多，欲购从速。

　　订购地址：（略）

　　咨询电话：（略）

### ■ 1 月 22 日

《中国文化报》刊发《学者梳理"中国文化现代性"》，报道"现代性与文艺理论"学术研讨会。

### ■ 1 月 25 日

《文艺报》报道"现代性与文艺理论"学术研讨会在海南召开。

### ■ 2 月 22 日

国家工商行政管理局商标局受理《文艺研究》商标注册，注册号：1560897。

### ■ 3 月 15 日

《文学评论》本年第 2 期发表题为"全国'现代性与文艺理论'研讨会"的综述。

### ■ 3 月

《暨南学报》本年第 2 期刊发《一个有待拓展的学术空间》，报道"文艺美学在中国"学术研讨会。

### ■ 7 月 15—20 日

　　由《文艺研究》、中国社会科学院哲学所、中华美学学会青年美学研究会、内蒙古艺术学院联合举办的"首届东方美学国际学术会议"在呼和浩特市举行，来自中国、日本、韩国、美国等国家的 70 多位美学专家出席会议。会议围绕"东方美学及其艺术表现""审美和艺术活动在东方文化中的地位和功能""东方各国间艺术与生活趣味的关系及异同"等问题展开讨论。本刊柏柳、廉静、陈剑澜与会。随后，《文艺研究》2000 年第 5 期发表会议综述；2001 年第 1 期发表刘梦溪、原正幸、闵周植、林丰民、董乃斌、金颖等人的一组相关论文。"编者按"云："2000 年 7 月，本刊与中华美学学会青年美学研究会、内蒙古艺术学院合作，在呼和浩特市召开了'首届东方美学国际学术会议'。与会的中、日、韩、美四国学者，围绕'东方美学及其艺术表现'的主题，进行了讨论、交流。以此次会议为基础，我们组织中外学者对这一论题做进一步研究，编成本组文章，希望有助于加深对东方美学及文学艺术在日益全球化的世界中的命运及意义的认识。"

# "首届东方美学国际学术会议"综述

宋生贵

当今，跨文化、跨国界的广泛的学术交流，已成为一种国际性的趋势与潮流；在交流中有益于拓宽视野，不断得到新的启迪。特别是面对全球化的挑战，怎样才能在继续保留民族文化的自身价值观基础上，有效地实现不同文化之间的对话与合作，更是摆在东方民族面前的一个重大课题。

由中华美学学会青年美学研究会、内蒙古艺术学院、《文艺研究》编辑部主办的"首届东方美学国际学术会议"，就是面对这样的课题而召开的。会议于 2000 年 7 月 15 日至 20 日在呼和浩特市举行，来自中国、日本、韩国、美国等国家的 70 多位美学专家，围绕"东方美学及其艺术表现"这个主题，就"审美和艺术活动在东方文化中的地位与功能""东方各国间艺术与生活趣味的关系及异同"等专题进行了广泛而深入的讨论、交流。

一

关于东方美学的文化特征及其现代意义的讨论，是此次学术会议上一个集中的话题，代表们从多角度切入展开研讨与交流。中国学者潘立勇教授指出，中华传统人文精神蕴涵着深刻而内在的美学品格，中华传统的审美文化则始终贯穿着深刻而内在的人文旨趣。形成于"轴心时代"的命题"观乎人文以化成天下"，奠定了这种文化品格的基础，而产生于 20 世纪初的"以美育代宗教"，则在此文化传统的基础上，揭示了审美和艺术活动在中国人的社会生活中的特定地位和作用。当代人类的精神生活还可以从中华传统文化的"人文化成"传统和审美人文精神的资源中汲取一定的养分。

袁济喜教授通过对中国古典美学中的重要范畴"兴"的考察，揭示中国审美文化的特性。他指出，"兴"是中国古代美学中最能反映中国文化特征的范畴，它的基本特点就是将中国文化中天人感应、观物取象的原始思维方式融化到艺术创作过程中。"兴"之诞生，最早出于华夏民族自然生命与艺术生命融合而成的图腾之舞中。这种从原始生命冲动与人格独立出发的艺术观念，虽然其中有神秘直观的成分，但是，在人类越来越受理性制约，审美生命日渐萎缩的今天，这种生命之"兴"具有激活平庸人生的积极意义，是中国美学有价值的传统之一。

李西建教授在中国传统文化的大背景中考察中国美学的诗性智慧及现代意义。他认为，与西方古典美学偏重理论化、逻辑化和体系化的倾向相比，中国传统美学在其表述方式、内容与内在精神的构成方面，则更多地呈现出诗性的智慧和气质。

诗性智慧是中国美学的重要根基，它根源于中国传统的诗学精神和诗性文化，有特殊的内涵与价值。即使在今日，中国当代美学要彻底改变该学科已出现的纯形式化、游戏化和技术本体化等现象，恢复和重建美学的人文内涵与意义指向，仍然需要继承和借鉴"诗性智慧"，以便在中国美学的诗性精神中获得新的养料和思想资源。

韩国学者闵周植教授以朝鲜时代士林派代表人物退溪李滉为例，考察东方传统美学的实践意义。他指出，退溪李滉美学思想的实践意义，突出体现为以重视人格形成的儒家实践哲学为出发点，努力实现人格美的理想，其中，自然玩赏和艺术活动是其实现方式之一。人格美和艺术美的中心内容为质朴性和清静性。在消费至上、喧闹奢侈的城市文化盛行的今天，退溪的美学思想尤其具有针对性和校正世风的积极意义。

二

东方美学及其艺术具有自身鲜明的特征与深厚的文化渊源，对此，与会代表予以进一步的关注与探讨，或宏观把握，或微观烛照，并多在新的人文景观参照下加以阐释。韩国学者权宁弼教授在追溯韩国美术生成的历史渊源与传统特征时指出，艺术的心理基础或曰艺术气质对于理解一个民族的艺术特质是非常重要的，甚至可能比哲学的影响更重要。就像萨满教至今还出现在韩国生活中那样，在韩国历史上，它已成为影响艺术生产的最重要的因素之一。这也正是因为萨满教已成为构成韩国社会心理的重要基础。朝鲜时代的绘画与中国绘画有明显不同，这一时期绘画中的幽默感、随意性，以及即兴和直觉的表达方式亦即主要源自艺术家的萨满品位。

中国学者刘道广教授认为，民族文化品位的高下标志着民族文明的状态；民族文明状态的标志是民族审美趣味的趋向。民族整体审美素质和情趣的体现者是普通民众和民间社会的艺术思想。在当代中国社会处于经济转型期的大背景下，大众文化的审美价值取向则在很大程度上显示着整个民族文化的发展方向。

日本学者川野洋教授则从另一种理论视野与理论层面切入，揭示"民间美学""民间艺术"的当代意义。他说，我很乐意引入一个新概念——民间美学，用以定义计算机隐喻的艺术状态，比如并行处理、意念社会和人造生活等等。民族美学这一概念中深深植入了传统文化中的心理机制，因此，在目前正在进行的艺术革命进程中，我们期待它可以成为新型原始艺术替代欧洲现代艺术传统的新范例。

三

关于东方美学的当代反思与发展指向，是与会代表十分关注的另一个重要话题。中国学者薛富兴副教授认为，就东方美学的历史形态而言，根据东方国家历史文化的发展进程及东西方文化交流背景，可以将其分为三个历史阶段：古典形态的东方美学，近现代东方美学，当代东方美学。关于东方美学的基本特点，只可能在古典时代寻找。从某种意义上说，一部近现代东方美学史就是一部自我精神个性失落的历史，但我们又不得不承认，接受西方美学是东方美学实现由古典而近现代化的必由之路。随着东西方美学的相互了解，东方美学以正常的状态提出和思考问题，在世界美学中发挥自己不可替代的独特作用的时代已经来临，东方美学必然大有作为。

日本学者青木孝夫考察了日本近代化与艺术变迁的关系及特性，他认为，在日本近代化的发展过程中，经历了与西方文化的相遇阶段。通过引入近代化，西方的"艺术"这一文化结构也随之移植到了日本，其结果是，日本的固有文化也被编入由西方传来的艺术结构之中。这不仅限于近代发展中的日本，其实东方其他国家也有相似甚至相同的情况。在崇拜西方文明开化的潮流中，西方传来的艺术，逐渐成为正式的文化，而日本固有的传统艺术技能则变为了非正式的文化。由此可见，近代东西方文化的相遇，创造了以西方艺术观为基础的文化领域的制度。另外，也引起了固有文化范畴的变更。同时它也是把艺术文化作为一门学问的西方美学及艺术学移植到日本的一个过程，可称之为"西洋化"。但是，通过与西方潮流的对比，我们认识到了日本以及源于东西方的传统文化的特征。

中国学者彭修银教授指出，自20世纪80年代以来，全球化作为一种话语已变得越来越普遍，全球化在当代已成为一个不争的事实。东方美学作为一个文化范畴，在文化的全球化时代，必将融入这一时代大潮中。东方美学作为一种民族文化地域文化向全球文化的转型，首先是在文化观念与思维方式上有一个深层的变革。面对文化的全球化时代的东方美学，不仅是作为一种理论、一种体系来建构，更重要的是将被用于解决个人、社会，以及世界的生活问题，表现出一种全球性关怀，创造出更有价值的生活，来调节与弥补经济全球化与政治全球化的不足，从而丰富人们的生活，有益于人类的全面发展。人类与自然和谐共处，是21世纪以及未来的主题，也是包括东方美学在内的人类文化发展的最为重要的指向。

与会代表普遍认为，东方美学有着辉煌的历史、富有活力的现在和充满希望的未来。在新世纪里，在文化的全球化时代，东方美学与西方美学，这两大美学体系将互激互融，为人类的光明远景提供坚实的基础和理想的导向。

### ■ 7 月 17 日

《文艺研究》十年内获国家级奖励四次，为此，文化部通报表彰《文艺研究》，并颁发奖金 5 万元，我院转发文化部通报并召开表彰会。

### ■ 9 月 1 日

本刊陈剑澜被评为副编审，戴阿宝被评为副研究员。

### ■ 9 月 4 日

按照中国艺术研究院要求，为强化报刊出版工作管理制度建设，《〈文艺研究〉编辑部工作人员岗位责任制条例》出台，对 1994 年版条例进行了修订。

### ■ 12 月 28 日

本刊方宁、廉静被评为编审，傅谨被评为研究员。

# 2001 年

## 1 月 21 日

从本年第 1 期起,《文艺研究》启用由清华大学美术学院副院长王国伦设计的刊徽。

## 2 月 1 日

中国共产党优秀党员、中国艺术研究院编审、《文艺研究》编辑部原副主任、编委、离休干部叶勤在北京病逝,享年 76 岁。《文艺研究》本年第 2 期发布消息。

### 本刊编辑部副主任、优秀编辑家叶勤同志在京逝世

中国共产党优秀党员,中国艺术研究院编审、《文艺研究》编辑部原副主任、编委,离休干部叶勤同志因病医治无效,不幸于 2001 年 2 月 1 日 10 时 10 分在北京积水潭医院去世,享年 76 岁。

叶勤同志,曾用名叶群、苏沁、苏琴。1924 年 8 月出生于上海,原籍湖南省湘阴县。1940 年毕业于上海常州中学。1941 年 2 月参加革命,同年 5 月加入中国共产党。抗日战争和解放战争时期,先后在苏中《江潮报》《江海导报》和《新华日报(华中版)》以及《苏南日报》等当时我党我军的一些报刊从事记者和编辑工作。1950 年 6 月调到北京,先后在中央新闻总署研究室、文化部政策研究室和中宣部新闻出版处等部门工作,其间并担任周扬同志秘书。1956 年 5 月调到《文艺报》,先后任艺术评论组编辑、组长和编辑部核心领导小组成员,长期负责主持《文艺报》的戏剧、电影评论工作。1976 年调到本院业务办公室。在拨乱反正、平反冤假错案、落实干部政策的工作中做了大量工作。党的十一届三中全会后,叶勤同志积极地参加了院刊《文艺研究》的创刊工作,是编辑部负责人之一,并具体负责戏剧研究栏目。在《文艺研究》工作的五年中,叶勤同志组织了大量文章,为我国新时期戏剧理论和学术的发展作出了贡献,受到社会的重视和好评。叶勤同志1983 年 12 月离休后,仍关心文艺理论研究事业,参加文化部党史征集委员会主办的刊物《新文化史料》编辑部工作,任编委、副主编,为我国"五四"新文化运动以来许多重要文史资料的征集、发表作出了积极贡献。

叶勤同志参加革命六十年来，长期从事新闻和文艺工作，有较高的文艺理论修养和丰富的工作经验，是一位优秀的文艺理论家、编辑家。她努力学习马列主义、毛泽东思想和邓小平理论，认真贯彻执行党的文艺路线、方针和政策，坚持党的基本路线，有坚定的共产主义信念，有高度的革命事业心，勤勤恳恳，不辞辛苦，甘为他人做嫁衣裳。叶勤同志的工作精神永远值得我们学习、怀念！

### 3月25日

中国艺术研究院主办的"文化艺术交流与文化产业国际研讨会"新闻发布会召开，本次会议组委会副秘书长、《文艺研究》副主编方宁代表专家、学者致辞。

### 4月28日

《文艺研究》商标在国家工商行政管理局商标局注册。

### 5月21日

《文艺研究》本年第3期发表赵绪成、林逸鹏、阮荣春、周积寅、顾丞峰、尚辉、朱道平、杭春晓、费泳、顾平、郎绍君、钟家骥、孙文忠等人的一组总题为"关于中国画创新问题的讨论"的文章。"编者按"云："2001年2月27日在南京举行了由江苏省文化厅主办的'当代中国画发展状态研讨会'，旨在对中国画的创新等问题展开争鸣，这符合本刊'坚持百家争鸣，以活跃学术空气，促进艺术繁荣'之一贯主张。现根据顾平先生整理的材料，摘登如下，限于篇幅，不能全部刊发，敬希谅解。"

### 6月29日

《文艺研究》与美国西东大学、文艺报社、武汉大学文学院联合主办的"当代流行文化国际学术研讨会"在武汉大学召开。本刊主编柏柳、副主编方宁，编辑金宁出席。方宁副主编和武汉大学文学院龙泉明院长代表主办单位致辞。随后，《文艺研究》本年第5期发表一组会议论文。"编者按"云："由本刊编辑部与美国西东大学、文艺报社、武汉大学文学院主办的'当代流行文化国际学术研讨会'于2001年6月29日在武汉大学隆重举行。随着我国社会主义市场经济的发展，中国的流行文化（包括流行艺术）发展迅猛，呈现出方兴未艾之势。我们的文艺理论研究则显得滞后，造成了理论与现实的严重脱节。显然，由当代流行文化和大众文化所带来的新的文化格局，及其所具有的社会学、美学、哲学、文学、历史学和文化学方面的意义，应该引起理论界、学术界的关注。我们不但要对当代流行文化的思想和理论进行一般性的研究，还要对它各个门类的艺术创作与实践进行具体的探讨。《文艺研究》愿为此做出努力，积极推进中国当代大众审美文化的理论建设与流行艺术的健康发展。"

## ■ 7月21日

《文艺研究》本年第 4 期发表张光年、何西来、童庆炳、李书磊等人的一组总题为"关注当代文学现状 探讨艺术创作规律"的文章。"编者按"云:"本期就王蒙'季节'系列小说展开的讨论,旨在通过不同作家和学者的阅读体验,来探讨文学艺术的创作规律问题。《文艺研究》将以此为常设选题,加强对当代文学的现状研究,希望得到文学界和学术界朋友的关注与支持。"

## ■ 8月9日

下午 2 点 30 分,在恭王府楠木厅会议室。中国艺术研究院常务副院长王文章与《文艺研究》全体成员座谈刊物发展问题,肯定了《文艺研究》二十多年来在学术界所产生的重要影响以及获得的不可替代的地位。他认为,《文艺研究》在保持原来学术风格的前提下,应加快发展和创新,要贴近现实;应从现在的双月刊改为月刊;对发行问题要重视,要加强发行的力量;这么重要的刊物,办刊经费 16 万不多,院里要支持,经费只能增加不能减少。本刊柏柳、马肇元、廉静、方宁、李香云等也先后发言。

## ■ 9月1日

本刊赵伯陶被评为编审。

## ■ 9月

《文艺研究》参与"庆祝中国艺术研究院建院 50 周年"相关工作,负责院庆画册编印,并承担对外宣传及各大媒体的院庆报道任务。在主编柏柳带领下,副主编马肇元、方宁和编辑金宁等负责画册的设计、编辑、翻译、校对、印制及院庆活动的对外宣传工作,圆满完成任务。其中,金宁设计制作的院史画册《中国艺术研究院 50 年》受到院领导和院内专家的一致好评。

## ■ 10月29日

庆祝中国艺术研究院建院 50 周年座谈会在北京人民大会堂举行,文化部部长孙家正、副部长潘震宙、著名学者费孝通及中国艺术研究院和在京文学艺术界、人文社会科学界专家学者 200 余人出席。王文章致开幕辞,孙家正作了重要讲话,费孝通、张庚、王朝闻及本院学者代表刘梦溪、青年学者代表贾磊磊等先后发言。随后,《文艺研究》2002 年第 1 期发表孙家正《重温"百花齐放,推陈出新"的题词精神——在庆祝中国艺术研究院建院 50 周年座谈会上的讲话》和王文章《放眼未来 任重道远——在庆祝中国艺术研究院建院 50 周年座谈会上的致辞》。

## ■ 11月1日

《文艺研究》与文艺报社、武汉大学中文系联合主办的"高新技术产业化时代文艺的发展问题"学术研讨会在武汉大学召开，来自全国高校及科研机构的 50 余名专家学者与会。本刊副主编方宁出席并致辞。随后，《文艺研究》2002 年第 1 期以"面向高新科技时代　促进文学艺术发展"为总题，发表一组相关论文。"编者按"云："由本刊编辑部与文艺报社、武汉大学中文系联合主办的'高新技术产业化时代文艺的发展问题'学术研讨会于 2001 年 11 月 1 日在武汉大学召开。来自全国高校及科研机构的 50 余名专家学者，针对高新技术时代文艺的发展方向及其特征、网络文化及信息技术革命对文艺功能的深刻影响、时代与艺术发展的矛盾关系等问题进行了广泛研讨。本期除以笔谈形式刊发的一组文章外，还重点发表了中共中央党校龚育之教授与中国社会科学院毛崇杰教授的两篇专题论文，前者在对于科学技术发展所进行的人文思考中论述了'科学主义'在中国的发展及意义，后者从哲学的角度对艺术进步的概念、高新技术时代艺术形式的变化及其对人类精神影响等问题，进行了深入的分析。"

## ■ 11月

《文艺研究》入选国家新闻出版总署确定的"中国期刊方阵"，位于"双奖期刊"前列。

# 2002 年

## 1 月 12 日

《文艺研究》与北京语言文化大学中华文化研究所联合在北京召开"《战国楚竹书·孔子诗论》与先秦诗学"学术研讨会，60 余位学者与会。随后，《文艺研究》本年第 2 期发表李学勤、方铭、姚小鸥、傅道彬、廖名春、王小盾、马银琴、胡平生、廖群等部分与会者的论文。"编者按"云："2001 年 11 月，上海古籍出版社出版了上海博物馆藏《战国楚竹书（一）》，内容包括《孔子诗论》《缁衣》《性情论》，其中由 29 支竹简构成的《孔子诗论》，对于孔子及《诗经》研究乃至中国文学史研究、中国艺术史研究都具有重要价值。为此，本刊与北京语言文化大学中华文化研究所联合于 2002 年 1 月 12 日在北京召开了《战国楚竹书·孔子诗论》与先秦诗学学术研讨会，来自全国各地的 60 余位从事古文字、文物考古、古文献、先秦文学史、先秦历史、先秦艺术史、中国文化史研究的学者，共同就《孔子诗论》的整理与内容，及其对中国文学史、艺术史、文化史的影响进行了深入讨论。本刊本着百家争鸣、繁荣学术的精神，从与会专家的论文中选录部分作为一组笔谈发表，以期促进对这批新出版竹书的研究。"

## 1 月 23 日

中国艺术研究院决定《文艺研究》编辑部由副主编方宁主持工作，并兼任文艺研究杂志社法人代表。

文化部决定免去柏柳《文艺研究》编辑部主编、文艺研究杂志社社长、法人代表职务，办理退休手续。

中国艺术研究院决定免去马肇元《文艺研究》编辑部副主编、文艺研究杂志社副社长职务，办理退休手续。

## 3 月 12 日

《文艺研究》与北京宝贵石艺科技有限公司等友好协作单位签订协议，向中国科学院院士和中国工程院院士等赠阅《文艺研究》杂志。

## 3 月 21 日

《文艺研究》本年第 2 期发布启事，向硕士生、博士生实行特价订阅。

## 本刊订阅启事

一、为了感谢广大青年学人对《文艺研究》的支持与厚爱，本刊决定：从2002 年第 1 期开始，向全国高校及科研院所的硕士生、博士生实行特价订阅《文艺研究》杂志，每期（册）9 元，全年 54 元。请将订阅款直接寄至文艺研究杂志社发行部。

二、本社尚有少量过期存刊（历年），我部将实行特价（5—6 折）向社会零售发行，欢迎广大读者朋友洽购。

地　　址：北京前海西街 17 号

邮　　编：100009

电　　话：66182597　66136772（传真）

联系人：李香云　宋林静

## ■ 4 月 15 日

中国科学院学部联合办公室来信，对《文艺研究》向两院院士赠送 2002 年《文艺研究》杂志，表示衷心感谢。

## ■ 4 月 15—19 日

国家教育部人文社会科学重点研究基地北京师范大学文艺学研究中心和湖南师范大学文学院联合举办的"全球化语境中的文学民族性问题"研讨会在长沙召开，来自中国人民大学、清华大学、山东大学、南开大学等 30 多所高校的专家学者以及《文学评论》《文艺报》等 10 余家学术刊物的代表近百人与会。本刊同仁出席。随后，《文艺研究》本年第 5 期发表会议综述。

### "全球化语境中的文学民族性问题"研讨会综述

陈艳辉

2002 年 4 月 15 日至 19 日，由国家教育部人文社会科学重点研究基地北京师范大学文艺学研究中心和湖南师范大学文学院共同举办的"全球化语境中的文学民族性问题"研讨会在长沙举行。中国人民大学、清华大学、山东大学、南开大学、深圳大学、武汉大学、华东师范大学、华中师范大学等 30 多所高校的专家学者以及《文艺研究》《文学评论》《文艺报》《文艺争鸣》等 10 余家学术刊物的代表，近百人出席了研讨会。大会围绕以下主题，展开了热烈讨论。

## 一、对文化（包括文学）的全球化、民族性以及二者关系的探讨

北京师范大学文艺学研究中心主任童庆炳教授批驳了现今世界关于文化和文学的两个理论立场——文化进化主义和文化相对主义。文化进化主义以西方文化为价值取向，力图实现世界文化的趋同化，反对文化的民族个性的延伸与发展；文化相对主义则走向另一个极端，强调文化的相对性、本土性，甚至不可交流性和不可理解性。这两者都不适合当今的中国。童庆炳指出，我们的文化立场是"开放型的民族性"，必须保持文化民族个性，不断吸收世界各民族的优秀文化遗产，在对话、交流、融合中，熔铸出具有现代性的新质的文化。他认为，在民族文化的建构中，必须"要适合人的生存与发展"，要以"符合人性与人权"为基本价值取向。中国人民大学的张法教授从全球化话语的模式体系谈到民族性的问题。他认为，人是生活在语言里的，一个民族的语言和文学包含了该民族最深厚的东西，语言是最具民族性的东西，而文学则是一个最顽固、最坚定的民族堡垒。对这一问题，湖南师范大学的赵炎秋教授认为，要特别注重从民族性的东西中发掘出先进的因素，使之成为民族性中主导的一面，并以此来整合民族性与全球化之间的矛盾，用先进性在全球化与民族性之间架起一座桥梁。华中师范大学的胡亚敏教授在认同民族个性不能丧失的前提下，进一步指出，民族发展的契机在于"否定"。从历史的发展看，各个民族都有其优劣性，不存在纯粹先进的民族。因此我们必须采用"扬弃"的态度，向其他民族的先进方面学习。民族性不排斥普遍性，任何民族之间都可以沟通。

北京师范大学的王一川教授以清末思想家王韬的文言小说《媚犁小传》为例，论述了文学的民族性以及民族性与全球化的关系。他指出，民族性是全球化语境中的民族自我建构的产物，即想象的产物。民族性不是由民族本身去自动生成的，而是在与异族的交往中借助异族去指认的。全球化与民族性是悖论性共生关系。民族性正是在与全球性的悖论中蓬勃生长的。真正引人关注的不在于民族性如何对抗全球性，而在于两者之间在特定历史情境中的具体、多样而又变化着的悖论性共生景观。

## 二、对全球化语境中文学批评理论建构的讨论

北京师范大学的程正民教授则以俄国形式主义文论和俄国马克思主义文论为例，说明本土的创作是全球化的根基。他说，中国的文论不能成为外国文论的"派出所"，要与本国的文学保持血肉联系。安徽大学的顾祖钊教授强调，从事21世纪的中国文论建设，必须采用新理性主义方法。它有两个方面的含义：一是指当下人们应该具有一种深思熟虑的理性的选择；二是指人们应该超越旧理性主义、非理性

主义和后现代主义，而且能对三个阶段的思维成果的合理部分进行综合。华东师范大学的吴炫教授则认为，中国现代的文化批评基本是从外围切入的，它不是纯粹的文学批评。同时，他还认为，任何优秀的民族都是世俗的、现实的，因此文学性穿越了文化现实。扬州大学的姚文放教授指出，古今中外文学传统论主要存在四大倾向，即中国古代的心理学倾向，"五四"时期的功利性倾向，西方古代到近代的社会学倾向，西方 20 世纪的形式论倾向。当今全球化时代，一个必然趋势，就是在对以往诸种文学传统论进行现代转换和全面整合的基础上，重建新型的文化论的文学传统论。

### 三、对审美现代性和文化现代性的探讨

湖南师范大学的毛宣国教授从三个方面论述了全球化背景下的中国美学的现代性。他认为，首先，中国美学的现代性问题的产生是与中国文化精英真正感到国家民族生存危机，亟切呼唤进行现代化的变革相同步的。其次，处于全球化背景下，推进中国美学现代化进程必须以国家、民族为本位的生存性原则为基础性原则之一，同时要从人类生存的本位出发，重视人的精神生存，正确处理好传统与现代的关系。第三，美学现代性并不简单是一个普遍价值观确立的问题，它首先也是一个文化认同的问题。我们的美学现代性要真正回应西方的挑战，必须"一方面吸收外来之学说，一方面不忘本来民族之地位"。北京师范大学的曹卫东副教授以文化剩余价值为题，着重探讨了哈贝马斯的大众文化批判，即文化现代性的社会理论立场的批判，它包括三个方面，一是从工具理性的批判到大众文化的批判，二是从文化批判大众到文化消费大众，三是从广告到宣传，对广告的批判不能停留在广告的经济功能，广告政治化也值得注意。安庆师范学院的方锡球副教授认为，由于文学审美现代性本身充满着矛盾与悖论，导致现代性内涵歧义众多，价值遮蔽与迷失严重，使中国的现实语境与人的发展存在某种程度上的疏离与对立。超越这一悖论的出路在于针对民族发展现实，进行民族文学的时代价值选择，把人的发展与理性建设作为核心。北京师范大学的陈太胜博士从罗念生的诗《东与西》谈起，论述了中国文化现代性的四种空间类型：东方本位——保守的东方主义；全盘西化——激进的西方主义；东与西的中央——世界人的态度；多重移位的开放的文化建设眼光。陈太胜赞成移位类型的中国文化建设观点，即在西方文化的参照下，重构中国文化，重构中国文学经典，并寻求中国文化独特的精神。

### 四、对其他相关问题的探讨

山东大学的陈炎教授指出，未来世界的文化格局很有可能是东、西文化结合统一的局面，既不是"欧洲中心论者"所期望的西方文化的世界，也不可能像"新儒

家"所预见的中国文化的天下。因此，文化不管是引进，还是输出，都要把它放在结构中考虑。湖南师范大学的张文初教授则对当代中国"感性享乐主义"思潮作了分析，他认为，它的表现形式是审美感官化、生活世俗化、时尚本体化，其全球性背景是后现代思潮与全球化运动。反深度、反本质、反中心、平面化、边缘化、单一化诸种特征以及全球化所具有的经济—物质技术本位、"轻便效应"、对应原理等特征对感性享乐主义产生了巨大的推动作用。南京师范大学的高小康教授着重谈到：失语症的问题不是西方话语霸权的问题，而是过去的话语不能表达现在的意思，言语操作与我们的经验脱节。当今文化建设的一个重要任务就是要找到属于自己的话语和体验。

## ■ 4月20—22日

《文艺研究》与首都师范大学中国诗歌研究中心在北京紫玉饭店联合召开"中国诗歌与音乐关系"学术研讨会，40余位专家学者参会。本刊文学编辑室主任赵伯陶出席。《文艺研究》本年第4期发表赵敏俐、朝戈金、崔宪、康保成、洛地、许志刚、孙明君、姚小鸥、吴相洲等部分与会者的论文。"编者按"云："'中国诗歌与音乐关系'学术研讨会由本刊编辑部与首都师范大学中国诗歌研究中心于2002年4月20日—22日在北京联合举办。来自全国高校及科研机构的40余名专家学者就中国诗歌音乐本质问题、历代诗歌发展与音乐之关系、乐舞诗的产生与社会活动、诗词曲的内在联系与社会生活等问题进行了研讨。在讨论中，来自诗歌理论界、音乐理论界的学者打破学科界限，各自从诗、乐角度对诗歌与音乐关系问题及中外诗歌与音乐关系问题进行了学术交流及个案介绍。大家共同认为，这种边缘与交叉学科的学术交流极为宝贵，值得重视。在文学艺术研究中，既包含学科的本质问题，又与相关学科关系密切；在研究方法上，既保持学术传统，又有创新精神，从诗歌的角度研究音乐，从音乐的角度研究诗歌，会产生新的学术增长点。在前人研究的基础上，从艺术本质及相关性方面对各艺术门类进行理论思考与研究值得关注。本期特编发此组短文，以飨读者。"

## ■ 5月

受中国艺术研究院委托，《文艺研究》召开"学习《讲话》精神，推动理论创新——纪念毛泽东《在延安文艺座谈会上的讲话》发表60周年"研讨会，意在从与时俱进的角度探讨文艺理论的创新和发展，并探讨解决现实艺术问题的可能性，北京各高校和社科界的30余位学者参加。薛若琳副院长代表中国艺术研究院出席并致辞。

## 9月21日

《文艺研究》本年第 5 期发布"研究之窗"栏目征稿启事，拟从 2003 年第 1 期起对该栏目进行调整。

### 《文艺研究》"研究之窗"栏目征稿启事

本刊"研究之窗"栏目拟从 2003 年第 1 期起进行调整。调整后的栏目将积极关注海外学术研究的最新动态，及时介绍国内学人的研究成果，力求集学术性、前沿性和信息性于一身。现征稿如下：

一、学位论文撷英。凡已完成的学位论文（限人文学科），可将论文的精华部分（在观点、资料或论说等方面确有新见解，成一家之言）摘录成 3000 字左右的文章。提交文章时，请附该论文的基本情况介绍（内容提要、目录、字数、导师姓名、评审委员会评语等）。

二、海外文献要点。凡近年正式发表于海外学术期刊（互联网除外）上的重要论文，或单篇，或成组，均可编译成 3000 字左右的文章。编译的文章请附原文一份。

三、考辨钩沉类文字。凡涉及文学、艺术、文化史及古籍之钩沉辑佚、考辨争鸣的文字，有较高的文史学术价值，字数在 3000 字内为宜（若有注释请随文括注）。

四、来稿请务必注明真实姓名和联系方式（电话和电子邮件地址）；来稿一律不退，请自留底稿。

五、来稿请寄：北京朝阳区惠新北里甲 1 号《文艺研究》编辑部理论编辑室

邮政编码：100029

咨询电话：64891166 转 2318

同期还发布杂志社地址变更启事。

### 启 事

文艺研究杂志社现已迁入新址。

办公地点：北京朝阳区惠新北里甲 1 号

邮政编码：100029

电话：64813313　64891166—2316、2318

特此告知！

文艺研究杂志社

2002 年 9 月 1 日

## ■ 9月23日

在中国革命文化的先驱者石评梅诞辰 100 周年之际，《文艺研究》与山西省平定县委、县政府在北京奥林匹克饭店联合召开"石评梅文学活动及作品"学术研讨会，来自全国高校、社科院的 30 余位学者与会。张庆善副院长代表中国艺术研究院出席并致辞，平定县委书记、宣传部部长到会。《文艺研究》副主编方宁主持会议，副社长李香云及编辑部成员参会。本月，《文艺研究》出版增刊《石评梅研究》专号。

## ■ 12月12日

《文艺研究》在北京安徽大厦召开"文学艺术学科发展"研讨会，来自全国高校文学、艺术学科的 30 余位专家及文学院院长、艺术学院院长与会。这次会议时值党的十六大闭幕不久，旨在学习"三个代表"重要思想，探讨"文学艺术"学科的理论创新、制度创新和建立学术评价体制问题。通过这次会议，本刊还与一些重点高校讨论了合作发展的可能性，为刊物和高校学科之间的合作互动建立了良好基础。张庆善副院长代表中国艺术研究院出席并致辞。研讨会由副主编方宁主持，副社长李香云及编辑部成员参加。

# 2003 年

## 1 月 21 日

从本年第 1 期起，"研究之窗"栏目改为"短论·动态"。该期"编者按"云："从 2003 年第 1 期开始，本刊将'研究之窗'改为'短论·动态'。经过调整后，'短论·动态'基本上分为四部分：一，关于国家立项科研课题的基本内容或构想的概述性短文（约 3000 字）；二，编译海外学者关于人文、社科及艺术研究类短文；三，博士学位论文撷英；四，探源考索类短文；其中的二至四条可参见本刊 2002 年第 5 期'本刊启事'。欢迎广大读者赐稿。"

## 1 月

《文艺研究》蝉联国家新闻出版总署"第二届国家期刊奖百种重点社科期刊"奖。

## 4 月 18 日

《文艺研究》主持召开的"邵华舞台艺术摄影研讨会"在解放军总参谋部西山招待所举行，来自中国摄影家协会、中国舞蹈家协会、解放军画报社的领导及来自北京大学、清华大学、中国人民大学、北京师范大学、首都师范大学、北京电影学院的文艺理论家、美学家、摄影家近 30 人出席会议，就邵华舞蹈摄影艺术展开讨论。中国艺术研究院副院长王泽洲出席并致辞。中国摄影家协会主席邵华、《文艺研究》副主编方宁、理论编辑室主任陈剑澜、造型艺术编辑室主任金宁、中国艺术研究院舞蹈研究所所长冯双白等出席。

## 6 月 25 日

本刊李香云被评为编审。

## 6 月 30 日

《文艺研究》与中国学术期刊（光盘版）电子杂志社签订收录协议。

## 9 月 13—14 日

《文艺研究》与复旦大学国际文化交流学院在上海联合主办"全球化视野中的中国文艺学美学"学术研讨会，围绕全球化视野中的当代美学与中西文化比较研究、蒋孔阳美学思想及其在新时期美学建设中的意义、艺术人类学与民间文艺学等展开讨论。本刊理论编辑室主任陈剑澜、副研究员戴阿宝与会。

## ■ 9月27日

中国艺术研究院原副院长、《文艺研究》首任主编张庚在京逝世,享年93岁。《文艺研究》本年第6期发布消息,以寄哀思。随后,又于2004年第2期发表沈达人、安葵、刘涛等人的一组总题为"张庚戏剧理论研究专题"的文章。"编者按"云:"中国艺术研究院原副院长、中国戏剧家协会名誉主席、《文艺研究》杂志首任主编张庚先生于2003年9月27日不幸逝世。张庚先生在中国当代戏剧史上有着无可比拟的地位,他领导创建了中国戏剧理论的完整体系,并且一直引领着当代中国戏剧健康发展。我们特地编发这组稿件,为表达对张庚先生的怀念之情,更为了总结张庚的理论贡献;我们还得到张庚先生遗属的授权,允许本刊发表从未面世的1984年对张庚的访谈,十分感铭。"

### 张庚同志在京逝世

中国艺术研究院原副院长、《文艺研究》编辑部原主编张庚同志,因病医治无效于2003年9月27日在北京逝世,享年93岁。

张庚同志是我国当代著名的戏剧理论家、戏剧教育家、戏剧史家,党在戏剧工作方面卓越的组织家和重要的领导者。从第二次国内革命战争起,历经抗日战争、解放战争到新中国建立后的社会主义建设时期,七十多年来,他为民族的戏剧事业献出了毕生精力和全部热忱。他密切结合戏剧发展各个阶段的实际状况,发表了大量的文章和著作,培养了一代又一代的戏剧人才,在戏曲、话剧、歌剧等各个领域,在戏剧史和戏剧理论研究、戏剧批评等方面,都做出了不可磨灭的贡献。

新中国建立后,张庚历任中央戏剧学院副院长,中国戏曲研究院副院长,中国戏曲学院院长,中国艺术研究院副院长,中国戏剧家协会副主席、名誉主席,中国戏曲协会会长等职,并先后任《戏剧报》《文艺研究》等刊物主编。他是第六届、第七届全国政协委员,国务院第一届学位委员会学科评议组(艺术)成员。

对于张庚同志的逝世,《文艺研究》编辑部特表示深切的悼念!

本刊将在近期组织刊发张庚学术思想及其戏剧理论的专题研究论文,以表达我们对这位学界前辈永久的纪念。

## ■ 10月22—24日

《文艺研究》与陕西师范大学、《文学评论》在西安联合主办传记文学国际学术研讨会,围绕传记文学在素质教育中的作用、传主的素质研究、传记家的素质研究、传记史学的教学法、传记文学的理论建设、传记文学作品和作家研究等议题展开讨论。本刊编辑韦平与会。

## ■ 10 月 25—26 日

《文艺研究》与中华美学学会、湖北省美学会、华中师范大学、湖北人民出版社联合举办东方美学学术研讨会，旨在繁荣东方美学研究，促进学术交流与合作。会议围绕东方美学与东方宗教、伦理的关系、东方美学与西方美学的比较、东方美学的艺术表现、东方民族与原始思维等议题进行研讨。本刊理论室副研究员戴阿宝与会。随后，《文艺研究》2004 年第 1 期发表会议综述。

### 发现东方　走向世界
—— 全国东方美学学术研讨会综述

宋雄华

2003 年 10 月 25—26 日，由华中师范大学、中华美学学会、湖北省美学会、文艺研究杂志社、湖北人民出版社联合举办的全国东方美学学术研讨会在华中师范大学隆重召开，来自全国各地的东方美学专家就东方美学发展中的重要问题进行了热烈的讨论。现综述如下。

中华美学学会副会长、著名美学家刘纲纪教授指出：东方美学的根本特征是从人与自然、个体与群体、感性与理性、有限与无限的统一中去寻找美。与此相适应，东方美学是一种从世界和人的存在出发的存在论美学，世界和人的存在就统一于这四个统一中。马克思主义美学是一种实践的存在论美学，它可以和东方美学相融合。中国美学和马克思主义美学是相通的：马克思主义美学的最高追求是人的全面自由发展，最高境界的实现就是审美的实现；中国人最高的人生境界是审美境界，最高的善也就是最高的美，善是美的内容，美是善的形式。把马克思主义实践论的存在论美学和东方美学结合起来，可能会创造出一些新的概念和范畴。东方美学的复兴要仰赖中国美学界。古代东方美学的"四个统一"，将会在中国社会主义以人的全面自由发展为人类发展目的的过程中得到全面实现。

深圳社科院彭立勋教授指出，东西方美学的比较问题在世界范围内都是一个热门话题。1992 年马德里国际美学会议上仅有一人谈东方美学，2002 年北京国际美学会议上，西方人对东方美学表现出了浓厚的兴趣。2004 年巴西里约热内卢第 16届国际美学的三个议题是：1. 当代世界美学与艺术的变革；2. 美学应用到现代各个领域实践性问题的研究；3. 大力推动东西方美学的交流与比较。有人认为，21 世纪是东西方美学走向对话的世纪。对于东西方美学的比较研究，应从思维模式上去把握其差别。彭教授着重谈了以下三个方面的问题：1. 东方美学与西方美学是不同的体系：中国的思维是辩证的整体的，西方的思维是逻辑的分析的；西方的美学范畴推理性很强，说得清楚，东方的美学范畴，具有多义性、含混性和模糊性。2. 西方思维方式的主要特点是主客二分，而天人合一、心物一元论、心物感应则是中国美学的重要基础；中国美学中找不到西方那样典型的再现说、表现说，也分不出明显的现实主义、浪漫主义。3. 东方的思维方式强调对立统一，追求和谐，西方的思维方式强调矛盾对立，注重对立面的斗争。

首都师范大学王德胜教授指出，东方美学越来越受到国内学者的重视，邱紫华《东方美学史》的出版标志着一个研究势头的兴起，对探讨东方美学的问题意义重大。对东方国家来说，20世纪的全球化表现为向西方学习的一维性，21世纪的全球化进程不应被理解为东方向西方的融入，而应被认为是东西方文化之间寻找相互对话过程中的互动与合作。今天，东方美学最需要做的是"发现东方"，研究东方美学不是基于民族自尊，而是为了真正发现东方美学的当代价值，发现东方美学对于当代人类美学共同性的解释权。"发现东方"，有三个层面的问题应被提出讨论：1. 对东方美学自身文化价值共同性的发现和确认，怎样才能真正体现当代全体东方民族的基本文化信念和发展需求，这意味着我们现在对东方美学的把握应放在强化东方民族的共同利益、文化自觉性和文化主动性上，以有效促进东方美学在当代的发展；2. 在全球化语境中，东方美学话语的有效性取决于东方美学对人类文化共同性的阐释权。当代东方美学怎样才能形成一种特定的世界性的文化关怀，承担起为当代人进行文化定位的任务；3. 在对自身价值发现、确认的过程中，如何实现东西方的对话和互补，这是东方美学发展中必然会出现的一个问题。

复旦大学王振复教授指出，无论从地域、影响还是文化方面来说，中国美学都是东方美学的典型代表。中国文化的草根性在《周易》，研究中国美学，绕不开《周易》。天人合一是中国文化的主流，但过分强调它就遮蔽了思维中天人相分的一面的精神历史。在肯定中和的同时，要注意中国历史上同样存在人与自然、人与自我、肉身与灵魂之间的冲突。美有三个层次：美在和谐，美在不和谐，美在和谐与不和谐之间。

南开大学陆扬教授指出，东方美学具有上帝创世和约伯的崇高传统，如上帝创世："上帝说要有光，于是便有了光。"这历来被认为是崇高的典范，如朗吉弩斯，黑格尔都有论述。希伯来的上帝有超越的传统，约伯记被比作希腊悲剧，约伯记的崇高是好人受难的故事，他对上帝无限忠诚，但忍耐构不成悲剧意味。约伯记第十九章把上帝描绘成凶神恶煞的模样，约伯在苦难中终于发出了忍无可忍的悲声。最终上帝嘉奖的是约伯的悲声，而不是约伯的忍耐，约伯身上充满着浓烈的崇高精神。

中国艺术研究院李心峰研究员指出，日本明治美学在现代化转型过程中对整个东方美学具有桥梁作用。美学学科被引入东方，最早在日本，并有具体的实证研究。日本近代大启蒙思想家西周发表于明治五年的《美妙的学说》是东方第一篇美学论文，日本学者中江兆民的《维世美学》是东方第一部美学著作。美学学科的名称在日本明治时期经历了一个艰苦的探索过程，明治十六年《维世美学》出版，才正式以"美学"表述，美学学科的名称才正式确立。与美学有关的最基本的术语、概念，如文学、艺术、美术，都是在明治时期形成的。日本现代的美学对中国及东方美学仍然具有重要的参考意义。

南开大学彭修银教授指出，东方文化是多元共生的，中国人的审美意识代表东方美学的血脉。对火、光明的崇拜，是东方各民族共同的特点。东方美学的原始意象主要有：1. 光：不光表征光明，且有生殖崇拜意义；2. 三角：性意象，人类与三角形有重要关系，在洞画、石刻中，女性腹部被描述为倒三角形，男性腹部被描述成正三角形，三角形又代表神秘的地带；3. 圆：生死轮回意象，如鸟蛋、鱼子、蛙子这些意象都象征着生，如印度人认为蛇吞尾表均衡的圆圈，象征生死轮回，这些观念在东方民族中非常普遍。

天津师范学院孟昭毅教授指出，东方美学的体系是用西方美学的话语来建构的，应学习宗白华先生用中国的话语来解释中国的美学。东方美学如要有建构，应加强自己对东方美学体系中本质性问题的把握。

这次会议的发起方之一的《文艺研究》杂志，作为国内重要的理论刊物，在东方美学建设中发挥了重要作用。早在1988年，《文艺研究》就发表了金克木的《东方美学与比较美学试想》和牛枝惠的《东方艺术美学体系中的禅》，1989年发表了刘纲纪的《东方美学的历史背景和哲学根基》、金克木的《东方美学研究末议》、林同华的《东方美学略述》，1993年发表了邱紫华的《东方审美同情观》等论文，2000年，《文艺研究》与中华美学会青年美学会和内蒙古艺术学院联合主办了第一届国际东方美学研讨会，第二年又参与了在日本举办的第二届国际东方美学研讨会，并组织发表了一系列关于东方美学的论文。

会议期间，华中师范大学邱紫华教授介绍了《东方美学史》的写作情况。他认为，当代美学著作普遍流行西方话语，但西方的美学理论无法解释东方美学。东方美学的特点在于继承性多于革新性，具有传承性、超稳定性。人类的共同性是思维模式,最早的共同点是原始思维。从艺术实践看,完整性表达、正面律、无遮挡原则是各个民族原始艺术的共同特点。东方美学要确立,必须有自己独特的美学范畴。东方美学的理论是诗性的理论,东方的思维是物我不分的,中国古代重要的理论是物感说,不同于西方的移情说。东方美学的基础和命题都不同于西方,这些特点都受到原始思维的影响。

邱紫华教授在会议总结中指出,东方美学的研究牵涉全球化与东方美学自身生存的关系,我们现在应该在与西方美学对话的背景下开展东方美学研究,同时注意比较中国美学与日本、印度、埃及等国家美学的差异。相信东方美学、东方文学与文论的研究很快会成为国内外学术界的研究热点。

（作者单位　南京大学中文系）

### ■ 11月2日

《文艺研究》与首都师范大学文学院联合主办"日常生活的审美化与文艺学美学学科反思"学术研讨会,旨在对大众文化时代生活与美学的交融互动进行理论辨析。随后,《文艺研究》2004年第1期以"当代文艺学学科反思"为总题,发表陶东风、曹卫东、高小康、陈晓明等部分与会者的论文。"编者按"云:"2003年11月2日,本刊编辑部与首都师范大学文学院在北京联合召开'日常生活审美化与文艺学美学学科反思'研讨会,与会学者就我国文艺学美学学科的研究现状、问题及未来发展等进行了广泛讨论。本组关于当代文艺学学科反思的论文即在会议讨论基础上编辑而成,希望能够对文艺学学科建设起到推动作用。"

### ■ 11月8—9日

《文艺研究》与武汉理工大学艺术与设计学院、中华美学学会联合主办"交叉性艺术学科建设与发展"国际学术研讨会。会议主题为"交叉性艺术学科的有效融合与可持续发展"。本刊造型艺术编辑室主任金宁与会,并于会后在武汉理工大学艺术与设计学院举办专题讲座。

### ■ 11月23日

由《文艺研究》主办的"当代市场环境中的艺术创造与艺术生产——刘令华现象的文化分析"学术研讨会在北京九华山庄召开,来自社科院、全国高校的艺术与人文社会科学理论界的30余位专家学者参加会议。与会学者围绕社会转型期及当代市场环境中艺术的创新与发展问题,并结合"刘令华现象"的个案分析,探讨艺术家的自由创造活动与艺术生产的市场规约、专业策划之间日益密切的关联等问题。中国艺术研究院副院长张庆善出席并致辞。本刊副主编方宁主持开幕式,陈剑澜、金宁与会。

### 12月10日

《光明日报》报道"当代市场环境中的艺术创造与艺术生产——刘令华现象的文化分析"学术研讨会，题为"关注市场环境下的艺术创造与艺术批评"。《文艺报》《中国文化报》等也作了相关报道。

### 12月11—12日

《文艺研究》与首都师范大学中国诗歌研究中心在北京紫玉饭店联合主办"中国文学与音乐关系研究"学术研讨会，文学界和音乐界的 40 余位专家学者与会，就中国文学的音乐本质、中国古代文学文体与音乐关系等问题进行讨论。本刊文学编辑室主任赵伯陶与会。随后，《文艺研究》2004 年第 2 期发表会议简讯。

## "中国文学与音乐关系研究学术研讨会"在京召开

吴漪容

由首都师范大学中国诗歌研究中心和《文艺研究》编辑部主办，北京华百年传媒投资有限公司协办的"中国文学与音乐关系研究学术研讨会"，于 2003 年 12 月 11 日至 12 日在北京召开。此次研讨会包括文学界音乐学界专家和学者共有 45 人，提交论文 32 篇。

中国文学的音乐本质问题的理论探讨，这是本次会议的重点。赵宋光、赵敏俐、李昌集、刘明澜等学者的文章，从不同的层面探讨了诗与乐二者在审美意识、创造性想象、音乐与歌辞语文体式、中国语音音乐性、汉语句读、雅俗关系，以及歌诗艺术生产与消费的基本方式等诸方面的问题，提出了一系列发人深省的见解。

探讨中国古代文学文体与音乐关系，从乐的角度深化文学研究。陈文新、李炳海、刘怀荣、路应昆、赵山林、刘崇德、徐文武等学者的论文，都是从音乐角度对中国文学文体的问题进行了专题性的研究。

从诗乐关系角度对中国文学史、音乐史问题的个案研究。从王小盾、刘再生、范子烨、吴相洲、赵晓岚、许继起、吴光正、任广世等学者的个案研究中，我们能够看出音乐与文学二者的结合在文学研究中所具有的发展的活力。

除了以上三个方面的话题以外，还有有关文献勘误、文献解释和其他方面的论文。

此外，本次会议还有一个特点，就是有经验丰富的著名歌唱家李元华女士和姜嘉锵先生直接参与了会议的讨论和会后的艺术表演。他们结合各自的演唱经历，生动形象地阐述了音乐、文学、声腔表演三者之间的密切关系。

在中国文化传统里,文学与音乐的关系密不可分。但文学界与音乐界交流的机会却很少,此次研讨会不仅提供了交流的平台,而且使传统的文学发生学的研究更加逼近它与音乐紧密结合的原生形态,也标志着文学研究更加细致深刻,更加有助于对中国文学作品的内在本质的把握。

本年,《文艺研究》在重要选题的确定、新栏目的设置、传统封面的改换等方面进行了一些尝试,取得良好效果。

# 2004 年

## ■ 3月12日

《文艺研究》按照文化部召开的出版通气会议精神，对近年来刊发的稿件（包括文、图）和即将编发的稿件作了认真检查，没有发现任何涉及违规违纪内容的稿件。

## ■ 3月18日

《光明日报》发表肖鹰《〈文艺研究〉的学术凝聚力》，对《文艺研究》创刊25年来的办刊方向、学术影响、学术贡献作出评价。

## ■ 4月8日

《文艺研究》按照新闻出版总署《关于对图书、期刊、音像制品、电子出版物进行质量检查的紧急通知》精神，对近年来刊发的稿件和即将编发的稿件进行认真检查，没有发现任何涉及违规违纪内容的稿件。

## ■ 7月5—9日

《文艺研究》与厦门大学中文系、《厦门大学学报（哲学社会科学版）》在厦门大学联合举办"现代性与20世纪中国文学思潮"学术研讨会，40余位专家、学者应邀赴会。本刊理论编辑室主任陈剑澜、副研究员戴阿宝与会。随后，《文艺研究》本年第5期发表会议综述。

## "现代性与20世纪中国文学思潮全国学术研讨会"综述

王 烨

现代性已成为20世纪中国文学研究的重要视角之一，但作为一种西方外来理论，如何将它落实到20世纪中国文学的具体阐释中，如何用它重新阐释20世纪中国文学思潮的性质，以及用它阐释20世纪中国文学的有效性与有限性等问题，已成学界普遍关注与亟待解决的课题。为此，厦门大学中文系、《文艺研究》编辑部、《厦门大学学报》编辑部（哲）于2004年7月5日至9日在厦门大学联合主办了"现代性与20世纪中国文学思潮"全国研讨会，全国各地的四十余位专家、学者应邀赴会。会议将"现代性与20世纪中国文学思潮问题"在深度与广度上都有一定的拓展。

"现代性"是一个内涵混杂的概念，不同的使用者有其不同的所指，如何正确理解中国的"现代性"内涵，自然成为学者们首先关注的问题。复旦大学朱立元教授指出，现代性是一个动态发展的概念，其内涵、意义的变化非常复杂，要注意现代性与现代化、启蒙现代性与审美现代性、中国现代性与中国现代文学之间的关系。陕西师大尤西林教授认为，现代性的产生是建立在时间基础上的，直线矢量的现代时间以追求未来的无限进步信念构成了现代性的核心。中山大学刘卫国认为，现代性主要包括科学主义、人道主义、资本主义和民族主义四种观念，而人道主义是其核心价值，它滋养了现代性的其他观念，也构成反思、批判现代性的价值尺度。吉林大学张福贵教授指出，探讨中国文学现代性的时候，要注意反现代性的意识，它导致20世纪中国文学中个人欲求与人类意识的弱化。华东师范大学张弘教授分析了20世纪中国文学现代性的生成形态，它一方面要决裂传统以突出现在与未来，另一方面要使文学走向审美自律。北京语言文化大学李庆本教授提出中国内部能否产生现代性的疑问，建议现代性研究要跟中国文学传统关联起来。这些讨论与探究，基本确定了中国现代性的思考空间，确立了中国现代性的意义边界；但目前急迫的不是概念的厘清，而是怎样解决现代性视角与文学作品间游离的难题。

因此，用现代性理论研究20世纪中国文学的有效性，就成为这次会议重要的话题。厦门大学俞兆平教授，以中国现代文学史上个案实证的方式，论析了把现代性理论视点引入中国现代文学研究中的必要性和可行性。他认为，这种"引入"可以突破意识形态对现代文学研究的框定，可以消解现代文学研究中根深蒂固的二元对立的思维模式及惯性，可以调整旧有的价值标准。北京师大杨联芬教授认为，现代性理论对中国现代文学研究的意义，是检讨、反省在西方现代性观念影响下建立的中国文学现代性观念与理性思维的种种误区，以寻求一种反思、批判历史的角度，重新审视一些现代文学史现象，梳理被以往的"宏大叙事"忽略或掩盖的历史细节。西南师大李怡教授认为，在当下诸多的现代性语域中，最有价值、最富有阐释可能性的便是把它置于20世纪中国文学思潮的特殊含义中，但文学阐释是对复杂的文学感受的理性说明而非对已有知识的印证，它最终呈现的也应当是研究对象的复杂性而非将原本复杂的对象简单化，不能简便地将20世纪中国文学的研究纳入现代性类型中加以概括，否则就可能导致文学阐释的简单化与理念化。河北师大李扬教授认为，审美现代性理论对中国现代文学研究有普遍意义，它将有助于深入解释经典作品长盛不衰的奥秘，有助于理解作家本人的文化观念对其创作的影响。东北师大逄增玉教授认为，任何对现代性的研究最终都要落实到文本和叙事，他通过对"五四"以来启蒙文学叙事的分析，考察了肇始于西方的现代性是如何转化、落实和积淀到中国现代文学的叙事结构和模式里的。

同时，一些专家、学者提出用现代性阐释 20 世纪中国文学的有限性问题。华南师大袁国兴教授认为，现代性作为一种理论不能脱离它的具体的时代性。如果离开时代性来谈它，什么也说不清楚；用它来研究中国的现代文学，虽然可以，却不能包罗万象，因为中国现代文学的内涵要大于现代性文学。厦门大学朱水涌教授提醒研究者，在运用现代性理论时一定要注意中国文学的复杂性、独特性，一定不能脱离中国的现代性诉求是在反抗西方语境中萌生的这一历史事实，否则就可能将中国现代文学研究简单化。福建师大席扬教授提出现代性是否具有普遍意义，是价值标准还是文化修辞，能否置换革命性，认为现代性研究应是导向差异的研究。浙江师大高玉教授认为，现代性这个概念大而无当，用它描述中国现代文学的时候却把反现代性、非现代性文学现象排除了，它的合法性必须受到追问。

运用现代性观念重新叙述 20 世纪中国文学思潮的性质，是会议取得的重要收获之一。厦门大学杨春时教授一反旧说，提出"五四"文学思潮是批判封建主义、争取现代性的启蒙主义文学思潮的新论。他还提出，从革命文学论争到左翼文学运动、抗战文学、延安文学以及解放后的社会主义文学，是以建立现代民族国家为任务的新古典主义文学思潮形成、发展并走向终结的历史时期。改革开放的新时期文学是新启蒙主义文学思潮，它吸取了现实主义、现代主义等思想资源，具有开放的性质和多元的特征。陕西师大尤西林教授梳理了 20 世纪中国"文艺大众化"思潮的现代性嬗变，认为民主平等的现代观念与不懈追求进步的现代历史信念是"文艺大众化"形态革新的动力机制。华中科技大学何锡章教授分析了中国现代文学浪漫精神退位的现象，认为这一方面是中国传统文化基因浪漫元素的缺损所致，一方面又是现代性精神在中国未能深入发展的结果。《厦门大学学报》洪峻峰副编审认为，"五四"新文化运动赋予"五四"新文学"思想启蒙"的性质，以"新思潮"为源泉的"五四"文学追求的现代性是启蒙现代性而非审美现代性。

此外，还有些学者对 20 世纪中国文学的现代性品格进行了考察。南开大学耿传明教授认为中国文学的现代性有三种典型形态，南京大学张光芒副教授认为中国文学的现代性呈现出混沌的特征。浙江师大骆寒超教授就中国现代诗歌体现的思想意识问题，湖南师大谭桂林教授就现代中国诗学的现代性结构，哈尔滨师大罗振亚教授就先锋诗歌，青岛大学姜振昌教授就中国文学现代转型的内在驱力和基本趋向，苏州大学刘锋杰教授就张爱玲的现代性及其生成方式，西南师大王本朝教授就现代性与中国现代文学生产制度，厦门大学朱双一教授就现代性与台港文学研究的关系，泉州师院戴冠青教授就中国现代文学批评的现代性，中山大学张均博士就中国现代文学的现代品格，汕头大学陈方竞教授就文艺理论与现代文学之间相互影响和促进的关系，都提出了各自的理论见解。

（作者单位　厦门大学文学院）

## ■ 7月

《文艺研究》被《中文核心期刊要目总览》编委会评定为核心期刊。

## ■ 8月22日

为纪念邓小平同志百年诞辰，《文艺研究》向小平家乡四川省广安市图书馆捐赠《文艺研究》杂志。

## ■ 8月22日

报告《文艺研究》专项治理工作情况。根据中央"治理党政部门报刊散滥和利用职权发行"工作协调领导小组办公室的指示精神，根据文化部办公厅的工作部署和要求，本刊负责人方宁、李香云会同职能部门主管，对本刊工作进行认真自查，确认：（1）中央19号文件确定的任务和协调领导小组批复的方案已在本刊工作中贯彻落实；（2）本刊发行工作一直按规范进行，通过正常的邮发主渠道及扩大自办发行渠道发行，不存在摊派和违法发行问题。

## ■ 9月11—13日

《文艺研究》与沈阳师范大学中国文学与文化研究所联合主办"21世纪：理论建设与批评实践"国际学术研讨会。本刊副主编方宁、理论编辑室主任陈剑澜、造型艺术编辑室主任金宁与会。

## ■ 9月18—20日

山东大学文艺美学研究中心、山东大学文学与新闻传播学院、曲阜师范大学文学院共同主办的全国审美文化学术研讨会在山东省日照市举行，40余位专家学者参会。本刊理论编辑室主任陈剑澜与会。随后，《文艺研究》2005年第1期发表会议综述。

## 深化对审美文化研究的对象与范围的认识
### ——"全国审美文化学术研讨会"综述
龙　争

由山东大学文艺美学研究中心、山东大学文学与新闻传播学院、曲阜师范大学文学院共同主办的"全国审美文化学术研讨会"于 2004 年 9 月 18 日至 20 日在山东省日照市举行。来自全国各高校和科研机构的四十余位专家学者通过主题发言、专题讨论等方式，就审美文化的界定、日常生活审美化、当代文化产业以及生态美学等问题展开了热烈的讨论。

## 一、审美文化的界定与日常生活审美化研究

如何为审美文化和审美现象定位？与会学者普遍认为对于审美文化的界定应该集中于探讨审美作为一种文化现象与其他文化现象的一致性与异质性。杜书瀛（中国社会科学院）提出，对于审美现象，只可描述，不要定义。他将审美现象描述为只有加进了人的因素才能成立的精神文化现象。审美的发生、发展和存在是人的本性使然，它是人所不可缺少的生存方式、生活方式之一，一切审美问题都关系于人的意义，因此从根本上说审美活动属于价值活动的范畴。陈炎（山东大学）则从社会功能的角度对审美文化进行了分析：1. 审美和艺术也是一种生产力。在以农、牧、渔业为代表的第一产业占主导地位的前工业时代，社会生产力的主要因素是人力和畜力；在以机器制造业为代表的第二产业占主导地位的工业时代，社会生产力的主要因素是科学和技术；而在以服务业为代表的第三产业占主导地位的后工业时代，美学和艺术作为生产力的要素也便具有了越来越重要的地位；2. 审美也是一种形而上学。中国传统审美文化中，儒家所追求的社会美与道家所追求的自然美之间有着相互补充的可能，它们都有着慰藉情感，乃至终极关怀的作用；3. 文化也是一种资源，而研究中国审美文化现象的重要目的，就是要深入挖掘我们民族文化中最为重要的宝贵资源。

日常生活的审美化或者说审美的日常生活化是当前审美文化研究中的热点，对于这一趋势，学者们大都持肯定态度并从不同的学理层面上进行了论证。李西建（陕西师范大学）从消费的角度透视当代审美文化，他引述法兰克福学派及西方后现代思想家关于消费问题的相关论述，认为消费主义已成为当今社会整体的文化语境，在此影响下，审美观念从自律转向感知领域，审美活动也逐渐转向日常生活领域。这种转向也意味着美学研究的一种重要的价值论转向，它的核心在于人的丰富与完善，是生活中的实用、功利性向艺术、审美性的过渡。仪平策（山东大学）则认为日常生活审美（即生活美学）的出现是人类思维范式变革的必然结果，人类的思维范式经历了三大阶段：古代农业文明的本体论范式、近代工业文明的认识论范式和现代"后工业"文明的人类学范式。现代人类学范式的核心就是将感性具体的人类生活本身肯定为真实的终极的存在，视为理性、思维的真正基础和源泉。在这种思维范式的规定下，美和艺术的故乡既不纯在客观外物，也不单在主观内心，而

在感性具体的日常生活。冯毓云（哈尔滨师范大学）从社会学角度入手，指出社会分层的现实是当代审美文化多元化的客观基础，承认审美文化多元化，就意味着承认社会差异的合法化，承认各个阶层的合法身份、合法需求与合法的审美趣味，日常生活的审美化正是基于此而产生的。

## 二、审美文化的专题研究

当前审美文化研究中存在着浮泛的文化空谈与低水平重复的弊病，面对这种现状，与会学者不约而同地注意到了个案研究与专题研究的重要性。赵宪章（南京大学）一直致力于从形式美学的角度与方法来解读文化现象，在本次会议上，他对于日记文体的研究令人耳目一新。他将日记文体视作最具民间性和私人化的言说方式，在其发展历程中，这一文体被文学挪用，日记的"私语言说"性质随即蜕变为"形式的诱惑"，他提出可以从记忆与时间、日记的言说结构、读者的缺席与在场等层面来解析这种形式诱惑。程相占（山东大学）实地考察了徽州民居，并以其中的西递村作为审美文化文本，分析了它的建筑结构、木雕、石雕、楹联等所体现出的审美文化内涵。王汶成（山东大学）则关注城市广场文化，认为它不同于以大众传媒为载体、具有消费性的大众审美文化，而呈现出审美生活化、大众品格、自我教育等特征。袁梅（曲阜师范大学）从涵义、适用人群、表现等方面探讨了"小资"情调这一文化现象，认为"小资"情调中对于浪漫精致的人生格调和精神自由的追求是当代审美文化必不可少的组成部分。

在审美文化的专题研究中，当代文化产业研究具有更多的应用性和现实意义。马驰（上海社会科学院）提交的论文《调整文化政策法规，推进文化产业发展》，即为加入WTO后的中国文化产业出谋划策。他非常注意借鉴西方发达国家的经验，对于如何维护本国的文化主权，如何转变政府文化管理职能，怎样对待文化事业与文化产业，怎样实行市场力量匹配，怎样鼓励集约化、跨地区经营和多元资本的加入等问题，都进行了切合实际的论证，并反思了目前我国文化投资机制中存在的问题，进而强调文化政策法规中应注重确立依法行政、政策统一、市场有序化、行为透明、行政效率等具体规则。

## 三、生态美学研究

生态美学研究是当今一个世界性的美学研究课题，我国虽然起步较晚，但也已经有了十余年的历史。本次会议上，王诺（厦门大学）评述了国外生态美学的发展与研究现状，进而比较了生态美学与传统美学的不同。他认为生态美学是以生态整体主义取代了人类中心主义、二元论和工具理性；在审美标准上由以人为尺度转向以生态整体为尺度；以此为指导，生态美学将美学研究和美学评价扩大到了由自然、人类和人类的意识形态组成的整个世界；它对美学理论重新建构的意义在于，要介入社会、介入世界，要为缓解生态危机、重建生态平衡发出美学家必须发出的声音。曾繁仁（山东大学）着重剖析了生态美学理论中包含着的新人文精神，将之概括为：它突破了"人类中心主义"，从人类可持续发展的角度对人类的前途命运进行一种终极关怀；它是对人的自然与生态本性的一种回归；它是对环境权这一基本人权的尊重；它倡导一种关爱其他生命的仁爱精神。鲁枢元（苏州大学）则关注中国古代的生态观念，他从"风"这一概念在自然、社会、艺术、人格层面的分析和梳理入手，提出"风"字的语义场实际上是古代中国人在漫长的岁月里生活其中的一个有机的、完整的、独特的生态系统。陈剑澜（《文艺研究》编辑部）的发言着眼于生态伦理学的性质剖析与生态美学的学科建设，他认为生态（环境）伦理学在当代西方可以算得上是一门显学，但这门学科的境况并不十分乐观。一方面，各种非人类中心主义学说为一些激进环境组织所遵奉，难以对主流社会的环境决策产生实质性影响；另一方面，几乎每一种非人类中心主义学说都存在着克服不了的理论缺陷，难以自圆其说。他指出，以生态中心论为最高成就的非人类中心主义伦理学，试图用现代知识的形式、质料表述反现代的思想，具有明显的信仰主义特征，本质上是激进环境主义运动的意识形态。在学科建设上，国内学界完全可以打破国外对于生态伦理学和生态美学的学科划分，同时不必迷信国外已有的研究成果，不妨在理解的基础上破立并行，当前最关键是要厘定我们自己的学科问题、路向和可资利用的思想资源。

通过本次会议的讨论，学者们进一步深化了对审美文化研究中的一些基本理论问题的认识。与会学者普遍认为，在今后的审美文化研究中应对如何界定审美文化研究的对象和范围，如何继承和借鉴中外丰富的审美文化遗产，生态美学的研究如何深入下去等问题给予更多的关注。

## 9月21日

《文艺研究》本年第 5 期发表黄楠森、曲润海、张炯、童庆炳、庞仁芝等人的《"邓小平文艺理论与中国特色社会主义文化建设"研讨会纪要》。"编者按"云："2004 年 8 月 22 日是我国改革开放的总设计师邓小平同志的百年诞辰。为了深切缅怀邓小平同志，深入学习和研究邓小平文艺理论，8 月 6 日，由中国艺术研究院主办，中国艺术研究院马克思主义文艺理论研究所承办的'邓小平文艺理论与中国特色社会主义文化建设'研讨会在中国艺术研究院隆重召开。理论界的专家学者聚集一堂，围绕本次会议的议题展开了热烈研讨。本期特刊发文化部部长孙家正同志在文化部主持召开的'纪念邓小平同志诞辰一百周年——邓小平文艺思想研讨会'上的讲话、中国艺术研究院院长王文章同志的讲话以及部分专家学者的发言提要。"

同期发表吴秀明、姚晓雷、赵卫东等人的一组总题为"从当下视角看中国当代文学的价值"的文章。"编者按"云："中国当代文学已经走过了五十多年的历程。由于所依托的历史背景的特殊性，当代文学的价值追求和构成相当复杂。如何评价当代文学的整体价值和成就，从来都是学术界关注的焦点。当代文学的活跃特质决定了它的研究视角以及价值定位始终处于一个不断变化的过程中，而每一次当代文学史的重写，都意味着一次价值的重估。在历史进入 21 世纪的今天，站在当下立场上重估当代文学已颇为必要。本组笔谈试图在这方面做出初步的尝试。"

## ■ 10月8日

《文艺研究》增刊出版，内容为具有地方特色和艺术影响的"闽南戏剧"专题研究论文。

## ■ 10月21—22日

由中华美学学会、全国青年美学学术委员会主办，广西民族学院承办的全国第三届生态美学学术研讨会在广西民族学院召开，60 余位学者参会。本刊理论编辑室主任陈剑澜与会。随后，《文艺研究》2005 年第 3 期发表会议综述。

### "全国第三届生态美学学术研讨会"综述
李大西

由中华美学学会、全国青年美学学术委员会主办，广西民族学院承办的"全国第三届生态美学学术研讨会"于 2004 年 10 月 21 日至 22 日在广西民族学院召开，来自全国的六十多位学者出席了研讨会。与会代表围绕生态美学研究的意义、实践美学与生态美学的关系以及生态美学的思想资源等问题进行了交流和讨论。

#### 一、生态美学的基本问题

生态美学作为一个新的研究领域，一些基本问题还有待探讨。这也是与会者谈论较多的话题。周来祥认为：我们研究生态美学，是在人类对自然无限制地摧残，在资源面前自高自大，引起自然的报复，产生人与生态的危机，危及人类自身生存的情况下提出的。研究生态问题，应该以系统的生态观念看待人与自然的关系，应该以自然为本，而不是以人类为中心。人可以了解生态，也可以介入并影响生态，人类在处理人与生态之间的关系时，应尊重各生态因素，并努力协调各生态因素的发展，促进和谐、共生环境的形成。陆贵山主张，我们在考察生态美学问题时，应该注意时空与现实的关系，注意发达国家与发展中国家在对待生态问题上的态度，既要维护生态，又要发展经济。杜书瀛认为，生态美学的提出是以现实为基点、从现实出发的，生态美学考察的是生态优化与生态平衡以及人类审美活动的关系。因此，我们得考虑环境艺术、环境文学等概念。环境艺术是以艺术的方式努力唤醒人们的环境道德、环境意识，用审美的方式帮助人们建立新的、适应于当今世界人类文明的环境观。"天道"与"人道"是统一的，对"天"的尊重就是对人类自身的一种尊重。袁鼎生把生态美学学科的逻辑建构作为研究重点。他指出，生态美学的产生是时代发展的必然结果。人类在发展科技文化的同时，越来越强烈地感受到，人类文明如果一旦失去大自然的依托，将会面临整个人类文明系统的崩溃和毁灭，因而人类越发展，越要寻找适合自己生存的文化模式，寻找适合自己生存的合理社会结构和社会生产组织模式，即以生态学指导人类的发展。生态美学的产生与"生态审美场"有关。审美场是主客体相互吸引、相互聚合、相融相会、同构同化的审美境界。这是一种大视角的审美研究，能极大地观照整个自然生态系统以及处于其中的人类文明系统。它是一个时代的美学的最大范畴，是对一个时代审美文化的最高的理性概括和最广的感性概括。它以人类与自然贯通流转的生态整体为审美的本原，形成审美理式。王德胜指出：虽然关于生态美学的许多问题至今在美学界、理论界尚存在分歧，尚需要进一步研究和探讨，但进行科学研究的根本目的，是解决现实生活中的实际问题，而不是在概念、理论形态上纠缠。一种科学研究，如果不利于促进人、社会、自然的和谐发展，就难以体现其价值。

## 二、实践美学与生态美学

与会学者从所谓"人类中心"和"生态中心"的争论，切入实践美学与生态美学的关系问题。一些学者从人的生命发展、人与自然的关系、马克思主义实践美学等方面考察人类中心问题，认为凡与人的实践活动有关的美学观，都包含人类中心主义的观念。审美活动是人类独有的活动，审美话语权只掌握在人类手中，不以人类为中心如何可能？另一些学者则从历史的和辩证的角度来考察人类中心问题，认为人类中心主义，是人类自我意识形成的一种标志，也是人类走向文明的标志。实践美学确实有人类中心主义的意味，人类中心主义膨胀造成了对自然生态的破坏，生态美学应反思人类中心主义，但更重要的是处理好实践与生态、实践美学与生态美学、人化自然与自然人化的关系。还有一些学者认为，正是因为人类饱受人类中心主义带来的痛苦，所以应转变观念，变"人类中心"为"生态中心"，即从生态系统的有机整体性出发，强调人与自然的亲和感，要以系统观与生态价值观来看待社会，把人看成生态系统中的因子或环链。由此就涉及传统美学关于自然美的问题。封孝伦认为，实践美学强调的是人化的自然和人对自然的改变和实践。研究生态也就是为了发展有利于人类长远生存发展的生存状态，生态美学是相对于实践美学而寻找生态美的价值。刘成纪认为，生态美强调人与自然的生态共生，使过去人与自然对立的理论缺失和困难得到了改观，自然在美学中的位置有了发生全新变化的必然性，即它不再是单纯需要人赋予意义和审美价值的客体，而成为与人共在的主体。张德兴则认为，自然美是离不开特定的生态环境的，正是这种特定的生态环境构成了特定的自然事物赖以存在的外部条件，对造就自然事物的自然性特征起到关键作用，并对形成其特定的自然美起到了重要的作用，自然美问题不仅是一个单纯的美学问题，同时也是一个与生态问题密切相连的问题。

### 三、生态美学的思想资源

相当一批与会学者，致力于古代生态智慧和生态美学观念的挖掘。聂振斌认为，中国古代文化哲学，如八卦的宇宙模式，阴阳五行的思想体系以及"和"的观念等，把自然万物和人编织网络为统一的整体，就是一种很有价值的生态观。在中国古代文学艺术作品中，也有大量的关于生态美的认识和对生态美的讴歌。张晧在分析了柳宗元"山水鸟鱼之乐"思想内涵后，认为柳宗元钟爱自然、倾慕自然、融入自然、与自然同乐的思想，同样包含深刻的生态理想。盖光则对中国古代风水理论所蕴含的生态思想作了专门的探讨。刘玉清、胡家祥、周怡等人，也在这个方向上做了具体细致的探索。

张政文、张子中等一批学者，则通过对康德思想以及西方近、现代乃至当代的各种思想运动、文艺思潮的梳理来寻找西方思想中的生态美学内涵。陈剑澜重点分析了生态哲学领域的所谓"人类中心主义"与"非人类中心主义"的争论及其对生态美学研究的启示。他认为，被指为应对生态危机负责的"人类中心主义"是西方启蒙时代的产物，它由机械论自然观和人本主义叙事连接而成。当代非人类中心主义者对于这个观念的历史意义和成毁机理缺少理性的分析，转而走向相反的极端，结果在理论和实践上陷于尴尬境地。他特别指出，极端的非人类中心主义（如深层生态学）具有很强的意识形态性质，并且由于其社会角色变换而具有双重政治倾向。一方面，它作为发达世界激进环境运动的思想形式在多数民主社会中能够有效地履行它的边缘政治职能。另一方面，它并不满足于有限的边缘政治地位，而是要求普遍主义的实践。当他们把明显带有乌托邦色彩的社会建构方案无条件地加于这个仍然充满着阶级、种族、国家区分（歧视）的世界时，则可能导致严重的政治后果。刘蓓比较详细地评述了近年在英语世界兴起的生态批评思潮及其对生态美学研究的意义。黄应全则专门讨论了生态批评与主流文化研究之间的复杂关系。

尤其值得一提的是，袁鼎生、王尔勃等以广西民族学院为主体的一批学者，利用少数民族地区独有的民族文化和生态美学资源，从逻辑的、历史的、应用的维度对生态美学进行研究。朱慧珍以她多年从事民族生态美学个案研究为例，认为生态美研究的就是人的自由的、审美的生存状态。这是生态美学研究的中心问题。生态美是一种和谐共生之美。生态美研究的发展方向应当走向现实，从纯理论的研究走向对现实生活、现实问题的探讨。张泽忠则在考察了侗族的生活、生产方式、居住环境、民族习俗后，也得出了相似的看法。黄秉生对壮族文化发展源流进行了研究和分析，总结出壮族文化生态美由重生、广纳、崇智三大根系支撑的生态美学观点。宋生贵则把民族艺术发展同民族生态文化发展联系起来考察，认为民族艺术的变化发展，无论何时都要切实体现或张扬其特有的美学品质，都不能脱离自身的民族文化生态，而实现民族文化生态优化，则是当代民族艺术实现可增长性的重要前提和保证。

## ■ 11 月 10 日

《中华读书报》以整版篇幅报道《文艺研究》即将从双月刊转为月刊，题为"学术与市场的博弈——从《文艺研究》改刊看学术期刊面临的市场境遇"。

## ■ 11 月 13—14 日

《文艺研究》与湖南师范大学文学院、《湖南师范大学学报》等单位在长沙联合举办"当前现实与文艺理论的发展"学术研讨会，30 余位学者与会。本刊副主编方宁出席并致辞，副社长李香云、理论编辑室副研究员戴阿宝与会。随后，《文艺研究》2005 年第 2 期发表会议综述。

### "当前现实与文艺理论的发展"学术研讨会综述

李作霖

由湖南师范大学文学院与《文艺研究》编辑部共同主办，《湖南师范大学学报》编辑部与《中国文学研究》编辑部协办的"当前现实与文艺理论的发展"学术研讨会，于 2004 年 11 月 13 日至 14 日在湖南长沙召开，来自北京、天津、辽宁、山东、上海、浙江、福建、湖北和湖南等省市的三十多位专家出席了这次会议。与会代表围绕"当前现实与文艺理论的发展"这一总的议题，分别就文艺理论创新的出发点、文艺理论所面临的"当前现实"、文学理论与文化研究的关系、文学与文学理论的主体性等问题展开了广泛、深入的讨论。

会议由湖南师范大学文学院文艺学学科负责人赵炎秋主持。湖南师范大学副校长周景明和湖南师范大学文学院院长谭桂林发表了热情洋溢的讲话。方宁代表主办单位之一《文艺研究》编辑部介绍了本次会议的缘起、主张和基本设想。他说，在当前社会与文化急速转型的背景下，知识话语的转化和多元化是当前文艺理论研究的必然现实，因而话语及方法的分歧与冲突不仅不可避免，而且是理论生产和理论进一步发展的必需。方宁的开场白为本次会议打下了良好的基调。

什么是文学理论的研究对象，文学理论的创造是从现实经验出发还是从普遍原理出发？这是与会学者首先关注的问题。童庆炳（北京师范大学）在题为《文艺学的理论创新应该从哪里出发》的开篇发言中指出，文艺理论是"从现实存在的问题出发，还是从现存的教条主义出发"，这是当前文论学者首先应该思考和解决的问题。上世纪80年代以来，我们从西方引进了大量的文论和美学话语，这在当时对于开阔我们的视野、使我们从相对狭窄、单一的思路中解放出来，是很必要的，但经过二十年后，我们还把西方话语奉为圭臬，作为标准，这合理吗？我们要不要创立本土的、属于自己的新理论？他从中国近百年来批判教条主义的历史经验出发，提出"借鉴西方是必要的，但不是全部，而应该从实际出发，解决现实存在的基本问题"，这才是文艺理论创新的出发点。

大多数与会学者认同文艺理论应该从现实出发的观点，但对"现实"的认识却不尽相同，因而理论的向度也不一样。吴思敬（首都师范大学）承续童庆炳的话题，回顾了新时期以来文艺理论的发展，认为"文学主体性""性格组合论"以及"新理性精神"等概念的提出，无不是中国文论家在特定的现实语境中提出的有生命力的文学观念。文艺理论应该思索存在于我们当前现实中的"真问题"。赖力行（湖南师范大学）认为文学理论应该敏感于现实中的变化和矛盾，主动积极地介入现实。当前现实中存在的日常生活的休闲化以及大众传媒对生活空间的全面渗透，带来了许多新的问题，亟待文学理论加以理解和阐释。余三定（湖南理工学院）则对"当前现实"进行了具体分析，认为文艺理论所面临的"当前现实"包括"社会现实""文学创作现实"和"文学理论研究的现实"等几个方面。单就"社会现实"而论，大城市的"日常生活审美化"的现实与老少边穷地区的贫困现实便不可同日而语，所以文艺理论所面临的问题是非常复杂的，任何现成的理论的"阐释的有效性"都应该受到质疑。肖鹰（清华大学）在发言中认为，在社会和文化日趋分化的今天，文艺理论研究应该"多研究问题，少谈些主义"。他认为现实是多种多样且不断发展的，着眼于"现实是什么"的问题不具有实际的意义，应该着重分析的是我们看待现实的立足点和出发点。文学理论的发展有两个维度：一条是向古典、历史的借鉴和延伸，这是继承和变革的维度；一条是向西方的批判性借用，这是比较和接受的维度。这两个维度的分裂是现实存在的，也是不可避免的。同时他还强调，大众文化时代是一个造就"分众"的时代，经验、兴趣和价值观念的分化不可避免地导致当前文化的分裂。因而他主张在理论创新时应该"坚持自我，包容他人"。魏家川（首都师范大学）赞同肖鹰的观点，他认为今天的文学理论家不能像传统哲学家那样只仰首望天，而不研究地上的问题。但理论家对现实的萃取是不一样的，"横看成岭侧成峰"，视角不同，得到的现实也不一样。陈良运（福建师范大学）认为文学理论的研究对象不是直接的现实而是反映现实的文学作品。文学创作是第一性的，理论是第二性的，其生存品格注定不是原创的，具有滞后性。正如歌德所说："理论是灰色的，生命之树常青。"但他认为"灰色"是七彩的融合，文学理论源于作品又高于作品，理论家可以发现作家在作品中未曾意识到的东西，将更深刻的意义传递给读者。张文初（湖南师范大学）不赞成那种理论"跟在后面"的观点。他认为理论话语和文学话语一样，都对现实具有建构性作用，因而同样具有原创性。他接着论述了后现代理论建构的"现时正确"的原则：后现代理论在解构了传统形而上学的"永恒正确"的理论构想之后，并不否定理论可以有它的"现时的"或"当下的"正确性，"一种学说，一种观念，一种思维范式，在永恒不变的层面上无法获得有效性的证明，并不等于它不能在现实语境中被确认为是正确的，这就是后现代的建构"。福科、德里达等人的后现代哲学如此，詹姆逊、赛义德等人的批评理论也如此。由此出发，他认为中国知识界对后现代理论的接受最终生发出了反理论的倾向：由怀疑论走向了虚无论，由对理论的永恒正确的解构和颠覆导致了对理论本身的取消。对理论有效性的怀疑也表现在用一种纯知识论的眼光来看待学术，忽视或鄙薄从现实问题出发所进行的思想建构，上世纪 90 年代以来的"学术凸现思想淡出"的局面即与此有关。

在认同文艺理论从现实出发的前提下，陶东风（首都师范大学）作了题为《移动的边界与文学理论的开放性》的发言。他首先回顾了伯明翰学派的创始人霍加特如何从一位奥登研究专家走上文化研究道路的历程，借以表明霍加特、威廉斯等人的"越界"并非荒唐，而是现实的变化使然。《文化的用途》出现的时候不伦不类，引发了来自各研究领域的批评，但 60 年代以后的文化经验表明，这是"血肉丰满的人的声音"。他接着指出，文化与文学的相互渗透和转化，是当前文艺学必须面对的现实；跨学科的趋势是必然的，"现实本身就是跨学科的"，学科的边界往往是模糊的，它随现实的变化而不断分裂、整合。正是"日常生活审美化"和"审美的日常生活化"的现实导致了近年来中国文学理论向文化研究的"转向"。陶东风的观点引发了与会学者的热烈回应。吴思敬认为，文化向文学的渗透是当前现实中的一个显在事实，但文艺理论和文化批评还是应该保持应有的边界。毕竟文学理论是以文学为研究对象，而文学的审美性与大众文化的审美性是有区别的。周启超（湖南师范大学）介绍了近年来欧洲大陆文学理论研究的状况，来自德国、法国和俄罗斯的丰富的信息表明：在文化话语的冲击下，欧陆文论家的研究工作并没有越界，而是更认真和深入地反思文学理论的基本问题，如文论史的建构和文论范畴的历史清理等等。赵炎秋（湖南师范大学）则对"日常生活审美化"的提法发表了自己的几点看法：1. "日常生活审美化"需要有金钱作基础，只有进入了消费时代的中产阶级才可能将日常生活审美化，而中国的实际情况是中产阶级只占少数。2. 究竟什么是"日常生活审美化"，是否能提出一个质的和量的标准？ 3. "日常生活审美化"是否是一种单层次的东西？如果考虑到不同社会群体的日常审美经验，它应该是一种复杂的多层次结构。如何划分层次，层次之间的关系怎样，是值得探讨的问题。童庆炳认为，所谓的"日常生活审美化"的"审美"其实不是审美，只不过是对欲望的消费而已，所谓的审美景观其实是资本主义文化工业为操纵消费所构造的假象。王元骧（浙江大学）的论文《评文艺理论研究中的"文化主义"和"审美主义"》对当前文艺理论界中的"文化主义"思潮作了全面的分析和批判。文章认为，"我国当今被有些中青年学者炒得火热的'文化研究'，其重点主要在于消费文化"，"它的性质就是企图以大众文化、消费文化来取代审美文化"。"我认为把这种消费文化作为当今文艺发展的潮流和方向，并从根本上来否定审美文化，不仅不可能为实践所承认，而且也与我国的国情相悖。"文章分析了审美超越对人的重要性和文艺理论的品格之所在，得出的结论是"文化研究不可能成为我国'文艺理论研究的当代形态'，审美永远是文艺之所以为文艺的一种不可缺少的品格"。

不少学者认为，当下现实中最为迫切的问题是"主体性重建"的问题。李清良（湖南师范大学）在为大会提交的长达10万字的论文《钱锺书阐释思想研究》中指出，目前中国社会和学术最迫切最根本的问题是信仰的空前缺失以及由此而导致的主体性意识的缺位。由于主体性意识的缺失，我们这个时代一方面在观念上依他不依自，另一方面在行动和心理上完全沉溺于生命中最低欲望层面的享受和满足。社会上大部分丑恶现象都由此而来，学术研究的腐败现象也由此而来。他所理解的主体性，主要是指"对人生、对生命本体的自觉意识，它应是个体生存的绝对的内在根据，完全是一种超对象的、并以不断趋于个体生命之自我圆满为目的的生命自主意识"。颜翔林（湖南师范大学）认为，当下的问题不是一般性的主体性缺失，而是受传统狭隘的"主体性"概念的制约太深。表现在当下的文学上，一方面，作者热衷于以自我意识为中心对生活世界进行独断论的解说，以回答代替提问，只有"言说"，没有"倾听"；另一方面，以想象主体的想象活动对客观世界进行任意的价值判断和意义阐释，或者以欲望主体作为叙事的视点和中心，导致主体的沉沦和被遮蔽。因此，重建主体性的重心应是更新其内涵。他以"主体间性"理论为依据，用"生命存在的结构性可能"来重新界定主体性的内涵。包括如下理论向度：1.主体性是一个历史的流动性概念；2.它由一个系统性结构组成，包括理性主体、良知主体、欲望主体、信仰主体和诗性主体；3.它是充满可能性的生命存在。杨文虎（上海师范大学）回顾了当代文学几代作家的创作，认为主体性的匮乏是迄今为止一直未能解决的问题。其中的一个重要表现，就是我们一直没能看到具有"再现"现实能力的作家和作品的出现。为此他提出"文学自己给自己规定任务"的设想，认为文学除了反映现实之外，还应为时代绘制"生活的可能性"地图。李爱民（湖南师范大学）从女性主义视角出发，指出当代女性文学创作中存在的两个重大偏颇："自闭"和"欲望言说"。她认为要实现女性主体的诗意性生存，必须克服这两种倾向，走向交流与对话。

与"现实性"问题与"主体性"问题相呼应，一些学者详细考察了文学批评和古代文论在今天的功能，提出了不同于以往的思维路径。胡亚敏（华中师范大学）提出了当前文学批评的功能问题。她从欧美批评文本出发，认为当前西方文学批评具有三个特征：批评的政治倾向、哲学功能以及由文学向文化的越界。她强调批评的意识形态功能，主张批评家应该从文本中挖掘阶级、种族和性别的权力关系，从形式走向话语。彭修银（南开大学）认为美学批评和意识形态批评都存在偏颇，对于中国的文艺批评而言，"恰到好处的平衡"是"和合"："形式与内容，艺术与思想的有机统一"的修辞阐释。袁济喜（中国人民大学）在题为"从原点出发"的发言中论述了中国古代文论的现代转换的可能，认为中国古代文论范畴具有通透性、吸纳性和不断阐释的可能，完全是可以走向世界的。他以王国维、朱光潜、宗白华融合中西阐释"意境"为例，说明了古代文论话语的生命力。

还有一些代表从当前现实出发，谈到了当代文学、艺术和社会的话语转型及对策。欧阳友权（中南大学）分析了"后审美时代"文学的特征和可能，认为图像和技术将使文学话语权平等分享，价值趋向多元，同时也使得经典引退，诗意体验消解。李作霖（湖南师范大学）认为在"图像主导"的时代，文学的边缘化和文学的重新定义成为可能。对于中国文学而言，作为"游牧者"的个体承担的文学将成为生活世界及其意义的守护者和发现者。杨守森（山东师范大学）阐述了基因对文学艺术创作的影响。简德彬（吉首大学）从地域文化视角论述了"乡土美学"建设的问题。何林军（湖南师范大学）通过对鲍曼思想的解读，提出了建立道德自我自由选择的后现代伦理学的必要。

（作者单位　湖南师范大学文学院）

### ■ 11月14日

《文艺研究》与首都师范大学文学院联合主办的"本体意识与世界视野——重建中国文学史理论体系"学术研讨会在京召开，近20位学者参会。本刊文学编辑室主任赵伯陶与会。随后，《文艺研究》2005年第2期发表会议简讯。

## "重建中国文学史理论体系学术研讨会"在京召开
### 王　媛

2004年11月14日，由首都师范大学文学院与《文艺研究》编辑部联合主办的"本体意识与世界视野——重建中国文学史理论体系学术研讨会"在京召开。来自北京大学、中国人民大学、清华大学、中国语言大学、中国传媒大学、武汉大学、中国社会科学院文学所的近二十位学者参加了此次会议。由于受到西方文艺理论思潮的冲击，学术界在研究中国古代文学的时候往往偏离了自己的民族本位，不仅忽视中国古代文学的特殊性，而且轻视中国古代文学的思想与艺术成就。就中国古代文学研究而言，如何准确定位和评价不同历史时期的文学作品，如何建立一套符合中国文学民族特色的研究体系，是不少学者长期以来一直在思考的问题。在21世纪的今天，学术界正在就中国古代文学研究中存在的一系列问题进行深入的反思，与会学者就以下几个问题提出了各自的看法：1. 关于中国古代文学研究回归民族体的问题；2. 关于正确认识西方文艺理论对中国文学研究的影响问题；3. 关于构建中国文学史的理论体系的问题；4. 关于文学史教学中存在的问题。与会学者一致认为，如何唤醒中国文学的本体意识，在世界视野下对我国丰富的文学遗产进行准确的定位和深入的探索，以寻找到一条符合我国文学发展规律的科学研究之路，构建起真正意义上的中国文学理论体系，使富有特色的中国文学理论话语走向世界是21世纪中国文学研究的一项重要任务，也是我们不断努力的方向。

### ■ 12月8日

在《文艺研究》进行的年度考核中，金宁被评为优秀。

《文艺研究》就"三项学习教育活动"及传达落实中央办公厅〔2004〕29号文

件精神情况，进行认真学习讨论、对照检查和整改总结。

## 12月11日

《文艺研究》和《美术研究》在中国艺术研究院联合主办"精神的维度——朝戈、丁方画展"学术研讨会，来自北京高校、中国社科院、美术评论界和出版社近30位学者参会。本刊造型艺术编辑室主任金宁主持会议。随后，《文艺研究》2005年第1期发表殷双喜、余虹等人的论文。"编者按"云："朝戈与丁方，是当代中国美术发展进程中无法回避的两位重要画家。一方面，他们共同坚守架上绘画的传统，另一方面，他们都明确地以知识分子的立场去思索文化价值和精神关怀。同时，他们对绘画传统抱有非常积极的反思态度，并与一般奢谈文化和精神的时尚行为有着本质的分野。在所谓'前卫艺术''后现代主义'的包围中，他们日益显得孤独和'另类'。他们作品的意义体现在两个层面：一是在传统架上艺术形式日渐衰落的趋势中追求重新建立对艺术本身的'仰视'态度；二是在物质主义、价值相对主义以及精神平面化包裹的精神生态的荒漠化中寻找理解与对话的可能。在作为精神行为的绘画中，他们要寻找那种'一下子击中本质'的方式。在绘画语言上，他们的确已经具备了那种'使颜料这个笨拙的手段进入人的心灵生活'的能力。朝戈在早期欧洲艺术中获取工具性的方法，却依然保持他作品中的对人与人以及人与环境的某种'敏感性'的研究。他绘画中的关键词是状态、心态、生态。人物背后时隐时现的草原地貌，来自其蒙古民族心灵深处的印痕。丁方依然视西北的山体为人躯，以黄土的本色为肤色，在风化的地貌上感受历史的厚度，在投射山顶的光芒中寻求精神的深度。他绘画中的关键词是理性、感性、神性。自然风景中时隐时现的文明印记，是他对于重返人类精神家园的呼唤。本刊与中央美术学院《美术研究》等单位联合举办了'精神的维度——朝戈、丁方画展'，将作品放在大文化平台上进行展示，并希望以此为背景展开交流，扩展艺术内部与外部的言说空间，共同研讨艺术与当下精神生活的关系，以推进中国当代文化艺术的发展与建设。"

## 12月18日

《文艺研究》主办的"'红色经典'改编问题"学术研讨会在中国艺术研究院召开，来自中宣部、中国作家协会及全国高校的30余位学者与会。会议围绕当前影视剧创作对革命经典改编出现的问题进行讨论。

# 2005 年

## ■ 1月4日

中国知识资源总库编辑委员会审核、遴选 500 种社会科学类期刊编辑出版 "中国社会科学期刊精品数据库"，《文艺研究》正式入选。

《文艺研究》与中国学术期刊（光盘）电子杂志社签订协议，双方就编纂 "中国知识资源总库·中国社会科学期刊精品库" 500 种社科类期刊精品回溯工程中的有关事项达成协议。

## ■ 1月10日

从本年第 1 期起，《文艺研究》刊价调至 15.00 元，由双月刊改为月刊。改刊封面由金宁设计。这次改刊，在学术理论界引起较大反响，《中华读书报》等作了报道。

从本年第 1 期起，《文艺研究》增设 "当代批评" 栏目。首期发表李杨、王一川、程光炜三人的一组总题为 "重评'伤痕文学'" 的文章，特约主持为程光炜。

### 重评 "伤痕文学"

特约主持　程光炜

作为 "新时期文学" 的起点，"伤痕文学" 曾经取得过骄人的成绩。它在历史转折之际，重新确立了人们对文学的基本看法。事隔二十多年，由于文学环境、阅读方式和文学史观念发生了明显变化，重评 "伤痕文学" 的问题因而浮现出来。重评的目的，是要通过 "重返" 文学史 "现场"，进一步了解当年文学生产的社会背景、氛围和情绪，跨越那些覆盖在文学史表面的夸张的修辞，从而对当时文学创作的真实状况获得一个比较客观和大致准确的认识。具体地说，有几个问题：一、"伤痕文学" 是从 "十七年" 文学中 "断裂" 而来的吗？如果不是，那么它是怎样重新整合 "十七年" 文学的历史资源的？这种整合又是怎样造就了新一轮的文学想象和文学表达，并将其带入人们的文学记忆，成为叙述 "80 年代文学" 的基本根据的？二、"伤痕文学" 到底是 "自发" 产生的，还是来自一次与历史的 "互动"？它在持续不断地产生社会轰动效应的同时，是否在艺术上也带来了某些负面的效果，如公式化、概念化，等等？三、由此观之，我们过去对"伤痕文学"的评价是不是有些过高？我们是不是过于笼统地肯定了它的历史成就，而对其存在的问题缺乏具体的分析和必要的批评？

本组文章试图从不同角度回答这些问题。李杨的文章从"断裂论"着眼，否认作为一种"崭新叙述"的历史基础，对其公式化创作倾向作了有意思的分析；王一川的文章论述"伤痕文学"想象的三种情感形态，探讨了它在自我生成和历史同构之间的复杂联系；程光炜的文章着重讨论"伤痕文学"与"十七年"文学的关系，认为在主题开发和人物塑造上缺乏真正的创新性是这些作品艺术价值不高的主要原因。

## 2月10日

《文艺研究》本年第 2 期"当代批评"栏目发表孟繁华、昌切、孙郁、樊星四人的一组总题为"文学中的知识分子问题"的文章，特约主持为贺绍俊。

### 文学中的知识分子问题

特约主持　贺绍俊

"知识分子"这个词，常常出现于不同的语境，其意义差别甚大。如今，知识分子定格在我们头脑中的形象和情感色彩到底如何？我们不妨从文学入手来作一次探析。

讨论文学中的知识分子问题，包含着两层意思，一是讨论文学作品中的知识分子形象的塑造，二是讨论作家主体意识中的知识分子身份确认；而这两层意思又是互为表里的。孟繁华、昌切、孙郁、樊星的四篇文章分别从不同的角度切入。孟文分析了一批长篇小说中的知识分子形象，他们要么是背叛者，要么是出走者，要么心灵彻底死亡，传达出在知识分子形象塑造上的一种带有普遍性的悲剧意识。昌切一文分别为几种作家类型画像，作者主要用了政治意识形态和文化市场这两种油彩，这些油彩恰恰是我们所处的转型中的社会提供的。孙文则是用一种自由散漫的笔法反复追问作家的写作姿态。孙郁的加入，使得我们的这次讨论更具有学术沙龙的气氛。樊文从文化传承的角度分析当代作家的使命感，无论是"五四"的启蒙精神，还是古代士大夫的"任重而道远"，都让我们感受到一种遥远的回响。相对于昌文的质疑和孟文的自省，樊文显然表现得十分乐观，但我不以为它们之间构成矛盾和冲突。因为今天的知识分子，从社会担当来说，不仅必须是一名拯救者，而且必须是一名自救者，甚至首先必须达成心灵的自我拯救才能去拯救别人。站在自我拯救的角度会更多感受到悲剧性，站在拯救的角度也许就多一份激昂。四篇文章读下来，我的最大感受就是，要把"知识分子"这个词说得字正腔圆是一件非常不容易的事情。

20世纪初叶的新文化运动，预示着现代意义上的中国知识分子的诞生，所以在我看来，伴随新文化运动而开始的中国现当代文学史就是一部中国知识分子的成长史和心路史。时至今日，知识分子再一次成为文学的重要话题，也许说明了当代中国的思想和文化已经行至一个重要的关隘，它考验着我们，看我们能否迈得过去。

## ▇ 2月23日

《文艺研究》由双月刊改为月刊之后，中国艺术研究院办公室以简报形式对刊物的探索做了报道，指出："作为在国内具有重要影响的学术理论刊物，《文艺研究》的改刊举动使其成为'国家级权威核心期刊'的第一个探索者。因此，努力探索理论月刊的发展规律，加强期刊栏目的品牌建设，成为2005年《文艺研究》的主要工作目标。"

## ▇ 3月1日

《光明日报》发表谭学纯《学术期刊：学术话语的集散地》。作者提出，《文艺研究》对20世纪80年代中后期成为热点的语言批评、修辞学批评，有过前沿引导之功，并具有话语集散意义，它以话语汇集的方式产生了规模效应，又以话语扩散的方式产生了辐射效应。

## ▇ 3月5日

《光明日报》公布中国人民大学书报资料中心统计的2004年度《复印报刊资料》全文转载量排名，《文艺研究》在"语言文字、文学艺术类"中列为第三名，比上一年度有所上升，2003年度为第五名。

## ▇ 3月10日

《文艺研究》本年第3期发布启事，就稿酬、来稿等作出规定。

### 本刊启事

一、为实现期刊编辑、出版的网络化，《文艺研究》杂志已加入电子期刊网络。本刊所发表的文字、图片作品，一律由本刊编辑部纳入期刊网络，进入互联网提供信息服务。凡不同意者，请在来稿中声明。本刊所付稿酬包含刊物内容上网服务报酬，不再另付。

二、本刊自 2005 年 3 月 10 日起不再接受电子文本投稿，以免稿件遗漏、耽搁和外流；作者来稿，请直接将打印文本（或手写文本）邮寄至本刊编辑部（请勿寄给个人）。

三、由于本刊来稿量大，对于来稿无法一一回复。如三个月未接到本刊的用稿通知，作者可自行处理。

《文艺研究》本年第 3 期"当代批评"栏目发表张柠、贺绍俊、周宪、孙津四人的一组总题为"大众文化批评"的文章，主持为孟繁华、陈剑澜。

## 大众文化批评

主持　孟繁华　陈剑澜

我们生活在一个文化"符号"大规模生产和再生产的时代。由于"符号"携带着复杂的意识形态内容，如物质主义、消费主义等等，因而能够不断地改写我们的经验。它在制造"惊奇"的同时，悄然改变、置换着我们熟悉的东西，用难以抵制的方式塑造我们的"习惯"。从道德或审美的角度来谈论这些现象，从精英主义或平民主义立场臧否之，都是相对容易的。而批评的任务在于：它不仅要表明立场，而且必须把对象的细微意义合理地呈现出来。关于我们的意识、经验、行为在"符号"的挤压之下究竟发生了什么，批评活动应当提供一种有效的知识。

本组文章就是批评家们在这方面所作的努力。

张柠的文章像是一个简略的文化研究导言。作者认为，在"文化"的符号化过程中，由于意识形态的作用，创造性的文化实践变成了文化等级制下的被动行为，从而湮没了"文化"的本义。当代文化研究应当拨开这层帷布，面对"文化事实"。尽管作者有点倾向于"文化平民主义"传统，但特定的历史和社会理论视野使文章具有更多的认知价值。贺绍俊的文章讨论大众文化对当代文学的影响。作者指出，大众文化作为一种强势话语已不可避免地造成了今天文学生产的明星化、类型化、符号化和时尚化。对此，简单地指责是没有意义的，而应在影响与反影响、渗透与反渗透的张力中寻求突破的契机。周宪的文章从"视觉文化时代"的角度分析由叙事电影到奇观电影的转变，认为这一转变实际上表征了当代电影文化从话语中心模式、时间模式、理性文化向图像中心模式、空间模式、快感文化的转变。在此框架内，作者对《英雄》等几部当代电影做了有意思的分析。孙津的文章则力图从意识形态批判的视角切入当今日常"语用"问题，剖析许多我们习以为常的用语背后所包含的政治意味。孙文是本组文章中立场最明确的，但并不妨碍我们从自己的角度来读解它。

## ■ 4月10日

《文艺研究》本年第 4 期"当代批评"栏目发表仲呈祥、周月亮、张志忠、张法四人的一组总题为"'红色经典'改编问题"的文章，主持为陈剑澜。

### "红色经典"改编问题

主持　陈剑澜

近年来，一批曾经产生过重要影响的以中国新民主主义革命生活为题材的文艺作品被陆续改编为电视剧和其他表演艺术形式，其势头至今未减。"红色经典"改编已成为当代文学艺术领域不可回避的现象。这一现象的出现，以及不同人群对这一现象的不同反应，实际上折射着当代多种社会力量、历史观念、审美趣味乃至个人记忆、生活偏好的冲突。

"红色经典"由于特定的制度因素而担当的角色，及其体现和塑造时代精神的能力，是一般意义的文学经典所难以比拟的。作为一种革命话语，它承载着历史叙述的重任，即以进步的历史观念理解过去、确证今天和明天。同时，作为一种文学话语，它又容纳并造就了几代人的生活想象、青春热情和成长希望。因此，"红色经典"既不同于一般的文学作品，也不同于普通的历史叙述。它以精神的方式参与了 20 世纪中国历史的进程；特定的历史观念、时代精神、审美风尚连同个人的经历、记忆一起在一个个"文本"的名义下聚集。因此，每一次改编，无论对于创作者或接受者，都是一次历史意识、道德信念和生活趣味的考验。在这个意义上，"红色经典"改编引起的复杂反应，能够成为理论研究的对象。

本组文章从理论立场对这一现象及其生产、消费机制进行了研究和批评。三篇文章的作者从不同的角度对"红色经典"的历史意义、"红色经典"的美学特征、"红色经典"改编的当代语境以及"红色经典"改编中的"趣味"差异和市场化策略等问题，进行了比较深入的讨论。文章中的许多观点，无疑有助于我们准确地理解这一现象。同时，我们也希望论者提出的一些尖锐问题，能够对后续的影视创作有所影响。

### ■ 4 月 21—23 日

《文艺研究》全体人员赴河北遵化市召开办刊总结会。

### ■ 4 月 30 日

《文艺研究》与广东美术馆在广州、延安两地联合主办"毛泽东时代美术文献展暨学术研讨会",就"毛泽东时代美术"的命名、性质和特征,"毛泽东时代美术"的大众化、民族化等议题展开讨论。从学术史的角度看,这次关于"毛泽东时代美术"的展览和研讨具有开创性的意义。随着历史的变迁、改革开放的深化和学术研究的不断推进,对于当代中国艺术精神、艺术思想与审美风尚的形成的研究,必将发现新的视角,取得新的收获。本刊造型艺术编辑室编辑陈诗红与会。

### ■ 5 月 10 日

《文艺研究》本年第 5 期"当代批评"栏目发表李道新、于文秀、沙蕙三人的一组总题为"世纪之交的贺岁电影"的文章,主持为陈剑澜。

## 世纪之交的贺岁电影

主持　陈剑澜

20 世纪 90 年代末贺岁电影刚刚出现的时候,确实让一些熟悉电影的内地观众颇费琢磨。与通常所谓伦理片、动作片、战争片等等不同,贺岁片除了表示自己是冲着新年喜庆而来,好像什么也没有标榜。此一"片种"的出现,首先是资本运作的结果,这是大家彼此心照不宣的。制作者把这些影片冠以"贺岁"之名原本有低姿态进入的意思,努力使之与志在"教化"的影片拉开距离。最早的几部贺岁片也确有节宴之外没事找事、为乐而乐、喜上加喜的味道。然而,短短几年下来,贺岁电影已成为各路编导角逐之地,诸多作品成分之驳杂远非当初的"贺岁"二字所能囊括。其中,冯小刚的贺岁片有意无意之间竟在时下中国电影纷乱的格局中成为一个相当有说服力的"传统",以致这位看似口无遮拦的导演在调侃之余不得不认真谈论今日中国电影的境况。

批评界对贺岁电影的关注已有数年,而立足当代社会文化背景、保持必要距离、适度对象化的批评,大概只有在贺岁电影的机理已基本呈现的今天才有可能展开。本组三篇文章的作者力图从不同视角切入这一现象。李道新认为,贺岁电影原初是要在国产电影的票房危局中承担"救市"的重任,具有鲜明的消费文化特征;而在后来的发展中,多数贺岁电影背离了消费文化的逻辑,落入追求"深度"和营造"作者"的陷阱。作者从消费主义与精英主义的矛盾、新中国电影发展以及当代内地电影格局等多个方面勾画其来龙去脉，认为只有走出此一陷阱，贺岁电影才能有更远的前景。于文秀试图对国产电影市场低迷情势下的冯小刚贺岁电影予以较为客观的评价。作者认为，冯氏贺岁片在文化转型的背景下完成了电影叙事与想象的中心由乡村向都市的转向，而在叙事立场与风格上存在多元与对峙的特征。此外，作者还对冯氏作品中的女性形象提出若干质疑。沙蕙的文章是一篇具有"细读"特点的评论。作者台前幕后、片里片外来回走动，而着力点始终在《天下无贼》文本的读解上。作者试图揭示其中包含的新兴市民阶层的文化态度和审美趣味，检视当今国产电影所面临的矛盾，进而引出对百年中国电影的历史使命和前途的思考。

## ■ 5月24日

《文艺研究》与北京龙源网通电子商务有限公司签订电子版合作协议。

## ■ 5月27—30日

《文艺研究》与首都师范大学文艺学学科、北京师范大学文艺学研究中心联合主办的"文化研究语境中文学经典的建构与重构"国际学术研讨会在京召开，来自中国、美国、英国、德国、新西兰、澳大利亚、荷兰及我国台湾地区的70余位学者与会。会议就"经典"的概念与意义、"经典"与时代的关系、"经典"与民族文化的认同、文化的经典化过程与学院的角色功能以及经典化机制的形成等议题展开讨论。随后，《文艺研究》2005年第9期发表会议综述。

### 文化研究语境中文学经典的建构与重构

和　磊

由首都师范大学文学院文艺学学科、北京师范大学文艺学研究中心和《文艺研究》编辑部联合主办的"文化研究语境中文学经典的建构与重构国际学术会议"［International Conference on Canon（Re-）Formation in the Context of Cultural Studies］，于2005年5月27—30日在首都师范大学培训中心召开，来自中国、美国、德国、新西兰、澳大利亚、英国、新加坡、荷兰及中国台湾等国家和地区的专家学者70多人，就共同关注的"文学经典"问题展开了热烈而富有建设性的讨论。

首先，与会专家从各个侧面对"经典"这一概念进行了梳理和阐释，但同时也在这个问题上呈现出巨大的分歧。有人从普遍主义的立场出发认为"经典"是承载人类普遍的审美价值和道德价值的典籍，因而具有"超时空性"和"永恒性"（樊星、王化学等），经典作品"要有长久甚至永恒的生命力，要经得起一代又一代读者的阅读和阐释"(蓝棣之)。童庆炳认为经典的普遍性在于"写出了人类共通的'人性心理结构'和'共同美'的问题。就是说,某些作品被建构为文学经典,主要在于作品本身以真切的体验写出了属人的情感,这些情感是人区别于动物之所在,容易引起人的共鸣"。

但另外也有相当部分与会专家倾向于特殊主义的视角,强调了经典的时代性、民族性、阶级性以及性别取向等等,认为经典是特定社会文化语境中的人或机构出于自身的特殊利益而建构的,文化权力和政治权力在对经典的界定过程中起着至关重要的作用。每一个经典都有自己地理的、社会的和文化的纬度,因此,我们不能随便说一个大写的"经典",而应该说小写的"经典",是"谁的经典"的问题,而不是抽象普遍意义上的"经典"。他们对社会文化语境在经典建构过程中起的作用更感兴趣。比如美国学者保罗·劳特(Paul Lauter)通过西格尼诗歌由兴盛到衰落再到复兴的变化过程,分析了经典的变化不居的特征以及它背后所体现的文化权力和政治权力的变化,特别是种族的纬度。英美主流批评界对于印第安人的偏见,曾经导致西格尼的诗歌不能成为经典,而"重新发掘土著人生活、历史和文化的价值和意义"的运动使得西格尼的诗歌拥有了不同以往的分量,一种在过去一个半世纪里从未有过的历史感。历史和语境,昨天和今天都不能被排除于经典形成的考虑之外。诗歌和声誉,并不是孤立存在的,不能被当作光荣的"圣象"和"永不衰老的智慧丰碑"来进行思考。相反,它们总是被镶嵌在具体的历史语境之中。荷兰学者佛克马指出,在经典问题的研究上有两种不同的途径:一方面,从历史的和社会学的角度对以前的经典的形成进行研究;另一方面,从批评的角度出发研究新的经典如何形成或现存的经典如何被修订,以便为我们当代的状况提供一个更为合理的答案。他认为:从历史和社会的角度来说,所有文学经典的结构和作用都是平等的,所有的经典都由一系列众所周知的文本构成。这些文本的选择是建立在由特定的世界观、哲学观和社会政治实践而产生的未必公开的评价标准的基础上的。每一个经典都有自己地理的、社会的和文化的范围,有它自己的市场,那些固定程度或高或低的规则只能在那个范围内调整文学权威(教育者、批评家或其他专家)和一般读者之间的关系。

经典与民族文化认同的双向建构关系也是本次会议关注的一个主题。美国学者里奇(Vencent B. Leitch)分析了导致英美国家民族文学概念从 20 世纪 60 年代起发生戏剧性转变的一些关键因素。首先,少数族群扮演了关键的角色,女性、有色人种、土著族群以及外来移民创作的文学都开始被纳入公认的文本经典。其次,以前被忽略的文类,比如传奇文学、哥特式恐怖小说、侦探小说、科幻小说、日记、奴隶叙事、游记和原始神话等，已经作为重要的文学形式被重新尊重和接受，从前未获得承认的地域构成（譬如黑色大西洋）已经产生了许多跨国文学。最后，当代的全球化已经开始注意到了这种后民族主义现象，比如以英语、法语和西班牙为母语的族裔的文学。后现代全球化时代的英美文学已经进入了空前膨胀与崩溃的状态。美籍华裔学者王顺珠探讨了文学经典的文化"肯定性"特点。他通过检视不同的经典化典型，探讨经典作为一种权力斗争的场所如何促成"一致性的体验"，如何通过灌输民族价值观或者虽不一定在文化上占统治地位但却是编者所选择的价值观而参与民族／文化特性的生产。将探讨经典的肯定性特点如何像一柄双刃剑：它既常常起着（重新）确定社会权力集团的价值观的作用，又规定着文化特性并为弱势与受压迫群体授权。因此，文化批评家们，尤其是女权主义和后殖民主义批评家们才会热切地致力于解构与重构传统文学经典；也因此才会出现经典的"合法性危机"。在资本主义全球渗透的时代，中国文学经典周期性的"重构"不仅是必须的，而且是迫切需要的。

在经典的普遍性与特殊性、永恒性和历史性之间，更多的学者似乎采取了一种折中的立场。童庆炳在指出经典的永恒性的同时也强调了经典的变动性、建构性。孟繁华认为：经典的确立与颠覆从来也没有终止过，而文学史从某种意义上也可以说就是经典的确立与颠覆的历史。经典的每次危机过程也就是经典的重新确立的过程。经典的确立与危机不仅涉及它与社会政治的关系，而且也与经典本身的历史性相关。

具体考察经典建构的内在过程与机制，对我们理解经典具有重要意义，大约没有人会否定存在经典化过程，但是制约与决定经典化过程的力量和因素到底是什么？金元浦认为：作为历史流传物的经典一般都有一个经典化、去经典化、再经典化的过程，经典在其最基本的涵义上代表了一种在一定时间和空间范围内具有普适性和规范性的价值和意义，这种价值和意义正是依赖于解释而得以形成，依赖于运用而得以实现的。吴思敬以中国新诗的经典化为例指出，经典并不是由某一种因素建构的，而是各种因素共同促成的，是一种"合力"的结果，这些合力至少包含了文本、读者的接受、批评家的阐释以及政治体制、新闻出版、学校教育等。童庆炳认为经典的形成涉及六个要素：文学作品的艺术价值；文学作品的可阐释的空间；意识形态和文化权力的变动；文学理论和批评的价值取向；特定时期读者的期待视野；发现人，并对其关系进行阐述。

在经典化的过程中，大学无疑扮演着重要的角色，它通过有选择地传授某种知识或某些作品，从事着经典的生产和再生产。瑞安·毕晓普（Ryan Bishop）和约翰·菲利普斯（John Phillips）等新加坡学者提出了"假想的大学"（Hypothetical University）的概念并与绝对的／无条件的大学（The Categorical University）概念进行了对比。他们指出：绝对的大学理念追求放之四海而皆准的普遍真理与知识，赋予大学以自由意志和独立品格，包含浓重的目的论观念，即一种 as-if 模式；而"假想的大学"的概念则肯定大学的假想性质，放弃理想大学的观念。假想的大学是按照 if-then 的模式运作的，它暗示一种他律的而不是自治的决定性，牵涉的是行动和方式以及它们的目标结果，其言下之意是理性从来不能成为立法的依据。赵勇的发言对当代大学生不读经典而热衷于大众消费文化的现象进行了分析，并指出了文化研究在为经典祛魅的过程中扮演的推波助澜的作用。他担心这种现象会导致虚无主义，并呼吁在文学教育上重视利维斯的遗产，重新召唤文学的"伟大的传统"。季广茂的发言同样从大众文化对经典的冲击谈起，但是却显得更加乐观。他认为经典化和去经典化都是非常正常的现象，去经典化不是打倒经典，而是揭示经典掩盖的宰制关系，去掉经典头上的神圣光环，还其本来面目。经典不是唯我独尊的唯一，而是各行其是的多元。

应该说，不管经典的建构、解构和重构涉及的因素多么复杂，经典总是在对话过程中形成的，程正民的发言集中讨论了这个问题。这种对话自然也包括不同文化之间的对话，尤其是在全球化的今天，经典的建构与重构已经超出民族国家的范围而成为一个全球化运动的事件。里奇（Vincent B. Leitch）从少数族群、本土文化、大众文化的日益壮大等方面阐述了英美民族文学概念的转变。对中国的文学经典问题感兴趣的学者也是从这个角度来审视中国现代文学经典化问题的。王宁指出，在全球化语境下，文化对话和文化交流使不同国家的文学在同一个层面上的竞争成为可能，它不仅影响了欧美文学经典的形成，同时也影响了中国现代文学经典的形成。

另一个复杂和微妙的问题是：在经典化过程中，人们是从哪个角度对特定文本或作家进行经典化的？旅美华裔学者徐贲通过详细阐述后殖民文化研究表现出的不同的批判取向，阐明了对法农的各取所需的经典化现象及其中应该避免的理论陷阱。张红军则通过不同时代对金圣叹的接受和经典化也指出了同样的问题：无论什么人，持什么样的观点，似乎都可以在金圣叹的著作中找到足够的论据。

第三个话题涉及大众消费文化的兴起与经典的命运。美国学者杜林（Simon During）指出，随着大众文化的兴起，高雅文化的经典作品失去了它的某些功能，人们不再要求它维持社会等级制度或者指导当今的文化生产。今天的文化生产是在挪用或改写而不是遵从经典。

　　大众消费文化对精英文学经典的戏拟、改写乃至颠覆，即所谓"大话文艺"现象，是中国学者所感兴趣的重要问题。陶东风从犬儒主义与后极权主义的视角把大话文艺当作一个广泛流行的文化现象和生活态度来解读，认为它既有玩世不恭、愤世嫉俗的一面，也有委曲求全、接受现实的一面。大话文化是思想解放的一枚畸形的果实，它一方面消解了人为树立偶像、权威的可能性；另一方面，这种叛逆精神、怀疑精神由于没有正面的价值与理想的支撑，很容易转变为与现实的妥协，或出于实用主义的目的利用现存统治秩序。这是后极权社会的一个文化征兆。本次会议中，姚爱斌、吴泽全、张纯、李志坚的论文也都涉及了这个现象。

　　本次会议还有相当数量的对于中国文学的经典化机制的个案分析，并引申到中国文学史的重写问题。有些学者着眼于一种文学类型的经典化问题。比如美国学者黄宗泰（Timothy C. Wong）结合文类概念的变化来论述中国旧小说的经典化问题。他指出：20世纪初外国文化与文学观念大量涌入中国之前，要确定什么样的虚构性叙事作品或者小说是经典的想法本身就是荒谬可笑的，西方现代小说文类观念的传入提高了以虚构为本质的旧小说的地位，因此在中国旧小说的经典化过程中起着重要的作用。王光明则分析了当代中国政治抒情诗的经典化问题。他把政治抒情诗看作现代自由诗在当代意识形态场域中的变形。自由诗形式的出现本身就具有政治性，而政治抒情诗是无产阶级意识形态对《女神》式融合抒情与批判的表现方式的改造。政治抒情诗与自由诗最大的区别在于"政治"这个定语从根本上规定了这种"抒情诗"的说话者必须拒斥自由诗在感受和趣味上的个人主义倾向，作为时代社会的代言人说话。

　　范静哗指出，中国现代汉语文学史的编写一直囿于一种同质性的进化论式思考模式，以一种回顾式的进步叙事加以叙述并将一些作品经典化，他还力图在这种反思的基础上提出一种非线性的文学史的叙事模式。新加坡学者宋刚（Song Gang）从"爱情"经典化的这一独特的视角，阐述了重写文学史的问题；宁欣（Ning Xin）指出，"左"翼诗歌当初所承担的具有特定意识形态色彩的"崇高"性，虽然走向了衰落，但崇高本身所具有的普遍性魅力依然超越了旧的政治话语而具有了新的力量。这个观点在中国学者王志耕那里获得了回应。他指出，俄苏红色经典虽然存在着粉饰现实、官方意识形态色彩过浓等缺陷，但艺术本身的价值在后来的历史发展中超越了时代的局限，依然焕发出巨大的力量，激励人们不断地抗争困难和命运，将人从物质操控的麻木中唤醒，而这正是红色经典在当下语境中的意义所在，也是经典长久生命力的体现。张志忠考辨了"红色经典"在影视改编和文学研究中存在的错位和尴尬，指出对"红色经典"的确切定位是其资源再开发和再解读的必要前提。他以还原历史的方式，阐释了"红色经典"创造新的文学范式的成就，揭示了它所具有的现代民族史诗的基本特征以及它所具有的写实与传奇、典范与通俗并存的特性，从现代性与现代民族国家的建立之关系的角度，对"红色经典"所具有的现代性予以积极肯定。除了这些主题性的个案研究外，还有许多对作家作品经典化的个案研究。如新西兰学者姜海欣（Jiang Haixin）对张抗抗的小说《赤彤丹朱》进行了解读；徐艳蕊通过对《聊斋志异》的分析，质疑了将爱欲等同于启蒙，并由此来为某一文学经典的合法性进行解释和维护的做法。

（作者单位　首都师范大学文学院）

## 6月10日

《文艺研究》本年第 6 期"当代批评"栏目发表吴俊、旷新年二人的一组总题为"重评'寻根文学'"的文章，特约主持为程光炜。

### 重评"寻根文学"

特约主持　程光炜

毫无疑问，"寻根文学"是"新时期文学"发展中的第二次"高潮"。如果说"伤痕文学"是通过与改革开放联手来实现当代文学意识形态"转型"的话，"寻根文学"则借 1985 年的"文化热"之机完成了与"宏大叙事"的疏离。它表明"新时期文学"开始"向内转"，同时也表明文学与主题、题材等本质性命题的历史约定将会出现全面的调整。"寻根文学"是"新时期文学"走向多元化的一个标志性开端。

当年对"寻根文学"的理论命名是以寻根作家的"宣言"和后来评论家总结性的"批评"为依据的，带有文学意义上的"革命"性质，也带有为维护这一姿态而在理论表述上显出的"自足"性和自我"重构"的特点。历史造成了距离，而在"寻根文学"的高潮中看不到的东西，今天却逐渐呈现在人们面前。其中值得讨论的问题有：一、"寻根文学"与新时期启蒙主义和现代化话语到底是怎样一种关系？它是继续集结在"国民性"批判的旗帜下呢，还是试图通过对"日常生活"的描述而疏离中国现代文学这一"元叙事"？如果承认寻根文学创作上实际存在的"内部多样性"（例如在韩少功、阿城、贾平凹和莫言之间），那么这种历史态度的差异性究竟说明了什么？二、"寻根文学"要寻找的是什么样的"文化"？它是指中国静态不变的传统"文化"，还是指当代的或者世界性的"文化"？三、"寻根文学"

是不是一个"后殖民"文学现象？或者说它是不是"域外"现代主义的一个附属性的文学冲动？如果说"魔幻现实主义"带有明显针对西方"文化殖民"的文学的策略，那么，"寻根文学"究竟表明了什么？

本组文章围绕上述问题所展开的讨论，是富有新意的。两位作者从不同角度对"寻根文学"所产生的历史语境、它与当时"文化热"和"新启蒙主义"的复杂关联、"寻根文学"对"全球化"的矛盾性反应、它与中国现代文学"历史—文化"叙述策略的相互缠绕，以及它对"出走"与"回家"这一历史循环叙事的反思等等，都作了较为深入的探讨。如果说文学史的真实状态就在于不断"重写"的话，那么，我们希望这些文章会对这一"重写"提供建设性的话题。

## ■ 6月22日

中国艺术研究院聘任陈剑澜为《文艺研究》编辑部副主编（副处级），任期两年。

## ■ 6月

本刊方宁被中国艺术研究院党委评为优秀党员。

## ■ 7月10日

《文艺研究》本年第7期"当代批评"栏目发表黄笃、冯博一、河清三人的一组总题为"何为'艺术'，怎样'中国'？"的文章，主持为金宁。

## 何为"艺术"，怎样"中国"？

主持　金宁

关于"中国当代艺术"的概念表述，历来争议颇多。何为"艺术"，又怎样"中国"？尤为莫衷一是。在这里，艺术的边界似乎难以确认，而传统的理论批评又常常辞不达意。困难在于，批评家既要面对创作行为本身、面对杂糅其中的思想观念和社会意识，同时又试图以策展实践催生或聚拢新的艺术潮流。当代艺术在诸种合力之下，自然面目复杂。

或许，对当代艺术的任何定性都难免操之过急。重要的是，我们对其已经无法做出一厢情愿的价值判断，因为艺术家身处的环境，在空间与时间上为创造提供的充分可能已经展开，我们有条件更加理性地通过众多的图式与文本思索当代艺术的走向及其进入历史的路径。同时，假如我们承认全球化是一种迫近的现实，那么仅仅以民族主义的立场去抨击当代艺术中的所谓西方殖民色彩同样是过于简单的。如果说传统艺术关联的是一个民族积淀深厚的审美体验，那么当代艺术则主要面对全球性的共同经验。而问题的复杂性不止于此。一个普遍的疑问是，花样繁多的中国当代艺术是否需要或者已经具备了鲜明的美学特征与精神品格，是否探究到了中国人个体思考与群体感受的深层。表面上看，当代艺术在全球范围存在着某种共时性特征，交互式影响无处不在，但中国当代艺术往往处在对西方理念进行逐一"形象演述"的进程中；换个角度讲，我们一直试图通过"中国符号"寻找世界当代艺术的切入点，并期待着在西方话语中得到确认。自觉地"引入西方"与迫切地"进入西方"同步进行。因此，我们既要充分关注当代艺术的实验精神，认真辨析当代艺术家的自由想象，又要在学术层面上对纷繁复杂的创作现象及其背后的思想操作与运行机制进行批评与研究。

本期黄笃的文章将中国当代艺术置于亚洲的地缘文化中，首先梳理了"亚洲"概念的历史生成，进而在具体分析中阐发对亚洲当代艺术品格确立与发展框架的构想。他提出的"超越亚洲性"的观点和强调亚洲艺术内部的交流的主张无疑具有启发性。冯博一的文章则通过对当下艺术创作新趋向的考察，有针对性地提出了"第三空间"的概念。作者强调的是"空间"的文化意义，指出在本土和异域之间，可以形成一个中国当代艺术的巨大的延伸地。河清保持了一贯的批判锋芒，其文章观点建立在理性的审视之上，体现了清醒的责任意识。在他看来，中国当代艺术在参与西方所谓文化"多元主义"的建构中，面临着"同质多样性"的危险，中国当代艺术在失去独立精神的同时，虽然进入了"艺术"，但却远离了"中国"。

## ■ 8月10日

《文艺研究》本年第 8 期"当代批评"栏目发表丁帆、王春林、管宁三人的一组总题为"当代小说中的'乡土''方言'与'人性'"的文章，主持为陈剑澜。

## 当代小说中的"乡土""方言"与"人性"

主持　陈剑澜

近些年，文学批评中的社会分析色彩似乎越来越重。这既和域外批评理论的影响有关，也和国内理论界对于传统"文学性"观念的怀疑有关，但更主要的原因还在于，20 世纪 90 年代以来的文学写作（特别是小说写作）所呈现的复杂状况，让我们的批评家越来越难以从文学和文学性本身作出合理的解释。批评本身的问题也由此产生出来：批评家如何处理"文本"的表达与其社会意义之间的微妙关联，从而保证解释的有效性？进一步说，批评活动如何在揭示对象生成的外部动力的同时，使其文学性和文学意义得到尊重？

本组论文就是从社会分析视角研究90年代以来小说写作中的具体问题的尝试。作为一种批评方法的实例，它们同样可能成为批评理论探索的"问题文本"。

丁帆的文章把近年来的中国乡土小说放在前现代、现代、后现代共时性存在的背景中加以审视，认为这些乡土小说所呈现的斑斓色彩实际关涉着"乡土经验"重新整合的困境，根本上是写作者在三种文化模态下难以确立自身文化批判价值体系的表征。作者直言不讳地指出乡土小说创作中低水平重复的现象，进而对未来的写作提出了近乎苛刻的思想要求。这涉及一个老问题：文学和文学家是否有义务、有能力和足够的经验支持来履行社会理论和历史叙述的职责？

与丁帆主要从价值问题切入不同，王春林关注90年代以来方言小说的修辞特征，试图通过对其中叙事策略的分析，揭示这些作家作品在"全球化"的压力下反抗强势的努力和追求本土化的目的。管宁的文章从固执的艺术创新冲动和消费社会逻辑所形成的合力的角度，解析近些年小说人性叙写的极端化、符号化倾向及其变化。作者指出，在消费社会中，大众传媒的特殊地位和作用深刻地改变着文学的生产机制、社会功能和审美取向，而充斥于时下小说中的诸类"人性"形象是这种"文化语境"和"话语霸权"合谋的结果。作者特别提到，在这类写作流行的同时，仍然有许多更有艺术价值、更值得关注的作家作品，甚嚣尘上的媒体遮蔽了他（它）们的存在。问题是：这些被媒体遮蔽的"存在"为何也在我们许多批评家的笔下轻易流走了呢？在我们的时代，他（它）们的意义如何得到呈现？

## ▇ 9月1日

本刊陈剑澜被评为编审，韦平、陈诗红被评为副编审。

## ▇ 9月10日

《文艺研究》本年第9期"当代批评"栏目发表吴义勤、阎晶明、郜元宝、李建军四人的一组总题为"当下中国文学批评的症候分析"的文章，特约主持为阎晶明。

### 当下中国文学批评的症候分析

特约主持　阎晶明

这是一个事先规定好了的话题。我们这四个人，至少我，不敢说已经号中了中国当下批评的症候所在，但和其他批评家们一样，都对这样的问题充满说话的欲望和冲动。

其实，面对整体的批评现状做症候分析，借用吴义勤的话说，还是有点"不及物"，容易像郜元宝比喻的那样，"在新的批评'行话'中酣睡"。但对批评理论的建设，大家都充满了焦虑，来一次会诊实在必要。

吴义勤发现了"不及物"和"虚热症"两个普遍问题。指点江山的归纳，目无文本的臆想，隔靴搔痒的"弯弯绕"，"不及物"批评的共同症状是"虚化"和"悬浮"；而"理论的狂热症"和"酷评的兴盛"，又让吴义勤为文学批评的"虚热症"感到不满。

其实，批评家们注意到的症候有不少相似处，不过他们使用了不同的术语来概括，就如同中西医对同一病症做出的不同表述一样。吴义勤的"不及物"和郜元宝的"不评家"即可类比；而吴所指的"理论狂热症"和郜的"新的批评行话"，也都有相近的指向。

但是，批评家的共识是对批评症候存在的承认，病因的指认和开出的药方却各不相同。比如理想的文学批评究竟是什么？阎晶明认为，善意是批评的前提，"围炉夜话"是理想的批评方式；李建军认为，"真正意义上的批评意味着尖锐的话语冲突，意味着激烈的思想交锋"。阎晶明认为充满艺术感觉的印象式批评明显稀缺，值得提倡；李建军则更加强调"科学精神"和"责任伦理"。不过，这些分歧并不影响我们在表达自己批评观的同时，面对一个共同的对象说话。

走向成熟的批评家正在形成自己的批评风格，这种风格不仅指相对稳定的批评观的贯彻和在批评实践中的应用，也包括批评文风的个性标识。比如郜元宝，他对鲁迅文风的喜爱不仅体现在有效串接他人词汇表达个人的意见，形成意义的多元，而且在语法句式上也颇有那么点意思。比如谈及"网络神话"对批评的冲击，郜元宝的质疑非常有趣："进步是进步了，但也因此更加照见了'民族的劣根性'。就像一个腿脚有隐疾的人，不参加田径运动会，就看不出来。"还真的有点"鲁迅风"。至于吴义勤的缜密，李建军的气势，也都是个人批评风格的体现。这对当代中国批评的发展来说，是非常重要和珍贵的。

一次对话不可能解决多少问题，但如果能引起大家对相同问题的探讨热情和兴趣，那已经是一种最大的满足了。

## ▉ 9月22日

文化部任命方宁为《文艺研究》主编（副局级）。

# 10月10日

《文艺研究》本年第 10 期"当代批评"栏目发表贺桂梅、陈阳、陶东风、罗靖四人的一组总题为"重评'先锋文学'"的文章，特约主持为程光炜。

## 重评"先锋文学"

特约主持　程光炜

在 20 世纪 80 年代文学中，"先锋文学"是作为摆脱非文学因素获取"文学自主性"的崭新形象而被认定的。在文学"进化论"的叙述中，它以"形式革命"的姿态正式亮相登场，成为文学史读本中的一个公认的"常识"。但是，潜伏其中的另一个文学"常识"却始终无人问津：例如，在 80 年代的文学转型中，它是怎样获得自己的合法性的？在一种经过虚拟的"现实主义"与"现代主义"的二元对立中，先锋作家是如何摒弃既有的文学传统、建构出另一个"文学传统"的？另外，今天怎样去理解"先锋文学"在 90 年代的转型？在此过程中，许多作家为什么要匆忙告别"纯粹形式"而重新展开"社会历史"的文学叙述？而这一文学新潮的夭折又说明了什么？由于受制于业已存在的关于 80 年代的"文学真理"和相对固化的学院体制，中国当代文学史在先锋文学描述中所暴露出的简化倾向和单向思维方式，已无法应对上述提问。

显然，这一"重返"80 年代文学的工作，必然会在更加深入的探讨中遭遇一系列的问题。比如，在文学史的框架中研究文学现象，一个触目的问题是难以回避"价值判断"。轻率的决断容易致使研究对象简单化，而采取相对主义方法则会使描述犹豫不定，影响到问题更丰富和有力度的呈现。又比如，当我们设定一种新的知识立场时，这一立场会不会游离于所讨论的问题，尤其是游离于当时文学的"现场"，而不能与讨论的对象进行真正的接触、摩擦并产生富有启示性的分析？在笔者看来，重新"解读"先锋文学的复杂性在于，它不是孤立地存在于当代文学史中的，而实际与五六十年代、90 年代文学乃至这一时期的"世界文学"有着多线索的渊源性的历史联系。在某种意义上，"先锋文学"是当代文学中一个无法绕开的关节点，更是人们今天了解处在不断断裂和重接进程之中的当代文学的一个观望塔。

本期推出的三篇文章，通过对"先锋文学"的溯源式研究，展现先锋文学自我建构和想象过程中的"生产秘密"，包括先锋文学的"知识谱系"和"意识形态无意识"、先锋文学创作的困境和问题，以及先锋文学中身体叙事的文化意味与文学史意义。这些鲜为人知的侧重点，无疑有助于先锋文学研究的进一步开展和推进。

## ■ 11月10日

《文艺研究》本年第 11 期"当代批评"栏目发表高小康、余虹、王逢振三人的一组总题为"当代文学批评中的'理论过剩'现象"的文章，主持为陈剑澜。

### 当代文学批评中的"理论过剩"现象

主持　陈剑澜

从 20 世纪 80 年代起，对西方现代理论的复制、挪用，以及随后流程可疑的再生产，已渐渐成为文学批评界的常态，而传统的"印象批评"则被冷落到一边，成了可有可无的装点。其实，当初不少人虽对理论、术语的滥用心存不满，却仍然抱着理解的冲动。回想起来，至少有三个原因：一是人们确实被理论的力量所震动；二是急于为纷呈的现象寻找知性的答案；三是要在变化的社会环境中完成自我确证。唯其如此，批评家能够越过创作者，成为时代的文化英雄。如今，批评家重新回到自己的领地。在一个社会期待不能被批评家掌握的时代，批评活动不过是知识生产的特定形式而已。批评家重返社会分工领域是一种常态，批评活动可以由此确立自身的地位和价值，但同时也必须接受进一步的质问：批评界习得的"西体中用"的解释策略是否仍然有效？充斥于当今文学批评中的大量的理论拼贴究竟是强化了批评的力量，还是湮没了批评的本义？批评活动如何在既有的理论观念和真实的文学经验之间达成妥协？理论的意义是什么？最后，这究竟是理论的过剩还是理论的贫乏？

本组三篇文章力图对这些问题做出初步回答。

高小康明确指出，当代文学批评存在着理论过剩而经验匮乏的倾向。他从 80 年代的"理论热""方法论热"讲起，认为由于以后出现的"寻根"文学、先锋文学等过分依赖批评而将批评置于文学活动的中心，影响及于今天。其弊端是脱离文学经验而偏向理论演绎，从而使批评的公共知识价值渐失。余虹从西方思想史角度切入问题，认为现代社会中的"理论过剩"现象不是一个理论伦理问题，而是现代人本主义的基本症候，其根源在于现代思想的反思性质。在此意义上，"理论过剩"并非全然消极的现象；而中国式的"理论过剩"则是以一种畸形的方式发生的，其背后潜藏的是理论的饥渴与贫乏。王逢振的文章主要是针对近年来一些文学研究者对文化批评的指责而发的。他认为，所谓"理论过剩"是一种狭隘的看法。当代文化批评急于越出文学的范围、在传统文学理论以外寻求思想支持，实际上是试图解决资本主义全球扩张所带来的问题，是一种积极的努力。而且，传统的文学批评与文化批评并不构成对立，对此最好采取"兼容并包"的态度。

## ■ 12 月 10 日

《文艺研究》本年第 12 期"当代批评"栏目发表赵勇、肖鹰二人的一组总题为"当代文化批评与先锋批评问题"的文章，主持为陈剑澜。

### 当代文化批评与先锋批评问题

主持　陈剑澜

近几年，关于文学研究与文化研究关系的争论十分热闹。从表面看，这场争论涉及文学与日常生活的定性、精英主义与平民主义两种文化立场的对立，而实际折射的是对于人文学术在当今社会环境中的地位的忧虑。就此而论，它是西方纠缠已久的现代与后现代之争的似是而非的重演。这场争论的片面性在于：首先，争论各方有意无意地陷入了现代主义与后现代主义这个可疑的对立之中，因而更多的是立场的坚持和拒绝，缺少面对问题的直接性；其次，相当一批学者其实同时在文学研究与文化研究两个领域奔忙，其角色与价值立场的差异（分裂）并没有被认真对待；最后也是最重要的是，20 世纪 90 年代以来，文学研究（批评）与文化研究（批评）共同经历了一个从"启蒙"到疏远"启蒙"的过程，而这一点并没有被纳入争论的视野。

本组两篇文章虽针对当代文化批评与"先锋批评"的症候而发，实际上意在厘清上世纪末以来批评精神渐变的轨迹。

赵勇通过钩沉中国的文化批评从借重法兰克福学派的批判理论到转而自责、求助于后现代理论拥抱大众文化的历程，力图揭示当代知识分子从"立法者"到"阐释者"的角色变化，从中找出批判精神流失的原因。他寄望于借助我们拥有过的法兰克福学派的经验和鲁迅的知识分子批判传统，把中国的文化批评从"昏睡"中摇醒。肖鹰以新近所谓《秦腔》事件"为征象，探究"先锋批评"风骨尽失的内在缘由，力图重振批评和批评家的信心。作者敏锐地注意到，在中国当代的"先锋批评"中，后现代的"颠覆"策略常常嫁接于现代主义的"宏大叙事"。这无疑是一种"错位"。然而，在这个奇特的"理论旅行"中，是否也透见着我们的文学批评走出洞穴的机会？

## ■ 12 月 10—17 日

应越南文化与通讯研究院邀请，以呼世安为团长，方宁、刘祯、张海玲、海连波、罗斌、李荣启为成员的中国艺术研究院代表团，赴越南考察访问。代表团参观了越南有代表性的自然景观与物质遗产，即广宁省下龙湾和顺化省阮朝故宫，欣赏了越南"雅乐"、民乐和木偶表演等最具代表性的传统及民间艺术，双方就共同关心的越南口从剧艺术、越南主流文化、中越文化关系、非物质文化遗产，以及双方如何进行交流合作等问题进行广泛、深入探讨。会谈中，方宁介绍了《文艺研究》的历史与现状。

## ■ 12 月 18 日

在《文艺研究》进行的年度考核中，金宁被评为优秀。

## ■ 12 月 21 日

本刊方宁受聘为文化部新闻出版专业高级职称评审委员会委员，任期两年。

# 2006 年

■ **1月7日**

续聘宋林静为《文艺研究》办公室主任，任期两年。

■ **1月9日**

《文艺研究》按照文化部办公厅印发的《新闻出版总署关于认真宣传贯彻落实〈报纸出版管理规定〉和〈期刊出版管理规定〉的通知》精神，结合本单位实际开展自查自纠。经检查，《文艺研究》没有任何违规情况。

■ **1月**

《文艺研究》与《美术研究》共同主办"无尽江山——南北油画家邀请展"，先后在南京江苏美术馆和北京中国美术馆举行，与此同时，相关的学术交流与研讨也分别在两地展开。《文艺研究》造型艺术编辑室主任金宁与会。

■ **3月5日**

《光明日报》公布中国人民大学书报资料中心统计的 2005 年度《复印报刊资料》转载数据，《文艺研究》在"语言文字、文学艺术类"期刊中，全文转载量排名第一。

■ **4月6日**

2005 年《文艺研究》期刊年检。本刊坚持正确的办刊宗旨，以马克思列宁主义、毛泽东思想、邓小平理论和"三个代表"重要思想为指导，贯彻"双百"方针，奉行"五湖四海"、学术平等的原则，在对文学艺术各门类（文学、戏剧、音乐、舞蹈、曲艺、电影、电视、绘画、雕塑、书法、建筑和摄影等）的现状与历史的研究中，注重研究与解决我国文艺发展中出现的新情况、新问题，为我国社会主义文艺事业做出了应有的贡献。

■ **4月10日**

《文艺研究》本年第 4 期发表沈伯俊、金文京的二人谈《中国和日本：〈三国演义〉研究的回顾与展望》。"编者按"云："《三国演义》是中国文学史上第一部成熟的长篇小说，不仅在中国家喻户晓，而且深受世界各国，特别是亚洲各国人民的喜爱。为此，本刊特约请中国《三国演义》研究专家沈伯俊教授、旅日韩国《三国演义》研究专家金文京教授，就中国和日本的《三国演义》研究进行对话，总结成绩，指出问题，展望前景，以期推动今后的研究，促进中日文化交流。"

## ■ 4月16—17日

　　《文艺研究》与首都师范大学文学院文艺学学科、湖州师范学院人文学院在浙江省湖州市联合举办"文学性的历史形态与文学理论的知识建构"学术研讨会，30多位学者参会，就近年来日常生活的审美化问题、文艺学的扩容和转向问题、文学与文学研究的边界问题等进行讨论，受到学界广泛关注。本刊副主编陈剑澜、理论编辑室编辑宋蒙与会。随后，《文艺研究》本年第 8 期发表会议综述。

### "文学性的历史形态与文学理论的知识建构"学术研讨会综述

王昌忠

　　近年来，关于日常生活审美化、文学性、文学与文学研究的边界、文艺学的扩容和转向、文学研究和文化研究的关系等问题，引起了文艺学界的广泛关注。为了把这些话题进一步引向深入，湖州师范学院人文学院、首都师范大学文学院文艺学学科、《文艺研究》编辑部于 2006 年 4 月 16—17 日在浙江湖州主办了"文学性的历史形态与文学理论的知识建构"学术研讨会。研讨会期间，来自北京大学、清华大学、北京师范大学、中国人民大学、南京大学、武汉大学、山东大学、上海师范大学、江西师范大学、湖南师范大学、湘潭大学、浙江工商大学、温州大学、浙江科技学院，以及《文艺研究》《学术月刊》《江海学刊》《社会科学》等学术机构的30 多名国内文艺学学科的专家、学者从多种角度、不同层面对上述问题展开了广泛、深入的讨论和交流。学者们阐释了诸多学术命题，提出了许多新颖观点，其中既有争论、交锋，也有契合、共识，此次会议呈现出浓烈的学术氛围和学理色彩。

　　一、对文艺学研究范式和方法的拓殖与延展、对文学性这一概念的界定和厘清，应当是研究文艺学、文学、文学性及其历史形态的起点，也是探讨文学理论知识建构的基础，因而成为本次研讨会的一个重要议题。赵宪章（南京大学）认为，应该从文学文献学角度，寻找文艺学研究的新方法，理解文艺学的科学本性，如果像传统方法那样仅仅以纯粹思辨的方式界定文艺学，就会产生茫然的理性距离。必须以实证性研究，如通过对刊物的影响力、作者和文本的影响力的调查、统计、分析、比较，进一步深刻理解文艺学的历史发展和当下使命。王岳川（北京大学）认为"文学性"这个词，从严格意义上来说，最早的含义是文献性；只是在后来，随着文献文学的逐渐精英化而把文献性、资料性去掉了，结果仅仅突出了它的精英色彩，所以在一定意义上说，我们现在对文学性的体认具有自欺性。吴炫（浙江工商大学）指出，文学是相对于非文学而言的，在此维度上的并置概念是非文学、文学、好文学，而文学性并不在此序列中。文学性是文学通过形象实现自己创造的一种程度。为此，他着重谈了"文学程度"在文艺理论研究中的重要价值和意义。文学程度是很难被现有观念解释的东西，它是规定文学之所以成为文学、一个作家之所以成为这个作家的内在因素。金元浦（中国人民大学）不赞同文学性只存在于纯文学中的看法。他认为，文学性具有辐射性，与社会中的所有现象都有联系，特别在后现代条件下，文学性总会越过自己的界限不断向外播撒。王德胜（首都师范大学）认为，文学性的确定，不应在与非文学性的对立中确定，而应在与非文学性的交互、并置关系中获得。就文学性的身份特征而言，文学性不应被纯化而应被复合化，文学性是在不断漂移的过程中呈现的。

二、随着文学样态的多样化已成定势、文学观念的差异性日趋突出，文学和文学研究的边界问题、文艺学的扩容和转向问题，近年来受到了文艺学界的广泛关注。在本次会议上，吴炫和金元浦都认为，"边界"是因为有了文学才有的，而并非设定了边界才有文学。文学上不存在亘古不变的边界和文学观念，它们只可能在历史中形成，文学与文学研究应按文学自身的规律发展确定。当然，在相对稳定的时空中，边界一经作为一种知识体系确立起来后，自身便有了一种独特性、独立性的力量，因而能在特定的语境中，对文学、文学研究起到规范和限定的作用。肖鹰（清华大学）不赞成文学文化化和取消文学边界的理论主张和话语实践，认为文学性和文学应该有以下几点本质规定性：1. 文学是一种语言形式的东西；2. 文学有其特定的文体；3. 文学有其特殊的意象特征；4. 文学具有其独有的价值。文学文化化和取消文学边界事实上是无视文学本质的极端和消极做法。对于文艺学的扩容和转向问题，金元浦认为，在历史转折和转型时期，文艺学研究应考虑原有的知识构架、理论体系和研究范式能否用来解释现实中新的文学现象，如果不能，就应该改变、解构。

三、文学理论的知识建构，直接关系到当前及以后的学科发展和学术方向、操作对象和方式，因而在本次研讨会上成为"话语"焦点。王岳川认为应该重新加强中国文学的身份性建构。文化和文学的知识建构应该走出封闭而重新阐释世界。为此，在文学理论的知识建构中，他特别提出了"中国文学的地缘处境"这一命题。吴炫指出，"文学程度"的引入，对正在进行的文学性的讨论和文学理论的知识建构会提供新的思路。颜翔林（湖州师范学院）则从美学视角论述了"现代神话"和文学艺术之间的逻辑联系，认为现代社会的科技发展并不意味着神话和神话思维的终结，神话和神话思维只是以变形的方式潜藏在人类的物质生产和文化活动之中，继续发挥着重要的功能。在现代社会中，神话承袭了传统神话的符号和结构形式但又有所变异发展，对文艺依然施加一定的积极作用和审美影响。彭修银（中南民族大学）重点谈了对文艺学学科的看法。他认为，文艺学学科不成其为学科，因为它没有准确的研究对象，也没有确定的研究话语，它所运用的一套概念、范畴、命题也是从其他领域借来的。针对当前的教学和研究实际，他提出我们需要强调的应该是"文学知识建构"而不是"文学理论的知识建构"。叶世祥（温州大学）在发言中说，建构文学理论的资源应来自历史主义的态度对近现代以来的文学理论的总结和梳理。

四、文化研究自 20 世纪 90 年代后期在中国兴起以来，文艺学界对此褒贬不一，并有过一次次激烈的争论和交锋。本次会议上，杜卫（浙江科技学院）指出，当前随着大众文化的凸显，文学被"大众化"而改变了方式，因而文化研究进入文学研究符合中国当代文学的实情。我们应该允许精英化文学立场和大众化文学立场共生共存，应充分认识到大众文化所具有的鲜活性、快乐性。当然，具体到面对、分析大众文化时，研究者的"精英"立场仍然是需要的，我们应该有能力审视、批判、超越和纠正、提升大众文化。陈剑澜（《文艺研究》）认为，传统上以所谓"文学性"为对象的文学研究应该是一种审美批评，而文化研究则属于广义的意识形态批评，就这一点来说，两者并不构成对立，是可以相容共生的。

五、日常生活审美化是近年文学视域的拓展、文学对象的繁富带给文艺学界的一个新命题，它对于开掘审美领域、丰富审美经验起着重要作用。如何从学术上应对和探析它，也作为一个话题引起了本次会议与会者的关注。陈剑澜认为，"日常生活审美化"中的"审美"与现代意义上的"审美"之间存在着原则性的差别，后者是在主体哲学的范围内来规定的，它作为自律的领域，绝不可能融入生活世界。席勒、马尔库塞是在这个意义上来谈论审美的解放功能的。而前者一般是指消费社会中特定的日常生活感受，在相关的理论中，现代"主体"的假定已不复存在，"审美"提升和超越现实的功能也无从谈起。王南（首都师范大学）认为，文学和日常生活审美化两者之间无所谓优劣高下，我们应该各取所需。许多日常生活具有文学性，而日常生活中渗入了文学性则反映了文学功能的无所不在。

马龙潜、曹卫东、陶东风、魏家川、陶水平、季水河、马大康、邹华、杨文虎、李建中等专家也就本次会议拟定的议题或就文艺学范围内与自己学术研究相关的问题发表了看法。这次会议所取得的富有学理性和建构性的积极成果，既在现实指涉上有着时效性和针对性，又在未来意义上有着前瞻性和指向性，必将对文艺学的学科建设起到积极的推动和引导作用。

（作者单位　湖州师范学院人文学院）

## ■ 5月1日

中国共产党优秀党员、中国艺术研究院编审、《文艺研究》原编辑部编委、文学编辑室主任、中国作家协会会员、中国当代文学学会会员、中国少数民族文学学会侗族文学分会会长、离休干部杨志一在京逝世，享年80岁。《文艺研究》本年第6期发布消息，以寄哀思。

### 本刊优秀编辑家杨志一同志在北京逝世

中国共产党优秀党员、中国艺术研究院编审、《文艺研究》原编辑部文学编辑室主任、中国作家协会会员、中国当代文学学会会员、中国少数民族文学学会侗族文学分会会长、离休干部杨志一同志因病医治无效，不幸于2006年5月1日零时45分在北京积水潭医院逝世，终年80岁。

杨志一同志，曾用名陈聪。1926年7月18日出生，原籍湖南芷江，侗族。1940年毕业于湖南芷江宏济中学，1945年夏至1946年夏在云南昆明西南联大外文系读书，1949年清华大学外文系毕业。1948年9月参加革命，由清华大学同班同学何瑞珠介绍参加党的地下外围组织民主青年同盟。1949年3月参加第四野战军南下工作团，由民主青年同盟转入新民主主义青年团，在团内曾任小组长、支部委员、支部书记、总支委员。1950年至1975年在中国作家协会《文艺报》编辑部，任编辑、通讯组长、文学组长。1951年10月由当时全国文联党支部推荐，经党中央统战部、团中央批准，加入中国民主同盟，协助民盟发展组织，在1992年12月28日召开的中国民主同盟第七次全国代表大会上，杨志一当选为中国民主同盟第七届中央委员会委员，并被任命为民盟北京市委宣传部长。1975年11月至1983年6月，在文化部艺术教育局研究室内部刊物《艺术教育》任主编。1983年6月至1988年3月，在中国艺术研究院《文艺研究》编辑部任编审、文学编辑室主任。1986年12月15日加入中国共产党。1988年3月离休。

杨志一同志参加革命六十余载，长期从事编辑工作和统战工作，有较高的文艺理论修养和丰富的工作经验，是一位优秀的编辑家和社会活动家。

## ■ 5月19—21日

《文艺研究》与东南大学、上海大学、云南艺术学院在上海联合举办的"2006全球化视野中的艺术史论"国际研讨会召开，刘纲纪、凌继尧、沙夏·格里辛、唐纳德·普莱齐奥希等近百名学者参会，就艺术史观念、研究方法、门类艺术研究、艺术学科的定位和发展前景等问题进行研讨。本刊主编方宁出席并主持会议。随后,《文艺研究》本年第 7 期发表会议综述。

## "2006 全球化视野中的艺术史论" 国际研讨会综述

徐习文

由东南大学、上海大学、云南艺术学院、《文艺研究》杂志社联合举办的,旨在探讨全球化背景下艺术学科的发展规律,进一步推动该学科研究、发展的 "2006 全球化视野中的艺术史论" 国际研讨会于 2006 年 5 月 19—21 日在上海大学召开。会上,刘纲纪(中华美学学会副会长、武汉大学教授、博士生导师)、凌继尧(国务院学位委员会艺术学科评议组成员、全国教育科学规划评审组成员、东南大学教授、博士生导师)、沙夏·格里辛(Sasha Grishin,澳大利亚国立大学艺术史系主任、教授)、唐纳德·普莱齐奥希(Donald Preziosi,英国牛津大学艺术史和视觉研究中心终身教授)、里查德·马尔(Richard Meyer,美国洛杉矶南加州大学艺术史系教授)、方宁《文艺研究》主编、编审)、曹意强(国务院艺术学科评议组成员、中国美术学院教授、博士生导师)、张法(中国人民大学哲学系教授、博士生导师)、罗淑敏(Sophia,香港岭南大学教授)等海内外近百名专家、学者聚集一堂,就以下几个方面进行了广泛、深入的探讨。

### 一、艺术史观念、研究方法

艺术史研究是本次大会的中心议题之一。与会学者就全球化背景下的艺术史观念、研究方法进行了探讨。刘纲纪从宏观的角度对中西艺术史观进行了比较分析,认为中国的艺术史观高度重视艺术发展的连续性、注重 "知人论世" 的研究方法、把艺术作品的审美评价和作品欣赏及艺术史发展相关的各种因素综合统一的特色;西方则出现了以温克尔曼与黑格尔为代表的哲学美学的艺术史观,以丹纳为代表的实证艺术史观和沃尔夫林为代表的形式风格的艺术史观,以及马克思主义的艺术史观,中国现当代的艺术史观受到这些观念影响的同时又保持了自己的民族特色。曹意强认为自 20 世纪 70 年代以来,欧美艺术史研究日益吸纳其他学科的新理论与方法,同时影响到其他地区的艺术史研究,这导致艺术史学科面临两个新的挑战:如何保持学科整体独特性而不被其他学科分解,如何保持各国艺术史传统的本土特色。通过分析论证,得出所谓艺术史研究的 "本土化" 和 "西方中心主义" 是伪命题的论断。徐子方(东南大学教授、博士生导师)则从艺术定义的历史追溯入手,认为艺术史研究局限于视觉艺术史是受西方强势话语的影响,科学的艺术史研究应该把听觉艺术、综合艺术纳入艺术史研究范畴，同时又以揭示艺术自身发展规律（不是哲学、心理学、社会学等体系的论证）为旨归。蒋永青（云南艺术学院教授）认为，艺术史的研究决不是各门类艺术史在时间轴上的简单罗列，而应该有自己的内在关联。唐纳德·普莱齐奥希（Donald Preziosi）认为全球化背景下要更多关注艺术史和艺术批评，这与本土化和全球化相关，全球化的艺术实践和艺术批评有明显的霸权主义，现代主义和后现代主义给欧美以外的地区尤其是中国提供了重新思考艺术史、美学、艺术批评，特别是艺术概念自身的有益借鉴。里查德·马尔（Richard Meyer）则具体分析了"美国9·11事件"后通过的《爱国者法案》时代的艺术与审查，认为美国艺术审查对全球的影响很大，以爱国者名义对艺术审查是很荒唐的，因为本来自由的艺术成了政治的奴婢。袁禾（北京大学教授）结合舞蹈史研究的现状提出调整思维方式、改进研究方法、拓展研究视角，不断总结中国传统的艺术史理论，吸收西方理论的有益成分，重新建构起中华民族独特的、具有时代性的中国艺术史理论，这是全球化语境中当代艺术史研究的迫切任务。

**二、门类艺术研究**

各门类艺术也是本次会议的主要议题之一。美术方面，沙夏·格里辛（Sasha Grishin）则以全球化语境中的数字技术与绘画复制为题，论述了全球化背景下的计算机艺术和数字复制技术对澳大利亚艺术学院的艺术创作的影响，认为计算机技术和艺术创作都是艺术创造。刘道广（东南大学教授）提出美术史是美术自身逻辑演变的发展史的观点，得到与会学者的赞同。贾涛（河南大学副教授）提出中国画学学科建设的可行性、主要内容和研究方法的论题，认为重建中国画学学科体系具有传承文化遗产、形成本民族绘画理论特色，对当下中国画实践创作具有现实意义。程明震（东南大学副教授）从中国画的时空转换与审美形式之间的关系出发，探讨虚实相生所蕴含的空间变化对各种艺术的普遍审美意义。朱存明（徐州师范大学教授）论述了汉画像艺术研究借鉴西方的成果和方法，有利于揭示中国文化的深刻内涵和艺术史学的发展的观点。潘耀昌（上海大学教授）论述公共艺术在城市环境建设中作为凸显城市独特的历史文脉的功能，认为中国亟待建立公共艺术运作机制。高丰（北京工商大学副教授）通过中国两千多年的设计艺术史的研究，认为天工意匠是中国传统设计的精神和特色，并要在中国传统设计理论和历史基础上结合西方现代设计理论，建构起中国民族特色的现代设计。戏曲影视方面，孙琴安（上海社会科学院研究员）从中西戏剧在发展的时间、文艺思潮方面所起的作用、研究观念的差异方面进行比较研究，得出在全球化视野中研究戏剧艺术及其派生出来的影视艺术的重要性，以及中西戏剧艺术随着人类文明的进步和东西方文化的沟通而逐渐缩小差异，因而中国的戏剧艺术尤其是影视艺术将会有更大的发展空间的结论。谢柏梁（上海交通大学教授）通过回顾半个世纪以来的纯戏剧观与泛戏剧观的四次理论研讨，认为 20 世纪以来的中国戏剧文化从整体上已经进入泛戏剧时代，在戏剧艺术和新媒体文化联姻的时代语境下，戏剧家和戏曲研究者应持宽容态度，才能从实践中总结出新理论，不断推动泛戏剧文化与多媒体艺术一体化的新实践。潘天强（中国人民大学教授）总结电影辉煌而又坎坷的百年历史时认为，百年电影史是西方起主导作用下的全世界各国电影艺术家的创作汇聚而成，电影是艺术和商业的结合体，因此重视影片的观赏性，同时，又在一定程度上重视影片的美学追求是电影艺术发展的必然趋势。音乐舞蹈方面，方丽晗（东南大学博士，讲师）通过论述音乐传播方式的变迁，作为时间艺术的音乐呈现给人的愉悦程度不同，提出唱片时代音乐精神的失落，主要方面是音乐现场感的缺失的观点。史红（首都师范大学副教授）通过对新时期舞蹈审美创作的历史梳理与重心分析，提出现代舞蹈应该以中国传统文化与意识为创作之源，同时借鉴西方现代舞蹈创作技巧、语言体系而建构中国民族特色的舞蹈结构与形式的观点。王红川（中国艺术研究院副研究员）通过对 18 世纪早期芭蕾舞的历史考察，认为早期芭蕾史是当时政治的一种形式，是社会风尚、艺术潮流等整个大文化和文明发展的艺术视野中的一景，早期芭蕾的历史实际上是与其同时期的政治文化重合的。民族艺术方面，于兰（云南大学副教授）论述全球化背景下民族艺术的三种走向，认为民间艺术的商品化，最根本的是要本土化，以民族民间文化为根基，同时根据现代人的需求，设计出能体现民族文化深层次的东西，又能在技艺上有所创新的新民间美术品，在致力于保护优秀传统文化的同时，更要用先进的文化对旧文化进行改造，提升传统文化的现代价值。申波（云南艺术学院教授）提出在当代文化背景下研究少数民族审美文化的新课题，认为在经济全球化的当代语境下，发掘少数民族审美文化中的有价值的资源，拉动民族经济的发展，促进各民族的团结是大有可为的。

**三、艺术学科的定位和发展前景**

关于艺术学科建设的反思再次成为大会的焦点。凌继尧从当前艺术与经济关系的角度指出，产品的艺术化、审美化与经济发展的根本目的相关，产品的销售在很大程度上取决于能否为国民带来积极的艺术体验，因而我国目前工业产品必须注重产品的艺术含量，提高产品的附加值，艺术学科发展前景的关键在于艺术和艺术设计如果能够给企业带来巨大的经济效益、成为企业继承创新的重要途径、促进国民幸福指数的提高，那么艺术硕士成为社会抢手人才的时代就会到来。罗淑敏（Sophia）通过当代中国与西方艺术的对话的论述，认为中国古代绘画中就有现代性，现代和现代主义是流动和发展的，我们应该着力于艺术自身的具体研究，而不必局限于概念的限制。张法则清理"艺术学"的关键词混乱的表现，即作为一级学科的"艺术学"与二级学科的"艺术学"在能指和所指方面的混乱；在学科分类上指涉混乱，这是在知识体系与学科体系之间的矛盾，以及中西方关于艺术学存在方式的差异，认为学科体系中的艺术学处在整体性与具体性的矛盾中。易存国（厦门大学教授）认为作为一级学科的"艺术学"是一种学科称谓，二级学科的"艺术学"主要研究包含在二级学科如美术学、音乐学等门类学科中的艺术学原理性问题，其研究包括带有原理性的"经线"部分的分支学科如艺术原理、艺术史学、艺术美学、民间美术学等九大板块，以及与其他学科之间所形成的诸多"边缘学科"如艺术社会学、艺术心理学、艺术考古学等。蓝凡（上海大学教授）提出艺术学研究要关注当代艺术的新发展，如网络技术已经同艺术结合很紧密，艺术理论必须对此进行总结，艺术研究必须回到艺术本体，而不是把艺术作为其他学科的论证材料。王廷信（东南大学副教授）则具体探讨了二级学科的"艺术学"的视野不仅要超越美学，还要超越门类艺术学，把所有的门类艺术都纳入自己的视野，并在此基础上抽象出艺术的共性的——艺术的形式观念为研究对象，围绕艺术史、艺术原理、艺术交叉学科确立起自下而上、并借鉴其他学科的研究方法。张伟（鲁迅美术学院教授）提出从艺术本体论角度，对21世纪中国艺术理论自身进行反思和清理。他认为艺术理论不是对艺术规律的概括和总结，而是对艺术本体的悬设和创造，只有创新理论才能促进艺术学科的发展。张晓刚（巢湖学院副教授）通过对20世纪艺术学科在中国发展的历史脉络的梳理，认为艺术学科的发展有自身的历史和逻辑，决不是凭空杜撰出来的，因此，艺术学研究要在关注前辈学人研究成果的基础上接着说，而不是闭门造车、另起炉灶，做重复劳动。常宁生（南京艺术学院教授、博士生导师）通过对西方"艺术"概念的发展和演变的梳理，提出认识"艺术"是一个历史性的概念，研究其作为"概念"不断变化的规律，对我国当代艺术理论研究和创作实践都有重要意义。

凌继尧最后作了大会总结发言，认为这是一次富有成果的大会，艺术学科要关注当下经济的发展，艺术学的研究要在继承前人研究的基础上有所开拓、创新，这样艺术学科的发展就会有更辉煌的明天。

（作者单位　上海大学影视艺术技术学院）

## ■ 6月10日

《文艺研究》本年第6期发表黄霖、大冢秀高、铃木阳一的《中国与日本：〈金瓶梅〉研究三人谈》。"编者按"云："《金瓶梅》是中国小说史上一部里程碑式的名著。自它问世之日起，就有人将它视为'淫书'，但同时也得到一些学者文人的高度评价，如鲁迅即称之为'同时说部，无以上之'。从上世纪 80 年代起，《金瓶梅》研究形成了一股热潮。这是中国当代学术繁荣的代表性标志之一。本刊编辑部特约请黄霖教授与日本大冢秀高、铃木阳一教授三人作一次对话，回顾《金瓶梅》研究的历史，指出问题，展望未来。"

### 7月11—13日

《文艺研究》编辑部赴山西大同参观并进行学术交流。

### 9月1日

本刊戴阿宝被评为研究员，宋蒙被评为副研究员。

### 9月18—21日

《文艺研究》与中国中外文艺理论学会、北京师范大学文学院、北京师范大学文艺学研究中心共同主办的"当前文艺学热点与教学改革"学术研讨会在秦皇岛北戴河举行，来自全国各高校的百余位学者与会，就马克思主义文艺理论中国化、文艺学学科建设、古代文论的现代转型、消费社会—大众传媒与审美文化等当前文艺学热点以及教学改革问题进行深入交流与探讨。本刊副主编陈剑澜与会。随后，《文艺研究》本年第 12 期发表会议综述。

## "当前文艺学热点与教学改革"学术研讨会综述

王军彦 董 阳

由中国中外文艺理论学会、北京师范大学文学院、北京师范大学文艺学研究中心、《文艺研究》杂志社共同主办的"当前文艺学热点与教学改革"学术研讨会，于 2006 年 9 月 18 日至 21 日在秦皇岛市北戴河举行。北京师范大学文学院院长张健教授、北京师范大学文艺学研究中心主任童庆炳教授出席了开幕式并致欢迎辞。来自全国各高校的 100 余位代表参加了此次研讨会。本次会议主要对马克思主义文艺理论中国化、文艺学学科建设、古代文论的现代转型、消费社会—大众传媒与审美文化等当前文艺学热点以及教学改革问题进行了深入的交流与探讨。

**一、对马克思主义文艺思想中国化的反思**

如何在中国当前的历史语境下发展马克思主义关系到整个中华民族的前途与命运，马克思主义文艺思想中国化的反思与重建正是在这样的语境下得到文艺学界的重视，成为本次会议的一项重要议题。

文学"审美意识形态论"自从20世纪80年代提出以后逐渐形成共识，被写进教材。最近有人质疑，认为这个观点是"审美"加"意识形态"的硬拼凑，或者说是唯美主义的偏正结构，甚至于把"新时期"以来文学创作的下滑、堕落现象归于此。钱中文（中国社会科学院）从审美意识形态论的逻辑起点出发，考察了它的历史生成，进而说明审美与意识形态不是简单地拼凑起来的，而是融合成为新的系统质，使文学的诗意审美与社会意义、价值、功能保持高度的张力与平衡。钱中文指出，研究理论问题要坚决摆脱把马克思"说过的"和"没有说过的"当作出发点的学风，要坚持对话和包容的原则。

中国的现代性也一直是理论界关注的热点。许明（上海社会科学院）指出，中国的现代性不同于西方的现代性，有它的特殊性，因而必须从我国的具体语境出发去理解它。而文艺学学科在这种社会境况下要有所作为，必须大胆地介入当代中国的文化变革，为中国的文化重建工作做出自己的贡献。

"人性论"从上世纪40年代开始就成为一直讨论和批判的对象。当前虽然走出了这个禁区，但理论界对"以人为本"的认识仍然存在着误区。朱立元（复旦大学）从马克思主义人性论的阐释入手，指出"以人为本"是以区别于神和动物的抽象的、一般的以人为本，而不是以"民"为本；它不是资产阶级和修正主义的观点，而是马克思主义的观点。它在现实中具有巨大的革命性和批判性。探讨人性论对当前文艺理论的建设、推进当代文学创作健康发展有着非常重要的意义。

对于"人民的文学"这样一个提法，畅广元（陕西师范大学）指出它不应是一个纯粹的文学概念，而应该是一个具有强大生命力的新文化的概念。它能够召唤人们对自己的精神进程有所自觉，催促人们精神上的"洗礼"，或改变自己非民主的存在，或改变自己非公民的存在。我们的文学理论的建设不能只局限在政策和文艺学的圈子里，更应该关注中国人的精神进程。

**二、对文艺学学科建构的思考**

伴随着全球化进程、物流大潮的冲击、现代媒介日益发达等时代因素的出现，文学和文艺学的发展面临着种种挑战。如何应对所谓的学科危机，回应种种质疑的声音，文艺学应该如何在困难中探索前行，对于这些问题，学者们进行了深刻的反思，提出了若干建设性的意见。

程正民（北京师范大学）指出当前文艺学研究与教学面临着历史主义的缺失，常常只做逻辑的研究，就作品论作品，不下历史研究的功夫。他评述了俄罗斯历史主义摧毁结构主义，又从中吸收养分，将内部与外部、共时与历时研究相结合的成功经验，为当前的文艺学发展提供了建设性的意见。

　　刘俐俐（南开大学）指出了一种从宏大叙事如何向现实靠拢的方法——文本分析。文本分析作为一种文学研究活动，注重以自觉的方法意识指导，采取与文本相应的方法，对文本进行学理性分析，在分析中自然地转换对于文学作品的审美评价。她认为探究文本分析的理论和实践不仅有利于补充和更改文学史，使其更加科学化，而且更有利于文化传承。

　　赵宪章（南京大学）基于对"广义文艺学"的定义——以中国文学学科中的文艺学为主体，包括外国文学中的外国文论，艺术学中的艺术理论和哲学中的美学在内的关于文学艺术的理论研究——通过举例分析，证明了借助 CSSCI 数据调查，在对广义文艺学主题词的研究分析中展现出当前文艺学研究的热点，准确地表达了当下学界在这个领域中的研究状况和可能性。这种新的研究尝试引起了与会代表们的广泛兴趣。

　　高小康（中山大学）从研究方法的角度对文艺学的再建设提出了批评和建议。他指出，文艺学的某些研究长期陷入从文本到文本的窠臼，在方法上走入了误区，致使许多问题无法得到有效的回答。他从自己近年来从事的非物质文化研究的切身经验出发，建议文艺理论研究将文本研究与田野调查等其他学科的研究方法结合起来，以期使一些文艺学课题得到鲜活的、有效的解答。

### 三、对古代文论的现代性转化的思考

　　古代文论的现代性转化议题从 1996 年提出到现在已经有整整十年时间。学界对于这一问题的探讨已经取得了显著的成绩，达成了一些共识，但中西文论的关系、古代文论的研究思路等问题仍然是研究中的重点与难点。

　　很多人对中西文论存在着误解，认为西方文论是进步的、科学的，其价值依据是"人"与"自然"的规律，而中国古代文论则是落后的，其价值依据是政治"教化"，缺乏真理性。童庆炳驳斥了这样的说法，认为中国古代文论的价值依据在于人与自然合一、物我合一、主客合一，是儒家的"人的精神"和道家的自然精神的相互补充，而不在于统治者的"教化"。在对西方四次"为诗辩护"问题的反思并考察中西文论价值资源的基础上，他认为要实现古代文论的现代性转化，应该做到中国古代文论、"五四"以来的新文论和西方文论三者的融合。

　　对于中国古代文论的研究路径问题，党圣元（中国社会科学院）认为在对待古今、中西、经典解读和理论创造等方面都要从视界融合的角度加以理解。只有在不断的、良性的、深度的视界融合与古今思想之间不断的诠释学循环中，中国古代文论的思想丰富性才会不断呈现，现代文论的理论视界才会不断拓展。

## 四、对消费社会、大众传媒与审美文化的探讨

消费社会、大众传媒与审美文化近年来一直是学术界关注的热点，学界对于该议题的考察与研究尤为突出，学者们研究角度各有不同，所持立场也因人而异，对于多方位认识大众文化现象实有裨益。

余虹（中国人民大学）从人与大自然（人自身外的自然）和小自然（人自身的自然）的关系为例，以个案分析和图像展示的方法，来阐明当代审美文化的世俗化流向就是对传统审美文化的核心——神性信仰和宗教的摧毁。

陶东风（首都师范大学）对文学的"去精英化"进行了反思与批判，他指出新时期以后确立的精英知识分子的话语霸权在文化市场、大众文化、消费主义以及网络等新媒介的综合冲击下正面临着去精英化，诸如网络文化／文学泛滥、纯文学边缘化等现象。他认为对这些现象应该给予充分重视，保持深刻的反思态度。与抽象的审美批判和道德批判不同，陶东风从社会——政治的视角来进行考察，指出这些现象以及普遍流行的犬儒化、无聊化都是特定的社会环境的产物。

胡亚敏（华中师范大学）以马克思对资本主义的考察立场、观点来关注当今的审美现象，并把当代中国审美现象概括为审美的资本化、普遍化、欲望化、审美过度和审美不足四个方面。她一方面肯定了审美的资本化有着积极的意义，另一方面又看到了既有现象的过度和诸多不足，显示了辩证而又独立的眼光。

高楠（辽宁大学）首先认为"文学边缘化"的说法是不合适的，因为文学不能按照一般的社会格局去区分它是中心的还是边缘的，它有自身的超越性。其次他认为对经典问题要慎重对待，不能一味地去解构。再次他强调不能用文学性取代文学研究对象，因为文学性本身还是一个不确定的问题。最后他指出，面对今天的时代形势，文论工作者既要全面地把握这个时代，又要有超越性、批判性精神。

面对繁荣的大众文化与学者们对大众文化的批判，李春青（北京师范大学）却抱有一种乐观的态度，他认为"消费文化"与"消费社会"是资本主义生产在进入后工业社会之后必然出现的结果，而消费社会将"物"作为符号来表现文化意义并不是现代资本主义的发明，而是人类社会文明的一个基本功能，是进步而不是后退。在当前的语境里，知识分子抵御消费文化，追求精神的独立与自由有其合理性，但不能拒绝。精英知识分子的立场（忧虑、批判等）并没有错，但不能置身事外。关键是如何"介入"现实的问题。这种"介入"不能光停留在理论建构上，而应该实践性地"介入"，要有一种献身的精神。

媒介问题近年来持续受到关注，在理论界探讨颇多。麦克卢汉提出"媒介即讯息"的观点改变了人们关于媒介的传统观点，杜书瀛（中国社会科学院）对此进行

了进一步的思索，大胆地提出了一个新的命题：媒介直接就是生产力。因为媒介发挥了生产力的作用，并改变着世界。而艺术媒介的特点在于它和艺术价值、审美价值本身是不可分离的。一种新的媒介的产生，可能意味着一种新的审美价值和艺术价值形态的诞生。

"日常生活审美化"作为近些年来学界普遍关注的热点，也引起了与会代表们的兴趣。陶东风认为日常生活审美化是消费社会去精英化的一个表现。童庆炳则认为日常生活审美化现象自古就存在，而且当代也存在城乡差异的特点。胡亚敏认为日常生活审美化的提法之所以引起争议，是因为存在审美过度与不足两个问题。钱翰（北京师范大学）则认为所谓的日常生活审美化的危机和挑战问题的出现是因为日常生活审美化进入了话语体系并引起了精英知识分子的注意和反思。赵勇（北京师范大学）则谈到对日常生活审美化现象的分析只进行审美判断是不够的，应该加入价值判断的内容。

### 五、文学理论教学与改革

在教学改革方面的探讨中，与会代表们从自己的教学实际出发，分享和交流了各自的教学经验，针对教学过程中遇到的难题，进行了积极、热烈的讨论。

在教材改革方面，童庆炳认为教材的编写要有一定的难度和深度。余虹把有争议的文化现象引入教材的做法也引起了与会代表们的兴趣，认为这是一种新的尝试。吴浪平（湖北荆门市沙洋师专）则主张应当在教材中摆出不同的观点供学生比较、选择。

在教学方法方面，刘俐俐认为，在教学实践中使用文本分析的方法是十分可行和有效的，这一点引起了与会代表的强烈共鸣。童庆炳总结并介绍了他的教学经验：靠理论本身的学理力量吸引学生、理论要与精彩的作品分析相结合、引导学生阅读理论原著与经典、讲课形成个人风格等。李春青认为对于教材要入乎其内、出乎其外，融会贯通；敢于在课堂上提出与教材不同的见解，培养学生的怀疑精神和独立思考的习惯；联系当前文学理论界的热门话题，激发学生的学术兴趣。赵勇则介绍了北师大文学理论教学中一些新的尝试，包括教材编写理念的转变（从"六经注我"到"我注六经"）、文学理论课分成文学概论与文艺学专题两部分在一、二年级分别讲授等课程改革措施。李茂民（山东师范大学）针对大学中文教育存在的种种问题，提出用中国古代"文"的观念重新规划大学中文教育制度，并将其变成一种通识教育的一部分，以此来提升人文和价值观教育水平。谢龙新（湖北师范学院）则主张文学理论教学应该适当通俗化。

此次会议本着认真务实、开拓创新、亦此亦彼的精神，对文艺学当前的热点问题和教学改革中的新老问题进行了多方面、多层次的深入细致的探讨，达到了交流对话、相互促进的目的。它必将对文艺学在新时期的学科建设方面发挥积极的意义，并将促进文艺学热点和教学改革的探讨进一步深入和发展下去。

（作者单位　北京师范大学文学院）

## 9月21日

龙源期刊网发表蔡凛立对本刊主编方宁的专访：《〈文艺研究〉——让批评发出健康、有震撼力的声音》。

## 9月24—28日

《文艺研究》与西南大学中国诗学研究中心、中国新诗研究所在重庆联合主办"第二届华文诗学名家国际论坛"，130余位诗人、学者与会。本刊文学编辑室主任赵伯陶与会。随后，《文艺研究》本年第12期发表会议综述。

### 新诗再次复兴与审美范式重建
#### ——"第二届华文诗学名家国际论坛"综述

向天渊　熊　辉

2004年，吕进、骆寒超及其他一些学者共同提出了"新诗二次革命"的主张。两年来，有关"新诗二次革命"的问题，受到新诗创作、批评与研究界的普遍关注。为了将"新诗二次革命"的理念贯彻到具体的诗学建构与诗歌创作之中，对新诗精神重建、诗体重建、诗歌传播方式重建等重大问题获得更加清晰、全面的认识，西南大学中国诗学研究中心、中国新诗研究所和《文艺研究》编辑部于2006年9月24日至28日在重庆主办了"第二届华文诗学名家国际论坛"。来自中国大陆、台湾、香港，以及美国、加拿大、韩国、日本、新加坡、新西兰、澳大利亚、蒙古国等十多个国家和地区的近130位诗人、学者出席论坛，通过综合论坛的论文宣讲和专题论坛的自由讨论等多种形式，围绕论坛主题展开了广泛、深入的讨论，发表了一系列颇具针对性的观点，呈现出浓郁的学理气息和宽容、开放的学术氛围。

#### 一、"新诗二次革命"的讨论

"新诗二次革命"的理念仍然是此次论坛关注的焦点。自从"首届华文诗学名家国际论坛"召开之后，"新诗二次革命"论获得了普遍的赞赏与支持。论坛主席吕进（西南大学）在《开幕词》中说，华文诗学界的任务集中到一点，就是：究竟应当如何解读诗在当代中国的美学使命。吕进说，"一次革命"的主要美学使命是"破格"，"二次革命"的主要使命是"破格"之后的"创格"，即如何在民族性与世界性、艺术性与时代性、自由性与规范性中找到平衡，在这平衡中寻求广阔的发展空间。"新诗二次革命论"也受到一些质疑与批评。质疑者对"新诗二次革命"的必要性表示怀疑，他们不相信"二次革命"能给新诗找到出路。批评者则认为："革命论"有失宽容精神，可能会扼杀新诗创作的多元局面。为了对这些质疑与批评做出回应，向天渊（西南大学）从考察"革命"术语、回顾新诗发展历程以及分析中西文化与文学的演进机制等方面入手，阐释新诗革命是对诗性原则和立场的坚守，"二次革命"的提出由于具备了纲领和措施而一改上世纪 90 年代以来新诗变革缺乏原则和方法的颓势，必然会在更为开放的文化语境中促进新诗的复兴与繁荣。何休（三峡学院）在赞同"新诗二次革命"思想的同时，主张应该从抓紧新诗的诗体建设、恢复诗歌的审美本质、重塑诗人的人格理想等方面来实现"新诗二次革命"的目标。周晓风（重庆师大）则在肯定"新诗二次革命"关于推动新诗标准的讨论等方面所具有的积极意义的同时，对以"革命"思维来审视和研究诗歌提出了质疑与思考。

除了正面对"新诗二次革命"予以理论辨析之外，更多的学者是结合新诗创作的实际问题去阐释对"二次革命"的认识与理解。蒋登科（西南大学）重申了"二次革命论"强调诗歌精神重建的重要性，他分析了个人性写作立场是导致诗歌精神内缩甚至萎缩的主要原因，在对这类诗歌创作路向提出质疑的情况下，倡导诗人应该提升和超越个人体验进而关注现实人生的普遍际遇和生命存在的纯真意义。游子（新西兰）的发言明确宣称要对那些"唯我独尊"的诗歌创作和评论进行"革命"，并希望通过树立科学的诗观和诗学研究方法来解决目前诗坛存在的诸多弊端。毛翰（华侨大学）发言的"表层结构"是在探讨孔子诗歌的社会功能为什么没有"诗可以颂"，其"深层结构"是要对那些具有"奴性和势利"气息的诗歌和诗论宣战，让诗回归诗性立场。

"新诗二次革命"并非要"革当前旧体诗创作的命"，在宽容的学术氛围中，与会的不少学者还专门谈到了旧体诗的生存问题，周晓风认为新诗和旧诗已经形成了各自的艺术审美系统，我们应该重视传统和现代的内在关联而非现代对传统的"革命"。木斧（四川文艺出版社）认为现在的诗坛仍然有古诗存在的空间。万龙生（重庆日报社）则认为新诗应该从古诗中吸收艺术和形式营养。

## 二、诗体重建的讨论

诗体建设是"新诗二次革命"的主要内容，也是本届"华文诗学名家国际论坛"与会者讨论最热烈、最深入的话题。

很多学者探讨了诗体重建的必要性和历史意义：吕进在梳理诗体演进历史的基础上论述了诗体的美学要素，强调"新诗二次革命"的重点是诗体重建，明确提出没有诗体就没有新诗及其美学体系的"无体则无诗"的主张。章亚昕（山东大学）指出，新诗还处于文体革命的转型期，新诗文体的"非传授性""不稳定性"和"反模仿性"特征，使得整个诗歌界构建编码和解码的约定俗成的审美范式面临着难题，诗体建设还有待深入。王珂（福建师大）深刻地体认到网络时代的"诗体重建"运动更应高度重视新诗的"诗形建设"。

面对新诗的个人化和边缘化处境，有些学者力图通过诗体重建来重新探索新诗的出路。葛乃福（复旦大学）以"十四行诗"为个案分析了诗体建设对于繁荣新诗的促进作用，认为新诗走出目前困境的出路之一便是加强诗体建设。杨景龙（安阳师范学院）在分析古今诗歌传统的基础上认为新诗目前存在的重大问题，主要是缺乏文体形式意识，因此"诗体重建"是解决近百年来困扰新诗发展的重要途径。

探讨各种具体的诗歌形式建设问题是诗体重建的微观内容。姜耕玉（东南大学）认为汉字由于能够达到视觉与听觉的融合，能够给新诗的外在形式带来审美效果，汉字具有的文化和情感底蕴能够造就新诗的内在形式和节奏，因此诗体重建应该重视汉字精神。吕刚（西安建筑科大）认为现代汉语诗歌建设应该在语言文字的诗性挖掘与建构方面努力。莫海斌（暨南大学）从分析上世纪20年代新诗的音乐性问题入手，认为新诗诗体重建应该注重诗歌情绪的跌宕和语言的音韵。李志元（广西师院）则从工农兵"读者"的立场考察了民歌形式的演变。

对新诗诗体作历时性分析以寻求诗体重建的启示是很多与会者的共识：万龙生的发言勾勒出了格律体新诗曲折的发展历程，认为其丰厚的积淀为今天格律诗创作提供了参照。沈用大（福建省作协）认为中国新诗的形式之路主要是由自由诗和格律诗铺就的，新诗形式建设是这两种诗体的延续。许霆（常熟理工学院）论述了百年诗体建设的功与过，旨在明确诗体重建应该吸取哪些经验和教训。潘颂德（上海社科院）对新诗诗体建设进行了历史回顾，呼吁学者和诗人要"完成历史赋予我们的创建完美的新诗体式的使命"。

通过探讨翻译诗歌的形式来反思新诗形式建设，是这次大会发言中比较新鲜的话题。王珂的发言提及了外国诗歌对新诗形式影响的复杂性，新诗形式建设经由套用外国诗的原始诗形到使用中国化了的汉语翻译诗形，再到创造自己的诗形，这足以见出翻译诗歌形式对新诗形式的影响。熊辉（四川大学）则认为中国新诗形式观念的更新是"五四"译诗影响的结果，译诗形式是早期新诗形式的"范本"、模仿对象和资源，迎合了中国新诗形式建设的需要。这种视角为在全球化语境中整合各国诗歌形式菁华，促进诗体重建提供了一种新的思路。

### 三、传媒时代诗歌传播方式的讨论

作为"新诗二次革命"的主要内容，诗歌传播方式重建的提出是基于网络诗歌的勃兴，这是传媒时代对诗学提出的新的理论要求。张德明（湛江师院）认为，中国当代诗歌在 21 世纪的新变主要表现在它已全面置身于互联网的技术环境和话语氛围中，由此生成的网络诗歌成了新世纪诗歌最引人瞩目的存在形态和表现方式。于怀玉（《诗歌报月刊》）认为网络诗歌具有即时性和互动性特点，网络是诗歌的传播场所也是交流场所，习惯于阅读平媒诗的读者或评论家应该以平和的心态去对待它。不过，在自由发言讨论中，有学者对网络诗歌持审慎态度，认为很多网络诗歌带有诗语狂欢的性质，在诗歌形式和诗歌精神等向度上缺乏严格的审美要求。

诗与音乐的联袂成了时下诗歌传播的重要方式之一，因而恢复和发展诗乐联谊，是新诗传播方式重建的重要使命。陆正兰（西南大学）在传统、现代和将来的三维空间中认识到歌诗是中国诗歌走向历史制高点的最佳文体，将诗作为歌词传唱是诗歌长盛不衰的传播方式，这将是新诗重现辉煌的最好契机。有学者甚至认为歌词本身就是诗歌，好的歌词应该划入格律诗行列，比如阎文君（西南大学）关于歌词与现代格律诗的发言就阐明了这一点。

从报刊传媒的角度来考察新诗的传播仍然具有重要的现实意义。侯少隽（西南大学）从分析报刊与诗人、诗歌、诗歌受众等的关系出发阐明了报刊在"五四"时期新诗传播实践中的价值和意义，并认为信息时代的诗歌传播方式应该是多样化的。曹万生（四川师大）对京派学人在 20 世纪 30 年代对艾略特和瑞恰慈知性诗学的引入和变异进行了考察，涉及诗歌理论的传播问题。

### 四、海外华文诗歌的讨论

随着"全球化语境"概念的提出和汉语热潮的兴起，中国新诗研究的视野不应该仅仅局限于海峡两岸暨香港、澳门的诗歌，而应该扩展到全球的华文诗歌，在相互认同和资源整合中实现华文诗歌的繁荣。

方然（新加坡）分析了当前华文诗歌面临着视听媒介"围剿"和人们在日新月异的科技时代中对"短小"作品的需求，由此他认为微型诗将成为华语诗歌的发展趋势。森·哈达（蒙古国）提到了华语诗歌由于华人在世界各地的散居和翻译家的努力已经跃居世界各民族诗歌的首席，华语诗歌是中国文化通向世界的一座桥梁，华语诗人或用华语进行创作的外国诗人应该积极地进行艺术探索，为华语诗歌创造美好的未来。

采用"非大陆文化立场"来研究和探讨华语诗歌的发展可以在很多方面突破大陆新诗研究的惯常模式，从而带来华语诗歌研究的新内容。岩佐昌暲（日本）的发言概括了日本最近十五年来对中国新诗的介绍和研究情况，其中对台湾诗歌的介绍和研究在逐渐增多，日本汉学界对中国新诗的研究越来越感兴趣。来自日本的另一位学者宇田·礼通过对艾青诗歌的研究认为，艾青的人生和作品是整个20世纪亚洲历史的缩影。……

一些大陆学者也对华文诗歌发表了自己的见解。梁笑梅（西南大学）从文学地理学的角度出发认为探讨地理的差异是为了展示华文诗歌的完整性和民族的丰富性，是为了把华文诗歌研究引入空间形态研究的新视境，推动华文诗歌在全世界的整合与繁荣。朱文斌和王晓初（绍兴文理学院）在发言中指出，东南亚华文诗歌将故国文化作为一种精神家园的心理情绪形成了其浓厚的中国情结，而诗人逐渐将自己旅居的国家视为祖国，对自己居住的地方文化产生了深层的认同感，这两种悖论情绪彰显出东南亚华文诗歌的显著特征。

此外，诗歌精神重建也是本次论坛讨论的重要问题，不少学者认为当前的商业化语境和网络传播手段是导致部分诗人和诗评家精神萎缩的主要原因，比如钱志富（宁波大学）在发言中指出，商业炒作渗透诗坛必然引发诗歌艺术和精神的缺失。论坛发言或提交会议的论文除了探讨以上主题外，还涉及对现代诗歌和当前诗歌的研讨，比如陈义海（盐城师院）的报告论述了1919—1949年中国现代主义诗歌的唯美主义思潮；罗振亚（南开大学）对上世纪90年代的"个人化写作"做出了具有当下性和历史性意义的诗学思考；孙基林（山东大学）对上世纪八九十年代广为流布的叙述性诗学进行了梳理与阐释。

总之，这次论坛深化了对"新诗二次革命"的认识，与会学者通过讨论普遍认为应该加强新诗诗体重建和诗歌精神重建，应该认识到重建网络化时代新诗的传播方式和存在样态的重要性，在整合华文诗歌资源的基础上推动新诗的良性发展。

（作者单位　西南大学中国新诗研究所）

## 10月13—15日

《文艺研究》与中国人民大学文学院文艺学学科在北京九华山庄联合主办"文艺学的知识状况与问题"学术研讨会，50余位学者参会。本刊主编方宁出席并致辞，副主编陈剑澜、造型艺术编辑室主任金宁与会。随后，《文艺研究》2007年第6期发表会议综述。

# "文艺学的知识状况与问题"学术研讨会综述

廖　恒

2006 年 10 月 13—15 日，由中国人民大学文学院文艺学学科、《文艺研究》杂志社共同主办的"文艺学的知识状况与问题"学术研讨会在北京九华山庄隆重举行。来自全国各高校和研究机构的五十余位知名学者参加了会议。方宁（《文艺研究》主编）认为此次会议主题对于文艺学的知识积累和推进具有重要意义。余虹（中国人民大学教授）回顾了文艺学发展中遭遇的三次危机和转向，指出会议的主旨是反思文艺学的知识状况并探讨克服危机的知识学路径。

一

就文艺学的学科定位和知识体系的建构问题，陆贵山（中国人民大学教授）提出要重视综合思维，要对分析思维所取得的学术成果进行整合，实现总体性的理论创新。陈传才（中国人民大学教授）指出应立足于文学活动的知识生产与传播的实际，以哲学方法论为指导，对文论史上有影响的知识（话语）系统做历史性的考察，构建"问题"框架。王先霈（华中师范大学教授）指出文艺学的学科设置、术语范畴、体系框架是从西方移植过来的，而文学创作、欣赏又与本民族的文化传统和心理特征相关，这两者之间有难以弥合的鸿沟，因此，与中国哲学类似，中国文艺学在学科上存在着合法性问题。在处理这种分离方面，可以借鉴佛教融入中国文化的经验，重视基本概念、范畴的翻译与释义。

曾繁仁（山东大学教授）以法籍犹太画家科莱布·布兰斯维格受到"诗言志"理论和北宋米芾书画的启发为例，认为西方文艺学界自 20 世纪以来对于中国传统文论的评价已经逐步由全盘否定转为正视其价值。饶芃子（暨南大学教授）认为，理论建构需要借鉴比较文学的理念、方法，在中西比较诗学对话中对传统文论进行发掘、整理；对 20 世纪以来文艺学的现代转型进行反思、总结；重视对本国优秀作家作品进行研究。张法（中国人民大学教授）指出强调知识的自主性是西方的学术传统，而中国素有"文以载道"的传统，强调知识的社会性、对道统的承担性，如何在历史性与普适性之间寻求平衡是知识建构的重要问题。

王岳川（北京大学教授）认为文艺学知识状况与中国的国际地位和形势紧密相关，随着中国在政治、经济、军事上的崛起，中国文化形象缺失的问题日益突出。他认为要克服文艺自卑主义，从西方文论的中国化走向中国文论的世界化。党圣元（中国社会科学院文学所研究员）认为"以西解中"是百年中国古代文论研究史上的主导性理论运作方式，这种诠释方式的牵强附会、主观随意，使一些研究者走向另一极端而彻底放弃理论诠释，以文献考证为真，中国古代文论不再具有"理论建构"价值，而只具有"科学研究"之价值。

袁济喜（中国人民大学教授）阐释了中国古代文论独特的知识结构。他指出文艺不仅是认识对象，也从属于重视伦理道德与精神信仰的人生价值论，但技艺类的文艺学知识并没有形成独立的主流价值体系。这集中体现在"道"与"器"的体用关系上，"形而上者谓之道，形而下者谓之器"，技术的层面被视为器用范畴。

吴炫（浙江工商大学教授）认为中国当代文艺学的建设忽略了"中国式独立品格"。西方超越式、对抗式、抽象的"独立观"，很难解释苏轼、黄永玉这样的文学家、艺术家的活动。张晶（中国传媒大学教授）认为"古代文论的现代转换"必须解决古今之间的中介问题，古代文论的哲学根基和体验特性可以借助传统哲学和美学的整体思维使传统文论的范畴、命题乃至方法，成为当代文艺学学理建构的有机部分。

一些学者质疑了西方文论的霸权地位和中国文论话语西方化的倾向。值得特别肯定的是，许多学者提醒我们，同一个时期常常同时存在多种文论资源，应该保持"视界融合"，超越"独白"，走向对话。另外，一些学者还认为不应该从盲目的悲观走向盲目的乐观。王先霈指出中国古代文论的现代转换不应仅仅是一种笼统的理论姿态，而应变成可以操作的实践，要尽可能避免在新一轮对传统和西方的反思中出现另一种情绪化倾向。

一些学者指出对西方现代性文化形态和思维方式的反思过分依赖于西方资源，过多地依赖于西方人对现代性的自我反思，因此如何确立中国学者的主体地位是一个值得注意的问题。饶芃子指出：西方的比较文学界在上世纪后期开始寻求异己的文化视角以超越自己的文化框架。西方人这样做的目的是重新认识自己和发展自己，他们的主体性是明确的。而我们如果不加反思地接受他们的自我批判和自我发展，可能又一次陷入以他们的主体性为主体性的陷阱。

二

一些学者对"审美意识形态"等热点问题提出了自己的看法。吴兴明认为在"审美意识形态"的有关论述中，马克思主义被改造成了规范、中立的学科知识陈述，丧失了作为批判理论的基本知识性质和品格，变成了无所不包的知识大杂烩。这是从苏联一直到中国现当代的理论创构的基本方式，造成长期以来都不是针对理论在场的历史情景作出反应，而是对没有构成研究者自身生活处境的西方资本主义和遥远的历史发动的批判。他指出"审美意识形态"论将"意识形态"变成了一个学科理论系统中的逻辑演绎核心，通过一种外科手术式的概念粘贴来宣布这是在文学理论领域对马克思主义的贯彻，这样，就混淆了两种根本不同的知识观、知识性质及其方法论。

肖鹰（清华大学教授）也对"文学是审美意识形态"作为一个"马克思主义的"命题提出疑问。他指出伊格尔顿在《审美意识形态》中认为审美概念的现代建构是与现代阶级社会的统治的意识形态形式的建构结合在一起的，汤姆逊《现代文化与意识形态》中认为马克思只在否定意义上使用意识形态概念，意识形态是表达统治阶级利益的概念。对意识形态概念的任意使用显示为文艺理论在理论创新的意识形态压力下的"无根化"运动。

针对学者对"审美意识形态"的质疑，曹卫东（北京师范大学教授）作出回应。他认为不能将马克思主义的理论品格归结为经济还原和历史还原的研究方法。20世纪的研究表明还原并非马克思主义的固有品质。经典马克思主义与今天的批判理论有体系传承关系，但不能等同。审美意识形态不能只归结为思辨、分析理论，而要高度重视其审美实践品质。

陶东风（中国人民大学教授）认为"审美意识形态"的概念在中国是否具有批判性并不完全取决于它是否忠实于马克思主义的原义和局限于西方的视野，必须在中国的特殊语境中加以理解。在80年代的特殊语境中，在"审美"还没有获得合法性的时候，把"文艺是意识形态"的表述改变为"文艺是审美意识形态"的表述是具有批判性的。对于"审美意识形态"的学理上的批评是值得赞赏的，但是这种批评似乎仍然存在"本本主义"倾向，仍然不是把理论理解为特定时期的"生活实践"，仍然有"无根化"的倾向。

一些学者谈到了后现代状态下文艺学的诸多热点问题。陈剑澜（《文艺研究》副主编）指出哈贝马斯清理了从席勒到马尔库塞的审美乌托邦路线，他们都把审美控制在自律的假相领域，不能向生活世界拓展。费瑟斯通所列举的三种日常生活审美化形式是在现代主体哲学的假定都失效后才出现的。认为日常生活审美化能够带来自由、解放的世界图景，或者从狭隘道德立场斥其为简单的欲望的泛滥，都没有注意到日常生活审美化的"审美"概念与现代主体性美学的"审美"概念之间的原则性区分。

肖鹰指出，中国接受"文学终结"论的学者几乎全盘接受了米勒对于德里达"文学终结"的阐述。但德里达与其说在表达对文学在电子信息时代命运的担忧，不如说在重申他关于写作（以"情书"为例）本身的解构思想。表达是不可能最后完成的。

杨春时（厦门大学教授）认为后现代主义文学理论打破了形而上学的实体论本

质主义，使文学本质的言说失去了合法性，但不能消解文学的超越性（审美）本质，文学作为一种生存体验方式，其性质是从现实存在到超越性存在的过程，是从现实体验到审美体验的过程。

高小康（中山大学教授）认为当代文艺生态危机是在当代文化的全球化发展中形成的同质化危机。经典文艺理论以研究对象的经典性和理论的普适性为基本特征，因而遮蔽了对文艺多样性的认识。文艺理论研究需要从经典的、普适性的理论观念向非经典的多样性理论观念转变。与此相对，刘俐俐（南开大学教授）认为文学经典是文化生态平衡的重要部分，她以中国现代短篇小说经典文本对历史文化典籍的运用为例来说明小说文本的特性是"文心"。

三

文艺学知识的普适性和历史特殊性、本质和本质主义的关系是本次会议的又一个热点。朱立元（复旦大学教授）认为"以人为本"是以人类为本，解决文艺学的当前问题需要回到马克思，因此进行马克思主义文论的"中国化"十分重要。颜翔林（湖州师范学院教授）认为文艺学的知识建构应该回到感性的历史和历史的感性，考量文学的现实境遇，密切关联"历史—身份—话语"这三个重要维度。方珏（中国人民大学副教授）认为，几十年来我国的文学理论以哲学的某一理论为基础，建国后三十年的文学创作以这套文学理论为指导，弊端远远大于成绩。王德胜（首都师范大学教授）认为文学性和非文学性不再是二元对立，而是并置交叉的状态。网络文学和网络民主化把文学的历史相对性扩大了，纯化的文学性概念以及以此为基础的文学理论知识体系已经不再适应当下文学的状态。文学性的并置和监护取消了文学理论的知识建构的可能性，因为文学性和非文学性的差异关系不再存在。今天的文学理论建构策略应该是以价值建构取代知识建构，以价值关怀取代知识判断。

与此相关的是，不少学者强调了文学理论知识建构中多元宽容的重要性。陆贵山指出，试图用一种文学观念、文学理论、文学研究范式独霸文坛、一统天下的尝试，都是违反文学理论知识建构的基本原则的。程正民（北京师范大学教授）认为中国现代文论知识体系的建构是与中国现代文学观念的形成和中国现代教育体制的建立同步。教科书是最典型、最体系化的现代知识形态。近百年来现代文论教材的产生和发展经历了复杂的过程，经历了三次转型、三次结构性的变化。新时期文论教材和教学新局面的出现源于思想解放和改革开放。俞兆平（厦门大学教授）考察了西方文艺思潮在中国的本土化进程，由于历史性、地域性和特定精神文化形态的介入，使浪漫主义、现实主义、古典主义思潮有着新的内涵的增长和建构。《文学概论》教材中对西方文艺思潮的描述，应从动态建构的角度予以重新调整，做出多样的而非单一的、富有弹性的而非凝定的论定。

余虹认为反思分析文艺学知识论述的工具是文艺学知识建构的首要任务。他认为意识形态、审美、语言是新时期以来支撑文艺学知识论述的几个超级语词，而有关它们的争吵可以还原为语词概念内部的矛盾。同一个语词在历史语境中的概念所指与其在理论语境上的概念所指是不同的，比如在革命文艺理论中经常使用的"真实"概念。在历史性语境中，"真实"的概念内涵指的是与党的特定方针政策相适应的内容，在理论语境中，"真实"指相对于现象的本质；历史语境是变化的，学理语境是相对稳定的。不同的学理语境可以赋予相同的能指以不同的所指，比如"审美"一词的所指在柏拉图、康德、尼采、海德格尔那里就十分不同。任何语词的概念在学术语境中都有自己的学理限度，革命文艺理论中的"真实"在历史唯物主义的框架中成立，在尼采的哲学框架中就不能成立。更为重要的是，不同学理语境中的能指往往是不能兼容的，就像不同的主义不能兼容一样。属于不同学术语境、充满差异的概念构成了历史性知识秩序。"五四"以来的文艺学知识建构受"一体化"冲动的支配，而没有注意到概念的学理性差异，从而导致了文艺学知识秩序的混乱。

陶东风借鉴布迪厄的反思社会学理论，认为必须勘定文艺学的知识生产者在文艺学学术场域中由各种学术资本决定的位置，破除人文知识分子对于利益的超越性神话。反思文艺学知识生产的社会历史条件，在不同场域的关系中思考文艺学的知识生产问题。文艺学知识生产场域最多只有半自主性，它是制度性的社会分化的衍生结果，更与现代学术制度的出现紧密相关。"文艺学"是被非文艺学的东西建构出来的东西，只有对文艺学自主性的社会条件进行彻底的反思分析，才能搞清构成自主性的条件与前提，为获得真正的自主性提供知识论上的支持。

有学者认为当代文艺理论应该有新的哲学基础。曹卫东认为"认同"概念容易导致中心论，因为其哲学基础是认识论（erkennen）—同一性／差异性。而西方现代形而上学批判的核心——同一性批判基本上还都是停留在意识哲学的范围之内。需要用承认（erkennen）取代认同，其基础是交往论。李春青（北京师范大学教授）认为文艺学是一种源生性、继发性的话语系统。依托于某种先在于它的"原发性理论"，这决定了它的中介性品格，作为阐释的文学理论的关键之点在于针对具体现象提出问题并予以解答，却不为对象规定本质和规律。这是一种趋向于"审美同构"（具体性、个别性优先）的知识形态，而这恰恰是中国古代文论话语（概念的不确定性、迂回的言说方式、类比的修辞手法）的长处。鲁枢元（苏州大学教授）认为随着"人类生态学时代"的到来，产生于现代工业社会的"文艺学"学科必须跨学科、适应以整体论哲学为导向的全球化时代。

金元浦（中国人民大学教授）认为当代文艺学是一部范式变革的发展史，19世纪以来文艺学发生了三次重大的历史性转折，形成了"作者、文本和读者"三元合一的文学本体构建的学术共识。文学的独断论、绝对论被多元范式和话语丛集所代替，新世纪的"文化转向"使文学与经济、产业、技术、媒介等一系列新的现实要素相关。张荣翼（武汉大学教授）认为演唱会在歌迷与歌星拥抱时发生高峰体验，身体、触觉成为艺术欣赏的一个方式。这种同欲望、潜意识有关的审美体验改变了康德式的审美静观。许鹏（中国人民大学教授）提出以数字多媒体与计算机网络为技术支撑的，包括网络文学在内的新媒体艺术在近十年中迅速兴起，促进了文学的多元发展。

一些学者的发言还不同程度地质疑了中国文艺学研究中的本质主义和普遍主义。陶东风认为反本质主义的资源和武器并不只是后现代主义，可以采取历史建构主义（如"性别"和"族性"）。"文学"的定义是特定时期有必然性的建构，作为特定历史时期的文学的"本质"言说是必然的，受到客观（包括语言外的）条件限制的，因此它虽然不是绝对的，但依然是客观的。

本次会议较为全面地讨论了文艺学的知识状况与难题，为推进文艺学的知识建构和强化文艺学的学理性做了开拓性的工作。

（作者单位　中国人民大学文学院）

## 11月11—13日

《文艺研究》与中华美学学会、福建省美学学会、福建省文学学会文艺理论研究会、厦门大学文学院、泉州师范学院等单位在厦门、泉州联合主办"美学、文艺学基本理论建设全国学术研讨会"，70余位学者参会。本刊副主编陈剑澜、理论编辑室副研究员宋蒙与会。随后，《文艺研究》2007年第2期发表会议综述。

## "美学、文艺学基本理论建设全国学术研讨会"综述

索松华

近年来，美学、文艺学研究偏重于应用性和历史的研究，基本理论研究由热变冷。为了及时总结基本理论研究的新成果、新经验，推进美学、文艺学理论的建设，中华美学学会、《文艺研究》编辑部、福建省美学学会、泉州师范学院、厦门

大学中文系、福建省文艺理论研究会等单位于 2006 年 11 月 10 日至 13 日在厦门、泉州联合主办了"美学、文艺学基本理论建设全国学术研讨会",全国近七十位专家、学者应邀到会。会议采取大会发言、分组讨论、圆桌论坛等方式,进行了平等、热烈的对话与讨论。

实践美学与后实践美学的论争是本次研讨会的中心议题之一。中国社会科学院徐碧辉对李泽厚实践美学的发展作了系统阐述。她指出,李泽厚后期美学的核心是以"情本体"代替工具本体与心理本体,由强调集体理性转向强调个体情感,并认为这种自我发展体现了强大的生命力。复旦大学朱立元阐述了自己的实践存在论美学理论,认为美学要跳出主客二分的认识论框架而转到存在论。实践美学的实践概念仅仅指物质生产实践,是狭窄的,应扩展为人的全部生存活动。审美是实践生存活动之一,在审美中主客体现实地生成与存在。对此多数代表表示接受,认为是对实践美学的重大发展,但也有人质疑,马克思主义的实践概念与存在主义的存在概念能否沟通?建立在实践之上的存在是现实存在,不是本真的超越性存在,那它如何解释具有超越本性的审美?

后实践美学各流派在批判实践美学的共同前提下,近年也有新的进展,其中最重要的是主体间性美学理论的提出。厦门大学杨春时区分了认识论的主体间性、社会学的主体间性、本体论的主体间性,并提出了主体间性理论的审美主义、信仰主义和自然主义取向。他认为美学已经由古代的客体性和近代的主体性转向现代的主体间性。对此,徐碧辉和浙江大学苏宏斌等质疑,主体是相对客体而言的,主体间性中并没有客体,那这个主体是哪来的?自然是不能成为主体的,人与自然又如何成为主体间性关系?杨春时回答说,主体间性是本体论的规定,是本真的存在方式;主体间性中的主体是由现实主体与客体转化生成的,审美同情和审美理解是审美主体间性的构成动因。他进一步阐述了中国古典主体间性美学是审美同情论,西方现代主体间性美学是审美理解论,二者可以相容、互补。

综观 1993 年开始并延续至今的实践美学与后实践美学之争,《学术月刊》杂志夏锦乾认为学术论争是相互促进、共同发展,而不是消灭对方。十多年来双方的观点不断深化,就是论争的结果。南开大学薛富兴认为,后实践美学的提出是对实践美学的反思,是美学学科的自觉。作为一个历史阶段的划界,它表征着中国美学实实在在的学术进展。西南大学代迅等提出,实践美学、后实践美学是"中国创造",其意义还有待深入发掘。

美学、文艺学基本理论是本次研讨会的重要话题。对实践与审美的关系问题,深圳大学胡经之作了精辟阐述:审美活动是美学的逻辑起点,属于存在论领域,是一种生存方式。改造世界是实践论而不是审美，但实践中按照美的规律造型则是美学问题。苏宏斌提出了对象意识、自我意识、他人意识，论证了与审美经验的关系。他认为在审美对象构成过程中，对象意识居于主导地位；在审美对象评价中，自我意识居于主导地位；而自我意识与他人意识有密切的关系，由此才使审美经验既保持个体性特征，又满足普遍性要求。中南民族大学彭修银讨论了蔡仪的客观论美学，认为其观点在解释自然美方面仍然有效，尤其是生态美学兴起之际，对蔡仪美学思想应予继承和重新阐释。

美的本质、文学本质问题也是此次会议的热门话题。鲁迅美术学院张伟对本质主义作了批判和清理，指出本质研究属于科学的知识论问题，而文艺则是意义、价值和象征等精神问题，只有现代生存本体论才能解决文艺问题，才能使文艺的精神得到有效阐释。他认为应该以本体取代本质概念。杨春时则提出，反本质主义只是反对形而上学的实体论的本质主义，而不是反对存在论的本质主义；可以消解实体性的本质，但不能消解超越性的本质，因此审美仍然具有超越性，而文学仍然具有审美本质。

美学、文艺学如何面对实践、面向生活？这是很多代表都关心的问题。南开大学刘俐俐认为文艺学除了逻辑的推演和思辨外，还要注重经验总结和文本分析，然后上升到理论。漳州师范学院李晓宁提出美学是否还要限定于哲学框架的疑问。海南师范大学单正平认为那么多人搞纯理论研究是可怕的，大多数人应研究实际问题。泉州师范学院索松华从确定美学研究对象为审美现象出发，强调生活美学建构的合法性。与之不同的是，张伟和湖州师范学院刘方等认为，美学和文学理论不是应用科学，不能直接解决实际问题，它是对思想的反思，有自己的逻辑体系，不能以经验代替学术。

"日常生活审美化"也是代表们兴致很浓的话题。山东师范大学李红春从私人领域的视角出发，认为日常生活本质上同私人领域是重叠的，因而其审美化是必然的、必要的。中国传媒大学徐辉提出要从文化角度研究日常生活审美化的原因与前景。湘潭大学杨向荣论证了后现代主义中艺术与生活的距离正在消失，日常生活进入了艺术，艺术也进入了日常生活。福建师范大学林君恒充分肯定了艺术的生活化与生活的艺术化现象，认为这是艺术的第三次革命，使平民百姓有了追求美的权利。《文艺研究》编辑部陈剑澜则从学术背景角度考察了"日常生活审美化"问题，指出这个命题是反主体性哲学的产物。在主体性哲学范围内，日常生活审美化不可能提出；后现代主义话语取代了主体性哲学，抹平了艺术与生活的界限，对日常生活作出重新肯定。

中国美学、文艺学的建设和发展是本次研讨会的另一热门话题。薛富兴指出，当下中国美学面临三个问题：走出观念，面对当代大众审美实际；将中华民族特殊审美材料纳入世界美学知识系统；在自主性实证研究基础上，提升自主性理论。泉州师范学院戴冠青提出，近年文论界在建构新话语的态势中也透露出一种焦虑，关键是没有找到独创意义的逻辑起点。中南大学毛宣国认为，中国传统哲学的主体性思想，中国古代文论的经典阐释都可以借鉴。厦门大学俞兆平考察了中国文论的本土化进程，认为古典主义、浪漫主义、现实主义等概念在从西方接受过程中被改造得面目全非，因此必须与原初概念进行比较研究。单正平考察了近代中国的泛文学观，认为晚清文学的概念不是纯文学概念属社会转型的特殊现象，对文学史研究有学术意义。厦门大学贺昌盛梳理了晚清民初文学学科的学术谱系，揭示出文学研究游移于致用与审美之间的原因。安徽大学顾祖钊认为，文学理论研究不允许从现代回到古典，不能从世界化回到民族化，也不能走西方文论中国化的道路；应该在中国文论基础上融合中西文论，建设自己的理论体系。代迅考察了 20 世纪 90 年代民族主义话语问题，对去西方化和寻找中国性思潮作了探究，认为百年中国文论发展实际上是西方文论的中国化和中国文论的西方化。清华大学肖鹰对当前的学术创新思潮提出质疑，认为学术体制压力下的创新已成为一种意识形态，而不是学者的内心要求。

还有与会代表研讨了其他有关问题，限于篇幅不一一赘述。

（作者单位　泉州师范学院中文系）

### ■ 11 月 10—14 日

本刊主编方宁作为文化部系统的代表，参加在北京召开的中国作家协会第七次全国代表大会。

### ■ 11 月

文化部续聘本刊方宁为文化部新闻出版专业高级职称评审委员会委员，任期两年。

### ■ 12 月 15 日

在《文艺研究》进行的年度考核中，陈诗红被评为优秀。

# 2007 年

## ■ 1月11—12日

《文艺研究》与黑龙江大学文学院、中国社会科学院外国文学研究所在哈尔滨联合主办"现代性视域下的世界文学与文化论坛"学术研讨会，国内比较文学学科、文艺理论和美学研究领域 50 多位学者参加会议。与会者从不同学科和视角出发，就比较文学理论建设及中外 20 世纪文学的影响、20 世纪外国文学研究回望与前瞻、中外诗学、现代性与后现代性、文学与文化的全球化等论题进行研讨，引起文艺学界的广泛关注。本刊副主编陈剑澜、造型艺术编辑室主任金宁与会。随后，《文艺研究》本年第 5 期发表会议综述。

### 现代性视域与比较文学发展
#### —— "现代性视域下的世界文学与文化论坛" 综述
马汉广

2007 年 1 月 11—12 日，"现代性视域下的世界文学与文化论坛"在冰城哈尔滨召开。这次学术讨论会由黑龙江大学文学院、中国社会科学院外国文学研究所、《文艺研究》编辑部共同主办。会议邀请了国内各大学、研究机构的专家学者共五十余人参加。与会专家有从事比较文学研究的，有从事文艺理论和美学研究的，也有从事中国现当代文学研究的，大家分别从各自不同的学科和视角出发，就比较文学理论建设及中外 20 世纪文学的影响、20 世纪外国文学研究回望与前瞻、中外诗学、现代性与后现代性、文学与文化的全球化等论题进行研讨。

### 一、关于现代性的问题

"现代性"是本次研讨会的中心话题。与会专家一致认为，这是当下使用频率最高的一个词汇，一方面对启蒙和现代性的检讨与反思，是整个世界学界的热点问题，在国内学术界这也是一个热门话题，另一方面我们面临着这个概念用滥的情形，仿佛什么都可以被冠以现代性的限定，什么文学现代性、美学现代性、建筑现代性绘画现代性甚至日常生活现代性等等，这个词的含义开始模糊并被庸俗化了。华东师范大学朱国华以《现代性视域：一个概念的梳理》为题，从这个概念的语源学意义，到它的历史沿革，再到它的问题域，对这个概念做了系统的梳理，指出现代性存在着我们常常称为现代化主要内容的社会现代性以及以艺术经验为中心的文化（审美）现代性之间的张力结构，而西方批判理论激烈抨击社会现代性，张扬审美现代性有其特殊的历史背景和理论基础。《文艺研究》编辑部陈剑澜在发言中指出，"现代性"这个概念原本来自西文，但中西文之间在意义上有很大的差异，致使这个概念在使用上出现了混乱的情形，因而在不同场合使用这个概念时必须首先明确它的具体含义。山东大学谭好哲则从中国现代的学术语境来探讨现代性与民族性之间的关系，认为文学理论的民族性与现代性研究是一次革新，为文学与文学研究提供了一种建设性的研究方法，可以较好地处理文学理论研究中备受关注的中外资源配置、传统历史关怀、本体价值向度和内外关系，正确认识中国现代性文学理论发展的历史经验、现实形式和未来方案，认清文学理论现代性作为正在进行中的中国文学理论发展的终极价值，等等。吉林大学王学谦把后现代文化作为与理性的现代性文化相对的一种生命文化的角度，讨论了后现代主义文化对现代性的怀疑和否定、解构与消解，并指出，现代性追求着一种理性的自由，而后现代性追求的是生命自由，这种生命自由是拒绝任何外部价值的规范的。中国社会科学院外国文学研究所陆建德的发言题目是《从文学看自我反思能力》，他从理论以及文学史的实践两个方面阐述了文学作为人类自我反思的一种重要形式，在文化启蒙和对现代性进行反思中所起的作用。黑龙江大学张政文就康德的审美理论对审美现代性重构的作用与意义，于文秀对如何在现代性语境中重写中国现当代文学史，马汉广关于福柯在话语理论的基点上对启蒙与现代性的思考的意义等问题，发表了自己的看法。

**二、关于比较文学的理论建设和发展前景**

与会专家一致认为，比较文学学科面临着空前的挑战和机遇。近年来学术范式的转变，一系列带有极强的综合性趋向的学科的出现，文化研究的兴起，对比较文学的冲击很大，因而有人怀疑比较文学学科是否还有存在的必要。但同时，伴随着世界各国之间的政治、经济、科学、文化的交流与合作日益加强，伴随着中国的现代化事业发展和全球化趋势，研究和认识不同民族、不同国家的文化形态、价值观念、道德伦理，加强其沟通、融合又是非常必要的，比较文学则在其中起到了十分重要的作用。大家比较相近的看法是，比较文学发展经历了以影响研究为核心的阶段，以作家作品的平行研究为中心的阶段，面对新的时期我们需要改变研究范式，转变研究思路，创新研究机制，明确研究目的，实现新的突破，建立具有现代意义的比较文学学科。北京大学陈跃红指出，在今天这样一个文化多元共存的世界，各种文化都是互相依存、互为参照、互为主体的，是不能相互替代的，因而在中国这样一个正在追求现代性的发展中国家里，所谓现代比较文学的比较，只能建立在坚定不移地拆解文化中心主义，肯定多元文化共生价值立场，强调相对文化价值和担当的观念基础上。上海外国语大学宋炳辉就中外比较文学研究的立场方法与途径做了系统的阐述，他指出，我们应该始终保持研究者的主体自觉，立足于主体文化建构的立场来研究外来文学与文化。他还列举了中外文学关系研究的几个切入点：影响与平行研究视角的洞见与偏见；文化政治；文化认同与文学关系研究；多元文化和全球化时代的文学经典研究；文学译介学与文学关系的阐释空间；西方理论对文学关系研究的阐释力分析等。上海外国语大学谢天振在发言中指出，"译介学"愈益成为世界比较文学研究关注的研究领域，也为我国的比较文学研究开辟了一片新的研究空间，2006年被《国家社科项目指南》列为外国文学研究的八大课题之一，并被列入国家"十一五"哲学、社会科学研究规划。"译介学"的独特性就在于可以通过两种语言的翻译，探究不同民族文学、文化之间的交流、融合、碰撞，以及在语言转换过程中的信息传递、失落、增添或扭曲。复旦大学杨乃乔就比较诗学研究的立场、方法做了探讨，他指出，东方文化与西方文化在本质上互为异质文化，互为对方的他者，比较诗学研究者应该跳出本土学术研究领域的单边文化主义，以一种异质文化与非我因素的开放眼光来从事普适性的，整体性的，国际性的中外诗学研究，从而规避本土文论研究的一元性和唯民族性。天津师范大学孟昭毅则认为过去的比较文学研究多注意中西比较，而忽视了中国与周边的东方国家和民族的文化比较研究，这带有一定的西方中心主义观念的影响，同时也有以中国代替整个东方之嫌，他把这种东方的缺失称作一种生态文化失衡。他指出开展中国与周边国家民族文化的比较研究有重要的意义，也必将成为我国当前比较文学研究的一个热点。北京师范大学吴泽霖、中国社会科学院外国文学研究所吴晓都就俄国比较诗学对我国比较文学学科建设，以及中俄文学与文化比较研究等问题做了深入的阐述。

### 三、当代比较文学与世界文学

与会专家学者还就当代比较有影响的文学与文化问题，重要的作家作品、文学的比较研究和跨学科研究等发表了意见。中国社科院外国文学所余中先以《世纪末的法语文学》为题，在发言中指出，进入20世纪80年代以后，法语文学出现了一些新的现象，随着马尔罗、萨特、贝克特等人相继去世，法语世界没有了文学大师，先锋派文学不成气候，纪实文学兴起，大众文化、视听传媒以及美国工业文化的冲击越来越厉害。这既有深刻的社会历史根源，也有广阔而复杂的文化背景，既有自身的特殊性，也带有当代世界文学的普遍性。黑龙江大学郑永旺就俄国作家佩列文小说《恰巴耶夫与普斯托塔》的佛教解读问题阐述了自己的观点，并指出在俄国当代文学中，尤其是那些所谓的后现代文学作品中，中国禅宗的思想影响非常明显。他认为佛教禅宗思想强调人的精神活动的非理性和潜意识，其修行的最高境界是放弃对存在不停追问的"无"或"空"的境界，这使得禅宗思想在逻格斯中心主义被颠覆之后，能够作用于人的意识，并使人的意识参与制造现实的游戏。黑龙江大学张曙光则从对阿特伍德《珀涅罗珀记》解读出发，分析了现代重写神话的文化哲学意蕴。他指出，这种重写，展示了一种故事策略的转变，作家们不是摹写现实，而是把现实纳入古老的神话系统之中，从而完成了从转喻到隐喻的过程。这样既可以达到重塑现实的目的，又能赋予现实一种历史感，或者说给古老的神话传说注入了现代性。中国传媒大学张晶就日常生活审美化的审美价值批判意义，黑龙江大学张奎志就中西审美体验观念的比较等比较诗学的问题，也发表了自己的看法。哈尔滨师范大学赵晓斌还从主题学的角度讨论了俄国作家布尔加科夫的家园意识，中国社科院外国文学研究所吴岳添讨论了马克思主义对法国现当代左翼文学的影响。

（作者单位　黑龙江大学文学院）

### 1 月

《文艺研究》与北京万方数据股份有限公司签订"万方数据——数字化期刊群"入网协议书，有效期三年。

### 2 月 1 日

《文艺研究》按照文化部 2006 年 12 月 31 日召开的出版通气会议精神，对本部门工作进行了认真清理检查，未发现问题。

### 3 月 5 日

《光明日报》公布中国人民大学书报资料中心 2006 年度《复印报刊资料》统计数据，《文艺研究》在"语言文字、文学艺术类"期刊中全文转载量排名第一。

### 3 月 21—22 日

《文艺研究》与中山大学中国非物质文化遗产研究中心、上海师范大学都市文化研究中心、中山大学中文系、东莞理工学院城市文化发展研究中心、《城市文化评论》编辑部、江苏省广电总台新闻中心等单位联合主办的第二届"双三角论坛：当代城市发展与文化传承"学术研讨会在广州召开，近 50 位学者参会。与会者就城市化进程中的传统文化、城市民俗与非物质文化遗产的传承、当代城市发展中文化管理、文化产业、文化美学等文化生态建设相关问题、公众媒体与城市文化建设、城市镜像与文学艺术等议题展开广泛、深入的讨论。本刊副主编陈剑澜与会。

随后,《文艺研究》本年第 6 期发表会议综述。

## 当代城市发展与文化传承

—— 第二届"双三角论坛"学术研讨会综述

钟雅琴

　　由中山大学中国非物质文化遗产研究中心、上海师范大学都市文化研究中心、中山大学中文系、东莞理工学院城市文化发展研究中心、《文艺研究》杂志社、《城市文化评论》编辑部、江苏广电总台新闻中心联合主办的第二届"双三角论坛:当代城市发展与文化传承"学术研讨会,于 2007 年 3 月 21 日至 22 日在中山大学召开。来自东京、名古屋、神奈川、北京、上海、浙江、辽宁、江苏、广东、四川等地的五十余位国内外专家学者出席了这次会议。本次论坛围绕"当代城市发展与文化传承"这一核心议题,就城市化进程中的传统文化、城市民俗与非物质文化遗产的传承,当代城市发展中文化管理、文化产业、文化美学等文化生态建设相关问题,公众媒体与城市文化建设,城市镜像与文学艺术等议题展开了广泛、深入的讨论。

　　随着现代化进程的高速推进,中国社会正在经历一个迅速城市化乃至都市化的过程。在这一进程中所凸显的城市文化,尤其是以非物质文化遗产为典型形态的传统文化的继承与发展问题是本次会议讨论的焦点。陈剑澜(《文艺研究》杂志社)在会议开幕致词中指出,城市发展能否为寻求文化认同的社群留下生长空间,如何让传统文化实质地进入城市公共生活,是当代城市发展与文化传承的关键所在。

　　高小康(中山大学)从宏观的角度全面考察了非物质遗产与当代都市民俗。他认为非物质文化遗产是活态的、可以继续发展的文化形态,保护非物质文化遗产实质是要保护某种文化发展的可能性,从而保护文化的多样性传统。从文化发展史的角度来看,并不存在一成不变的传统,因而非物质文化遗产的保护不是固化某些文化现象,而是要使传统文化在新的文化环境中继续生产和发展。对于由此而产生的如何判断一种民俗民间活动的文化性质这一问题,高小康认为,不能简单地依靠还原化简到原始形态这一方法来认定,而应当考察这一文化活动能否汇聚特定族群的文化认同感,形成一个区域或族群的人们共享的、特定的文化特征和传统。进一步说,对于文化研究而言,研究新都市民俗的发生和成长的意义不仅在于鉴别它是真民俗还是伪民俗,更在于理解当代都市人在这类真假难辨的民俗中寻求什么。当乡土怀旧、民俗特色成为都市人新的趣味时尚和品位标志,当海德格尔"诗意的栖居"成为街头巷尾的生活箴言，我们可以看到，当代都市民俗是在重新打开近一个世纪以来被存封的心灵经验，这些把个人与乡土和久远的族群传统维系在一起的神秘经验是"诗意地栖居"的真解，也是"非物质"文化遗产的深层内蕴。

宋俊华（中山大学）就城市演剧的盛衰变迁进行了具体考察，认为城市化与市民社会直接影响着城市演剧的形态与品格，对传统演剧传承与创新只有走与市民生活相结合的道路，也就是说传统演剧只有成为市民的一种生活方式，才能转变为真正意义上的城市演剧。演剧传统如此，其他的非物质文化遗产同样如此，城市化与市民社会建构的过程，实际上是文化传统被改造和创新的过程，也是新的城市文化的孕育和催生过程。面对什么是"非物质"文化遗产，保护什么样的文化遗产，如何保护非物质文化遗产等一系列问题，马驰（上海社会科学院）以浙江海宁硖石灯彩为个案，认为非物质文化遗产保护的关键是对民间艺人的保护。张舒屏（江苏行政学院）以江苏南都市与荆溪镇为例，旗帜鲜明地提出对非物质文化遗产的保护应该是原汁原味、原生态的保护。

日本都市民俗学者们的理论实践则在很大程度上与高小康的看法不谋而合。日本社会在上世纪 60 年代以后所发生的剧烈变化与中国当下急剧的城市化过程非常类似。在那一阶段的日本，作为民俗传承母体的农村社区迅速解体，原始的乡村民俗随着城市移民进入城市，同时城市中固有的民俗不断变异，新民俗持续生成，日本都市民俗学也由此产生。福田亚细男（日本神奈川大学）、佐野贤治（日本神奈川大学）、仓石忠彦（日本国学院大学）等分别对日本都市民俗研究的发生背景、发展阶段、开展状况进行了全面、细致的介绍。日本民俗界提出"风俗"这一与农村"民俗"相对的概念，用来表达城市的民俗现象。"风俗"是流行的、新的，具有个人色彩："民俗"则是传统的、社区共同体的集体特点，通常表现为古老的传承习惯。他们认为某一个风俗要经过三代以上的传承才能成为一种民俗。

彼得·奈切（日本南山大学）以日本花季祭奠、阿波舞等为案例考察了社会人口结构改变对文化的冲击以及都市化进程对地方节庆庆典的影响，旨在展现日本现代社会都市人群对于"什么是传统"的不同理解与重新尝试。王晓葵（中山大学）在发言中则主要介绍了日本 YOSAKOI 这一由现代都市重新整合出的节庆活动的发展状况，通过对 YOSAKOI 传承主体和传播状况的分析，他认为现代都市节庆具有脱地域性、脱阶层性、脱宗教性、脱传统性和脱求心性的特征。菅丰（日本东京大学）、陈志勤（日本东京大学）分别以中国蟋蟀文化和绍兴的旅游开放为素材阐发了共同的理论意见。菅丰详细分析了斗蟋蟀的文化、历史、流通变化和扩大状况，陈志勤则以绍兴大禹陵风景区旅游开放中的大禹祭祀活动为事例，考察其中所发生的传统文化和民俗的变化。人们通常认为在城市化和现代化的过程中，传统文化是在不断被消解以至走向消失或衰退。他们则通过自己的考察提出，传统所存在的文化空间中存在各方面的利害关系互相纠葛，现代化、城市化不仅可能造成传统的衰退，同时也可能孕育文化的继承、再生和创造的复杂运动状态。

国内多位学者的意见也与日本学者的理论看法形成了呼应。许明（《社会科学报》）在发言中指出，传统在城市中存在着消解与重生的现代性悖论。我们在关注其消解过程的同时亦要认识汇聚的趋势，把零散的东西系统化，进而完成对传统的保存、发展和继承。李凤亮（暨南大学）分析了当代城市发展中公共空间与艺术生产的相互作用关系，认为消费语境一方面直接带来了精神深度模式的缺位，但同时也促使文艺日益回归它的本意。曾军（上海大学）认为在城市文化传承问题上，应该确立一个基本立场，即城市不是文化传承的敌对力量，而是芒福德所说的"文化的容器"。城市文化传承中最为重要的问题是如何处理市民化进程中的文化冲突问题。

当代城市发展中的文化冲突、文化品牌、文化管理、文化产业等城市文化生态建设相关问题是与会学者高度关注的另一话题。吴予敏（深圳大学）对现代都市生活中礼仪生活的破碎表达了深切的焦虑，论述了试图通过培养心性、重建礼仪生活以通达社会理想人格建构的可能。杨剑龙（上海师范大学都市文化研究中心）则认为儒家文化传统具有普世精神资源的价值，对于改变现代都市中道德失范、伦序失常的倾向具有积极的现实价值与深远的社会意义。关于都市中的审美问题，陶原珂（《学术研究》编辑部）认为人们对都市的空间想象在当下审美事实中呈现出五个层次的景观，包括对实体格局、心灵交往、都市古今、向往自然以及都市的整体空间想象。於贤德（广东外语外贸大学）则主要讨论了城市环境与审美的问题，提出一方面城市环境的建设和设计应该为城市环境的审美提供具有审美特质的客体，避免普遍类同化；另一方面主体的审美潜能同样是美感生成必不可少的条件，因而对城市市民素质的培育也是城市文化发展的一个重要的课题。

蒋述卓（暨南大学）和欧阳友权（中南大学）不约而同地选择了城市品牌打造这一论题。蒋述卓提出打造城市品牌可由城市外观形象、文学塑造、文化品牌、虚拟城市的塑造四个方面突出城市个性。欧阳友权则重点阐发了打造文化形象的三条路径，即确立城市文化名片、建设公益性服务设施和打造文化企业。与这一问题相关，田根胜（东莞理工学院）以东莞博物馆建设为线索，探索快速发展的地区性中等城市如何打造文化新城，认为城市化过程中的博物馆兴起最终目的是身份的确认，博物馆由此便带有文化修饰和文化自觉的双重意味。饶芃子（暨南大学）和刘圣鹏（四川大学）则对大学在当代城市文化建设中所担当的角色寄予厚望。

周大鸣（中山大学）、袁奇峰（中山大学）、司徒尚纪（中山大学）、黄忠顺（东莞理工学院）等人将关注的目光投向了城市发展中，尤其是珠江三角洲地区城市发展中所凸显出的具体问题。

周大鸣从人类学的研究视角出发，在其调查报告中以珠江三角洲为中心，讨论近二十年来乡村都市化的发展过程中所引起的外来工、城中村、失地农民等三大问题。他以珠海市唐村失地农民和广州大学城为案例指出珠江三角洲都市化过程中的三大问题在相当长的时间内将制约珠江三角洲的发展。而长期以来城市规则以政治为中心和大量移民的涌入是地方文化传承消失的两个主要原因。关注这些问题的研究，进而提出缓解对策刻不容缓。

袁奇峰作为城市地理规划学者更关注快速城市化阶层中的土地使用及其利益格局。他指出多个发展阶段和模式的并存、多种动力机制和利益诉求推动发展的格局是包括南海在内的珠江三角洲城市化的现实状况，他以历时性的角度分别研究了佛山市南海区农村社区工业化和政府主导的园区工业化中的土地问题及其利益格局。提出必须在"和谐社会"建设的前提下构筑城乡协调发展的新模式，即整合发展模式，规避土地争端，平衡利益，精明增长，科学发展。

司徒尚纪全面细致地考察了广州的当代城市发展状况。他以翔实的调查数据揭示了广州城市发展对广州传统的城市形象及文化生态的破坏。面对城市发展对传统文化的冲击和破坏，他提出要重新梳理广州旧城区、新城区、城中村和乡村的建设规划以协调城市发展与文化传承关系。具体地说，对旧城区要尊重旧城的历史文化，在保护旧城文化的基础上，本着生态优先的原则，系统改造和更新，加强旧城的经济能力。新城区则以生态文化建设为目标，建设以制度化服务为特色的行为文化，以终身化学习为导向的精神文化。对于矛盾极为突出的城中村问题，司徒尚纪认为要遵循规划控制、引导示范、近期迂回、远期改造的原则。就广州乡村而言，则可以延续其地域自然和人文特色，保存名村原有的伦理结构和人文关系，保护环境，从而建立节约型社会。

黄忠顺则针对我国现行户籍制度改革这一热点话题在其文化基础层面进行分析，指出带有社会分割性、身份等级性、世袭性等特点的户籍制度在当下文化环境中不具备存在的合法性。

文学艺术中的都市与都市文化长久以来都是文化研究者关注的话题。耿波（中国传媒大学）在其提交的会议论文中认为相声艺术传统与北京城市文明格局之间存在着一种呼应互构的生态关系。曲春景（上海大学）和严前海（东莞理工学院）均敏锐地关注都市化进程中影像城市的建立等问题。而陈瑜（上海大学）和王洪琛（中山大学）则分别选取了王安忆小说《长恨歌》和金庸小说的典型文本进行分析，考察了文学与城市之间的张力，进而为城市文化问题的思考提供了参照视角。

此外，与会专家还就现代化进程中的公众媒体与城市想象问题展开了讨论。喻季欣（人民日报社华南分社）以自己的媒体从业经历介绍了珠江三角洲城市化进程中平面媒体的嬗变。王晖（南京师范大学）则以中央电视台相隔二十余年拍摄的纪录片《话说长江》和《再说长江》为案例，分析它们对南京城市文化的影像描绘。汤哲声（苏州大学）在发言中表达了对方兴未艾的网络媒体的信心，认为网络将成为未来不可忽视的主要媒体之一。而喻季欣、刘圣鹏等人则认为对网络媒体应保持谨慎的乐观态度。

（作者单位　中山大学中文系、中国非物质文化遗产研究中心）

## ■ 4月10日

本年第4期发表李艳《艺术学科是如何呈现的？——对近六年〈文艺研究〉的个案分析》，通过对2001—2006年《文艺研究》杂志上学术文章的数量和主题分布的分类统计分析，初步探讨杂志所呈现的当下转型期艺术学科的微观生态变化。

## ■ 5月11日

文化部网站报道，《文艺研究》杂志通过努力奋斗、不断改革创新，所刊发论文的转载率排名逐年上升：2003年为第五名，2004年为第三名，2005年荣登榜首，2006年再次蝉联第一名。2006年转型之后的《文艺研究》继续以学术上的高品位、高质量位居全国千余种同类学术理论刊物前列。经《文艺研究》每年组织策划并最终发表的300余万字研究成果中，有超过100万字被全国各类报刊转载或引用。在创造良好社会效益的同时，更为刊物的可持续发展打下坚实基础。

## ■ 5月18—20日

《文艺研究》与中华美学学会文艺美学学术委员会和鲁迅美术学院共同主办的"艺术理论创新与艺术学学科建设"学术研讨会在沈阳召开，来自全国20多所高等院校艺术学学科的学者参会，围绕艺术学发展的主题，在艺术理论创新和艺术学学科建设两个层面上进行热烈、深入的探讨。本刊副主编陈剑澜、造型艺术编辑室主任金宁与会。随后，《文艺研究》本年第10期发表会议综述。

# 倡导艺术理论创新　促进艺术学学科发展

## ——"艺术理论创新与艺术学学科建设"学术研讨会综述

文传泗

为了繁荣艺术学教学与研究，推动高校艺术学学科建设，促进艺术学学科的发展，2007 年 5 月 18 日至 20 日，由《文艺研究》杂志社、中华美学学会文艺美学学术委员会和鲁迅美术学院共同主办的"艺术理论创新与艺术学学科建设学术研讨会"在沈阳隆重召开。全国 20 多所高等院校艺术学学科的专家学者齐聚沈阳参加了这次会议。会议围绕艺术学发展的主题，在艺术理论创新和艺术学学科建设两个层面上进行了热烈、深入的探讨，展开了广泛的学术交流，提出了许多有价值的意见和建议，取得了很多共识。

### 一、艺术理论创新问题

鲁迅美术学院张伟教授阐明了为什么在当下提出艺术理论创新问题。从国家发展的大局来看，需要艺术理论的创新；从艺术的现实发展来看，需要艺术理论的创新；从艺术学学科建设的角度看，需要艺术理论的创新。他认为 21 世纪是综合的世纪，"综合"应该成为创造新的艺术理论的方向。第一，综合是多元文化和不同精神融合对话的过程。在当下我们需要做的事情是把马克思主义艺术理论、中国古典艺术理论和西方现代艺术理论加以综合，形成具有中国特色的艺术理论新格局。第二，综合是各个学科的交融过程。艺术学和美学、文艺学分离以后，独立性虽然显示出来，但是，总体感觉和其他学科的交流越来越少，变得越来越封闭。最后，综合也是一种创新的过程。康德讲只有综合才能创新。拉康把结构主义和精神分析结合起来，构成了他的结构主义精神分析学说。综合是一种再升华的过程，一种新的均衡被逐渐重构起来的过程。辽宁大学罗中起教授认为应从价值论构建艺术学创新。艺术学转向价值论是一种新发展，不是与本体论、认识论相断裂，而是发展中包含本体论、认识论。从价值论构建艺术学，正好可以从价值论角度进行统合。

### 二、艺术学应由一级学科变为门类

上海大学金丹元教授认为，艺术学常常被文艺学所覆盖是与这种学科体制有关系。用文学统帅艺术，用文艺学覆盖艺术学，这样不可能真正建立起艺术学自身的学科体系。艺术学是一个年轻的学科，艺术学在自己的学科体系还不成熟的时候，它可以而且有必要借鉴、利用文艺学、美学的资源，但要逐渐规范自己的学科体系，逐渐剥离于文艺学和美学。如果这种依附的现象不改变，艺术学学科难有重大的突破，也不利于艺术学自身的发展。应该把艺术学由一级学科升为门类。同济大学万书元教授从艺术机制和体制的角度指出，在艺术院校把艺术学变为门类，需要一些技术上的处理。

### 三、艺术学学科建设问题

中国传媒大学张晶教授认为，艺术学研究要重视视觉文化。视觉文化的兴起，就不得不对艺术学进行重新思考。现在艺术的各个门类在很大程度上都是以电视为媒介的，比如《百家讲坛》等都是通过电视的渠道传播开去。辽宁大学高楠教授提出在艺术理论研究中要重视民族主体性问题。这个民族主体性不仅是民族的，而是从世界的角度在对比中看艺术理论的民族特点。沈阳师范大学孟繁华教授认为艺术学研究要面向现实。传统的艺术学已经完全沦落为课堂知识，对当下中国发生的艺术现象很难做出有效的批评和回应，特别是最近几年，一些新兴学科和产业出现之后对传统的艺术理论的冲击非常大，比如文化产业、创意产业、文化研究理论等的介入，传统的艺术学的确面临巨大的挑战。沈阳师范大学赵慧平教授认为，要重视艺术语境的研究，在过去的实践当中，我国的艺术实践包括艺术创作和批评都存在把艺术和政治、艺术语境和政治语境相混淆的问题，当我们想要把它们分开的时候，就存在怎么分的问题。在今天的批评实践中，很多人给自己的研究预设了一个理论前提，实际上这是悖论，当它要独立的时候，实际上提出了另外一种意识形态的欲求。20世纪西方学者有不同的解释，中国学者也应该有自己的解释。

### 四、开设艺术学的本科专业

虽然在学科目录上有艺术学专业，但是，在我国的高等学校中基本没有艺术学的本科学生。山东艺术学院田川流教授认为应该在高校开设艺术学的本科专业，并介绍了他们开设艺术学本科专业的经验。田川流教授指出，高等艺术院校中艺术学学科必须要有自己的基础、学科队伍和建设平台，由于没有自己的建设平台，艺术学学科的发展很难实现。

### 五、美学和艺术学边界问题

艺术学是从美学中独立出来的，美学和艺术学的界限在哪里，这是学者们争论的热点问题之一。《文艺研究》杂志社陈剑澜编审认为这种情况和审美主义在中国的传播有直接的关系。审美主义是现代欧洲思想尤其是德国思想的一个传统，从席勒一直延续到马尔库塞。审美主义有两个基本规定：第一，审美是自律的，即审美无须借助认知和道德而获得意义；第二，把审美当作人生的救赎之道，在此层次上审美主义有时又被称作"审美救世论"或是"审美乌托邦"。由于有这两层意思，西方关于审美主义的讨论既包括抽象的哲学层次的批判，也包括社会政治层次的反思。审美主义思想在20世纪初传入中国，以后持续受到推崇，不少从事美学研究的人"先天"受到这种思想的影响。辽宁大学王向峰教授从学理、思想和方法三个方面对美学和艺术学加以区分。1. 学理。学理是公理,是科学,它不会随着时间的推移而变化。2. 思想。思想具有时代性、思潮性、个体性。思想会随着时代的发展而变化,同时具有个人色彩。3. 方法。20 世纪后,研究艺术、美学的方法颇多,方法本身都有其优点与缺点,而且有时一种方法的优点也恰恰是它的缺点。如果一本教材以某种研究方法来建立学科体系的话,就会被后来的人用全新的方法所解构。辽宁大学杨恩寰教授认为艺术学和美学界限不清的根源在西方的观点和思潮,鲍姆加通是始作俑者,在康德和黑格尔那里得到完成。艺术不仅有审美,还有很多非审美的内容,艺术是审美和非审美、观念功利和实用功利的统一。徐州师范大学朱存明教授认为,美学和艺术学本来就是划分不开的两个学科。吉林大学李志宏教授则认为要重视艺术审美性的构成。艺术审美性是作品文本作为内容与形式完整统一的形象化体系而具有的可以引发非功利情感的功能特征。艺术作品的文本相对于社会生活而言,是符号性的存在,不能使人经由实用功利需求的满足而获得快感,因此具有非功利性,并以此构成其审美性。艺术非功利的审美性并不否定文学作品内容及社会效用的功利性。

### 六、把艺术管理纳入艺术学学科体制

中央戏剧学院商尔刚教授认为现在我国许多大学都开设了艺术管理专业,应该把艺术管理纳入艺术学学科体系之中。集美大学景国劲教授认为大量艺术院校开设艺术管理专业,但是要避免千校一面,要注意艺术管理专业的宽泛性和具体性、基础性和专业性的统一。

### 七、艺术史模式与艺术分期

东南大学徐子方教授认为,以往的艺术史认识模式或者艺术史分期模式,都疏忽了包括视觉艺术、听觉艺术、综合性艺术在内的人类一般艺术及其历史分期的探讨,没有将现代艺术、后现代艺术以及非西方艺术有机地纳入艺术史分期的大视野。徐子方教授对目前流行的艺术史模式进行检视,并提出在系统全面地把握艺术史观基础上,将原始艺术、古典艺术和现代艺术的概念确定为把握艺术史分期的关键,这对于在继承前人优秀理论成果基础上建立自己的艺术史观,无疑具有现实意义。

### 八、从生态文化方面建构艺术学学科

内蒙古大学宋生贵教授十分关注当代经济文化背景下少数民族艺术生存与发展问题。当代少数民族艺术进入了艺术殿堂,作为规范教育形式进行课堂教学时,我们要到音乐厅才能听见民族的音乐。面对这样的现实,他有两种看法:一是要保持

艺术的原汁原味；另外一种是要突破原有的艺术形式，民族艺术在面对当下新的经济文化及人的生存、生活背景下必须要有所突破。黑龙江大学于文秀教授也从生态后现代主义的角度，提出了对艺术学学科建设的看法。生态后现代主义是后现代文化思潮的一个重要组成部分，作为建设后现代的一支理论劲旅，倡导有机自然观、恢复女性的文化象征，提倡后现代的生活方式，从而消除现代性的危机，重建人与自然、人与自身、人与地方的关系。

（作者单位　鲁迅美术学院文化传播与管理系）

## ■ 6月1—3日

《文艺研究》与东南大学艺术学院、上海大学影视艺术技术学院、云南大学艺术美学研究所、《东南大学学报（哲学社会科学版）》联合主办的"2007全国艺术学学科建设与发展"学术研讨会在南京召开，来自全国20多所大学的70余位学者，就艺术学学科建设进行深入讨论。本刊理论编辑室副研究员宋蒙与会。随后，《文艺研究》本年第7期发表会议综述。

### 艺术学学科建设的反思和展望
—— "2007全国艺术学学科建设与发展"学术研讨会综述

季　欣

由东南大学艺术学院、上海大学影视艺术技术学院、云南大学艺术美学研究所、《文艺研究》编辑部、《东南大学学报（哲学社会科学版）》编辑部联合主办的"2007全国艺术学学科建设与发展"学术研讨会于6月1日至3日在东南大学召开。来自文化部、中国艺术研究院、北京大学、清华大学、北京师范大学、武汉大学、东南大学、中国传媒大学、上海大学、云南大学、南京艺术学院、南京大学、山西大学、山东艺术学院、哈尔滨师范大学、鲁迅美术学院、苏州大学、南京航空航天大学、徐州师范大学、杭州师范学院、大连大学、北京服装学院、河南大学、内蒙古大学等单位70多位学者，就艺术学学科的建设进行了深入讨论。

**一、反思**

自从20世纪90年代中期国务院学位委员会在学科目录中增列了二级学科"艺术学"后，该学科在我国获得了长足发展。按博士点和硕士点的数量统计，在一级学科"艺术学"的8个二级学科中，二级学科"艺术学"已经位列第三，仅次于设计艺术学和美学。然而，艺术学在学科定位、学科建设和人才培养等方面还存在着一系列问题。这次会议作为 2004 年、2006 年上海会议的继续，就艺术学学科的发展现状、研究对象、研究方法等问题进行了反思。

凌继尧（东南大学）认为，艺术学学科建设应该理清学术研究与学科研究的关系。这个问题在其他二级学科不会存在，美术学研究生的毕业论文不会做音乐学的选题，设计艺术学研究生不会做电影学的选题。但是，艺术学研究生既可能做美术学的选题，又可能做电影学的选题。之所以会出现这种情况，是因为往往有人把"艺术研究"等同于"艺术学研究"。站在二级学科艺术学的立场上，艺术研究属于学术研究，但不一定是学科研究，因为它可能是美术学研究、设计艺术学研究，或者戏剧戏曲学研究。要符合学科规范，就应该确定艺术学的研究对象。艺术学的研究对象，最简单地说就是四个字：艺术一般，或者艺术普通。艺术一般有两层意思：第一是研究艺术的一般原理。如果研究家电设计发展的趋势，这是设计艺术学的研究；如果以家电的设计为例研究艺术与科技的关系，这就是艺术学的研究，因为它研究了艺术的一般原理。第二是跨门类艺术的研究。现在韩剧在我国青少年中很流行，研究韩剧是广播电视艺术学研究；研究韩国服装是设计艺术学的研究。这两者都属于门类艺术学。而如果研究韩流，这就是跨门类艺术的研究，因而是艺术学研究。

黄惇（南京艺术学院）认为，艺术学从建立以来，不断受到来自内部、外部的不同影响，存在对学科标准的不同看法，致使学科对象始终没有具体化、标准化，以致学科没有形成话语共识，这里的话语共识不是指完全一样的认识，而是基本的、开放的认识，这是困扰我们现有艺术学学科建设的主要问题。金丹元（上海大学）的发言题目是"艺术学学科的逻辑起点"。他指出，艺术学学科存在规范、概念不系统的问题。今天的艺术创作和艺术活动越来越朝着多元性、实用性、交叉性和世俗化方向发展。这对艺术学提出了新的研究课题和方向。此外，艺术学不应为文艺学、文学、美学等学科所覆盖，艺术学除了有"艺"，还有"术"，例如材料、形式、制作过程、方法等。艺术不仅是文学的问题，还有影像、屏幕、色彩、音响、灯光、舞台布景、照相、陶瓷、金属等问题。因此，从学理上说，艺术学的研究内容非常广泛。杜彩（中国传媒大学）对艺术学学科建设和发展表示了疑虑。他认为艺术学试图对年代如此悠久、地理分布如此广袤、类型如此多样的艺术家和艺术作品进行普遍的实证研究，并在此基础上抽象出基本的规律，这是一件让人疑虑的事。

就学科构架而言，彭吉象（北京大学）提出四点建议：第一，艺术学应该与门类艺术学并列并区别开；第二，研究内容可包含艺术史、艺术理论和艺术批评，其中，艺术史不是门类史，而是涵盖各个具体门类的艺术史，即艺术通史。第三，交叉学科研究，如艺术社会学、艺术文化学、艺术心理学、艺术符号学、艺术教育学等。第四，艺术学根据国别的不同可以区分为中国艺术学、美国艺术学、俄罗斯艺术学等。徐子方（东南大学）认为，在对黑格尔、科林伍德有关艺术进化和演变理论回应的基础上，根据主流艺术观念和表现手法的根本性变革，不难看出，对应史前（有文字记载的历史发生之前）、古代、现代，世界艺术的发展明显存在着原始艺术、古典艺术和现代艺术三大历时性板块。在此基础上进一步再细分，最终可以确立"三段七期"的艺术史分期构架，从而为把握人类艺术发展脉络提供了一个宏通式的认识架构。康尔（南京大学）提出：艺术文化作为一门不同于艺术学的学科，和艺术学面临一样的困境，那就是学科的目标、方向、发展向度、核心概念的内涵和外延至今还没有得到明确的界定。曲春景（上海大学）针对目前艺术学学科的分类方法的弊端，提出艺术研究应建立新的分类方法。

在艺术学学科的研究方法上，黄惇指出，清醒地、适当地、有选择地借鉴西方成果、思想、观念和方法可以使我们避免重复，缩短艺术学学科的建设时间。刘道广（东南大学）提出学科研究应该具有融通的思想境界，在旁通之外，尚有"善通"的技巧，不应有门户之见。他还以"区域文化艺术欣赏趣味的研究"为例，说明田野考察对于艺术学研究的方法论意义。蒋永青（云南大学）提出艺术学学科可以通过内在研究、外在研究、历史研究、理论和历史的交叉研究而将学科的研究深入下去。陈池瑜（清华大学）认为，21世纪中国艺术学研究应该吸取20世纪艺术学研究"大而空"的教训，从艺术理论专题、部门艺术特征、艺术风格与形式等问题研究入手，先取得一批有学术分量的基础成果，再考虑建立艺术通论、通史。杨道圣（北京服装学院）认为，当代艺术所出现的剧变越来越清楚地表明了传统美学和艺术理论的局限。应该使艺术从一个固定不变的概念转而成为一个随着艺术的社会性的变化而变化的概念；艺术的领域也不是一个封闭的领域，而是一个开放的领域。他因此提出从社会学的角度来建构艺术理论的尝试。张曼华（南京艺术学院）以"艺术学方法论在基础学科中的应用及推广"为题的发言中，从自身美术理论研究的体会出发，探讨当今我们面临的艺术学和基础学科方法相互之间的影响和促进关系，说明艺术学研究方法的明确及应用将极大地推动美术理论研究在新时期的发展。反过来，艺术学方法落实到基础学科的研究中同样有助于艺术学学科的完善。

此次大会有若干专题研究引起关注。第一个专题是中国传统艺术、民俗艺术的拯救问题。金丹元提出，近年来非物质文化遗产的保护越来越受到重视。这源于中国传统艺术与民间艺术面临的巨大危机，学术界对中国传统艺术和民间艺术的研究呈下滑趋势。中国的文论、诗论、画论、舞论都具有共通性，如何在理论上拯救和学理上总结，并融合二者，也是重构中国艺术学的逻辑起点之一。王亮（山西大学）结合山西民间音乐的现状，分析了我国民间艺术总体衰微的原因。他呼吁民间艺术作为非物质文化应该被给予保护和关注，中国艺术学学科应加强对我国民间艺术的研究。

第二是艺术的通识教育问题。蓝凡（上海大学）在"作为通识教育和专业教育的中外艺术史课程"的发言中，主张重视通识教育，培养出有风度、有教养、有意趣的人，认为这体现了艺术学学科的深远意义。王宁（苏州大学）以高校戏曲通识教育为例，提出艺术通识教育首先要解决"兴趣"的问题。并探讨了提高"兴趣"的途径：一是选择具有浓烈感情内涵的作品，运用强烈的感情来感染和打动学生。二是注意从有趣和别致的角度切入赏析，使经典呈现出其趣味和多彩的一面。三是充分挖掘作品中的"美"，将审美和教育融为一体。四是将经典还原到"历史的镜框"里，在文化和历史的场景中真切地体味经典。林少雄（上海大学）从独特的视角，阐释当代艺术教育对教师素养的要求，把艺术教育纳入素质教育和新时期教师素养全面提高的整体框架中。朱恒夫（上海大学）探讨了艺术教育与和谐社会的构建问题。他提出，当代中国社会不和谐的最突出表现是个体与群体的心理不平衡。对"艺术教育"的忽视是和谐社会建设的重大缺失。他主张通过"民族艺术教育"推动和谐进程，并提出三点建议：1. 变"精英化艺术教育为主"为"全民艺术教育为主"；2. 强化大中小学校的艺术教育活动（台湾师范学校要求每位学生会一种乐器）；3. 变"精品艺术工程意识"为"民众艺术普及"意识，资助社区艺术活动。

## 二、展望

刘纲纪（武汉大学）提出"建设有中国特色的艺术学"。他通过中西方艺术史观的比较，提出中国艺术史观不同于西方艺术史观的基本特色：1. 每一时代的艺术是怎样的，决定于该时代的社会政治伦理状态。2. 艺术家的作品是他的"志"和"情"的表现，因此是和艺术家的生平、思想、人格乃至气质、个性不可分离的。3. 中国儒家美学认为一切成功的、真正有价值的艺术作品都是"文"（美的形式）与"质"（善的内容）不可分离的统一体。4. 艺术的创造有其必须遵循的法则（"理"），但艺术家应用这些法则去创造作品的可能性是无限的，因此艺术处在不断的变化更新之中，永远不会有止境。对于西方的艺术史观，刘纲纪认为，如果我们能借鉴西方的理论，系统地整理、分析、研究中国的理论，并把它具体应用到中国艺术史的研究中去，我们就完全有可能站在现代美学的高度，发展具有中国民族特色的艺术学。此外，他通过对中西方艺术史研究的追溯和对艺术学发展的趋势的科学展望，提出"未来世界艺术学研究的中心在中国"的命题，使与会者受到鼓舞。

彭吉象认为，中国艺术学的特点：历史悠久；有独特的艺术门类比如中国戏曲、中国书法等；体系庞大，除了文人艺术还有民间艺术、宫廷艺术等；中国艺术成就辉煌。他援引自己著作的观点，阐释了中国艺术学的独特精神，它们是："道"——中国传统艺术的精神性；"气"——中国传统艺术的生命性；"兴"——中国传统艺术的主体性；"舞"——中国传统艺术的乐舞精神；"悟"——中国传统艺术的直觉思维；"和"——中国传统艺术的辩证思维。陈池瑜认为中国艺术学学科的最突出的特征主要表现在两个方面，其一，在理论形态上，艺术理论、艺术品评、艺术史都是以对作品的品鉴为核心来展开研究的，并且史、论、品（或评）相互融合与相互渗透。其二，在精神内质上，艺术理论、艺术品评和艺术史一般来说都是以儒家学说和道家哲学为思想基础而发展起来的。立足于中国艺术及理论基础的中国艺术学应成为发展艺术学学科的主力军。凌继尧以"日常生活审美化"、文化产业、创意产业等为例说明：当下艺术发展的状况为艺术学研究提供了广阔的天地。李荣有（杭州师范学院）对艺术学学科的未来进行了展望并提出切实的建设方略，他的建议包括：在学科近期建设方面应确立统一的宏观发展目标定位、基础理论目标定位、条件建设目标定位；在未来发展方面应以构建与完善学科构架体系保障、教育教学体系保障、学术规范体系保障等为中心，使之在我国高校专业艺术教育和普通艺术素质教育的整体之中发挥支柱作用。

姜耕玉（东南大学）作了题为"中国艺术质之趣的形态特征"的发言，他提出，在艺术品中，本质并非直接付诸形式，而是有自身的"形式表现"的审美形态。它是艺术家对人生与生命的深刻体验的显示。具体地说，是艺术家在形式表现的过程中内在体验的显影，是形象的直观中人的生命精神与物的本质获得的同构与契合。姜耕玉通过"韵趣""神趣""意趣"等中国古典艺术独特的艺术形态理论阐发了中国艺术质之趣的形态特征。与此类似，郁火星（东南大学）阐发了儒家思想对中国绘画艺术的影响，它表现为绘画艺术批评中对于"中和"审美趣味的崇尚，艺术创作活动中对于艺术家"人品"的高扬，人物画艺术中对于"明劝戒，助人伦"教化功能的注重。张伟（鲁迅美术学院）论述了建设创新型国家视阈中的艺术理论创新问题。他认为，建设创新型国家，艺术需要创新，艺术理论更需要创新。"综合"应该成为创造新的艺术理论的方向。艺术理论的综合有两种模式：第一是多元文化和不同精神的融合对话，其二是不同学科的交融碰撞。张敏（上海大学）则将艺术符号问题作为切入点，提出三点想法：艺术符号学需要克服纯粹化抽象化倾向，走向历史具体；中国特色的艺术符号学需要在逐步规范中坚持开放；建设中国特色的艺术符号学需要独立思考，在广泛继承的基础上发展创新。并以此引发对艺术学未来的思考和对发展趋势的展望。

（作者单位　东南大学艺术学院）

### 7 月

《中国文艺研究前沿报告》(方宁、陈剑澜主编）由华东师范大学出版社出版，收录近几年本刊相关栏目的理论、批评及"访谈与对话"文章 30 篇，突出问题意识与前沿色彩。该书是"学术前沿研究报告"系列丛书中的一部（丛书主编：薛晓源）。

### 8 月 12—26 日

在余明油画作品展"大地上的影子·素风景"于北京墙美术馆举行期间，《文艺研究》与中国人民大学比较文化研究所、《世界艺术》杂志社主办了以"风景的当代方式"为主题的学术研讨会。出席会议的画家、批评家、学者和诗人从不同的学科和视角出发，就当代风景的价值承担、风景的当代方式与现代性、风景的传统与当代性等问题进行深入交流。本刊副主编陈剑澜与会，造型艺术编辑室主任金宁主持会议。随后，《文艺研究》本年第 11 期发表余虹、丁方、殷双喜、贾方舟、张法、陶东风、崔卫平、肖鹰、曹卫东、彭锋、王家新等人的题为"风景的当代方式"的座谈纪要。"编者按"云："没有人怀疑当代中国艺术的躁动与喧哗。艺术家游走于创新的冲动与市场的较量当中，而对艺术家与艺术现象的'过度阐释'也成了当下批评的重要方面。相比之下，余明及其艺术无疑是寂寞的。我们所关注的是，他的创作是否可以成为构建艺术之思的另一种维度，是否可以有效地成为'显在'之外的另一种存在。由'风景'而讨论'方式'的当代性是一个有意义的话题，它包括了进入风景的方式、再现风景的方式，同时还涉及观看的方式、思考的方式、理解的方式、把握的方式，以及对方式本身的自觉，等等。在此，余明作品的'淡'与'薄'已经不完全是纯粹的色彩与构图的技法问题，而更多体现的是他对'当代方式'的内在体悟。余明是个案，也仅仅是个案，我们由此展开讨论，并有可能和更多的个案一起将讨论延伸开去。余明油画作品展'大地上的影子·素风景'于 2007 年 8 月 12 日至 8 月 26 日在北京墙美术馆举行。同时，由《文艺研究》杂志社、中国人民大学比较文化研究所、《世界艺术》杂志社主办了以'风景的当代方式'为题的学术研讨会。出席会议的画家、批评家、学者和诗人从不同的学科和视角出发，就'当代风景的价值承担''风景的当代方式与现代性''风景的传统与当代性'等问题进行了深入交流。"

■ **8月23—28日**

《文艺研究》编辑部赴内蒙古大学艺术学院进行考察，并参加艺术学院50周年院庆活动。方宁主编代表本刊向内蒙古大学艺术学院赠送雕塑艺术家张宝贵创作的青铜雕塑"凤舞九天"。

■ **8月31日**

中国艺术研究院题词祝贺内蒙古大学艺术学院成立50周年："教书育人，五十载春风化雨；滋兰树蕙，千秋业再谱新篇。"《文艺研究》杂志社题词祝贺内蒙古大学艺术学院成立50周年："吉祥草原，怀想当年勇士顿踏铁马秋风塞北；美哉学府，畅聚今朝桃李弦歌杏花春雨江南。"

■ **9月12日**

《文艺研究》按照全国"扫黄打非"工作小组办公室、新闻出版总署《关于开展整治假报刊，假记者站，假新闻专项行动的通知》文件精神，结合本单位实际开展自查，没有发现违规情况。

■ **9月20日**

《文艺研究》与重庆维普资讯有限公司签订期刊许可使用（电子版）协议，期限三年。

■ **9月22—23日**

《文艺研究》与首都师范大学文学院主办、贵州大学人文学院承办的"大众传播时代的文学经典"学术研讨会在贵阳召开，40余位学者参会。本刊副主编陈剑澜与会。随后，《文艺研究》2008年第2期发表会议综述。

## "大众传播时代的文学经典"学术研讨会综述

罗绂文　胡晓军

由首都师范大学文学院、《文艺研究》杂志社主办，贵州大学人文学院承办的"大众传播时代的文学经典"学术研讨会于2007年9月22日至23日在贵州省贵阳市花溪区举行。来自全国各地高校的四十多位专家学者围绕会议主题进行了热烈讨论。

四川大学赵毅衡首先做了题为"双轴位移：两种经典化及文化突变"的发言。赵毅衡认为去经典化其实也是经典化的题中之义，他分析了两种经典化／去经典化的方式：精英经典化／大众经典化。前者主要是在符号的纵聚合轴上操作，而后者主要是在横聚合轴上进行。大众传播时代的经典化方式是纵聚合开始混杂于横组合，经典化向横组合操作倾斜，这即是"双轴位移"的含义。赵毅衡对这种只有追随没有批评的经典化的方式表示了深刻的担忧。赵毅衡的发言引起了与会专家的强烈反响。浙江大学徐亮认为，以横组合与纵聚合的理论来解释当下一些文化现象很有理论深度，也给人以启发。也有学者认为以"文化灾变"的眼光看待当下的大众文化有些失当，并认为不应轻视通俗文学。厦门大学杨春时认为，中国现代文学史上几乎是严肃文学独树一帜，通俗文学一直得不到主流文学思想的认同，因而没有获得合法性和充分的发展。造成这一现象的根本原因，在于中国现代性的偏失——感性现代性的缺失而导致的理性主义霸权。杨春时一方面从中国通俗文学先天的缺陷，论述了通俗文学争取合法地位的劣势；另一方面，则阐述了"五四"以及后来的新时期，启蒙理性主义对通俗文学缺乏足够的宽容精神，从而对通俗文学施以批判、打压，造成了通俗文学的边缘化。

近来因央视"百家讲坛"而引发的"学术明星"现象，是与会学者热烈讨论的另一个重要话题。首都师范大学陶东风以"于丹的食利者的快乐哲学"为题，另辟蹊径，"换一个思路思考自由和快乐"，批评了于丹的快乐哲学。陶东风认为于丹是一个特殊的角色，是"奶妈"与"布道"的结合。于丹对于经典，既不是理性的研究者，也不是真正的信仰者，而只是对经典抱着实用主义的态度，因此她在"布道"时常以真理代言人自居，"布道"时的句式也是简单化、绝对化。也有学者从媒体性质与传播机制分析了"百家讲坛"现象。北京师范大学赵勇认为，由于像"百家讲坛"这种电视节目的制作理念与筛选机制，他们选中的学者往往是学问型学者，而不是思想型学者。由于与西方媒体性质不同，中国知识分子上电视与西方知识分子上电视是征服并利用大众传媒不同，而是一种被征服，是自主性的主动取消或被动阉割。这种情形之下，上电视的只是知道分子，而非知识分子，结果造成了学者轮番出入于电视台而真正的知识分子则缺席于电视的局面。赵勇认为，不必在上不上电视这个问题上过于纠缠，学者是可以上电视的，但知识分子却不应该拒绝电视之外的其他媒体，因为媒体并不等于电视，电视之外还有更加广阔的媒体空间。赵勇的发言得到了多位与会专家的赞同，但也有学者提出了不同的意见。北京师范大学李春青认为知识分子的功能与定义在不同的时代被规定着。现在的知识分子主要是专业知识分子，已不能再充当普通的知识分子了。因此，在大众传播时代学者如何自我定位是值得大家思考的一个问题。苏州大学刘锋杰则认为，我们对"百家讲坛"，对于丹、易中天们不必过分在意，应该冷静看待这种现象，学院里的学者要做好自己分内的事。我们的淡化慢慢会使这种热潮趋于平静。如果我们过分关注，即使是批判，也正是媒体所需要的。当然也有学者对这种文化现象给予了理解与宽容。贵州大学徐明德认为"百家讲坛"的一系列讲座，在社会上引起强烈反响，他把这种现象称为"学术普及形式"或"学术大众化方向"。他回顾了中国历史中各个朝代的文化普及活动，并以古况今，认为"百家讲坛"的学术讲座对文化的普及还是大有裨益的。但他也看到这种文化现象的不足之处，比如一些硬伤的出现、细节考证的不当等等。徐明德寄希望于既有深厚学术修养、又能将高深的学术化为各个阶层都能接受的学者承担起学术解释通俗化的任务。

由"百家讲坛"现象还引发了大众传媒时代学者、文学与传媒的互动关系问题。复旦大学陆扬看到当今文化研究对中国当代文学产生了令人瞩目的冲击，如何应对这种冲击是他思考的主要问题。陆扬回顾、反思了文学救赎功能的变迁，并指出，今天作家和知识分子群体热衷于媒体视镜，从而使文学救赎情绪明显衰微。我们不应该过于悲观，文学研究应对文化研究冲击的当务之急，是稳定立场，而不是盲目跟风以至于迷失自身。文学悲天悯人的救赎情怀势将永生，虽然它未必是好为人师的宏大叙事范式。就类似的文学功能问题，上海财经大学祁志祥指出，大众传播时代，文艺成了商品，市场经济给文艺创作提供了较大的自主性，也为文艺创作的堕落提供了温床。钱中文先生的"新理性精神"是在文学领域中提出来的，旨在纠正世纪之交文艺创作中人物描写的动物化、鄙俗化倾向，回应现实挑战、呼唤坚守道德底线，表现了一位人文知识分子的良知、操守和责任感。这种理性主张和批判精神至今仍有重大的现实意义。西北师范大学王建疆则就大众传媒时代的文学经典被读者遗忘同时又被改编成影视剧热播，这种悖论的命运如何"死去活来"提出自己看法。

南京大学赵宪章从传媒时代的"语—图"互文研究的角度重新审视亚里士多德的文学媒介理论，从当下整个时代被传媒化的角度探讨文学"语—图"的相互关系将导致文学发生怎样的变化，从中发现一些具有普遍性和规律性的东西。温州大学马大康就电子媒介时代文学的文化生态发表了自己的看法，认为电子媒介颠覆了文人和知识精英的文化权力，以其空间化存在取消了经典和文化传统赖以生成的时间性条件，重组了文化秩序，重塑了文化生态，以前那个有利于文学生产的文化生态已经遭到严重的破坏。马大康认为，电子媒介篡夺了文字在文化生产和文化传播中的主导权，在这样的背景下，核心问题似乎不再是文学最终是否会消亡，而应是积极探讨现代电子媒介为文学重新塑造了一个怎样的文化生态。浙江大学徐亮不认为文学会消亡，他提出，在大众传媒时代，文学面临着重新定位，我们需要一种新的视野重新看待文学场景。徐亮以最具现代大众传播特色的新闻为对象，考察了文学性现象在新闻中的表现，他主要从语言学理论、叙事学的视野来分析新闻中的文学性。他认为在现代语言论背景下，作为语言作品的新闻既无法从根本上保证客观真实，也不可避免地卷入许多文学性操作中。而叙事学虽然以文学作品为研究对象开始，但 20 世纪后半叶以来新闻和历史研究领域的众多研究者，确实频频使用现代文学叙事理论分析和研究新闻报道以及历史著作，新闻与历史要完全避免文学性是不可能的，只要进入语言，进入讲述和叙事，我们时代每天正在发生的新闻，何尝不是我们正参与其中一个大的故事中的情节。他认为凡是对语言本身的各种要素作发挥和自由游戏的写作和文类，都是文学，因此文学不是消亡了，而是泛化了，文学理论也必须研究此类泛化了的文学现象。吉首大学张建永、林铁认为，媒体知识分子对经典首先进行了审美的"降解"，这是他们面对媒体前的公众不得已的行为。浅思维成为媒体知识分子经典阐释的首选，这反映了他们对公众的低期望值，也导致知识分子自身价值的贬低。媒体知识分子的悖论是：一、媒体知识分子可以背弃学院知识分子的价值认同和言说方式，但无法舍弃学院体制赋予的等级符号和学院知识本身；二、表面上看，媒体知识分子传媒中获得了更大的公共空间，但实际上却缩小或限制了学术、批判的话语空间；三、媒体知识分子的产生表面上为经典赢得了大众，但媒体的同质化和浅思维处理的后果是造就了一大批媚俗艺术爱好者。

与会代表还讨论了大众传媒时代文学经典和教育之间的关系问题。西南大学王本朝对文学经典的形成与国家教育政策、文学生产机制之间的互动关系展开深入的阐述；贵州师范大学朱伟华结合地方文献从个案入手就大众传媒时代地方知识建构作出独到分析；黑龙江大学马汉广通过对西方后现代性内涵的探究来展现中西后现代语境中的经典意识；华东师范大学朱国华从西方到中国、从古到今、从实践到理论讨论艺术是否终结的可能性；西南大学陆正兰从中国音乐史角度讨论现当代经典歌词生成方式；黔南师范学院李本东就大众传媒时代的高校汉语言文学专业现当代文学经典教学困境进行深入研究，提出自己的看法；贵州大学罗绂文则从具体文本和具体方法出发，介绍了在大众传媒时代进行经典文本教学的方法尝试。

此外，与会专家还对什么是"文学经典"、如何界定知识分子的身份等问题提出了各自的观点。

（作者单位　贵州师范大学人文学院）

## ▌ 11 月

本刊方宁被续聘为文化部新闻出版专业高级职称评审委员会委员，任期一年。

## ▌ 12 月 12 日

在《文艺研究》进行的年度考核中，戴阿宝被评为优秀。

## ■ 12月19日

中国艺术研究院人事处批复，同意延聘李香云同志担任《文艺研究》杂志社副社长、编辑部主任，聘期一年。

# 2008 年

## ■ 1月10日

从本年第 1 期起，《文艺研究》刊价调至 16.50 元，并改版，由标准 16 开本更换为大 16 开本。与封面的调整相对应，刊物的扉页、目录及内文版式均做适当变换。调整较大的是内文版式，调整后的版式为通栏与双栏并存。此外，将原有的论文"尾注"体例统一更换为"脚注"，以便利阅读。封面及全本版式由金宁设计。

## ■ 1月

文化部人事司、文化部直属机关党委、国家文物局直属机关党委，特聘方宁为"文化部党建在线——文化建设"栏目专家委员会委员。

## ■ 2月3日

《文艺研究》向南方雪灾地区捐款人民币 5 万元。

## ■ 3月10日

《文艺研究》本年第 3 期发表《关于"书与批评"栏目文章引发相关争论的几点说明》。

### 关于"书与批评"栏目文章引发相关争论的几点说明

本刊编辑部

一、本刊近年来致力于学术批评实践的探索，希望通过学者之间认真、深入、坦率的交流、论辩，促使当前学术批评缺乏的状况有所改善。为此，本刊相继开设了"当代批评""书与批评"等栏目。

二、"书与批评"（原名"书评"）栏目开设自 2003 年第 1 期，每期发表一篇学术书评，迄今已发表 51 篇文章。在编辑该栏目稿件时，我们遵循下列原则：（一）在坚持学术规范与质量标准的前提下，尊重作者个人的观点与表达方式。（二）无论被批评者选择在本刊或别的媒体回应，还是不作回应，均表示尊重。（三）若被批评者要求在本刊回应，确保反批评与批评享有同等权利，包括提供同等篇幅，按同一程序、规范与标准处理，并尽快安排发表。

三、钟华教授的《文化研究与文学理论的迷失——评季广茂〈意识形态视域中的现代话语转型与文学观念嬗变〉》一文发表于本刊 2007 年第 11 期（11 月 10 日出版），至今已三个多月，其间季广茂教授没有向本刊提出回应的要求。

四、2008 年 2 月 2 日，本刊编辑部电子邮箱收到《切勿在"嬗变"中迷失——读钟华〈文化研究与文学理论的迷失〉》一文，作者自称是季广茂教授唯一指导的硕士研究生，现已毕业。对于此文，编辑部有三点意见：（一）此文作者是文章的唯一责任人，文中所有观点只代表作者本人。（二）此文的处理，与"书与批评"栏目秉持的"确保反批评与批评享有同等权利"的原则无关。（三）本刊按审稿程序和标准对此文的处理结果，与被批评者的回应要求没有关系。

五、本刊在季广茂教授就针对批评者的不当言词做出正式道歉之后，随时欢迎季广茂教授的反批评文章，并按照"书与批评"栏目的编辑原则处理。

### 4月10日

《文艺研究》本年第 4 期发表王文章、邵大箴、袁运甫、安远远、吴长江、陈醉、奚静之、王镛、马鸿增、梁江、尚辉、丁方、顾森、翁剑青、吕品田、李晓峰、聂危谷、方宁等人的一组关于吴为山"侵华日军南京大屠杀遇难同胞纪念馆"扩建工程大型主题雕塑的文章及座谈会纪要。"编者按"云："由著名雕塑家吴为山主持、历时两年创作完成的'侵华日军南京大屠杀遇难同胞纪念馆'扩建工程大型主题雕塑，于 2007 年 10 月底在南京揭幕。作品渗透了艺术家及其创作集体的情感与思考，以深刻的主题、宏大的规模和风格化的表现手法受到各方面人士的高度评价。同时，作品在公共空间的矗立，将会引发人们对历史的追忆与思考，其艺术价值和社会意义也得以凸显。为此，本期特编发有关文章及座谈会纪要，对作品的艺术性和大型主题雕塑的创作经验进行总结。"

### 5月15日

《文艺研究》向四川汶川地震灾区捐款人民币 5 万元。

### 8月22—23日

《文艺研究》与首都师范大学文学院、新疆师范大学人文学院在乌鲁木齐联合主办"文学与文学研究的公共性"学术研讨会，50 余位学者参加研讨。本刊副主编陈剑澜、理论编辑室副研究员宋蒙与会。随后，《文艺研究》2009 年第 1 期发表会议综述。

# "文学与文学研究的公共性"学术研讨会综述

于 强

2008 年 8 月 22—23 日，由首都师范大学文学院、新疆师范大学人文学院和《文艺研究》编辑部共同主办的"文学与文学研究的公共性"学术研讨会在新疆师范大学召开。来自全国各地的五十余位学者参加了此次研讨会。与会学者围绕会题从多个层面展开讨论。

## 一、对文学公共性的理解与阐释

"公共性"或"公共领域"，是本次会议的中心议题，学者们从各个角度对这个概念进行了梳理。

首都师范大学陶东风首先对"文学公共领域"的概念进行了界定和阐释。他在强调哈贝马斯"文学公共领域"概念的历史和逻辑、事实和规范统一的特点的基础上，把"文学公共领域"提炼为文学理论和文学研究的一般范畴，把文学公共领域理解为一个独立于国家权力场域，由自律、理性、具有自主性和批判精神的文学公众参与的交往—对话空间。他同时指出其尝试界定的文学公共领域概念，不只是一个描述性定义，更是对现代意义上的文学公共领域的应有品格的规范性界定。当下物质欲望的高涨和参与热情的萎缩，学术研究的专业化与公共知识分子的专家化、媒体的商业化等因素已然使刚刚萌生的中国公共领域和公共文化变得危机重重。

四川大学吴兴明考察了重建公共领域的规范性基础。他指出，中国社会的现代性论设总体上是目的理性的，要让目前国内的公共领域具有真正的公共性，首先就意味着对公共领域规范性基础的重建。此种行为的前提是破除社会设计的工具主义立场。在对中国现代性启蒙的结构进行批判的前提下，他认为在元知识话语上，现代性的内在指向提供了一个克服现代性危机的方向——走向主体间性：正视历史进程之不可逆转的现代分化，肯认人的自我立法的合理性，坚持现代性内部的在人本论主体性原则基础上的修正论、完善论立场。

中国人民大学张法对公共性的西方语源、日本语源及其流变以及当下公共性在中国使用的语境，做了精炼的描述，并对公共性的历史、现实、走向进行了勾勒。

南京大学赵宪章以《灵山》之人称代词分析（话语霸权及其伪装）和《美食家》之词频分析（中西文化矛盾、政治与吃饭的矛盾）来表明，文学的公共性就蕴含在文学的形式中，只有蕴含在语言形式中的公共性才是文学的公共性，脱离文学形式而另外揭发的公共性并不是文学的公共性。

北京师范大学赵勇通过对文学生产和文学消费（文学阅读与文学批评）的考

察，对中国 20 世纪 80 年代以来文学公共领域的变化做了细致的分析，指出 90 年代以后文学公共性的消失是当代中国的一种重要文化现象，这也给文学知识分子的言说带来了诸多难题。

### 二、当下中国社会文化语境中的文学公共性问题

与会学者围绕文学公共性问题，对当下文学的存在形态以及处于转型期的各种不确定因素、书面文学与网络文学之间的关系等，进行了热烈的讨论。

同济大学朱大可对文学自闭化和公共化进行了探讨。他认为，文学自闭与衰败只有一个主因，那就是文学自身的蜕变。建立在平面印刷和二维阅读上的传统文学，在经历了数千年的兴盛期之后，注定要在 21 世纪走向衰败。文学已经动身离开这种二维书写的寄主，进入全新的视语文学时代。这是文学幽灵的第三次变形，它要建造新的媒体家园，并从那里获取年轻的生命。他指出，媒体技术有可能对真实的信息进行干扰，对真实进行"刷屏"，也可能进行"屏蔽"，但是也有乐观的一面，人们可以通过网络进行理性的交锋，从而远离身体的暴力，以实现人的尊严。

同济大学张闳指出，"娱乐化"这一文化病毒借助现代媒体的强大传播力已经渗透到社会生活的每一个领域。在文化普泛性的"娱乐化"潮流之中，文学在一定程度上的"娱乐化"倾向，似乎难以避免。关于文学参与公共领域的建构，他指出了文学写作者有权选择介入，也有权选择疏离或者任何一种别的方式。

上海大学林少雄认为，目前我们正处于印刷时代向视像时代的转型过程中。在视像时代，从文学的传统观念来看，文学的公共性日益缩小；从文学的当代观念来看，文学的公共性获得了空前的普及与提升，如果将文学放在视像时代的大背景下进行比较研究，相信会为我们带来研究视角、研究方法及其结论的变化。

新疆师范大学刘振伟认为，纸张的发明和应用对于文学的影响是深刻而持久的，它改变了文学的存在形态，对文学走向民间的进程也起到了至关重要的作用。随着网络时代的到来，文学的载体正在由纸张向屏幕转向，这将同样对现有的文学存在形态产生变革性的影响。

首都师范大学张淳在提交的《试析中国的网络世界及网络公众的公共性意义》一文中指出，发端于上世纪末的信息科技革命不仅深刻地改变了人类的沟通习惯和行为方式，而且重塑了人类社会的权力结构和文化生态。网络世界成为现实中的人际交往的延伸。与传统媒体相比，它的最大优点就是给人们提供了自由发表言论的公共平台，成为一种新的不可忽视的产生公众舆论的空间，但这并不意味着我国就此出现了真正意义上的公共领域，我国的网络世界到底具有怎样的公共性还需要在具体社会语境下进行细致的分析。

### 三、当代美学与公共性以及其他相关问题

有些学者从文学公共性的角度讨论了重新认识政治与文学的关系的必要性。

北京电影学院崔卫平认为，文学与行动（政治）的领域之间永远存在矛盾与张力。她指出，哈贝马斯所谓"文学的公共性"应该作为政治公共性的先导和范式。台湾学者杨小滨简要叙述了拉康"四类话语"理论的主要构架，并以此出发来图绘中国当代的政治主体与诗学主体在公共文化场域中的位置与关系。

与会学者还讨论了其他一些文艺学和美学的问题。

复旦大学陆扬指出，所谓"日常生活审美化"，其真正的价值在于对日常生活的超越，而不是随波逐流于五彩缤纷的感官愉悦。美学的作为，当在于深入最平庸的细节中探隐发微，发掘最不平凡的异想天开故事。

清华大学肖鹰认为，重建美学的伦理学维度，是在当代生活世界的良性建构中必须实行的一个文化策略。重建必须集中在社会（群体）和自然两个范畴上，而关键是在社会与自然的矛盾中审美地追问和确认自我的存在应当并且如何可能。

首都师范大学邹华认为，中国文学理论长期徘徊在文学的自主性和政治性之间，这种困境直接导源于"文革美学"。"文革美学"的实质是古典主义，因而仍旧覆盖在"文革美学"阴影下的美学，可以称为"后古典主义"。为了摆脱两极摆动循环的宿命，当前文学理论对公共性和政治性的呼吁，不应当只是从自主性再次偏转到政治性，而应当首先对"文革美学"和"后古典主义"进行清理和批判。

北京师范大学陈雪虎指出，百年中国美育理论往往是认识论化或生存论化的、以封闭主体为核心的美学或美感学。在当代，应探索一种注重美的公共性、偏向审美沟通论和文化素养论的美育理论。

湖州师范学院颜翔林指出，神话在当下时期作为普遍有效的社会意识形态，发挥强大的理性与情感的双重工具职能。现代神话包含科技神话、商品神话、英雄神话、国家神话等形式，它们共同构成多样化的审美特性，影响包括文艺在内的社会生活的方方面面。

南京大学莫砺锋认为，古典文学的研究似乎越来越自我封闭了，由大学、研究机构和学术刊物组成的学术圈子基本上与民众毫无关系。这种状态必须有所改变。古典文学自身并不是与民众隔绝的象牙塔中物。

汕头大学王富仁强调文学是一种心灵的感受，是用感受做出的对人生的独特体悟。在中国现代社会中，用心灵感受可推进对文学公共性的参与。

《中国社会科学》编辑部王兆胜指出，文学的梦想是引领文学健康发展的内在原则，在危险的世道人心下，文学梦想将再次成为我们公共领域中文学创作与欣赏

的明灯。

新疆师范大学宋晓云认为，中国古代文学在其发展的历史长河中，要求诗歌追摹往古时代优秀传统的复古呼声不绝如缕。在这种复古论调的背后，隐藏着诗论者对于诗歌与政治关系的探索和追求。

（作者单位　新疆师范大学中文系）

## ■ 11月1日

《文艺研究》在北京举办"文艺的当代性：改革开放三十年理论与实践"学术研讨会，30余位学者参会。文化部副部长、中国艺术研究院院长王文章出席并致词，国家图书馆馆长詹福瑞、中央美术学院院长潘公凯、中国艺术研究院副院长王能宪与会。研讨会分别由本刊主编方宁、副主编陈剑澜主持。与会者总结了改革开放30年来的文艺创作和文艺理论的经验，对于探究文艺发展规律，重塑文艺的当代性，促进我国文艺事业大繁荣、推动社会主义和谐社会建设提出了重要的思考和建议。《光明日报》以"文艺的当代性——改革开放三十年的文艺理论与实践"为题，用接近整版篇幅报道会议，《文艺报》《中国文化报》也发表较大篇幅的会议综述。随后，《文艺研究》本年第12期发表王文章、雷达、云德、白烨、贺绍俊、陈晓明、阎晶明、何西来、孙郁等部分与会者的发言及论文。"编者按"云："为纪念改革开放三十周年，总结、反思三十年的文艺经验，从理论上认识和解决当前文艺发展中存在的问题，本刊编辑部于2008年11月1日在北京召开'文艺的当代性：改革开放三十年理论与实践'学术研讨会，文化部副部长、中国艺术研究院院长王文章致词，来自高校、科研机构及相关单位的二十余位学者出席了会议。本组笔谈是在会议发言基础上编辑而成。"

## ■ 11月3日

《文艺研究》与中国学术期刊（光盘版）电子杂志社签订《中国学术期刊网络出版总库》合作共建与学术期刊数字出版合作协议。

## ■ 12月13日

《文艺研究》与北京师范大学艺术与传媒学院在北京联合举办"中国艺术学科体系建构研究"论坛，来自文化部教科司、北京大学、东南大学等单位的60余位学者参加会议。本刊副主编陈剑澜与会。随后，《文艺研究》2009年第2期发表会议综述。

# 中国艺术学科体系研究的当代价值与路向

## —— "中国艺术学科体系建构研究学术论坛" 综述

樊启鹏　刘　硕

　　2008 年 12 月 13 日，教育部哲学社会科学研究重大课题攻关项目 "中国艺术学科体系建构研究" 课题组联合《文艺研究》杂志，在北京师范大学召开 "中国艺术学科体系建构研究学术论坛"，来自文化部教科司、北京师范大学、北京大学、清华大学美术学院、中国艺术研究院、中国传媒大学、中央美术学院、上海大学、东南大学、山东艺术学院、福建师范大学的 60 余位专家学者出席了会议。

　　"中国艺术学科体系建构研究" 学术论坛是近年来中国艺术学科研究领域的一次重要聚会，也是课题带头人黄会林教授会同众多学者专家，就当前艺术学科领域存在问题所做的一次深入探讨，是对整个艺术学科领域的回顾与展望。论坛包括主题发言、分组讨论和总结发言三部分，小组讨论的议题包括：1. 中外艺术学科：历史、现状与发展；2. 艺术学；3. 中国各门类艺术创作与学科建设；4. 中国艺术教育学科发展与师资队伍建设；5. 中国新兴艺术学科发展；6. 艺术学科评价。

## 一、重新确立艺术学科地位、加快学科体系建设是时代发展的要求

　　与会专家一致充分肯定了中国艺术学科体系研究的当下意义。北京师范大学副校长孙玲指出：艺术在学校教育和人文学科中的作用越来越重要，时代的发展对艺术学科建设提出了更高更新的要求，各种新兴艺术形式的不断涌现，也促使艺术学科的内涵和外延必须做相应拓展和建设。文化部教科司社科处处长陈迎宪认为：艺术学科构建是一个非常重要的问题，社会经济巨大发展之后，人民生活有了巨大改善，对艺术的需求也有了极大的提高，同时各种新兴艺术正在出现，对此都需要对艺术学科进行历史的、时代的应答。课题组首席专家黄会林教授在介绍了课题组近一年来所做的主要工作以及召开本次论坛的背景和构想之后，就课题框架设计及相关议题，和与会专家进行了深入交流和广泛互动。北京师范大学艺术与传媒学院院长王一川教授回顾了该校艺术学科的发展历程，并指出中国艺术学科体系建设正面临着新的历史机遇。中国传媒大学动画学院路盛章教授、中央美术学院城市设计学院晓欧教授等都充分肯定了当前研究艺术学科体系建构的重要性，认为这不仅是一个课题组、一所大学、一个学院的事情，这个学术课题与众多艺术工作者密切相关。北京大学艺术学院副院长彭吉象教授提出，今天艺术学科发展非常快，但是我们现在所授学位都是文学学位，制约了艺术学科的进一步发展；1997 年的学科调整虽然简化了学科分类，加强了学术规范，但是造成一级学科艺术学、二级学科艺术

学重名，带来了概念上的混淆，应该尽快将艺术学升级为学科门类，并下设五个一级学科。

## 二、艺术理论与艺术实践相结合，理论研究要直面社会现实

东南大学艺术学院凌继尧教授的主题发言题为《把应用艺术学纳入学科体系》，突出应用艺术研究的重要性，他认为以往研究二级艺术学，主要是研究艺术原理（即理论艺术学），根据现实的需要，应该加强对应用艺术学的研究。他结合社会实例，阐述了在我国发展应用艺术学的迫切性和积极意义。中国艺术研究院美术研究所名誉所长邓福星研究员在主题发言时，提出艺术学科体系研究要以艺术的实践发展和艺术现实为依据，一个学科或者一种理论的建构，必须要有这个学科实践的基础，艺术实践的发展是理论研究的依托。不仅要深入各个不同艺术门类，还要深入具体艺术家创作实践当中，去研究具体的创作过程和创作心理。北京师范大学艺术与传媒学院张同道教授指出，艺术实践的变化已经为理论研究提供了很多思考，艺术学的很多原理已经受到艺术实践的挑战，原来的艺术概念已经受到质疑，在传统的二级学科艺术学框架中，对诸如艺术消费之类问题的研究十分有限，艺术学的内涵和外延、学科体系框架都应该根据艺术实践进行相应调整。中国传媒大学《现代传播》主编胡智锋教授在谈到理论和实践的关系时，指出理论架构离不开实践，要特别关注当代艺术实践，它们已经大规模地深层次介入了当代生活。

## 三、调整学科体系应坚持开放性原则，而开放的边界和调整方向亟需研究

二级艺术学学科体系框架亟需调整，而且调整要坚持开放性原则，这是与会专家的共识，但是大家对于调整的方向和一些具体细节有不同的意见。北京大学艺术学院陈旭光教授从自律、他律（外律）和互律三个角度，分析了制约艺术发生变化的各种因素，以及艺术如何在这些因素的作用下发生变化，基于这样一种历史考察，他提出"艺术学学科体系应该具有开放性"命题。北京大学美学与美育研究中心彭锋教授认为，框架的界定应当采取一个相对开放的姿态，为新东西留下讨论空间，不必太深究体系的完整性。

张同道教授指出，传统的框架是"西学为主、中学为辅"，但是二者"合而不融"，一些现实问题没有在这个理论框架上体现出来，而且这个框架的产生出现了严重的符号化过程，把艺术的某些东西变成标准化的东西，削弱了中国艺术的丰富性。《文艺研究》副主编陈剑澜编审认为，建构体系时应该在实事求是的基础上追求中西融合，过分强调中国体系没有意义，在使用这些范畴和体系逻辑的时候，能够拥有一种清醒的认识，把自己经验的异质性适当挑出来，把中国艺术特殊的方面在深层次上提出来，才是非常有价值的。胡智锋教授认为，西方的理论框架可以保

留，完全推倒重来不太现实，但要更多地渗透一些中国化的命题；建构艺术学科体系框架时，适当传承一些传统话语是应该的，但更应该增强话语体系的时代感。北京师范大学艺术与传媒学院史可扬教授认为既有学科体系往往有其合理性，不必试图全都打破。

### 四、加强中国艺术学和各门类艺术的研究，提高全民族的审美趣味

彭吉象教授认为，加强普通艺术学的研究刻不容缓，由于我们的艺术界和艺术教育界长期存在重实践轻理论、重技巧轻研究的现象，因此加强普通艺术学的研究，特别是加强中国艺术学研究不但有利于提高艺术院校学生的文化素养，而且有利于通过广泛的艺术教育，提高全民族的审美水平和艺术素养。他提出，中国艺术是一个巨大的宝库，出现了无数的艺术家，产生过无数的优秀作品，我们的理论非常富有特色，影响和决定着中国传统艺术思想、审美趣味的变化和发展，共同构筑了中国传统艺术的精神。福建师范大学王耀华教授认为，在艺术学科体系建构研究中，需要继承中国传统文化精华，重建中国艺术学科体系的话语系统，彰显中国传统文化的魅力，然后再和西方的体系进行融合、对话。清华大学美术学院陈池瑜教授呼吁加强中国美术学研究，他认为中国在艺术批评和艺术史方面自觉较早，其特征是以对作品的直接感悟为切入点，以评带动了史和论，他说整个 20 世纪是"拿来"的世纪，对传统的重视程度不够，应该由一批有责任心的专家学者，把这个工作做起来，一点点建立起来，要从最基本的工作做起，在强调重视传统文化精华的同时，他也肯定了西方进来的一些观念、方法对于我们学科建设的积极作用。中国艺术研究院舞蹈研究所王克芬研究员强调传统舞蹈、传统文化应该在艺术学科体系建构中得到足够的重视，她结合具体实例和亲身感悟，阐述了舞蹈在人类社会生活当中对人类心灵的影响，她认为传统舞蹈教育应该更广泛地进入我们的教学体系，进入学生的业余生活。

### 五、借鉴西方经验和其他学科资源，建构中国艺术学科体系

方法论也是本次论坛讨论的焦点问题之一。胡智锋教授认为在学科建构的资源方面应以艺术学为主，但可以在相关学科中采取拿来主义，借鉴其他学科资源，什么对我有用，我就借用什么，有的学科，比如说传播学，已经有了很多成型的概念，有些东西对艺术生产传播的流程很有阐释意义，完全可以借用，哲学、社会学、语言学等方面的很多成果，完全可以借鉴；他同时也强调，完善是没有止境的，在追求完善的同时，要珍视阶段性成果的价值。邓福星研究员在研究方法上谈到了中西方的区别，他谈到西方常用的实证方法不能解决中国的所有问题，中国的艺术不是完全可以量化的，中国的艺术现象无法完全用纯逻辑性、纯理性来进行研

究。张同道教授指出，他越来越感觉到艺术学科体系建构研究需要更多新的东西，这个课题在申报时就引进了现代统计学、现代调查、社会学研究方法，但是他同时也提出了自己"保守的想法"：今天的艺术学研究，我们还有没有边界，我们在方法论上还能够做什么样的调整，这引发我的一个担心，会不会调整之后研究出来的东西跟我们假定中的艺术可能完全没有关系了。换句话说，艺术管理学是艺术学还是管理学，可能在很大程度上是管理学，艺术经济学可能是经济学家研究的事，而不是艺术的事。

**六、关注新兴艺术的学科和产业发展，促进文化建设**

文化部教科司社科处处长陈迎宪认为，新兴艺术学科作为学科来说还很不成熟，但是很值得关注，它和社会生活密切相关。彭吉象教授指出，文化创意产业正在成为新的经济增长点，这些产业几乎都涉及艺术，都跟艺术有关，所以尽快设立艺术门类，规范和理顺艺术类学科，既是我国精神文明建设的需要，也是物质文明建设的需要，既是促进我国文化大发展的需要，也是促进我国经济发展向创新型产业发展的需要。北京师范大学艺术与传媒学院副院长肖永亮教授指出，目前众多新兴的艺术门类、艺术现象、艺术形式不断涌现，艺术教育急剧膨胀，但是存在大量违反艺术教育规律的情况，在这种现实背景中，如何确立新兴艺术在艺术学科体系中的位置，并进行相关理论梳理工作，是个重要而又迫切的难题。中国传媒大学动画学院路盛章教授认为，基于当前新兴艺术教育上的混乱状况和评价体系的缺失，空间转向与当代文艺理论建构从微观的具体工作入手，进行大量的资料收集与整理，比高屋建瓴式的理论建构更加切实可行。山东艺术学院田川流教授就新媒体等新兴艺术在学科体系中的定位发表了看法，对其独立成为一个学科表示质疑。中央美术学院城市设计学院晓欧教授认为新媒体的发展必须依托于传统媒体和传统艺术，独立出来不太合理。北京师范大学艺术与传媒学院梁玖教授提出自己关于艺术学科评价的理论构想、九个暂定的一级评价指标和方法论上的设想，引起了与会专家的热烈回应。上海大学蓝凡教授提出，艺术应该分为艺术学和应用艺术学，艺术学科体系要明确分出理论体系和应用体系，相应的评价体系也应该分开。

### 12月18日
在《文艺研究》进行的年度考核中，戴阿宝被评为优秀。

### 12月26日
本刊方宁受聘为文化部新闻出版专业高级职称评审委员会委员，任期一年。

# 2009 年

■ **1 月 10 日**

从本年第 1 期起,《文艺研究》刊价调至 18.00 元。

■ **3 月 10 日**

《文艺研究》本年第 3 期就不法者冒用本刊名义骗取钱财一事发布声明。

## 本刊声明

根据读者反映,近期有不法者冒用"《文艺研究》编辑部"和本刊"编辑室"名义向高校及科研单位读者征稿,并提供银行账号以收取"编校和印刷成本"费用。对此,本刊特声明如下:《文艺研究》编辑部从未委托任何个人或机构,向读者(作者)及相关单位征稿并收取费用。本刊也未授权任何个人或机构承办稿件推荐及代理业务。对于非法冒用《文艺研究》杂志名义从事有偿征稿活动的任何个人和机构,本刊将保留追究其法律责任的权利。

特此声明。

《文艺研究》编辑部

■ **4 月 15 日**

中国艺术研究院聘任方宁同志兼任《文艺研究》杂志社社长。

■ **5 月 10 日**

《文艺研究》本年第 5 期发表刘纲纪、钱中文、阎国忠、乐黛云、邵大箴、刘梦溪、郎绍君、柏柳等人的"纪念《文艺研究》创刊三十周年"笔谈文章。

# 纪念《文艺研究》创刊三十周年
## 坚持马克思主义，推动学术发展

刘纲纪

《文艺研究》从创刊到今年，正好三十周年。这是一个值得纪念的日子。

回想当年，如果不是1978年党的十一届三中全会召开，邓小平同志提出"解放思想，实事求是"的思想路线，打破了"左"的和"极左"思想设置的重重禁区，那么《文艺研究》于1979年诞生是不能设想的。所以，我们完全可以说，《文艺研究》的创刊、问世，是我国改革开放的产物。它又随着我国的改革开放走过了三十年，取得了众多读者公认的重要成绩。

第一，《文艺研究》创刊之后，鲜明地坚持以马克思主义为指导，同时又努力贯彻百家争鸣方针，尊重差异，包容多样，有力地推动了我国文艺研究的发展。

现在说《文艺研究》从创刊开始就鲜明地坚持以马克思主义为指导，好像是一件平常事，但在当时要做到这一点却是不容易的。因为那时有一部分人把"文革"中"极左"思想错误的发生归之于马克思主义本身，于是就如邓小平同志曾经指出过的那样，纠正"极左"思想的错误变成了要"纠正"马克思主义。《文艺研究》坚决顶住了这种错误的思潮，它既站在反对"极左"思想的前沿阵地上，同时又仍然高举马克思主义的旗帜，从各方面揭露、批判"极左"思想对马克思主义的肆意歪曲、篡改，引导读者全面准确地理解马克思主义，并将它应用于文艺问题的研究。再从贯彻百家争鸣方针，尊重差异，包容多样来看，现在好像也是不必一提的事了，但在《文艺研究》创刊之后一段不短的时期内，要做到这一点同样是不容易的。因为当时"左"的和"极左"的思想影响在学术界仍然相当广泛地存在着，所以在刊物上发表与过去"左"的和"极左"的观点不同的观点，特别是引进、介绍西方现代的文艺流派和文艺理论，认为其中包含有可供我们借鉴的合理的东西，这是要遭到不少人批评、反对的。历史上确实有一些事，在一定的时间和条件下是很不容易做到的。但等到时过境迁之后，人们就会以为这是理所当然、不值一提的。我自己亲身经历了从"文革"前到"文革"中的种种事。回顾历史，我感到《文艺研究》创刊之后，确实做了当时必须做又不容易做的事，勇敢地履行了时代赋予它的新使命，实现了新中国成立以来文艺研究领域中的一次思想大解放。记得我在收到《文艺研究》的创刊号，打开一阅之后，真正感到耳目一新，产生了一种"这就好了"的欣喜之情。

第二，《文艺研究》创刊之后，高度重视所发表的文章的学术水平（这和主办单位中国艺术研究院聚集了一批研究文艺问题的高水平专家有密切关系），并积极采取各种措施保证文章的质量，把《文艺研究》办成一个高水平的学术刊物。这也是《文艺研究》创刊三十年以来，很值得称道的又一个重要方面。

《文艺研究》创刊之后，热情主动地和研究文艺问题的老中青三代学者联系，约请他们为刊物写文章。这样，在"文革"十年中销声匿迹的许多学者的文章陆续在《文艺研究》上发表、问世，引起了很大的反响，迎来了改革开放后学术繁荣发展的春天。《文艺研究》还高度重视全国召开的有关文艺问题的重要会议，每会必派人参加，不但报道会议的情况，而且积极组稿。大约在 1988 年，为了推动东方美学研究的发展，《文艺研究》编辑部还直接出面组织在北京怀柔召开了一次关于东方美学的讨论会，会后又在刊物上发表了一组关于东方美学的文章。回顾我自己的学术生涯，从 1981 年在《文艺研究》第 2 期上发表《漫谈西方现代绘画》一文开始，我在《文艺研究》发表的所有文章，都是在《文艺研究》编辑部同志的热情推动下写出来的。如果没有这种推动，我也许就不会写出，或至少是不会那么快地写出这些文章。拿上面讲到的东方美学研讨会来说，我也应邀参加了，但只作了一个简短的口头发言，没有要写成文章的打算。但会后主持会议的张潇华同志来信说，《文艺研究》要发一组关于东方美学的文章，希望我在发言的基础上写成文章。我感到盛情难却，而且《文艺研究》如此热心地推动东方美学的研究，我也没有不支持的道理。于是我就下了不少功夫再作思考，写成了《东方美学的历史背景和哲学根基》一文。这是我第一次系统思考东方美学的产物，我不知外界的反映如何，但我自己还比较满意，所以后来把它收入了我的《传统文学、哲学与美学》一书。

《文艺研究》创刊三十年来，为推动有关文艺问题的各个方面的研究做出了重要的贡献。我相信在下一个三十年里，《文艺研究》会继续做出自己的贡献。下面想简单地谈一点展望性的看法。

总的来说，我认为包含文艺问题的研究在内，中国的学术研究要摆脱被西方现代学术话语牵着鼻子走的局面，为世界学术的发展做出自己应有的贡献，使我们在学术研究方面的成就和我国作为世界大国的地位相称，就必须坚持以马克思主义为指导，并紧密联系实际（包括中国和世界的实际），永不懈怠地推动马克思主义的发展，进行理论创新。这可能会被一些人认为是"套话""空话"，其实是有着完全实际的内容的，并且是很不容易做到的。

第一，为什么一定要坚持以马克思主义为指导？

我认为最重要的是因为马克思主义第一次将对人类历史发展的认识变成了一门科学。有了马克思主义的指导，我们就能认识人类社会和中国社会发展规律，采取与之相适应的措施、行动，达到改造世界、推动历史前进的目的。中国人民革命的伟大胜利充分地证明了这一点。如果没有中国共产党的诞生，并以马克思主义为指导科学地揭示了中国社会的发展规律，动员广大人民起来为自己的解放而奋斗，中国人民能够战胜比自己强大很多倍的敌人，取得革命的胜利吗？当然不可能。任何否认这一点的说法，都是违背事实的，完全错误的。再从学术理论的研究来看，只有以马克思主义为指导认识了人类社会发展的规律，我们才能科学地说明历史上的各种学术理论是怎样产生出来的，为什么某种学术理论刚好产生在某一历史时代而不是另一时代，它的实质是什么，它在人类历史发展中起了怎样的作用，等等。例如，后现代主义者中的绝大多数人都猛烈地抨击启蒙主义所提倡的"理性"，视之为万恶之源。这种抨击的客观效果，在某种程度上具有对资本主义的批判意义。但后现代主义者是否真正弄清了启蒙主义和它大力鼓吹的"理性"的实质呢？没有。他们或者脱离一定的历史条件，简单地宣称"理性"就是压迫性的"权力"，或者主张以"欲望"取代"理性"，视之为推动历史发展的真正动力，如此等等。实际上，在后现代主义产生之前，马克思、恩格斯早已从欧洲封建社会向资本主义社会转变的历史必然性出发，科学地分析了启蒙主义及其所鼓吹的"理性"的实质，既充分肯定了它曾经起过的反对封建主义的重大进步作用，同时也指出了它无法逾越的历史局限性。所以，在启蒙主义之后，可以说只有马克思主义既继承了启蒙主义，又超越了启蒙主义。而后现代主义者却还停留在反复大声地诅咒"理性"的水平上，而且还常常以此来显示他们比马克思主义更"激进"，只有他们的思想才能彻底"颠覆"资本主义。这是后现代主义者的一种幻觉。

第二，如实地、全面准确地理解马克思主义，不是一件轻而易举的事。

既然要坚持以马克思主义为指导，当然就要了解什么是马克思主义。这是很容易的事吗？绝对不是。我想，至少多数学者都会同意，要研究某一个思想家或思想流派，就必须直接去阅读他们的著作。例如，某个学者想要研究胡塞尔的现象学，他当然必须去阅读胡塞尔的著作。如果他想成为研究胡塞尔的专家，那当然又要尽可能多地读胡塞尔的著作，最好是全部著作都读过。我们要了解、研究马克思主义，当然必须去直接阅读马克思、恩格斯的著作。尽管除了极少数研究马克思主义的专家之外，要全读或尽可能多地读是有困难的，实际上也不必要，但至少要选读若干最重要的著作。拿美学来说，我们要知道什么是马克思主义的美学，马克思的《1844年经济学—哲学手稿》（以下简称《手稿》）这本书是不可不读的。因为正是在这本书里，马克思第一次提出了他的美学观，为马克思主义美学奠定了理论基础。但要真正读懂这本书并不容易。要读懂它，需要具备这样一些条件：1.对从 17 世纪英国亚当·斯密以来的政治经济学有所了解；2. 对 19 世纪初英、法两国的空想社会主义有所了解；3. 对黑格尔哲学，特别是黑格尔的《精神现象学》有较多、较深入的了解；4. 对青年黑格尔派（马克思原先也属于青年黑格尔派）中第一个出来批判黑格尔唯心主义的费尔巴哈的哲学有较多了解；5. 对马克思既赞成费尔巴哈的唯物主义，又与之有重大区别之点有准确深入的了解。此外，为了了解在《手稿》之后马克思思想的进一步发展，并反过来加深对《手稿》的理解，还需要阅读马克思的《关于费尔巴哈的提纲》，马克思、恩格斯的《德意志意识形态》，马克思的《哲学的贫困》，马克思、恩格斯合著的《共产党宣言》等著作。只要我们如上所述真正读懂了马克思的《手稿》，同时又对西方自古希腊以来到德国古典美学（包含黑格尔美学）的美学发展史有较深的了解，就不难看出马克思美学观的提出在美学史上所具有的划时代的伟大意义。但直至现在为止，一切对马克思主义美学持批判与否定态度的人们，是否在如实弄清了马克思主义美学的含义、本质之后再来对它进行批判呢？不是。大量事实告诉我们，那些越是强烈否定马克思主义的人就越是对马克思主义采取蔑视的态度，把它说成是一种极其简单甚至是不值一驳的理论。因此，他们所要批驳、否定的马克思主义并不是实际存在于马克思、恩格斯著作中的马克思主义，而是他们加以极度的简单化和歪曲之后的"马克思主义"。如某些后现代主义者将马克思主义称为所谓"生产主义"来加以批判，就是一个典型的例证。反过来看，马克思、恩格斯对一切非马克思主义、反马克思主义思想的批判，都是在如实弄清了对方思想的本义的前提下进行批判，决不任意歪曲对方的思想或添加上它本来没有的东西。马克思、恩格斯在《德意志意识形态》一书中对鲍威尔、施蒂纳的批判，恩格斯在《反杜林论》一书中对杜林的批判都是如此。为什么马克思主义的对手或敌人对马克思主义的批判和马克思、恩格斯对各种非马克思主义、反马克思主义思想的批判会有上述这样明显的差别？不为别的，就因为前者是为了名声、地位，或为了维护与人类历史发展的客观规律不能相容的阶级、阶层的利益而进行的批判，后者则是为了探求客观真理，扫清人类历史前进道路上的思想障碍而进行的批判。因此，前者是一种怀有偏见的、非科学的批判，后者是一种公正无私的、科学的批判。这是由于马克思、恩格斯一生所进行的艰巨复杂的理论研究工作，是为了充分、正确、全面、深入地认识和最广大人民群众的解放完全一致的人类社会发展规律，此外再无别的任何目的。所以，恩格斯曾在《路德维希·费尔巴哈和德国古典哲学的终结》一书中指出："科学越是毫无顾忌和大公无私，它就越符合工人的利益和愿望。"

第三，马克思主义的一般原理必须与各国人民的现实生活及具体实践相结合，这样才能产生推动历史前进的巨大作用，并在实践中不断发展自身。

马克思主义自产生开始，就不断指出马克思主义本身是历史发展的产物，必须从历史的发展出发去应用它和发展它，而不能把它看作凌驾于历史之上的抽象不变的教条。如马克思在1877年所写的《给〈祖国纪事〉杂志编辑部的信》中，强烈批评了当时俄国某些人把马克思的理论看作一种不以任何历史条件为转移的"历史哲学"，一把不问历史条件如何都可以用它去解决问题的"万能钥匙"。马克思说，这样来看待他的理论，"会给我过多的荣誉，同时也会给我过多的侮辱"。马克思这封信发表之后的五十三年，东方一位伟大的马克思主义者——毛泽东所写的《反对本本主义》一文，看起来就像是对马克思上述观点的热烈回应和有力的重申。毛泽东说："我们说马克思主义是对的，决不是因为马克思这个人是什么'先哲'，而是因为他的理论，在我们的实践中，在我们的斗争中，证明了是对的。我们的斗争需要马克思主义。……马克思主义的'本本'是要学习的，但必须同我国的实际情况相结合。"前面讲到如实、正确地理解马克思主义决不是一件容易的事，要使之"同我国的实际情况相结合"又更加不容易，因为它必然要经历一个长期的、千辛万苦的实践过程。我国新民主主义革命、社会主义革命和建设的胜利，就是通过长期的实践，使马克思主义的一般原理"同我国的实际情况相结合"获得了真正实现的结果。而每一次"结合"的实现，同时也就是马克思主义在中国的伟大发展，并有力地推动了我国以马克思主义为指导的学术研究的发展。从今天来看，我认为马克思文艺理论、美学研究所面临的最迫切、最重要的任务，就是要紧密联系实际，努力建设与中国特色社会主义的发展相一致的审美观与艺术观，使之融入社会主义核心价值体系，起到推动科学发展、促进社会和谐的重要作用，引导全民族精神文化生活的健康发展。这无疑是一个需要长期不懈地努力才能完成的任务。它要求我们随着我国改革开放的深入发展，站在新的历史起点上，重新研究我们过去已研究过的种种问题，研究社会主义市场经济的大发展所引起的社会审美意识和艺术的巨大变化，研究西方现当代的各种文艺理论与美学流派，研究我国传统的文艺理论与美学，大力进行综合性的理论创新。

最后，衷心祝愿在改革开放中诞生的《文艺研究》，继续随着我国改革开放的深入发展而奋勇前行，取得新的、更大的成就！

# 感谢与希望

钱中文

《文艺研究》已经三十周岁了，它创刊于"实践是检验真理的唯一标准"的大讨论之后，它与解放思想、改革开放同步，它见证了我国文艺研究大发展的三十年。

《文艺研究》所涉及的方面，就像它的主管单位中国艺术研究院一样，包括了文学艺术的各个领域，这是我国文化界的一个十分独特的刊物，可以说没有别的刊物可以替代。刊物发表的文章，既涉及文学、美学、音乐、绘画、雕塑，也有关于电影、戏曲、书法方面的专业性著述，真是名副其实的"文艺研究"。正因为如此，《文艺研究》从它创刊时候起，就吸引了不少作家与各个艺术领域的专家学者的参与，那时我们就不断读到不少著名的新老作家艺术家和专家学者的高质量文章。其中特别是一些久已辍笔的老一代的美学家、文学理论家，如宗白华、朱光潜、钟敬文、王朝闻、蔡仪、黄药眠、陈涌、张庚、郭汉城、伍蠡甫、王元化、唐弢、钱谷融等，他们纷纷在《文艺研究》上发表新作，读着他们的文章，使人有久别之后重逢的亲切感。还有我国文艺界的巨擘郭沫若、茅盾、丁玲、冰心、艾青、刘开渠、吕骥等，也为我们提供了丰富的精神食粮。面对这样的强大阵容，虽在春寒料峭之中，但我已经感到春天是会来临的。发表年长作家、学者观点不同的论著，不仅体现了百花齐放、百家争鸣的新局面，而且也是《文艺研究》的一个好传统，可以说这是刊物对学术的一种爱护与尊重，是一种具有远见卓识的抢救学术财富的战略性措施，后来还刊有季美林教授的自传性长文，年轻的学者可以从中得到不少启发。

《文艺研究》刊发的各种论文，学术含量厚重，其中文学理论、美学占有很大的比重。我们这一代人，可以说是解放思想、改革开放三十年里文艺实践的直接参与者，《文艺研究》三十年的经历，实际上也就是我们在文学理论、美学方面不断探索的经历。在解放思想、改革开放的思想方针的指导下，《文艺研究》一开始就对所谓"文艺黑线专政论"进行了批判，同时提出了多年来阻碍文艺发展的不少重要问题，其中特别是文艺和政治的关系问题，人性与阶级性和人道主义的问题。十分有意思的，这几个大问题都是几位老学者提出而展开了大讨论的。对于文艺工具论、文艺从属政治等提法，1979 年就有专文进行质疑、批评。在反思的基础上，终于促成了 1980 年自上而下地对文学地位的重新阐释：文学要为人民服务，要为社会主义服务，今后不再提文艺从属政治，这自然并不是说文艺与政治无关。文艺从从属于政治的地位解放出来，使其获得了相对的独立性，并在独立中获得了自己的身份，这个身份对文艺本身来说意义重大，对于文艺工作者来说，真有一种解放之感。《文艺研究》关于人性、阶级性、人道主义、人情味等问题的提出，具有首发意义，使得这场讨论和文艺与政治关系一样，在全国刊物上持续了好些年。人性、人道主义与文学关系的大讨论，密切了文学与人的关系，使文学获得了自身的灵魂。文学如果不通人性、没有人情，没有一种对于人的生存境况的人文关怀及其命运的叩问，它何以成为文学？文学的身份与灵魂两个大问题，我都参与过讨论，有所收获，但也存在旧有影响。现今文学评论中，对于一些作品里的恶俗描写用"他也是人"的借口给以抵挡，这就把批评的价值准则完全解构了。另一件使人不能忘怀的事是，《文艺研究》创刊号就刊载了介绍西方现代派文学象征主义、意识流、荒诞派的文章。这对于当时久久隔膜的我国读者来说完全是件新鲜的事，对我来说也是如此，而且我也是接受的。但是后来读到外国的一些现代派作家和我国的浅薄的介绍把现代派说得妙不可言的文章，一味贬抑现实主义，宣扬现实主义是僵死的反映，并要用现代主义来取代现实主义文学时，就引起了我的内心的怀疑，而不得不来研究它们的各自特征。这时文学理论方面，《文艺研究》还发动了关于形象思维、革命现实主义、文学是人学、现实主义与反现实主义、灵感问题、艺术美、诗歌形式的民族化的讨论，此外还有其他不少理论问题。我也加入了一些问题的探讨。可以说《文艺研究》一开始就站到学术发展的前沿，显示了我国文艺研究的雄厚力量。它在理论上的多样化，它的配有中西绘画和雕塑图片的独特设计，更显出它的艺术面貌的丰富多彩。

随后是文学理论的方法论、文学观念热，这是被上世纪80年代初一系列的文学理论的讨论所积累的经验所准备好了的。这一段时期，有不少学者在思考文学本质的问题，都希望在文学观念方面有所更新，以适应文学实践的需要，从而提出了各种各样的文学观念。70年代末，就有关于艺术生产问题的讨论，后有认识论文学观的坚持，有作家关于"纯文学"观的倡导，有在韦勒克等人提出的文学的内在研究的基础上形成的文学语言、修辞、形式而后转向审美论或审美主义的文学观，有文学象征论、主体论文学观，有在文艺心理学、精神分析理论的基础上来规范文学观念的尝试，有用控制论、系统论、信息论来阐释文学本质的思考。多年的文学理论的参与活动与对于上述种种文学观念的思考与反复衡量，促使我与其他学者一起提出了审美反映论，同时形成了审美意识形态文学观念论，并以马恩提出的历史的回溯方法，历史地探讨了我提出的文学观念的源起。需要感谢的是《文艺研究》很快地刊载了我的这些论文，因为那时有的刊物大概认为我"左"，拒发我自认为用力最勤的论述审美反映的长文，后来我对这些论文稍加整理，作为核心思想，写入了我的《文学原理——发展论》。而"左派"则认为我右，形势一变就对我同其他学者一起提出的审美反映、审美意识形态观念进行批判了。这种两难境地，反倒使我高兴，在学术上我就是要走"中间"道路，即在马克思主义的解放思想、改革开放、实事求是的思想指导下，不"左"不右，以学理为重，吸取各家各派长处，为我所用，确立自己的学术领域与学术个性。

90 年代初的一个时期，一般被称为反思的时期。在一个相当长的时期里，文学理论慢慢失去了 80 年代那种轰动效应，文学理论比较平静地讨论了自身的诸多问题而有所深入。1993 年，《文艺研究》以"拓展理论思维"为号召，推出一组力主运用后现代主义思维研究文学理论的尝试。但由于思想准备不足，有关这方面的介绍与论述，较多地发表在其他报刊上，在《文艺研究》上这方面只有个别文章被刊载出来。有关后现代主义的思潮的介绍与张扬，主要到 90 年代以后和新世纪初，一批中年学者经过各种尝试、实践与操练，终于以文化研究为载体，大力推行而后发展成为流行一时的新思潮。提出的主要问题有文学艺术消亡论，以文化研究替代文学理论，提倡反本质主义，以知识零碎化替代知识系统化与大叙事，以文学性研究代替文本与文学研究，以日常生活审美化与大众文化消解审美与非审美、严肃文学与大众消费文学的界限，以极端的相对主义消解与替代必要的价值判断，遇到低俗的审美现象认为凡是存在的都是合理的，碰上自己不称意的东西就提出需要进行政治批判，等等。这类文章在《文艺研究》上引起了热烈的争论，有相当的深度，学风也好，争论是价值的增值，而非凶狠的绞杀与消灭。

最近几年来，《文艺研究》有关文学理论方面所发的论文，内容丰富，水平大有提高，而且是全方位的，这与我国文学研究的整体实力提高大有关系。例如在对待外国文化研究的批判方面、审美超越问题、艺术的终结与重生、文化研究的兴起和文学救赎功能的变迁、文学批评的美学的历史的标准的和谐统一、视觉文化研究中的问题、"后理论时代"西方文化症候、超越意识美学与身体美学的对立、审美共通感与现代社会、马克思主义文艺学在当代的发展和意义、中国马克思主义美学的基本问题与理论模式、生态批评的知识空间、生态美学等文章，既有知识，又有作者自主的观点，是很耐读的。其他如古代文学理论研究、现当代文学研究、外国文论研究方面都是如此，高质量的论文很多。

最后提几点希望。要办好一个刊物，首先，我以为在科学发展观的指导下，要以现代性为动力，推动具有中国特色的文艺理论建设，因此及时把握当代文化、文艺思想的潮流是极为重要的。以现代性为动力，就是在尊重传统的基础上，努力探索理论创新的契机，追求理论的新发展，使理论适合我们当今文艺实践的需要。以现代性为动力，就需要不断反思与自我批判，抛弃僵化与教条，而有所鉴别与借鉴，在发展中不断创新。以现代性为动力，就是要建设现代需要的文学理论，现代性"是未竟的事业"而不是凌空蹈虚的后现代理论，尽管现实生活的零碎化、碎片化、不确定性在加剧，但是我们仍然需要大叙事的创新。从解放思想、改革开放之初到现在，文学理论一直不满足于现状，不断在求新求变，而取得了重大的成绩。在这方面，我觉得《文艺研究》有着其他杂志所不具的独特的经历，这就是与我国科学家的对话。钱学森院士几次有关文学艺术的谈话，都发表在《文艺研究》上，论及的问题都是文艺研究中的根本问题，从思维问题到哲学概括，高屋建瓴，谈得十分精彩。如果今后能够邀请一些人文学养深厚的自然科学家不断来谈些文艺问题，并且形成一种机制，我想是可能产生出一些思想的火花，通过自然科学和人文科学某种程度融合而形成的新思想，来改变我们的文艺研究面貌的。我希望把自然科学家所积累的财富转换为我们人文学者的精神财富，从而使文艺研究的水平获得提升。

其次是学术研究的本土化问题。我不反对大力介绍西方的学术思想，我自己就做过、做着这样的工作。外国的文化、文艺思想是我们建设现代理论的一个重要资源，闭门造车已成过去。有的外国的文化、文艺思想与我们接近些，有的远一些，作为人类文明的结晶都是有用的。但是我还没有发现，有哪一种外国文化、文艺思想直接适合我们，我们只要搬过来就可以使用。其实，即使那种特别接近我们的东西，也是一定需要进行转化工作，通过批判吸收而使其适合我们自身，成为我们的血肉，方可投入应用。比如前几年《文艺研究》上刊载一篇有关"文学死了"、今后后现代文学研究的任务是研究现代性的文章。尽管这篇文章的已故作者是我的朋友，有过广泛的交谈，但我并不同意他的这一观点，我总觉得这篇论文是介绍与搬用。后来"文学性"一词被无限放大，到处运用，但至今未有有点分量的成果。而就在同期这篇文章的前面刊有另一篇文章，谈的是同一问题，论点、结论却是完全不同。该文比较真实、客观地介绍了外国文化研究的历史及其今天的处境，它并未被普遍地接受；由于它取消了文本，或只是搭上文本，以致形成了课堂教学、研究对象的零散性与不确定性，导致了讨论、教学的空泛性，从而在教学中掏空了文学的价值与精神，以及引起它的倡导者的沉痛的反思，结论是需要回到文本。这样的介绍比较真实，而无耸人听闻的感觉，这就不是搬用，而带有独立自主性的判断了。

再其次，三十年来，《文艺研究》可以说培养了大批新学者。80年代上半期，《文艺研究》的作者以老作家、老专家居多，插进去的几位年轻作者，那是很了不起的了，如周宪、徐贲、徐岱、曹顺庆、叶廷芳等（同辈人不算在内）。后来《文艺研究》上不断出现青年人的论说，他们在理论上很有锐气，学问扎实，现在他们由青年而至中年，在文学理论、古代文论、比较文论、外国文学研究中成绩斐然，通过《文艺研究》，他们和前面那些学者一起，都成了我的好朋友。现在青年学者就更多了，队伍更壮大了。他们的新的思想、新的话语，正在改变着《文艺研究》的面貌，而更趋向新的当代。衷心地希望能够继续这一好传统，通过他们，开辟文学理论的新时代。

## 坚守理念，开阔视野，引领文潮

阎国忠

《文艺研究》三十年是伴随改革开放走过来的。它是一个窗口，从这个窗口望出去，可以看到改革开放的一个非常耀眼的侧面——思想、文化、文学、艺术生机勃勃、日趋繁荣的景象。

美学是思想、文化、文学、艺术荟萃之地，同时是衡量它的一个尺度。

三十年中，美学最大的变化是思想观念和思维方式的变化。受当时政治斗争和哲学思潮的影响，上世纪五六十年代美学被卷入唯物主义与唯心主义的争论中，四大派各树一帜，各据一方。经过几个回合的讨论和辩论，人们意识到美学作为哲学的分支，虽然不能离开主观与客观这类问题，但是真正的问题并不在这里，而在审美活动是如何形成或审美愉悦是如何发生的。实践，是一种回答。实践美学渐渐在美学界占据了主流。但是，实践如果指的是"人化自然"的实践，这是群体的、物质的实践，而审美活动是个体的、精神的活动，中间至少有许多环节尚需要给以说明。后实践美学及其他非实践美学的兴起，一下子把实践美学背后的许多重要的问题翻腾出来了。审美的生理与心理的关系，感性与理性关系，经验与超验的关系，原始意象与现实感受的关系，认识、情感与信仰的关系等等都成了人们关注的重心。于是美学向生理学、人类学、社会学、语言学、文化学延伸开去，形成了广大的发展空间，并产生了空前广泛的影响力。

《文艺研究》遵循"以马克思主义为指导，理论与实践相结合，现实性与科学性相统一"的理念，见证并引领了这一历史性过程。

印象很深的是，创刊伊始，《文艺研究》就首发了毛泽东的《同音乐工作者的谈话》，周恩来的《关于文化艺术工作两条腿走路的问题》、刘少奇的《对于文艺工作的几点意见》等，随后，又刊发了邓小平《在中国文学艺术工作者第四次代表大会上的祝辞》，这是在我国进入以经济建设为中心的社会主义时期具有指导性、纲领性的文献。这些文献，针对社会主义初级阶段的特点，就文艺与政治、文艺与人民、文艺与现实的关系以及文艺的批判继承等做了重新解读，进一步强调了贯彻"百花齐放，百家争鸣"方针对于发展繁荣文学艺术的意义，号召作家和艺术家在广泛吸收和借鉴中国古代和西方优秀的文化遗产的基础上，创造出具有中国气派和风格的作品。这些文献为学术界和文化界的思想解放提供了空前良好的政治环境和话语空间。

此后，《文艺研究》就马克思的《1844年经济学—哲学手稿》及其相关的人性论、异化和人道主义问题进行了讨论。这次讨论可以看作美学以及文艺学领域思想解放的契机和开端。朱光潜的《关于人性、人道主义、人情味和共同美问题》一文并没有很深奥的道理，但是由于它向"人性即阶级性"或"社会性"这一传统观念提出了挑战，把人性归结为自然性，产生了极富爆炸性的影响，引发了长久的学术论争。只《文艺研究》，从1979年第3期到1984年第3期，就发表有关文章二十余篇。人性和人道主义这个学术禁区打开了，被禁锢和半禁锢在禁区中的"自我"、主体、心灵、性、潜意识、幻觉、梦境、信仰、审美定势、前定和谐、原始意象，一句话，人的整个内在世界受到了前所未有的热切关注；以人的内在世界为营生的佛教、道教、基督教、伊斯兰教以及柏拉图、普洛丁、康德、叔本华、尼采、弗洛伊德、王尔德、生命哲学学派、存在主义学派等等更成了人们争相讨论的热门话题。人们重又郑重地踏上了"人啊，认识你自己"的路。

面对来自西方和中国诗论、画论中的丰富的美学遗产，人们不免有些眼花缭乱，无所适从。这是丰收的季节。五六十年代形成的各派美学利用这个机会极力调整自己，充实自己，完善自己，克服各自先天的不足。派别之间的对立在彼此借鉴中趋近淡化和消泯。蔡仪以马克思讲的"美的规律"进一步确证了美是典型的结论；朱光潜在实践概念基础上进一步阐发了主客观统一论；甚至吕荧、高尔泰的美即美感论也在某些经典文本中找到了新的支撑点。此外，值得关注的是，一直"散步"在学界之外的宗白华也以其独到的充满形而上学意味的意境论闯入人们的视野。李泽厚的《美学四讲》出版以后，以他为代表的实践派美学内部发生了新的分化和组合。李泽厚陷入了"实践本体"（"工具本体"）与"人类学本体"（"心理本体"）的二元论中不能自拔，他的美的本源、美的性质、审美对象彼此分立的说法受到了来自多方面的批评；蒋孔阳在得出了"美是多层累的突创"的结论后实际上走向了朱光潜；坚持原有的实践美学立场的只有刘纲纪，而刘纲纪在美与自然、日常生活、自由、主体性、超越性等关系的问题上又面临着来自新实践美学、后实践美学和其他美学的质疑与挑战。中国美学从此进入了一个新的探索、冲撞和整合时期。

上世纪 80 年代中期，第一批比较美学文章的问世，标志着中国美学开始自觉地与西方（以及东方）美学的对话、交往和互动，从而成为影响世界美学整体建构和格局的一个因素。三十年里，《文艺研究》先后刊出这类文章大约十几篇。可以看出，中国的比较美学正在走出最初的纯印象和纯概念层面的比较，步入以命题、主旨、底蕴、价值、影响、方法层面的比较。其中几篇涉及中西马克思主义美学、中西美学基础理论和方法、中西审美教育理论与实践的文章给我们留下了较深刻的印象，因为从中听到了中国学者自己的声音。马克思主义美学，中国有长久的研究历史，有稳定的研究群体，并且有相当多的研究成果；美学基本理论和方法，经过上世纪五六十年代及以后的讨论和争论，基本上已形成了几种可以作为依持或参照的思路和范本；审美教育理论与实践，中国有悠久的历史传统，近半个世纪来又积累了丰富的实践经验，而且从王国维、蔡元培开始，许多美学家和教育家为我们做了理论上必要的准备。可以说，这几块我们都已有了自己的立足点和话语权。美学是在西方创立和发展起来的。它的背景是资本的原始积累和启蒙运动。它的目的是在审美理想和道德意志普遍衰退的情况下，维护人类自身的尊严、完整以及社会的安定，而这正是中国当前所面对的问题；而且现代资本主义所遇到的工具理性、异化和资本的拜物教等许多问题也给我们的未来发展亮出了"黄灯"，所以为了社会和美学自身发展的需要，都要比较，以便在"综合"和"折衷"的基础上"走自己的路"。

中国现代美学从一开始就有明显的功利主义目的，上世纪 40 年代，这种功利主义在革命的背景下得到了强化，进入 80 年代后，美学一度徘徊在功利主义与超功利主义之间，但很快就在与西方美学和艺术哲学的对话中找到了一个功利主义的归宿，创立了介乎美学与文艺学之间的"文艺美学"。美学是哲学的分支，涉及形而上的超经验层面，文艺学是经验科学，文艺美学打破了这种学科界限，一方面使文艺学在学理上获得了提升，另一方面使美学有了可落脚之地。当然，审美活动和文艺活动毕竟不是一个东西，在生产劳动、科学实验、社会交往、休闲享乐，乃至日常生活中无处不可以渗透着人们的审美情趣和理想，所以，无处不可以用美学去观察，去理解，去引导。美学是一种认识论和方法论，而不仅是一门学科，只有从这个高度去看才能充分调动美学的潜能，实现它的理论的和社会的价值。《文艺研究》从创刊时起，连续组织了多次学术座谈和笔谈，其中有关新时期马克思主义美学与文艺学的发展问题，人性论与人道主义问题，审美理想问题，审美文化问题，生态和环境美学问题，文艺与意识形态问题，现代主义和后现代主义问题，市场经济条件下文艺的商品化或商品的美学品格问题等，这些座谈或笔谈不仅推动美学大踏步地走向现实，回应了现实生活中迫切需要回答的问题，而且给人们上了美学作为认识论、方法论的一课，增进了人们对美学的社会价值和现实意义的理解与信心。

但是，美学首先是一种本体论，即存在论。美学不能在回应其他经验学科和现实需求的过程中迷失自身。因为正像杜夫海纳说的，审美处在人的"根源"的底部，如果说人是劳动的产物，那么美就是劳动的一种品格；如果说人是文化的内化，那么美就是文化的一种特性；如果说人是理性的动物，那么美就是理性的表征；如果说人是会使用符号的动物，那么美就是最原始的符号。美学既是人类思想文化的最高成果，也是它的最后根据。美学的价值固然在于它的现实的功利主义诉求，但是，这种诉求只能在美学自身的问题获得解决的情况下才可能得到确立和确认。

坚守理念，开阔视野，引领文潮，这是我们对《文艺研究》三十年的描述，也是对它的期望。

## 新学科的支持者与承载者

乐黛云

1983年8月，在北京举行了第一届中美双边比较文学讨论会。钱锺书先生在会上说："我们不但开创了纪录而且也平凡地、不铺张地创造了历史。"他指出，在欧美文学界大谈"宇宙末日论"之时，参加这次会议的人"所共有的，却是一种兴奋的'开始感'"。他并预言这样的会将一次比一次多，一次比一次广，一次比一次更接近理想（钱锺书：《在中美比较文学学者双边讨论会上的发言》，载杨周翰、乐黛云主编《中国比较文学年鉴》，北京大学出版社1987年版，第366页）。两年后，国际比较文学学会第11届年会在巴黎召开，法国比较文学元勋，当年75岁高龄的艾田伯（Rene Etiemble）教授以《比较文学在中国的复兴》为题，作了他退休前最后一次总结报告。他说："倘若我们的比较文学界不满怀诚意、竭尽全力地效法中国的榜样，我们就极有可能在不久的将来成为一个取'死亡'意思的已结束的世界！"（艾田伯：《比较文学在中国的复兴》，孟华译，《中国比较文学通讯》1989年第1期）加之1985年由全国三十八所大学和研究所共同发起的中国比较文学学会的成立，中国比较文学一时在全国蓬勃铺展开来。

然而，尽管在"圈子"里如此热闹，这个新学科却并未受到学术媒体足够的重视，报纸杂志报道者寥寥无几。唯有《文艺研究》一马当先，在 1983 年第 4 期上，就集中发表了钱锺书先生的《一节历史掌故，一个宗教寓言，一篇小说》，杨周翰先生的《寓言式的梦在〈埃涅阿斯纪〉与〈红楼梦〉中的作用》，杨宪益先生的《试论欧洲十四行诗及波斯诗人莪默凯延的鲁拜体与我国唐代诗歌的可能联系》，还有张隆溪先生的《诗无达诂》。这些论著无论在影响研究、平行研究还是比较诗学等方面，都应该说是上世纪 80 年代中国比较文学发展的奠基之作。接着，1985 年发表了刘纲纪的《中西美学比较方法论的几个问题》。90 年代初期又接连刊登了周来祥、彭修艮的《中西美学范畴的逻辑发展》、肖鹰的《论中西美学的差异》、徐宏力的《自我论与"真我观"——中西审美主体意识管窥》、杨坤绪的《中西美学融汇的启端——王国维融汇中西美学思想的考察》等多篇开风气之先的文章。此后，直到 90 年代中期，《文艺研究》一直是讨论比较美学和比较艺术学的重镇。1996 年，北京大学王宇根的《诠释循环对于中西比较诗学的意义》发表，1997 年又发表了余虹的《中西诗学的入思方式及其历史性建构》和张海明的《走向比较诗学》，1999 年发表了童庆炳的《中西比较文论视野中的文化诗学》。自此，比较诗学成了《文艺研究》理论部分的重要内容。

刚进入 21 世纪，《文艺研究》就发表了著名诗论家和诗人郑敏的带有指导性和号召性的重要文章《中国文学应当关注世界文化与文学理论的发展》。当时郑敏教授正在北京师范大学担任文学理论和比较文学的博士生导师，她的这篇文章在文学研究界很有影响。后来《文艺研究》接连发表的杨慧林的《当代神学对文论研究的潜在价值》、王岳川的《"发现东方"与中西"互体互用"》、蒋述卓、周兴杰的《佛经传译中的跨文化交流模式》等论文都堪称中国比较文学的担纲之作。值得一提的是 2005 年，《文艺研究》开设了"比较文学与文论"专栏，这在众多文学期刊中，可称绝无仅有。该专栏刊载了乐黛云、王向远的《中国比较文学百年史整体观》专论，起到了为中国比较文学发展正本清源的作用。其他文章，如詹杭伦的《刘若愚及其比较诗学体系》、王文生的《王国维的"无我之境"与艾略特的"无个性文学"》、普慧的《佛典汉译及汉译佛教哲学对中国古代诗学的影响》、吴相洲的《永明体的产生与佛经转读关系的再探讨》、陈忻的《儒学对唐宋诗歌与日本和歌抒情性的影响》等也都显示了比较文学学科的重大发展及其所达到的新的水平。2006 年，《文艺研究》又开辟了新的文学人类学跨学科文学研究的专题平台，发表了叶舒宪的《"猪龙"与"熊龙"——中国维纳斯与龙之原型的艺术人类学通观》和彭兆荣的《"第四世界"的文化遗产：一个艺术人类学的视野》等。这些文章都是有着明显的前沿性与独创性的重要论著。2007 年《文艺研究》在重要位置发表了乐黛云的《文学：面对重构人类精神世界的重任》，这篇文章提出，人类生活正经历着前所未有时空巨变，这种巨变要求人类根本改变过去的世界观和人生观，铸造新的精神世界，建造一个基于生活质量而非个人财富无限聚敛的可持续的文明。这一任务将文学提升为维护多元文化共生的新人文精神的重要承载者，使文学不可避免地面临新的转型。2008 年又发表了夏中义的《论朱光潜美学与克罗齐的关系——以1948 年为转折点》和薛雯的《邓以蛰与克罗齐比较论——关于直觉、境遇、历史等概念的说明与运用》等深入而很有创意的文章。

综上所述，可以看到《文艺研究》自创刊三十年来，一直是跨文化、跨学科（包括比较文学、比较美学、文学人类学等）这一新的学术领域的支持者和承载者。当"风起于青萍之末"的时候，要感受它、认识它，看到它的发展前景，不是一件容易的事，它需要远见卓识，还要能持之以恒，始终如一。《文艺研究》的主编和工作团队正是如此，他们的高瞻远瞩贯穿了已经过去的三十年，我们有理由期待它更辉煌的未来。

## 祝贺与感谢
邵大箴

《文艺研究》是我的老朋友，我说这句话有两层意思：三十年来，它是一本我爱阅读的杂志，我从这本杂志上获得不少知识，了解了不少有用的信息，也在它上面发表过一些文章，我在学术成长的道路上得到不少帮助，对它一直怀有亲切的感情，这是其一；我和在《文艺研究》杂志社工作的一些编辑，由于工作上的来往与彼此文艺观念的交流，建立了亲近的友谊，这是其二。再往深处说，近三十年来，我们这一代人和《文艺研究》杂志一起接受了改革开放大潮的洗礼和由这一大潮激发的新观念、新思想的滋润，经受了文艺界风风雨雨的锻炼，逐渐对文艺发展规律和原理有更为深刻的认识与体会。当回顾这段历史时，我们感觉到《文艺研究》一直在我们身边，我们共同分享文艺理论研究取得的丰硕成果，共同思考当前文艺界存在的问题，以至于对未来有共同的殷切期待，这说明我们的思想感情有息息相通之处。

《文艺研究》创刊以来的三十年历程是紧跟国家改革开放步伐的，正因为如此，它把我们一群人团结在它周围。改革开放引发的思想解放运动使我们鼓足勇气在艺术观念和实践上拨乱反正，肃清"文革"的流毒；随着改革开放的步步深入，我们开始总结一个世纪以来我国文艺走过的道路，在充分肯定成绩的基础上，反省它存在的问题，并站在新的思想高度，重新审视我们的文艺遗产和民族文艺传统的价值，更加全面、客观地评价当代世界文艺状况和它的发展趋势。在这个过程中，我们不可避免地遇到如何看待 20 世纪以来西方现代文艺成果的问题，这既是一个理论研究的课题，又与我国文艺实践的探索有密切的联系。还有，"五四"以来我们的"革命文艺"高举关注人生的现实主义大旗，吸收欧洲和俄罗斯、苏联现实主义艺术营养，取得了有目共睹的成果。但是，在重视艺术反映现实生活和人民奋斗历史的同时，对人们审美需求的丰富性和艺术表现的多样性有所忽视；在绘画领域中，对传统的写意文人画片面地从题材内容的角度给予批评和否定，而对其在程式化笔墨语言中所包含的独特的民族审美理想和情趣，没有给予充分的肯定……与此同时，迎着改革开放的春风，我国学术界对文艺理论基础问题的研究也在逐步展开；文艺实践多元、多样的探索日益活跃，新的创作成果不断涌现，也不断给理论研究提出新的课题。

《文艺研究》之所以能受到包括文艺界人士在内的广大读者的持久关注，因为它一方面准确地把握住了当代中国文艺的脉搏，及时反映学术界对当代文艺问题的思考和有关研究成果；另一方面，它还十分关注基础理论的研究和从宏观视角反映世界各民族文艺思潮与动向，以此开阔人们的视野，推动人们对艺术原理的认识和遵循艺术规律的自觉性。它认真、冷静地观察和分析国内外各种文艺现象，并力求从理论高度引导人们分清哪些是流行时尚，哪些是严肃思潮。《文艺研究》上发表的文章一般都有相当的理论深度，而且有很大的学术包容性，鼓励不同观点的作者发表有独立见解的文章，在刊物上友好地展开学术争鸣。此外，它还注意发现和培养新人，刊物上一些很有生气的文章，常常出自青年作者之手。

在我和《文艺研究》打交道的过程中，给我印象最深的是编辑们独特的组稿方式。80—90 年代我在《文艺研究》上发表的文章，都是由姚振仁和马肇元两位编辑负责联系的。他们先后都曾担任过《文艺研究》的副主编。在每篇文章约稿前，他们都到我家聊天，谈话的内容有时海阔天空，漫谈文艺界当前动向；有时围绕我的专业所长，就我最近在思考和研究的学术问题，听取我的意见，并以"听众""朋友"和"编辑"的几重身份对我的想法或观点，发出各种提问。在交谈过程中，我们彼此不自觉地在激发对方的思维。他们当然是带着编辑部组稿意图来的，我当然有自己的写作计划，但在我们交谈中往往在观念碰撞中迸发出一些新的思想火花，对完善他们的编辑意图和深化我的写作构思都有所帮助。每当我们的思路比较清晰、明确时，我们便敲定文章的主题。在这个过程中，我感受颇多的是他们作为一本文艺理论杂志的编辑知识领域的宽广和工作态度的认真。不用说，他们不可能对文艺各领域的问题都有很深的研究，但他们或者能提供与此课题研究的有关信息，或者从编辑和读者的角度提出自己的意见或疑问。我在每次和他们的交谈中都得到一些启发，使自己的写作更有目的性和针对性。我更对他们"为人作嫁衣裳"的奉献精神深深感动。姚振仁君有坚实的文艺理论基础，有很好的写作能力；马肇元君外语水平很高，翻译能力很强，但他们都把主要精力放在编辑业务上，工作兢兢业业。每次读到我在《文艺研究》上发表的文章，我都感觉到这里面有他们花费的心血，对他们怀有由衷的感激之情。

近十多年来，随着电子媒体的普及，平面媒体的报纸杂志遇到挑战。在这种情况下要办好一本有学术性的文艺理论杂志所遇到的困难可想而知。但是《文艺研究》的同仁们继续发扬改革开放的精神，在坚持严肃的学术方向的前提下，开拓思路，仍然把刊物办得有声有色，这是值得我们钦佩和学习的。

衷心祝贺《文艺研究》创刊三十周年，它光辉的昨天和今天，预示着它灿烂的明天！

## 敬业则业兴

刘梦溪

《文艺研究》是我的朋友，而且是月明风清、君子相交淡如水的朋友。我和他不密，我知道他的存在，他也知道我的存在。毗邻而居，却很少热络过从。我悄悄地对他有一份期许。难得的是三十年如一日的以诚相待。不禁想起逸少所谓"人之相与，俯仰一世，或取诸怀抱，晤言一室之内；或因寄所托，放浪形骸之外。虽取舍万殊，静躁不同，当其欣于所遇，暂得于己，快然自足，曾不知老之将至"。可不是么？我和《文艺研究》的"相与"与"相遇"，今已过去三十个寒暑，当时还未届不惑之年。

也许是"所托"和"怀抱"搭起了"寄"或"取"的桥梁。

《文艺研究》笔政数易，风格一以贯之。创办人兼第一任主编林元先生，是一位对文艺事业终身以之的人。他是作家，但对编刊办报情有独钟。1945年曾创办《独立周报》，1948年担任过大名鼎鼎的《观察》杂志的代理总编。上世纪50年代则参与《新观察》的编辑工作。他无法逃过1957年那一劫，是可以想象的。因此当1978年受命创办一本新刊物，他情绪热烈，每次见面，都不忘向我约稿。其实他比我年长多多，为了守护心中的文化理想，他视每个可能的作者都是平等的众僧。他身上有三四十年代老报人的作风。他愿意各种思想都能够在自己的园地得以表达。浅识者以为他左右逢源，其实他自有不可移易的"了解之同情"的所在。可贵的是，后继者孙吴、王波云、柏柳、方宁几位笔政，一依林氏遗风，而勤慎谨勉有过之而无不及。

总之《文艺研究》就这样办下来了，由双月刊而月刊，转瞬三十年，越办越好。市场潮流冲击，他们坚守学术。艺文思潮跌宕，他们自有宗主。偶尔政教限人，他们不忘兼容。本来同处一院，却很少听到他们的声音。他们是不善哭闹的孩童。只做不说，多做少说，是他们行事的准则。这和"力行近乎仁"的孔门之教闇与理合。不必认为他们具有释氏的"觉悟"，在他们只不过是适吾事而已。而不知其然而然，按章实斋的说法，已经"近道"矣。要窽在于，对学问文化，对本职本业，对读者作者，始终抱持日用常行的诚敬之心。故敬业则业兴，一人之业，群体之业，天下之业，莫不如是。孔子说："居处恭，执事敬，与人忠。虽之夷狄，不可弃也。"孟子说："行吾敬，故谓之内也。"二程子说："诚者天之道，敬者人事之本。敬则诚。"《文艺研究》诸编辑执事的"居敬"与"持敬"，我留有深刻印象，也是三十年来我对此刊向无异词的一个因由。

林元 1988 年辞世，而早在刊业初举之际，已因一次出差滑倒澡盆致右胯折断。此后多年，都是拄着拐杖，步履趔趄地主持编务。有时相遇于途，他依然故我地期期艾艾于他的刊物。他朋友多，耳目灵通。在听完他唏唏嘈嘈的一番广东普通话之后，再回望他蹒跚的背影，我感到一丝凄楚，一丝悲壮。

除了林元，《文艺研究》其他主事并不经常向我约稿，可能是由于我的研究范围已经"弃文"就史。不过只要有文章给他们，总会及时刊载。孙吴说"恭请发表"一语的笑容，至今我还记得。柏柳就严肃了："我们经研究决定发表，但副题是不是可以去掉？"方宁则说："已经交给伯陶了，会尽早安排。"我的文章大都由赵伯陶先生担任责编，他北大中文系文学专业毕业，学问根底扎实。方宁的专业来历我不甚了然，只知由他担纲后，刊物面貌大为改观，已有的传统多方面光而大之。改为月刊就是方宁的大胆决策。他为人简重，识见不凡，年龄虽轻，却有宗主。由他主笔政，可谓得人。

没想到《文艺研究》这么快就三十年了。

方宁打来电话，希望我能略志所感。并发来了《文艺研究》发表的我的文章的目录。共十一篇，差不多平均每三年一篇，不算多，也不算少。而且颇能反映近三十我的学问历程。关于红学的两篇，发表于创刊的头两年。1981 至 1983 年的三篇，是对文艺学理念和新时期文学思潮的论述。然后戛然而止。待到再发已是九年后的 1992 年了，《汉译佛典和中国的文体流变》，刊于那一年的第 3 期。又过九年，是《陈寅恪与红楼梦》，刊于 2001 年第 1 期。接下来是 2002 年第 3 期的《王国维、陈寅恪与中国现代学术》，2003 年第 6 期的《马一浮的学术精神和学问态度》，2005 年第 7 期的《马一浮的佛禅境界和方外诸友》，以及 2007 年第 10 期的《"艺术是克服困难"——看〈范曾〉，寄遐思》。文章都很长，十一篇的字数竟有十六万之多。而且不受学科的限制，编者并未因"艺""文"两字自划畛域。

作为作者，我自然很感谢这个刊物。作为作者和读者，感谢之余则表示祝贺。2006 年春天，范曾教授调入我们中国文化研究所，季羡林先生在医院写来一纸贺语，曰"善来"，毛笔书写，并附梵文。我在此把这一贺语转赠给《文艺研究》——而立之年，功德圆满，自是善来。

## 我的一点感言

郎绍君

《文艺研究》创刊三十周年了，恰好，我到中国艺术研究院也是三十年。在这三十年里，我从《文艺研究》学习到了许多东西，也得到了新老两代编辑的抬爱。我与许多刊物有文字联系，但刊发最多、交往最密切的，还是《文艺研究》——尤其在姚振仁先生主持编辑工作的"恭王府时期"。那些年，国内的文艺刊物还不像现在这么多，也没有这么亲近商业；编辑和作者的关系很单纯，没有当下这样多"利"的因素。在和姚先生的交往中，我懂得了编辑作为一种事业的意义，知道了什么叫做好的编辑——他们读书多、识见广、思想开放，有真诚的人文关怀，能够全身心投入。他们的真诚与认真，"逼"着你不能不全力以赴。

《文艺研究》是改革开放的产物，也是文艺领域改革开放的参与者和见证者。我的感觉是，扎实、稳健而有针对性的理论探讨，是它的基本特色。在中国三十年寻求新变、波澜起伏的文艺潮涌中，它不是冲浪的弄潮儿，也不是带着救生圈的岸边泳者，而像一个熟悉水性、紧随大潮、挥桨前行的舟子。这可以理解。《文艺研究》是文化部主管的学术刊物，也是体制内的期刊，它要为逐渐转型中的现行体制和意识形态服务，易言之，要为国家的改革开放这个总目标发挥作用。而改革开放是一个有序的渐变过程，不是"左"的守旧，也不是右的自由化。但至少在文艺界，对于改革开放的理解和态度并不一致——抵制的、激进的、观望的、投机的，都有。《文艺研究》的"扎实、稳健"，第一表现在它对学术理念的坚持，第二表现在它对"非争鸣性"的坚持，第三表现在它坚持开放但又不过激的态度。它传递主流的声音，也涵容一定的"体制外""非主流"的声音（这些声音，特别是后者，是漂泊流动的），这在社会转型时期，在"摸着石头过河"的现代化探索过程中，是十分正常的现象。从这个意义上说，要观察和总结三十年来中国文艺思想的多方面变化，《文艺研究》这个窗口的价值不能忽视。

作为中国艺术研究院的院刊，《文艺研究》对内面向全院，对外面向整个文艺理论界。这就意味着，除了普适性的文学艺术理论问题之外，它还要关注美术、戏剧、音乐、影视、舞蹈、曲艺等各门类艺术，组织和发表研究它们的历史、语言、功能等各方面特殊性的文章，并为它们的相互交流提供一个平台。对于《文艺研究》，我除了关心美术研究的文字，也喜欢看其他理论研究的文章，虽然我的阅读多是走马观花、不求甚解，也还是获得了不少知识，受到了很多启发。

美术行当有其特殊性，需要有独特的专业性把握，但美术绝非孤立的存在，它和姊妹艺术有诸多相通处、相关处。对各门类艺术的广泛关心，对于开阔眼光、连类比较，大大有益。《文艺研究》这个平台，在一定程度上把各种理论的交流推向了更深更广的层面。譬如，前两年由杂志社和有关单位组织的"风景的当代方式"座谈会，邀请各界学者如余虹、张法、陶东风、崔卫平、肖鹰、曹卫东、王家新等，与美术理论家一起，通过一个展场的作品谈论风景问题，这便是有突破意义的尝试。在当代中国，"完整"的美术展览都要举办"学术研讨会"，请一些美术批评家发表意见。但美术界一向缺乏批评的勇气和氛围，加之人文修养的相对贫乏，"学术讨论"大多是走走形式，说些"格式化"、应酬性的套话而已。当下的美术家，多已沦落为失掉意义追求、可批量生产的商业画家；当下的美术批评，也大多沦为商业性"广告"。如何改变这种现状，强化它们关注人生与社会、追求观念与意义的力度，是一个迫切的问题。扩展美术批评的对象和范围，改善美术批评主体的结构，请人文学者、社科学者广泛地参与进来，应该是提升美术批评质量、改变美术现状的有效途径。《文艺研究》在这方面可以发挥更大的作用。

像所有的"老杂志"一样，《文艺研究》也在随着时光和社会境遇的变化而变化。老编辑、老作者逐渐淡出，新编辑、新作者不断涌现。年轻的编辑、作者在知识结构、观念意识、学术眼光、关注对象、表述方式各方面，都和前辈们有所不同。他们更适应迅疾变化的环境气候，视野更开阔，更亲近"现代性"。不必讳言，他们与商业的关系更密切，水准的差异也更明显。这从杂志上有关美术的文章就可以看得很清楚，因此，有必要进一步提升编辑的问题意识和审读能力，加强对作者的熟悉与选择。

当代的刊物，特别是学术刊物，都面临着经费紧缺的问题。大约自上世纪末以来，不少刊物都增设了收费的美术版面。这是刊物生存的需要，也是不得已而为之的事。但同时又势必影响着刊物的学术质量，乃至学术形象，这也是事实。我们知道，这不是一本刊物的问题，而是所有受限于产业化、现行学术评估机制的大学、研究机关、出版业等等都面临的问题。

在纪念《文艺研究》创刊三十周年的时候，学术界应该对它的历史与现状以及不断面临的新问题作进一步的回顾与反思，使其有更健康的发展。

## 在历史的起点上继续前进

柏　柳

改革开放标志着中国步入了历史发展的新时期。《文艺研究》这本研究中外文学艺术的综合性文艺理论刊物，创刊于 1979 年 5 月，是改革开放的产物。它在我国经济、政治、文化体制改革和文艺变革中成长发展，迄今已三十年了。改革开放丰富发展了马克思主义，开创了建设中国特色社会主义的道路，同时也为中国文艺理论发展提供了良好的历史机遇。《文艺研究》作为文艺科学的一个学术园地，认真贯彻实行"双百"方针，吸引与团结了我国众多学识卓著的老一辈专家学者和一大批学有专长的中青年学者，在他们共同努力与支持下，刊物能跟随时代步伐，为建设中国特色社会主义文艺理论做出了应有的贡献。

《文艺研究》是文化部主管、中国艺术研究院主办的院刊。我想先引用文化部2000 年 4 号文件《文化部关于表彰〈文艺研究〉杂志社的通报》中对该刊学术上的评价："在学术上致力于文艺科学基础理论的研究，探索与揭示文艺发展的基本规律，贯彻理论与实际相结合的原则，注意分析和解决我国文艺发展中出现的新情况和新问题，为推进有中国特色的文艺理论建设，为社会主义文艺事业的繁荣与发展做出了突出贡献。《文艺研究》不仅是代表我国文艺理论研究水平的一个窗口，也是文艺战线的一块重要理论阵地，在国内外文化艺术界获得了广泛的赞誉。"《文艺研究》先后六次获得由中宣部、中国新闻出版署、科技部颁发的奖励称号为"全国优秀评论报刊""全国百种重点社科期刊""国家期刊奖"的国家级大奖。嘉奖是对我们的鼓励，也是对我们的鞭策和期望：《文艺研究》要与时俱进，办得更好。这也是时代赋予我们的光荣使命。我同《文艺研究》的同事们都深受鼓舞。2002年春节后不久，我就退休了，由方宁同志接班，主持全面工作。他们没有辜负时代的要求和上级领导的期望。《文艺研究》编辑部是个富有时代精神的集体，是个团结能战斗的集体，他们满怀振兴中华的激情，继承发扬了第一任主编林元同志倡导和身体力行的甘为他人做嫁衣裳的奉献精神和奋发图强的敬业精神，八年来，跟随改革开放时代的前进步伐，使《文艺研究》越办越好，在保持原有品质和风格的基础上，又有了新的发展。如在编辑选题上，不仅保持了马克思主义美学、文艺学研究在刊物的中心地位，还加强了文艺理论基础性研究的当代性，加强了对文艺新领域和学科前沿性研究，刊物引用率，在我国文学艺术类期刊中名列前茅，获得了良好的声誉。他们的敬业精神令我钦佩。在我主持工作时期，是 12 名工作人员，办的是双月刊，每年 6 期，每期 10 个印张，160 页，22 万字，8 个彩页。现在的《文艺研究》面貌一新，是国际流行的大开本月刊，每年 12 期，每期 168 页，26 万字，16 个彩页，工作量比过去增加了一倍多，而工作人员由 12 人减少到 10 个人。再有，是我所不能及和让我非常羡慕的，办刊经费过去是靠国家拨款，现在的大开本《文艺研究》在经济上已做到自力更生，这是《文艺研究》发展史上的奇迹。我很荣幸参与创办《文艺研究》，目睹她的成长与发展，在创刊三十周年之际，我衷心祝愿她在新的历史起点上，在科学发展观引领下继续前进。为此，提出如下几点建议和希望：

**一、总结经验，巩固、深化与发展文艺变革的理论研究成果**

三十年改革开放的实践雄辩地证明，只有改革开放才能发展中国，才能使中国的文艺事业走上健康发展的道路。"文革"之后，中国文坛一片荒芜，为了清除"左"的教条主义在理论上造成的混乱，《文艺研究》在草创时期，就同文论界一起对文艺与政治关系、人性人道主义、艺术思维等问题开展了讨论，从 80 年代中期到 21 世纪初，相继开展了关于艺术本质、文艺主体性、毛泽东文艺思想、社会主义文艺性质与特征、文艺的意识形态性和审美意识形态性以及对西方美学和艺术理论、中国传统美学和艺术理论的研究，有选择地进行了专题讨论。尤其是对马克思主义美学、文艺学的研究，在《文艺研究》经久不衰，占据中心地位。通过这些探讨研究，取得了丰硕成果，其中一些是过去没有出现过的或没有解决过的理论问题，取得了突破性的进展，为建设中国特色文艺理论体系起到了铺路石的作用。新时期中国的文艺理论研究工作的成绩是很大的，是具有历史意义的，在中国文艺发展史上增加了新的一页。虽然，这些理论成果，并不是十全十美的，还有待通过扬弃、充实、深化，不断提高，不断完善，但是，毕竟为我们提供了发展的基础，我们应当珍惜它、发展它，这是我们文艺理论工作者不可推卸的历史责任。

**二、坚持做好文艺科学的基础性研究**

科学是关于自然、社会和思维的知识体系。从事科学研究是一项探索发现客观事实和规律的崇高事业。自然科学的基础性研究，19 世纪由于电磁学的发展，导致了电气化时代的到来，20 世纪，如果"没有 20 世纪初基础科学的伟大成果即量子论、相对论、电磁场理论的创立和生命科学的发展，也不可能有 20 世纪的核技术、电子与通讯技术、空间技术及生物技术的进展，不可能有当代一系列技术革命和产业革命"。"自然科学基础性研究所揭示的客观规律，从来就是哲学包括马克思主义哲学的基础和重要来源。"（路甬祥：《关于我国的自然科学基础性研究》，《光明日报》1997 年 10 月 24 日）我们所从事的文艺科学的基础研究和基础应用研究，同自然科学在学术研究的规律上是相通的，只有基础理论研究的进步与发展，才能从根本上解决文艺繁荣与发展的问题。文艺是由各个不同的艺术门类组成的。由于塑造艺术形象的媒介和方式方法不同，形成不同的审美特点，各门艺术具有各自的规律性。它们同探索文艺共同规律的基础性研究是特殊与一般的关系。基础研究应以马克思主义世界观、方法论为指导。文艺科学是探索与揭示文艺发生发展规律的知识体系。文艺学和美学是基础性研究。文艺学要对艺术本质、艺术功能、艺术本体、艺术反映、艺术思维、艺术心理、艺术创作、艺术鉴赏与批评等的规律作探索研究；美学要对美的规律、审美（客体、主体关系）规律、审美反映规律以及社会美、自然美、艺术美、艺术丑规律等进行探索与研究。基础性研究的成果同自然科学一样，以论文、学术专著的形式问世。文艺科学的基础研究（即原理研究）同各门类艺术品创造规律的研究，是基础研究同基础应用研究的关系。艺术是社会生活的反映，随着社会的进步与发展，人们物质生活和精神生活的进步与发展，在艺术创造活动中，会出现许多新的情况与问题，它们又会成为新的基础研究的新的目标。如市场经济同文艺的关系就是一个新的课题。市场经济不只对人们的物质生活有直接关系，而且对人们的精神生活有重要影响。在我们的社会主义国家里，文艺的商品属性日益显著，而文艺作品的意识形态性，尤其是占市场份额最大的娱乐性的文艺作品的意识形态性显得淡薄和模糊起来。文艺的本质或本性是否有必要重新认识呢？有学者认为，文艺作品的意识形态性是社会性质的表现，娱乐性文艺作品不具有意识形态性。为了满足广大社会阶层的更为丰富的审美需要，有利于人们消闲娱乐的文艺作品即使没有任何政治倾向即意识形态性，也可以大量存在。他们认为这是认识文艺具有非意识形态性的一个依据。文艺的本性具有审美性、意识形态性和非意识形态性，不能将文艺本性直接界定为意识形态性。文艺科学的一些基本原理如文艺本质问题等，应当继续深入研究，《文艺研究》在这方面应当有所作为。

### 三、为发展马克思主义文艺理论做出新的努力

马克思主义的青春永驻，是因为它是不断发展的。《共产党宣言》1848 年 2 月问世时就指出：《宣言》的"基本原理的实际运用，随时随地都要以当时的历史条

件为转移"。二十四年后，在 1872 年德文版序言中以总结巴黎公社的经验为例，指出《宣言》"现在有些地方过时了"，并提出"工人阶级不能简单地掌握现成的国家机器，并利用它来达到自己的目的"的思想，对发展马克思主义做出了重大贡献。这个理论在俄国和中国的革命和社会主义建设中得到证明。马克思主义基本原理是在中国化的实际运用中发展的，离开"中国化"，坚持马克思主义就没有意义。中国特色社会主义，把社会主义同市场经济结合起来，建立社会主义市场经济体制，对马克思主义发展做出了历史性的贡献。中国的马克思主义文艺理论，也必须随着中国特色社会主义实践的发展而发展。如中国的市场经济是和社会主义基本制度结合在一起运行的。市场经济作为手段，运用商品生产的价值规律，起到优化资源配置的作用。达到促进技术进步，发展生产力，富国富民的目的。由于市场经济本质上是竞争的经济，只有通过市场竞争才能达到这个目的。市场竞争奉行优胜劣汰的法则，动力是为了利润最大化，它的价值观——拜金主义对人的社会良心和公平正义是很大的挑战，物欲横流，会使人性发生异化，会使真善美和假恶丑的界限变得模糊起来。拜金主义、极端个人主义同社会主义价值观格格不入，对社会主义精神文明会产生负面影响。这是在文艺实践——文艺创作和文艺理论批评——中遇到的新情况和新问题，需要我们深入研究，在理论和实践上做出回答。

**四、坚持贯彻实行"百花齐放、百家争鸣"方针**

对"双百"方针能不能得到真正实行，学术界、文化界、文艺界有着正反两方面的深刻的经验教训。"双百"方针是办好《文艺研究》的保证。学术研究是一个探求科学真理的过程。科学真理是随着社会实践和生产实践不断被发现、不断发展的。美学、文艺学、艺术学理论也是随着时代不断丰富和发展的。每个潜心探求科学真理的人都在各自的研究领域做出贡献。由于他们的研究成果只是真理长河中的一个颗粒，而且，往往一个文艺现象，需要从多个方面来揭示其奥秘，因此，我们在学术研究上坚持百花齐放、百家争鸣，搞五湖四海，提倡学术民主和学术平等；尊重学术、尊重学者个人风格；搞学派，不搞门户之见，达到"坚持真理，修正错误"繁荣与发展学术的目的。这是符合学术理论研究发展规律的。"双百"是法宝，法宝不能丢。

## 5月11日

《文艺研究》成立学术委员会，成员为方宁、陈剑澜、金宁、戴阿宝。

由方宁主编、人民出版社和西南师范大学出版社联合出版的"阐释与创造/文艺研究书系"出版，分为《批评的力量》《理论的声音》《学者之镜》三辑，共 120 万字。

## ■ 6月13—14日

　　中国艺术研究院、《文艺研究》召开"反思与发展：中国文艺研究三十年暨纪念《文艺研究》创刊三十周年学术研讨会"。文化部副部长、中国艺术研究院院长王文章在开幕式上致词，李希凡、胡经之、童庆炳、刘梦溪、曾繁仁、杨慧林、陈平原、柏柳、卜键、阎晶明、李树声、胡明等学者先后发言。来自北京大学、清华大学、中国人民大学、北京师范大学等高校与中国社会科学院、《人民日报》等研究机构、新闻出版单位的90余位专家学者出席会议。与会者围绕文艺繁荣与发展、新时期文艺思潮、文艺研究中的本土经验、文艺理论与美学的当代性、文艺批评的标准与社会功能等问题展开深入研讨。《人民日报》《人民日报·海外版》《光明日报》《文艺报》《中国文化报》《中国艺术报》《中国社会科学报》等报陆续报道会议。随后，《文艺研究》本年第7期发表文化部副部长、中国艺术研究院院长王文章的致词及会议综述。

### 在纪念《文艺研究》创刊三十周年
### 学术研讨会上的致词

文化部副部长、中国艺术研究院院长　　王文章

　　尊敬的各位来宾、各位学者、各位朋友：

　　上午好！

　　今天，非常高兴在这里和大家一起纪念《文艺研究》创刊三十周年，首先我代表中国艺术研究院对各位的到来表示欢迎和感谢！

　　《文艺研究》创刊于1979年5月，伴随着新时期改革开放事业走过了整整三十年。三十年来，《文艺研究》坚持正确的办刊宗旨，始终以马克思主义为指导，认真贯彻"双百"方针，奉行"五湖四海"、学术平等的原则，在美学、文艺学、艺术学和各门类艺术研究中，既着眼于学术建设，又注意解决文艺实践中出现的新问题，为我国社会主义文艺事业做出了重要的贡献。

　　《文艺研究》在党的十一届三中全会的春风中诞生，创刊伊始，就对所谓"文艺黑线专政论"进行清算，发表了毛泽东、周恩来、陈毅、邓小平等党和国家领导人关于文艺问题的多篇谈话和报告，成为新时期文艺思想领域拨乱反正的重要理论依据。与此同时，《文艺研究》组织"文革"后重返文坛的老一辈学者、作家、艺术家，会同一批优秀的中青年学者，就"文艺与政治""人性、人道主义、人情味及共同美""形象思维""西方现代派文艺"等理论问题，展开深入系统的讨论。这

些讨论突破了过去"极左"路线设置的种种"禁区",以实事求是的态度探索文艺发展的客观规律,对文艺界的思想解放和新时期文学艺术的繁荣产生了深远的影响。在讨论中,《文艺研究》秉持开放、开明、稳健、包容的精神,提倡求真务实的学风,鼓励不同学术观点的交流与对话,树立了刊物的基本形象。这种精神,在以后关于"现实主义与现代主义""文艺的意识形态性"等一系列讨论中,得到了进一步弘扬,成为刊物至今保持的一个良好的传统。

在完成文艺思想界拨乱反正的历史任务之后,《文艺研究》把注意力转向当代文艺思想建设方面,从理论和批评的角度探索文艺的一般规律与现实问题,积极推进文学艺术学科的发展,涵盖文学艺术的综合研究,文学、美术、戏剧、影视、音乐、舞蹈等部门艺术理论和创作实践研究,以及中外文艺理论、文艺思潮、文艺流派的研究等,逐渐成为各文艺学科展示优秀成果的重要平台。纵观《文艺研究》历年关注的问题和积累的学术成果,可以清晰地发现我国新时期文学艺术研究的发展轨迹和丰硕收获。可以说,三十年来,《文艺研究》从思想文化建设的角度参与到改革开放和社会主义现代化建设事业中,见证了中国社会的历史性巨变。

《文艺研究》是文化部主管、中国艺术研究院主办的综合性文艺理论刊物。创刊以来,张庚、林元、王波云、柏柳同志曾先后担任主编,他们为刊物的发展、为推动我国文艺理论建设和文艺创作的繁荣,做出了重要贡献。在进入 21 世纪的这十年里,《文艺研究》继承、保持和发扬了老一辈专家创刊、办刊的优秀传统,同时积极探索社会主义市场经济条件下人文学术刊物的发展之道。2005 年,中国艺术研究院研究决定,《文艺研究》正式由双月刊改为月刊,刊物的面貌和内容也有较大调整,既牢牢把握时代的脉搏,关注现实问题,又使整体学术质量大大提高。这次改刊,在学术理论界和期刊界引起了较大反响。作为在国内具有重要影响的学术理论刊物,《文艺研究》的改刊之举是成功的,其经验值得认真总结。

学术刊物编辑是一件平凡而崇高的工作,需要眼光、责任心、耐力和奉献精神。《文艺研究》在不断发展的过程中,坚持解放思想,以创新的勇气锐意进取,在市场经济环境下不为浮躁、急功近利的社会风气所动,把独立思考放在首位,以沉着、冷静和犀利的态度办刊,以兼容并包的精神来对待学术发展,使刊物保持高格调、高品质,受到同行的广泛赞誉。编辑部人员纪律严格,业务素质精良,任劳任怨,无论在何种条件下,始终保持旺盛的工作热情,从事高效率的学术生产,这是难能可贵的。

在此,我希望《文艺研究》以创刊三十周年为契机,继续坚持以传播社会主义先进文化为己任,以科学发展观为指导,认真总结经验,在继续保证学术质量和学术地位的同时，大力探索新的发展路径，开拓创新，为文艺理论研究注入新的活力，推出更多的优秀栏目，赢得读者，赢得市场，在新的历史时期再创辉煌！

## 反思与发展：中国文艺研究三十年
### ——暨纪念《文艺研究》创刊三十周年学术研讨会综述
本刊编辑部

2009 年 6 月 13 至 14 日，由中国艺术研究院主办、《文艺研究》杂志承办的"反思与发展：中国文艺研究三十年暨纪念《文艺研究》创刊三十周年学术研讨会"在北京隆重召开。文化部副部长、中国艺术研究院院长王文章到会并发表了致词，中国艺术研究院副院长刘茜、张庆善、王能宪、李长林出席了会议。开幕式由《文艺研究》主编方宁主持。文艺理论界知名学者李希凡、胡经之、童庆炳、刘梦溪、曾繁仁、杨慧林、陈平原、柏柳、卜键、张政文等应邀在开幕式上发言。参加会议的代表来自北京大学、清华大学、中国人民大学、北京师范大学、南京大学、浙江大学、中山大学、四川大学、厦门大学、山东大学、中国传媒大学、暨南大学、苏州大学、西南大学、首都师范大学、山东师范大学、沈阳师范大学、辽宁大学、黑龙江大学、深圳大学、大同大学、中国戏曲学院等高校，中国艺术研究院和中国社会科学院等研究机构，《人民日报》《光明日报》《文艺报》《中国文化报》《中国艺术报》《中国社会科学院报》《文艺争鸣》等新闻出版单位，90 余位专家学者聚集一堂，出席了此次盛会。会议对中国新时期以来的文艺理论现状及《文艺研究》杂志三十年的发展历程进行了反思和总结，围绕新时期以来特别是当代中国美学、文艺学和艺术学等学科领域存在的问题进行了深入探讨。

### 一、《文艺研究》三十年与中国当代文艺学术事业

《文艺研究》是文化部主管、中国艺术研究院主办的综合性文艺理论刊物。

1978 年，中共十一届三中全会将改革开放的春风吹遍中国大地，我国迎来了一个新的历史时期。1979 年 5 月，《文艺研究》杂志在中国艺术研究院创刊，它以全新的办刊思想和面貌出现，标志着新时期中国文学艺术事业开始复苏并走上健康发展的轨道。《文艺研究》参与并创建了新时期以来的中国当代文艺学术事业，在中国当代文艺学术发展史上有着特殊的价值和重要的地位。开幕式上，与会的领导、学者代表在讲话发言中，从各种角度对其给予了充分肯定。

文化部副部长王文章在致词中指出：三十年来，《文艺研究》坚持正确的办刊宗旨，始终以马克思主义为指导，认真贯彻"双百"方针，奉行"五湖四海"、学

术平等的原则，在美学、文艺学、艺术学和各门类艺术研究中，既着眼于学术建设，又注意解决文艺实践中出现的新问题，为我国社会主义文艺事业做出了重要的贡献。可以说，三十年来，《文艺研究》从思想文化建设的角度参与到改革开放和社会主义现代化建设事业中，见证了中国社会的历史性巨变。王文章回溯刊物的历史，肯定了《文艺研究》杂志几代领导人所做出的努力，并对《文艺研究》今后的发展提出了更高期许，希望《文艺研究》以创刊三十周年为契机，继续坚持以传播社会主义先进文化为己任，以科学发展观为指导，认真总结经验，在继续保证学术质量和学术地位的同时，大力探索新的发展路径，开拓创新，为文艺理论研究注入新的活力，推出更多的优秀栏目和文章，赢得读者，赢得市场，在新的历史时期再创辉煌。

深圳大学教授、著名文艺美学家胡经之首先以《文艺研究》的老读者、老作者、老朋友的身份对刊物三十周年表示庆贺。他说在自己心目中，《文艺研究》是具有很高学术品位的理论刊物。他认为《文艺研究》三十年起了一个很好的作用，就是能够把马克思主义和中国的本土经验最大程度地结合起来，能够与时俱进。他说这份刊物很有前途，应当不断向前推进。从个人的阅读经验出发，他提出刊物今后应当紧紧围绕“问题意识”向前发展。“生活审美化，艺术当何如?”今天的艺术怎么办，是消失还是继续发展?《文艺研究》作为一份重要的理论刊物，应当对今天的艺术生存做出探索。

北京师范大学教授、著名文艺理论家童庆炳从四个方面表达了他对《文艺研究》的看法。第一，始终坚持学术本位，保持学术高质量，鼓励学术创新；第二，坚持海纳百川的品格，能够容纳各种学术观点，具有包容性和对话性；第三，坚持提倡学术批评的风气，开风气之先，对于提高学术研究的质量大有益处；第四，图文并茂，为刊物增加了亮色。

中国艺术研究院中国文化研究所所长刘梦溪研究员的贺语充满深情和儒家文化智慧，并富有诗意美感。因为与《文艺研究》诸位同仁同在一个单位，并且毗邻而居，所以不仅相识，而且相知、相许。他宣读了专门撰写的纪念文章中的文字，其中有言：只做不说，多做少说，是他们行事的准则。这和“力行近乎仁”的孔门之教闇与理合。不必认为他们具有释氏的“觉悟”，在他们只不过是适吾事而已。而不知其然而然，按章实斋的说法，已经“近道”矣。要窾在于，对学问文化，对本职本业，对读者作者，始终抱持日用常行的诚敬之心。故敬业则业兴，一人之业，群体之业，天下之业，莫不如是。孔子说：“居处恭，执事敬，与人忠。虽之夷狄不可弃也。”孟子说：“行吾敬，故谓之内也。”二程子说：“诚者，天之道，敬者，人事之本。"敬则诚实。《文艺研究》诸编辑执事的"居敬"与"持敬",我留有深刻印象。以"敬"相举,刘梦溪所称许的是办刊者所应有的儒者风范和气象,以及宋儒所追求的精神境界。

山东大学曾繁仁教授从《文艺研究》的几个独特性来肯定其价值:独特的领域,《文艺研究》是艺术和美学这两个领域最重要的学术刊物;独特的办刊方针,始终坚持质量第一;独特的与时俱进精神,能够把马克思主义与中国的艺术经验相结合,能够将国外的理论与中国艺术经验相结合;独特的队伍建设思路,关注老学者,扶持中青年,为刊物培养了一批中青年学者队伍。

中国人民大学杨慧林教授发表了自己内心深刻的感受。他说:《文艺研究》最大的特点就在于有所坚持。当前中国的学术环境充满学术泡沫和学术腐败,学术刊物能够洁身自好的不多,中国的学术刊物要能在世界占一席之地,必须有所坚持。

北京大学陈平原教授特别看重的是《文艺研究》能够有自己的判断、能够坚持自己的品位。他说,杂志最怕没有自己的个性、志趣和品位。从1979年到今天,能在文化界、艺术界留下来的杂志不多,像《文艺研究》这样同时把文学和艺术放在一起研究的刊物,实在难得,就在于它有自己的个性和品位。作为《学人》杂志的主编,陈平原从自己的办刊经验出发对刊物提出了一些建议,认为像《文艺研究》这样的刊物,不能限于提出问题,还要注重论证问题。

《文艺研究》前任主编柏柳对刊物怀有深厚的感情,也最了解这份他亲手参与创办和建设的杂志。他说,可以用"厚重"和"真诚"这四个字概括《文艺研究》,这是真诚的分量,《文艺研究》是真正尊重学者的劳动成果的。《文艺研究》的成绩应当归功于时代,归功于文艺研究的实践者。它是时代的产物,是时代的成就,由作者的心血凝结而成,如果把文艺比作产品,真正的价值在于创造。他对刊物寄以厚望,提出《文艺研究》要在历史的起点上继续前进。

## 二、美学、艺术与生活及当代文化生态

美学和艺术是《文艺研究》长期关注的两个重要领域。在这次会议中,关于美学、艺术和当代生活的关系,成为学术讨论的一个重点话题。美与生活的关系最为密切,车尔尼雪夫斯基曾经提出"美是生活"的命题即是证明。今天,我们所处的时代与以往有了很大不同,我们的生活有了巨大变化。这表现出后工业时代的某些特征,占据我们日常生活的不是书籍和阅读,而是网络、电子传媒和信息。这不是理性静观与思考的时代,而是感性冲动与体验的时代。一句话,这是取消了距离和深度意义的生活时代。既然生活已改变,艺术当何如?从学理上探讨这一问题,是美学和艺术理论研究者面临的最为迫切的任务,也是他们早已明确的责任。在这次

会议中，学者们从美学理论上，从艺术实践中，从文艺生态环境和文化政策上提出了自己的认识，体现了学术与现实结合的密切程度。

北京大学阎国忠教授提出的问题是：中国美学缺少什么？他认为，中国美学缺少的是对人的整体把握，缺少爱。西方美学从理性主义到生命哲学再到心理主义，走了一条否定之否定的道路。中国美学是在西方心理主义基础上发展起来的。西方美学把心理科学引入到美学中来，把审美笼统地归入人类的心理活动，研究审美活动如何可能，描绘人类审美活动的经验，这是有问题的。马克思讲，人在本质上是整体，整体是在历史中形成的。美与真是我们心灵的感受，用一个最恰当的字来概括就是"爱"。美的内在体验是"爱"，美的外在表征是"爱"。中国人缺少一种对终极关怀的追问，缺少信仰的支撑。其实美学就是一种信仰支撑。

曾繁仁教授着重探讨的是"生态美学在中国的本土化之路"。生态美学是在后现代社会基础上产生的一门新兴学科，其思想的出发点是人类生存与发展环境日益恶化的现实基础。生态美学与现实生活的关系不言而喻。他提出，人文研究要将普适性与本土性相统一，这是当前探索中国生态美学的一个有效途径。他论证的前提是，人文学科探讨的是人的生存方式，人的生存经验有本土性，有特殊性，而审美是人类特殊的精神活动，具有普适性，正因为如此，西方生态美学的价值和成果值得我们借鉴。但是，西方生态美学既有价值也有局限，表现在：一、海德格尔的存在美学，它提供了家园意识，但是以"诗意的栖居"代替"技术的栖居"在现实中是不可能做到的；二、西方环境美学，总体上持生存中心主义，提出审美的自然生态美，倡导"自然全美""荒野哲学"，虽有价值，但可操作性差；三、西方的生态美学，提出文学与生态的价值，提出环境想象，理论上并不成熟。我们在研究上要正视中国的特殊性，由于中国是资源化、工业化大国，绝对的资源主义倾向不可取。中国传统的儒家、道家和佛家的思想应当成为中国生态美学的丰富资源，因此，中西结合、不中不西、亦中亦西，创造一种综合生态主义，应是理想路径。

首都师范大学王德胜教授肯定了当下的美学状况，认为感性主义造就了日常生活的美学维度，带来中国当代美学社会化的可能性。理性的权威已经日益丧失它的干预力量，感性美学话语正在呈现出生命力。理性可以维系人的精神生活，然而无法证明人的生活价值，这是理性的价值限度。而感性超越了理性的精神话语，突破精神绝对性的控制，使美学与生活的关系得到了完善。

厦门大学杨春时教授提出"走向建设性的后现代主义美学"，与王德胜的观点形成对立。他指出，后现代主义的破坏性极大，容易导致虚无主义。针对后现代主义的反本质主义、反精英意识、反主体性这三个特点，他提出，存在的本质超越性不能解构，这是后现代主义的盲点。肯定日常生活，肯定大众生活，主张将审美与身体联系起来，这种认识理论是有缺陷的。身心合一是自然的，但仍然是不完全的。不能把知识单纯还原成感觉，达到身心合一，应该是超越，而不是还原。审美快感本身就包含了身体的快感，所以审美既是感性的也是超越的。美学应当有审美批判的视角。应当建立主体间性，回到存在本身。

山东师范大学周均平教授则梳理和总结了新世纪中国美学发展的主要特点：一、美学思想以体系化的形式出现；二、研究相互交融；三、跨文化与回归中国本土同时得到加强；四、走向日常生活。在此基础上，当代美学应当进一步自我完善，走向综合境界。

清华大学李砚祖教授提出"关于艺术设计的民生问题与国家身份"问题。他认为，可以把艺术设计视为人为自己生活的一种努力，这种努力贯穿于整个人类的历史之中。但是今天，设计在不同层面上，它的实践和取向不同。有人将其作为一种挣钱的工具和手段，有人将其提升为一种艺术的实践与操作，而脱离了艺术实践的生活本质，这是需要深入探讨的。在全球化经济逐步一体化时代，中国的设计也必定是生产型设计，处在全球化视野之中，既受到国际经济的检验，又受到国际设计界的考量，中国设计将以什么样的形象出现在国际设计的舞台上，这个形象无疑是中国艺术形象和国家形象的一部分。要关注中国设计的国家身份问题。

西南大学董小玉教授提出了"视觉文化的中国化构想"。她说，随着媒介社会的到来，我们当代的文化出现了"视觉"转向，美学家韦尔施、阿莱斯·艾尔雅维茨等都谈到了当今文化转向的问题。仔细梳理国内的视觉文化讨论可知，主要的理论依据都是西方的，包括丹尼尔·贝尔的"后工业化社会理论"、杰姆逊的"后现代主义文化理论"、德波的"景观社会理论"、霍克海默与阿多诺的"文化工业批判理论"。对国外视觉文化理论的引进本身就包含了中国视角在内，但是，这样的视角还是由"外"到"内"的。西方有自身的视觉文化传统，我们也有自身的视觉文化传统，如中国的绘画、戏曲及中医等，本身具有丰富的视觉内涵。我们需要认真梳理我们自身的视觉文化资源，甚至发展出我们自身的视觉文化理论，使我们能够从"内"往"外"看。

清华大学肖鹰教授从当前的"小沈阳热"出发考察东北"二人转"艺术，做了"发展文化产业与非物质遗产保护"的调查报告，揭示了当前的文化生态环境问题。他指出，东北"二人转"被确定为"非物质文化遗产"，是因为它有三百年的历史，它在形式上有精密的设置和高度的技术要求。"二人转"表现了东北人民刚健而诙谐的生活，美学家王朝闻说它是"一朵带刺的玫瑰花"。"二人转"是曲艺向戏剧过渡的活化石，它带有巴赫金所说的"狂欢"性，是戏曲的狂欢。然而，赵本山一手打造的以"小沈阳"为代表的"二人转"，已经不是传统的东北"二人转"，它只能称为娱乐"二人秀"。它以说学逗唱为基本表现形式，把"舞"丢了，把"扮"变成"喧"，通过普通的模仿对生活加以恶俗化，不遗余力表现当代的油滑与低俗，是媚俗的娱乐商演。赵本山声称弘扬东北"二人转"，是为他的"刘老根大舞台"进行的合法化论证，使"二人秀"主流化、神圣化，这样，真正的东北"二人转"就有可能被"二人秀"所毁灭。肖鹰强调，文化遗产的保护，必须是文化保护，而不是文化产业。他还提出具体的保护方式：一、将文化与娱乐划清界限；二、政府机制介入；三、国家投资，抢救保护一批剧目，建立经典的"二人传"剧场；四、在传播制度上，由政府渠道促进对大众的培养。

### 三、理论、学科、知识分子反思及跨文化研究探索

对当代文艺研究三十年进行理论反思，探索当代文艺理论的发展之路，是本次研讨会的中心议题。与会学者有从历史角度进行反思回顾的，有从学科角度提出问题的，有从国际视野出发探求中西跨文化研究的，讨论热烈而富有创见。

北京师范大学王一川教授提出一个值得大家共同思考的问题："从大写的人"到"倒写的人"。他说，《文艺研究》于 1979 年第 3 期发表了朱光潜的文章《关于人性、人道主义、人情味和共同美问题》，恢复了文学的人学研究，把人从"阶级的人"解放出来，满足了当时知识分子对人性的渴望。至今，文艺人学的演化经历了三个阶段：第一、1919—1989 年，探讨什么样的人才是真正的人，人是个人的；第二、1990—1999 年，关于人的物质性与精神性的矛盾冲突；第三、2001—2009 年，私人性与公共性扭结。私人写作往往通过公共平台传达，强行使公众参与进来。如何看待文艺人学的演化？大写的人倒过来就是未知数，今天的人变成了一个问题。这种演化说明什么，是越来越接近目标，还是越来越迷惑？

四川大学吴兴明教授对新时期以来的"海德格尔热"在中国的演变进行了反思。他认为，海德格尔哲学在中国既是现代性兴起的依据，又是后现代思潮产生的源泉。20 世纪 80 年代，大陆文艺界告别"工具论"转向"主体论"，海德格尔的存在主义就成为主体性和启蒙哲学的精神支柱。90 年代，中国本土思想开始转型，从现代性转到批判现代性，海德格尔哲学又成为主要的思想依据。海德格尔的"归家"意识，海德格尔的"思与诗的对话"，成为后现代语言论、反主体性、回归传统等思潮的主要的理论支持。对于这种现象，中国文艺界缺乏基本的反思，中国后现代性演变成畸形的现代性。

首都师范大学陶东风教授对"当代中国文学与文化研究的自主性与公共性关

系"进行了清理与反思。他指出,首先要纠正一种误解,即将文学自主性与公共性对立起来的认识。根据哈贝马斯的观点,公共领域是自主自律的个体通过主体间的理性、平等、公开的交往形成公共意见的领域。公共意见不仅不是国家权力的传声筒,相反,它把国家公共权力作为自己的监督对象。所以说,文学自主性是文学公共性得以存在的前提基础。在此基础上,他认为当代中国六十年中,文学的公共性有三种存在:改革开放之前三十年,基本没有;70年代末到80年代末开始确立。这一时期,文学艺术的自主性诉求获得实现,文学公共性开始萌芽。90年代至今,显示出新的危机。首先,舆论空间压缩,公共知识分子阵营萎缩。其次,90年代出现了文学领域专业化、学科化的畸形发展趋势,降低了公共权力行使监督的可能性。

北京师范大学赵勇教授侧重研究文学性与公共性两者之间在创作中纠缠影响的状况。他认为,新时期的文学创作存在这样一种现象,即文学性强的作品公共性弱,公共性强的作品文学性弱。20世纪90年代以来,文学的公共性淡化与消失,文学性得到加强,但是商业性介入,对文学性造成破坏。如何驱除商业性,不损坏文学性又能建立公共性,使二者之间形成一种张力,保持一种平衡,这是我们应该思考的。

中国人民大学金元浦教授重点考察了"当代世界马克思主义的发展"。他研究探索这一课题的背景与当今世界金融危机有密切关系。金融危机对艺术与经济、艺术与市场、艺术如何成为发展的动力都有很大的影响。他认为,马克思主义的批评地位始终没有动摇。当代世界马克思主义研究有十个潮流:一、经典马克思主义著作再版;二、列宁研究再度复兴;三、研究注重当下性、实效性;四、"批判理论"的新发展;五、文化研究勃兴;六、多学科研究视角确立;七、乌托邦主义的再度复兴;八、新马克思主义;九、中国模式研究;十、马克思主义方法研究。

沈阳师范大学孟繁华教授提出,要"以新的标准评价当下的文学创作"。他说,一提起当代文学,人们往往就指责为"红尘滚滚,肉欲横流",评价不高。而现代文学不是也有张恨水、也有"礼拜六"与"鸳鸯蝴蝶派"吗?关键在于,我们评价现代文学,往往取高端成就,评价当代文学,往往取低端成就,因此导致了这一结论。若取高端,当代六十年的文学已经远远超过了现代三十年的文学。人们对这个问题有疑虑,其实不是文学的问题,而是语境的问题。白话文学已经发展了一百年,任何一种艺术形式发展到最成熟时,就会走向下坡。当代文学的创作起点很高,但是,这个时代却已经发展到影像和读图的时代。当代文学没有经典,是因为没有经过历史化和经典化的建构,现代文学的"鲁郭茅巴老曹",不也是经过反复的经典化才确立起来的吗？

中山大学高小康教授指出，当前的文艺理论生态环境令人深感忧虑。文艺理论是封闭的，缺乏对话的边界，变成自言自语，不可证明。持相近观点的北京师范大学曹卫东教授就"文艺理论研究的方式"提出反思，他说，理论研究没有可依赖的文本，若说"反思"，首要的就是方法问题。我们的理论研究，当下的问题在于，一些学者似乎从来不需要论证大前提，也不需要小前提，抛出的全是结论，这与国外的研究很不同。国外学术研究通常要讲明理论起点在哪里，运用了哪些理论资源，来自何处，目标预设是什么。学术研究要多一些实证，少一些抽象，至少要把理论的脉络通过实证的功夫清理一下。

辽宁大学高楠教授对当前的高校理论教学发出疑虑。他指出，现在研究生的古代文论研究存在一种"泥古"倾向，割断了古代文论与今天思想的关系，成为封闭的研究。有些研究即使采用了新的理论，也只是用别人的话进行阐释，缺乏一种历史感，既割断过去的历史也看不到今天的言说背景，这样的研究对当下有何意义？辽宁大学宋一苇教授探讨了"后现代主义哲学思维方式与当代文艺理论的关系"。他认为，这个问题的预设是因为当前文艺理论研究轻视哲学和理论的基础。应当进入后现代思维，应当重新思考马克思主义和后现代的关系，使马克思主义思想对现代性的批判或后现代思想意蕴凸显出来。

暨南大学蒋述卓教授针对"怎样为文艺繁荣提供良好的生态环境"提出建议。他认为，当前文艺界的生态环境出现严重问题：一、转型时期社会矛盾激化，文艺越来越不能吸引人的注意力；二、文艺越来越没有倾向性和批判；三、娱乐至上，娱乐致死，文艺缺乏深度，缺少意义；四、批评与创作不平衡，丧失中心批判，丧失审美。他提出了具体的改善意见：调整国家文化政策，提倡精品意识，强化"二为"意识，强调为人民大众服务的意识，提高文艺批评的地位、功能和形象。

南京大学周宪教授重点谈了对当前的学术环境、知识分子的看法。他认为，中国的知识分子面临的困难在于，中国社会没有完善的市民性和公共性，知识分子不能直接获得社会的公共利益，知识分子参与社会的途径问题并没有得到很好的解决。

中国艺术研究院王列生研究员认为，知识分子应当是当代学术和社会的代言人。西方从事文化政策研究的都是学者，学者的学术能力能够对当下、对历史发生作用，才是最重要的。现在的学术界，由于学术制度层面的确出现了问题，知识分子往往缺少自律。应该强调，知识分子应当代表民族与社会的公共责任，而不是仅仅为了当一个"博导"。

在文艺的发展建设上，苏州大学鲁枢元教授，提出文艺理论跨界研究，要求重视文艺与生态的关系。北京大学彭锋副教授、深圳大学李凤亮教授则从各自的经验角度提出中西文化交流的可实现途径。彭锋强调：文化身份与差异的时代即将过去，我们应当从人类的角度思考美学。李凤亮从美国的中国现代文学研究受到启发，他认为，加强国际交流比强调隔阂更重要，应当寻找更多的文化与学术的对接空间，合作空间。

### 四、关于批评的学术立场与精神向度

《文艺研究》于2003年设立"书评"栏目（2005年改为"书与批评"），迄今共发表了130余篇思想敏锐、观点鲜明、风格犀利的文章。这一栏目的特殊性在于，它是目前学术期刊中唯一以批评为主的学术栏目。在这次会议上，关于《文艺研究》的批评栏目，关于当前学术批评的方式，关于批评的姿态，引发了较大争议和讨论。

话题首先由中国艺术研究院刘梦溪研究员在开幕式上的发言引出。他说，对古人及当代人的著作必须有了解之同情，批评要像朋友间的探讨。随后，北京大学陈平原教授对于"书与批评"栏目提出鲜明的意见。他认为这个栏目有批评的暴力倾向。在开展批评时，应当将批评文章同时寄给被批评者，请他同期做出回应。应当讲究批评的策略，避免"一言堂"。就此，关于批评引起激烈讨论。

在研讨会开幕式的自由发言中，清华大学肖鹰教授首先回应陈平原教授的意见。他说，今天，学术生产的GDP很高，而生产出来的产品价值却很低，因此有必要把批评的声音提到尖锐的高度，一定要针砭时弊。我支持《文艺研究》，支持它把学术刊物中的批评栏目作为批评阵地的主张。这是学术的担当、文化的担当、社会的担当。"书与批评"栏目真正做到了敢于批评、善于批评，应当让尖锐的批评声音在坚持学术的声音中继续下去。

北京师范大学曹卫东教授认为，《文艺研究》是目前国内为数不多的能够积极推进和开展学术批评的杂志，这个方向应当坚持下去。它同时也要进一步思考如何为中国的公共领域发挥更重要的作用。中国人民大学张法教授则提出，"批评话语"是《文艺研究》的特色之一。有时采用一些尖锐的话语，为的是激发思考。《文艺研究》应当成为艺术转型中的先锋和旗帜。中山大学高小康教授指出，也许在操作方式上可以考虑，比如同时发表批评者与被批评者的文章，这在技术上或许更为有效。

北京师范大学蒋原伦教授对当下的批评模式从理论上进行了探讨。他认为，过去是"主义批评"，是强烈的"意识形态批评"，而意识形态最重要的功能是排斥功

能。今天，批评变化成"阐释批评"。在阐释中，价值评判退场，只用理论话语进行阐释。其前景究竟如何，目前还难以判断。

沈阳师范大学贺绍俊教授也在思考文艺批评的标准问题。他认为，在今天文艺多元化时代，批评的标准很复杂，充满不确定性。因此重要的不在批评的标准，而在于"批评的姿态"。商榷探讨的姿态和唯我独尊的姿态，其效果是不一样的。文学批评诞生之初，就是以法官和导师身份出现的。进入现代社会后，对话与交流是人类认知文明的趋势，也是学术发展创新的有效途径，表现在文学批评上，从法官、导师的身份转到对话交流的姿态，不再侧重是非判断，而重在建设性的指导，倡导建设性的批评。这种姿态，不是从否定和摧毁对象出发，而是从肯定与建设对象出发。当然，今天的批评生态环境差，文艺批评往往充斥着献媚、表扬、说大话和空话，这显然不是建设性的批评。建设性的批评应该是研究的、思考的和对话式的。

## ■ 6月19—20日

《文艺研究》与《文学评论》《文学遗产》《文艺理论研究》共同主办，华东师范大学中文系承办的"期刊与当代中国文学研究"学术研讨会在上海召开。本刊副主编陈剑澜与会。随后，《文艺研究》本年第 9 期发表会议综述。

### "期刊与当代中国文学研究"学术研讨会综述

吴 芳 文贵良

"期刊与当代中国文学研究"学术研讨会于 2009 年 6 月 19—20 日在华东师范大学丽娃河畔召开。这次会议由华东师范大学中文系承办，由《文学评论》《文学遗产》《文艺研究》《文艺理论研究》四家刊物主办。与会者有德高望重的学界泰斗徐中玉先生和钱谷融先生，四家刊物的编辑以及华东师范大学中文系的教师。会议由华东师范大学中文系主任、《文艺理论研究》副主编谭帆主持，华东师范大学党委副书记罗国振出席了开幕式并致辞。

四家刊物聚集一堂，探讨学术期刊与当代中国文学研究的关系问题，对推动学术刊物的自身发展、健全学术生产制度、推动中国文学研究的健康和创新发展无疑具有十分重要的意义。《文艺理论研究》主编徐中玉先生回顾了《文艺理论研究》三十年来走过的发展历程，并指出，四家刊物汇聚一堂，畅谈学术刊物的建设，总结经验，反思不足，互通有无，在学术界尚属首次。《文学评论》常务副主编胡明认为，华东师范大学中文系策划这次会议具有非常好的创意。讨论刊物自己安身立命和发展问题，讨论刊物如何承前启后，这个话题迫在眉睫。《文学评论》副主编王保生指出，这次会议将有助于拓宽办刊思路，提高办刊质量，同时也会对学术研究产生良性影响。《文学遗产》主编陶文鹏高度评价本次会议是一大创举，并建议这样的会议每两年举办一次，以利于交流心得体会，总结经验教训，互相学习，共同提高办刊的水平。

与会者讨论了学术刊物的生存问题，首先是如何面对经济和量化指标的双重挤压。《文艺研究》副主编陈剑澜指出，学术刊物面临许多共同的问题，比如经济上的困难，现有学术体制的弊端，等等。办好真正的学术刊物，要有足够的经济支撑，要靠学者共同体的智识而不只是编辑和有限几个专家的想法来确定标准。就目前条件而言，如何能够既解决刊物生存又保持刊物的学术品格、学术质量，倒是一个实实在在的问题，值得我们好好去探究。《文艺理论研究》副主编方克强提出学术刊物如何看待刊物论文转载率和引用率的量化指标的问题。现在有建立在一系列量化指标上的大学排行榜，教师的科研成果也有量化的要求，于是刊物也有了转载率的排行榜，这就产生了一个问题：学术刊物的办刊方针是否要追求转载率和引用率？它将影响到选题与选文的方向与标准，并间接地影响到学术研究的风气和趋向。《文学遗产》编辑部主任竺青谈到学术研究的新变与《文学遗产》的对策。面对新的技术和新的研究者，《文学遗产》率先开辟了网络版，与文字版互为补充，用自律来抵制学术体制的弊端。

与会者热烈讨论了刊物的选稿制度和选稿标准问题，这是学术界最为关心的。

陶文鹏指出，《文学遗产》严格实行编辑部三审之后专家双向匿名审稿制。事实证明，这是很好的，既拒绝了关系稿、人情稿，又能吸取专家的意见，提高文章的学术质量。我们要坚持下去。其他刊物的编辑也认为，不排除组稿、约稿，但最看重的是从自然来稿中选择好文章。从来稿中发现好文章，发现好的作者，在优秀的学者与刊物之间建立良好的关系，这也是学术刊物发展自身的基本方式。

究竟什么样的文章才是刊物期待的好文章，四家刊物的编辑畅谈了自己的观点和看法。《文艺研究》副主编陈剑澜认为在当下的学术界，有好的论题，有精彩的片断，而整体平平淡淡，差不多就算是一篇不错的论文了。而我们回过头看看上世纪七八十年代《文艺研究》刊发的文章，那些文章今天看来也许有这样那样的问题，却流露着一股生气。那些作者是为问题所困有疑惑想说话的人。而现在很多时候作者是被学术体制构造出来的。许多作者有不错的训练，文章写得越来越豪华，引经据典，可往往就是不知道自己为什么要写这篇文章，自己想解决什么样的问题。这样的文章可以说是高级学术泡沫。《文学评论》编审董之林则表示学术刊物不应该制造学术泡沫。现在有很多来稿往往不知所云，不知道它究竟想要表达什么，想说的究竟是什么问题。其实真正的好文章应该是有感而发，有所触动才写的，而不能因为你写的是学术文章就端起了架子。我们可以看到虽然有的作者写的文章并不老到，但他们的一些想法，是从内心生发出来的。恰恰这些作者的写作能引起编辑的工作热情，更能引起读者的兴趣。所以应该把能提出问题，有新见解、新方法、新思路作为好文章的标准。《文学评论》副编审范智红认为，现在类型化来稿比较多，一些文章往往套用西方的理论来分析文学史或文艺理论的某个问题。仅仅把西方文论作为解读中国文学现象的工具，这样的研究方法不是创新，只是一种思想的操练。真正的创新应该立足本土，并具备思考和融会贯通的能力。董之林也认为当代的研究已经常规化了，形成了很多常规性的命题。这就要求研究者的思维方式的创新。《文学评论》副编审李超谈到有些文章的选题很独特，让人眼前一亮，但缺乏进一步的阐释，仅仅是技术化的材料堆砌。如果既有很新颖的选题，又能从理论和考证的角度深入地阐发，并融入精神和情感的因素，这样的文章才是真正的创新。持类似观点的还有《文学评论》副编审王秀臣等。《文学遗产》副编审石雷认为，很多文章不知道想解决的是什么问题，也不清楚解决的问题有什么价值和意义，往往是为考证而考证。真正有价值的文章应该既能填补空白，纠正谬误，还能启发别人进行后续研究。《文学遗产》副编审张剑也指出很多来稿模式化倾向严重，还有一些稿件尽管研究的视角很新，增加了新的元素，但研究方法仍旧没有更新，文章仍然只是简单地归纳和描述，这些文章深度不够，也不能算是真正的创新。方克强指出论文的"含金量"问题，即论文的字数能够与内在价值成正比。一篇万字论文所表达的新意，拉长成两万字，就不一定是好文章，因为 24K 金变成了 12K 金。作者要做到"惜字如金"，如同编辑"惜版面如金"。《文艺理论研究》副主编朱国华则呼吁刊物为长篇的高质量的理论文章和书评开辟一块园地。

陶文鹏站在中国古典文学专业的角度，对好文章做了具体的说明，总的要求是坚持科学性、学术性、时代性或当代性的结合。具体说来，第一，要求研究者具有艺术的和审美的感悟能力，对古代作家要抱着理解的同情，用心灵去倾听，甚至用生命去体验，有感而发，这样的文章才有生命力。第二，应当以文献学研究为基础，以理论研究为主导。为考据而考据、无意义无价值的繁琐考证不可取，而那种没有真实可靠的文献资料为依据的凿空论道、游谈无根，也是不可取的。第三，研究的对象是文学。要研究古代的作家、作品，文学现象，文学的风格、流派，文学的发展嬗变及其规律，文学创作的经验等。古代文学研究可以而且应当从历史学、政治学、哲学、文化学、宗教学、地理学乃至自然科学的角度切入，多元化、多样化的研究视角和方法，可以形成多风格、多流派的研究格局。但无论如何，必须坚持回归文学的本体。第四，要有创新性。真正的创新，是袁行霈先生所说的"守正出新"，是钱谷融先生所说的"在求实中创新"。创新决不是刻意求深求奇，不是违背常情常理的过度阐释，不是故作惊人之论以吸引眼球。

这次会议的论题很有代表性和启发性，这次会议的召开将产生良好的效果，正如谭帆所展望的：刊物不断提升学术品位，继续扩大学术影响，在 21 世纪特殊的语境下作为学术创新的旗帜，以形成学术研究的健康风气。

（作者单位　华东师范大学中文系）

## ■ 6月26—28日

《文艺研究》与山西大学艺术学研究所、东南大学艺术学院、上海大学影视艺术技术学院联合主办的"第五届全国艺术学学术研讨会"召开，来自全国 30 余所高校、科研单位的 120 余位学者参会，围绕艺术学原理与艺术美学、艺术史与艺术遗产、艺术学学科建设与艺术学专业教育等议题进行讨论。本刊文学编辑室主任赵伯陶、综合艺术编辑室主任戴阿宝与会。随后，《文艺研究》本年第 8 期发表会议综述。

### 艺术学：延展中走向明晰
#### ——第五届全国艺术学学术研讨会综述
高鑫玺

由山西大学艺术学研究所、东南大学艺术学院、上海大学影视艺术技术学院、《文艺研究》编辑部联合主办的第五届全国艺术学学术研讨会于 2009 年 6 月 26 日至 28 日在山西大学隆重召开。来自全国各地 30 余所高校、科研单位的 120 多位专家、学者，分三个专题进行了交流、讨论，反思和审视了艺术学研究的历程，审慎地规划了艺术学学科发展的未来，努力使艺术学学科在不断延展中逐渐成为一门显学。

#### 一、艺术学原理与艺术美学

该专题集中探讨了四个方面的问题。首先是艺术学前沿理论的研究。周星（北京师范大学）针对文化与艺术教育、市场化与艺术生存的矛盾提出了自己的见解。李心峰（中国艺术研究院）倡导加强艺术学史研究，并认为艺术学研究不应该排除文学（尽管文学研究作为一个强势学科已得到体制上的保证）。金丹元（上海大学）认为只要艺术存在，艺术哲学就不可能彻底消亡，虽然其内涵正在发生变化，但 21 世纪的艺术哲学不能放弃其严肃性与使命感。陈犀禾（上海大学）指出，大陆理论和批评界在全球化背景下正在凸显"民族"和"国家"及其时代使命、主体的整体学术立场。康尔（南京大学）提倡利用创造学资源研究艺术创作理论。李轶南（东南大学）从修辞学角度出发，探讨了艺术学纵深发展的新向度。

其次是基础理论的深化研究。沈亚丹（东南大学）以探讨"形式"为例，认为在对中西艺术特质比较时要将其放在不同语境、不同逻辑阶段进行动态考察，不能盲目套用相似概念。黄永健（深圳大学）提出艺术存在的独立性在于它是人的感性存在，艺术的自洽性在于自我存在、自我圆成。刘承华（南京艺术学院）从主客间性与主体间性来思考 21 世纪艺术美学理论维度的转换。高迎刚（山东大学）从新的角度探讨当代艺术与技术之间的辩证关系，认为艺术活动中的技术实际上已经内化为艺术的有机成分。徐习文（东南大学）指出，邓以蛰对于艺术学的研究方法、基本原理和中国传统艺术理论框架都有新颖见解，对今天的艺术学研究具有深刻启示。李德仁（山西大学）认为人类的审美是艺术生命的原点，并在"艺术是人类创造的审美文化形式"新的定义基础上提出"艺术起源于审美"的重要观点。王廷信（东南大学）认为虽然艺术门类的界限具有延续性、可变性，但其界限始终存在，它严格地体现着艺术的自律性，使艺术区别于其他事物而存在。余志鸿（上海大学）尝试运用结构主义来解析我国先秦时代的艺术。张玉安（北京服装学院）认为嵇康的《声无哀乐论》从根本上否定了汉魏经学传统的"悲声亡国"观点，将悲哀、喜悦等情感属性从音乐中剥离出来，为悲歌、悲曲正名。陆建业（广西艺术学院）从多方面深入探讨音乐创作的"意韵"形态架构，认为民族音乐创作要立足民族之根、发扬民族之风。刘三平（中国戏曲学院）针对戏曲艺术面临的困境和新的时代特点，提出要重建戏曲与大众的审美关系，通过新的方式演示戏曲并使之融入时代。

第三方面是艺术学分支学科的研究。于向东（东南大学）提出了宗教艺术学的定位及其在研究对象、方法、目的、意义上与其他艺术学科的不同。费邓洪（广东省当代艺术研究所）从艺术特性出发，认为艺术教育应该遵循艺术创造的特殊规律。张月（郑州大学）提出通过观念建构艺术形态的基本思路。田川流（山东艺术学院）认为艺术创意具有多重的理论建构、丰富的理论内涵，体现出意蕴创造的多义性、审美形式的大众性、思维方法的丰富性和价值体系的多样性。甘锋、章旭清（东南大学）、李跃峰（武汉大学）、刘家亮（山东艺术学院）等学者对艺术的媒介与传播进行思考，为艺术传播学的建设提供了视野。

第四方面是对艺术新现象的研究。黎珏辰（广西艺术学院）从艺术的本质和功能出发，关注"艺术的非艺术化"和"艺术的亚艺术化"现象，试图揭示其特征、根源和艺术的真正价值。杨道圣（北京服装学院）探讨了艺术与时尚的关系，并认为这不仅是时尚研究的需要，也是对艺术进行重新审视的需要。季欣（东南大学）从都市化进程的加剧看到经济活动的审美化深刻地影响着当代中国的社会生活，提倡对于商业空间的审美化研究。杨少雄（上海大学）以世博会为例探讨视觉文化创意产业的概念、特点及其可能性。潘薇（吉林艺术学院）注意到"不确定性"的美学原则在当代欧美戏剧中的艺术表现，并进行了恰当的剖析。孙晓霞（中国艺术研究院）针对艺术日常生活化的特征进行探讨，认为它不是回到生活的艺术生产方式，而是一种对西方现代艺术生产方式的强化和标准化，提醒研究者冷静反思、寻求突破。

## 二、艺术史与艺术遗产

第一方面是对艺术史学科及中国艺术史发展规律的研究。高兴（山西大学）从艺术和自然科学、人文科学关系的宏观方面来确定艺术史学科的地位，并提出艺术史跨学科发展的学术特征。夏燕靖（南京艺术学院）围绕艺术史脉络，由"事件史"到"事件路径"的转变、"社会发展史"到"艺术史"的转变展开讨论，其观点对艺术史研究具有启示性。陈池瑜（清华大学）主要探讨了中国艺术史学的发展历程与基本特征，认为中国书法史意识萌动最早，中国艺术史的写作特征是史、论、评（品）三位一体。赵晓红（上海大学）、徐子方（东南大学）认为，宋元艺术是一个重要的历史转折，对明清艺术产生了很大影响。刘维东（山西大学）强调了艺术史研究中对文字、图像进行严格考证的重要意义。

第二方面是对民间艺术和民族文化的研究。李丕宇（山东艺术学院）主张在田野中发现艺术、研究艺术，在文化艺术遗产中认识和重建艺术史，强调了民间艺术的重要性。陶思炎（东南大学）从民俗、宗教文化方面，考察了纸马（用于祭祀的民俗版画）的特点，并就保护与开发提出了自己的看法。任孝温（苏州大学）、谢玉辉（山西戏曲研究所）、伊宝（太原科技大学）分别对昆曲、山西戏曲、壁画的保护与发展进行了综合分析，希望引起社会的广泛重视。

第三方面是对绘画、雕塑、建筑、书法、音乐、舞蹈、戏曲等专门史的研究。郁火星（东南大学）探讨了南宋山水画风格的演变。张明远、李雅君、王璐、王丽雯（山西大学）对大同善化寺的彩塑、建筑等进行了新的考证研究。郑立君（杭州师范大学）、史宏云（山西大学）分别就汉画像石的形式表现、八大山人花鸟画的意境特征作了新的探析。尹文（东南大学）通过研究认为，中国琴曲与绘画在历史典故、诗词意境的统领下具有共通之处。吴惠娟（上海大学）将唐代的舞蹈归纳为宫廷化、世俗化、宗教化三大特点。姚宝瑄（山西大学）对当代话剧的发展提出了建设性意见。车文明（山西师范大学）由对中国古代神庙剧场的研究揭示了它们对戏曲形成的重要影响。

### 三、艺术学学科建设与艺术学专业教育

刘纲纪（武汉大学）在会上提出了"建设中国特色的社会主义艺术观"的重要命题，彭吉象（北京大学）则以"创建中国艺术学科体系，推动中国艺术走向世界"为题做了学术呼应，主张通过现代创新的艺术手法来体现富有特色的民族文化。凌继尧在全面分析我国艺术学学科建设的态势之后，强调了应用艺术学研究的重要性。李荣有（杭州师范大学）提出以中国艺术学学科体系与艺术素质教育和谐同构为宗旨的学科发展战略。黄惇（南京艺术学院）强调了当前艺术学科建设与发展的紧迫任务，并对艺术学的模糊性、交叉性、现实性提出独到见解。梁玖（北京师范大学）主张寻求中国艺术学学理、加强中国艺术学学术、完善中国艺术学评价，并以之为主要策略促进中国艺术学精确度品质的形成。常宁生（南京艺术学院）指出，完成中国艺术史学科现代形态的转化与整合，必须走出并超越中西二元对立的迷障。刘桂荣（河北大学）、王亮、郭宾（山西大学）、张伟（鲁迅美术学院）等都从不同角度对学科建设提出了创见。

对于艺术学专业教育问题，如就研究生教育如何开题、指导论文等具体问题，蓝凡（上海大学）、邢莉（南京艺术学院）、马卫星（哈尔滨师范大学）、贾涛（河南大学）、卢志红（广西艺术学院）等都从不同的角度提出了一些建设性意见。邢莉认为，造成艺术学研究学位论文选题困境乃至艺术学人才培养整体困境的最主要原因是我国艺术学人才培养学科规范的缺失。本次大会成立了中国艺术学学会（筹）理事会，推选凌继尧为会长，拟定了致国务院学位办《关于"将艺术升格为学科门类"的建议信》。彭吉象在大会总结发言中指出，此次会议较之历届研讨会有继承、有发展，问题讨论更广泛、更深入，充分体现了艺术学学科百花齐放、百家争鸣的蓬勃发展态势。

（作者单位　山西大学美术学院）

## 10月10日

《文艺研究》本年第 10 期发表关于高名潞"意派论"的研究文章。"编者按"云："作为中国当代艺术的亲历者，高名潞以批评写作、理论研究和策展实践，成

为三十年艺术活动中出场较早且至今成果不断的关键人物之一。'意派'理论的提出，以及相关展览等活动，给今日更加色彩混杂的中国艺术界带来新的热议中心。或许出于对中国当代艺术进行理论总结的热情，或许出于对当代艺术评论中大量'错位'话语的困惑，或许就是来自其自身创建体系的'冲动'，高名潞的立论本身与表述方式包含了可以预期的讨论空间。比如，'再现'是否能概括西方艺术史的全部由来？'意'之为'派'是否可以有足够的解释力度来成就其重新阐发当代艺术的雄心？尽管，在对文本的阅读过程中，认同与疑问会不断交替产生，这或许正是其理论的价值所在。在艺术理论（批评）界充满'舶来''似是而非''概念堆积''利益写作'及'商业话语'的时候，当代需要严谨的理性和深切的关怀，需要对东方（我们艺术的根基）和西方（我们转型的背景）有更恰当的理性判断和逻辑推导。我们希望由此能带来进一步深入、实在的探讨，从这种意义上说，理论的交锋也是一个重要的'艺术现场'。"

## ■ 11月6—9日

《文艺研究》与西南大学中国诗学研究中心、中国新诗研究所联合主办的"第三届华文诗学名家国际论坛"召开，150余位学者、诗人到会，就中国新诗的"二次革命"、当代华文诗歌的现状与走向、新诗的百年之变与中国诗歌的几千年之常、新诗的大众化与小众化等话题展开讨论。随后，《文艺研究》2010年第1期发表会议综述。

### 从爆破到建构：现代诗学话语机制的转换
#### —— 第三届华文诗学名家国际论坛述评

向天渊　杨晓瑞

由西南大学中国诗学研究中心、中国新诗研究所和《文艺研究》编辑部共同主办的"第三届华文诗学名家国际论坛"于2009年11月6日至9日在重庆西南大学举行。此次论坛的主题是：中国新诗的"二次革命"（包括诗歌的精神重建、诗体重建、传播方式重建等）、当代华文诗歌的现状与走向、新诗的百年之变与中国诗歌的几千年之常、新诗的大众化与小众化、抗战时期的大后方诗歌。来自海内外十多个国家和地区的一百五十余位学者和诗人齐聚一堂，通过主题讲演、综合论坛、专题论坛、著作交流、论文交流等多种方式就以上主题进行了深入探讨。

承接前两次论坛，"新诗二次革命"仍然是本次论坛的中心主题。吕进在前两次论坛上提出的新诗"二次革命"和"三大重建"思想，在本次论坛上得到更加广泛的响应。骆寒超在前两次论坛发言的基础上，以"尊西方的新诗传统"为切入点，再次阐发了"新诗二次革命"的理念，指出西方传统对新诗的积极影响和负面效应，进而提出了新诗也应该重视民族传统并采用诗语体——格律化。"诗体重建"方面，在对中国古代诗歌和西方诗歌的观照中，格律化与自由化问题在此次论坛得到了进一步论述和展开。潘颂德、毛翰、万龙生、赵金钟、林于弘、沈用大、王端成、冬婴、陶永莉等从不同角度对这一问题进行了分析，观点创新，论证充分。此外，也有对不同诗体的具体分析和对新诗文体的整体特征的阐述。前者如泰国曾心结合自己的创作对"六行体"小诗的论析，段乐三及新西兰林爽对汉俳写作的思考，葛乃福对民歌体新诗的分析，中国台湾诗人台客对朗诵诗体的分析和现场演绎，童龙超从诗与音乐的关系提出"歌诗"概念，孙金燕对小诗的梳理和分析等；后者如香港的傅天虹对新诗含蓄问题的论述，孙基林从诗歌叙事学角度对当代诗歌的打量，李志元对当代诗歌话语形态的二次变构的论述，雷斌对重建新诗审美视点——由自我表现走向审美体验的重要性的分析等。基于对当代人生存困境的共同关注和对当代诗歌精神缺失的共鸣，"精神重建"成为本次论坛最为关注的话题之一。赵伯陶认为，诗歌是一个民族的灵魂，是理想的追求，是对未来的憧憬，诗意的栖居才是人们真正的归宿。蒋登科、谭五昌、向天渊等，从不同角度对"精神重建"进行了系统分析。蒋登科从诗歌与现实的角度出发，将诗人的创作姿态分为对话、介入、逃避、消解四种，并对不同姿态的艺术效应进行了具体分析。谭五昌通过对"精神重建"中"诗歌精神"的涵义界定、精神缺失、回归和失落、重建的意义和途径四个方面的论述，系统论述了"精神重建"的迫切性和必要性。向天渊认为诗歌精神重建是一项复杂的系统工程，为此提出了"诗歌精神生态学"，从诗人、读者、语言、文化这几个既有区别又相关联的方面入手，对如何重建诗歌精神阐述了自己的看法。朱先树对政治抒情诗的分析，陈本益从比较文化的视角对诗歌爱国主义精神之普世价值的思索，江腊生对"打工诗歌"的美学向度的探讨，唐德亮对诗歌的"血、气、魂"的强调，陆飘对网络诗歌精神家园的寻找，李冰封对诗歌人文关怀的强调，乔琦对上世纪90年代诗歌精神缺失的分析，任毅对新诗的社会良知与诗人清醒的文化道德价值判断力的倡导，中国台湾诗人雪飞对诗歌的表情达意性的强调，中国台湾傅予从现实社会出发对诗的存在价值的探讨，罗文军从诗歌译介的角度对当下诗歌重建的精神取向的分析，邓艮对"后非非"写作的分析，晏红对"心"作为诗歌的生存空间的强调，朱美禄对鲁迅"诗力说"的分析，刘东玲对诗歌写作"丰富的贫乏"现象的分析等等，也从各自不同的角度探讨了这一问题。中国台湾陈福成在深切反思中国新诗目前的"精神状态"的基础上，认为中国新诗的"二次革命"时机尚未成熟；雷文学认为当下的中国新诗仍没有找到一种成熟的精神形式，没有建立起自己的哲学；赵东认为现代诗歌首先追求的不是意义的高远，而是要赶在意义到达之前就将诗歌完成，现代诗歌的书写过程本身大于诗歌已经预先给定的意义。在信息化和网络化的当下，"诗歌传播方式"的重建得到了广泛的关注。以下几位学者集中讨论了这个问题。李震以"媒介化时代的诗歌写作与今日诗学之使命——也谈新诗的二次革命"为题，提出了中国诗歌面临的四个困境和需要进行的三个革命；于怀玉论述了近十年汉语诗歌的网络化传播的特点、主体、背景与前景；梁笑梅从《小说星期刊》入手，对早期香港新诗的传播进行了地域性研究；杨继辉通过对近10年网络诗歌及其已编印的诗歌民刊《中产阶级诗选》的体验，阐明新诗写作群体的变异和新诗"二次革命"的必要；袁仕萍对民刊及其传播效果给予了充分的肯定与评价，同时对现代传媒的效用也进行了分析。

"当代华文诗歌的现状与走向"是本次论坛的第二个主题。华文诗歌的发展在世界范围内面临着相似的机遇和挑战，华文诗歌资源的整合与跨语境交流是促进华文诗歌发展的重要途径，也是本次论坛的旨趣所在。叶延滨对中国当代诗歌的概况与面临的境遇的论述，赵毅衡从文化符号学角度对当代诗的走向的分析，古远清对香港新诗六十年的鸟瞰，蒙古诗人森·哈达对国际华文诗歌现状与未来走向的预测，新加坡方然"激活诗歌基因，重组诗学新局"观点的提出，新加坡史英对"新华"诗歌之现状与走向的分析，中国台湾林静助对台湾图像的现代诗之当代意义的诠释，中国台湾林芙蓉对现代这一概念的分析和对全球华人作家相互交流与学习的呼唤，张德明对迷恋"先锋"的诗歌创作路向的批评，晏红对诗歌存在空间的透视，干天全对诗歌批评与研究误区的反思，向笔群对诗坛一些怪异现象的思考，马来西亚苏清强对此的思考等等，从或宏大或细微的角度，体现着本次论坛的国际性和与会专家对华文诗歌现状与走向的关注。吕进的主题讲演《论"新来者"》是新时期的诗歌研究。他认为在上个世纪的新时期，有三个诗歌领唱群落，即归来者、朦胧诗人、新来者，把新时期诗歌仅仅局限于朦胧诗是不科学的；"新来者"指两类诗人，一类是新时期不属于朦胧诗群的年轻诗人，他们走的诗歌之路和朦胧诗人显然有别；另一类是起步也许较早，但是却是在新时期成名的诗人。吕进提出：新来者不应被矮化或忽略。

"新诗的百年之变与中国诗歌的几千年之常"这一崭新话题，引起与会者的兴趣。新诗是中国诗歌的现代形态，因而必须对中国诗歌的几千年之常进行继承，确保自己的民族身份；新诗又是现代诗歌的中国形态，因而必须对中国诗歌的几千年之常进行批判，确保自己的现代色彩。曹万生在中国现代诗学流变中探讨了"象征"与"兴"的关系；祝晓云论述了中国象征诗派的产生与发展；陆正兰从歌词与诗的比较分析中，提出了"传统诗教"向"当代歌教"位移的观点。

"新诗的大众化与小众化"在本次论坛中也受到了普遍关注，多数学者在对新诗的诗体重建、精神重建和传播方式重建的探讨中，都包含着这一问题。王珂以"新诗应该重视相对标准，常规诗体和社会化写作"为题，提出应该高度重视新诗的基础理论，以艺术方式建立相对标准，以改良手段建设常规诗体，在新诗的多元格局中重视社会化写作。傅宗洪认为大众诗学的历史建构应该充分重视歌词的价值，认为歌词是大众诗学的载体。唐德亮提出诗歌应该走向大众，大众化不仅是形式问题，也是内容问题。多数与会学者反思了新诗的小众化倾向，强调了新诗大众化的重要性。

"抗战时期的大后方诗歌研究"彰显了本次论坛的地域特色。钱志富对胡风诗学思想的阐发，张传敏对七月诗派重庆经验的描述，张立新对重庆抗战文艺报刊"诗歌场"效应的挖掘，高阿蕊和张武军对郭沫若抗战前期诗文的解读，郭小聪对抗战新诗的反思等，显示了大后方诗歌所具有的多维视野和潜在价值。

与以上主题相关或在以上主题之外，也有学者进行诗人个案研究。如江弱水对瓦雷里的法译《陶潜诗序》与王佐良《一个中国诗人》两篇诗评文章的互参阅读，木斧对艾青《火把》的"重读"，段从学对胡适新诗本体话语的建构与悖论的辨析，熊辉对冯至十四行诗创作的文体原因透析，谢应光对吴芳吉的诗学观与新诗发生路径的思考，陈祖君对闻一多、何其芳、李瑛诗歌"节日体验"的分析，张吉兵对废名 1931 年诗歌创作的阐释，窦金铃对鲁黎的解读，中国台湾钟顺文对谢佳桦的西藏诗画的论述等，都从不同的角度呼应着此次论坛的主题，丰富了华文诗歌的研究。整体上看，此次论坛呈现出地域上的国际性、年龄上的跨度性和理论上的丰富性。不同国家和地区、不同年龄阶段的专家学者，在不同的知识背景和理论素养的基础上，对新诗的成长和在当下的发展提出了自己的见解，表现出了对新诗当下状态的共同焦虑和对新诗发展的共同关注，表达了思想，交流了学术，收获了友谊。

（作者单位　西南大学中国新诗研究所）

## 11 月 9—11 日

《文艺研究》与首都师范大学文学院文艺学重点学科、高等教育出版社共同主办的"首届全国文艺学高峰论坛"召开，70 余位学者参会，就文艺学的历史梳理与学科反思、当代文艺学热点话题、文艺学与文化研究等问题展开讨论。本刊副主编陈剑澜与会。随后，《文艺研究》2010 年第 1 期发表会议综述。

# "首届全国文艺学高峰论坛"综述

夏　静

20 世纪以来，中国文艺学的发展经历了复杂而曲折的历程，出现了诸多新问题。回顾文艺学发展轨迹，探寻未来发展路径，是目前文艺学建设的当务之急。2009 年 11 月 9 至 11 日，由首都师范大学文学院文艺学重点学科、《文艺研究》杂志社和高等教育出版社共同主办的"首届全国文艺学高峰论坛"在京举行，来自国内高校、高等教育出版社和学术期刊的七十余名专家学者参加了此次论坛。会议开幕式由首都师范大学文学院文艺学学科带头人陶东风教授主持，首都师范大学文学院分党委书记吴湘洲教授、《文艺研究》杂志副主编陈剑澜编审、高等教育出版社文科中心副主任吴学先博士分别致辞。与会专家围绕论坛主题，就文艺学的历史梳理与学科反思、当代文艺学热点话题、文艺学与文化研究等几个方面的问题展开了充分而热烈的讨论。

## 一、文艺学的历史梳理与学科反思

学术史的回顾与清理，在每一个重要历史节点都会被研究者重视。适逢五四运动九十周年、新中国成立六十周年、改革开放三十周年，回顾过去，中国文艺学走过了一条不平凡的道路，有显著成就，有辉煌历史，也面临着新的际遇与挑战。与会学者结合自己的学术研究经历，从不同角度对中国文艺学发展历程进行了回顾与反思。中国人民大学陆贵山教授认为，新时期文艺学受到西方当代文论本土化的催生和中国古代文论现代化转化的触发，发生了结构性的巨大变化，尤其是在文艺的政治属性与审美属性、社会的现代化与文学的现代性、文艺的社会历史研究与人文研究、文学的内部规律研究与外部规律研究等方面，呈现出历史性的飞跃发展。在几代人的共同努力下，当代中国的文艺理论已经形成"一体—主导—多样"的格局和结构。中国社会科学院杜书瀛研究员提出"纪念三六九，重读马列毛"的主张，对九十年间（1919—2009）文艺学局面的形成和存在进行了历史主义的分析，认为前三十年群龙争斗，中间三十年一家主导，后三十年多元对话。他认为，在马列文论的世界性发展进程及其形成的美学格局中，列宁是转折点，也是新起点。毛泽东是列宁政党美学最忠实且富有创造性的中国继承者。在中国现阶段，政党政治美学和权力政治美学仍然占据主导地位。山东大学曾繁仁教授就建国六十年来文学学科坚持马克思主义指导的重要问题进行了思考与总结，认为既不能全盘肯定，也不能全盘否定，而应该坚持整体的、发展的与反思的立场和观点。他提出要坚持"文艺为人民"的文艺思想，认真处理马克思一元指导与其他理论形态多样共存的关系、学术与政治的关系、马克思主义基本理论与中国实际的关系。

## 二、当代文艺学热点话题

当前迅猛发展的全球化、多元化给文艺学研究带来了巨大的冲击，文学理论现代性问题正面临着后现代性的强烈介入，如何处理好两者的关系乃至文艺学在全球化浪潮中的走向如何，成为本次论坛的主要议题之一。当今一个突出的现实问题是后现代主义文化思潮极为复杂，包括媒介文化、网络文化、大众文化、图像文化、反历史决定论、反本质主义、反理性、反精英、意识形态终结说、艺术文学终结论、女权主义、后殖民主义、生态文化、消费文化，等等。中国人民大学金元浦教授从多元文化背景谈到文学的多样性问题，论述多元建构主义文学观问题的重要性。浙江大学徐岱教授提醒注意文学理论研究中的文化霸权与扩张主义，反思当年对文艺学的介入是否正常，提出在文艺学失去轰动效应以后，教谁、教什么、怎么教的问题。浙江工商大学吴炫教授提出我们拿什么给西方人看的问题，他认为，批评性思维对于中国未来文艺学的研究和教育具有重要意义。中国社会科学院汤学智研究员关注文艺学生命理论对文学研究多向互动结构的启示，认为方法论上的创新能够为文艺学研究带来旺盛的生命力。清华大学肖鹰教授在发言中激烈批评了有些中国学者所谓的"中国立场"以及中国文学六十年的定位权等问题，他认为要走出困境，首先要走出文化上的"长城心态"与中国文学史的"工程意识形态"。

如何建立中国文艺学自身的民族特质与生命活力，如何在多元文化语境下重建民族文化的自我叙事功能，是一个世纪以来几代学者的奋斗目标。北京师范大学童庆炳教授提出了"文学理论的中国话语从哪里来"的问题，他认为这只能从中国当下的文艺实际情况中来，为此，要处理好十个方面的问题：中国式的文学生产与消费的问题，体验文学、市场文学和网络文学的互动关系问题，文学如何反映社会生活矛盾的问题，中国当代文学重构"国民性"批判的问题，中国生态批评理论的建构问题，全球化时代中国文学的走势问题，正确继承中国古代文论和现代文论传统的问题，西方文论的中国转化问题，文学理论方法论的调整问题，清理文学理论的旧案问题。中国人民大学张法教授提出文艺学需要反思的几个问题：一是关于文艺学命名的思考，认为由于历史的原因而形成的"文艺学"称谓并不科学，"文艺学"应该尽快更名为"文学学"；二是区别文艺学研究中政治学模式与学术模式，提出"概论"与"读本"的不同，认为概论站在时代的最高度，也代表了时代的最大局限；三是中心与边缘的问题，他认为对于文学的理解不能囿于西方现代性以来的局限，语言包括了文学最本质、最深刻的东西，因而应该重视语言的维度。南开大学刘俐俐教授以唐传奇和宋话本的故事为例，说明西方叙事学批评理论不足以概括中国古代短篇小说的写作经验，提出建构具有中国特色叙事学理论的重要性。

### 三、文艺学与文化研究

上世纪 90 年代以来，跨学科的文化研究发展迅猛，文学的"文化批评"成为重要的趋势。南京大学赵宪章教授就文学与图像关系研究中的若干问题进行了研讨，提出"一体""分体""合体"是语图关系的三大历史形态，"以图言说""语图互仿""语图互文"具有不同的特点，特别是语象和图像的关系，作为语图之间的"统觉共享"是文学和图像关系研究的平台。中国社会科学院周启超研究员在以《告别抑或反思——"后理论时代"文学理论的一个问题》为题的发言中，反思了近六十年来我们对外国文论的引入、翻译、出版是否真正做到了多元的问题。他针对外国文论界所谓"后理论时代"告别理论研究文本的观点，直面文艺理论界所面临的多元文化语境，认为所谓"后"不是告别，而是反思后的超越，并提出推进跨文化研究中的"三个汇通"。中山大学高小康教授认为，在全球化、多元化日趋复杂的国际关系中，把文化概念放在文化生态学的视野下，挑战传统视野，走向审美文化生态研究的文艺学。复旦大学陆扬教授介绍了四种西方空间理论，辨析空间与地方的相互关系，并以多种中国本土经验诠释了西方空间理论。

网络文学的快速兴起，对整个汉语文坛产生了深刻影响，对传统文学构成巨大的冲击，日渐形成了新的文学范式，促进了文学及其理论与批评的转向。中南大学欧阳友权教授考察新媒体时代的文艺学结构要素和表征视域问题，认为当前的网络文学需要解决好"文学性"匮乏的问题，应该秉承一种人文的立场，提升网络文学的艺术审美价值，我们必须修正既有的文学观念，切入文学现场，调整理论聚焦，从学理上去对网络文学进行认真审视和引导。

在大会的圆桌讨论期间，众多青年学者围绕大会主题，与前辈学者展开了热烈的讨论，也提出了不少新锐的观点。

在闭幕式上，首都师范大学陶东风教授进行了总结发言。他指出，举办这次论坛的目的，就是要搭建一个多元、开放、民主的公共空间，来反思文艺学的当代价值和学科定位，建构一种反思性的理论话语。他指出，我们不应该笼统地说文学理论是危机重重还是生机勃勃，而应该说什么样的文学理论危机重重，什么样的文学理论正在生机勃勃地出现。在反思文艺学的时候，我们比以前更加尖锐地意识到的核心问题是：文艺学是什么？它的存在依据是什么？在陶东风看来，文学理论是对文学知识生产活动的自觉的理论反思，反思文学研究和文学批评如何可能，它是一种建构。文学活动是三个层面的话语建构：文学作品，文学批评和研究，文学理论。文学理论作为第三个层面的话语建构，是一种建构的建构，是元理论层面的话语活动。人们通常把文学理论定义为研究文学活动规律的知识体系，但陶东风认为：文学理论不是研究文学活动的规律，而是研究这些规律是如何被建构的。文学理论的存在和发展充分表明了文学研究的自觉性。

本次论坛汇集了目前文艺学界最优秀的人才资源及学科教学资源，不仅探讨了文艺学研究的历史、现状和未来，文艺学的教学和人才培养的有效途径及方式、方法，而且密切结合研究生教育的现状，集中、深入地探讨了文艺学学科建设及研究生培养的新思路与新方法，并以此为切入点，扩展到大学中文学科其他专业的教学理念和教学模式创新等问题。来自全国各地的专家对本次论坛给予了高度评价，一致认为论坛为促进文艺学学科发展、探讨文艺学研究中的热点、难点问题提供了一个自由言说和民主交流的公共平台。作为一次高规格的全国性论坛，本次会议将持续在文艺学领域产生重要影响。

（作者单位　首都师范大学文学院）


## 12 月

本刊主编方宁被国家新闻出版总署评选为百名有突出贡献的新闻出版专业技术人员。

# 2010 年

■ **2月10日**

《文艺研究》本年第 2 期 "当代批评" 栏目发表一组关于 "重返八十年代" 的文章。"编者按" 云："'重返八十年代'是近些年我国当代文学研究界的一个重要话题。研究者试图通过'还原'新时期之初的文学现场，重审文学与意识形态及一般社会思潮的关系、文学体制的变迁、文学经典与文学史经典、'当代文学'及'二十世纪中国文学'的名与实等问题。本刊从 2005 年起参与了相关讨论，陆续发表'重评伤痕文学''重评寻根文学''重评先锋文学'等系列专题。本组文章是这一讨论的延续，同时，我们也希望藉此把'重返八十年代'的努力置于当代文学精神的自我理解与自我确证的视野中来加以审视。"

■ **6月14—17日**

《文艺研究》与暨南大学文学院、艺术学院、北京大学艺术学院和深圳大学文化产业研究院联合主办的 2010 年 "世界华语电影：诗学·文化·产业" 国际学术研讨会在广州召开，来自海内外华语电影界的著名专家、学者、导演和在校师生近百人参加会议，就世界华语电影的概念界定、世界华语电影的整合与合作、华语电影的文化功能与产业之间的张力等问题展开讨论。

■ **6月18—21日**

《文艺研究》与苏州大学文学院主办，常熟理工学院中国现当代文学学科协办的 "回顾与展望：三十年来文艺学跨学科研究学术研讨会" 在苏州召开，70 余位学者参会，就文艺学跨学科研究的理论缘起与范式、文艺学跨学科研究与大众文化的兴起、文艺学跨学科研究与文学史等问题展开讨论。随后，《文艺研究》本年第 9 期发表会议综述。

## "回顾与展望：三十年来文艺学跨学科研究学术研讨会" 综述

王 耘

"回顾与展望：三十年来文艺学跨学科研究学术研讨会" 于 2010 年 6 月 18 日至 21 日在苏州大学举行。本次会议由《文艺研究》编辑部、苏州大学文学院主办，常熟理工学院中国现当代文学学科协办。来自国内外的专家、学者七十余人参加了本次会议。会议开幕式由苏州大学文学院刘锋杰教授主持，苏州大学文学院黄镇伟副院长、华东师范大学中文系徐中玉教授、钱谷融教授、《文艺研究》副主编陈剑澜、常熟理工学院副院长丁晓原教授先后致辞。现在美国哈佛大学访问的苏州大学文学院院长王尧多次致电，对会议的召开表示祝贺，他相信，本次会议必将有助于苏州大学文学院的学科建设，积极影响学术发展。会议讨论过程中，代表们踊跃发言，各抒己见。在会议闭幕式上，苏州大学文学院鲁枢元教授作了总结发言。会议研讨的主要内容包括以下几个方面：

## 一、文艺学跨学科研究的理论缘起与范式

文艺学跨学科研究具有一种怎样的理论缘起？如何建构文艺学跨学科研究的理论范式？上海交通大学夏中义指出，20 世纪 80 年代的文学理论是一种追思：反思者是亲历者，追思者不仅是亲历者，且肩负责任——蕴含思想启蒙的动机。王元化曾倡导有学术的思想与有思想的学术相结合，这远非当下被思想的学术与反学术的思想的媾和。华中师范大学王先霈分析了文艺学跨学科研究应该跨出的和需要坚守的是什么。他认为，应当保持文艺学的人文性，能够与自然科学交流，彼此相跨，才是理想的跨学科研究。《文学评论》编辑部吴子林试图追问，所谓跨学科研究的实质内容是什么？他认为，怎么跨、跨到什么程度都是必须重新反省的问题。华东师范大学朱国华同样提出质疑：1. 究竟有无跨学科的文艺学？2. 跨学科是否只是科学主义在文学领域的涉入？3. 跨学科跨得是否深入？相应于此，他提出，不妨借鉴布尔迪厄从社会学转入文学场域的理论，寻找属于文艺学的方法论。首都师范大学陶东风具体分析了大众文化研究的三种范式：1. 批判理论范式；2. 新审美主义范式；3. 新左派范式。他指出，特定时空中产生的文学理论和政治的语义关联模式并不具有普遍有效性，文学理论自主性与其政治性不能共存的结论同样不具普遍有效性。苏州大学刘锋杰从"工具论"与"审美论"的不同建构事实出发，认为反本质主义的建构只是一种知识论，而不是价值论，因而有抹平一切建构努力的相对主义倾向。他强调重建"政治批评"不能以牺牲文艺学的学科特性为代价，认为只有站在文学的立场确认文学与政治的想象关系才是合适的选择；主张文艺学的研究应该在价值维度、知识维度与要素维度的共同作用下探索文学的某些特性与规律。上海财经大学祁志祥强调，文学既有自身的内部规律，又有与其他学科相联系的外部规律，文学研究走向跨学科是必然的。美学与人学是文学的近邻，从事文学的美学研究、人学研究是文学的跨学科研究更迫切的任务。南京大学汪正龙集中探讨了文本与指涉的问题，他指出，文学旨在表达虚拟世界的创造力想象，文学是一种虚拟

性的意志，承担人间的希望，以不同的方式构造人与世界的关系。文本指涉路径的多样性，正是一种跨学科的实践。福建师范大学王珂认为，必须强调多元有界、专业优先和文学本位，强调先有专才后有通才。尽管文化的多元化为学者的跨学科生存和跨学科研究提供了前所未有的机遇，但受学术体制的限制，当前文艺学跨学科研究的学术生态并不十分理想。山东大学威海分校泓峻指出，文艺学跨学科研究包含两种基本的范式：以文学自身为本位的研究（范式一）和不以文学自身为本位的研究（范式二）。两种研究范式之间的转换折射出与文学研究密切相关的社会语境、学术氛围与学者研究志趣等方面的微妙变化。

## 二、文艺学跨学科研究与大众文化的兴起

文艺学跨学科研究如何面对大众文化的兴起？北京师范大学李春青指出，应当从历史角度看待大众文化。古往今来，中国文化经历过从贵族文化向士大夫文化、向现代知识分子文化、向大众文化的转化。当前文化研究的策略有三种：1.把大众文化对象化；2.从某种立场出发进行研究；3.文学理论介入大众文化。其研究使命是：把精英文化转变为大众文化。上海师范大学杨文虎就"文学死了"这一话题提出自己的看法。他认为，只要生活继续，文学就不会死。若脱离生活，不仅文学会死，文学理论会死，文学跨学科研究更是如此。自我毁灭与自我膨胀是现行文学的两大特点，文学研究的视野应当得到转换，应该客观地研究现行文学。黑龙江大学马汉广更关心后现代意识与文学观念的关系，认为以下三重转换至关重要：从作为精神主体的"作者"到话语实践的"写手"；从表情达意的"作品"到语言游戏的"文本"；从被动接受的"读者"到共同参与的"游戏者"。华东师范大学陶国山集中探讨了当下西方理论的引进、翻译问题。他认为，在讲文艺学跨学科研究时，我们不能不提及理论的消化问题。当代文艺学的发展存在翻译之难，而打通是治学之道，也是解决之道。南京财经大学戴文红指出，网络阅读减少网民的真正阅读率，容易带来深层的心灵焦虑和人文缺失。因此，建构网络时代的新阅读文化，引领健康、高效的网络阅读，显得格外迫切和重要。安徽师范大学江守义指出，文化研究在文学与文化的关系、当代文化现象等方面都有不俗的表现，文论研究向文化研究的转向也成为一种潮流。台州学院李涛指出，中国审美文化研究的主要意义在于两点：一是作为美学研究的新视野，审美文化研究引入文化的视角，重视审美和文化之间的互动；二是作为泛审美现象的理解，审美文化研究特别关注审美活动的变迁，对新的审美现象给予了理论上的及时回应，传达出人文知识分子的基本立场和干预审美变迁的态度。

### 三、文艺学跨学科研究与文学史问题

文艺学跨学科研究的实践成果丰富。美国加州圣玛利学院徐贲比较了人文学科作为专业教育与人文教育的区别，他指出，应当重归教育的人文精神和对主流话语的跨越。苏州大学范培松将散文的境界分为三种：一为"形不散神不散"，二为"形散神不散"，三为"形散神散"，各有区别，又层层递进。复旦大学陆扬探讨了近年来神学界和哲学界同样颇为关切的"否定神学"问题，他认为，否定神学的例子当可表明，上帝从来就没有在语言中充分展示过自身，故上帝在语言中展示自身，在今天并不比过去更艰难。苏州大学季进指出，钱锺书关于"文史互通""史蕴诗心""六经皆史"等卓识，与新历史主义有颇多相通与契合之处。深圳大学庄锡华认为，文学史书写应有两个维度：审美的维度与历史的维度。坚持审美的维度就是尊重文学基本特性，必须审慎地处理历史要求与审美要求的矛盾，求得审美维度与历史维度的动态平衡是文学史书写的重要原则。郑州大学张月提请大家思考，虽然理念的建构、观念的创造、符号性的表达能够揭示人的心灵世界，但人是否过度使用了自己的自由？同济大学钱虹从女性主义视角对 2009 年热门电影的女性形象做出了点评，她认为，当代文化消费主义的出现导致了对经典文本的解构，文学的审美功能削弱，教化功能淡化，娱乐功能压倒一切。暨南大学刘绍瑾指出，宋代理学与陶诗意义的发现有密切关联，在陶诗的接受史上，陶潜直到两宋时期才开始受到重视。内蒙古师范大学张树天指出，中国古代书画理论研究不足，中国古代文论研究者不研究书画理论，实际上，文论与画论密切相关，古代书画理论对中国传统美学影响巨大。上海师范大学陈伟指出，"五四"以来，中国现代歌曲长期存在"红色歌曲"与"黄色歌曲"的分类，这种对歌曲类别带有"褒义化"或"污名化"色彩的冠名，反映着中国美学现代性进程的不平衡性。河南大学李勇指出，当下文论与美学研究有一种趋势：当下文论与美学研究的媒介研究"转向"，这种"转向"具有较强的时代性与现实性，学界应投入足够的注意。中国矿业大学王青指出，生态美学的建构要从马克思恩格斯的理论原典中汲取营养，生态美学的建构要在新的视野下审视中外生态智慧，并且赋予新的生命力。兰州大学张懿红在关注新时期人文思潮的过程中发现，人类学对中国文艺学研究有着广泛介入，但人类学很少对文学创作产生影响；而且，新时期的许多问题被学界忽视，必须更新现有的文学观，繁荣民间文艺，引导新时期的文学趋向。扬州大学张爱凤指出，西方女权主义者对传统知识体系挑战的成果是建构了社会性别理论，创立了跨学科的社会性别学教学机构，从而改变了对人类社会的刻板解释。在国内文艺学领域，性别研究的成果依然没有得到以男性学者为主流的学界的重视。南京晓庄学院徐敏认为，夏志清明确

反对纯文学立场，强调文学与人生的联系。他对左翼作家的肯定与批评都必须在这一批评视野中来进行公正评价。南京大学李昌舒指出，白居易在被贬江州之后奉行"独善其身"的人生方式，疏远现实政治，追求个人闲适，诗、酒与琴是获得闲适的三个重要途径，通过写诗、饮酒、弹琴，白居易实现了"日常生活的审美化"，这对于中国美学在中晚唐时期的转向具有重要影响。安徽农业大学方国武指出，品味概念具有世俗化过程、即时性特征和主客体关系的物质化倾向。苏州大学范永康指出，"文化政治"缘起于西方马克思主义对文化的政治功能的重视，英国新左派和前期文化研究也高度重视文化的自主性和政治性，将文化视为政治斗争的主要场域；后现代主义和后期文化研究的文化政治则走向泛政治化，逐渐失去了激进政治色彩。

在闭幕式上，苏州大学生态批评研究中心鲁枢元教授以《文学跨界研究与研究者的个性选择》为题，做了总结发言。作为国内20世纪80年代初率先介入文艺学跨学科研究的原创型学者，鲁枢元教授在从事文艺学研究的过程中，先后跨越了心理学、语言学、生态学三大领域，他把自己从事文艺学跨学科研究这三十年治学之路的特点总结为两条：性情先于知识、观念重于方法。与此同时，他呼吁学界能够转换既有的思维模式，化解学科的壁垒和坚冰，积极推进学科间的互动与对话，努力构建学术跨界的渠道和桥梁，最终实现文艺学自身发展的实质性超越。

（作者单位　苏州大学文学院）

## ■ 9月1—3日

《文艺研究》与中山大学非物质文化遗产研究中心、中山大学中文系共同主办的"美学与文化生态建设"国际论坛在广州召开，50余位学者参会，围绕"美学与文化生态建设"这一核心议题，分美学文艺学与非物质文化遗产两组，就审美文化发展与文化生态建设、生态美学与审美文化研究、民间艺术文化生态、民俗美学与非物质文化遗产、非物质文化遗产与文化生态建设、文化产业与文化生态建设等议题展开讨论。本刊副主编陈剑澜、造型艺术编辑室主任金宁参会并主持相关讨论。随后，《文艺研究》2011年第1期发表会议综述。

### "美学与文化生态建设"国际论坛综述

钟雅琴

2010年9月1日至3日，由中山大学中国非物质文化遗产研究中心、中山大学中文系、《文艺研究》杂志社共同主办的"美学与文化生态建设"国际论坛在广东南昆山召开。会议历时三天，汇集了来自美国、德国、日本、韩国、新加坡的十余位外国专家以及来自复旦大学、中国人民大学、山东大学、南开大学、华中师范大学、上海交通大学等国内著名高校的数十位学者，共计五十余人。本次国际论坛围绕"美学与文化生态建设"这一核心议题，分美学文艺学与非物质文化遗产两组，就审美文化发展与文化生态建设、生态美学与审美文化研究、民间艺术文化生态、民俗美学与非物质文化遗产、非物质文化遗产与文化生态建设、文化产业与文化生态建设等相关论题展开了广泛而深入的讨论。

随着当下中国现代化的深入、多元文化的发展，文化生态日趋复杂的现实冲击着业已形成的美学研究与文化研究范式。对此，高小康（中山大学）在大会发言中提出审美文化研究可以借鉴文化生态学的研究视野和方法，构建起当代中国审美文化研究的新理念和方法论，即审美文化生态研究的理论和方法。也就是说，从地域差异、传承演变、群落认同和文化空间等各种关系的联系中考察审美文化发展演变过程的现实活态特征与当代中国的特殊性问题，为审美文化研究打开新的视域和研究空间，使审美文化研究更加切合当代中国的文化建设需求。高小康认为生态美学侧重的是人与自然关系中自然的一面，而审美文化生态研究看到的是人与自然的联系中的另一面，即在人与自然的互动生产的文化活动。同时，研究审美活动的目的是要从理解不同文化群体的冲突与对话交流中导向对当代审美活动生态的全面认识。而着眼于当代空间的美学研究是一种具有鲜明时代特征的文化生态美学，是以当代社会环境中的文化多样性和文化冲突为背景的审美文化生态研究。其中"生态"作为本次会议的关键词之一引发了与会者的热烈反响。

曾繁仁（山东大学）在发言中旁征博引地提出了建构"有机生成论"城市美学的观点。他认为在美学走向生活的大背景下，"有机生成论"城市美学可以作为建设具有中国特色的城市美学的一个核心概念。曾繁仁从天人相合、顺应自然，阴阳相生、灌溉生气，吐故纳新、有机循环，个性突出、鲜活灵动，人文生态、社会和谐五个方面阐述了"有机生成论"城市美学的原则。有机性、生成性、生命力、个性化与和谐性导致城市及其居住者充满生命活力，这就是东方特色的"有机生成论"的城市之美。

这种基于生态共生的美学观点得到了众多学者的正面回应。滨下昌宏（日本神户大学）认为，我们不仅要把环境看作感知和审美判断的对象，也要看作积极地把美学自身和社会及哲学问题联结起来的实践美学的对象。谭好哲（山东大学）从当代环境美学对西方现代美学的拓展与超越的论述中，提出将整体的人类和审美的个体置于自然和环境之中，强调人类存在和自然界统一性的环境美学是在美学的形式中表达了一种新的具有生态意识和生态情怀的世界观和生存观的当代诉求。程相占（山东大学）则在详细梳理中西方环境美学与生态美学发展历程后认为，中西方生态美学都由环境美学发展而来，但进入21世纪后，中国生态美学吸收了西方环境美学的一些核心观念，扩大了生态美学的研究范围并深化了其内涵。王先霈（华中师范大学）则详细梳理了中国现代知名植物学家胡先骕的生态思想。

林岗（中山大学）认为生态美学唤醒的是人类对自己身处的危险境地的认识。刘绍瑾（暨南大学）在讨论中提出，生态美学的根本问题是人与自然的关系问题。生态美学意味着对一种带有回归意义的古典价值的认同，生态美学的重点不在形而上的哲学推演，而应回归形而下的生活诉求。魏朝勇（中山大学）则在发言中提出"作为一种生活姿态的生态美学"的观点。他从海德格尔的生存论出发，提出生态美学应该具有两个维度，一是介入式的政治文化批评的维度，一是私人式的生活姿态的维度。与刘绍瑾不同，魏朝勇强调生态美学是哲学美学，而其哲学基础恰恰是生活姿态。魏朝勇的这个观点得到杨乃乔（复旦大学）的积极响应，杨乃乔强调文艺学应保持其学理性。杨乃乔在发言中以民间剪纸艺术家王桂英为个案研究对象，提出在商业消费时代对民间艺术和民间艺人的生态保护问题。金宁（《文艺研究》杂志社）则提醒原生态的民间、民俗或许已成为中国当代知识分子最大的想象空间，对原生态煽情式的表达应保持警惕。面对这一争论，高小康提出非物质文化遗产保护存在抢救性保护、整体性保护和生产性保护三种方式。对于原生态的民间技艺，我们既要进行抢救性、整体性保护，也要允许、重视生产性保护。这一观点得到与会专家的普遍认同。

事实上，以民俗、民间技艺等为代表的非物质文化遗产作为文化生态中不可或缺的内容，当下正在引发各界越来越多的关注。在本次国际论坛中，海内外众多学者都以各自深入细致的研究，展现了学术界对非物质文化遗产保护以及文化生态建设的思考。其中美国民俗学会会长杜赫斯特（C. Kurt Dewhurst）带领美国民俗学会一行四人首次到中国大陆参加学术会议，他们的发言从不同的侧面为与会者展示了美国民俗学界近年来的研究动向以及对文化生态建设的探索。

杜赫斯特在题为《民间生活与博物馆：一种建立新的文化生态的力量》的报告中介绍了当今美国博物馆民俗学者的工作经验。美国民俗学者大量工作在博物馆，他们正致力于在美国博物馆中创建一种新的文化生态，即在博物馆建立一种民间生活的场景。在民俗学者的推动下，民间艺术和民间生活以一种活态的方式呈现在博物馆中。许多博物馆也在这一过程中重塑自身，成为"真正的社区中心"、终生学习的安全而刺激的场所，成为探索差异的中立场所，成为争论的地点，成为容纳演变中的多样传统与表述文化的社会响应力量。美国民俗学者正在和博物馆专才共同努力，以期为民间艺术和民间生活开创一种更具社区参与性的途径。

罗伊德（Timothy Loyd）（美国民俗学会）则介绍了美国公众民俗学网络的发展。美国民俗学会作为美国国家水平的民俗学者专业协会，当下有近一半的会员在公众民俗学领域工作。这些公众民俗学者都接受过高校民俗学教育，但是他们在学术界以外工作，例如各种政府的艺术、文化和教育机构以及非盈利的社区组织。与高校的民俗学者一样，公众民俗学者也授课，但是他们是通过展览、表演和其他公共课程来为普罗大众授课，而不是通过研究、出版物和高校课程来完成。这种变化使得从小型传统音乐会到大型民间节日的各项传统得以在更广泛的人群中传播，并通过各种行之有效的方式确保传统得以代代相传。同时，民俗学者在公众领域积累的实践经验也使他们在重返理论思考时更积极而充满活力。

马克多葳（Marsha MacDowell）（美国民俗学会）在报告中向与会者介绍了美国创建和利用民间生活收藏的新方向。她提出有关传统文化的记录和材料的收集作为理解我们自己和我们的社区、国家和世界的关键，正在成为各界热衷的藏品。互联网的发展正快速改变着人们创建和交流传统文化的方式，计算机技术也深刻地改变了民间生活收藏的发展、维护、获得与运用。民间生活收藏的管理者正在对记录、描述、归档和理解民间生活的新工具的发展做出回应，对日趋成熟的国家和国际资料数字化标准做出回应，对学者、教育者、政策制定者和传统艺术家以及传统社区日益增长的获取资料的需求做出回应。她藉由对三个项目（密歇根谷仓和农庄调查项目、密歇根彩绘玻璃普查项目、被套索引项目）的考察，说明了区分和稳定世界民间收藏的重要性，以及使世界民间生活收藏变得易于理解和搜索的重要性。

艾维（Bill Ivey）（美国民俗学会）则提出了一项 21 世纪的文化权利的提议。艾维认为，文化权利是形成我们构建有意义的文化生态的语境。非物质文化遗产与文化权利之间有着密不可分的重要联系。每一个研究非物质文化遗产的人都不可避免地遇到各种权利主张。非物质文化遗产与认同密不可分，而且它的许多表现具有经济价值。文化权利通常将非物质文化遗产用作主张政治经济目标的基础。非物质文化遗产也被援引来说明经济差别或经济剥削。因此他提出了"具有美国特色的文化权利"的提议，倡导遗产权，探索界定集体经历以及传统的音乐、文学、戏剧、绘画和舞蹈的权利；艺术家在公共生活中出现的权利，通过他们的艺术和将他们的声音和艺术观点纳入民主讨论来实现的权利；艺术生活的权利，表演乐器、绘画、舞蹈、创作和设计所需的知识和技能的权利，或以积极的创造力谋生的权利；用艺术向世界其他地方展现和诚实地传递美国的民主价值观与理想的权利；了解和探索最高品质艺术的权利，隐含于古往今来存活着的表述形式中的持久真理的权利；健康艺术企业的权利，这些企业服务于社区和公共利益时，能够承担风险和做有创意的投资。艾维希望藉由他关于文化权利的提议，倡导中国同仁制定出一套具有中国特色的 21 世纪文化权利的提议。

百榕（Robert Baron）（纽约州立艺术评议会）以其对日本的个案考察，发现传统民间艺术持续发展中社区资助组织与个人机构的重要性。日本是第一个创设国家政府计划支持非物质文化遗产保护的国家，但实际上，他经过田野调查发现，在日本构建支持非物质文化遗产保护的政府体系之前的 20 世纪中期，日本已经存在不少地方资助民间艺术的组织和个人机构。对于民间文化的延续和继承而言，民间组织往往发挥着政府机构不可取代的重要作用。

除美国学者外，来自海内外的众多学者均以其独特的个案研究展现了他们对非物质文化遗产保护乃至文化生态建设的理解。瑞斯（Berthold Riese）（德国波恩大学）以《作为世界非物质文化遗产和学术研究对象的格林童话》为题，对格林童话的诞生、特色、影响、变体以及对格林童话的学术分析做了全面细致的介绍，并运用比绍夫理论对格林童话进行故事分析，认为在不考虑其流传的情况下，童话具有很强的真实性，它们反映了人们在生理成长和成熟过程中真实的心理变化。蔡熙完（韩国釜山大学）以韩国传统舞蹈为分析对象，指出在 21 世纪文化危机的背景下，复兴传统演艺舞蹈对重塑人们内心体验具有重要意义。蔡曙鹏（新加坡戏曲学院）则以马来西亚民族戏剧玛雍（Mak Yong）为例，介绍马来西亚保护非物质文化遗产的经验。沈广仁（新加坡国立大学）介绍了他在新加坡导演英文版《西厢记》获得成功的经验，探讨以戏剧、音乐演出等推进东西方传统文化交流、融合的可行性方案。王晓葵（日本爱知县立大学）则以纪念碑等人造纪念物为研究对象。他认为都市空间中大量存在的人造纪念物作为保持、唤起对过去任务、时间的记忆装置，构成了都市景观的一部分。他希望通过分析这些纪念物在都市景观形成过程中的变迁与作用，揭示纪念物在文化生态建设中的作用。蔡毅（日本南山大学）考察了酒与文艺创作间的关系。蒋明智（中山大学）则探讨了作为非物质文化遗产的汉字书法与抑郁症防治的关系。

当然，面对方兴未艾的非物质文化遗产研究，王霄冰（德国慕尼黑大学）、刘晓春（中山大学）等学者不约而同地对其本真性问题提出了质疑。他们认为在当前非物质文化遗产的申报和保护实践中，人们往往因各自的主观理解和诠释，对其基本机构和基本形态做出较大调整和改变。在这种情况下，确立非物质文化遗产本真性衡量标准对于纠正非物质文化保护过程中所出现的各种不规范现象有着迫切的现实意义。

同时，文化产业与文化生态问题也是与会学者关注的重要问题之一。刘士林（上海交通大学）提出能否主动纳入文化产业的世界潮流与国家战略，已成为影响中国民俗文化创新与可持续发展的关键所在。真正理想的文化产业应最大限度地利用自然和社会已有的物质条件，通过最少的投资和工程体量实现文化内容的创新。宋俊华（中山大学）同样认为，"内容为王"是文化产业发展的核心，"特色文化资源"与"现代创意"相结合是实现文化产业发展的两条重要途径。刘康（美国杜克大学、上海交通大学）则对上海世博会进行了个案研究，认为世博会已成为各国展示文化实力与国家形象的大舞台。杨小彦（中山大学）介绍了广东顺德青年艺术家保护顺德容桂老工业区，并最终推动其成为文化创意园的个案。

此外，与会的其他学者也纷纷介绍了他们新近的研究兴趣，使本次论坛的内容更显丰富。金元浦（中国人民大学）以新近的大众文化事件为研究对象，提出非美学时代审丑叙事的问题。罗筠筠（中山大学）介绍了"琴"文学美学，从琴诗、琴赋、琴赞等有关古琴艺术的文学写作入手，对关于古琴艺术的历史资料进行了详细梳理。刘俐俐（南开大学）提出了中国多民族一体文艺美学的建设思路，认为多民族一体文艺美学的提出将有助于我们更切实地理解多民族语境下不同民族、特别是少数民族作家对文化的理解和想象。冯毓云（哈尔滨师范大学）提出科学世界向生活世界转向的观点，认为回归生活世界即是当今时代的主题化特征，亦是各种学术研究视野的根本转换、学术目标的根本转折、现代生活和科学研究的根本出发点。王敦（中山大学）则提出将听觉文化研究纳入文艺学研究范围的想法，认为听觉文化研究可在视觉文化研究之后再一次拓展文化和审美研究的疆域。

（作者单位　暨南大学文学院、中山大学中国非物质文化遗产研究中心）

## ▇ 9月18—19日

《文艺研究》与首都师范大学文学院文艺学重点学科共同举办的"首届全国文艺学与美学青年学者论坛"在北京召开。与会者围绕当前文艺学与美学研究的众多热点问题，如文学与文化研究的关系、文艺学与美学的学科定位、新媒体时代的文艺学与美学等展开讨论。本刊副主编陈剑澜与会。随后，《文艺研究》2011年第1期发表会议综述。

# "首届全国文艺学与美学青年学者论坛"综述

朱明明

由首都师范大学文学院文艺学重点学科、《文艺研究》杂志社共同举办的"首届全国文艺学与美学青年学者论坛",于2010年9月18—19日在北京首都师范大学国际文化大厦隆重举行。论坛由首都师范大学文艺学学科带头人陶东风教授发起并主持,中国中外文艺理论学会会长钱中文、北京师范大学资深教授童庆炳、首都师范大学常务副校长宫辉力、《文艺研究》杂志社副主编陈剑澜等在开幕式上相继致辞。

本次论坛的宗旨是为文艺学与美学领域的青年学者提供表达观点、展示风采的机会,搭建青年学者之间自由、平等、民主地沟通、对话、交流、辩论的平台,通过这样一个平台,使得全国广大文艺学与美学青年学者们能够尽可能广泛且深入地表达自己并相互了解,从而推动我国文艺学与美学研究事业向前发展。论坛参加者的年龄严格限制在四十五岁以下,但为了促进青年学者与已经做出杰出贡献的著名学者之间的对话和交流,本论坛特别邀请了文艺学与美学领域的专家学者对大会发言做出点评。

论坛采取了大会主题发言与分组讨论相结合的形式。十六位青年学者进行了精彩的主题演讲,分组讨论则分"文艺美学""古代文论""文化研究"和"文学理论"四组同时进行,几十位青年学者分别就各自关注的领域和问题展开了深入的交流和探讨。

论坛围绕着当前文艺学与美学研究的众多热点问题,如文学与文化研究的关系、文艺学与美学的学科定位、新媒体时代的文艺学与美学等,展开了充分而热烈的发言与讨论。

包括大众娱乐、网络文化、公共空间和政治话语在内的文化研究领域,可以说是本次论坛着重讨论的主题之一。北京师范大学文学院杨玲围绕当代大众娱乐文化作了题为"娱乐、政治与公民身份:当代大众娱乐文化的另类观察"的发言。发言通过对雅典城邦中娱乐和政治关系的回顾,以及对当代中国社会部分娱乐现象的分析,旨在表明大众娱乐参与与公民政治参与的关系。她列举"网络红人""超级女声""脱口秀"以及网络时评等,指出其公民身份操演的本质,其核心是公民按照自己选择的方式塑造和揭示自我。发言还针对自由知识分子指责大众娱乐文化挤占了民众关注政治的时间和精力以及质疑民众参与大众文化的方式等问题予以剖析。杨玲指出,某些形式的娱乐参与其实就是政治参与,并将对公共话语产生重要影响。正是由于大众娱乐涉及复杂的地域、受众和文化差异，我们不能简单地在"娱乐"和"愚乐"之间划上等号，大而化之地将所有大众娱乐形式都当作寂寞、无聊的产物。在批判娱乐参与的非政治化的同时，或许我们还可以讨论诸如当代娱乐文化如何能够与政治公民身份要求相结合、什么样的公民德行可以透过大众文化得到唤起和维系等问题。

针对大众娱乐文化的政治功能及相关的一些问题，南开大学文学院的周志强作了题为"'傻乐'与大众文化的去政治化"的大会主题发言，其观点和杨玲正好形成交锋。发言指出，步入新世纪，传统的娱乐文化的生产方式被新兴的、单以快乐为目的的文化生产方式所替代，中国大众文化的政治功能也随之发生了重大转向：大众文化复杂的政治经济学图景被一种简约的"快乐经济"所取代，形成了一种"傻乐主义"的文化样式。周志强解释说，所谓娱乐文化的"傻乐主义"，正是基于一种"快乐依赖"的心理机制的生产，即积极地用快乐来消除反思的文化生产。人们为了获得市侩生存的合理性幻觉，就不断诋毁和鄙视乌托邦主义政治，拒绝对现实的反思意识和批判思想的培养，单纯强调娱乐文化满足人们文化需求的一面。这种娱乐文化生产的"傻乐主义"逻辑，也就成为一种"反政治"的政治逻辑，即通过引导人们对于政治的冷漠、隔膜和拒绝，将自己变身为一种极具影响力的权力。"傻乐化"作为一种意识形态的文化工程，显示了大众文化消费是如何通过暗中鼓励消费者陷入快乐的深渊而遗忘现实问题的，也表明了中国大众文化如何通过一种"去政治化"的方式达成隐性的政治功能。

近年来大众娱乐文化中备受关注的网络影视评论问题也进入了本次论坛与会青年学者们的讨论视野。来自中国艺术研究院的唐宏峰围绕网络与独立影评、大众话语和公共空间作了题为"网络时代的影评：话语暴力、独立精神与公共空间"的发言。发言以对我国网络影评的梳理为起点，通过对网络影评的现状和特征进行概述，分析其所特有的优势和面临的困境，力图达到一种恰当的理解与判断。文章指出，近年来伴随着我国网络影评的兴起，其自身特征的受关注度也日渐升温，由其本身的直接性、时效性、互动性与匿名性所导致的话语暴力问题亦面临着反思的困境。我们对网络影评的暴力盲从的批判与其说是批判网络影评的话语发出者，不如说是对当下的整个媒体霸权或者大众文化、社会文化心理的评价和反思。对于网络影评中的"大众"这一群体，唐宏峰提出，我们必须同时看到核心参与者及外围参与者这两方面。前者是具有较高的电影知识、大量的观影经验、较好的艺术感受的专业或半专业电影评论者、影迷，而后者则上网看大量影评，偶尔发帖、回帖，文字多为短评或者观后感受类型，但此种外围参与者数量上更大，并且现今网络影评对于票房的影响力，也更促使其成为舆论论战的场域。然而，网络影评的真正意义，正是在于营造这样一个公共空间，使影评人、导演、学生、影迷结合在一起，创造出一个开放而具有生产性的电影平台。在这一空间里，言说电影与制作影像开始成为都市大众生活的一部分，这是娱乐生活与文化消费的产物，而同时又更承载着重要的社会意义与公共诉求。

此次论坛上，青年学者们对于现代性及其相关的文艺学与美学问题抱有很高的研究热情。山东师范大学文学院和磊作了题为"后霸权与文化研究"的发言。发言在考察近年来人们对霸权理论的质疑的基础上，进一步反思和评价葛兰西的霸权理论及其当代意义。和磊首先通过对"后霸权时代""新社会运动"等质疑葛兰西霸权理论的观点进行阐释和分析，进而重新审视和反思我们所处的这样一个"霸权之后"的时代是否真正和完全超越了霸权。而在多方面、多角度的分析中，重返葛兰西的霸权理论对于发现其中复杂的权力关系、积极地介入和批判霸权统治将具有重要的意义。南京大学哲学系的殷曼楟面对后现代主义有关美学思考的种种怀疑论的质询，引波德莱尔的判断作为突破口，作了题为"从艺术二重性看当代美学"的发言，通过阐述美学中的偶然与永恒这两个被波德莱尔提炼出来的艺术二重性，并在承认美学变革路径之积极意义的前提下，试图进一步寻找美学特殊性的基础。

古代文论方面，首都师范大学文学院的夏静做了题为"古代文论中的'象喻'传统"的发言。发言从三个方面分析了"象喻"对于文论传统形成的影响——作为广义人文起源说的"文源于象""以象比德"及"比兴""言志"等政教传统，以意象为元范畴的审美传统——从而将文学观念的发生在"象喻"的思维框架下贯通，以揭示出中国文论传统自肇始期以来所蕴含的思维逻辑的原初意义。

有关文艺学的学科反思以及一系列与之相关的学术热点，诸如文学理论的本质主义与反本质主义之争、文化研究与文学理论之争、文学经典的稳定性与开放性问题等等，是本次论坛的另一个关注焦点。江西师范大学文学院肖明华就文学理论的未来问题展开了题为"文学理论的未来：走向反思性的文学理论知识生产"的发言。他指出，反思性的文学理论知识生产具有学理的合法性与实践的可行性，是现代知识体制下生产出来的一种具有自觉性的文学理论知识。这种文学理论知识能有效地阐释现实的文学／文化问题，其本身又具有独立把握时代精神的能力，能与其他人文社会科学知识一道参与社会历史文化的建构。发言首先回顾了我国上世纪末以陶东风为代表所生产的一系列反思性文艺学知识，进而探讨走向反思性文学理论的合理性、必要性，以及如何之可能。文学理论的反思及其建构，使得文学理论知识与现实的关联性与结合度有了改观，特别是伴随着这种反思及建构而展开的文化研究与批评实践，更是增加了文学理论知识的阐释有效性。同时，这种反思也带来了文学理论本身的自觉，是文学理论走向自律的表现。那么，反思性的文学理论又如何可能、怎样展开呢？在肖明华看来，首先，反思性文学理论要生产出具有阐释力的文学理论知识，就要参与到时代的结构性问题中去，同时在参与中建构出一种公共话语的文学理论。其二，反思性文学理论在反思中生产知识，以求达到文学理论知识生产的自觉性和有效性。这就要求有意识地就文学理论知识生产史进行反思，将已有的文学理论知识问题化，追问某一知识是在何种语境下、在何种场域格局中、出于什么目的和利益生产出来，其内在的知识逻辑又是怎样产生的，等等。在这里，肖明华提出，反思性文学理论具有反思的自觉，但是由于其彻底的认识论断裂是不可能的，为此它吁求一种反思的反思。反思性文学理论并不是一个实体性的存在，更不是一种逻辑游戏和教条性知识，而是一种实践性知识，它力求联系具体的社会文化历史语境来科学有效地阐释文学活动中所遇到的个体心性价值／意义问题。

正如陶东风教授在闭幕词中所指出的，我们要反思文艺学和美学的当代价值和学科定位、建构一种反思性的理论话语，搭建一个多元、民主的公共空间。反思是理论自觉的表现，也是文艺学与美学自身学科不断发展的动力所在。

本次论坛正是在以提供这样一个开放包容、自由言说和民主交流的公共平台为宗旨的基础上取得了圆满成功。此次"首届全国文艺学与美学青年学者论坛"虽已落下了帷幕，但它对于促进青年学者们彼此间的学术交流，以及推动我国的文艺学与美学研究事业向前发展等方面的影响是长久且深远的。

（作者单位　首都师范大学文学院）

## 9—11月

中国艺术研究院、中国国家图书馆、中共唐山市委、唐山市人民政府主办，《文艺研究》《中国摄影家》承办的"凤凰涅槃：中外摄影家看唐山"摄影展览活动及学术研讨会举行。中国艺术研究院党委书记、副院长张庆善，国家图书馆馆长詹福瑞，唐山市委、市政府领导及《文艺研究》主编方宁，《中国摄影家》主编李树峰出席开幕式。该展在全国四个城市（北京、上海、西宁、成都）巡回展出，取得良好效果。本刊金宁摄影作品（8幅）参展。

# 2011 年

## ■ 年初

《文艺研究》入选《中文社会科学引文索引（2010—2011 年）来源期刊目录》（南京大学）、《中文核心期刊要目总览（2008 年版）》（北京大学）和《中国人文社会科学核心期刊要览（2008 年版）》（中国社会科学院），排名、引用、转载等影响数据均居前列，在全国高校及科研机构评价体系中被认定为权威核心期刊。

## ■ 4 月 23—24 日

《文艺研究》与首都师范大学文学院文艺学学科、文化研究中心在北京举办"文化批评与公共领域的建构"学术研讨会，来自京、津地区的 20 多位学者就文化批评的意义、品格、现状及出路等问题展开讨论。

## ■ 4 月 24 日

编辑家、诗人、书法家，《文艺研究》原编辑部主任沈季平（闻山）在京逝世，享年 84 岁。《文艺研究》本年第 5 期发布消息，以寄哀思。

### 本刊原编辑部主任、优秀编辑家沈季平同志在京逝世

中国共产党的优秀党员，中国艺术研究院编审，原《文艺研究》编辑部主任、编委，中国作家协会会员，中国书法家协会会员，中国歌谣学会理事，离休干部沈季平同志，因心脏病突发，于 2011 年 4 月 24 日在北京逝世，享年 84 岁。

沈季平，笔名闻山，1927 年 1 月 23 日生，中国共产党员，广东茂名人，作家、文艺评论家、诗人、书法家。青少年时在高州中学参加抗日救亡宣传工作，以文艺作为对敌战斗的武器。1943 年高州中学毕业后就读国立西南联合大学，参加以闻一多教授为导师的联大新诗社和阳光美术社，写诗，画漫画，抗击日寇及反对国民党腐败统治。1944 年发表抗日抒情诗《山，滚动了！》，被闻一多先生发现、朗诵，并寄给报社发表。后选入《现代诗抄》（《闻一多全集》），并译成英文。现载入《中国新文学大系·诗卷》。1944 年冬，与 200 多名西南联大同学参加中国远征军赴印度抗日。日本投降后返西南联大复学，读外文系，参加学生运动，经历了国民党政府屠杀学生的"12·1 惨案"。1946 年北返清华大学，参加"反饥饿、反内战"大

游行，组织退伍军人大队。因患肺病返广东茂名疗养，被国民党特务逮捕，关押数月，患疟疾，肺病加重。又被押解往广州"特种刑庭"。后因国共"南京和谈"撤销"特种刑庭"，遂被保释。1949 年冬广州解放，再返清华复学。1950 年在清华参加新民主主义青年团，同年进入丁玲任所长的中央文学研究所第一期学习。1951年调中国作家协会《文艺报》工作，曾任政论组、艺术组、文学组正、副组长。1959 年下放河北涿鹿县农村劳动，担任生产队副队长，与公社社员同吃、同住、同劳动。1960 年调入《诗刊》杂志工作，曾任编辑部副主任。1962 年加入中国作家协会。1964、1965 年，在山东曲阜县及北京顺义县参加"四清"工作。1969 至1976 年到文化部湖北咸宁、天津"五七干校"劳动。1979 年参加创办《文艺研究》杂志，曾任编辑部主任、编委。1982 年参加中国书法家协会。1988 年 1 月 28 日加入中国共产党。

沈季平同志的诗、散文、评论及诗书画作品被载入《中国新文艺大系》《中国新文学大系》《中国古今书家辞典》《中国当代书法家辞典》等。著有评论集《诗与美》《闻山百诗书画展作品选》。《闻山散文集》《闻山诗书集》《闻山评论集》亦将出版。其书法融汇二王、颜、柳、怀素、祝枝山诸家及魏碑，擅长行草、小楷。以自撰诗为内容创作书法作品，载入全国各地名胜书法碑刻。曾在中国革命博物馆及广州、深圳、湛江、茂名、高州举办"闻山百诗书画展"等大型展览。

沈季平同志坚决拥护党的十一届三中全会以来的路线、方针、政策，自觉学习马列主义、毛泽东思想、邓小平理论及三个代表重要思想，树立和落实科学发展观，在思想上、政治上、行动上始终与党中央保持高度一致。在改革开放和建设中国特色社会主义伟大事业中不遗余力，发挥余热，始终关心、支持改革开放。离休以后，他依然坚持政治理论学习，关心党和国家大事，积极参加各种社会活动，主动为灾区和希望工程捐款，展现了一名老共产党员的高尚品格。

沈季平同志毕生献身于反抗黑暗，争取民族解放和建设社会主义富强、民主、文明国家的伟大事业，并为之作出了突出贡献，他的崇高品格和不平凡的业绩永远值得怀念。

## 6 月 20—21 日

中外文艺理论学会和四川大学文学与新闻学院主办的"国外马克思主义文论与中国当代文论建构"学术研讨会在四川大学召开，本刊陈剑澜与会。

## 7 月 14—16 日

《文艺研究》与首都师范大学文艺学与文化研究中心共同主办的"当代中国大

众文化价值取向"学术研讨会,在北京西郊香山饭店举行,70余位学者与会,就大众文化研究的多个议题特别是大众文化的价值观问题展开讨论。本刊主编方宁出席并致辞。随后,《文艺研究》本年第11期发表会议综述。

## "当代中国大众文化价值取向"研讨会综述

蒋　磊　赵卫东

本世纪以来,随着中国经济的发展和进一步向消费社会的转型,中国社会各阶层的思想观念都经历着丰富而深刻的变化。在这场转换中,大众文化作为一种流行的、对国人价值观影响很大的文化形态,其发展的态势及未来走向如何?是否确立了新的价值判断标准?大众文化的价值观与传统价值观、西方价值观是一种什么样的关系?大众文化在意识形态层面的生产和消费又会呈现出什么新特征?大众传播媒介在其中扮演了什么角色?以上问题,都需要在文化理论的视野中加以考察,需要文化研究界做出及时有效的回应。2011年7月14至16日,由北京文化战略研究院(筹办中)、《文艺研究》编辑部和首都师范大学文艺学与文化研究中心共同主办的"当代中国大众文化价值取向"学术研讨会,在北京西郊香山饭店举行。来自全国各高校、杂志社、出版社的七十余名专家、学者参加了此次会议。会议开幕式由首都师范大学文艺学与文化研究中心主任陶东风主持,首都师范大学校长刘新成参加并致辞,《文艺研究》主编方宁、北京文化战略研究院(筹办中)常务副院长邱运华、首都师范大学文学院副院长陶礼天均到场致辞。

在大会发言及分组讨论会中,与会代表就大众文化研究的多个议题,特别是大众文化的价值观问题积极发言,提出了许多独到见解与新的理论视点。

### 一、关于大众文化价值观问题的学理性探讨

"价值取向"是本次会议的核心议题与重要的理论创新点。南京大学高小康梳理了利维斯精英主义、法兰克福学派和伯明翰学派的历史轨迹,试图从中找出价值判断里的身份意识,以此考察群落分化、身份意识分化究竟对价值判断产生了什么作用。他以身份意识即认同感作为价值评估的起点,探讨了上世纪80年代初兴起的亚文化价值观、90年代消费文化的兴起与价值观的分化以及本世纪网络空间与大众文化生态的重构等问题,从而说明身份意识是如何改变和塑造着我们的价值观的。

北京师范大学程正民认为,大众文化是一种活的文化,它不是在封闭、僵化的环境中,而是在开放的、充满生机的环境中生存和发展的,它随同当代社会经济、

政治和文化的发展而发展，是在同当代多元文化的互动中得到提升的。当代大众文化与其他各种文化的矛盾、冲撞、互动、对话，正是当代大众文化发展的动力。大众文化和多元文化的互动不是规范和被规范、压制和被压制、批判和被批判、提高和被提高的关系，而是互相作用、互相影响的对话关系，主流文化和精英文化对大众文化应起到引导而非限制的作用。

陕西师范大学李西建结合当代中国特定的社会关系状况与思想史背景，分析了大众文化在意识形态层面所体现的生产功能及价值取向，解读大众文化在审美意识形态层面、消费意识形态层面以及媒介意识形态领域内所具有的生产性及其特征，试图从根本上揭示大众文化的意识形态秘密，以及作为一种隐蔽的意识形态权力在文化进程中所产生的引导性与辐射力。辽宁大学高楠则从价值取向、意识形态和个性行为三方面考察了大众文化的压抑机制，认为文化研究学者需要注意大众文化自身的历史合理性，区分精英文化中以大众文化为旗号的自我兜售，要将批评的锋芒指向那些并不代表大众文化的所谓"精英分子"。

浙江大学徐亮试图追问：当代中国大众文化的积极的价值取向究竟应该是什么？通过对《非诚勿扰2》等案例的分析，他提出，当下大众文化最主流的价值取向是自私和骄傲，而爱与谦卑是它最缺失的道德价值。遗憾的是，许多大众文化产品的道德宣传恰恰与此相反。

此外，许多学者还就研究的术语、标准和方法问题展开了热烈讨论。如北京大学陈旭光提出了"大众文化"这个术语的含混性、大众文化形态的复杂性的问题；上海大学邓金明则对大众文化的价值观和文化产品的价值观进行了概念辨析；国家行政学院祁述裕、中国艺术研究院唐宏峰等也就该问题提出了自己的见解。

## 二、大众文化热点现象中的价值观分析

许多参会学者着眼于当下中国的热点现象，在个案研究的基础上对大众文化的价值取向进行了分析。北京师范大学文艺学研究中心童庆炳运用马克思主义关于历史和美学相统一的标准，批评了近年来文学创作中过分美化帝王的倾向。他认为，把某个帝王的诞生看作是必然的、是为解决某个历史的难题而出现的，这种观念是历史唯心主义的，是伪艺术的伎俩。评价一位皇帝的是非功过，关键是要把他放在历史的潮流之中，看他是顺应潮流还是逆潮流而动。作家要表现帝王思想、心理的复杂性，就必须超越定量分析模式，写出他们的悖论式悲剧，特别是要表现出特定历史时期人物的复杂性和命运。

陶东风以一些广告和其他大众文化作品为例，表达了对公共话语空间中人类普遍价值丧失、伦理底线崩溃的深深忧虑。他认为，在目前的话语空间中，流行着一

种"歪理的胜利",即明目张胆地宣扬歪理(比如"男人不狠,事业不稳""怎样才能嫁给亿万富翁"等),坏事不但可以做,还可以炫耀。这挑战了伦理底线,造成了强者压倒弱者的话语态势。歪理不仅在现实层面横行霸道,而且在公共话语层面畅行无阻。正是"歪理走遍天下"的事实,使得歪理由现实性变成了文化上的合法性,从而促成了公共领域的败坏。

浙江大学李岩以清华大学第四教学楼"更名风波"为例,说明公共话语背后可能存在的商业运作行为和权力操控机制。她认为,"命名"与"冠名"的对抗,不仅仅在于维护学校的纯洁性和学术的高尚性,同时也在传达着学生们作为大众群体公平享受生存、表达和追求幸福的基本话语权利。

清华大学肖鹰通过"范曾现象"对大众文化的低俗化进行了反思,阐明了范曾是如何经过包装而走上神坛的。南京师范大学骆冬青则从一个独特的视角,考察了"发嗲"这一文化现象。他将"发嗲"视为一种审美文化现象,指出其中隐含的价值错置和权力关系。

### 三、大众传播媒介研究的最新视点

电影、电视剧及网络等大众传播媒介是参会学者较多关注的理论问题。陕西师范大学尤西林以批判的眼光分析了诸多当代中国电影案例,认为许多电影片面追求感官刺激,叙事贫乏,失去了作为一门艺术应该承担的精神导向作用。他从叙事和道德、文化的关联性入手,认为诗意的叙事与人性深度的结合,是传世电影精品的生命核心,它要求电影艺术家以深刻的人性境界为底蕴,在当代中国精神文化大衰退的背景下,当代中国电影缺乏深沉的人性境界,充满肤浅的煽情或平庸的叙事。

北京电影学院苏牧通过对中国电影发展脉络的梳理,力图发现社会政治对电影的干预和影响以及主流商业电影与观众的关系。杭州师范大学冯学勤对本世纪国产动画电影长片进行了价值观反思,从民族、代际、性别、物种等不同层次,批评了国产动画片缺乏现实关涉和价值支撑。中国社会科学院李闻思从文化内涵、审美趣味、受众群体、产生环境四个方面,比较了中国邪典电影与西方邪典电影的异同,揭示了中国大陆影片在邪典电影领域始终一片空白的深层原因。

郑州大学贺玉高对电影《赵氏孤儿》进行了尖锐批评。他指出,《赵氏孤儿》的核心剧情存在诸多漏洞,这些漏洞来源于影片对于严肃道德选择的回避与解构。复旦大学杨击探讨了上世纪30年代的上海电影《木兰从军》在民族主义话语中的际遇。首都师范大学黄华着眼于穿越剧,她认为,穿越剧之所以能够创造收视率的新高,原因在于它能够在一定程度上弥补当代人情感生活的贫乏与想象力的枯竭。穿越剧是一种典型的后现代文本,将历史剧、言情剧与电子游戏进行了结合,是在跨越时空界限后的文本狂欢。浙江大学宁波理工学院徐艳蕊关注言情剧，她将大陆言情剧的发展梳理为四个阶段，分析了不同阶段所折射出的时代价值观。

苏州大学陈霖以央视对"杨丽娟事件"的报道为例，探讨了大众传播媒介究竟形塑了怎样的"粉丝"形象，依循怎样的媒介逻辑将主流文化的意识形态铭写在突出的"粉丝文化"个案之中，揭示出主流文化与"粉丝"亚文化的关系。

中国人民大学金元浦对微博与公共领域构建之间的关系进行了探讨，指出微博参与了当下中国几乎所有的重要公共事件。作为当代交往理性的实践平台，微博所建立的公共文化空间，具有选择、制造话题的议程设置能力，微博的"意见领袖"具有重要的引领舆论、甚至制造舆论的能力。作为草根舆论的放大器，微博突出了大众文化的主体能动性，微博世界是一个由不同规模的对话构成的系统，对公共领域产生着重要影响。

**四、大众文化相关理论的探讨**

本次会议并未完全局限于对大众文化价值观问题的探讨，一些学者也就大众文化的相关理论提出富于启发性的见解。华中师范大学王先霈探讨了中国文学中的现代性问题。通过一系列的例证分析，他认为中国文学的现代性应包括对人的尊重、批判精神、对科学知识的渴求、形式创新。从这些人文内涵来看，大众文学可以而且应该具有现代性。

随着中国进入全球化进程，各种后现代社会消费文化的症状逐步凸显，清华大学王宁对这些症状进行了全景式描述。他认为，当代中国大众文化的崛起在两个方面呈现出解构的作用：一是对主流意识形态的消解作用，使其从"领地化"走向"非领地化"；二是对精英式的现代主义意识进行了消解，使得后现代主义的平民意识浮出水面。

四川大学吴兴明从广阔的理论背景上对当下的文学理论、文化研究所遭遇的困境做出了深入的思考。他认为，传统美学的失效是由于现代性分化在当代世界的"解分化"，造成解分化的根源在于消费社会的生产逻辑。解分化意味着和解，后现代美学研究的题域应该是分化—和解在感性状态下的双向循环、缠绕与互动，这正是所谓"生产的美学"，也是呼声日高的文化产业研究的思想之维。针对他的发言，尤西林对现代性分化导向的紊乱问题提出了不同见解，吴兴明对此做出了进一步澄清和阐释。

华中师范大学孙文宪借用巴赫金的话语理论，阐发了大众文化戏谑话语的批判性，认为这种批判性体现在它的语义构成对所指对象的规定、作为"狂欢式的笑"的言语行为所具有的功能以及其作为言语行为所特有的存在方式。他着重指出，戏谑话语的戏谑性不仅体现在它作为一种言说的反讽意味，更在于它以戏谑的语言形态把我们引向对非语言情景即对社会事件的严肃审视。华东师范大学朱国华通过阿多诺对占星术的理解，揭示了现代性对于个体主体性的剥夺。在他看来，阿多诺意义上的星座所表征的是超越个体生活的权威，这种权威只是个人在面对群体力量时依赖性与无力性的一种反映，其实只不过是特殊的非理性形式的一种反映。

在题为"眼见为'虚'论"的发言中，南京大学赵宪章指出了图像的"说谎"现象。在他看来，和语言符号的实指性相对而言，图像符号的这一特点决定了它的虚指功能。他认为，语言的实指性和图像的虚指性也是一种文化规约，一直影响或制约着主流意识形态、大众文化和日常生活。只有彻底反省"耳听为虚、眼见为实"的俗理，才能在纷乱的符号世界中保持清醒。

此外，华中师范大学胡亚敏、武汉大学李建中、首都师范大学邹华、浙江理工大学金雅、中央党校范玉刚、中国社会科学院徐德林、山东师范大学和磊、复旦大学杨鹏、山东师范大学杨守森和苏州大学马中红等学者，均围绕大众文化价值取向的诸多理论问题提出了各自的观点。

最后，《文艺研究》编辑部陈剑澜针对部分发言做了精彩点评。他以四个关键词对大会进行了总结：一是"大众文化"。他认为研究大众文化应加强对个别文本、现象的关注，年轻学者在这一点上表现较为突出。二是"价值"。他借徐亮的发言，提出应重返德性伦理并以之作为反思的起点。三是"批判"。他赞同朱国华的观点，认为批判不仅要有立场，还要有论证。四是"研究"。对此，他提请与会学者们注意，研究不仅要说明现象，而且要对常识性的东西进行分析，要使论证精确化。

（作者单位　首都师范大学文学院）

## ■ 10月26—28日

中国艺术研究院与欧盟文化中心合作组织联合主办的"第四届中欧文化对话"在卢森堡新明斯特文化中心成功举行。卢森堡前首相雅克·桑特，卢森堡文化部名誉干事、新明斯特文化中心主席盖伊·多肯多夫，中国驻卢森堡使馆临时代办陈亚欧，中方代表团团长、中国艺术研究院副院长王能宪，中方代表团副团长、中国艺术研究院党委副书记杨帆，瓦隆—布鲁塞尔国际总干事、欧盟文化中心合作组织副主席查尔斯·拉加斯，卢森堡文化部部长奥特薇·莫德特，《文艺研究》主编方宁，中国艺术研究院院长助理、文化发展战略研究中心主任贾磊磊，学者田青、丁亚平、李树峰、刘托、王瑸生等出席开幕式及相关活动。会前，近20位中欧艺术家在为期一周的联合创作中（艺术家工作坊），不仅实现了艺术理念、创作方法等多方面的交流与互动，并且在逐步接触与了解中结下深厚友谊。主办双方都对工作坊合作能取得良好反响感到欣慰，均表示在今后的文化对话中将继续发展和完善艺术家工作坊等常规合作机制，以进一步促进中欧文化交流。开幕式后，摄影、字体、装置三个艺术家工作坊的作品展览随即精彩亮相。本刊金宁参加工作坊活动，其两组在卢森堡期间创作的作品《灰度的景观——建筑与空间构成》《姿态的瞬间——向卡蒂埃 - 布勒松与维利·罗尼致敬》在展览中获得关注和好评。

## 11月5日

《文艺研究》与中国青年政治学院中文系、北京师范大学文学院联合主办的"媒介与青年亚文化"学术研讨会在北京举行，80 余位学者参会。本刊副主编陈剑澜与会。随后，《文艺研究》2012 年第 3 期发表会议综述。

### "媒介与青年亚文化"学术研讨会综述

张 跣

国内首次以"媒介与青年亚文化"为主题的大型学术研讨会 2011 年 11 月 5 日在北京举行。来自全国二十余所高校和科研机构的八十多位专家学者参加了大会发言和分组讨论。会议由中国青年政治学院中文系、北京师范大学文学院、中国艺术研究院《文艺研究》杂志社联合主办。

作为一个既众说纷纭又常说常新的话题，"亚文化"概念是本次研讨会贯穿始终的基本主题。武桂杰教授（北京第二外国语学院）梳理了英国伯明翰文化研究中心关于媒体与青年亚文化研究的脉络。通过追溯亚文化研究的缘起及其与劳动阶级亚文化和主流文化的关系，分析了英国文化研究在解构青年亚文化和媒体文化时所具有的鲜明特征，即强调青年亚文化对主流文化的抵抗性、批判性和政治性。借用英国理论家霍尔的概念，她指出，文化不仅仅是用来欣赏、学习的东西，还是一个社会行为，是一个充满社会干预的重要场域，在此场域中权力关系得以确立或悬置。胡疆锋副教授（首都师范大学）结合伯明翰学派的观点，把"亚文化"界定为一种通过风格化的方式挑战正统或主导文化以建立集体认同的附属性文化形态，这种文化样式具有抵抗性、风格化、边缘性三个特点。亚文化既是对主导文化的否定，也是对它的补充。亚文化不等同于反文化，往往只提供象征性的抵抗，与父辈文化之间存在着潜在的一致性和连续性。通过对青年亚文化及其悠久生命力的历史探讨，胡继华教授（北京第二外国语学院）认为，亚文化是被主流文化、主流意识形态压制的文化；是忠实于自己、对自己负责、确认自己独一无二身份的文化，没有必要对意识形态负责，没有必要对任何一个统治阶层负责；亚文化一定具有反抗品格，但这种反抗归根结底还只是仪式化的抵抗。作为互联网业界人士，贺志刚（《IT 经理世界》杂志社）则从另一个视角解读了互联网时代给产业带来的挑战。通过对产业发展和社会变迁方面诸多现象的描述，他介绍了"C 时代""手机人""无组织的组织力量"等概念；在他看来，没有亚文化和主流文化之分，因为我们都在一个数据平台上进行沟通。针对国内外学术界在亚文化概念上的分歧和争议，马中红教授（苏州大学）认为，理论话语的单向性意味着青年亚文化研究的窄化和僵化，这需要我们高度警惕。事实上，伯明翰学派青年亚文化理论形成的时代背景、社会文化语境与今天不可同日而语，其青年亚文化理论体系能否有效地用来分析网络新媒体时代的青年亚文化值得怀疑。今天的网络媒体给我们展现了更加丰富多彩的可能性。网络青年亚文化与主导文化、与商业利益不再泾渭分明，他们彼此互为对象，是社会关系结构中不可或缺的一种关系存在，以自己的方式和社会构成对话性关系。如果无视这一变化，不能做进一步的深究，我们就无法逃脱伯明翰学派"收编"与"被收编"的樊篱，将很难深入而准确地把握当今网络青年亚文化的本质。

在当代青年亚文化的形成和传播过程中，新兴数字媒体不仅促成青年人形成了更加多样的社群，也让社群内部的交流更加广泛，并从而使得青年亚文化表现出了新的特征。尹鸿教授（清华大学）认为，青年亚文化的产生、存在、发展环境发生了根本性改变，越来越多地受到新媒介的影响。主要原因有两个方面，一是掌握话语权的成年人与积极活跃在社会舞台上的青年人之间缺乏沟通，社会秩序的僵硬导致青年亚文化在网络世界中被放大；二是功利化的教育制度完全压制了青少年的个人创造热情和欲望，导致亚文化在青年中蔓延。新媒介环境下的青年亚文化表现出来的偶像化、游戏化和虚拟化的特征以及去政治化、粗鄙化的走向，实际上是他们在僵硬的社会化过程当中的释放和反抗，是一种自我调整的方式。蒋原伦教授（北京师范大学）通过历史的回顾解释了媒介与文化以及亚文化之间的关系。他认为，各种文化都是既相互对立也互相协调的。主流文化和亚文化也不是像人们想象的那样，是不同质的、截然分开和分明的。回想一百多年前的洋务运动或五四运动，以及推而广之几乎所有新思潮、新文化，都是年轻人引入的。年轻人创造了新文化的媒介，相对于当时的社会主流文化，他们引进的文化就是亚文化。这些亚文化，有的失败了，有的则在后来变成了主流文化。陈霖教授（苏州大学）着眼于新媒介技术与青年亚文化实践的关系的探讨，指出新的媒介技术总是以其本身的特性形成新鲜的文化刺激，对固有的、传统的、占主导地位的文化形态构成挑战和对抗，从而激发与催生了相应的青年亚文化形态；青年亚文化群体对新媒介技术的分享和使用过程，是向主流文化争夺话语权力，形成表达自身价值的途径、方式与空间，并创造出属于自身的文化方式的过程；这一过程的重要方面在抵抗性解码乃至奇观／表演范式解码活动中完成。汪民安教授（北京外国语大学）旁征博引地揭示了机器（媒介）对人的影响，在他看来，机器既是人和人的社会关系的延伸，也正在普遍地参与到人的精神和肉体的建构之中。刘方喜研究员（中国社会科学院）通过对麦克卢汉媒介理论的分析，揭示了媒介研究的哲学之维。他认为，传统机械工业社会造成科学与技术、内容与形式、技术与艺术之间的一系列割裂，当代电子媒介在逐步扬弃这些割裂，而强调形式的作用、确立形式为人的感知模式，乃是当代艺术形式本体论与媒介形式本体论的相通点。人的感知模式在机械时代是割裂的，在电子时代则是整合的，而艺术形式感知模式的重要特性正在其整合性。

文化研究、亚文化研究与当代中国文化语境之间的关系问题也是与会专家普遍关注的重点。陶东风教授（首都师范大学）认为，文化批评最迫切、最重要的任务，是建构一种具体的、立足中国本土语境的政治批评话语。从这种政治批评话语出发，可以发现，当今中国文化（以20世纪80年代末、90年代初为标界）的一个突出特点，是大众的政治冷漠、犬儒主义与畸形的消费主义、享乐主义的深度结合。在一个光怪陆离的娱乐世界、影像世界蓬勃兴起的同时，哈贝马斯意义上的公共领域却急剧萎缩与衰落了。当大众沉迷在传媒打造的日常生活审美图景、沉迷在去政治化的自我想象和个性想象的时候，真正值得关怀的重大公共问题由于进入不了传媒而被逐出了"现实"，相反，公共空间充斥着以身体为核心的各种图像与话语。这才是当今中国消费文化、大众文化、日常生活文化背后所隐藏的最严重的问题，也就是说，从政治批评的角度看，当前中国大众消费文化的真正危害，不是缺乏什么抽象的"崇高理想""终极关怀""宗教精神"，而是以娱乐的自由、消费的自由取代了政治的自由，以娱乐消费领域的畸形繁荣掩盖了公共政治领域的萎靡，以消费热情掩盖了政治冷漠。对此，大而无当、不着边际的审美主义、道德主义的批判是无法把握的。陶东风指出："我们应立足于中国本土语境进行文化批评，是走向政治批评的文化批评，而不是道德理想主义和审美主义的批评。"陈剑澜编审（《文艺研究》杂志社）对陶东风有关当今中国文化现实的分析以及对政治批评话语的呼唤表示了赞同，但他同时指出，在所有关于中国当代大众文化政治批评的实践中间，都或多或少有一个关于"好社会"的设想。这种关于"好社会"的设想其实也是应该警惕的，因为关于"好社会"的设想是如何发生的、它和我们自己的社会实践存在着怎样的复杂关系，这仍然是一个很重要的问题。其他学者也分别从消费文化、虚拟空间、青年政治心理等角度探讨了亚文化研究与当代中国文化语境之间的关系问题。

亚文化与身体之间的关系是本次研讨会的热点话题之一。李闻思博士（中国社会科学院）认为，在文化研究中，"身体"的概念既包括其物质性属性，也包括其社会文化属性，并且还包括了"身体转喻物"（服饰、发型、姿态、手势、表情、相关物品等层面）。身体是底层青少年用来对抗才智的仅有财富，青年亚文化中一切反抗的手段似乎都围绕着身体展开。通过对无赖青年、光头仔、华丽族摇滚、朋克等亚文化群体的分析，她认为，一个亚文化群体抵抗的形式其实是非常有限的，因为它没有自己亚文化的资本，也没有自己的群体，它可能不是一个文化共同体，所以对他们来说可能身体是唯一重要的因素。许苗苗副研究员（北京市社会科学院）则研究了中国当代社会中媒介与身体之间的复杂关系。她认为，中国当代媒体中的身体大致经历了革命的身体、观念探索的身体和消费的身体等阶段。这些身体由外在观念进行表述和定义，其原因与传播手段的限制相关。在互联网等新媒体中，身体把精神的东西变成肉身的东西，体现了个体的自主，有其积极一面。但同时应当看到，这种大众的身体狂欢，并不具有"个性抗争""个体觉醒"那样宏大的意味，而是一种消极的犬儒式的对抗，虽有抗争意味，却更是一种民间的自得其乐，是一种通过边缘化的行为对空虚精神的抚慰和弥补。麦永雄教授（广西师范大学）从酷儿批评的角度介入到媒介与亚文化之间的关系。他认为，酷儿批评聚焦于人类文化与世界文学中普遍存在的同性恋亚文化现象，是一种长期被边缘化的理论话语，可以视为包含"蕾丝边""基乐"在内的异常态群体所共享的政治、文化、伦理和美学基点。英美文学具有丰赡的同性恋亚文化元素，尤其需要侧重从酷儿理论视野审视这些特异现象，探讨有别于西方主流文化和英美正典文学的亚文化边缘话语，由此倡导尊重文化差异与生命权利，对传统二元对立模式进行解辖域化，揭示异性恋霸权主义和菲勒斯中心主义的内在矛盾，启迪我们以德勒兹式的多元生成哲性诗学重新诠释英美文学中的亚文化元素与理论意义。

个案研究是这次会议的亮点之一。赵勇教授（北京师范大学）以崔健的摇滚乐为例，分析了精英文化与亚文化之间的转换关系。通过对《新长征路上的摇滚》80年代演唱会版和2000年代"flash"版的对比，赵勇认为，新的媒介形式重新对崔健的摇滚乐做了一种处理之后，它就发生了一种意想不到的变化，也就是说"flash"用当今社会这样一种流行符号，某种程度上解构了崔健具有现代主义色彩的冲动，崔健的寻找也显得有点荒唐，或者说崔健的理想主义寻找在今天时代里面临的可能是一个扑空的命运。王颖吉副教授（北京师范大学）着重分析了"80后"

网友对英语教材中两个插图人物的重新叙述。在"李雷和韩梅梅"现象中，不仅含有拼贴这种挪用、盗用的手法，更带有原创行为，即对故事内容的颠覆和重构，建构了属于另一个意义维度的"李雷和韩梅梅"，完成了课本中表达系统归属权的转换，以符合"80 后"的心理预期。透过上述风格，可以看出这一现象的深层次原因有以下两点：一是对父辈意识形态的反叛和自我意识形态的生产；二是网络空间成为发源地。其包含的主要意义是：通过对"李雷和韩梅梅"的颠覆和重建，向父辈争夺话语权，从而显示出一种抵抗的意味，一种与主流文化的不妥协，展现出自我的个性，表达出内心主张。此外，群体身份的认同以及对童年生活的怀旧也展现在这一现象之中。通过对 Lady Gaga、涂鸦和"快闪"文化的分析，阎爱华博士（广西艺术学院）认为，随着全球化浪潮的兴起，民族国家的边界变得越来越模糊，原来以民族国家为基础的公民身份也受到了冲击。网络公民是以一种文化的公民，它凸显的是一种超越民族国家的身份认同。网络作为一种文化共同体，发展了公民概念中的抵制因素，并使其成为社会变革的重要动力。桂琳副教授（中国青年政治学院）则从王朔小说的文化资源的角度，探讨了媒介、主流政治文化和青年亚文化之间的复杂关系。于闽梅副教授（中国青年政治学院）则通过对英国电影《鱼缸》的分析，揭示了英国青年亚文化同 2011 年英国骚乱之间的关系。

许多学者还对如何看待和评价青年亚文化发表了自己的见解。大家普遍的观点是，网络等新兴媒介大发展不仅带来了亚文化的发展，更拓展了多元化的文化空间。其中有问题，有隐忧，但更多的是文化创新与发展的可能性。缺少亚文化的文化生态是失衡的，也是不可持续的；当下需要建构一种新的多元化理论话语，去面对网络时代多元化的丰富的青年亚文化。

（作者单位 中国青年政治学院中文系）

## 12月10日

《文艺研究》本年第 12 期发表杜书瀛《我们需要这样的学术切磋和交流》，记述他和本刊编审赵伯陶通过书信切磋学问之事。

### 我们需要这样的学术切磋和交流

杜书瀛

拙文《商讨与质疑——评王学奇、霍现俊、吴秀华主编〈笠翁传奇十种校注·怜香伴〉》在《文艺研究》2011 年第 5 期发表后，很快就收到一封学术质量甚高的商讨信件，充满善意和真挚情谊，又满怀对学术负责、对读者负责的严肃认真态度，读罢，我不但深受教益，且收获了一份学者之间的可贵友情。这封信的作者叫赵伯陶，也是《文艺研究》的一位编辑。我第一次知道这个名字，此前从未晤面，是男是女，年之长幼，一概不知；我唯一知道的，是信中所表现出来的学识之博深和对学术的执著，这使我深受感动。而且，我从他的信中感受到一种当前学界特别需要提倡的学者之间进行切磋和交流的态度和精神，所以我立即写了回信，并且禁不住要撰此短文谈谈感想，也许对学术活动不无益处。

首先，我把来信引述如下：

杜书瀛先生：

我刊第 5 期刊发大作《商讨与质疑》，因职有分司，故出刊后方得拜读，深受启发，于廓清当下学风，善莫大焉！然亦有疑惑两事，经与主编方宁先生商议，谨就正于先生：

一、第 141 页"鸧鹒效寡"，当引古人有关鸧鹒（或曰黄鸟）可以"疗妒"之说，早见于《山海经》。附件为我搜集之若干书证，谨供参考。

二、第 143 页，四处（旦），先生以为乃"末"字之讹，似有未妥。盖古人雕版印刷中"旦""且"常易混淆，校勘学中所谓"形近而讹"。如明刊唐代诗人李益诗"匈奴旦莫下云中"，今本或印作"匈奴且莫下云中"，不通矣。"莫"，与"暮"属于"古今字"，"旦莫"者，即"旦暮"也。《怜香伴》中四处"旦"则当作"且"，盖古代口语中之连词，或与"仔细"皆作"搜检"之状语，当为承上"末"所言者，自不必再拈出提示之。请再酌。

以上所言，先生若以为一得之愚，可采用之，是否由先生尽速写一自我订正小文，寄予责编张颖女士，尽快刊出。此无他意，"怵他人之我先"也！

专此，即颂

著安

赵伯陶上

2011 年 5 月 26 日

赵先生还从众多古籍中搜集了数条极有价值的资料，以证明古籍中"鸧鹒"（或曰黄鸟）可以"疗妒"之说，一并发给我。其中有《山海经》，有明末小说家冯梦龙的《喻世明言》，有明末清初文人张岱所著《夜航船》，有清末进士、为官数十年的陈恒庆告老还乡后所写的《谏书稀庵笔记》，有清同治年间福建巡抚徐宗干所撰《斯未信斋杂录》，有清晚期深受曾国藩器重的史梦兰所撰《全史宫词》，还有18世纪日本学者香月牛山（名则实，字启益，号牛山、贞庵、被发翁）所撰《妇人寿草》……在这么短时间内批捡这么多古籍资料，可见学术积累深厚，令我佩服。为了不埋没赵先生的辛勤劳作，特此抄录，以飨读者：

《山海经》卷三《北山经》：

又东北二百里曰轩辕之山，其上多铜，其下多竹，有鸟焉，其状如枭而白首，其名曰黄鸟，其鸣自詨，食之不妒。

吴任臣案：仓庚亦名黄鸟，仓庚即莺也。李氏《本草》于"莺"条下云："食之不妒。"且引经文为证。又杨夔《止妒论》云："梁武帝郗氏性妒，或言仓庚为膳，疗忌，遂令治之，妒果减半。"合观二说，明以此鸟为仓庚矣。

《谏书稀庵笔记》：

予曰："此亦疗妒之良方，何须鹁鹕肉哉！"予房师闻之曰："鹁鹕肉不可废。昔梁武帝郗后性妒，以鹁鹕为羹治之，妒果减半，遂欲以此分饷妒贤嫉能之大臣。此事载在《止妒论》。今朝廷大臣妒贤者多矣，宜急服此良方。"闻者大笑曰："师生诚医国手哉！"

《斯未信斋杂录·甲乙日记》：

张幸田同年以诸同人幻想十咏诗属评定之：补天、缩地、填海、移山、疗妒、卖痴、点金、种玉、辟兵、却病。却病句云：那便身无坏，惟求心太平。疗妒句云：寄语瑶台诸女伴，鸳鸯莫绣绣仓庚。点金一首：囊中无物可缠腰，妙手空留水一瓢；不必请仙须逐鬼，仙人能炼鬼能销。幻想十咏，题固绝妙、诗多好解；盥诵之余，不觉技痒，草草效颦，诸君当一大轩渠也。旅馆戏咏十首，录寄辛田。辛田诗牌诸作，赋物尤工。

张岱《夜航船》卷一九：

猫得薄荷则醉。虎得狗则醉。橘得糯米则烂。芙蕖得油则败。番蕉得铁则茂。金得翡翠则粉。犀得人气则碎。漆得蟹则败。萱草忘忧，合欢蠲忿。鹁鹕疗妒，治魇，橐治畏。

《喻世明言》卷三七《梁武帝累修归极乐》：

原来郗后是梁主正宫，生前最妒，凡帝所幸宫人，百般毒害，死于其手者，不计其数。梁主无可奈何，闻得鹁鸠鸟作羹，饮之可以治妒，乃命猎户每月责取鹁鸠百头，日日煮羹，充入御馔进之，果然其妒稍减。后来郗后闻知其事，将羹泼了不吃，妒复如旧。

《全史宫词》卷十一：
【宫词】
佩钱枉说与男宜，宠亚潘余望幸迟。
谁道仓庚能疗妒，金瓶犹祀毒龙祠。

《妇人寿草》（日本·香月牛山著）卷下·二五求嗣术：
《山海经》载云：食黄鸟，令人不妒。杨夔《止妒论》载：梁武帝之妃，性甚嫉妒，有人以仓庚为膳予之食，其妒性减半。按：黄鸟、仓庚，皆为莺之别名。源顺《和名抄》云：莺即黄鸟，和训为莺。林罗山云：莺，日本昔称婆饼焦是也。石川丈山《覆酱集》云：日本之云莺，非黄鸟，乃巧妇鸟之类，特指日本莺，即剖苇。

我想，如果学界都像赵先生这样认真读书、沉下心来做学问，同时又把自己的见解奉献出来，与同行切磋、交流，对学术研究肯定大有进益。我写的回信除了对赵先生表示感谢和赞赏之外，也谈了自己的不同意见，现在也发表出来，与赵先生及学界其他朋友共同研究：

赵伯陶先生，你好！
谢谢你的指教。你的意见很好。特别是第一条关于"鹁鸠效寡"，你的意见很宝贵，我很佩服你的学识。我完全接受你的意见。关于第二条，你的意见有道理，所举李益诗"匈奴旦莫下云中"，也很有说服力；但是，《怜香伴》中"旦"是否当作"且"，还要再考虑。因为，从前后语境看，作者是作为角色"旦"来写的，改为"末"似更合理。我们再琢磨琢磨吧。先不作结论。
关于"鹁鸠效寡"，我可以写个订正小文。最近杂事太多，容我抽时间写。
再次感谢你！

杜书瀛　2011 年 5 月 26 日

关于"鸰鹟效寡"，我的注释的确有疏漏，我将遵从赵先生的意见加以补充、修改。而第二条关于"旦"与"且"何者为是，还需再斟酌。不过，与赵先生的这种切磋和交流，非常愉快。而且，以赵先生的学识，我可以师视之矣。中国有句古话叫做"好为人师"；我活了七十多岁，却越来越觉得需要做学生。赵先生也许比我年轻。但是正如韩愈所说，"得道"不在年之长幼，我所师者，"道"（真理）也。谁"得道"，谁就是我的老师。所以我把原来"好为人师"那句成语的中间两个字颠倒了一下，变成"好人为师"，并且请我正在学习书法的老伴儿写了一个小篆横幅，裱起来挂在家里。颠倒两个字，意思正好相反："好为人师"是总想给别人当老师；"好人为师"则是喜欢拜别人为老师。这个横幅，正读（按传统读法从右至左）、反读（按今天读法自左至右），都行。正读，你可以做两解：一是刚才说的喜欢以别人为老师。《论语·述而》有云："子曰：'三人行，必有我师焉；择其善者而从之，其不善者而改之。'"连"至圣先师"孔老夫子都说，三人行必有可以师法者，何况我们这些凡夫俗子？一是以好人为师，学好不学坏。反读，是说老师总是为了学生好。

在学界，是否也可以提倡一下"好人为师"呢？

在草成本文后，6月20日又接蒋寅研究员来信，再次证明我如何从朋友之间学术交流获益。信如下：

杜老师：您好！

大文（按：指《商讨与质疑——评王学奇、霍现俊、吴秀华主编〈笠翁传奇十种校注·怜香伴〉》）拜读，内容非常好，看来《十种校注》确实太粗疏且缺乏常识，作为古籍整理著作，作者应汗颜。

大文第149页倒数13行"挥尘"疑应作"挥麈"，两字常因形近而误。第151页倒数第6行"举于"为"举子"之误。祝

好

晚寅复上
6月20日

蒋寅指出拙文的两处错误，甚是。这是我与许多朋友学术交往的常态。我正是在包括蒋寅在内的众多朋友帮助下寻求学问长进的。对他们，我以师视之，并深深感谢他们。

（作者单位　中国社会科学院文学研究所）

# 2012 年

## ■ 1 月

从本年起,《文艺研究》获得国家哲学社会科学基金首批资助(首批为 100 家期刊,文化部系统两家),每年 40 万元。

## ■ 12 月 7—11 日

《文艺研究》与西南大学中国诗学研究中心、中国新诗研究所及中共巫山县委、巫山县人民政府共同主办的"第四届华文诗学名家国际论坛"在重庆西南大学和巫山县隆重举行,120 余位诗人、学者参会,通过主题讲演、综合论坛、专题论坛等方式,围绕华文新诗的诗歌精神、诗体、诗歌传播的重建、各国和地区华文新诗及研究的现状与发展走向、华文新诗的底层关怀与底层写作、三峡文化与巫山诗歌等议题展开讨论。本刊副社长李香云出席并致辞。随后,《文艺研究》2013 年第 1 期发表会议综述。

## 华文新诗,重建与繁荣
### ——"第四届华文诗学名家国际论坛"综述

向天渊　龚晓辉

2012 年 12 月 7 日至 11 日,由西南大学中国诗学研究中心、中国新诗研究所、文艺研究杂志社以及中共巫山县委、巫山县人民政府共同主办的"第四届华文诗学名家国际论坛"在重庆西南大学和巫山县隆重举行,重庆市委常委、宣传部部长徐海荣、西南大学党委书记黄蓉生、巫山县委书记何平出席开幕式并讲话。来自美国、韩国、日本、新加坡、泰国以及中国大陆、台湾、香港、澳门等国家和地区,包括张新泉、叶延滨、黄亚洲、傅天琳等四位鲁迅文学奖获得者在内的 120 余位诗人、学者出席论坛,通过主题讲演、综合论坛、专题论坛等方式,围绕华文新诗的诗歌精神、诗体、诗歌传播的重建、各国和各地区华文新诗及研究的现状与发展走向、华文新诗的文体边界、华文新诗的个人性与公共性、华文新诗的底层关怀与底层写作、三峡文化与巫山诗歌等议题展开了广泛、深入的学术讨论。

论坛主席吕进在题为"重建的时代"的开幕词中将本届论坛的总主题确定为

"华文新诗，重建与繁荣"，并明确指出：为打破不讲诗美规范、没有诗体法则，诗人难以写出来、读者难以读进去的新诗长期的尴尬局面，中国诗坛应担负起重建诗歌精神的使命，呼唤"破格"之后的"创格"，需要在个人性与公共性、自由性与规范性、小众化与大众化中找到平衡，在这平衡上寻求"立"的空间，需要诗人和诗评家的高度文体自觉和敏锐的形式感，无畏的探索精神和宽阔的多元风度。文艺研究杂志社李香云副社长在致辞中也强调了诗的主要意义在于诗美的精神与丰富的想象力，诗歌体现了人类的情感记忆，能够产生强大的价值力量，有利于提升人类的精神境界。

虽然本届论坛的议题十分广泛，但和前三届一样，多数学者仍将讨论的旨趣指向了新诗的二次革命与三大重建。在综合论坛中，吕进认为台湾《葡萄园》诗刊"健康、明朗、中国"的诗学主张对大陆诗坛具有珍贵的借鉴意义，和其他诗刊如《创世纪》相比，《葡萄园》为中国新诗的精神与诗体建设做出了更多的贡献。叶延滨以十个辩证对立的关键词对诗歌最基本的精神要素进行了梳理，力图使诗歌的基本面回归诗歌本体，在新诗与旧体、先锋与主流、民间与学院等不同诗体与流派的创作群体及读者群体之间，建立共识，找到互相理解与沟通的管道。万龙生在题为"诗体重建的硕果——谈新时期的新诗格律建设"的讲演中，在对格律体新诗发展的三次高潮进行简要的梳理之后，着重考察了新时期的新诗格律建设，并认为格律体新诗的进一步发展、成型以至繁荣是可以期待的。古远清在对"台语文"的语言学与诗学特征以及在台湾文学史上的地位进行辨析之后，指出"台语文"不是台湾新诗的发展方向。姜耕玉认为一个民族的语言始终在变化中，现代汉诗应该正视汉字词汇被前人使用时留下的"踪迹"，那是每个诗人都能从中获益的无形资产，古典诗歌艺术中一些还有生命的东西，仍有继续存在和绵延的可能，我们应摆脱形式上的束缚，获得生命与精神表现上的诗意自由。吕周聚对诗与歌的关系进行了再思考，提出诗与歌之间可能根本不存在本质的区别，而是具有一种同构关系，诗意、诗味与韵律之间并不相互矛盾，它们可以和谐共处，成为一个有机整体。张德明就吕进与"新诗二次革命"论的内在关系展开讨论，梳理了"新诗二次革命"论的学术渊源、思维逻辑，剖析了这一诗学观念的理论内涵，判明了"三大重建"的诗学价值。此外，与会代表围绕诗歌精神、诗体界限、网络诗歌、现代歌词、抗战诗歌、诗歌解释学等诸多话题在分论坛中展开了热烈的讨论与广泛的交流。

来自中国台港澳地区和其他国家的诗学名家在论坛上畅所欲言，结合新诗创作的本地经验探讨诗歌写作的普遍规律。在主题讲演中，台湾诗人台客细述了几十年台湾诗歌的风雨历程，重点介绍了《创世纪》《葡萄园》《笠》《秋水》《大海洋》《乾坤》五大一小诗刊，并特别介绍了《葡萄园》诗刊明朗、健康的中国气派。台湾诗人、台北教育大学教授林于弘通过多层面的量化普查与数据分析，呈现了2007—2010年间台湾诗坛生态演变的沿革与更替，揭示了这种演变的意义与启示。澳门大学中文系主任朱寿桐通过统计发现，澳门诗人的密度高达2.6-2.7个知名诗人／平方公里，任何写诗的个人都可以申请出版诗集，并可以向行政总署申请经费，所以澳门成了一片诗歌热土，创作特点更是多种语言融合，而且新旧体不打架，这些特殊的形态显示出与大中华诗歌的不同步性。香港诗人傅天虹通过三篇卷头语的抽样分析，对支撑时间最久的香港诗歌刊物《当代诗坛》进行研究，认为该刊基于以语种定义诗歌这样一种学术事实，自动呈现出它无与伦比的开放性和融合共生的美学原则。来自新加坡的诗人陈剑就中国"文革"对新加坡诗歌的影响发表了看法，他认为"文革"是世界性的意识形态大风暴，新加坡也受到冲击，"左"的形式主义和概念化影响了新加坡诗歌的创作，工农兵用语成为话语霸权，文艺理论彻底无产化、革命化，诗歌较少感人的语言，走进了死胡同，后经拨乱反正，才摆脱"文革"的影响，回到诗歌的正途。韩国汉学家朴宰雨详细介绍了中国新诗的韩译、韩国学界对中国新诗的研究，以及汉语新诗在韩国的创作和推广等方面的情况。主要从事中日比较文学研究，特别是《野草》研究的日本学者秋吉收，颇具深情地介绍了其父秋吉久纪夫的中国现代诗歌研究，秋吉久纪夫是日本知名的汉语诗人，出版过汉语诗集，曾致力于将闻一多、臧克家、何其芳、卞之琳、田间、闻捷等一大批诗人的作品译介给日本。泰国诗人曾心则以"小诗磨坊"同仁的创作为例，就六行内新诗的创格尝试进行了介绍与分析，并认为六行内小诗，是一种有所约制的新形式，是小诗的新品种，其前途无限广阔。

本届论坛还围绕华文新诗的底层关怀与底层写作、华文新诗的个人性与公共性两个议题展开了讨论。高平发现，来自农村底层的青年诗作者，看到在城镇化进程中田园景物消失，乡愁难以排解，但城镇化、工业化是社会发展的必然之路，底层诗人还需寻找新的诗情。赵心宪则以王学忠的创作为例分析了华文新诗写作的"民间维度"，他所谓的民间概念具有多重的理论内涵：从政治意义到人类学意义，社会形态到审美表现，文化他性到民间自在性，民族性、本土性到价值普泛性，等等。钱志富从底层诗歌与底层诗人的视角探讨了中国诗坛当下存在的一些问题，尤其是对一些诗人写的伪底层诗歌提出了批评。李志元描述了网络诗歌话语革命引发的诗歌写作态势与格局的变化，并对民间诗歌话语活力的高涨和低贱化诗歌写作趋势的加强进行了阐释与批判。江腊生概括了郑小琼诗歌底层见证与审美超越的特征。令狐兆鹏则从乡村、工地、身体等视角对打工诗歌的空间表征作出了描述与分析。北塔结合地铁诗建设的亲身体验，提出"地铁诗"可能就是一条让现代诗走向大众社会的康庄大道，是一条解决个人性和公共性之间的矛盾的有效途径。白杰对80年代中后期兴起的中国自白诗派封闭的、内视的、独语的、个人性的话语方式进行了分析。张立群、毕时岩受主题学研究的启发，在充分联系20世纪90年代新诗语境的前提下，从几个方面探讨了"国家主题"的表现及内涵，为新诗公共性问题的研究提供了启示。易彬认为彭燕郊的诗里有两类基本话语：沉重的话语和唯美的话语，它们始终相互渗透、彼此纠缠，共同合奏出彭燕郊诗歌的创作主题，充分呈示了彭燕郊以诗的方式对于时代的担当，更见证了彭燕郊对于个性与气质的坚守。中国新诗研究所的硕士生童敏、欧茂、赵明、赵玲、李铜飞等分别对闻一多、何其芳、郭沫若、穆旦诗歌的公共性和个人性进行了分析，以说明公共性与个人性并非相互对立而是彼此共构的关系。博士生龚晓辉则从诗歌写作的具体艺术手法出发，阐明诗歌写作对公共性的介入有一定的限度，直接抒发情感并不一定能取得好的效果。向天渊则对新诗公共性问题的学理背景进行了简要的梳理与辨析。

本届论坛是巫山国际红叶节的重要组成部分，论坛筹备组为此特别设置了"三峡文化与巫山诗歌"的议题。梁笑梅就以巫山国际红叶节为例，从"诗性地理"的角度，探讨了"诗以景行"的诗歌传播新途径和"景以诗行"的生态旅游新路子。万州诗人柏铭久和巫山诗人熊魁结合创作经验与体会发表了各自独特的诗歌观念。而姜鑫磊、周俊锋则分别对这两位三峡本土诗人的创作思想与艺术手法进行了分析与评价，并得到了两人的回应与肯定。赵洋洋对中国古代诗歌中的巫山意象群进行了大致的梳理，孙佃鑫对巫山"神女"意象在当代新诗中的嬗变历程予以了描述和辨析。通过这一议题的探讨与交流，再加上观看多媒体歌舞剧《巫山神女》以及对大宁河小三峡、小小三峡、杨柳坪艺术村、巫山博物馆等风景名胜的游览与考察，论坛代表加深了对诗城巫山的认识与了解，诗人们更是纷纷表示要以新的诗作表达自己的激动与欣喜。

此次论坛汇聚了多个国家和地区的诗人、诗歌批评家和诗学研究者，使得对话与交流具有多层面、立体性、国际化的特征。

（作者单位　西南大学中国诗学研究中心·中国新诗研究所）

# 2013 年

## ■ 1月10日

从本年第 1 期起,《文艺研究》刊价调至 22.00 元。

## ■ 3月26日

中国人民大学人文社会科学学术成果评价研究中心联合中国人民大学书报资料中心正式发布 2012 年度《复印报刊资料》转载学术论文指数排名及研究报告,中国语言文学学科评估结果同时揭晓,《文艺研究》以转载量 49 篇、综合指数 0.857908 高居第一。

## ■ 5月10—12日

《文艺研究》与中国传媒大学文学院联合主办的"《清华大学藏战国竹简》与先秦经学文献国际学术研讨会"在中国传媒大学召开,50 余位学者参会。随后,《文艺研究》本年第 6 期发表会议综述;本年第 8 期发表李学勤、姚小鸥、方铭、赵敏俐、傅刚、江林昌等人的相关笔谈文章。

## 二重证据视野下的先秦经学文献研究
### ——《清华大学藏战国竹简》与先秦经学文献国际学术研讨会综述

李永娜

"《清华大学藏战国竹简》与先秦经学文献国际学术研讨会"2013 年 5 月 10—12 日在中国传媒大学举办。研讨会由中国传媒大学文学院与《文艺研究》杂志社联合主办,中国传媒大学文学院、国学研究所承办。来自国内各高校、研究机构以及日本、韩国的 50 余位代表出席了本次会议。

中国传媒大学文学院院长张鸿声教授主持开幕式并致欢迎辞。会议召集人、中国传媒大学文学院教授、国学研究所所长姚小鸥报告了会议的筹备情况。清华大学出土文献研究与保护中心主任李学勤教授作了主题演讲。2008 年 7 月清华大学抢救入藏的这批战国竹简多为经、史类佚书,涉及中国传统文化的核心内容,是前所罕见的重大发现。李学勤先生提出,经过对清华简的清理保护和鉴定、拍照、试读三个阶段后,当前的主要工作是进行缀合、编排和分篇,并逐篇进行隶定和释读,到目前为止，清华大学出土文献研究与保护中心业已发布三辑整理报告。李学勤先生强调，要在"二重证据"的视野下，关注《诗经》与《尚书》等经学文献的传流以及楚国在学术史上的地位等问题。

会议的三个主要议题是：1.《清华大学藏战国竹简》与《诗经》《尚书》类文献的研究；2.《清华大学藏战国竹简》其他相关内容的研究；3.其他简帛文献与先秦经学文献中的其他问题。会议收到论文 35 篇。与会学者发言的主要内容如下。

**一、《清华大学藏战国竹简》与《诗经》《尚书》类文献的研究**

2010 年公布的《清华大学藏战国竹简（一）》所收录的九篇文献分别是《尹至》《尹诰》《程寤》《保训》《耆夜》《周武王有疾周公所自以代王之志（金縢）》《皇门》《祭公之顾命（祭公）》《楚居》。前八篇为《尚书》《逸周书》等类别的文献。2011 年发布的《清华大学藏战国竹简（二）》收录近于《竹书纪年》的《系年》一篇，它的内容在许多方面能和《左传》相印证。2012 年底公布的《清华大学藏战国竹简（三）》共收录文献六种八篇，即真正的古文《尚书》的《说命》三篇，类似《周颂》的《周公之琴舞》，类似《大雅》的《芮良夫毖》，记载黄帝到春秋时期著名君臣名录的《良臣》，巫术类文献《祝辞》和古小说《赤鹄之集汤之屋》。

清华简与《诗经》《尚书》是本次研讨会的重点。《保训》是周文王病重后对周武王进行训诫的重要文献。方铭教授（北京语言大学）在《清华简〈保训〉与德治作为周文化核心价值的形成》中，对不窋"奔戎、狄之间"的时间以及先周文明的产生作了分析，认为不窋奔戎狄的时间在夏后启篡位前后，先周文明即在此后产生。其间，不窋继续贯彻五帝之德，树立了以德治为核心的先周文化价值体系。

《耆夜》《金縢》《祭公》简文中相关文字的考释向为学者所关注。李炳海教授（中国人民大学）在《清华简〈耆夜〉与〈诗经〉相关词语的考释——兼论〈诗经〉科学阐释体系的建立》中，认为"耆"为"实现""到达"之意，"耆夜"是指战后安庆的夜晚。"岁裔员莫"中的"裔"字，用于表达迅疾之义，并非为没有实际含义的语气助词。"岁裔员莫"中的"员"表示下行之义。李炳海教授指出，应在正确训释的基础上建立科学的《诗经》阐释体系。博士生高中华（首都师范大学）在《〈清华简〉笔札二则》中，对清华简《金縢》《祭公》中的"不豫有迟"以及《耆夜》中的"我忧以逿"作了考释，认为"不豫有迟"当译为"迟迟然不豫久矣"，"我忧以"中的"逿"，当读为"浮"或"游"。该文引《诗》为证，所述扎实可信。

《周公之琴舞》是一组十分珍贵的先秦佚诗，其中的"启曰""乱曰"等前所未见的语汇与先秦诗乐舞传统的关系引起与会者的极大兴趣和关注。

蔡先金教授（济南大学）在《清华简〈周公之琴舞〉文本与乐章》中，通过考察《周公之琴舞》的文本和乐章结构，认为《周公之琴舞》当为周公与成王合作完成，反映了西周初期的诗乐面貌。江林昌教授（烟台大学）《清华简"启曰""乱曰"与先秦诗乐舞传统》，认为"启曰""乱曰""琴舞九絉"等乐舞术语分别与《楚辞》中的"倡曰"（或"重曰"）、"少歌曰""九歌"相对应，提供了认识先秦时期诗乐舞一体原貌的线索。吴万钟教授（韩国全南大学）《〈清华简·周公之琴舞〉之启示》，通过探讨诗篇文本的编订问题，认为孔子之后诗的文本分别以乐章和读物两种形式流传。徐正英教授（中国人民大学）在《对〈清华简〉第三册〈周公之琴舞〉九首组诗的四点理解》中，认为《周公之琴舞》原应都是《诗经·周颂》中的作品，可为孔子"删诗"说增添证据。刘丽文教授（中国传媒大学）《清华简〈周公之琴舞〉与孔子删诗说》，认为今本《诗经》是对古本删减的结果。删减古本诗歌有三种删法：一篇之中保存下来一部分、整篇被删掉、把一篇分为几篇。李颖副教授（中国传媒大学）《清华简〈周公之琴舞〉与楚辞"九体"》，从《周公之琴舞》中"琴舞九絉"出发，以《楚辞》"九体"这一学界关注已久的问题作为切入点，认为"九体"是我国早期文学的一种样式，承载着深厚的礼乐文化内涵。博士生黄甜甜（清华大学）在《试论清华简〈周公之琴舞〉与〈诗经〉之关系》中，认为《周公之琴舞》在楚地主要是以做佾体文献被接受。博士生王克家（中国传媒大学）《清华简〈敬之〉篇考释》，将清华简《敬之》篇与今本《诗经·周颂·敬之》相比勘，指出简文为《周颂·敬之》篇归于成王作提供了新的证据。姚小鸥、杨晓丽（中国传媒大学）《〈周公之琴舞·孝享〉篇研究》，考察了《周公之琴舞》的命名，指出《周公之琴舞》中周公所作歌诗前的介绍性文字具有小序的性质。依《诗经》命篇惯例，应将周公所作歌诗命名为《孝享》。

《芮良夫毖》是一篇蕴含丰富的历史文献。姚小鸥（中国传媒大学）在《〈清华简·芮良夫毖·小序〉研究》，认为其开篇四十字与《诗经》《尚书》中的"序"（《毛诗序》《尚书序》）有相似之处，将其命名为《芮良夫毖·小序》。论文探讨了《芮良夫毖》的文体性质，认为它为《诗经》类文献，而非论者所言为《尚书》类文献。

传世《尚书》中的《说命》三篇经清代学者考定为"伪古文"。清华简《傅说之命（说命）》三篇的发现在经学史上有重要意义。廖名春教授（清华大学）《清华简〈说命（上）〉初探》对其中的疑难问题进行了考释，对简文中傅说讨伐失仲的经过及成功的原因多有发明。钱宗武教授（扬州大学）《清华简与今古文〈尚书〉"呜呼"的语用研究》，通过分析今文《尚书》、古文《尚书》及清华简中"呜呼"

的语用类型及特点，探讨汉语叹词的形成和发展规律。朱萍副教授（中国传媒大学）《清华简〈说命〉（上）的"同梦"题材初探》，通过探讨清华简《说命》（上）的"同梦"故事与后世"同梦"题材的关系，将叙事类"同梦"题材作品溯至《尚书》。李有兵副教授（中国传媒大学）《商代天命观与中国传统价值体系之建立——以商书之〈盘庚〉、〈说命〉等材料为依据》，考察了商周时期"天"在中国传统价值体系中的地位，认为从"德行"到"德性"标志着"德"的内在化，标志着中国传统天命观价值论的建立。王永副教授（中国传媒大学）《简论〈古文尚书·说命〉篇的文体价值》通过与清华简《说命》篇对读，认为梅赜所献伪《尚书》对于命体文具有范本的意义，对后世除授类制诏文有深刻影响。肖锋副教授（中国传媒大学）《从清华简〈系年〉与〈春秋〉经传记录国君死亡事件看"〈春秋〉笔法"》，将《系年》国君死亡事件记述方式与《春秋》经传相互对照，深入了对"春秋笔法"的认识。

### 二、《清华大学藏战国竹简》其他相关内容的研究

《清华大学藏战国竹简（一）》中的《楚居》篇叙述先楚世系及历代楚人建都之地，文献价值极高。黄灵庚教授（浙江师范大学）《〈楚居〉与〈楚辞〉互证五事》，认为楚人源自东方，"荆""楚"之称与楚先祖熊丽的神异降生有关，《楚辞》中的《九歌》是先秦夜祭礼俗的遗存，楚之都郢始于武王。

《赤鹄之集汤之屋》是《清华大学藏战国竹简（三）》中的一篇。杨秋红博士（中国传媒大学）《由清华简〈赤鹄之集汤之屋〉篇探兔子成神渊源》，从简文中兔子的三个特点即色白、作祟以及狡猾灵异切入，指出传说中兔子所附带的妖异色彩常为凶兆的预示，白兔可作为好运的指引者，这些都是白兔被祭祀成神的重要因素。姚小鸥、孟祥笑（中国传媒大学）《关于〈清华简〉"赤鹄"篇"曰"字的句读问题》认为，"古"字与"曰"字应当断开，与下文相连，属于另一意义单位。"曰"字的使用标志着文献为叙述古史的体裁。姚小鸥、卢翮（中国传媒大学）《〈清华简·赤鹄〉篇与"后土"人格化》，从"后土"的身份、形象、行为人格化三个方面，考察了土地神的渊源及形成过程。姚小鸥、李永娜（中国传媒大学）《清华简〈赤鹄〉篇与中国早期小说的文体特征》，通过对《赤鹄》篇内容以及中国早期小说文体特征的分析，指出战国时期已经出现了符合现代文学观念的"小说"。将"饰小说以干县令"（《庄子·外物》）与"以奸者七十二君"（《庄子·天运》）对读，可证《庄子·外物》篇"饰小说以干县令"是战国时期出现的成形的小说理论。

### 三、其他简帛文献与先秦经学文献中的其他问题

《诗经》是中国文化的经典，历来为学者重视。金荣权教授（信阳师范学院）《〈诗经·商颂〉为商人旧作》，认为从《左传》《国语》等史籍记载和《商颂》文本来看，《商颂》都应当是殷商时期的旧作。房瑞丽副教授（中国计量学院）《〈韩诗外传〉〈诗〉学体系的建构》，认为韩婴在著述体例的选取、编排结构的安排、释诗类型的运用和诗说特色的结合四方面，建构了自己的诗学体系。谷红丽博士（首都师范大学）《〈郑风·大叔于田〉主旨考辨》，通过对"叔"这一称谓的分析和关键字句的阐释，认为《大叔于田》借田猎盛况展现郑国军士严整的精神风貌，这也是郑国春秋小霸的原因所在。

《周易》作为"六经之首"，其经、传、注疏向为研究者关注。池田知久教授（日本大东文化大学、山东大学）《有关上海博楚简〈周易·讼卦〉》，探讨了《讼卦》中的"又孚""利用见大人，不利涉大川""或从王事，亡成""元吉"的含义，认为今本《周易》包含更多的儒学化、道德化因素。杨鉴生副教授（商丘师范学院）《王弼注〈易〉若干佚文考论——兼论王弼注〈系辞〉问题》发现了一条新的王弼注《系辞》的佚文。

杨树增教授（广州大学）《〈春秋〉、〈左传〉原本皆为史》，认为《春秋》严格遵循编年史体例，被尊称为"经"，《左传》原本是一部独立的编年体史著述，是依时记事之"史"，非解经之"传"。李卫军副教授（商丘师范学院）《明代〈春秋〉学述要》，认为明代《春秋》学的主流是义理阐发，但在考据方面也取得一定成就。

孔漫春副教授《"哀公问社"章用字考》，指出汉代在《论语》的"问社""问主"问题上已存在分歧，何晏《论语集解》采"问社"说，在一定意义上统一了有关"问社""问主"的纷争，对其后论语学的发展影响深远。

西山尚志博士（日本大东文化大学、山东大学）《"秦焚书观"的变迁》，分析了"最古层的史料"（贾谊《新书》《过秦》和司马迁《史记》）与西汉末期以后的秦焚书观，认为争论主要集中于秦焚书的"真相"或"事实"，忽略了秦焚书观变迁的研究。基于这一学术认知，西山尚志将历史学的问题转化为思想史的问题。

刁生虎副教授（中国传媒大学）《"象喻"思维与先秦文学言说》，以《周易》《诗经》、诸子著作等为材料依据，考察了中国文学、文论的"象喻"化的基本建构方式。

参加本次会议的学者从各自的论题入手，在某些重大问题方面渐达成共识。蔡先金、江林昌、吴万钟、徐正英、姚小鸥、刘丽文、李颖、黄甜甜、王克家、杨晓丽对于《周公之琴舞》中文本、乐章结构的研究在很大程度上回应了李学勤先生关

于先秦佚诗的判断。

一些来宾以不同形式参与了研讨会。傅刚教授（北京大学）在会议上介绍了北京大学藏西汉竹简的内容，指出其中有小说及辞赋类文献。吴相洲教授（首都师范大学）对会议的召开表示祝贺，通报了国家批准成立中国乐府学会的情况，并就清华简相关内容与乐府的关系发表了自己的看法。赵敏俐教授（首都师范大学）、康保成教授（中山大学）、王培元教授（山东大学）、韩格平教授（北京师范大学）出席并主持或评论了各时段的研讨。邓田田博士（湖南社科院）参与了《说命》篇的研讨。国学网总裁尹小林研究员表达了国学网对研讨会的支持。

汤漳平教授（漳州师范学院）、丁进教授（安徽财经大学）因故未出席会议，但向会议提交了论文。

张鸿声教授主持了闭幕式。姚小鸥在会议总结中说，本次会议是《清华大学藏战国竹简（三）》发行后举办的第一次重要学术研讨会，它必将有力地推动清华简研究的进一步开展，中国传媒大学文学院和国学研究所将继续尽力为同仁搭建研究平台。

（作者单位　中国传媒大学文学院）

## 11 月 16—17 日

《文艺研究》与浙江大学中国现当代文学与文化研究所联合举办的"中国现当代文学史料与阐释"学术研讨会在杭州召开，近 80 位学者参会，就现当代文学史料研究的历史与现状、研究热点难点及未来发展等议题展开讨论。随后，《文艺研究》本年第 12 期发表会议综述；2014 年第 7 期发表杨洪承、陈力君、张广海、杨剑龙等人的一组笔谈文章。

### 现当代文学史料研究的深化与拓展
#### —— "中国现当代文学史料与阐释"学术研讨会综述

吴秀明　章　涛

为了深化与拓展现当代文学及其史料研究，2013 年 11 月 16—17 日，《文艺研究》编辑部与浙江大学中国现当代文学与文化研究所在杭州西子湖畔联合召开了"中国现当代文学史料与阐释"学术研讨会。来自清华大学、北京师范大学、复旦大学、上海交通大学、南开大学、山东大学、武汉大学以及中国社科院文学所、浙江省社科院文学所等单位的专家学者近 80 人参加。与会专家就现当代文学史料研究的历史与现状，现当代文学史料本体特点与发掘、整理以及研究的学科规范，现当代文学史料研究热点难点以及未来发展，特别是以往缺乏关注的当代文学史料等问题展开了热烈的讨论，提出了不少颇具新意和启发性的观点。

**一、现当代文学史料研究与学科历史化**

史料问题的提出不仅是研究工作的需要，同时也是支撑一个学科及其发展的"阿基米德点"，在当下学风浮躁的学术生态环境下尤有必要值得引起重视。《文艺研究》编审方宁在开幕式上谈及本次会议的宗旨时，就开明宗义地强调了这一点。他认为，中国现当代文学研究从来就有重阐释而轻实证的传统，但随着学科"历史化"的逐步开启，越来越多的研究者开始意识到了史料研究在学术整体结构中的重要地位。这种认识转变的可贵之处，在于有效提升我们研究的品格，促进研究范式的转型，也有利于推动思想阐释的进一步展开，引导学术的"重新发动"。而近百年来现当代文学丰富复杂的存在，使我们现在已拥有了史料研究的基本条件和基础，因此有必要尽快、有效地开展史料研究工作，以打开新的学术阐释的空间。中国社科院文学所研究员刘福春从"抢救"活史料和新文学文本的妥善修复保存两个方面，指出了现代文学史料工作的紧迫性和重要学术价值。浙江大学教授陈坚以上世纪50年代政治运动对史料研究传统的冲击，以及域外史料研究体系的成熟和史料资源的丰富为例，反思了在历史与现实的双重挤压下史料研究的窘迫现状，同时也表达了对当下学界急功近利学风的担忧。华东师大教授陈子善从史料选本的编纂入手，指出现在仍有数目可观的非作家的日记、书信、录音和档案等史料未被系统整理，上世纪30年代电影演员王莹、艾霞的文学创作也未能进入史料研究的范畴，应尽快展开对这批史料的发掘、整理与介绍。

由于目前学界仍普遍存在扬阐释而抑实证的研究倾向，因此史料意识的强化对史料研究，特别是当下"重述文学史"可能产生的多方面影响同样成为学者所关心的话题。他们或发宏论，针对史料观念中存在的问题作专门讨论，或结合实际的史料研究成果，对以论代史、理念先行的研究范式提出批评。南京师大教授杨洪承指出，如果我们不反思现有的思维观念，加强史料研究就可能变成流于表面的口号，学界应重塑严谨的学风，研究者必须有严格的史料规范意识和史料鉴别能力，警惕某些带着明显历史主观性的史料对研究可能造成的伤害。复旦大学博士刘杨讨论了个体史观对史料工作的影响，在指出理念先行对史料工作带来阻碍的同时，也注意到史料本身并非如我们想象的那样简单和"客观"，史料书写者的历史观和研究者自身的历史观都在研究过程中产生影响；只有正视这种双重主体性，才能更好地纠正历史观的"当代化"带来的史料取舍和阐释上的局限。上海师大教授杨剑龙以文学史对鲁迅和林语堂、"整理国故"、"与抗战无关论"三次论争的叙述为例，批评了部分文学史以理念统摄史料、裁剪和使用的叙史方法。他强调学术研究必须建立在阅读"原文""原刊"的基础上，客观分析历史语境，力求还原论争发生内因的复杂性，避免对历史简单化、扁平化处理。苏州大学教授范伯群以上海鸳鸯蝴蝶派作家杂文创作发掘和整理为例，批评了现代文学史料工作的缺乏、历史观念的陈旧僵化，以实践证明新史料的"出土"将给文学史叙述带来的深刻影响。南开大学副教授李润霞提出了"潜在写作""地下写作"和其他非主流文学史料应如何进入文学史叙述，我们又如何重估"地下文学"、边缘文学与主流文学等文学史关系问题。她认为随着史料形式和内容的丰富，研究者必须转变研究思路，从现象学层面发掘和审视历史表象内部的规定性和规律性，把握历史的本质。浙江工商大学副教授郭剑敏以 20 世纪 90 年代末当代文学研究方式和研究对象的转变为切入口，探讨研究者史观的转变是如何反作用于史料研究，从而打破了传统文学史对 50—70 年代当代文学一体化的想象和言说方式。来自埃及的浙大在读博士塔里克从埃及和希腊史料角度探讨了世界文学史的重构，他以《圣经》与古埃及出土的大量史料为例，为中国现当代文学史料研究提供了一个富有意味的"他者"参照。

## 二、现当代文学史料的"考古学"还原与相关技术问题

如果说史料是文学研究的基础，史料的发掘、整理和辨析就是基础中的基础。对基础性史料工作的漠视将会造成研究视野的僵化、研究内容的重复，导致研究的失效和不必要的学术浪费，甚至阻碍学科的进一步发展。由于史料工作更多是"考古学"层面的还原，且在操作上需要一定的技术性，这一过程既异常艰苦又十分缓慢。本次会议上，针对这样一个带有史料"本体"特点的具体技术问题，部分学者结合自己的实践，进行了充分的交流。

清华大学教授解志熙在发言中，主要介绍了自己如何发现、校对与整理沈从文的五篇杂文佚文，并在此基础上，推导出"战国策派"时期沈从文"感时忧国有'狂论'"，从纯文学作家向杂文家嬗变的结论，为沈从文的创作和思想研究提供了新的史料。复旦大学教授张业松汇报了近几年有关丘东平作品全集版本沿革及佚书搜寻，通过这些看似繁琐零碎的史料工作，为我们还原了一个鲜活生动的左翼作家形象。山东大学威海分校教授周怡陈述了发掘姜贵小说《白榈》遗失的前两章的过程及其对作家研究的意义。苏州大学教授汤哲声以"一群被遗忘的翻译家"为题，介绍了包天笑、陈冷、周桂笙、周瘦鹃等人自晚清到建国前进行的翻译活动，以及它们陆续为文坛提供的大量优秀的翻译作品。除了新史料的发掘外，也有专家对现当代文学史中的文学现象、文学公案或文学人物进行细致的考证和评价。广西大学

副教授彭林祥从出版缘起、出版历程、丛书遗憾、丛书遗憾和丛书意义五个方面，全面梳考了《良友文学丛书》的出版历史和史学价值。浙江大学教师张广海以对"团结鲁迅"决策和这一决策制定的时间的考证为例，细致阐述了他在考证文学事件的真相时所依循的方法步骤。山东大学威海分校教师孟文博介绍了考证郭沫若与李石岑的之间历史恩怨的史料经验，提醒研究者在进行史料的开发、收集工作时必须注意史料版本的考证。

当然，史料发现或发掘仅仅是起点，作为一种研究，它还有一个如何分类和边界划定的问题，否则就会使精心搜集的史料陷于混乱无序，甚至无法形成研究的一种的"发动"。浙江工业大学副教授方爱武三次亲赴台港收集第一手史料，以较一般文学史更为开阔的视野和更为丰富的积累，构建了当代文学视域下的台港文学史料群这一特殊观照角度。浙江工业大学的副教授黄亚清对当代民间与"地下"文学史料进行了详细的分类，并提出了民间与"地下"文学史料地位低下，缺乏合理保存制度和细致的甄别工作，收集方法过于单一等几个关键问题。浙江经济职业技术学院教师马小敏梳理了当代文学中以重要领导的讲话、社论、批判文章、内部材料等构成的公共性文献史料。该类史料往往在研究中被视为"鸡肋"，但她认为学界低估了这批史料的历史价值，在恰当的观照下，它们能够还原丰富的当代文学历史现场。武汉大学教授金宏宇认为作家自传应作为史料研究的重要依据，他同时也强调要以辩证的态度对待自传，在细致考辨的基础上加以利用。通过梳理国语演讲竞赛与运动国语的开展史，河南大学教授刘进才指出，文学研究不仅需要灵活运用史料，而且还要有效地拓宽包括政论、教材、期刊等在内的原始史料范围。

在谈及史料"考古学"还原与具体技术处理时，不少专家特别强调了史料考辨的重要，指出在这方面应有严格的规范。基于这样的事实和道理，杨洪承提出应更重视那些"无意"的史料（如档案、书信、日记），而年谱（特别是作家本人编写的年谱）和回忆录则必须谨慎使用。福建师大教授辜也平还进而提出了史料的信度等级问题，他认为书信比日记可信，公开文字可能比书信可信，但史料生产语境的复杂性决定了今天我们在使用史料前，需要甄别。河南师大教授孙先科经过细致的考辨，解决了宗璞处女作发表时间的问题，并指出这篇爱情悲剧里已出现了日后在她小说中反复呈现的基本元素。广州大学副教授付祥喜以专文指出了《中国当代文学史教程》中存在的各类史料差错，并加以纠正。

**三、当代文学史料研究的新亮点与新态势**

现代文学由于学科相对稳定和成熟，加之史料工作启动较早，迄今已有相当的史料研究成果和研究基础。相比之下，当代文学史料工作显得孱弱滞后，"以论带史"的研究与研究的"以论代史"在当下仍颇有市场。但令人欣喜的是，在本次会议收到的 35 篇论文中，有居半属于当代文学史料范围。除了前文提到的对当代文学史料的结构性分类外，还涉及史料发掘的客观困境、史料选本编辑的原则、史料阐释的限度、史料的经典化等诸多方面，这在一定程度上反映了史料研究开始由"现代文学"向"当代文学"转移的态势。

浙江大学教授吴秀明在会上提出当代文学史料研究亟需在时间和空间的双向维度上进行拓展：在历时性的时间层面，将"当代"史料上溯到 1949 年以前的"现代"史料范畴；在共时态的空间层面，向大陆以外地域敞开。通过这种"世界视野和文化还原"的"双构性"观念和路径，形成对当代文学史料更有根底也更为开放的把握。而要实现这一点，就有必要超越现有的档案制度及其障碍，向档案制度外的史料"全景敞开"。上海交通大学教授夏中义呼应了该观点，强调当代文学研究应注意考察 20 世纪 50 年代苏联对中国文学产生影响的史料，认为这不仅能呈现五六十年代中国文学创作和批评的历史背景，也能揭示该时期"文史哲"之所以表现出如此面貌的原因。浙江大学教授黄健则关注于当代文学史料的新表现形态和新的历史特征。他特别指出网络资料在突破当代文学研究的意识形态藩篱和有限储存空间等问题上的重要意义和显在优越性。但另一方面，网络史料的无边界性也容易造成伪史料的泛滥，必须加以更为细致的考辨。吴秀明和章涛，还以茅盾文学奖两部"获奖修订版"为例，融版本校勘与话语结构理论于一炉，具体探讨了上世纪 80 年代以来当代文学话语场中隐性存在的精英文学与主流文学话语的差异竞争和规范／妥协机制，以此折射当代文学内部多方面冲突交融下呈现的复杂表征。浙江师大教授高玉也从版本考据入手，指出 1970 年前后金庸本人对武侠小说的理解存在明显变化。前期他认为写作武侠小说是追求"娱乐""消遣"，后期则向"纯文学"靠拢，这意味着金庸对作品的修订已经超出了一般意义上的"修改"，而新版小说实际上也已经不能被视作"通俗文学"的典型代表。福建师大教师黄育聪以翔实的史料证明南开新剧团在传播新文化观念、培养现代话剧人才等方面所作出的贡献。浙江大学邹淋博士通过对《文艺报》"文学新人"栏目的解读，讨论了 80 年代文学机制的形成历史和运作方式，重现了当代文学转型期的复杂文学场。浙江大学丁晋博士则强调了 2012 年北京人艺公布、出版的一系列的史料和纪录片，将对当代戏剧舞台研究产生的重要作用。

除此以外，浙江大学教授吴晓、华南理工大学教授刘起林、中国传媒大学教授颜浩和北京师大教师林分份等均以文本细读为基础，对当代文学中存在的观念性或实证性问题进行了重新阐释和解读。在会上，专家们还表达了对史料研究边缘化语境下，史料研究者特别是专注于史料发掘、整理的严肃史料工作者所面临困境的担忧。刘福春提出史料工作琐碎，需要大量投入，且成果出版难度极大，更重要的是难以获得应有的评价，学术地位不高，他认为学界应尽快建立独立的现当代文学史料专业队伍，提高史料研究者学术地位，公正评价史料研究成果。浙江大学教授姚晓雷在肯定现有史料研究成就的基础上，则从文学史料的边界、史料阐释的有效性和史料的经典化等方面对此提出了自己的审思，指出过于模糊的史料概念同样导致了研究体系的多重标准，研究成果无法被有效纳入现有评价机制。他们的发言引来学者纷纷感叹，大家一致建议各高校不妨从学科建设层面进行尝试，积极改善学术生态环境，推动专门史料人才的培养。

本次研讨会开得热烈、集中而又紧凑，圆满地达到了预期的效果。尽管目前现当代文学史料工作尚处在初级阶段，还存在不少新情况新问题，总体状况不容乐观，但大多数学者坚信，只要很好地总结以往的经验教训，持之以恒，史料研究还是可以大有作为的。

（作者单位　浙江大学中文系）

# 2014 年

## ■ 3 月 10 日

《文艺研究》本年第 3 期发表张隆溪、方维规、孙郁、耿幼壮等人的一组总题为"西方文论在中国学术语境的空间和张力"的笔谈文章。"编者按"云："2013 年 5 月，杨慧林主编'人文学科关键词研究'丛书由北京大学出版社出版。该丛书试图将当代西方文论置于广义的人文学背景之中，凸显其学理线索、问题意识和思想方法，以激发中国学人的进一步思考。为推进相关问题的探讨，中国人民大学文学院于 9 月 21—22 日以'西方文论在中国学术语境的空间和张力'为题，邀请海内外学者在北京举行学术研讨会。本组文章是部分与会者在发言基础上修改、扩充而成。"

## ■ 5 月 8—9 日

《文艺研究》与首都师范大学文化研究院、首都师范大学科德学院联合召开"微时代的文化与艺术"学术研讨会，来自文学、美学、文化研究、社会学、传播学、政治学等学科的 80 余位学者参会，就大视野中的微时代、微媒体与微传播、微文艺与微电影、微消费与微生活等议题展开讨论。随后，《文艺研究》本年第 7 期发表会议综述。

**"微时代的文化与艺术"会议综述**

蒋 璐

2014 年 5 月 8 日至 9 日，首都师范大学文化研究院与文艺研究杂志社、首都师范大学科德学院联合召开"微时代的文化与艺术"学术研讨会。来自文学、美学、文化研究、社会学、传播学、政治学等学科的八十余名专家学者参加了研讨会。在为期两天的十场论坛中，与会学者就大视野中的微时代、微媒体与微传播、微文艺与微电影、微消费与微生活等议题展开热烈讨论。

**一、微时代是怎样一个时代？**

"微时代""微文化"是首都师范大学文化研究院在国内率先提出的学术议题。

作为主办方代表，陶东风指出，"微"作为以去中心化、动态化、碎片化、零散化、即时化和赛博化为特征的新兴的传播方式、文化形态乃至经济活动形态、日常生活形态，已经在潜移默化间重新定义了我们的时代。"微"不仅是一种文化理想和审美理想，更标志着我们这个时代政治、经济、文化和生活形态的转型。"微时代"的政治不再是宏观政治的一统天下，更加世俗化和平民化的微观政治正在改写我们的政治话语，重新设置我们的政治议程，丰富着我们的政治参与方式；在经济层面上，"微时代"的经济是后福特主义的经济，是以更加个性化的产品和服务为导向的经济；在文化和日常生活层面上，它是一种祛魅时代的平民文化，去精英化时代的草根文化。

南京大学周宪用碎微化概括微文化代表的时代特征。他援引鲍曼的说法指出，现代性已经从沉重的、实体的现代性向轻快的、虚拟的现代性转变。如果说液态的现代性或者后现代性还是水流状态的话，今天的现代性更像是一个水滴状态，断裂或者破碎为更多细化的文化现象。人们迷恋小事物，并且不断转换焦点，进入一个超级注意力的时代。如何穿越各种各样的碎微信息来实现我们对社会的总体认知和总体参与，实现中国社会的公民性建构，是微时代面临的重要问题。

中国社会科学院毛崇杰认为，微时代的微文化是科技孕育生长出来的信息时代的现象。离开科技生产力之"微"只是修辞上的技巧，没有界定新时代的本质论意义。科技追求效率，微时代把审美时间也挤压至微。"微"不是一个孤立的现象，它与"大数据"同步，影响社会的每一个组织与细胞，改变了我们的生活。

青岛大学韩琛认为，在大众媒介、文化工业、国家机器以及匮乏反思的主体意识的扭曲下，"微文化"变成了如"全世界无产者联合起来"一样的乌托邦口号，并在几乎无限的传播、扩散中丧失了其抵抗力量与革命意义，其最终没有凸显并改变而是遮蔽并消解掉了这个时代的渺小个人之无力、无能和无为的真实状况。

华东政法大学傅守祥关注微时代的文化正义问题。基于传媒科技创新的微时代，同时是消费主义盛行的物质时代，也是非完全市场化的、后革命体制下的权贵资本时代。当代中国的文化正义匡扶既包含文化实践的政治良序又包含文艺批评的审美标准，主要体现为捍卫文化生存的制度正义、文化发展的程序正义和文化生成的审美正义等，而城市文化的文脉接续与文艺生产的喜剧精神的坚守至关重要。

## 二、微媒体与微传播

作为新兴的传播手段，微媒体带来传播方式、传播效果乃至文化形态的深刻转型。围绕微时代的传播学这一核心话题，多位与会学者提出新观点。

南开大学周志强对微话语及其主体进行剖析。微话语的大量繁殖带来新的社会和文化的问题。微话语的话语形态、传播方式和传播功能正在养育一种新型的微客主体。标准式的阅读方式、窥阴型的话语期待和去身份化的主体意识，使微客变成了一种思想想象力在不断衰减的"口香糖主义者"。微话语的三个特点——狙击式聚焦、揭幕体叙事和假扮游戏——使其缺乏复杂性和理性成分，进而限制了它的政治能量。

首都师范大学文化研究院陈国战提出将网络谣言理解为一种社会资本的新思路。在当前的主流舆论中，网络谣言被污名化、妖魔化了。当务之急是将网络谣言去污名化。互联网使谣言真正成了一种"集体行动"，在网络平台上，人们不仅可以实现谣言的网状传播，而且可以通过"求辟谣""求真相"等方式就谣言的真实性展开讨论，甚至可以引发线下的集体行动。在这种条件下，网络谣言成为公众探求真相的一种集体行动，是一种社会资本。

西南交通大学廖恒分析微博这一网络空间所体现的时代症候。微博上不乏个体之间、群体之间在学术思想、文化艺术、日常生活等领域的互动与认同，也提示着一种自发、自治的网络共同体的可能，并为当下和日后的真实交往与共同生活提供着土壤和经验，意识到这一点，微博才能为共同体所亟需的理性、知识、礼俗、信仰提供真正有效的交往和沟通平台而非虚假的满足，一种有真实生活根基的、朝向共同理想努力的微博才具有真正的公共意义。

首都师范大学文化研究院郑以然关注社交网络中的图像驱动文化。从消费层面来看，当前人们对文化产品的消费呈现碎片化、表层化和快速化的趋势，同时有强烈的意愿去打破国家、语言与文化的壁垒，而读图正满足了这两方面的需求。文字到图像的转变降低了公众参与的门槛，使全民都成为内容生产者。这都体现了在社交媒体这一公共领域中，官方与民间对图像权力的争夺。

中国社会科学院陈雪丽分析新闻传播中的"微表达"。近年，人们经常使用单词或词化短语指称某一新闻事件或社会现象，这是一种比新闻导读和标题更简练的新闻流通方式，具有广阔的新闻符号消费市场。微表达的兴起有社会背景和语言学依据，对提高信息的社会关注度、增强信息的有效到达率、生成舆议、聚敛舆情、实时记录社会现状、活跃民间语文生活等有重要意义。

中国艺术研究院孙佳山认为，围绕微信所引发的争论有三类社会效应，包括对互联网时代的国有、民营企业关系所产生的"鲇鱼效应"，腾讯这种互联网时代的新型垄断企业所带来的"马太效应"，以及移动互联网行业对北京智慧城市建设所产生的"蝴蝶效应"。通过分析微信之争所折射出的时代纵深，可以为北京在新世纪建设面向未来的智慧城市、文化创新城市提供现实依据和历史参照。

### 三、微美学与微文艺

与会学者认为，微时代已经突破了传统美学的局限，形成了独具一格的、后现代意义上的审美特征。建基于这种"微美学"，大量微文艺作品被创作出来，其中以微电影的繁荣为典型代表。

文艺研究杂志社陈剑澜指出，只有在后现代的语境下，也只有在后主体哲学时代，美学的本义才凸显出来。微文化和感性叙事或者跟身体有关的叙事天然相关。进一步说，微文化造成的所有影响都可能是虚构的，但有一点是确确实实的，就是从互联网开始一直到微文化，改变了我们当代人的感受方式。而美学的本义就是感受学、感性学。因此，微时代的美学有很大的研究空间。

中国传媒大学胡智锋关注影视艺术中的美学之变。他指出，传统的影视美学以厚重、巨大、精英和教化作为美学特征。而微时代的影视艺术美学走向了与传统经典影视美学相反的微小、琐碎、便捷、互动、草根以及时尚。影视美学进入了一个新的颠覆性的状态，进而导致影视技术和艺术、影视格局、影视研究和教育都发生深刻变化。

四川省社会科学院王小平提出，微时代是利奥塔所说的"向总体性宣战"的后现代全面来临的征兆。在文化上，体现的是曾经的神圣、崇高、英雄时代的终结，是对传统的本质、理性、革命、真理等大叙事的告别。微时代倡扬美学的民主化，瓦解高雅与通俗、生活与艺术、真实与虚拟、原本与摹本、崇高与卑贱、悲剧与喜剧的等级结构。

首都师范大学文化研究院盖琪概括了微时代的文艺特征。在文化逻辑上，微时代是一个后福特主义的时代。它并非根源于微博、微信和微电影等新通讯方式和文艺样式的兴起，而是应该被看作后福特主义文化逻辑在中国城市社会的深度拓展，是社会结构方式与实践方式的全面转型。在这一变革过程中，传媒艺术的特质也在发生根本性的变化。

北京大学陈旭光分析了微时代的电影批评与公共文化空间的重构。微时代的电影传播从封闭的空间接受转向一种开放的、全媒介式的传播。微时代的电影艺术品质被降解，我们进入了一个电影消散的年代，电影的外部因素压倒了有关电影的艺术、语言、形式等本体因素。微时代的电影批评中，艺术批评失语，而网络微批评崛起。

国家新闻出版广电总局发展研究中心刘汉文对微电影产业的综合运营状况进行了剖析。总体来看，微电影的创作水平参差不齐，优秀之作欠缺；微电影跟企业宣传的结合过于紧密；微电影的版权保护面临很多不足，使得整个盈利模式、整个商业模式还没有完全成熟。

安徽师范大学张公善指出，微电影的出现是现代生活碎片化、时空压缩、图像化的必然产物。微电影的微文化内涵体现在宣传性、民间性、精致性和批判性四个方面。微电影与微文化之间是双向互动的关系，一方面微电影促进了文化的微化，丰富了人们的微生活；另一方面，微电影也要呼应微文化对它的诉求，要有文化承担。

天津工业大学左芳和北京大学李飞则将微电影形容为流动的现代性时代的数字化艺术。繁荣的社会从固态现代性走向流动的现代性，瓦解传统这一现代性的永恒特征，导致秩序和制度的问题提上政治日程。传统和旧秩序命运发生改变，微电影忠实呈现出现代性的液态在不断塑形和变化。

四川省社会科学院孙婧关注微电影的公共性问题。她认为，公共性文化的要义就是把持了艺术连接大众的价值判断。微电影所体现的公共性就在于它追求文化合理性的理想，在这一过程中不仅有对权威的有效遏制，更创建了共同体文化的有效表征。

与会学者还讨论了多种微媒体艺术形式，包括华东师范大学邵慧、刘秀梅关于新媒体脱口秀节目的研究，北京电影学院姚国强和北京联合大学吴丽颖基于微电影平台的微音乐创作研究，中国人民大学陈涛对"网络恶搞配音"的分析，以及四川大学黄茵对网络个人摄影展示的研究等。

### 四、微消费与微生活

微工具和微平台的普及打破了传统的消费习惯，激发了厂商对于新消费途径的开发与生产，进而改变了人们的生活样貌。与会学者对微时代的消费特征及其社会意义也进行了深入阐释。

中国矿业大学的王青认为，微信改变了人们的生活习惯，与其他网络媒体一样，微信的阅读蚕食了人们的时间，也使阅读浅表化、碎片化，倘若可以有效地利用微信的传播功能，它同样能够传播正能量。处身在微时代，我们应当从媒介传播伦理的角度有效地培养公众的媒介素养，让我们的微生活更有意义。

浙江大学方玲玲以星巴克的社交情境消费为例，分析微时代的"迷"文化研究。随着新媒体的普及，微博、微信等移动社交平台成为人们日常生活的一部分，新的媒介空间提供了更多的"伴随时间"和社交情境，并培养了与新媒体应用相伴生的"迷"群体。在星巴克的营销过程中，消费环境被细致分割，获得持续关注度、消费满足感和身份认同成为比物的选择更重要的个人体验。

天津理工大学农都指出，微信的金融经济消费逻辑、文化经济消费逻辑以及双重消费逻辑的高度黏合，使得微信平台上演一场消费社会意识形态宰制下的大众消费狂欢。这里只有大众的快感，没有意识的抵抗。

中国社会科学院吴旻认为，微生产与微消费模式正渐流行，文化的生产与消费过程趋于合一，大众文化与精英文化生产者与消费者边界趋于模糊，普通公众与精英阶层的意见交流与沟通场所正在形成，这些都将因文化生产与消费模式的转变被接受而为人们所广泛认同。

南京晓庄学院朱剑虹探讨社交媒体在弱势群体的网络社会资本形成过程中发挥的作用。通过研究社会弱势群体如何通过网络表达形成网络社会资本，如何进入现实社会场域，与现实社会资本对话，即社会弱势如何与社会强势对话，她认为积极的自我披露、强调弱者身份以及建立弱者联系是弱势群体形成网络社会资本的主要机制，而社交媒体在其中发挥着重要作用。

北京语言大学刘作为研究老年人的微时代日常生活。实证研究的结果表明：硬件的制约、对新事物缺乏了解是影响老年人使用微信的原因；出行距离与频率的制约、消费能力的不足是影响老年人使用打车软件的原因；获得认同感、协调人际关系是老人使用微信的重要原因。

中国社会科学杂志社许航用"相聚却孤单"形容微时代的公共交往生活。他认为，微时代强调得更多的是一种感受，而"相聚却孤单"更多描述了一种状态，这正是对微时代借助各种社交媒体建立起的公共交往的描述：人们似乎步入了一个理想的公共空间，但在这个空间中的交往依然不够充分、不够理性。

围绕微消费和微生活还有很多拓展话题，如浙江大学宁波理工学院徐艳蕊和厦门大学杨玲对网络文学的研究，北京大学林品和海南大学蒋磊对青年亚文化的研究，上海大学罗小茗对政府微观治理的研究等。

本次研讨会以当下热点问题为导向，以多学科介入为途径，取得了良好效果。会议展示了当代知识分子的批判意识和社会关怀，同时，也体现了文化研究领域的时代性和包容性，对学科发展以及理论体系的构建都做出了贡献。

（作者单位　首都师范大学文化研究院）

### ■ 9月9日

《中国摄影家》在京召开著名摄影家张祖道追思会，本刊造型艺术编辑室主任金宁与会，高度评价张祖道在纪实摄影领域的成就和贡献。

### ■ 10月13—16日

《文艺研究》与西南大学中国诗学研究中心联合主办，西南大学中国新诗研究所、武隆县文联、武隆县喀斯特旅游（集团）有限公司承办的"第五届华文诗学名家国际论坛"暨"印象武隆"诗歌采风在重庆市西南大学和武隆县举行，国内外 120 余位诗人、学者与会，通过主题演讲、综合论坛、专题论坛等方式，围绕华文新诗"二次革命"与"三大重建"、华文诗歌与诗学的范式与价值、新时期"新来者"诗群及 21 世纪新诗艺术的美学流变、现代汉语与新诗、新诗经典重读及武隆新诗创作研究等议题展开讨论与交流。随后，《文艺研究》本年第 12 期发表会议综述。

## 守常求变，促进新诗创作及批评的发展与繁荣

—— "第五届华文诗学名家国际论坛"综述

向天渊　王怀昭

2014 年 10 月 13 日至 16 日，由西南大学中国诗学研究中心和文艺研究杂志社联合主办，西南大学中国新诗研究所、武隆县文联、武隆县喀斯特旅游（集团）有限公司承办的"第五届华文诗学名家国际论坛"暨"印象武隆"诗歌采风在重庆市西南大学和武隆县举行。

来自荷兰、新西兰、韩国、日本、泰国、新加坡、菲律宾、文莱以及中国大陆、香港、台湾、澳门等国家和地区，包括舒婷、叶延滨、傅天琳、张新泉、娜夜、李琦、林雪等全国文学奖、鲁迅文学奖获得者在内的 120 余位诗人、学者出席论坛，通过主题演讲、综合论坛、专题论坛等方式，围绕华文新诗"二次革命"与"三大重建"、华文诗歌与诗学的范式与价值、新时期"新来者"诗群及 21 世纪新诗艺术的美学流变、现代汉语与中国新诗、新诗经典重读及武隆新诗创作研究等议题展开了深入、广泛的学术讨论与交流。

论坛主席吕进先生在题为"守常求变：当下新诗发展的关键词"的开幕词中将本届论坛的总主题确定为"守常求变"，并进一步明确指出：科学地处理"变"和"常"的关系，推进多元化的诗歌重建，是一切有责任心的诗评家和诗人的使命；诗歌的生命在于"变"，永恒是不美的，但是这种"变"，只能是在守"常"中求"变"，"常"就是诗之为诗的基本美学要素和基本诗学规范；无论什么时代的新诗，无论什么路数的新诗，作为艺术品的诗，总得守住诗的边界；多元不是放弃诗美，多元不应该成为伪诗存在的理由。

在主题讲演中，日本九州大学名誉教授岩佐昌暲通过对"文革"结束后日本出版的一百一十五本有关中国大陆、台湾、香港新诗的书籍进行归纳后发现，有关

台湾新诗的译介比大陆要多，并对此现象进行思考，总结出台湾新诗在日本大量出版的诸多原因。澳门大学中文系主任朱寿桐就香港新诗与汉语新诗的发展发表了看法，他认为在上世纪五六十年代，香港作为现代主义汉语诗的复兴基地，凭借着独有的自由度和开放性，与台湾诗坛彼此互动、相互影响，同时，完备的新诗发展机制、自由的新诗发展环境使得香港成了一片诗歌热土，创作特点更是由国族关怀走向世界关怀。厦门城市学院教授陈仲义通过梳理形式与内容的复杂关系，认为新诗形式美学的发展，首先要从内容与形式的二元模式中解放出来，新的形式论美学，是把对形式的关注作为历史本身的媒介来把握，在形式内部展开诗语与历史间的阐释张力。荷兰诗人池莲子通过自身的人生经历和译诗经验，就华文诗的发展和影响发表了意见，认为华文诗的生命力有赖于诗人的传统文化心理和其所处的多元文化语境，以及自尊和接纳的写作心态。韩国汉学家朴南用详细介绍了许世旭对华文文学的看法，并分析了他的汉语创作，以及他在华文文学上的地位和产生的积极影响。湛江师范学院教授张德明细述吕进"诗家语"观形成的过程，对"诗家语"的理论内涵、特征进行了详细的阐释，并揭示出吕进"诗家语"观的当代诗学意义。

在综合论坛中，六位学者分别从诗人论、诗歌创作倾向与创作现象、新诗语境三个方面展开讨论。叶延滨介绍了当代彝族诗人吉狄马加的诗歌创作和他在诗坛的重要活动，强调"改革与复兴、开放与对话"的时代特征对诗人创作的重要性，肯定了这个"新来者"诗人对当下诗歌的贡献。徐国源对新生代诗人小海的"个人性"探索和其近期的长诗写作进行了阐释和评价。古远清对新世纪台湾诗歌的三种创作走向进行了详细的辨析。吕周聚认为第三代诗歌力图摆脱宏大叙事和政治抒情，回归私人化、内在化的个人抒写，解构与颠覆纯艺术、纯诗，追求诗歌日常生活审美化与审美日常化，但这种创作倾向消弭了日常生活与诗歌艺术之间的距离，在把日常生活转换成艺术的同时，也把艺术日常生活化了。殷国明就新诗、古典诗歌、世界诗之间的复杂关系、互动影响进行了再思考。马新朝对21世纪以来中国诗歌所遭遇的生存现状进行考察后，着重探讨诗歌的边缘化问题、诗歌与读者之关系的问题。

本届论坛的专题讨论，依然以新诗的"二次革命"与"三大重建"为基点，并进一步深化、拓展，广泛涉及各种新诗议题，显现出求新求变的特点。台湾诗人傅予结合新诗的历史发展轨迹，对新诗形式的演变、新诗与散文的区别进行详细梳理，认为现代诗可以有自由开放的模式，并以其出版的十首现代诗为例，为现代诗的形式取模。毛翰从音节的角度归纳新诗格律化的三条可行之路，认为现代格律诗的主导体裁应该是：毛泽东、萧三倡导的所谓"古典加民歌"的三顿体，闻一多、何其芳倡导的突破古典和民歌的四顿体，以及鲁迅倡导的口唱的歌词体。黄永健结合自身的新诗创作经验，细述手枪诗（松竹体新汉诗）的缘起和创新理路，认为手枪诗挑战梨花体可以说是中西文化差异性矛盾的爆发。梁志宏在概述格律诗的同时强调诗歌格律的相对性。蒋登科对诗歌创作变得太容易这一现象进行了反思，提倡"诗歌的难度写作"。林爽详细介绍了汉俳诗的由来、特点，并分享了学习汉俳诗的要求。项兆斌概括了新诗本土化形式成功的标准以及新诗本土化成功的诗体。师运山对分行与诗体重建的关系进行了思考，认为分行是百年新诗实体建设概莫能大的成就，是当下新诗诗体重建不可逆转的基础。刘剑通过重新爬梳闻一多的格律诗理论，考究"诗歌节奏"的内涵和汉语诗歌的节奏特色，认为只有找到属于汉语在声音层面和形意层面上独特的节奏特质，新诗才能展现出现代汉语的诗性魅力。白杰结合中国当代诗歌的发展历程，探讨"世俗化"之于中国诗歌的积极意义，并以"世俗与生命的融通"廓清其与"物化""低俗化"的分界，以进一步明确诗歌世俗化的内涵、原则和基本方向。

在华文诗歌与诗学的范式与价值、新时期"新来者"诗群及 21 世纪新诗艺术的美学流变等专题讨论中，房伟详细介绍了诗人王长征的系列作品，认为这些"新诗经体"诗歌，既有新时期以来，从朦胧诗到第三代诗歌发育的语言与思维的痕迹，也有中国古典诗歌精神的转化。张勇回到历史现场，梳理了 20 世纪 30 年代南京诗歌团体"土星笔会"形成的缘由、发展历程及同人刊物《诗帆》的审美风格。梁笑梅运用传播学及诗学方法，关注当下网络神曲盛行的原因，认为神曲之轻与生活之重乃是对当下中国现实的反映与解读。向天渊则对口语诗中的情色书写进行了批判性阐释，认为只有经过情与美的洗涤和转换，口语诗才有可能上升为存在之诗、真理之诗。吴投文认为 21 世纪"中间代"长诗写作的艺术特质有三：充分的个性化与实验性，象征笼罩下的现实维度与批判意识，追求由整体创新所形成的创制意识。江腊生探析了打工诗歌研究话语所具有的三个面向：现实话语、网络话语、美学话语。卢桢发现，随着新诗写作与都市文化的联系日益密切，诗人将城市视为文化母体和诗意诞生的源泉，并逐步建立起与都市文化关涉紧密的观物方式和感觉结构。邱食存结合韩东的诗作，着重考察了第三代诗歌的历史地位及后现代写作原则的转向。钱虹、曾心和李志元分别介绍了菲律宾、泰国和越南三地的华文新诗创作及其影响。中国新诗研究所的硕士生王怀昭、高庆、唐世奇则对顾城、芒克、北岛的诗歌作品给予了新的阐释与评价。

本届论坛还设置了"现代汉语与中国新诗、新诗经典重读及武隆新诗研究"的议题。许霆认为"五四"新诗运动确立了基于现代汉语的新诗，由于早期的新诗诗语并不完善，诗人们走上了重建诗语的探索之路，其途径有大众口语方向、欧化语言方向和传统韵语方向。熊辉分析了"五四"新诗内容的丰富性，认为其精神内涵是自由意志、反叛思想以及生命意识与使命意识的结合。赵思运对汉诗本土性问题进行了反思，认为"本土性"乃是现代汉诗发展的原动力和逻辑起点。令狐兆鹏认为，强烈的对话色彩、人称变化的迷宫、戏剧化的场景、"自我"的分裂等成为张枣诗歌话语的三种方式。魏巍以郭沫若的诗歌为例，分析语言暴力革命与诗人自我主体性的确立之间所具有的复杂关系。雷文学则认为王国维形而上的诗学思想是中国新诗哲学精神的潜在先驱。中国新诗研究所的硕士生易亚云、张蕊、陈濛、梁圣涛、钱桂平、吴雪梅等同学分别对李永忠、白水人、李远鹿、吴沛、郑立等五位武隆诗人的创作思想和艺术手法进行了分析和评价，并得到了几位诗人的回应。

由于汇聚了众多国家和地区的诗人、诗歌评论家、诗学研究者以及在读的硕士、博士研究生，本届论坛的学术探讨与交流具有国际化、多层面、丰富性等显著特征，必将大力促进新诗创作及批评的发展与繁荣。

（作者单位　西南大学中国诗学研究中心、中国新诗研究所）

# 2015 年

## ■ 1月10日

从本年第 1 期起,《文艺研究》刊价调至 25.00 元。

《文艺研究》本年第 1 期发表张江、朱立元等关于"强制阐释"的四封通信。"编者按"云:"在针对文学作品所进行的理论研究和批评中,'强制阐释'的问题普遍存在,并已成为当代西方文论的总体性特征。在 2014 年 9 月召开的'当代中国文论:反思与重建'学术研讨会上,中国社会科学院副院长张江教授就'强制阐释'的命题与形态提出了看法,引起与会者的高度关注和热烈讨论。会后,部分学者以通信形式就此问题继续展开对话,进一步明确理论概念、考辨发展源流、理清研究思路。本期特刊发张江、朱立元、王宁、周宪四位学者的相关通信,旨在从不同角度展现中国学者对当代西方文论的反思与批评,以期推动中国文论的重建与发展。"

## ■ 2月9日

中国艺术研究院任命陈剑澜为《文艺研究》杂志社副主编(正处级),金宁为《文艺研究》杂志社副主编(副处级)。

## ■ 4月12—13日

《文艺研究》和杭州师范大学艺术教育研究院浙江省高校人文社科重点研究基地(艺术学理论)共同主办的"美学与中国问题"学术研讨会在杭州召开,十多位学者参会。与会学者回顾了美学及美育在中国的发展进程,强调学科发展的本土问题意识,倡导美学学科对中国本土问题及日常生活的介入性。随后,《文艺研究》本年第 6 期发表会议综述。

### 中国问题意识与美学的介入性
—— "美学与中国问题"学术研讨会综述

冯学勤　徐　佳

2015 年 4 月 12 日至 4 月 13 日,由中国艺术研究院《文艺研究》杂志社和杭州师范大学艺术教育研究院浙江省高校人文社科重点研究基地(艺术学理论)共同主办的"美学与中国问题"学术研讨会在杭州召开，来自各大学和研究机构的十多位学者参加了此次会议。与会学者回顾了美学及美育在中国的发生发展进程，总结了美学在中国当代语境中产生的新内涵、新特点，高度强调学科发展的本土问题意识，大力倡导美学学科对中国本土问题及日常生活的介入性。

杜卫（杭州师范大学）指出：这次会议的一个背景是国家社科基金项目"中国现代审美功利主义与儒家心性文化传统关系研究"，致力于挖掘中国现代美学和中国儒学的关系。我们认为，中国现代美学的发生及发展，具有极强的中国问题意识。虽然中国现代美学甚至"美学"这个词，都是在西方学术思想引入中国之后产生的，明显受到西方学术思想的深刻影响，从而产生了与本土传统学术思想似乎很不相同的美学。这个观念也暗含着一个误解，似乎中国现代美学主要是西方美学介入中国所致，这一时期的美学问题框架甚至概念范畴都应该以西方美学为主体，由此造成了我国美学的学术文化断裂。因此对于中国现代美学自身的问题、价值取向甚至学术话语相应地有所忽视，又基本上忽略了本国学术传统的连续性。王国维、蔡元培、梁启超的美学都是针对着中国问题的，他们有强烈的国家意识和民族意识。20世纪80年代学人皆受人道主义思潮洗礼，那时候的确有"中国问题"，也算是中国核心问题之一。现在好像没有问题了，或者说这种进程比较淡了。正是出于这个原因，我们将"美学与中国问题"作为会议的主题。

王一川（北京大学）认为，公众的群体鉴赏即群赏与个体的独立鉴赏即独赏，是新文化运动以来缠绕中国艺术界及美学界的贯通性问题之一。中国现代美学一开始呈现出分裂格局：一种是梁启超等开辟的艺术群赏路径，另一种是王国维等的艺术独赏路径。前者要求艺术承担起唤醒公众、实施社会动员的任务；后者要求艺术回慰知识分子的动荡内心。经历了20世纪80年代的暂时调和，90年代后重新分裂为对峙的两极：一极从文化研究或消费文化等新潮理论中吸取灵感，力求从审美中见出更加复杂的政治经济驱力；另一极则返回中国古典美学传统，从中寻觅那些远离政治与经济纠缠的纯审美韵味。随着全媒体环境与社会迁移的交融，以往的艺术群赏与艺术独赏的对立，迅速演变成不同公众社群各自习惯于鉴赏自己喜欢的艺术媒介的格局，也就是艺术分赏格局。跨越个人自由和群体自由之上的公共自由问题需要得到更多的关注，公心化育的问题应当成为当前美学关注的基础性问题之一。

李西建（陕西师范大学）指出，美学作为一种介入、一种方法、一种理论资源，不断向文化、社会、政治渗透。作为派生学科的美学，其介入呈现出三种形态：哲学的介入、艺术学的介入和教育学的介入。哲学的介入核心是关于主体的自由问题，艺术学的介入主要是人的创造力问题，教育学的介入是人的内心的发展问题。美学通过审美意识和审美观念的生产进行直接的或间接的介入。美学的介入还表现在美学与文化之间纠结的关系。在文化生产力日益成为影响社会发展的主导因素的背景下，文化创意成为国家意志的体现，当代社会已经步入以文化创意为核心的时代。然而中国的文化创意领域形成了两种状态：一是懂美学、艺术的人缺乏文化创意意识，一是有丰富的文化创意经验的人缺乏美学和艺术学的指导。可见文化创意的核心问题还是美学和艺术的应用问题。

张伟（鲁迅美术学院）认为，中国当代美学经历了从认识论到实践论到本体论的三个发展阶段。当代本体论将人的生存作为本体的承诺，因为只有当人存在，才有人的世界，它的核心是人的解放和人自身的问题。我们应该重新理解真，使真获得一种本体的存在。真即存在，是一种本体悬设。真也是一种对于类的揭示，追求真实是人的本性，人的真实本性就是类本性。真还是一种生命的体验，是人的本性与终极价值的统一，是精神对心灵的规定。应该在真善美的统一中去理解求美的精神。从本体论来说，美体现为自由的价值理想的悬设。真善美的统一是一种本体论的悬设，显示着人的精神境界，是人类最高理想的追求。

张法（中国人民大学）提出三个尚需深究的问题。第一，从蔡元培提出"以美育代宗教"之后，美育在中国文化里面的地位发生了怎样的变化？蔡元培的"美育"最后成了"艺术教育"，"以美育代宗教"成了"用艺术代宗教"。学校美育最后落实到的只有音乐课和美术课。怎样看待美育和艺术教育的关系，在艺术教育的时候要教技术还是教信仰等，这些值得深思。第二，西方美学和非西方美学的差异是什么？西方美学是区分性的，认为区别开来就是美，没有区别开的就不是美。中国文化和其他文化都是关联性的，还讲"象外之象""味外之味""景外之景"，就是想要从现实中超越出来，达到最高的道，这一点和西方又是一样的。第三，工具性的美学是如何进入中国的思想或社会的进步中去的？中国从诗歌园林到琴棋书画实际上是为了和世俗相区别，也和戏曲小说区分开来，戏曲和小说是为大家玩乐的，琴棋书画是为了提升人的心灵的。是让美变成一个工具，去"载道"，去"载"一些所谓的文化竞争力，还是让美按传统西方美学纯艺术、纯审美的方向去发展？

陈剑澜（中国艺术研究院）认为，中国现代反思的实质问题是"立人"的问题。《易·说卦传》："立人之道曰仁与义。"讲的是宗法伦理社会中人之为人的根本，这个"人"是在君臣父子的关系中来规范的。而现代社会要立的"人"则是个人或者主体，自由、自主、自决的个人主体。如果说现代哲学有一个基本问题，就是主体正当性问题。主体有两层含义：一个是形而上学的，指认知或道德主体；另一个是经验层次的，指的是政治与法的权利主体，组成现代社会的基本单元。因而主体正当性问题包含两个方面：一是主体如何能够成为认知和道德的最后根据；二是主体如何能够共同建立一个合乎理性的现代社会。中国思想界从晚清开始面对这个问题，鲁迅把这个时代主题概括成"任个人而排众数"。时隔一个世纪，我们当初遭遇的现代问题并没有得到真正解决，在思想史范围内，有两个主义耽搁了这个议程，一个是道德理想主义，另一个是审美主义。在20世纪中国，道德理想主义和审美主义成为80年代思想的主流……

陈星（杭州师范大学）指出，美育在中国的发展是曲折而悲壮的，当然可以相信前景也是良好的。1949年之前，美育的发展还没有主观障碍，王国维及其后的美育倡导者都在竭力地推进美育的发展。它的障碍主要是客观上的，如战乱、国家贫困，等等。李金发所编的《美育》杂志也是由于抗战的爆发而难以为继，并未受到人为的挫折。1949年以后，由于历史的原因，中国美育的发展几起几落。党的十八届三中全会改革决定发布，明确提出"改进美育教学，提高学生审美和人文素养"，美育真正得到全社会的重视。美育的概念、理想等在国民当中还没有稳固地建立起来；片面以艺术教育替代美育的状况还十分普遍；美育学科不明确；地区差异大……这些都是美育工作者乃至国家需要花大力气去解决的重要问题。解决中国的美育问题，政府要明确美育的发展方向和地位；在教育部门层面，要致力于落实学校美育；在知识界层面，关于美育问题的讨论是需要的，但是美育实践同样重要，甚至更为重要。

周宪（南京大学）认为，美学在当下更多是一种方法，因为美学发生了许多变化。第一，美学和艺术的关系变得非常紧张，美学解释的有效性受到了深刻的质疑。第二，艺术与生活的关系变得紧张，美学与艺术的边界一旦消失了以后，艺术哲学存在的合理性就受到了挑战。第三，新媒体的挑战完全颠覆了美学思考概念的方式。美学作为一种方法的最主要原因还是消费社会和后现代社会的出现改变了我们对很多问题的看法。美学作为一种方法的启示是：一、美学不等于功能缩减的艺术哲学，中国美学如果要保持跟社会进步的关系，核心问题就是怎么回到公民的批判理性的建构；二、什么是美学以及怎么看待美学的问题是没有结论的，美学在这方面表现得很有弹性；三、我们要思考从其他学科里面接受一些什么资源来推进中国美学的建设；四、中国美学对世界美学应该有什么贡献，作为一种思考方式，我们能不能提出一些有别于传统哲学思想的问题；五、怎样在美学作为一种方法的条件下重新调整我们的学术兴趣，推进美学发展。

姚文放（扬州大学）认为，批判话语原本不属于中国的知识和话语谱系，"批判"一词在中国的最早使用与哲学、美学不无关系，梁启超、王国维在康德意义上最早开启了批判话语的中国化进程。后来梁启超在使用中将其从康德意义上中性的、学理性的研究转向否定性的排斥、抨击之义。在较长时段内，批判话语基本上都是沿着这一方向往前走的。从新文化运动到"文革"，批判话语的否定性、政治性内涵趋于固化，并演变成为充满火药味的政治运动话语。20世纪80年代批判话语重新向理性、中性的意涵回归，李泽厚的《批判哲学的批判》起到了积极的推动作用，在当时思想解放的大背景下，大大增进了在实际使用中的弹性和宽容度。这对于90年代的大众文化批判起到了补偏救弊的作用，尽管当时在具体操作中仍不乏偏激狭仄之处，但重蹈政治化老路的做法却始终不被普遍认同，这也使得后来法兰克福学派的大众文化批判很快被国内学界质疑和弃置。

陶东风（首都师范大学）指出，唐小兵文章认为延安文艺是反现代的先锋派艺术，他把戈尔和卡林内斯库等人的审美现代性和艺术先锋派的一些观点套用到延安文艺当中，实际上只找到一些词句上的联系；不同语境下的西方先锋派和中国大众文艺的差别被忽视，存在严重的时代背景错位。达达主义这样的先锋派运动产生在很成熟的资本主义时代，而中国的大众文艺发生在完全不同的环境中。梁启超以后人们一直强调艺术功利主义，艺术自律在中国长久以来没有得到发展，尤其在延安时期，艺术完全变成一种工具，所谓"反现代的现代性"根本无从说起。唐小兵完全不顾这样的历史差异，把大众文艺的概念抽象化，延安的工农兵文艺的一个弊端是把其他声音都压制掉了，而且其内涵发生了变化，更加强调工农兵的阶级属性。更重要的是，中国革命文学是政治的一部分，特点是集体主义和暴力崇拜，绝对的整齐划一、无差别、无个性，而这恰恰是先锋派最重要的一个敌人，先锋派强调个人的创造和冲动，两者之间的差别是非常明显的。如果说艺术先锋派的毁坏与创作的冲动与现实的革命还能共存的话，一旦革命党成为执政党，这两者之间的矛盾会立即激化，这就表现出先锋派的自由创造精神和集权主义政治的内在矛盾。

高建平（中国社会科学院）认为，美学作为一个学科、一个理论体系，来源于西方。这个学科在20世纪初才传入中国。由于这一学科是引进的，因此有一个从"美学在中国"到"中国美学"的过渡过程。一开始是引进这个学科的理论，介绍、翻译并运用中国的例子来解释理论，后来逐渐结合中国的情况发展理论，并在理论创造时吸收一些中国古代思想的因素。这一过程今天并没有完成。近年来，中国美学研究的自主性有所加强。认识到中国美学传统的价值，挖掘其现代意义，这是我们需要做的事。一个不好的倾向是，在需要运用学术话语进行研究时，却错把一种民族主义话语强加在其上，用民族性、中国性来论证其正确性。这种态度是错误的。对待传统，也要取其精华、去其糟粕。在生态、城市、文学文化等种种研究之中，都存在各种正面反对美学，或表面上命名为"美学"、实际上美学被抽空的现象。当前特别值得注意的是在艺术领域中，存在一种要艺术学不要美学的倾向。这种倾向实际上是一种重视艺术的器物性，而否定艺术的精神性的表现。倡导美学，就是要倡导精神性。美学应该是一种基于哲学，面向艺术和社会生活各个方面的知识生产活动。

潘立勇（浙江大学）认为休闲需要美学的提升，可以结合当代中国的实际构建一个休闲美学的架构。休闲与审美之间有着内在的必然联系，休闲是指人的自在生命及其自由体验状态，而审美则是休闲的最高层次和最主要方式。休闲是生存境界的审美化，审美是审美境界的生活化。休闲与审美作为人的理想生存状态，其本质正在于自在生命的自由体验。休闲作为我国居民一种新的追求，一种崭新的生活方式，对于自身的健康发展越来越重要，然而，中国当代的休闲起步较迟，中国休闲文化的发展和美学研究存在着话语权不足、理论流于空洞、休闲消费异化等问题。休闲美学应该既观照休闲作为理想生活境界的形上意义，又落实到休闲作为具体活动和产业载体的形下价值。休闲美学必须走出传统的抽象领域和艺术中心论，走进当代大众丰富活泼的日常生活审美领域，更切实地发挥应有的社会文化功能，让美学从纯粹的"观听之学"成为生动的"身心之学"。

"美学与中国问题"这一关联性主题，既是美学这一西方学科在20世纪初年前得以舶来的历史发生契机，也构成安处于当代研究体制及学科壁垒之中的美学知识生产者宝贵的反思契机，这一主题高度强调研究过程中的本土问题意识以及美学学科对社会和日常生活的积极介入性质。以上学者提出的美学的公心化育问题、美学与文化软实力的问题、审美与政治关系问题、美学知识生产的社会介入性问题等等，虽有待深入探索，然而皆高度契合会议主题，最终的目的皆是推进当代中国美学的建设，促进美育在中国的发展，逐步地提高国民的道德品质和审美修养。这正是本次会议的出发点和落脚点。

（作者单位　杭州师范大学艺术教育研究院）

## 5月8—9日

《文艺研究》与首都师范大学文学院文艺学学科、首都师范大学文化研究院联合主办的"物质文化与当代日常生活变迁"学术研讨会在北京召开，来自文艺学、文化研究、社会学、传播学等学科领域的80余位学者参会，就物质文化理论、新媒体与当代社会、空间与文化、消费意识形态研究、物与日常生活、文艺作品中的物质呈现等议题展开讨论。随后,《文艺研究》本年第 9 期发表会议综述。

## 物 · 人 · 世界

—— "物质文化与当代日常生活变迁" 会议综述

郑以然

物质文化研究是当前西方文化研究的新兴研究领域。特定的物品或事物,既是政治、经济、文化及社会等诸多力量相互作用的结果,也是构建日常生活方式、社会形态及其历史进程的重要载体。基于这一认识,"物质文化与当代日常生活变迁"学术研讨会从物的角度对中国日常生活的政治进行了深入讨论。此次会议由首都师范大学文学院文艺学学科、首都师范大学文化研究院、文艺研究杂志社联合主办,探索与争鸣杂志社协办,于 2015 年 5 月 8 日至 9 日在北京召开。来自文艺学、文化研究、社会学、传播学等学科领域的八十余名专家学者在会议上做了发言。在为期两天的七场论坛中,与会学者在物质文化理论、新媒体与当代社会、空间与文化、消费意识形态研究、物与日常生活、文艺作品中的物质呈现等六大方向上展开了热烈讨论。

首都师范大学副校长邱运华认为,从学术史的角度来看,物质文化确实是当前时代面临的一个重要话题。特别是在数字化虚拟世界和人类生存的空间出现相对紧迫关系的背景下,物质文化与人的生存息息相关,值得学界关注。首都师范大学文学院院长马自力表示,既不应对物质和物质文化全面忽视,也不应过分迷恋物质,造成物质文化与精神文化的隔阂乃至对立。《文艺研究》副主编陈剑澜则引用海德格尔的《物》一文指出,飞机、无线电、电视、电影改变了关于时空距离的概念,将一切卷入无距离的状态中,毗邻而居的经验消失了,海德格尔把恢复此类经验的希望寄托于物,即康德意义上的物自体,并因此展开了对物性的思考。然而有讽刺意味的是,今天物成为我们切近经验的承载者,却与海德格尔预期的方向相反,这就是物质文化研究的问题缘起。首都师范大学教授陶东风归纳了物的三种形态:第一层次是物的自然形态;第二层次是人工制品,也即阿伦特所说的"世界"。人工制品构成了公共空间的物质基础,也是人能够从事公共领域的政治实践的条件;第三层次是消费社会的商品。而物的意义在不同的历史时期、不同的社会环境里面是不断变化的。

在人类今天所处的能源时代,知识范式已发生了天翻地覆的变化,传统的哲学式思考让位于今天的经济化的社会学、实证化的历史学和不断追问政治意义的文化研究。与会学者对物质文化理论的当下化与本土化做出了可贵的尝试。

浙江大学徐亮认为"物"是一个符号，一种文化观念。消费社会的物质文化的发展表现为永无止境的对物的追逐，这体现了人类对死亡的回避。今天人对物的制造，实际上是围绕着人的肉身展开的，是伊格尔顿所说的"身体的觉醒"。如果没有身体的觉醒，就没有现在的物的构建。物的意义实际上是一种肉身的意义，是人的生命的最唯物的存在。中国社会科学院常培杰分析了阿多诺"非同一性美学"的一个悖论：现代艺术的物性维度。"审美形式整一性"是阿多诺美学思想的出发点。他推崇强调艺术和现实分离的现代主义艺术，而批判试图凸显艺术的物性维度的先锋主义艺术。可见，阿多诺的精英主义美学体系与他对现代艺术的存在情境即物化现实的思考密切相关。首都师范大学孙士聪认为，物质在特定社会时期会被过分遗忘，也可能被过分强调。随着社会发展与物质的丰富，当下人们的生活方式发生了很大变化，与此同时也呈现出一些消费过度的现象，需要文化研究领域学者关注。青岛大学韩琛提醒道，在"物"背后存在着一种极权政治，并让人类产生了一种拜物的快感。山东师范大学杨光通过分析伊恩·伍德沃德四种"taste"研究模式，即纯粹趣味模式、阶级品位模式、效仿模式、综合模式之间的异同点，展现物质文化研究中美学话语的核心关切和主要特点。黑龙江大学杜红艳则对国外马克思主义日常生活批判理论如何与中国现代化语境的有机结合进行了深入思考。

在全球化的商品社会与消费意识生成的过程中，新媒体起到了重要的作用。清华大学肖鹰认为物质时代也就是超级图像时代，传统的书写文化中所隐含的对图像或者说形象的崇拜敬畏精神消失了。在自媒体时代，一切都在急速地被图像化，变成消费品。而我们需要重建图像与物之间，也就是心灵和现实之间的距离。北京师范大学赵勇从个人经验出发，用"话痨"和"失语"分别描述自己从书信时代走到微信时代的不同状态。浙江大学李岩注意到了主流网站在国际妇女节所使用的称谓变化，由此分析从"妇女"到"女神"的改变背后所隐藏的消费意识对女性性别意识的影响。

首都师范大学陈国战剖析了社交媒体与中国当下的自恋主义文化。他指出，社交媒体网络交往日益朝着非匿名化的方向发展。人们对匿名环境下的个人表达难以到达受众、难以构成一种有效传播感到沮丧，为各种非匿名化交往方式的兴起准备了条件。与此相伴随的则是网络空间私人性的凸显。人们在社交媒体上毫无节制的自我展现，是当前社会自恋主义文化的典型症候。中国艺术研究院孙佳山以智能家居为观测点，提出了一系列值得深思的问题：赛博话语和生态话语在智能家居所构建出的物质文化空间中以什么样的具体形态展开，发挥着怎样的具体作用？这些新兴科技变迁的产物究竟对既有的物质文化形态产生了怎样的重大影响，如何深刻地重塑了当代中国社会的文化形态？新自由主义如何把相应的文化生态的重写纳入新自由主义的意识形态国家机器的架构中？新自由主义如何以重塑日常生活形态的方式，重组社会关系？北京大学林品以全球化和数码转型作为现实参照系的两大宏观坐标轴，探讨"宅文化"兴起的历史成因，进而聚焦于被称为"宅（男／女）"的新一代文化消费／生产者，分析这些在全球化时代背景下成长起来的"数码原住民"如何在覆盖住宅与都市空间的数码媒介环境中展开其文化消费与生产。天津理工大学农郁在展示一组苹果广告后试图证明，运用多种技术手段所呈现的诗意生活规定了受众／消费者对生活可能性的想象范畴，实现了由商品拜物教向器物美学技术控制的转向。

自学术界"空间转向"以后，现代空间理论涉及人文学科的多个门类，其研究成果不仅在思想领域改变着人们对物理空间的认知，更影响着实践者在城市规划、建筑设计、社会政治等领域的具体行动。与会学者以不同的方式切入对空间的考察。

湖南工业大学陈卫华阐释了波希米亚生活空间与先锋派艺术的生产之间的联系。以北京为例，圆明园画家村、798、宋庄都是在中国转型社会背景下兴起的波希米亚村落，它们已成为当代中国体制外艺术家的流浪圣地，在中国当代先锋艺术的崛起中有决定性作用。中国人民大学陈涛以丰富的资料和理论的逻辑能力，叙述了电影当中的出租车，他提出出租车是以漫游穿越式构成都市图绘的形式。首都师范大学李艳和上海大学罗小茗都借助了社会学的研究方法。李艳采取田野调查的方法，以大量实例对台湾的社区营造和大陆的乡村实践进行描述和分析，从而完成了对空间改造与人的文化主体性激发的互动研究。罗小茗采取问卷的方式，调查了上海城市青年的"居家理性"，得出了很多宝贵的数据。在房价高企、刚需房、学区房撩拨着都市人神经的今天，对居住的理解和处理方式，成为关联着工作、生活方式和未来想象的核心议题。北京社会科学院许苗苗和首都师范大学郑以然分别就北京的新旧两类空间进行了分析。许苗苗发现近年来一些老会馆重新启用，同时在功能上得到新的开掘，突出了文化意义、商业意义甚至政治意义。作为都市新空间的它们沿用了"会馆"这一旧符码，意在以熟悉的概念唤起人们基于农业社会稳定乡土亲缘关系的信任感，以意义填充城市，将都市人的关系转换为稳定有序的伦理关系，在陌生人之间建筑起想象的共同体。郑以然则聚焦北京的奇观性地标建筑，认为在当代城市里，奇观建筑是权力的象征，也是一种可以直接或间接转化为财富的商品，是在政府和建筑师共谋下对权力空间和商品化空间的生产。而大众也通过起绰号、PS 图片等恶搞式的话语狂欢在符号意义上对这些空间进行精神性消费。

当前中国消费意识形态的生成与发展已经广泛渗透在人们的日常生活中，也悄然改变着社会的存在结构。

陕西师范大学李西建认为，当代中国消费社会的形成，物质文化与当代日常生活的变迁构成了特定的因果关系。随着经济的增长和大众生活水平的提高，尤其是随着市场经济的建立，我国开始迈入消费社会，出现消费需求多样化和个性化的特征。在这个过程中，中国社会在精神领域内最为显著的变化，就是具有普遍性的消费主义的生成与发展。南开大学周志强对于奢侈品做了全新的解读，找到了其与性和私通机制的共通之处。进入消费时代以后，革命冲动被财富欲望替代，而奢侈品作为财富的象征形式，对它的执著与迷恋背后正是对凌驾于普通生活之上的冲动；而对奢侈品的占有，表达的则是一般人不能获得的违禁的快乐。厦门大学杨玲和浙江大学徐艳蕊则通过分析安妮宝贝、郭敬明和庞麦郎作品中的物质意象，探讨了当代青年对于物的消费体验和他们透过物品建构身份认同、寻求生存意义的不同方式。陕西社会科学院韩红艳对当下婚姻中物质消费性的分析、内蒙古大学孙书敏对蒙古族聚居区草原物质文化空间的探索、国家图书馆张凯对全球化工业中的品牌文化生产的解读也具有启发性。

日常生活中的"物"作为一种人工制品，具有客观存在感，也凝聚了人类的集体记忆和个体经验。通过对我们身边具体的物的研究，可以探察到社会与文化变迁最细微的脉动。本次会议在这方面取得了丰硕成果。

首都师范大学汪民安将目光投向了废弃的物——垃圾。他讲述了垃圾与商品之间相互转化的过程，工业城市对垃圾的驱逐与遮蔽，也看到了那些和垃圾一样被漠视的拾垃圾者。首都师范大学徐敏以1980年前后的走私录音机为考察对象，认为从1978年开始出现的走私录音机，是中国内地融入全球电子信息浪潮之中的第一种新型家用电子媒介。这既与人们日益重视个体自我的日常消费欲望有关，也与人们不满足于内地媒体的传统宣传方式有关。徐敏认为，走私录音机的流行，不仅意味着真正具有市场意义的消费者与现代传媒意义的受众诞生了，而且还表明，新型电子信息技术与电子文化有力催生并推动了当代中国的社会与文化变革。辽宁大学王鑫敏锐地捕捉到了从绿皮火车到白色高铁带来的生活变化。速度的改变使人们的时空感发生了转变。而空间的转变除了地理意义的外部空间，还包括火车自身结构的封闭空间。高铁作为一个"移动的私人空间"，屏蔽了类似于绿皮火车上社会交往的可能，也改变了人缘关系的建立方式和社会交往的渠道。海南大学蒋磊指出，在全球消费市场中，依照资本逻辑进行模式化生产的"特产"，日益沦为某种消费主义符号，满足了消费大众的时尚需求和异托邦想象，塑造了后现代意义中的旅行及旅游者。旅游产业通过去地方化和再地方化来吸引游客的目光，对于特产生产者来说，"伪特产"意味着某种普适生活价值观的传播，对于消费大众来说，或可获取廉价消费的快感，或被唤起历史的记忆，或借此参与地方公共生活。因此，作为消费品的特产又常常表现出反消费的特征。北京舞蹈学院阎桢桢在她的墨镜研究中提出，墨镜是一种主体身份焦虑的后果，也是一种窥视面孔，是过去的面具的代用品。中国人民大学汪海展示了狄更斯文学作品中蕴含的雾霾现象学，探讨雾霾对现代城市空间、现代人精神层面的深远影响。还有其他学者分别就服装、钟表、十字绣等日常生活中的物做了非常有意思的分析。

舞台艺术、电影、电视剧、文学作品为我们提供了更丰富的角度来思考现代消费社会，人的日常生活经验、与物之间的复杂关系。

北京大学陈旭光提出，在戏剧舞蹈音乐等艺术表演领域的一大趋势是去除抽象的表演与舞台设计，将真实的道具、背景搬上舞台，摇滚乐的歌词与唱法有感官化与粗鄙化的特点，即艺术以最大限度的物化形态呈现，表现为一种可视化的生活。而在影视作品中则呈现相反的趋势：原本作为实体的空间和身体都被符号化，构造的场景愈发奇观化，凸显物质欲望。美国凯斯西储大学龚浩敏考察了《口信》《手机》和《搜索》三部文学影视作品，来审视人们日常的交流如何在这种技术的发展过程中被便捷化与异化；在由现代技术构成的网络中，人们如何在相信这个自由空间为自己提供自主与能动性的同时，又不自觉地沦为自以为占领道德高地的"哄客"。美国三一学院沈奕鹏以《舌尖上的中国》为例，从电视化呈现的角度，探讨当代中国物质与身体之间的美学、社会、政治关系。他认为具象的身体通过日常生活与权力产生具体的关联，"吃"和对它的呈现成为身体对权力编码的一种重要历史过程。当代中国青年中存在着一种新的身体美学：身体在自我商品化和自我去利益化的矛盾诉求下，呈现出不确定性。

在大会总结发言中，周志强提出"物"有五张面孔：第一是人的生活本身；第二是人的异化；第三是罗兰·巴特所说的吊诡的欲望符号；第四是生活经验的创生者；第五是现代社会的异托邦。而与之对应，这次学术研讨取得了五个重要成果：第一是对物质文化和现代社会的构建问题的探讨；第二是对技术社会的批判；第三是对日常生活器物的研究；第四是对消费社会的美学批判；第五是对艺术与物性的关系以及艺术中器物的研究。总而言之，对物的研究又是对现代社会中与我们的日常生活密切相关的一些知识范式和生活经验的总结。在热烈的辩论中，学者们再度深入思考物质与人的生活的关系，并试图回答如何去构建一个更好的生存世界。

（作者单位　首都师范大学文化研究院）

## ■ 5月22日

著名漫画家、《文艺研究》编辑部办公室原主任吴祖望在京逝世，享年90岁。《文艺研究》本年第6期发布消息，以寄哀思。

**本刊编辑部原办公室主任、优秀编辑家**
**吴祖望同志在京逝世**

中国艺术研究院副编审，著名漫画家，原《文艺研究》编辑部办公室主任，中国版画家协会会员，吴祖望同志，因病于2015年5月22日，在北京逝世，享年90岁。

吴祖望，1925年2月25日生，浙江奉化人。1946年至1949年在南开大学哲学系学习；1949年至1952年在清华、北大哲学系学习；1953年至1955年在中央歌舞团从事设计工作；1958年至1973年在国家对外文委展览工作室从事设计、编辑工作；1973年至1979年在北京市东城区少年宫任辅导员；1979年至1988年在《文艺研究》编辑部任办公室主任、美术编辑，1988年3月退休。

吴祖望同志长期从事设计、编样工作，并创作版画、漫画近千幅，多次参加全国漫画展并获奖。作品发表在《漫画世界》《漫画月刊》《文汇报》《中国文化报》，以及香港《文汇报》《明报》等十几家报刊和专刊。曾入选《中国漫画家作品选》《中国幽默画300幅》《当代中国漫画集》《中国现代幽默画大展作品选》《中外幽默画选》等数十种画集。

他曾在《讽刺与幽默》《幽默大师》等十几家报刊发表百余篇文章，介绍、赏析中外幽默漫画。编辑出版了《无独有偶》《外国幽默画集锦》《幽默画百科大全》（已出版五集）、《幽默画系列丛书——童趣》《文艺漫画》《生活、幽默、漫画——吴祖望漫画选》等画集。

吴祖望同志长期从事本刊美术编辑工作，并为之作出了突出贡献，他的优秀品格和不平凡的业绩永远值得我们怀念。

## ■ 6月4日

《文艺研究》微信公众号成功注册。该公众号定期推送与本杂志相关的内容，包括稿约、目录、文章等，阅读者也可对发布内容进行有针对性的评论。通过这一便捷的公众平台，杂志在学界的影响力大大提高，杂志与读者之间的沟通交流得到有效增强。截至2019年6月30日，公众号订阅用户总数达到19759人。

## ■ 7月10日

《文艺研究》本年第 7 期发表张江和希利斯·米勒的通信。"编者按"云："希利斯·米勒是美国著名文学批评家、解构主义文艺理论家，著有《小说与重复》《传统与差异》《重申解构主义》等重要理论著作。中国学者张江在阅读中发现，米勒针对具体文本的批评实践呈现出与其解构主义立场矛盾、背离的态势：一方面秉持去中心、反本质的批评理念，反对将文本进行唯一确定性的解读；另一方面却不断探寻作者意图，鼓励读者追寻主旨和答案。针对这一问题，张江致信希利斯·米勒与之商榷，并得到了热情的回应。米勒在回信中对文本主题的多重性、阅读过程的生产性、文本多样化表达带来的不确定性等进行了阐释，提出了'修辞性阅读'的观点，并对'解构主义''批评阐释学'与'读者反应批评'等概念范畴有所清理。两封信展示了中西学者之间的跨文化对话，从中可以看到问题的提出、拓展，以及同一概念在不同语境中的衍变。"

## ■ 9月18日

《文艺研究》被国家新闻出版广电总局推荐为"百强报刊"。

## ■ 12月26日

《文艺研究》和中国传媒大学主办，中国传媒大学艺术学部、《现代传播》杂志社、中国文艺评论基地（中国传媒大学）联合承办的"艺术与传媒"高端论坛在北京召开，来自中国文联文艺评论中心、中国艺术研究院、北京大学、北京师范大学等高校以及《文艺研究》《文艺报》《中国艺术报》《当代电视》《现代传播》等报纸期刊的百余位作家、学者、研究生参加论坛。与会者围绕"媒介新生态语境中的传媒艺术发展和理论创新"这一主题，聚焦由国际互联网及其移动终端所构建的新媒体、新媒介生态语境中的重要艺术实践现象以及艺术学理论前沿问题，探讨在"传统"和"现代"的两极张力中的当下艺术发展以及理论阐释的范式嬗变。本届论坛由主题演讲和点评互动两个环节交替构成，这种设置本身也体现出对讨论和对话机制的尊重。随后，《文艺研究》2016 年第 2 期发表会议综述。

**传媒整合时代艺术何为**

—— 首届"艺术与传媒"高端论坛综述

施旭升　张　锋

　　由中国传媒大学和《文艺研究》杂志社主办，中国传媒大学艺术学部、《现代传播》杂志社、中国文艺评论基地（中国传媒大学）联合承办的首届"艺术与传媒"高端论坛于 2015 年 12 月 26 日在中国传媒大学召开。来自中国文联文艺评论中心、中国艺术研究院、北京大学、北京师范大学、中国传媒大学、广西艺术学院、济南大学等高校以及《文艺研究》《文艺报》《中国艺术报》《当代电视》《现代传播》等报纸期刊的百余位专家学者、研究生出席了论坛。与会嘉宾围绕"媒介新生态语境中的传媒艺术发展和理论创新"这一主题，聚焦由国际互联网及其移动终端所构建的新媒体、新媒介生态语境中的重要艺术实践现象以及艺术学理论前沿问题，探讨在"传统"和"现代"的两极张力中的当下艺术发展以及理论阐释的范式嬗变。本届论坛由主题演讲和点评互动两个环节交替构成，这种设置本身也体现出对讨论和对话机制的尊重。

**一、新媒介语境中的传媒艺术与艺术传播**

如何有效地归纳和总结传媒整合时代艺术发展的新经验和新规律？如何有效地把握和理解艺术理论内部的变迁？如何深入理解新媒介语境下的传媒艺术及艺术传播？这些是本届"艺术与传媒"论坛所要面对的首要问题。

《现代传播》主编胡智锋教授分析了当今中国艺术和传媒发展所面临的新的环境与形势，并就在此环境与形势下如何进行传媒艺术学术研究、进而构建传媒艺术学科提出了几点思考。他认为，资本、技术、通讯和人才流动的全球化，使得我们的艺术和传媒生产、传播与运营面临着全球各种元素的流动和汇合，呈现出一个现实的全球化景观。艺术如此，传媒更是如此。这使得艺术和传媒很难用传统的观念与方式去观察和表述。胡智锋认为，在全球化及媒介融合的背景下，对于艺术的认知和对于广播电视媒介的认知应突破传统研究的视域。他提出"传媒艺术"的概念，将自摄影以降的电影、电视、新媒体等全部纳入其中，作为传媒艺术学的研究对象。因为，摄影出现后，这些艺术以科技性、媒介性、大众参与性为显性特征，已经无法用传统艺术的表述解释。传统艺术学的美学旨趣是独特的、精英的、经典的。这种以科技性、媒介性、大众参与性为特征的艺术形态呼唤新的命名。胡智锋认为，如今是传统艺术和传媒艺术两大家族并立。为避免传统艺术学理论对于传媒艺术偏狭与无效的解读，有必要进行传媒艺术理论的建构，有必要进行传媒艺术学科的建构。

中国传媒大学施旭升教授就作为一门学科的艺术传播学的理论与实践发表了主题演讲，从历史渊源与知识转型、话语与体系、方法与路径、努力与探索四个维度回答艺术传播学从何而来、概念与体系如何以及其研究方法、实践内涵等问题。施旭升认为，在 20 世纪中叶以前，艺术学理论基本上是在艾布拉姆斯在《镜与灯》中所提出的"世界—作品—艺术家—欣赏者"艺术四因式基础上建构起来的。而随着信息科学的诞生，信息技术迅猛发展，报刊、摄影、电话、广播、电影、电视、国际互联网等不断涌现并进入大众生活，从而有了麦克鲁汉"媒介理论"的提出，欧美"媒介批评"与"文化研究"的兴起。这一切使得仅从传统四因式来进行艺术理论的研究已经远远不够，从而带来了艺术理论研究的知识范式的转型。艺术传播学之应运而生也是势所必然。艺术传播学无疑更应该关注它与传统艺术理论之融通、与新闻传播学之协调，尤其需要深入考察传媒对于当代艺术之影响，注重对传播理论、媒介研究多方面成果的吸收，研究艺术传播与社会生态之建构、与艺术市场和艺术评论的关系等现实问题。施旭升还就中国传媒大学艺术传播学学科十年来的努力和探索进行了介绍。

中国传媒大学杨乘虎教授与杨杰教授进行了点评，都认为在全球化和媒介融合的趋势下，艺术生产、传播、艺术理论批评、传媒格局等方面都面临融合的态势，如何以一个崭新的综合的战略视野来推进学科的研究，需要探索在"互联网+"背后的深刻内涵，思考在此形势下"艺术究竟何为"的问题。杨乘虎认为，传媒艺术学应以更加包容的心态来进行认知和认同，允许包容与共存，从而形成新的格调，提倡多学科领域共同关注和参与，形成共享和共识。杨杰教授认为，作为艺术学理论的当代形态的艺术传播学，其学科的构建不仅是一种知识范式的转换，还是一个研究方法论的转换。传媒与艺术的互动，共同构建了这个新的学科。在这个新的学科中，传媒和艺术已经不能是它原来的作为独立学科的存在，而是应该在这个新的学科结构中获得一种新的规定性。

**二、"互联网+"时代的艺术化生存**

在讨论中，北京师范大学张智华教授、《中国艺术报》向云驹社长、《文艺报》梁鸿鹰总编、中国传媒大学李胜利教授等分别就网络剧、互联网音乐、网络文艺的创作、发展及对传统文艺的影响谈了各自的见解。

张智华教授分析了中国网络自制剧的发展现状、特点、兴盛的原因及内容、发展之道。中国的网络剧自2010年以来取得了快速发展。早期自制剧质量普遍较低。随着2014年美国《纸牌屋》在全球的热播，中国近年来出现了较有影响的作品，人们对于网络剧的看法开始有所转变。网络剧之所以走向兴盛，是由于网民市场巨大，网络剧与网民互动性强，对于网民的兴趣点、建议非常看重，网民的点评直接影响网络剧的创作。投拍网络剧经济效益回报高，视频网站创作积极，而投资人对网络运作规律熟悉，同时较为尊重网络剧特点，有一定的文化内涵和审美标准的网络剧得以产生。谈及网络剧的发展之道，张智华教授认为，应更注重原创网络剧和改编剧的创作，在题材与话题方面还可进一步深入挖掘和创新，尤其是在传统电视剧中较为薄弱的科幻、玄幻类题材方面的探索值得提倡，可以进行适当的类型混杂。

李胜利教授进一步指出，尽管目前中国网络剧的发展并不尽如人意，但随着资金投入的加大和一些电视剧编导演的介入，未来的发展可以想见。在网络上，国别疆域不那么明晰，因而网络剧的发展面临的是直接的国际竞争。中国的网络剧发展较国外更快，但在作品的价值观、艺术形式、产业发展方面存在许多问题。在这一领域，学界的声音较弱，应该有更多的学者参与进来。既要有理论自觉，还要保持文化批判的立场，同时提出一些切实有效的帮助，使得中国网络剧在发展之初就能够站在一个较高的起点，有更多的选择。

至于与人们的日常生活联系更为密切的网络文艺，向云驹认为，当今的时代是一个网络文艺崛起的时代。从艺术上来说，互联网虽然对传统的传媒行业尤其是电视产生了严重的威胁，但最终并不会取代传统传媒业，而是与之成为一种互动、互补、互利的局面。网络文艺具有复杂性、多元性、难以统摄性。网络文艺一方面存在着巨大的危机，普遍色情化、低俗化、娱乐化等，大量的实体文艺资源没有进入网络，网络文艺基本处于失控状态；另一方面，网络文艺也潜藏着巨大的商机。在今后的发展中，应该着重实现网络文艺与传统文艺的创新融合，扩大优秀经典作品在网络上的多渠道播放，加强重点文艺网站的建设。网络文艺与传统民间艺术在创作和传播上有着相通之处。我们可以将其视为传统民间文艺的变体，利用传统文艺理论，从民间文艺的角度对之进行观察。

梁鸿鹰总编也以"网络环境下文艺创作走向"为题，发表了自己对于当代文艺创作走向的判断。梁鸿鹰谈到，互联网的发展改变了人们思维的方式、看待世界的方式，也改变着人与人之间的交往方式，给文艺创作带来了巨大的机遇，拓展了文艺生产的题材、主题、风格样式。创作者要与受众建立朋友式的互动关系，创作的过程中要考虑到受众的需求。由互联网所提供的网络文学对电影电视剧创作的支撑作用不单纯表现在提供了文本，而且表现在提供了构造世界的方式，带来了观念的转变。网络文艺所具有的草根性、民间性的特点及受众的年轻化、部落化突破了传统文艺创作的神秘感，冲击着人们的传统意识。网络是最鼓励个性的，这会为艺术管理带来一定的挑战。

### 三、传媒时代的艺术学者如何自处

关于如何看待、处理传媒与艺术的关系，参与论坛的专家学者有着不同的认知和看法，面对各种新媒体艺术的立场也不尽相同。《当代电视》张德祥主编在发言中提出"守道随缘"的原则。"缘"就是人们的境遇。当今，媒体在改变着我们，也控制着我们。离开了媒体就会与时代脱节。这就是艺术当下的缘。但艺术总有着自己的灵魂，所以从艺者需要守道。艺术和媒体的关系是道与器的关系。媒体是器，是技术建构的东西，是信息传播的渠道，而艺术是道，需有自己的坚守和灵魂。两者之间是有矛盾和冲突的。媒体用自己的方式对文化和艺术进行了"绑架"。艺术不能完全屈从于媒体的价值观。艺术要重视媒体带来的发展机遇，但媒体的过度膨胀对于艺术的发展未必有利。只有"守道随缘"，才能创造出无愧于这个时代的好的艺术作品。中国传媒大学王杰文教授谈到在处理艺术与传媒关系的过程中所要考虑的艺术的人民性问题，即如何定位传媒的受众。传媒确实改变了我们的日常生活和思维方式，而问题却在于：这种改变是否理所当然？在谈论传媒和文化工业产品的时候，也应该思考艺术如何对抗传媒，如何重构媒介时代的生活的意义。中国传媒大学徐辉教授也提出类似的问题：当我们思考传媒和艺术的关系、反思当下的新兴艺术时，究竟应该站在什么样的立场上？杜彩副教授认为，传媒不过是人创造出来的物，而马克思早就反对人创造出来的物反过来压迫人，反对人的物化。当我们看到传媒技术与艺术结合得令人眼花缭乱的现象时，也应看到其中传统艺术"韵味"的消逝。他提醒大家在研究传媒和艺术关系的时候应该运用具有复杂思维的方法论，以避免陷于对传媒文化的粗浅的支离破碎经验的描述。

《文艺研究》陈剑澜副主编以"立场""态度""研究"为关键词，对本届论坛进行了总结。陈剑澜指出，精英立场与平民立场的对立，带来了对于媒介整合背景下的艺术现状不同的理解和评价，也由此而形成不同的审视角度与研究路径。目前新兴媒体艺术研究总体上延续了 20 世纪 90 年代开启的大众文化研究的思路，选择的是与精英立场相对应的民粹立场或平民立场。二者实质是文艺研究和文化研究的差别。面对新的文化现象，采取一种决绝的姿态是容易的，但却可能是简单化的。学术研究的困难与可贵之处在于直面问题。而且，精英主义和平民主义看似冲突，其实并非水火不容。严肃艺术与大众文化、流行艺术各有用场，可以满足每个人的不同需要，只有我们试图把它们整合在一个框架、一个标准之下时，才显得格格不入。另外，在我们的研究中还要处理好个人偏好与研究者角色之间的关系，不能用偏好取代学术研究应有的理性的态度。如果不能把研究的态度跟自己的趣味、好恶分开的话，可能会出现两种危险：一是偏见影响了你去正确理解眼前的东西，二是以偏好代替研究。基于此，一种开放、开明的学术态度就显得非常必要。今天传媒艺术学所面对的是生龙活虎、张牙舞爪的东西，我们亟需新的理论和概念去对付它们。

《中国文艺评论》周由强副主编也在其总结发言中指出，本次论坛回归到了论坛的本义，其中既有国家政策性的内容的呈现，也有与我们的生活艺术、我们学科建设息息相关的脚踏实地的内容，还有研究者个体的价值的体现。艺术发展到今天的互联网时代，实现了自主、自由和自我的表达。新的学科的建立有其存在的价值和理论的基础，也需要具备学科的历史逻辑与理论逻辑。本届高端论坛无论从思想、站位还是品格上都充分体现了学术的本位，学者的反思批判能力、问题意识和责任感。参加论坛的学者站在中国的角度去思考，以互相尊重的平等意识探讨交流，既有脑力的激荡、思想的汇集，又有不同观点之间的碰撞，各自用自己的思想去为学界和业界提供了有价值的思考。

经过紧张而又严肃的研讨，"艺术与传媒"高端论坛圆满落幕。与会学者一致希望该论坛能够继续办下去，期待经过若干年的努力，使其成为一个独特的学术品牌。

（作者单位　中国传媒大学艺术研究院）

# 2016 年

## ■ 8月10日

《文艺研究》本年第 8 期发表一组关于"强制阐释"的文章。"编者按"云："中国社会科学院张江教授提出的当代西方文论存在'强制阐释'的观点，产生了比较强烈的反响，引起了国内外学界的关注。围绕强制阐释的表现特征、历史根源和哲学解释，一些知名学者从不同的方面进行了深度思考，提出了一些有启发意义的看法。本专题五篇文章是相关讨论的继续。张江教授对西方文论强制阐释的认识论根源进行了哲学追溯。他从四个方面论述强制阐释的独断论特征，并从哲学认识论角度揭示其根源，对于构建一种既防止独断论，也克服怀疑论，并与当下盛行的相对主义、虚无主义的阐释理论相区别的批判阐释理论，具有基础性意义。美国芝加哥大学罗曼语言文学系教授托马斯·帕威尔认同张江教授在《强制阐释论》中提出的'场外征用''主观预设''反序混乱的认知路径'等文学批评方式对文学批评产生的不良影响。他同时也提出，美国人对于创新的渴望及其在全世界范围的责任感是造成这一现象的重要原因，并认为强制阐释是进行理论创新和社会关联性研究的必然产物和不可避免的代价。因此，他呼吁更有宽度的文学批评。巴黎政治学院兰斯分校教授科莱特·卡墨兰站在"法国理论"以及在美国流行的"法国理论"角度解读强制阐释论，并指出，美国大学生把福柯、德里达和德勒兹当作绝对的权威来引用，充实他们论文的引语，但没有从哲学史上理解复杂性的文化知识，从而远离了文学帮助我们更好地理解世界和生活的复杂性这个目标。俄罗斯科学院世界文学研究所副所长、俄罗斯国立人文大学教授、《俄罗斯科学院学报·语言文学卷》主编瓦基姆·波隆斯基梳理了自 17 世纪以来西方知识史上关于语文学和哲学的复杂关系：既相互敌对，又相互依存，而且一直处于合与分的悖论中。他还提出克服文学强制阐释的建议：让众多理论各就各位，保持对传统的忠诚，而且要直接参与实践活动。德国文学和文化学者、柏林文学与文化研究中心前负责人西格丽德·威格尔认为，文学批评必须置于读者阅读和批评文学的不同过程中，只有在历史阐释中，文学批评的意义才能得以确立。他还建议，当下中国的文学批评最重要的是寻找介于传统的生活方式、思维以及新的工作、生活方式之间的表达形式，并将其反映在文学理论的构建上。"

## ■ 11月11—13日

　　《文艺研究》与暨南大学文学院、暨南大学文艺学学科共同主办的第七届全国"文艺学及相关学科发展"学术研讨会在广东惠州南昆山隆重召开，来自中国社科院文学所、北京大学、浙江大学、南京大学等全国30余所高校和科研机构的40多位学者参会。会议主要围绕古代文学理论的话语重铸、当代西方文论的重新审视、当代文艺理论与边界问题探索三个专题展开讨论。随后，《文艺研究》本年第12期发表会议综述。

### 重铸·融汇·坚守
—— 第七届全国"文艺学及相关学科发展"学术研讨会综述

王艺欣

　　2016年11月11日至13日，由暨南大学文学院、暨南大学文艺学学科以及《文艺研究》编辑部共同主办的第七届全国"文艺学及相关学科发展"学术研讨会在广东惠州南昆山隆重召开。来自中国社科院文学所、北京大学、浙江大学、南京大学、中山大学、四川大学、南开大学、中南大学、黑龙江大学、苏州大学、扬州大学、中国传媒大学、华南师范大学、深圳大学、南方科技大学、广东外语外贸大学、浙江师范大学、江西师范大学以及温州大学等全国30余所高校和科研机构的40多位专家学者欢聚一堂，就文艺学及相关学科发展建设的议题进行了热烈探讨。

　　暨南大学文艺学学科带头人蒋述卓教授在开幕式主题发言中强调："理论之后"（after theory）的中国当代文学理论建设，应坚守人文精神、汇通古今、立足现实和关注本土的立场与方法，继续探索新的理论话语形态。戴阿宝研究员代表《文艺研究》杂志社致欢迎辞，希望学界就文艺学学科自身边界等问题进行深入反思，鼓励学术创新。

　　本次会议主要围绕"古代文学理论的话语重铸""当代西方文论的重新审视"以及"当代文艺理论与边界问题探索"三个专题展开。古代文论话语的现代转换，一直是文艺学界关注的重点。无论是中国文化的听觉叙事传统、国学文论的身份困境、中国叙事诗学的构建等较为宏大的论题，还是对《诗经》比兴手法的循环解释、"神思"与艺术媒介的关系、感悟过程的"思"与"境"、"器"与"道"以及近现代大学建制中的中国文学理论等较为细致的研究，都引起与会专家的研讨与争鸣。

　　关于西方文论的相关问题，专家们就21世纪西方文学理论的文艺复兴、艺术及美学领域的"文化转向"，以及"本质主义""症候解读""时间性"美学、形式与历史、互文性、图像时代的视觉幻象及其对人们表达方式的影响等问题，进行学术交流。

互联网技术的迅速发展，影响了当代文艺理论与创作实践，使网络文艺批评成为文艺学重要议题。参会专家们就网络文艺背后的话语力量、文化群落及其形态特征展开分析讨论。同时论及数字化时代语境下，理论安全意识的重要性。当代中国文论话语体系建设应着重关注"身份意识""当代意识"和"文化意识"。面对日益僵化的述学文体，也应注重理论文章的个性表述与传达。另外，会议还涉及了文类交叉、语词研究与世界的关联性以及文学事件化的一般性规律等等议题。

会议交流并探讨了中西文论中的一系列重大问题，且积极地回应了网络媒介对于文学生态的种种冲击，推动了文艺学及其相关学科的发展。

（作者单位　暨南大学文学院）

## 12 月

《文艺研究》名列中国国际图书贸易集团有限公司评选的"2016年度中国期刊海外发行百强排行榜"。

# 2017 年

## ■ 4月7—9日

《文艺研究》与浙江大学海外华人文学与文化中心、浙江大学中国现当代文学与文化研究所共同主办的"世界华文文学区域关系与跨界发展"国际学术研讨会在杭州召开，来自美国、加拿大、英国、日本、韩国、新加坡、马来西亚以及中国大陆、中国台湾、中国香港、中国澳门等十多个国家和地区的百余名学者参会，对"区域关系与跨界发展"相关问题及其概念内涵展开热烈讨论，集体性地将世界华文文学由"外部研究"推向"内部研究"，在研究范式和方向上作了新的调整。随后，《文艺研究》本年第7期发表会议综述。

### 世界华文文学理论与实践的深化及拓展
#### ——"世界华文文学区域关系与跨界发展"国际学术研讨会综述
黄晓燕

大陆世界华文文学学科已经有了三十年的历史，随着时间的推演，在文学史建构、经典作家研究和文学史料收集方面都颇有成绩，已逐步形成了研究力量强大、研究规模齐整的老、中、青三代学者。可以说，在目前"大中文"的学术共同体中，世界华文文学正日益成为一门显学或准显学。而近些年来，世界华文文学各区域（包括中国大陆台港澳，以及东南亚、欧美澳等）之间的区域关联和互动关系更是成了中国学术界的一个新的热点，其论题已广泛涉及海外移民历史，各区域历史与文化的发展，各区域华文文学的本土化历程，中国现当代文学与各区域华文文学互动以及传播与接受等诸多学术问题。为了进一步推动世界华文文学的发展，加强彼此之间跨学科跨文化跨语际的学术交流，中国艺术研究院《文艺研究》编辑部、浙江大学海外华人文学与文化研究中心、浙江大学中国现当代文学与文化研究所于2017年4月7—9日，在杭州共同召开"世界华文文学区域关系与跨界发展"国际学术研讨会。会议聚集了来自美国、加拿大、英国、日本、韩国、新加坡、马来西亚，以及中国大陆、中国台湾、中国香港、中国澳门等十多个国家和地区的高校科研院所专家学者百余人，共宣读了六十篇会议论文，对"区域关系与跨界发展"相关问题及其概念内涵展开了热烈的讨论，提出了不少颇具新意和启发性的观点。

## 一、"区域关系与跨界发展"的新状态

目前全世界华人人数超过 14 亿人，其中中国大陆 13 亿 5000 万、中国台湾 2300 万人、中国香港 700 万人、中国澳门 55 万人以及海外华人 4000 万人。在近两百年的离散和本土化的历史进程中，各地区的华人彼此虽有较大的文化差异，但同源同根的民族血缘将它们紧密联系在一起。《文艺研究》编审方宁因公虽临时不能与会，但他通过邮件的方式，对本次会议聚焦"区域关系与跨界发展"表示赞赏和支持，认为有必要将其纳入当下多元研究格局中并给予高度重视。浙江大学教授吴秀明在开幕式上谈及本次会议宗旨时，引用福柯的异托邦、空间权力和海德格尔的空间理论，也对这个话题在全球化语境下的重要性作了特别的强调。暨南大学教授、世界华文文学学会会长王列耀在主报告时作了题为"华侨华人与百年中国文学及海外传播"的发言，认为华文传播的过程已经表明，华侨华人不仅是百年中国文学海外传播的生产者、传播者，还是不可或缺的接受者，对传播渠道、传播效果都有着重要的作用与影响。因此，中华文化海外传播的时代召唤中，我们引入"华侨华人文学"的视角重新考量文学史的书写，对于认识百年中国文学及其时代使命将会有重要的意义。日本早稻田大学教授千野拓政在《我们跑到哪里去：东亚诸城市的青年文化与青少年心理》中从社会学的角度，对日本，新加坡，以及中国大陆、台湾等亚洲国家和地区的青少年人群的文学阅读现状进行了横向的比较，认为在全球化的语境中，我们应该调整自己的研究思路去积极回应东亚青年文化的精神取向和独特风格。

关于世界华文文学发展过程中的各区域文学板块之间的文化互动和跨界发展，这次会议的成果就是立足在各个区域的本土化发展的基础上，同时也进一步厘清各区域跨界时所带动的一些思想文化的交流。中国社会科学院文学所研究员赵稀方试图走出中国大陆的思想范畴，回到台湾历史经验的独特性，建立一个新的观察视角。他对陈映真及其作品基于"反殖民性"视角的评价，对于调整中国内地现当代文学和港澳台华文文学的关系有着重要意义。美国杜克大学教授罗鹏（Carlos Rojas）的《"翻译与中国"》以海内外五位当代作家阎连科、阿来、董启章、黄锦树和郭小橹为例，对他们各自不同背景下的叙事特点进行了深入分析，从而在这种差异性中审视和反思其文学文本的意义和价值。

世界华文文学因涉及西方文化与中国文化的互通与交流，在中西方交流过程中，作家创作在跨文化的议题上有着自己的思考。华中师范大学教授苏晖和暨南大学讲师王璐均以美国华裔作家的英文创作为研究对象，前者分析伍慧明、任碧莲，

后者关注李翊云，着重考察了华裔美国作家笔下的美国华人伦理身份选择的嬗变，探讨全球化时代移民的伦理身份与伦理选择之现状与趋势。浙江省越秀外国语学院副教授刘红英认为新移民女作家的家国意识与她们特殊的流散身份相联系，具有对政治身份、文化身份与性别身份的探寻之特征。他们能够把忧国忧民之思落实到普通个体的日常生活中，把家国意识与个体情感相关联，从而实现了对中国古代传统家国伦理的现代性转换。

台湾东华大学副教授魏贻君关注因国共战争而致迁移、定居或出生于中国的台湾原住民及其子嗣的文学表述，期望新生世代的海峡两岸人民得以专注阅读、凝神探察这部分特殊文学的存在。韩国外国语大学博士沈叡祺、金善敏在《海外华文作家的旅韩游记考察》中分析了香港作家也斯、潘耀明、黄维樑、陶然等作家在韩国旅游时创作的游记，分析其中不同创作主体的创作特色和个性区别。香港浸会大学副教授葛亮分析李敬泽的《青鸟故事集》的"全球化"视野和其中人道主义的主题和关怀。复旦大学教授梁燕丽在跨文化视域中比较了海峡两岸暨香港、澳门对莎士比亚戏剧的不同演绎方式，意在探讨不同改编方式的经验和问题，对于21世纪，戏剧、影像艺术如何创造出本土化与世界化互动的新空间，具有启示意义。盐城师范学院教授方忠认为20世纪50年代的台湾文学，与"五四"至30年代的中国现代自由主义文学遥相呼应，背离了当时台湾文坛极端政治化倾向的主流文艺，对于当代台湾文学的发展和文学风貌的形塑产生了深远的影响。

## 二、各区域文学的本土化追求

世界华文文学大体由中国台港澳地区、东南亚、欧美澳等三块区域的华文文学构成。世代华人迁移到居住国后，为适应生活的发展，在他乡求得生存，必须要融入新的社会，以求得与其他族群的彼此沟通和相互认同，这就导致了"本土化追求"成为世界华文文学发展的必由之路。在这个"本土化"的过程中，华人族群所自带的"中华性"以及现代文明赋予的"现代性"彼此互动，文学也在这种互动中拥有了别样的艺术魅力，最终共同构筑了各区域华文文学的艺术版图。

此次会议，有关台湾和香港地区的研究论文数量多，质量相对较高。吉林大学教授白杨认为20世纪70年代以后，台湾现代诗人纷纷转向，"回归传统""关注现实"成为主流话语，但"回归传统"却并不是简单的皈依传统，而是对传统的重新建构。台湾东华大学副教授杨翠分析杨逵的一生，认为他的农耕书写展现了作家本身的劳动生活图景，具现他的生活美学观，同时也包含深刻锐利的外部批判揭露地主、资本家、殖民者的共犯结构。华中师范大学教授张岩泉认为余光中的新文学评论自有价值，而它们在大陆地区引起的反响，更加值得反躬自问，并在反省之余引为助益或借鉴。浙江大学教授吴晓分析了洛夫"天涯美学"的漂泊内涵，指出洛夫诗歌的天涯美学中的生命意识、宇宙意识以及古今交汇的现代艺术，是一篇相当精彩的诗人评论。台湾清华大学教授王钰婷分析台湾女作家在《大学生活》前期对于大学生想象共同体形塑过程，扮演的重要角色。日本早稻田大学讲师张文菁以台湾通俗小说家金杏枝的创作为例，详细地梳理了50年代台湾通俗言情小说的创作背景和发展情况。浙江工业大学方爱武副教授对台湾文学中的"台湾意识""中国意识""日本意识""西方意识"进行了辨析，提醒我们要注意台湾文学的复杂文学场域。台湾大学教授黄美娥通过对台湾金门作家吴均尧创作的分析，认识到虽然解除军事战地状态之后，转向文学发展之途，但其实依然无法摆脱主体形构战争幽灵的纠缠。厦门大学教授朱双一考察了百年来台湾民众的用语变迁，认为在台湾动荡的历史中，语言问题始终关涉台湾民众的国族认同，提醒我们注意台湾文学与方言之间的关系。香港中文大学教授樊善标以香港《立报》(1938—1941)"小茶馆"副刊为研究对象，分析南下知识分子报人萨空了的报刊生涯，提出重检旧文献，可以提供机会让后来者一窥多元价值尚在互相竞争时代的国族认同方式。

东南亚华文文学研究方面的论文也有不少亮点。马来亚大学教授潘碧华以"南侨诗宗"丘菽园的创作为研究对象，在材料的使用和结论的新颖方面为我们提供了重要的参考。马来西亚启智师院讲师周锦聪分析马华诗人周若涛诗作中如何建构富有戏剧色彩、富有张力的世界。新加坡南洋理工大学副教授陈志锐分析相当于老舍代表作《茶馆》的新加坡当地戏剧《哎呀店》，认为从更高层面的文类学角度看，它是一个形塑华语语系新加坡文学的经典尝试。马来西亚拉曼大学教授廖冰凌以《三顺伯番邦历险记》的解读为例，试图探索其"历险"主题与马来亚华人移民书写的关系。

欧美澳华文文学研究方面的论文亦相当可观。哈佛大学教授张凤，回顾了哈佛百年华裔学者的学术以及他们在推广华人文化方面的历史性贡献。《文学评论》副编审刘艳从叙事学的角度探讨了旅美作家严歌苓小说《舞男》中的"套中套"结构，认为其在叙事结构和叙事策略等方面，毫无疑问显示出海外华文作家"中国叙事"所具有的先锋性。同济大学教授钱虹认为旅法作家吕大明将学识、典籍、文学、异域风情和人文关怀融为一体，且在向西方艺术有所借鉴的过程中，用中文创造出一种崭新的散文体式与格局，使之成为充满诗意和美感的名副其实的艺术性散文。复旦大学教授陆士清认为旅美作家周励的自传小说《曼哈顿的中国女人》极生动地体现了中国改革开放新文化环境下崛起的中华民族的精、气、神。温州大学教授孙良好的论文，分析旅加华裔作家陈河着眼上世纪二三十年代的安阳考古和古老的殷墟文明，在时间的回溯和空间的流转中，通过非凡的想象演绎了精彩又意味深长的"甲骨时光"。加拿大华裔作家郑南川认为北美新移民华文文学本土化趋向问题，是华文文学走过三十余年后，出现的全新的文学"现象"和文学理论问题。常熟理工学院教授计红芳认为《纸鱼缸》可以说是一部在思想深度和艺术技巧上都比较成熟的长篇小说，是旅居匈牙利的作家余泽民执著于探索小说深度和艺术高度的创新之作，也是一部颇具"欧洲色彩"的创新作品。华南师范大学教授凌逾认为老木的长篇小说《新生》开拓了跨境新商业小说类型，同时也拓展了哲思小说、学者小说新的创作局面。浙江省社会科学院研究员郑绩介绍了澳大利亚墨尔本从80年代至今创办的华文文学副刊和杂志的开办情况、文学社团的组建与活动状况以及评奖活动的组织情况。

此次会议关于日、韩华文文学方面的论文偏少，不过都是相当扎实的研究成果。苏州大学教授曹惠民从宏观角度介绍了日本当代华人的创作概况，日本筑波大学博士王海蓝则展示了知日派作家随笔创作的成果和特点，这两篇在日本华文文学研究上具有原创意义。而韩国外国语大学教授朴宰雨，详细地考证了韩国革命者金山的生平经历和华文作品，梳理金山思想从民族主义、人道主义到共产主义的变迁轨迹。

### 三、学科范畴与热点问题的探讨

世界华文文学的学科建设和理论架构是与会学者关注的一个焦点，大会就此也进行了深入的探讨。其中比较突出的是"汉语新文学"与"华语语系文学"。澳门大学教授朱寿桐的《"汉语新文学"概念的延续性》一文，推介了他所提出的"汉语新文学"学科概念，强调以汉语写作，区别于传统型文言写作的各体新文学作品，无论在时代属性上属于现代文学还是当代文学，也无论在空域属性上属于中国本土写作还是海外离散写作，都可以而且应该被整合为汉语新文学，通过共同语言来跨越政治立场、地理疆域，以求世界华文文学定义的客观性。同样从语言问题入手，日本大学教授山口守则强调华语在各个国家的人群中使用的不同特点，认为"华语语系文学"正是基于这样的华语文化多样性而魅力无限，进而提出研究"华语语系文学"应该注意到母语并非均质化的特点。浙江大学研究员金进对"华语语系文学"这一术语进行了溯源，对史书美、王德威、石静远等西方汉学家使用的"华语语系文学"进行了学术考辨，并对这个术语中所涉及的后殖民主义立场以及立场的合理性问题作了阐释，引起了与会者的兴趣。

在"世界华文文学"的"疆域"问题上，会场也热议不断。中南财经大学教授古远清对长期以来将港台文学视为世界华文文学的看法提出质疑，认为他们既然政治隶属于中华人民共和国，那么就要改变目前的错误使用方法。与古教授"楚河汉界"的划分方式不同，福建省作家协会副主席杨际岚认为"世界华文文学"应是"世界的"：包括中国和"海外"；它应是"华文"的，用"华文"（中文／汉语）创作。作为学会秘书长，他呼吁学界，既然重视学科建设，那么就要认准这个定义，不要随意率性地将其转换为"台港澳暨海外华文文学"或"海外华文文学"。

除了理论上的辨析，本次大会在"离散叙事""新移民文学""跨媒体文化""社会空间理论""生态文学""文化杂糅"等理论实践方面也取得了相当丰硕的成果，为世界华文文学学科建设提供了新的视角。新加坡南洋理工大学教授游俊豪的《离而不散的话语新诗：〈四海为诗〉文本分析》认为移民语境牵动离散词语，透露移民的身体动作、日常生活、文学书写的延异，探讨当代中国移民诗人如何摆脱"四海为家"有关流浪与寓居的想象进入以华语为依靠与再现的跨国脉络。北美华文作家协会副会长陈瑞琳也回溯了北美新移民文学的发展脉络，着重介绍了严歌苓、张翎和虹影（海外华文文学"三驾马车"），全面地展现了北美新移民文学的成就。山东大学教授黄万华从图像学的角度对台港文学进行了一种全景式的介绍，认为图像艺术领域必将成为台港文学研究的新兴阵地。武汉大学教授赵小琪通过对社会空间理论的探讨和实践，分析台湾新世代诗歌中的中国传统人伦关系和中国形象问题，指出这种类型诗歌的社会关怀性。日本立教大学教授舛谷锐认为雨林背景的马华文学描写的题材就是马华文学比其他华语语系更具有的特色。马来亚大学教授孙彦庄、马来西亚南方大学讲师孙彦彬则以田思的生态写作为对象，分析马华生态文学后面的文化背景。英国剑桥大学博士周德成借鉴人类学的理论，对新加坡新生代文学中出现的多元国族认同、语言"杂糅"的倾向进行了生动地描述和分析。

总的来说，这次研讨会开得紧凑集中、丰富充实，集体性地将世界华文文学由"外部研究"推向"内部研究"，在研究范式和方向上作了新的调整，并取得了丰硕的成果，这也是对目前学界兴起的"空间理论"的成功借鉴和运用。可以预料，随着空间的转换，对跨区域跨领域的文学现象、文人流动和文学传播的历史，将会启迪更多的学者去整理和研究相关的论题。只有把世界华文文学视为一个独立而又独特的整体，并通过"历史—社会"复杂关联和"历史—人文"双重视域的角度，从作家本体、文学创作和历史背景等立体多维地去审视各区域文学的生存本相，我们才能进一步打开世界华文文学更广阔也更有意义的研究空间。尽管目前世界华文文学还存在不少问题与不足，但与会代表相信，作为"中文一级学科"下的一个新的学科门类或形态，它的前景是充满希望的。通过短短三天的交流、切磋和探讨，大家增加了信心，并期待着它能摆脱长期以来形成的"中心—边缘"的思路，进一步拓展学科的内涵和外延，在原有的基础上做出新的拓展。

（作者单位　浙江大学中文系）

## ■ 6月16—18日

《文艺研究》与中国艺术研究院戏曲研究所、中山大学中国非物质文化遗产研究中心、中山大学中文系等单位联合举办的"纪念王季思、董每戡诞辰110周年暨传统戏曲历史、现状与未来学术研讨会"在广州召开。会议受到海内外戏曲学者的积极响应，来自哈佛大学、悉尼大学、中国人民大学、北京师范大学、四川大学等单位的120余位学者参会。本刊文学编辑室陈斐副研究员与会。随后，《文艺研究》本年第8期发表会议综述。

### 传统戏曲研究的新态势

——"纪念王季思、董每戡诞辰110周年暨传统戏曲历史、现状与未来学术研讨会"综述

宋俊华　孔庆夫

自20世纪初王国维、吴梅等创建近代意义上的戏曲学以来，传统戏曲研究经历了数次大的发展转向。从古代曲学到戏曲文学、戏曲文献学，从戏曲文物学到戏曲形态学，从戏曲民俗学、戏曲艺术学到戏曲遗产学等，传统戏曲研究一直与时俱进，不断产生新的热点和方向。

王季思、董每戡是继王国维、吴梅之后的重要戏曲研究学者，也是中山大学戏曲学科的奠基者。他们在戏曲文学、文献、表演实践等方面的研究理念和方法，影响了数代学人。在王、董二先生诞辰110周年之际，为了响应党和国家传承、发展中华优秀传统文化、振兴传统戏曲的号召，为了缅怀先贤、推动传统戏曲研究的发展创新，中山大学中国非物质文化遗产研究中心联合《文艺研究》杂志社、中国艺术研究院戏曲研究所、中山大学中文系等单位，于2017年6月16—18日举办了"纪念王季思、董每戡诞辰110周年暨传统戏曲历史、现状与未来学术研讨会"。会议受到海内外戏曲学者的积极响应，来自哈佛大学、悉尼大学、中国人民大学、北京师范大学、四川大学、东南大学、山西师范大学等单位的一百二十余位学者参会并提交论文。研讨内容涉及传统戏曲历史考述、现状分析、未来展望等方面，展现了目前传统戏曲研究的新态势。

**一、重视历史、正本清源依然是传统戏曲研究的重心，多元化发展趋势更加明显**

研究、还原戏曲的发展历史，弄清楚戏曲从哪里来的、怎样发展、有什么规

律，是传承、发展戏曲的重要前提，也是传统戏曲研究的重心所在。

戏曲史一直是传统戏曲研究的核心，也是本次会议讨论的重点，相关研讨主要集中在戏曲作家作品、戏曲形态（脚色、舞台、服饰、道具、音乐唱腔）、戏曲发展演变、戏曲传承与传播等方面。正本清源、以史为鉴是戏曲史研究的主要诉求和方法。

作家作品是戏曲文学史的重要范畴，也是历来戏曲研究的主要内容。这方面的论文有 34 篇。如在作家研究中，朱雯和朱万曙的《从"雅"到"俗"：沈璟戏曲创作的转型及其意义》对沈璟剧作的题材、语言、人物等进行了分析，并从"沈璟本人理论上的自觉""市民阶层的戏曲需求""其他戏曲家和理论家的呼唤和实践"三个方面，论述了沈璟戏曲观从"雅"到"俗"转型的必然性。值得称道的是，该文尝试通过沈璟的个案研究，揭示明代中、后期整个戏曲创作由"雅"向"俗"转型发展的内在轨迹。此外，陈旭耀对徐复祚、王苏生对"汤沈之争"、左鹏军对章鸿钊等亦进行了研究。

在作品研究中，丁淑梅对双红堂藏三种不同版本的《花仙剑》刻本与重庆北碚图书馆藏冉开先改编的《花仙剑》民国抄本进行比较研究，论述了四种版本的《花仙剑》在截取接续、关目安排、风情主线、戏剧重心迁移等方面的差异，指出：这四种版本既各自沿着不同的方向演绎发挥，又意外提顿拾合；既在艳缘主调之中上下挪移视点，又打开了世情变换的"戏场"与轻艳戏谑的转关。此外，还有张正学、杨秋红与田雪佳对《牡丹亭》、陈仕国对《桃花扇》亦做了研究。特别是戚世隽、张祝平与丁娜、张青飞、何艳君等对《西厢记》进行的戏曲图像学研究，体现了戏曲作品研究的新视角、新思路和新方向。

戏曲形态是戏曲脚色、服饰、道具、音乐等各种表现形态的总称。本次会议有 15 篇论文讨论这方面的问题，涉及八音班、梆子腔、皮黄腔、弋阳腔、罗罗腔等。如康保成的《岭南"八音班"艺术形态及其源流试探》考述了岭南"八音班"的各种艺术形态、源流演变、传播路线及对粤剧、壮剧、布依戏等地方剧种的影响，并尝试联系汉族民间音乐文化传播史考察南方少数民族戏剧形成史。王馗的《"讴"与中国戏曲声乐技法——兼谈梆子腔的产生与变化》一文，从"讴"的唱腔形态出发，分为豫剧及地方戏曲中的"讴"、音乐史上的"讴"、祭祀仪典中的"讴"、元明以来戏曲声腔与"讴"的关系等几个方面，考述了"讴"与梆子腔等地方戏声腔形成与发展之间的渊流关系。此外，薛瑞兆对戏曲格律、邹青对明代"四大声腔"、宫文华对梆子腔、姚小鸥和范德怡对南戏脚色体系等亦进行了研究。

戏曲历史演变考述是指对戏曲重要历史事件、史实的考证与阐述，藉此揭示戏曲历史演变的规律，相关论文有13篇。如赵山林的《春台班艺术师承关系论略——以堂子为线索的考察》一文，考述了徽班进京后众多堂子如余庆堂、槐庆堂、日新堂、景春堂等之间的师承渊源关系，揭示了堂子存在期间，其所承担的师承传授演剧技艺的职责对春台班艺术传承的积极作用。黎国韬的《"唯以杂剧为正色"年代考》将戏曲史上具有重要意义的"唯以杂剧为正色"的具体年代，通过四个逐渐缩小时间段的考证，限定在南宋宁宗嘉泰二年（1202）至理宗绍定元年（1228）。这为杂剧发展史提供了一个较为准确的年代坐标。此外，陈志勇对"侉戏"及其搬演形态、杜桂萍对戏曲"宗元"观念、徐建国对"武旦戏"、张俊卿对云南京剧、孔美艳对民间丧葬祭祀演剧、黄李娜对布袋戏等亦进行了研究。

本次会议共有11篇论文涉及戏曲传承与传播问题。如张真和全婉澄分别研究了中国戏曲作品在日本的翻译、传播与接受问题。张真考察了《琵琶记》在日本江户时代译本的现存情况，以及《琵琶记》在明治时期的译本和研究情况等。全婉澄从分别由盐谷温（1923）、岩城秀夫（2004）和竹村则行（2011）翻译的《长生殿》的三个代表性译本出发，回顾了日本翻译中国戏曲作品的历史，考察了不同时代日本学者在中国戏曲翻译方面的风格和特点，探讨了日本传统汉学在新的时代和学术背景下所发生的转型和演进。此外，李莉薇对明治时期日本文人对京剧的接受问题、崔蕴华对德国巴伐利亚图书馆藏广府小戏类文献、赵春宁对《桃花扇》在朝鲜王朝的接受与传播问题等也做了探讨。

总之，戏曲史是本次会议讨论的主要内容，方法上仍以考证和分析为主，偏重戏曲作家作品和戏曲历史演变问题，戏曲形态、传承传播等方面的研究也有所增多，总体呈现出多元化的发展趋势。

**二、关注当下，重视传承创新，是传统戏曲研究的新热点**

2015年国务院办公厅印发的《关于支持戏曲传承发展的若干政策》指出，传统戏曲要"坚持扬弃继承、转化创新，保护、传承与发展并重"。传承、创新是传统戏曲在当代发展的指导思想和基本原则，也是传统戏曲研究应当关注的重要课题。

本次会议共有13篇论文讨论传统戏曲的当代发展，涉及现代戏曲的概念辨析、传承传播、改革创新等问题。如李伟在《"现代戏曲"辨正》中对"现代戏曲"的内涵、外延及文体特征进行了探讨。他认为，"现代戏曲"中的"现代性"文化性质和"现代性"文化内涵不可忽视，而且戏曲文本的"现代性"可以是开放和自由的，并非必须以情节整一性为文体原则。"现代戏曲"应该是从思想内容到表现形式、从物质外壳到精神内涵的全面的现代化。张大新在《中华豫剧源流与其现代化的进程》中指出，正是由于樊粹庭等人的"因人设戏""量材而用""改建剧场"等编剧导演与舞台名角珠联璧合的戏曲创新，才把先前被外省人鄙薄的土梆戏引向豫剧现代化的发展进程，从而促进了豫剧的发展、传承和传播，使其成长为河南省最具影响力的地方剧种。高益荣《"古调独弹"百年风流——西安易俗社百年历程的文化精神透视》一文指出，西安易俗社发展百年的成功历程与以下三种精神密切相关，即"文化精英的社会担当精神""文人化品位与民众化情趣的观照精神""关注时运以赢得发展最大空间的经营理念"。他通过对易俗社的发展史进行历程回顾和文化透视，认为易俗社留给后人最有价值的财富是其文化精神和剧团的社会责任感。这对保护、传承和发展传统戏曲，振兴传统戏曲社团，均具有良好的借鉴意义。此外，廖全京对新时期（1978—1998）中国戏曲史、任荣对"孤岛"时期上海京剧的改革、王静波对乡村社会秩序中的"灯带戏"、伊维德对1920—1930年的两部梁祝杂剧《祝梁怨》和《祝英台化蝶》、孔庆夫和宋俊华对民间戏曲音乐的"音准"和"记谱"等也进行了研究，讨论了当代戏曲的概念、改革、创新、传承、发展与传播等方面的问题。

### 三、面向未来，创新理念和方向，是传统戏曲研究的新趋势

传统戏曲研究与社会发展息息相关，如何适应社会发展，面向未来，创新理念和方向，是本次会议讨论的热点话题。对戏曲研究理念的创新思考，既与前人研究的总结和反思相关联，又与对戏曲本体的探究相结合。在前人研究经验的总结上，董上德的《戏曲史家的治学情怀与晚年进境——纪念王季思、董每戡二位先生》与徐宏图的《回忆王季思先生教诲兼评他的注本〈西厢记〉》《纪念董每戡先生二题》，在缅怀中寄寓了对王、董两位先生治学理念和方法的总结。

刘晓明与宋俊华都试图从本体角度思考戏曲问题，探讨传统戏曲发展问题。刘晓明的《昧式：一种新的戏剧认识论》从"存在显形"之客体存在论与"昧式潜形"之主体认识论出发，以《三岔口》中桌子客观存在的"显"与他者主观认识的"潜"为例，认为客观性不仅局限于客体对象，主体对客体的认识也是一种客观性，甚至是更为本质的客观性。文章在讨论"昧式"认识论的基础上，尝试用"昧式理论"来分析戏曲演出中显形式与潜形式之间的关系。宋俊华的《关于传统戏剧生命力的几点思考》认为，传统戏曲的生命力包括动力、实践力和创新力，动力源于"为何扮演"，实践力源于"扮演什么"和"如何扮演"，创新力源于"社区和民众的认可语境"；戏曲未来的发展方向源于社区和民众对戏曲"本真性"的理解和解读方式；戏曲研究的未来，要基于保护戏曲生命力的需要，实现从"解释世界"向"改变世界"的路径转变。

黄仕忠《论清代内廷演剧的戏曲史意义》认为，作为社会资产最大拥有者的内廷皇室参与演剧，对整个社会的号召力是巨大的；当演剧进入"政府消费"之后，其释放出来的能量也是巨大的；而由皇室阶层所构成的"高端市场"，对晚清北京演剧的兴盛以及各种地方化新声腔的改造、衍生及新生都具有重要意义。他呼吁学界重视清代内廷演剧的研究。

赵晓寰和谷曙光讨论了戏曲研究在大数据时代的发展前景。赵晓寰《大数据时代戏剧与表演研究随想》指出，智能化、大数据技术的发展对传统戏曲研究带来了挑战与机遇。他从数据技术和大数据、语料／数据与证据、语料价值等级与戏剧研究新趋势、语料采集、语料的数据处理与运用等方面，论述了未来戏剧与表演研究的可能性与必要性、证据化与视觉化、文本化与知识产权化等，倡导未来戏曲研究要更加重视"数字化"的问题。谷曙光《梨园文献与古典戏曲研究的中心下移》认为，戏曲文献的数字化已经悄然改变了戏曲学术研究的格局，未来的戏曲研究需要从静态转向动态，从单一纸本研究转向综合研究，更需要进行"重心下移"的研究，即进行廖可斌所讲之"向后"研究（由宋代至清初向清中叶至民国初转移）、"向下"研究（由文人创作传奇向民间戏曲转移）和"向外"研究（由研究戏曲本身转移到关注戏曲以外）等。对此，黎国韬在回应中指出，中国戏曲文献研究仍很薄弱，未来戏曲研究的重心还要继续"上移"。

此外，黄静枫在《史料局限与模式偏颇：20世纪上半叶戏曲史纂批判》中指出，20世纪上半叶戏曲史的编纂在史料运用和研究范式上都存在许多问题，要从"标准设立""史料遴选和解读评价""演进设计评价"三个方面改进戏曲史的研究。

王季思和董每戡先生是20世纪承前启后的戏曲学者。从王、董到后代戏曲学人，从历史探源到当代传承再到未来创新，传统戏曲研究正在薪火相传、继承传统的基础上不断创新，呈现出新的发展态势和景象。当然，传统戏曲研究从历史还原、现状评判到"创造性转化与创新性发展"，只是刚刚起步，任重而道远。

（作者单位　中山大学中国非物质文化遗产研究中心）

## ■ 9月1日
本刊文学编辑室李松睿被评为副研究员。

## ■ 12月
《文艺研究》名列国家新闻出版广电总局推荐的第三届"全国百强报刊"名单。

# 2018 年

## ■ 5 月 15 日

本刊文学编辑室李松睿被聘为中国现代文学馆第七届客座研究员。

## ■ 6 月 30 日至 7 月 1 日

《文艺研究》和华中师范大学文学院古代文学教研室联合主办的"文本世界的内与外：多重视域下的中国古典文学研究国际学术研讨会"在武汉召开，来自北京大学、复旦大学、台湾大学、澳门大学、俄罗斯圣彼得堡大学、日本大阪大学等 35 家单位的 60 余位学者参加会议。本刊文学编辑室陈斐副研究员致辞并发表论文。随后，《文艺研究》本年第 9 期发表会议综述。

<h3 style="text-align:center">文本阐释的多样性与有效性</h3>

—— "文本世界的内与外：多重视域下的中国古典文学研究国际学术研讨会" 综述

余祖坤

近年来，中国古代文学研究"回归文本"的呼声日益高涨。但究竟何为"文本"？怎样"回归文本"？如何处理文学的内部研究与外部研究之间的关系？如何在文本阐释的多样性基础上实现其有效性？这都是当前古代文学研究界必须面对和解决的问题。为此，华中师范大学文学院古代文学教研室和《文艺研究》编辑部联合主办了"文本世界的内与外：多重视域下的中国古典文学研究国际学术研讨会"。会议于 2018 年 6 月 30 日至 7 月 1 日在华中师范大学隆重召开，来自北京大学、复旦大学、浙江大学、南京大学、武汉大学、南开大学、中山大学、华中科技大学、华南师范大学、四川大学、西南大学、陕西师范大学、中南民族大学、台湾大学、澳门大学、俄罗斯圣彼得堡大学、日本大阪大学以及《中国社会科学报》编辑部等三十五家单位的六十余位学者参加了会议。

本次会议的召集者是华中师范大学文学院古代文学学科带头人戴建业教授和古典文献学学科带头人张三夕教授。戴建业教授在开幕式致辞中阐述了大会的宗旨："探讨中国古代文学内部研究与外部研究的差异与通融，探究文本阐释的多样性与有效性。"与会学者围绕这一主题展开了热烈而深入的讨论。

### 一、文本阐释的多样化是古代文学学科发展的必然趋势

任何时代的学术都应有鲜明的时代品格和精神。在全球化和信息化趋势日益凸显的今天，我们应该以更加开放的姿态、更加宽广的胸怀开展多样性、综合性的研究，这样才能使古代文学研究焕发出多彩面貌和蓬勃生机。不少参会者都谈到了中国古代文学研究方法的多样性问题。胡亚敏在致辞中指出，每一种批评模式都有它的合理性和局限性，但总的说来，批评方法的多样和不断更新，有助于丰富我们对文学经典的认识。戴建业在致辞中也指出："任何一种研究方法都不可能包打天下，每一种研究方法都有其亮点与盲点"，研究方法的多样化是必然的，"文学研究方法的多样化，正昭示了我们精神生活的丰富性"。

中国古代的"文学"不是西方现代文学理论意义上的"纯文学"，而是与政治、社会、思想、学术、艺术、风俗、心理等紧密相关的复杂存在。这种复杂性决定了研究的多样性。与会学者的论文充分体现了文本阐释多样化的诉求和趋势，主要表现在：（一）选题范围较宽，关注的问题较多。如古代文学研究的本土话语建构，古代的知识构造与文本制作，经典的生成与流播，文本书写策略的解密，日常生活、心态与文学书写，古代文体的书写技巧及其特色，选本、图像、评点与中国古代文学批评等等。（二）视角多元，不乏新意。罗漫从文学接受的角度梳理了环绕唐诗经典《黄鹤楼》及李白相关诗作而产生的千年聚讼，廓清了《黄鹤楼》诗案的迷误；浅见洋二介绍了苏轼尺牍在其文集编纂过程中的命运，揭示了尺牍这一文体的"私密性文本"特质；方笑一从"对观赏印象的书写""观感的缺失""观赏者自我形象的营造"三个方面论述了宋代绘画题跋的书写方式；李贵从文学与地理之间的关系着眼，论述了南宋文学对灵壁的书写及其体现的时代变迁；叶晔从阅读史视角出发，将《牡丹亭》中的集唐诗和明代流行的唐诗文献比对，揭示了汤显祖的唐诗知识结构与《牡丹亭》文本之间的紧密联系；李程从总集与文学批评的关系出发，揭示了普遍存在于明诗编纂中的删改原作现象。（三）方法多样，不拘一格。与会专家认为，方法无论新旧、不分中外，只要对研究有效，就可以大胆运用，不能心存偏见，厚此薄彼。王兆鹏运用地理信息系统技术将数据与地图相结合的方法，揭示了唐代诗歌版图的分布与变化；而朱刚和管琴采用传统的文献考证方法，深入历史细节，分别还原了"乌台诗案"的审判真相和朱熹《张浚行状》背后的真实历史，显示了传统研究方法的活力。

与会专家的讨论表明，文本阐释的有效性在很大程度上有赖于阐释的多样性。中国古代文学既需要内部研究，同时也离不开外部研究；既要吸收新思想、运用新方法，又要充分发挥传统方法的长处。只有综合运用多种视角和方法，才能有效地

推动中国古代文学研究一步步走向深入。

**二、回归文学本位是文本阐释有效性的前提**

20 世纪后期以来，中国古代文学研究在很大程度上偏离了文学的本位，脱离文本而对文学作品进行哲学、历史、社会和文化上的阐释成为相当普遍的现象；尤其是随着各种数据库的开发、普及，古代文学研究者不细读经典的倾向日益突出，致使文本阐释的有效性日益萎缩。因此，有专家呼吁，文学研究者不能替其他学科"打工"。本次会议上，陈斐结合近二三十年来诗歌注释存在的问题指出，当前学界在文本解读能力上存在普遍滑坡现象，应重视经典、回归文学，把创作与研究结合起来，这样才能切实提高对文本的感悟力和解读力，真正提升研究水准。

提交本次会议的不少论文体现出对文学文本的重视，并对一些重要的文学文本进行了深入分析。比如程苏东分析了《太史公自序》书写采用的"诡辞"以见义的表现方式及其在《史记》文本中的具体表现。罗昌繁深入挖掘了曹植《七步诗》包含的古代争嗣文化内涵以及它在古代争嗣文化史上的典型意义。柏俊才细致梳理了《木兰诗》的经典化历程。李军均综合运用版本学、辨伪学、传播学的理论和方法，深入考证了《赵后别传》的真伪、成书时间及文本形态。侯体健分析了文天祥《集杜诗》在文体上的独特创造，揭示了文天祥与杜甫在精神世界上的"互文"关系。

文体学研究是一种贴近文学文本、贴近中国古代文学创作实际、能够提升古代文学文本阐释有效性的研究视角，自 20 世纪 80 年代以来成为一个比较热门的研究话题。本次会议上，程章灿分析了杜甫《曲江三章章五句》的体式特点，并论述了其渊源和影响。诸葛忆兵总结了宋代进士题名记的创作概况和语言风格。刘青海论述了温庭筠骈文的情感特点和艺术技巧。此外，戴峰对元代宗教剧的典型意象和象征意蕴、汪超对北宋师门祭悼文的书写策略也分享了自己的研究心得。

与会学者的讨论表明，只有回归文学，回归文本，避免从理论到理论的空泛阐释，才能呈现鲜活的文学生态，洞察古人丰富、深邃的心灵世界。这样的研究才是活生生的"文学研究"，才不至于沦为令人生厌的"技术活"。当然，强调回归文学、回归文本，并不是否定文学的外部研究，而是说文学研究必须以有效阐释"文学问题"为宗旨，外部研究如果指向的依然是文学问题，那么它就是必不可少的。文学的表现方式和风格特点当然是文学研究的主要内容之一，但文学是如何发生的、经典是如何形成和传播的、作家的生平和心态与其作品之间的关系、文学典籍的版本源流和起伏升降等等，都是古代文学研究的题中应有之义。

**三、坚持中国立场是文本阐释有效性的基础**

20 世纪二三十年代，中国古代文学研究界在引进西方文学观念的背景下，实现了本土文学观念的现代转换，由此产生了现代意义上的中国古代文学学科。这次文学观念的转换，的确给中国古代文学研究带来了新的气象和巨大进步，但过分依赖西方文学观念观照中国古代文学，不能与中国古代文学的实际完全吻合，并不能完全保证文本阐释的有效性。近年来，越来越多的学者提出要回归中国本位，要努力彰显中国文学研究的本土特色。这一问题也是本次会议研讨的一个焦点。如方铭指出，中国古代文学传统的相对独立存在和演变，决定了西洋文学观念和中国文学实际的隔膜。我们既要按照今天所认可的现代性原则去阐释中国古代文学，更有责任从中国古代文学的实际出发，如实评价中国古代文学的写作和阅读轨迹，辨析西方当代文学观念对中国古代文学阐释的有效性问题。钱志熙认为，近、现代引进西方文学观念以后的中国诗歌史建构，使中国古代诗歌史研究的整体及统系在相当程度上被湮没和遮蔽了，因此有重新呈现的必要。这种立足中国古代文学实际的理论反思，是重建古代文学研究本土话语的有益尝试。

除宏观上的理论反思之外，与会学者还通过具体研究（如对中国古代文学概念和命题的梳理、对古代文学理论和观念的总结与阐释、对古代文体特征的辨析等等），表达了中国古代文学研究回归中国本位、彰显本土特色的诉求。王炜细致梳理了"演义"概念的形成和演变过程，归纳了它在不同阶段、不同场合的理论内涵。何诗海对"赋者古诗之流"这一赋学史上的经典命题进行了仔细考察，讨论了它在明清时期的理论嬗变。蒋寅结合徐增的七律创作揭示了徐氏对七律分解说的态度转变，展示了古人创作与理论之间的复杂关系。吕双伟论述了李兆洛的骈文观念，并将其置于骈文史的发展脉络中分析其理论价值和历史影响。许结结合具体作品的细致分析，论述了汉赋"建德"观和"体物写志"思想。余来明论述了近代"中国文学"观念的兴起过程，他指出，相比于传统的"朝代文学"，"中国文学"概念更多地反映出"文学"在近代语境中之于民族精神谱系建构的特殊意义。这些研究表明，要确保中国古代文学文本阐释的有效性，必须直面中国古代文学的实际，从中总结和提炼吻合中国古代文学特点的、富有民族文化特色的概念、范畴、命题和理论，逐步建立起属于我们自己的学术话语体系。

在中国古代，选本和评点是十分重要的文献保存方式和文学批评形式，在文学史上占有十分重要的地位。本次会议上，巩本栋深入论述了王安石《唐百家诗选》的文献来源、编纂旨趣和历史影响，并对它进行了价值重估。连文萍从科举文化的视角出发，总结了晚明馆课评点的形式、内容、品评原则、品评标准及其蕴含的科举文化内涵。余祖坤讨论了古文评点向清代别集广泛渗入的现象及其文学史意义。这些论文启发我们，选本、总集、评点是一个具有广阔发展前景的研究领域，有不少问题值得深入探讨。

当然，坚持古代文学研究的中国本位，并不是盲目排斥国外的理论和方法，而是要以有效解决"中国学术问题"作为研究的出发点和落脚点，不能以中国古代文学作为外国理论的注脚和附庸。至于具体的方法，无论古今中外，只要对我们的文学阐释有效，就可以为我们所用。就像戴建业在会上强调的，"在学术研究方法这一问题上，可以别古今，但不必分中外。我们把哪种方法玩成了'绝活'，那么这种方法就是属于我们自己的，我们就能在国际学术舞台上发出更响亮的中国声音"。

从总体上看，本次会议呈现了当前古代文学研究的现状、热点，也体现了学界对当前古代文学研究理念的反思和在具体研究方法上的探索，透露了古代文学研究的新趋势。

（作者单位　华中师范大学文学院）

## 7 月 2 日

中国艺术研究院副院长王福州主持会议，《文艺研究》全体人员到会，人事处处长张亚昕传达院中艺发［2018］14 号文件《关于金宁同志主持〈文艺研究〉工作的通知》。

## 9 月 15 日

在中国（武汉）期刊交易博览会组委会、中国期刊协会联合主办的"2018 期刊数字影响力 100 强"遴选活动中，《文艺研究》入选"2018 期刊数字影响力 100 强"（学术类期刊）榜单。

## 10 月 20—21 日

《文艺研究》与武汉大学文学院、青年美学论坛联合主办的第三届青年美学论坛学术研讨会在武汉召开，来自北京大学、中国人民大学、武汉大学等 20 余所高校和科研机构的 30 多位青年教师和博士生参会。与会者围绕"情感：审美与身体之间"的议题，从不同的研究对象与视角出发探讨艺术与情感的相关问题。本刊理论编辑室主任张颖与会。随后，《文艺研究》2019 年第 1 期发表会议综述。

### 情感：审美与身体之间
——第三届青年美学论坛学术研讨会综述

黄水石　冷雪涵

2018 年 10 月 20 日至 21 日，青年美学论坛与武汉大学文学院联合主办、《文艺研究》协办的第三届青年美学论坛学术研讨会在武汉大学召开。本届研讨会以"情感：审美与身体之间"为议题。来自北京大学、中国人民大学、武汉大学、同济大学、北京师范大学、北京外国语大学、中央美术学院和中国艺术研究院等二十余所高校和科研机构的三十多位青年教师和博士研究生参与了研讨，从不同的研究对象与视角出发探讨了情感的相关问题。部分青年学者以通讯评议的方式参与了会议讨论。

在西方美学传统中，情感与认识、欲求鼎足而三，与审美判断的本质相关。19世纪末以来，情感与身体一起挣脱理性的束缚，成为20世纪思想的根本底色和主题聚焦。近年来，在后现代思潮影响下，欧美学界开辟了身体与情感研究的新思路和新视角。西方烙印是现代中国思想展开的实际前提，西方对情感、审美与身体的关切尤其唤起了中国思想的当下激情与古典幽思。"情感"问题的重要性折射出问题的复杂性，而这种复杂性恰恰映照出美学本身的多重面向。21世纪以来异彩纷呈的美学研究实践，事实上已经在重塑美学的论说模式和美学史的建构样式，造就了当前美学与美学史研究的复杂景观。在这样的境况下，如何以"美学"为名设置议题、引导讨论、交流思想并相互激发，如何在美学视野之内环扣呼应和循序推进，是本届论坛研讨所隐含的内在思索。

**一、从康德到黑格尔：哲学的审美规定与情感的位置**

美学或感性学肇自西方，成熟于德国古典哲学。研讨以此为起点，第一个专场围绕康德哲学与美学展开，圆桌讨论则以黑格尔哲学与美学为主题。

康德美学确立了西方古典美学的典范，康德哲学本身也为美学探讨留下了巨大的空间。本次会议关于康德哲学与美学的探讨跳出了康德研究固有的视角，从当代的现实关切和理论触角出发，做出了具有探索性的尝试。北京师范大学副教授朱会晖的报告《康德哲学中美、情感与启蒙的关系》将康德哲学的美学思想放在启蒙视野中阐发，着重阐明美与个体、个体性的关系，美与交互主体性的关系，审美活动及其激起的情感与生命的普遍性的关系，旨在推进对启蒙的美学理解，凸显审美意义上的启蒙对于当前消费功利社会的积极意义。湖北大学副教授庄威的报告《道德律、共通感和"情"的问题：康德哲学中的两个基本问题及其理论效应》试图将审美判断普遍化，认为康德共通感理念适用于一切形态的判断，沟通了情感—感性领域与知性—判断领域，应该在微观交往的感性层面开放出来，以达致审美原则在实践上的道德效应。他由共通感理念出发，重新阐释了中国古代思想中"情"兼具事实与情感二重性的意涵，从而将"情理相絜"观提升为中国思想中沟通实践、审美、伦理和政治的先验公理。复旦大学博士研究生毕聪正的报告《存在论视域下的崇高、情感与艺术：以保罗·盖耶的康德阐释为路径》，旨在揭示康德崇高论美学如何构成艺术生发与生成的深层机制，并基于崇高范型梳理了艺术在意义世界中的历史性发生与变迁。华东师范大学博士研究生毕晓的报告《浪漫主义的主体分裂革命》则从政治哲学（伯林）对政治效应的关注和精神分析（拉康）对欲望主体的解析出发，回溯浪漫主义的古典思想根源，将浪漫主义的"分裂主体"内置于从法国启蒙思潮到德国唯心主义的"整全主体"的哲学演进之中。

相较于康德哲学在西方美学研究领域的中心地位，黑格尔美学近年来在很大程度上遭到了"冷遇"。本次会议特设"科学—感性：黑格尔美学的重述"专题圆桌讨论，既是对当下研究现状的回应，也展示了在新的研究成果基础上重述黑格尔美学的可能性。长安大学讲师贾红雨的圆桌报告《黑格尔艺术哲学的重述》标志着当前西方美学史研究的重要进展。他从黑格尔《艺术哲学》编撰和出版的角度，梳理了德语黑格尔学界的最新文献成果和围绕霍托（Hotho）版《美学》的争议，体现出黑格尔美学研究在文献文本意义上的"自觉"。此外，报告梳理了"美学"（Aesthetica）概念的含义演变，阐明了鲍姆加通"感性学"与黑格尔艺术哲学之间的差别，这既有助于澄清黑格尔在概念科学的意义上如何对待感性，也为疏解当代美学向鲍姆加通回归的潮流留下了余地。

## 二、复杂的情感：从文艺复兴 — 启蒙运动到现代世界转折

情感与身体论题是当前美学研究的热点，对这些议题的深入开掘有助于揭示美学研究的复杂性，尤其是美学景观的复杂性生成。

围绕对绘画艺术中哲学与美学问题的探讨，与会者展现了对知觉原初性与情感复杂性的关注。大连海事大学讲师李海燕的报告《线性透视法与知觉》，梳理了20世纪围绕绘画中线性透视法的视知觉理论纷争及其哲学根源，指出传统的视知觉理论的背后是笛卡尔式的主体—对象二元分离、因果说明的还原秩序和再现主义的知觉理论，而吉布森的生态视知觉理论与梅洛 – 庞蒂的知觉现象学相似，关注经验世界及其描述，探索原初经验知觉主体与环境之间的双重建构关系，以此揭示视知觉的生成原理。江西师范大学讲师赵靓的报告《文艺复兴时期忧郁主题艺术探究》，则梳理了20世纪艺术史对16世纪忧郁绘画所体现的审美观念的多重分析，揭示了时代知识状况与艺术的情感传达之间的复杂关系，并试图将"忧郁"提升为文艺风格乃至审美范畴，提出了建构"忧郁美学"的设想。

情感与身体在西方哲学思想中的意义尚未被充分挖掘，本次研讨会在很大程度上填补了这种空白。北京大学博士研究生江欣城的报告《"绝对奇迹"中的情感之谜：叔本华哲学探微》一反常论，认为身体构成叔本华形而上学的枢纽，因为作为

最高奇迹的身体与意志是同一的，且身体具备世界的二重性——以"知"认识身体表象并以"感"体验身体意志本体。然而，由于叔本华囿于绝对时空观，情感激发与时间性的关系仍然是一个谜。与徘徊不决的叔本华不同，杜威则实现了思想在自身发展中的转折。广西师范大学副教授冯强的报告《杜威经验论中的情感问题：一个当代性的探究》将情感概念放在杜威哲学思想的生成与转变当中予以阐明，确认其为贯穿整个杜威哲学的经验—情感论，揭示了杜威如何通过长达半个世纪的哲学活动，在自身之内完成了现代哲学中的世界性转折。

以情感、身体为线索，更能从全新的视角抽绎出思想转折的脉络。中国人民大学副教授饶静的报告《"活的形象"与象征转化：荣格对〈美育书简〉的心理类型学解读》，通过解析荣格对席勒美育思想的心理学解读这一范例，勾勒出象征与情感—感觉的内在关联，展示了包括康德与黑格尔在内的德国古典哲学时期诸种思想在现代世界转折中的状况及其学理脉络。湖北大学讲师吴天天的报告《论保罗·德曼对尼采悲剧美学的解构：以语言转向与身体转向之间的对话为背景》认为尼采既是身体转向的先驱，也推动了语言转向的后现代展开。报告展示了德曼与尼采之间、尼采思想内部乃至后结构主义思想内部所蕴含的语言与身体之间的互动与冲突，揭示了语言模式在向身体、感性和审美领域扩张过程中的贡献与局限，提示了作为感性学的美学在介入这一语言转向与身体转向之间的对话过程中所可能具有的复杂性、深度和广度。

### 三、情感—肉—身：当代法国结构—后结构思想及其转向

20世纪下半叶以来的法国思想是世界思想的核心发动机。当代法国堪称美学思想的秘密发源地和美学研究的前沿阵地。就情感—身体维度而言，正是法国当代思想将情感和身体提升为思想的中心关切，乃至提升到为思想奠基的地位——即便其思想的旨趣正是抹除哲学的根据和世界的源泉。

本次研讨会从不同角度切入法国当代思想的关键维度"情感与身体（肉）"，透露其身体转向的端倪。浙江师范大学副教授李震的报告《无器官身体：论德勒兹身体美学的生成》指明了无器官身体在德勒兹身体美学中的核心地位。在德勒兹身体美学中，身体既是人类的，也是世界乃至宇宙意义上的身体，艺术创造即无器官身体的自身出场／生成。首都师范大学博士研究生郝强的报告《情感即生成：德勒兹情感理论的一种考察》认为德勒兹"情感即生成"提出了新的哲学思考方式。报告指出德勒兹的生成哲学不是从"是什么"、而是从"能做什么"来考察情感：情感的微观运作带来身体的重新界定，旨在超越感知的阈限以生成众人—常人，情感是生成而非再现，这从根本上指向对人自身的重新理解。陕西科技大学副教授王建

华的报告《梅洛－庞蒂视觉思想的"肉的形而上学"意涵》强调，柏拉图以来"心眼"的视觉模式导致"祛身化视觉"的本体论灾难，梅洛－庞蒂则将"肉眼"的视看放在自我与世界原初的交互共生中来考察，凸显身体在人类认识和视看行为中的奠基性意义。北京大学博士后陈辉的报告《肉身、感觉与自我：马里翁被给予性现象学视域下的肉身现象》展示了马里翁"捕获肉身"的现象学历程：通过重释笛卡尔的自我怀疑说明身体对"我思"的绝对优先性，进而追随胡塞尔身体（Körper）与肉身（Leib）的区分以说明肉身与自我自身的相互捕获，即肉身是自我的最原初形象。这里作为肉身的自我自身的现象是绝对个体化的生成，作为他者而在世界中的交互显现则是他者现象学的课题。

围绕法国当代思想中的情感与身体，本次研讨会展现出法国当代思想展开方式的关键特质：第一，情感和身体都是作为生成来考察的，尤其指涉世界、人、自我的原初生成，而艺术则让这一生成的发生或者实现成为可见的；第二，不论是以情感—身体来建构思想还是在思想中建构情感—身体，事实上都呈现为解构的，即解构西方思想的历史；第三，法国当代思想是在与西方自身的形而上学传统的对峙中，以奠基性的方式来思考语言、情感和身体，以吊诡的方式为重新理解乃至创造当下之世界和人这一生成事件进行思想的奠基。

**四、重叠西化与古代情感：从西方汉学到中国古典思想**

法国当代思想不仅对于西方人理解自身历史和当下状况至关重要，而且对于当代中国理解西方以及经由西方而理解中国的历史和当下的复杂处境也是无可回避的。对法国当代思想的关注和研究以及对欧美汉学—中国学和中西交流的关注和研究，都应造就对中国思想和中国美学研究的反省性呈现。这一反省首先落实在对法国当代思想所奠定的思想境域的自觉上。

本次研讨会的第二个圆桌专题"迂回的境域：当代欧美汉学—中国学视域内的西方问题与当代中国思想的汉学化—重叠西化"，意在唤起这一自觉。这首先意味着思想的争辩。北京外国语大学副教授韩振华的圆桌引言报告《作为打开欧洲"未思"的手段：朱利安中国古典美学建构之我见》便是这一争辩的尝试。报告指出：第一，朱利安关注中国，其宗旨不在于阐明中国，而在于从外部解构欧洲，即解构欧洲自身历史的形而上学和本体论思想，以迂回的方式触及欧洲的"未思"，重新发动哲学、伦理学和美学领域的思想；第二，鉴于朱利安与后结构主义思想（尤其福柯）的亲缘关系，其中国美学的建构是后结构主义思想的中国变种：通过遮诠的方式将中国思想和美学进行同质化的归结，以便与欧洲形而上学传统形成对照；第三，朱利安的汉学研究构成语文学传统的"哥白尼革命"，但仍然基于"内在性"

概念，沿袭了黑格尔、韦伯的深层逻辑和立论基础；第四，当代欧洲汉学的朱利安与毕莱德之争，既彰显了朱利安思想的目标，即同时照亮并开启中国和欧洲思想各自的"未思"，也彰显了朱利安自身思想可能的政治困境，即尽管在方法—策略的运用中已然置身于后现代意义上的政治之中，却拒斥来自政治和意识形态的质疑，回避以欧洲为目标的中国使用可能带来的政治效应。

朱利安中国古典思想的建构可以直接替换为中国古典美学的建构，反过来说，中国古典美学的建构同样可以且应该拓展为对中国古典思想整全的把握和呈现。这一判断本身即宣告了对20世纪中国美学的反省与反拨，后者同样意味着对当下中国美学研究而言先行给定的境域。

本次研讨会的第四个专场"先秦到魏晋南北朝：情感与礼教安顿"中的相关报告勾勒了中国美学研究的基本视域和新的可能性，提示了唐代以前的思想和美学研究的基本前提，以或隐或显的方式呈现出：情感和身体始终是在礼教之中得到安顿的。

湖北民族学院讲师崔凯华的报告《从五行到四端：早期儒家身体观的转折及其完成》认为，楚简《五行》标志着孔子奠定的早期儒家身体观和教化手段发生转折，孟子的"四端说"是其完成，自然情感和身体被贬低，义理之"心"及其道德自主性则逐渐成为人性与道德的基础。北京大学博士研究生贾祯祯的报告《翼奉"六情"思想研究》梳理了齐诗学派翼奉《诗》学的"六情"思想，复原以时、辰为基础进行推演的情性占法，进而厘清律、历所具的十二地支和十天干含义，最后指出，翼奉观情性以律历的思想，实质上是术数化的《诗》学，它构成《诗纬》"诗为天地之心"观点的源头。

河北省社会科学院助理研究员王云飞的报告《孔子闻〈韶〉是喜悦还是忧伤？——论"子在齐闻〈韶〉"伤心说在六朝前存在的可能》是"子在齐闻《韶》"注释系列研究的一个环节，主要基于敦煌文献伯希和二五一〇号写本保存（现存最早）的东汉郑玄注，推断郑玄注已经包含了"赞美说"与"伤心说"杂糅的痕迹，并暗含了二者的矛盾，这一矛盾在魏晋南北朝和宋代注释中得到印证。同济大学博士后邹蕴的报告《音乐能否协调自然情感？——以嵇康的乐教思想为中心》从乐教思想角度探讨嵇康对情感在人性中的定位。报告将嵇康的音乐思想置于礼乐教化的两种路径中来加以阐发：第一，至德之世无需教化，音乐作为至和之声是良好政治的结果；第二，衰敝之世的音乐只能在少数人中实现教化，但只是强化自然之性而不能塑造道德，所谓音乐教化实则指的是在养生的意义上协调自然情感，以备道德情感的自然生发，以中"自然之和"。

论坛研讨会从德国古典哲学和美学出发，经由对文艺复兴及启蒙运动时期的美学与艺术理论的呈现，抵达法国当代哲学与美学思想的前沿，并通过法国当代哲学家的中国研究反观中国美学研究的境域，最终回到中国古典哲学和美学问题。以"情感"为中心，本次研讨会在理论探讨上直指美学学科中的核心论题，呈现了多学科、多领域与美学交涉的最新研究成果，展现了青年学者的理论视野与思想锐气。

总而言之，与往届相比，本届研讨会既保持了青年美学论坛宗旨和风格的连贯性，也在议程设置上做出了探索性的调整，充分体现了作为纯粹、自由、开放的活动平台所致力的"交流思想与辨章学术"的原则。通过三届会议的尝试，青年美学论坛的探索已取得一定成效，而其所提示的理论研究前景仍需期待于未来。

（作者单位　武汉大学文学院、北京大学哲学系）

## 10 月 25—27 日

中国现代文学研究会第 12 届年会在福州召开，本刊文学编辑室李松睿副研究员与会并发表论文。

## 11 月 2 日

《文艺研究》荣获国家新闻出版广电总局颁发的第四届中国出版政府奖期刊提名奖。

## 11 月 3 日

华东师范大学中文系主办"18 世纪研究高峰论坛"，本刊理论编辑室主任张颖与会并做专题学术报告。

## 11 月 10 日

广西艺术学院主办、《艺术探索》承办第三届"艺术史与民族艺术"学术研讨会（西方艺术史论专题），本刊理论编辑室主任张颖参加并做专题学术报告。

## 11 月 16 日

中国社会科学评价研究院发布《中国人文社会科学期刊 AMI 综合评价报告（2018 年）》，对我国 1291 种人文社会科学期刊（2012 年及以前创刊）、164 种新刊（2013—2017 年创刊或更名）及 68 种英文期刊在吸引力、管理力和影响力三个方面进行评价，《文艺研究》入选"A 刊权威"期刊。在"艺术学"学科中，本刊为唯一一家。

## 12 月

《文艺研究》入选《南京大学中文社会科学引文索引（CSSCI）来源期刊及集刊（2017—2018）目录》。

# 2019 年

■ **1 月 10 日**

从本年第 1 期起,《文艺研究》刊价调至 28.00 元。

■ **1 月 12 日**

清华大学艺术博物馆、中国人民大学文学院联合主办,《文艺研究》协办的"杜尚之后的艺术理论"学术研讨会召开。本刊理论编辑室主任张颖参加并做专题学术报告。

■ **3 月 20 日**

中国艺术研究院印发"中艺发〔2019〕8 号"文件,免去方宁《文艺研究》杂志社社长、主编、法定代表职务,聘任为名誉主编;聘任金宁为执行主编、法定代表人;聘任张颖为副主编;聘任王伟为副社长。

■ **3 月 25 日**

中国艺术研究院印发"中艺发〔2019〕12 号"文件,表彰本刊执行主编金宁在 2018 年度院中层领导干部考核中被评为优秀。

■ **3 月 28 日**

本院王福州副院长与《文艺研究》全体人员座谈。

■ **3 月 29—30 日**

杭州师范大学人文学院主办、文艺批评研究院协办的"中国当代文学的历史化问题"学术研讨会在杭州召开,本刊文学编辑室李松睿副研究员与会。

■ **4 月 15 日**

本刊副社长王伟在北京参加文化和旅游部党校脱产培训,为期三个月。

■ **4 月 28 日**

复旦大学中文系主办的"文学与地理"学术研讨会在上海召开,本刊副主编张颖与会。

■ **5 月 31 日**

中国人民大学文学院主办的"中国现当代文学前沿问题高端论坛"在北京召开,本刊文学编辑室李松睿副研究员与会。

■ **6月3日**

本刊文学编辑室李松睿副研究员被聘为中国现代文学馆特邀研究员。

■ **6月8日**

《文艺研究》与东南大学艺术学院主办的"艺术社会学的想象力"青年论坛在南京召开。本刊副社长王伟致辞，副主编张颖做专题学术报告并做总结发言。

■ **6月22—23日**

武汉大学人事部、武汉大学文学院、武汉大学中国传统文化研究中心主办，武汉大学"古代中国的族群、文化、文学与图像"跨学科团队承办的"古代中国的族群、文化、文学与图像"专题报告会在武汉大学召开。本刊文学编辑室陈斐副研究员与会并发表论文。

■ **6月28日**

复旦大学中文系主办的"西方美学史研究的方法与最新动态"学术研讨会在上海召开。本刊副主编张颖与会并做专题学术报告。

■ **6月29日**

上海大学文学院主办的"当代文学七十年"学术研讨会在上海召开。本刊文学编辑室李松睿副研究员与会并发表论文。

# 附录:《文艺研究》人员在职时间表<sup>*</sup>

| 姓名 | 入职时间 | 离职时间 | 备注 |
|---|---|---|---|
| 安裕慧 | 1979 年 | 1983 年 | 离休 |
| 柏 柳 | 1979 年 | 2002 年 | 退休 |
| 曹 颖 | 1979 年 | 1989 年 | 离休 |
| 郭汉城 | 1979 年 | — | — |
| 李香云 | 1979 年 | 2019 年 | 2009 年退休 |
| 林 元 | 1979 年 | 1988 年 | 病逝 |
| 马肇元 | 1979 年 | 2002 年 | 退休 |
| 缪印堂 | 1979 年 | 1981 年 | 调至中国科普研究所 |
| 沈季平 | 1979 年 | 1988 年 | 退休 |
| 孙 吴 | 1979 年 | 1988 年 | 离休 |
| 王波云 | 1979 年 | 1990 年 | 离休 |
| 汪 巩 | 1979 年 | 1982 年 | 病逝 |
| 吴连松 | 1979 年 | 1985 年 | 调至中国对外翻译出版公司 |
| 吴祖望 | 1979 年 | 1988 年 | 退休 |
| 萧立军 | 1979 年 | 1984 年 | 调至《中国作家》 |
| 许廷钧 | 1979 年 | 1985 年 | 调至文化艺术出版社 |
| 叶 勤 | 1979 年 | 1983 年 | 离休 |
| 姚振仁 | 1979 年 | 1994 年 | 退休 |
| 张 庚 | 1979 年 | — | — |
| 张潇华 | 1979 年 | 1992 年 | 病逝 |
| 张 章 | 1979 年 | 1980 年 | 调至文化艺术出版社 |
| 蔡志翔 | 1979 年 | 1980 年 | 调至文化艺术出版社 |
| 袁振保 | 1981 年 | 1995 年 | 退休 |
| 汪易扬 | 1982 年 | 1989 年 | 离休 |
| 吴 方 | 1982 年 | 1990 年 | 调至本院中国文化研究所 |
| 蒋 力 | 1983 年 | 1986 年 | 调至《中国文化报》 |
| 杨志一 | 1983 年 | 1988 年 | 退休 |
| 孟繁树 | 1984 年 | 1993 年 | 调至本院话剧研究所 |
| 谭宁佑 | 1984 年 | 1987 年 | 离休 |
| 李洁非 | 1985 年 | 1987 年 | 调至中国社会科学院文学研究所 |
| 孙晓雷 | 1985 年 | 1989 年 | 离职 |

---

\* 按入职时间和姓氏拼音先后次序排列。

| 姓名 | 入职时间 | 离职时间 | 备注 |
|---|---|---|---|
| 杨 洁 | 1986 年 | 1988 年 | 调至本院马克思主义文艺理论研究所 |
| 金 宁 | 1987 年 | 至今 | — |
| 岳 薇 | 1987 年 | 1988 年 | 离职 |
| 冷 林 | 1988 年 | 1990 年 | 离职 |
| 廉 静 | 1988 年 | 2002 年 | 调任本院马克思主义文艺理论研究所副所长、主持工作 |
| 孙 雨 | 1988 年 | 1998 年 | 调任本院保卫处副处长 |
| 王明东 | 1988 年 | 1990 年 | 离职 |
| 方 宁 | 1991 年 | 2019 年 | 2016 年退休 |
| 杜寒风 | 1994 年 | 1998 年 | 调至北京广播学院 |
| 陈剑澜 | 1994 年 | 2018 年 | 调至中国人民大学文学院 |
| 宋林静 | 1996 年 | 至今 | 2012 年退休 |
| 韦 平 | 1996 年 | 2012 年 | 1999—2002 年调至文化艺术出版社 |
| 戴阿宝 | 1997 年 | 至今 | — |
| 陈诗红 | 1998 年 | 至今 | — |
| 傅 谨 | 1998 年 | 2004 年 | 调至本院戏曲研究所 |
| 赵伯陶 | 1998 年 | 2013 年 | 2008 年退休 |
| 宋 蒙 | 2005 年 | 2009 年 | 调至本院马克思主义文艺理论研究所 |
| 张 颖 | 2015 年 | 至今 | 2009 年起参与编辑工作 |
| 李松睿 | 2017 年 | 至今 | 2015 年起参与编辑工作 |
| 陈 斐 | 2019 年 | 至今 | 2014 年起参与编辑工作 |
| 王 伟 | 2019 年 | 至今 | — |
| 李 瑶 | 2019 年 | 至今 | — |
| 孙 伊 | 2019 年 | 至今 | 2018 年起参与编辑工作 |
| 胡 晴 | 2013 年 | 2014 年 | 兼职 |
| 许苗苗 | 2013 年 | 2015 年 | 兼职 |